해커스 JLPT 실전모의고사 N2 200% 활용법!

무료 교재 학습 자료

교재 MP3

일반 버전/고사장 소음 버전/문제별 분할 MP3

[이용 방법]

해커스일본어 사이트(japan.Hackers.com) 접속 후 로그인 ▶
상단의 [교재/MP3 → MP3/자료] 클릭 후 이용하기

해커스일본어 [MP3/자료] 바로가기 ▼

폰 안에 쏙! 회차별 단어·문형집 (PDF)

회독용 답안지 (PDF)

[이용 방법]

해커스일본어 사이트(japan.Hackers.com) 접속 후 로그인 ▶
상단의 [교재/MP3 → MP3/자료] 클릭 후 이용하기

해커스일본어 [MP3/자료] 바로가기 ▼

해커스 JLPT

"시험 난이도와 비슷한 모의고사가 뭔가요?"

"시험 전까지 실전 감각을 키우고 싶어요."

"지금 실력으로 JLPT N2 합격 가능할까요?"

N2 실전모의고사로

합격 달성을 위한 막판 스퍼트!

1

다양한 난이도의 실전모의고사 총 5회분 수록!

'상/중상/중' 다양한 난이도의 모의고사 5회분으로 실전 감각을 기르세요.

정답이 한눈에 보이는 전략적 해설 제공!

정답을 고르는 전략적 해설과 상세한 오답 설명으로 문제 유형별 전략을 확실하게 익히세요.

최신 기출경향 반영

해커스 JLPT

일본어능력시험

실전모의고사 N2

문제집

해커스 어학연구소

해커스 JLPT 일본어능력시험

실전모의고사 N2

문제집

해커스 일본어

CONTENTS

 폰 안에 쏙! 회차별 단어・문형집 [PDF]

 회독용 답안지 [PDF]

일반 버전 MP3/고사장 소음 버전 MP3/문제별 분할 MP3

모든 PDF 학습 자료와 MP3는 해커스일본어 사이트(japan.Hackers.com)에서 무료로 다운받으실 수 있습니다.

해설집

해커스가 알려 드리는 JLPT N2 합격 비법

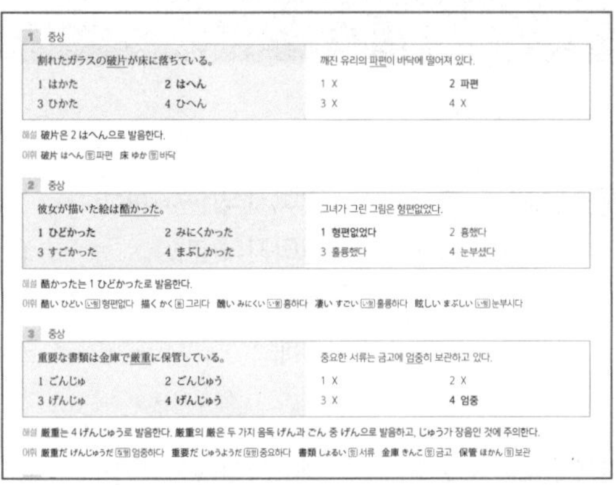

1 중상

割れたガラスの破片が床に落ちている。		깨진 유리의 파편이 바닥에 떨어져 있다.	
1 はかた	2 はへん	1 X	2 파편
3 ひかた	4 ひへん	3 X	4 X

해설 破片은 2 はへん으로 발음한다.

어휘 破片 はへん 명 파편　床 ゆか 명 바닥

2 중상

彼女が描いた絵は酷かった。		그녀가 그린 그림은 형편없었다.	
1 ひどかった	2 みにくかった	1 형편없었다	2 흉했다
3 すごかった	4 まぶしかった	3 훌륭했다	4 눈부셨다

해설 酷かった는 1 ひどかった로 발음한다.

어휘 酷い ひどい い형 형편없다　描く かく 동 그리다　醜い みにくい い형 흉하다　凄い すごい い형 훌륭하다　眩しい まぶしい い형 눈부시다

3 중상

重要な書類は金庫で厳重に保管している。		중요한 서류는 금고에 엄중히 보관하고 있다.	
1 ごんじゅ	2 ごんじゅう	1 X	2 X
3 げんじゅ	4 げんじゅう	3 X	4 엄중

해설 厳重는 4 げんじゅう로 발음한다. 厳重의 厳은 두 가지 음독 げん과 ごん 중 げん으로 발음하고, じゅう가 장음인 것에 주의한다.

어휘 厳重だ げんじゅうだ な형 엄중하다　重要だ じゅうようだ な형 중요하다　書類 しょるい 명 서류　金庫 きんこ 명 금고　保管 ほかん 명 보관

최신 출제 경향을 반영한 다양한 난이도의 모의고사를 풀어보며 실전 감각 키우기!

합격률을 높이기 위해서는 실전 감각을 기르는 것이 가장 중요합니다. **최신 출제 경향을 철저히 분석하여 반영**한 <해커스 JLPT 실전모의고사 N2>의 **모의고사 5회분**을 직접 풀어보고, 각 **회차와 문제의 난이도**를 확인하면서 취약한 부분을 보충하다 보면, 실제 시험에 완벽하게 대비할 수 있습니다.

문제 8의 디렉션

問題8　次の文の ＿★＿ に入る最もよいものを、1・2・3・4から一つ選びなさい。	문제8 다음 문장의 ＿★＿ 에 들어갈 가장 알맞은 것을, 1·2·3·4에서 하나 고르세요.

43 중상

そんな ＿＿ ＿＿ ＿★＿ ＿＿ 誰が信じるのかと言われ続けてきたが、やっぱりどんな病気でも治せる薬の研究はあきらめたくない。		그런 꿈 같은 ★이야기 따위 누가 믿는 거냐고 계속 들어 왔지만, 역시 어떤 병이라도 치료할 수 있는 약의 연구는 포기하고 싶지 않다.	
1 夢	2 話	1 꿈	2 이야기
3 みたいな	4 など	3 같은	4 따위

해설 3 みたいな(~같은)는 명사에 접속하므로 먼저 1 夢 3 みたいな 2 話 4 など(꿈같은 이야기 따위) 또는 2 話 3 みたいな 1 夢 4 など(이야기 같은 꿈 따위)로 배열할 수 있다. 둘 중 빈칸 뒤의 '역시 어떤 병이라도 치료할 수 있는 약의 연구는 포기하고 싶지 않다'와 문맥상 어울리는 말은 1 夢 3 みたいな 2 話 4 など(꿈같은 이야기 따위)이다. 따라서 2 話(이야기)가 정답이다.

어휘 信じる しんじる 동 믿다　治す なおす 동 치료하다　あきらめる 동 포기하다　~みたいな ~같은

44 중

今回の技術研修は、基礎コースを ＿＿ ＿＿ ＿★＿ ＿＿、実習コースには進めません。		이번 기술 연수는, 기초 코스를 수료하고 나서가 아니면 ★아무리 경험이 있어도, 실습 코스에는 나아갈 수 없습니다.	
1 あっても	2 なければ	1 있어도	2 아니면
3 修了してからで	4 どんなに経験が	3 수료하고 나서가	4 아무리 경험이

해설 2 なければ는 3의 てからで와 함께 쓰여 문형 てからでなければ(~하고 나서가 아니면)가 되므로 먼저 3 修了してからで 2 なければ(수료

정답이 보이는 전략적 해설로 정확하게 이해하기!

정답만을 위한 단편적인 설명 방식의 해설은 실제 문제 풀이에 크게 도움이 되지 않습니다. **문제 풀이 전략을 기반으로 정답뿐만 아니라 오답에 대한 설명까지 상세하게 수록**한 <해커스 JLPT 실전모의고사 N2>로 문제 유형별 풀이 방법을 학습하면 빠르게 오답을 소거하고 정확하게 정답을 고를 수 있습니다. 또한, 모든 문제가 해석/해설/어휘 정리와 함께 수록되어 있어 해설집만 가지고도 간편하게 학습할 수 있습니다.

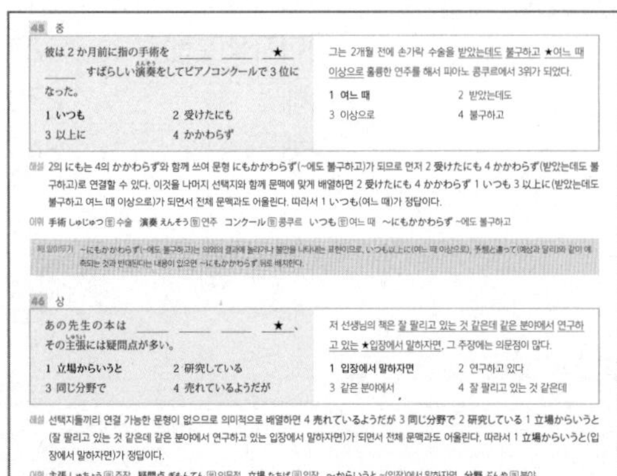

45 중

彼は2か月前に指の手術を ＿＿ ＿＿ ＿★＿ ＿＿ すばらしい演奏をしてピアノコンクールで3位になった。		그는 2개월 전에 손가락 수술을 받았는데도 불구하고 ★여느 때 이상으로 훌륭한 연주를 해서 피아노 콩쿠르에서 3위가 되었다.	
1 いつも	2 受けたにも	1 여느 때	2 받았는데도
3 以上に	4 かかわらず	3 이상으로	4 불구하고

해설 2의 にも는 4의 かかわらず와 함께 쓰여 문형 にもかかわらず(~에도 불구하고)가 되므로 먼저 2 受けたにも 4 かかわらず(받았는데도 불구하고)로 연결할 수 있다. 이것을 나머지 선택지와 함께 문맥에 맞게 배열하면 2 受けたにも 4 かかわらず 1 いつも 3 以上に(받았는데도 불구하고 여느 때 이상으로)가 되면서 전체 문맥과도 어울린다. 따라서 1 いつも(여느 때)가 정답이다.

어휘 手術 しゅじゅつ 명 수술　演奏 えんそう 명 연주　コンクール 명 콩쿠르　いつも 명 여느 때　~にもかかわらず ~에도 불구하고

꼭 알아두기 ~にもかかわらず(~에도 불구하고)는 의외의 결과에 놀라거나 불만을 나타내는 표현이므로, いつも以上に(여느 때 이상으로), 予想と違って(예상과 달리)와 같이 예측되는 것과 반대된다는 내용이 있으면 ~にもかかわらず 뒤로 배치한다.

46 상

あの先生の本は ＿＿ ＿＿ ＿＿ ＿★＿、その主張には疑問点が多い。		저 선생님의 책은 잘 팔리고 있는 것 같은데 같은 분야에서 연구하고 있는 ★입장에서 말하자면, 그 주장에는 의문점이 많다.	
1 立場からいうと	2 研究している	1 입장에서 말하자면	2 연구하고 있다
3 同じ分野で	4 売れているようだが	3 같은 분야에서	4 잘 팔리고 있는 것 같은데

해설 선택지들끼리 연결 가능한 문형이 없으므로 의미적으로 배열하면 4 売れているようだが 3 同じ分野で 2 研究している 1 立場からいうと(잘 팔리고 있는 것 같은데 같은 분야에서 연구하고 있는 입장에서 말하자면)가 되면서 전체 문맥과도 어울린다. 따라서 1 立場からいうと(입장에서 말하자면)가 정답이다.

어휘 主張 しゅちょう 명 주장　疑問点 ぎもんてん 명 의문점　立場 たちば 명 입장　~からいうと ~(입장)에서 말하자면　分野 ぶんや 명 분야

'꼭! 알아두기'로 문제 풀이 포인트 학습하고 합격률 높이기!

'꼭! 알아두기'는 실제 시험장에서 활용 가능한 문제 풀이 포인트만 엄선하여 수록하였습니다. 모의고사 문제를 풀고 '꼭! 알아두기'와 함께 복습하면 시험장에서 비슷한 문제가 나왔을 때 바로 적용하여 합격률을 높일 수 있습니다.

(注 3) 除湿機(じょしつき)：部屋の湿度を下げるための機械 (주 3) 제습기 : 방의 습도를 낮추기 위한 기계
(注 4) 厄介(やっかい)：面倒なこと (주 4) 귀찮음 : 성가신 것
(注 5) 屋台(やたい)：道で物を売る移動可能な店 (주 5) 포장마차 : 길에서 물건을 파는 이동 가능한 가게

어휘 身の回り みのまわり [명] 신변 簡略化 かんりゃくか [명] 간략화 家事 かじ [명] 가사, 집안일 存在 そんざい [명] 존재 恐ろしい おそろしい [い형] 무섭다
商品 しょうひん [명] 상품 出回る でまわる [동] 나돌다 ～はずだ ~(할) 터이다 現代 げんだい [명] 현대 かつて [부] 예전, 일찍이 やり方 やりかた [명] 방식
守る まもる [동] 지키다 思い込む おもいこむ [동] 굳게 믿다 方法 ほうほう [명] 방법 未だに いまだに [부] 아직까지도
逃れる のがれる [동] 벗어나다, 달아나다 洗濯物 せんたくもの [명] 세탁물, 빨래 干す ほす [동] 말리다 当たり前だ あたりまえだ [な형] 당연하다
面倒だ めんどうだ [な형] 성가시다, 귀찮다 強風 きょうふう [명] 강풍 飛ばす とばす [동] 날리다 突然 とつぜん [부] 갑자기, 돌연
気をつける きをつける 신경을 쓰다 ～なければならない ~하지 않으면 안 된다 花粉 かふん [명] 꽃가루 大気 たいき [명] 대기 汚染 おせん [명] 오염
物質 ぶっしつ [명] 물질 気になる きになる 걱정되다 煩わしい わずらわしい [い형] 번거롭다 作業 さぎょう [명] 작업 我が家 わがや [명] 우리 집
除湿機 じょしつき [명] 제습기 活用 かつよう [명] 활용 面倒くささ めんどうくささ [명] 성가심 解放 かいほう [명] 해방
いつの間にか いつのまにか 어느새인가 慣れる なれる [동] 익숙해지다 禁じる きんじる [동] 금지하다 地域 ちいき [명] 지역 気候 きこう [명] 기후
～によって ~에 따라서 衣類 いるい [명] 의류, 옷 乾かす かわかす [동] 말리다, 건조시키다 合理的だ ごうりてきだ [な형] 합리적이다 土地 とち [명] 토지
ごく [부] 극히 一般的だ いっぱんてきだ [な형] 일반적이다 ～かもしれない ~일지도 모른다 悩む なやむ [동] 괴로워하다, 고민하다
用意 ようい [명] 준비, 마련 朝食 ちょうしょく [명] 아침 식사, 조식 自宅 じたく [명] 자택 本当だ ほんとうだ [な형] 정말이다 厄介だ やっかいだ [な형] 귀찮다
屋台 やたい [명] 포장마차 職場 しょくば [명] 직장 ～たり～たりする ~하거나 ~하거나 하다 そもそも [부] 애초에 キッチン [명] 부엌, 키친
ホームステイ [명] 홈스테이 シリアル [명] 시리얼 各自 かくじ [명] 각자 ～たものだ ~하곤 했다 先日 せんじつ [명] 얼마 전, 일전
冷凍 れいとう [명] 냉동 食品 しょくひん [명] 식품 信じる しんじる [동] 믿다 内容 ないよう [명] 내용 記事 きじ [명] 기사 自身 じしん [명] 자신, 자기
生活 せいかつ [명] 생활 世の中 よのなか [명] 세상 健康的だ けんこうてきだ [な형] 건강하다 開発 かいはつ [명] 개발 取り組む とりくむ [동] 몰두하다
世界的だ せかいてきだ [な형] 세계적이다 ～にすぎない ~에 지나지 않다 実に じつに [부] 실로, 정말로 ～に限る ～にかぎる ~에 국한되다
異なる ことなる [동] 다르다 考え かんがえ [명] 생각 人々 ひとびと [명] 사람들 多数 たすう [명] 다수 ～べきだ ~해야 한다
思い込み おもいこみ [명] 굳게 믿는 생각 一歩 いっぽ [명] 한 발짝 離れる はなれる [동] 떨어지다 つながる [동] 이어지다 部分 ぶぶん [명] 부분
避ける さける [동] 피하다 湿度 しつど [명] 습도 移動 いどう [명] 이동 可能だ かのうだ [な형] 가능하다

69 중
筆者は、現代の家事のやり方についてどのように述べて 필자는, 현대의 가사 방식에 대해서 어떻게 말하고 있는가?

모르는 어휘는 바로바로 찾고 암기하기!

지문과 스크립트에 사용된 거의 모든 단어와 문형을 수록하여 문제를 풀다가 모르는 어휘가 나와도 바로바로 찾아서 해석할 수 있습니다. 모르는 어휘를 그 자리에서 바로 찾고 암기한다면 학습 시간을 더욱 효율적으로 활용할 수 있습니다.

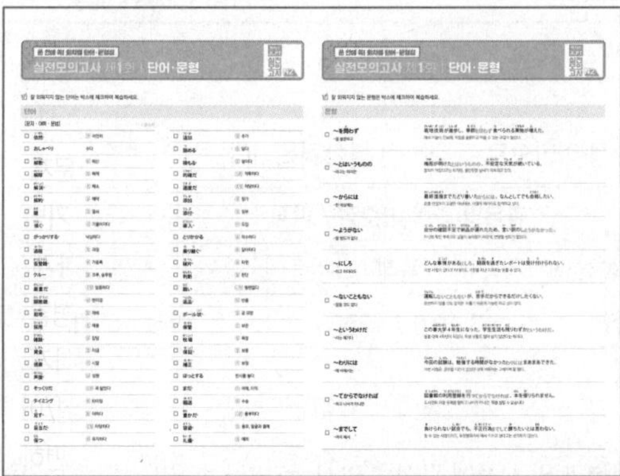

'폰 안에 쏙! 회차별 단어·문형집(PDF)'으로 시험 직전까지 고난도 기출 단어와 문형 집중 학습하기!

해커스일본어 사이트에서 다운로드 받을 수 있는 **'폰 안에 쏙! 회차별 단어 · 문형집**(PDF)'에는 **각 회차별 고난도 단어와 기출 단어, 문형을 수록**하였습니다. 폰 안에 쏙! 넣어 가지고 다니며 시험 직전까지 언제 어디서든 반복 학습하면 N2 수준의 어휘력을 키울 수 있습니다.

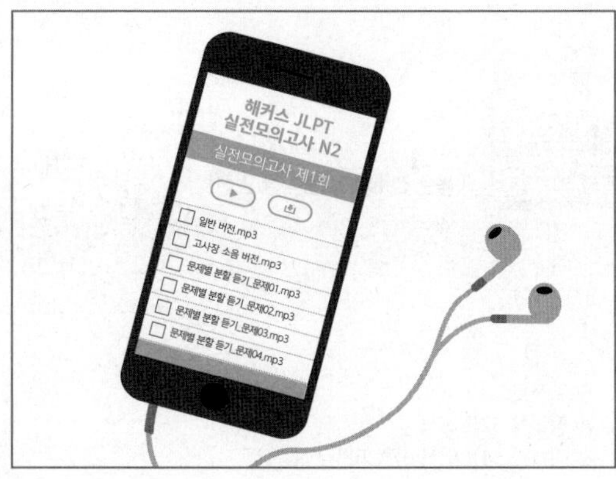

총 3종의 다양한 MP3 음원으로 청해 과목 실력 극대화하기!

실제 시험의 감각을 익힐 수 있는 **일반 버전, 고사장 소음 버전 MP3**와 원하는 문제만 반복하여 들을 수 있는 **문제별 분할 MP3**까지 총 3종의 MP3를 반복 청취하면 직청직해 능력과 실전 감각을 효과적으로 키울 수 있습니다. 모든 MP3는 "해커스 MP3 플레이어" 어플로 1.05~2.0배속까지 원하는 배속으로 들을 수 있습니다.

JLPT N2 시험 정보

JLPT N2 인정 수준

폭넓은 화제에 대해 쓰인 신문이나 잡지의 기사, 해설, 평론 등 논지가 명쾌한 글을 읽고 이해할 수 있으며, 자연스러움에 가까운 속도의 회화나 뉴스를 듣고, 흐름이나 내용, 요지를 파악할 수 있다.

시험 구성 및 시험 시간

시험 내용			문항수	시험 시간
입실				13:10 까지
1교시	언어지식	문자 · 어휘	30~32	13:30~15:15 (105분)
		문법	21~22	
	독해		20~21	
휴식				15:15~15:35 (20분)
2교시	청해		30~32	15:35~16:30 (55분) * 시험은 50분간 진행

합격 기준

JLPT는 합격점 이상 득점하면 합격하며, 한 과목이라도 과락 기준점 미만으로 득점하면 불합격됩니다.

레벨	합격점 / 만점	과목별 과락 기준점 / 만점		
		언어지식(문자 · 어휘 · 문법)	독해	청해
N2	90점 / 180점	19점 / 60점	19점 / 60점	19점 / 60점

시험 결과

- 「일본어능력인정서」와 「일본어능력시험 인정결과 및 성적에 관한 증명서」를 받을 수 있으며, 불합격할 경우, 「일본어능력시험 인정결과 및 성적에 관한 증명서」만 수령하게 됩니다.
- 「일본어능력시험 인정결과 및 성적에 관한 증명서」에는 과목별 점수와 총점, 백분율, 언어지식(문자 · 어휘 · 문법) 과목의 정답률을 알 수 있는 참고 정보가 표기되어 있어, 자신의 실력이 어느 정도인지 알 수 있습니다.

<인정결과 및 성적에 관한 증명서>

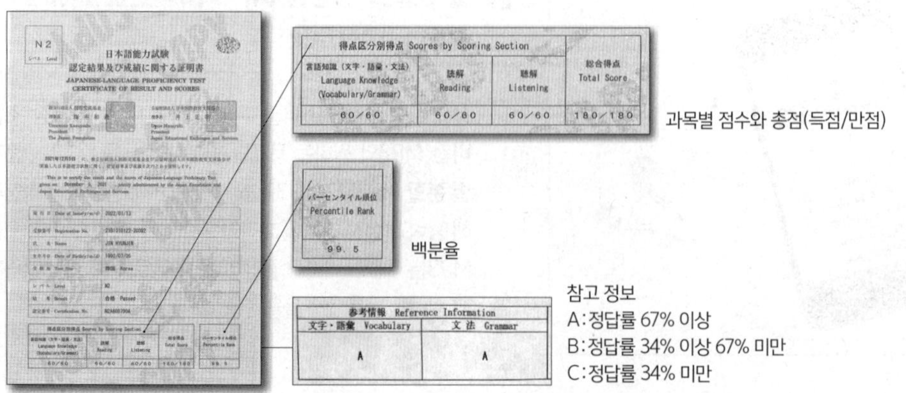

JLPT N2 접수부터 성적 확인까지

1. JLPT 시험 접수, 시험일, 시험 결과 조회 일정

	시험 접수	시험일	시험 결과 조회
해당연도 1회	4월 초	7월 첫 번째 일요일	8월 말
해당연도 2회	9월 초	12월 첫 번째 일요일	1월 말

* 일반 접수 기간이 끝난 뒤, 약 일주일 동안의 추가 접수 기간이 있습니다.
정확한 일정은 JLPT 한국 홈페이지 (http://jlpt.or.kr)에서 확인 가능합니다.

2. JLPT 시험 접수 방법

(1) 인터넷 접수
JLPT 한국 홈페이지(http://jlpt.or.kr)에서 [인터넷 접수]로 접수합니다.
접수 과정 : [인터넷 접수] > [로그인] > [사진 등록] > [개인정보 등록] > [급수 선택] > [시험장 선택] > [결제]

(2) 우편 접수 *시험장 선택 불가
구비 서류를 등기우편으로 발송하여 접수합니다.
구비 서류 : 수험 원서(홈페이지 다운로드), 증명사진 1매(뒷면에 이름, 생년월일, 휴대 전화 번호 기재), 수험료(우체국 통상환)
보낼 곳 : [서울권역] (03060) 서울시 종로구 율곡로53, 해영빌딩 1007호 JLPT일본어능력시험
[부산권역] (48792) 부산광역시 동구 중앙대로 319, 1501호(초량동, 부산YMCA) (사) 부산한일문화교류협회
[제주권역] (63219) 제주특별자치도 제주시 청사로 1길 18-4 제주상공회의소 JLPT사무국

3. JLPT 시험 준비물

수험표

규정 신분증
(주민등록증, 운전면허증, 여권 등)

필기구
(연필이나 샤프, 지우개)

시계

4. JLPT 결과 확인

(1) 결과 조회
1회 시험은 8월 말, 2회 시험은 1월 말에 JLPT 한국 홈페이지(http://jlpt.or.kr)에서 조회 가능합니다.

(2) 결과표 수령 방법
JLPT 결과표는 1회 시험은 9월 말, 2회 시험은 2월 말에 접수 시 기재한 주소로 발송됩니다.
합격자 : 일본어능력인정서, 일본어능력시험 인정결과 및 성적에 관한 증명서 발송
불합격자 : 일본어능력시험 인정결과 및 성적에 관한 증명서만 발송

(3) 자격 유효 기간
유효 기간이 없는 평생 자격이지만, 기관 등에서는 보통 2년 이내 성적을 요구하므로 주의하세요.

JLPT N2 출제 형태 및 문제 풀이 전략

언어지식(문자·어휘)

문제 1 | 한자 읽기

1. 출제 형태

- 한자로 쓰여진 어휘의 발음을 고르는 문제로, 음독 어휘와 훈독 어휘의 발음을 고르는 문제가 출제된다.
- 총 문항 수: 5문항

문제지 예제

[1] 偶然、デパートで先生と会った。
1 ぐぜん　2 とぜん　3 ぐうぜん　4 とつぜん

정답 3번

2. 문제 풀이 전략

STEP 1 **밑줄 친 어휘를 천천히 발음해 보고, 발음에 해당하는 선택지를 정답으로 고른다.**
밑줄 친 어휘의 발음에만 집중하여 선택지를 고른다. 특히 탁음, 반탁음, 장음, 요음, 촉음에 주의한다.

문제 2 | 표기

1. 출제 형태

- 히라가나로 쓰여진 어휘의 한자 표기를 고르는 문제로, 음독 어휘와 훈독 어휘의 한자를 고르는 문제가 출제된다.
- 총 문항 수: 5문항

문제지 예제

[6] わが社のせいぞう技術は世界一である。
1 制造　2 製増　3 製造　4 制増

정답 3번

2. 문제 풀이 전략

STEP 1 **밑줄 친 어휘를 직접 써 보고, 해당하는 선택지를 정답으로 고른다.**
밑줄 친 어휘의 뜻을 생각하며 한자를 써 보고 정답을 고른다. 헷갈릴 때는 각 선택지의 발음과 활용형, 그리고 의미를 토대로 오답을 소거하면서 정답을 고른다.

※ 문항 수는 JLPT 공식 홈페이지 안내 기준으로 실제 시험에서의 출제 문항 수는 다소 달라질 수 있습니다.

문제 3 | 단어형성

1. 출제 형태

· 알맞은 접두어나 접미어를 골라 파생어를 완성하는 문제와, 알맞은 어휘를 골라 복합어를 완성하는 문제가 출제된다.

· 총 문항 수: 3~5문항

문제지 예제

11　男女の価値（　　　）の違いについて調べた。

1　識　　2　観　　3　念　　4　察

정답 2번

2. 문제 풀이 전략

STEP 1　선택지를 읽고 뜻을 파악한다.

선택지를 보고 각각의 뜻을 파악한다.

STEP 2　괄호 앞 또는 뒤의 어휘와 함께 쓰일 때 올바른 어휘를 완성하는 선택지를 정답으로 고른다.

각 선택지를 괄호 앞 또는 뒤의 어휘와 함께 썼을 때 올바른 의미의 파생어 또는 복합어를 완성하는 선택지를 정답으로 고른다.

문제 4 | 문맥규정

1. 출제 형태

· 괄호에 들어갈 알맞은 어휘를 고르는 문제이다. 주로 명사, 동사, 형용사, 부사를 고르는 문제가 출제된다.

· 총 문항 수: 7문항

문제지 예제

14　さまざまな原因を（　　　）した結果、理由が分かった。

1　検査　　2　視察　　3　分析　　4　発明

정답 3번

2. 문제 풀이 전략

STEP 1　선택지를 읽고 품사와 뜻을 파악한다.

선택지를 읽고 품사를 확인한 뒤, 문제지에 각 선택지의 의미를 살짝 적어둔다.

STEP 2　괄호 앞뒤의 표현 또는 문장 전체를 읽고 문맥상 가장 알맞은 의미의 선택지를 정답으로 고른다.

괄호 앞뒤와 함께 자연스러운 문맥을 만드는 선택지를 정답으로 고른다. 정답 후보가 두 개 이상이면 문장 전체를 읽고 문맥상 가장 자연스러운 의미의 선택지를 정답으로 고른다.

JLPT N2 출제 형태 및 문제 풀이 전략

문제 5 | 유의 표현

1. 출제 형태

- 밑줄 친 어휘나 표현과 비슷한 의미의 표현을 고르는 문제이다. 동의어나 뜻을 풀어 쓴 선택지를 고르는 문제가 출제된다.
- 총 문항 수: 5문항

문제지 예제

21 佐藤さんはとても愉快な人だ。

1 面白い　2 おしゃれな　3 親切な　4 かわいい

정답 1번

2. 문제 풀이 전략

STEP 1 밑줄 친 어휘나 표현을 읽고 의미를 파악한다.

문장의 밑줄 친 부분을 읽고 그 의미를 파악한다. 이때 문장 전체를 읽고 해석하지 않아도 된다.

STEP 2 선택지를 읽고 밑줄 친 부분과 의미가 같거나 비슷한 선택지를 정답으로 고른다.

밑줄 친 부분과 의미가 같거나 가장 비슷한 선택지를 정답으로 고른다. 적절한 선택지가 없을 경우에는 전체 문장을 읽고 밑줄 친 부분과 교체하여도 문장의 의미가 바뀌지 않는 선택지를 정답으로 고른다.

문제 6 | 용법

1. 출제 형태

- 제시어가 상황과 의미 모두 올바르게 사용된 문장을 고르는 문제이다. 명사, 동사, 형용사, 부사가 골고루 출제된다.
- 총 문항 수: 5문항

문제지 예제

26 延長

1 悪天候で列車が運転をやめたため、旅行の出発が三日後に延長された。
2 初めの設計では2階建てだったが、3階建ての家に延長することになった。
3 予定の時間内に結論が出ず、会議が1時間延長されることになった。
4 電車の中で居眠りをして、降りる駅を一駅延長してしまった。

정답 3번

2. 문제 풀이 전략

STEP 1 제시어를 읽고 품사와 의미를 파악한다.

제시어를 읽고 품사와 의미를 파악한다. 이때 문제지에 제시어의 의미를 살짝 적어둔다.

STEP 2 밑줄 친 부분과 앞뒤 표현 또는 문장 전체를 읽고 제시어가 올바르게 사용된 선택지를 정답으로 고른다.

밑줄 친 부분을 앞뒤의 표현과 함께 읽거나 문장 전체를 읽고 문맥이 가장 자연스러운 선택지를 정답으로 고른다.

※ 문항 수는 JLPT 공식 홈페이지 안내 기준으로 실제 시험에서의 출제 문항 수는 다소 달라질 수 있습니다.

언어지식(문법)

문제 7 | 문법형식 판단

1. 출제 형태

- 서술문 또는 대화문의 괄호 안에 들어갈 문맥에 맞는 문법형식을 고르는 문제이다. 적절한 문형을 고르는 문제, 동사나 형용사의 활용형을 고르는 문제, 적절한 조사·부사·접속사를 고르는 문제가 출제된다.
- 총 문항 수: 12문항

문제지 예제

31 信じていたのに、（　　　）彼が失敗するとは。

1 かりに　2 たとえ　3 むしろ　4 まさか

정답 4번

2. 문제 풀이 전략

STEP 1 선택지를 읽고 의미와 무엇을 고르는 문제인지 파악한다.

선택지를 읽고 각각의 의미와 적절한 문형, 동사나 형용사의 활용형, 적절한 조사·부사·접속사 중 무엇을 고르는 문제인지 파악한다.

STEP 2 문장 또는 대화를 읽고 괄호 앞뒤의 문법 사항과 문맥에 맞는 선택지를 정답으로 고른다.

괄호 앞뒤 또는 문장 전체의 문맥에 유의하며 서술문 또는 대화문을 읽고, 괄호 앞뒤의 단어나 조사, 문형과의 접속이 올바르면서 문맥에 맞는 선택지를 정답으로 고른다.

문제 8 | 문장 만들기

1. 출제 형태

- 4개의 선택지를 문맥에 맞게 올바른 순서로 배열한 뒤 ★이 있는 빈칸에 들어갈 선택지를 고르는 문제이다.
- 총 문항 수: 5문항

문제지 예제

43 一人暮らし ＿＿＿ ＿＿＿ ＿★＿ ＿＿＿ が分かった。

1 初めて　2 ありがたさ　3 をして　4 親の

정답 4번

2. 문제 풀이 전략

STEP 1 선택지를 읽고 의미를 파악한다.

선택지를 읽고 의미를 파악한다. 이 때 선택지의 의미를 살짝 적어두면 의미적으로 자연스럽게 연결되는 선택지를 빠르게 찾아 배열할 수 있다.

STEP 2 선택지를 의미가 통하도록 배열한 후, 전체 문맥과도 어울리는지 확인한다.
선택지를 의미가 통하도록 배열한다. 이때 문형으로 연결되는 선택지가 있을 경우 먼저 연결한다. 배열 후에는 문장 전체의 문맥과 어울리는지 확인한다.

STEP 3 배열한 순서대로 ★이 있는 칸의 선택지를 정답으로 고른다.
문맥에 맞게 올바르게 배열한 선택지의 번호를 빈칸 위에 순서대로 적고, ★이 있는 빈칸에 해당하는 선택지를 정답으로 고른다.

문제 9 | 글의 문법

1. 출제 형태

- 지문을 읽고 내용의 흐름상 빈칸에 들어갈 알맞은 표현을 고르는 문제이다. 부사·접속사·지시어를 고르는 문제, 적절한 문형을 고르는 문제, 적절한 단어·문장을 고르는 문제가 출제된다.
- 총 문항 수: 4~5문항 (지문 1개와 관련 문제 4~5문항)

문제지 예제 (지문)

許される遅刻

日本の都会にある鉄道会社は、「遅延証明書(ちえんしょうめいしょ)」というものをしばしば発行している。「遅延証明書(ちえんしょうめいしょ)」とは、電車が10分以上遅れた場合に乗客に渡される小さな紙のことを言う。鉄道が遅れたことが原因で会社や学校に遅刻する場合には、その紙を提出することで遅刻を許してもらえるのだ。主にサラリーマンや学生によって 48 。

문제지 예제 (문항)

48　1　利用することが多い　　2　利用したことが少ない
　　3　利用されることが多い　4　利用させることが少ない

정답 3번

2. 문제 풀이 전략

STEP 1 지문을 꼼꼼히 읽고 해석한다.
빈칸 앞뒤의 문장이나 단락의 내용 흐름에 유의해서 정확히 해석하고 내용을 파악한다.

STEP 2 빈칸이 나오면 해당하는 선택지를 읽고 의미와 무엇을 고르는 문제인지 파악한다.
빈칸에 해당하는 문항의 선택지를 읽고 각각의 의미와 부사·접속사·지시어, 적절한 문형, 적절한 단어·문장 중 무엇을 고르는 문제인지 파악한다.

STEP 3 빈칸 앞뒤 문맥 또는 단락의 문맥에 맞는 선택지를 정답으로 고른다.
부사·접속사·지시어를 고르는 문제는 빈칸 앞뒤를 자연스럽게 연결해주는 선택지를 정답으로 고른다. 문형, 단어·문장을 고르는 문제는 빈칸 앞뒤의 내용을 바탕으로 빈칸에 들어갈 것으로 알맞은 선택지를 정답으로 고른다.

※ 문항 수는 JLPT 공식 홈페이지 안내 기준으로 실제 시험에서의 출제 문항 수는 다소 달라질 수 있습니다.

독해

문제 10 | 내용이해(단문)

1. 출제 형태

- 200자 내외의 지문을 읽고 질문에 올바른 내용을 고르는 문제이다. 인생, 환경, 교육 등 다양한 주제의 에세이와 공지·문의·안내 등의 실용문이 출제된다.
- 총 문항 수: 5문항

문제지 예제

自分らしく人生を生き抜いていく力を得る上で、「自分には優れた才能や専門分野がない」と感じている場合は、何をどう学んでいけば良いのだろうか。

プロになるほどではなくても、周囲の人よりも少し得意で、好きで気になるものを学び、それらを結び合わせていく。そのようにして学んだことを柱にして、その力を活用し、組織(そしき)に頼らない働き方を目指す。そんな風に、興味(きょうみ)を広げて学びながら働くことが自分らしく生きるための近道ではないだろうか。

53 筆者の考えに合うのはどれか。

1 自分らしく生きるためには、柱を結び合わせることが大切だ。
2 自分らしく生きるためには、好きなことをいろいろと学びながら働くのが速い。
3 自分らしく生きるためには、プロにならなくてもいい。
4 自分らしく生きるためには、好きなことをたくさん見つけるのがいい。

정답 2번

2. 문제 풀이 전략

STEP 1 질문과 선택지를 읽고 무엇에 관해 묻고 있는지 파악한다.
질문과 선택지를 읽고 무엇을 묻는 문제인지, 어떤 내용을 찾아야 하는지 파악한다. 이때 선택지에서 반복적으로 등장하는 공통 어휘나 표현이 있으면 표시해 둔다.

STEP 2 지문을 꼼꼼히 읽고 해석하면서 정답의 단서를 찾는다.
에세이는 중후반부에서 필자의 생각이 무엇인지를 중심으로 단서를 찾고, 실용문은 선택지에서 반복적으로 등장한 공통 키워드가 언급되는 문장과 그 주변을 주의 깊게 읽고 정답의 단서를 찾는다.

STEP 3 지문에서 찾은 정답의 단서와 일치하는 선택지를 정답으로 고른다.
선택지를 하나씩 꼼꼼히 해석하여 지문에서 찾은 정답의 단서와 일치하는 내용을 정답으로 고른다.

JLPT N2 출제 형태 및 문제 풀이 전략

문제 11·13 | 내용이해(중문)·주장이해(장문)

1. 출제 형태

- 내용이해(중문)은 500자 내외, 주장이해(장문)은 850자 내외의 지문을 읽고 질문에 올바른 내용을 고르는 문제이다. 인문, 사회, 과학 기술 등 다양한 주제의 에세이가 출제되며, 필자의 생각이나 세부 내용을 묻는 문제가 출제된다.
- 총 문항 수: 중문 – 8~9문항 (지문 3~4개와 각 지문과 관련된 문제 2~3문항씩), 장문 – 3문항 (지문 1개와 관련된 문제 3문항)

문제지 예제 (지문)

日本には梅雨の時期があります。江戸時代から使われている言葉で、雨期、つまり、雨がたくさん降る時期のことです。

5月上旬から中旬にかけて、沖縄地方が梅雨に入ります。梅雨は徐々に北上して、東京が梅雨入りするのはたいてい6月の始めごろです。梅雨は4週間から6週間ほど続きますが、その期間は曇りや雨の日が多くなり、晴れる日が少なくなります。雨が続くと気温も下がり寒くなりますが、晴れると気温は上昇し、蒸し暑くなります。この時期は湿気が多いからです。

多くの人が、「日本では、梅雨の時期が一年で一番雨の量が多い」と思っています。しかし過去の統計をみると、実際は四国南部や東海地方、関東地方では、梅雨の時期よりも秋のほうが、降雨量が多いことが分かります。これらの地方は、台風の通り道になることが多いからです。

문제지 예제 (문항)

58 梅雨の時期に蒸し暑くなるのはなぜか。

1　東京は5月上旬に梅雨入りするから
2　日本の梅雨の時期は長く続くから
3　梅雨の時期は湿度が高い日が多いから
4　晴れる日は少ないが、気温は高いから

정답 3번

2. 문제 풀이 전략

STEP 1 질문을 읽고 무엇을 묻고 있는지 파악한다.

질문을 읽고 무엇을 묻고 있는지, 지문에서 어떤 내용을 찾아야 하는지 파악한다. 이때 지문에서 찾아야 하는 내용을 핵심 어구로 표시해 둔다.

STEP 2 지문을 한 단락씩 꼼꼼히 읽고 해석하면서 정답의 단서를 찾는다.

질문을 기억하면서 한 단락씩 꼼꼼히 읽고 질문에 대한 정답의 단서를 찾는다.

STEP 3 지문에서 찾은 정답의 단서와 일치하는 선택지를 정답으로 고른다.

지문에 서술된 표현의 동의어나 비슷한 의미의 문장이 사용된 오답 선택지에 주의하며 지문에서 찾은 정답의 단서와 일치하는 내용을 정답으로 고른다.

※ 문항 수는 JLPT 공식 홈페이지 안내 기준으로 실제 시험에서의 출제 문항 수는 다소 달라질 수 있습니다.

문제 12 | 통합이해

1. 출제 형태

- 300자 내외의 A와 B 두 지문을 읽고 내용을 비교·통합하여 질문에 올바른 내용을 고르는 문제이다. 지문은 주로 일상적인 이슈에 대한 견해를 밝히는 에세이가 출제된다.
- 총 문항 수: 2문항 (지문 2개와 관련된 문제 2문항)

문제지 예제 (지문)

A

日本の大学は卒業まで、通常４年間である。4年は長い。２～３年すると違う学問に興味をもったり、将来なりたいと思っていた職業が変わることもあるだろう。だから大学は慎重に選ばなければならない。しかし、大学は勉強をするだけの場所ではない。例えば、文学を専攻しながら科学部というサークルに所属すれば、専攻している学問以外のことを学ぶこともできる。また、そうした勉強以外の活動の中で親しい仲間ができたり、様々な人間が集まる組織の中で意見がぶつかり合い、協調性が必要となったりすることもある。つまり、人間としてのコミュニケーション能力も鍛えられるのが大学のよいところだ。

B

かつて就職活動では、大学でじっくりと学んだ「大卒」の者が企業から好まれていた。時間をかけて学ぶことができるのは良い。しかし、最近の就職事情は変わりつつある。例えば、通信制高校で情報技術を学び、身に付けた能力をメディアで発信したりする若者がいる。すると、それを見た企業の人が直接連絡をとって面接に進むことがあるというのだ。また、専門学校で集中的に学んで、早く社会へ出るチャンスをつかむ者もいる。こうした学び方は、必要な能力や知識を短期間で集中的に身に付けることができ、就職活動でアピールできる材料となる。

문제지 예제 (문항)

67 日本の大学について、AとBはどのように述べているか。

1 AもBも大学は効率が良いと述べている。
2 AもBも大学へは行くべきだと述べている。
3 Aは勉強以外のことも学べると述べ、Bはじっくり学べると述べている。
4 Aは４年間が長すぎると述べ、Bは短すぎると述べている。

정답 3번

2. 문제 풀이 전략

STEP 1 질문을 읽고 무엇을 묻고 있는지 파악하고 핵심 어구에 표시한다.

두 개의 질문을 읽고 무엇을 묻고 있는지, 지문에서 어떤 내용을 찾아야 하는지 파악한다. 이때 '～について' 앞 부분을 핵심 어구로 표시해 둔다.

STEP 2 A→B 순서로 지문을 읽고 핵심 어구와 관련된 내용을 파악한다.
지문을 읽을 때 핵심 어구와 관련된 내용을 주의 깊게 읽으면서 A지문의 내용과 B지문의 내용의 공통점, 차이점을 파악한다.

STEP 3 지문의 내용과 일치하는 선택지를 정답으로 고른다.
지문에 서술된 표현의 동의어나 비슷한 의미의 문장이 사용된 오답 선택지에 주의하며 지문의 내용과 일치하는 선택지를 정답으로 고른다.

문제 14 | 정보검색

1. 출제 형태

· 조건이나 상황을 제시하는 문제 2문항과 관련된 지문 1개가 출제된다. 제시된 모든 조건에 부합하는 선택지를 고르는 문제와 제시된 상황에 따라 해야 할 행동을 고르는 문제가 출제된다.
· 총 문항 수: 2문항

문제지 예제 (문항)

72 チャイさんは、平日の昼にできるアルバイトを探している。そして、土日のどちらかは休みたいと思っている。チャイさんに適切なアルバイトはどれか。

1 スーパーマーケットリンガーA時間帯
2 スーパーマーケットリンガーB時間帯
3 コーヒーショップらんらんB時間帯
4 コーヒーショップらんらんC時間帯

문제지 예제 (지문)

<急募>アルバイト情報!!

コーヒー店

職　　種：店内接客
就業時間：A 7:00～11:00　B 11:00～14:00　C 18:00～21:00
＊土日どちらかを含めた週2～OK
時 間 給：1,050円
＊就業時間はあなたの希望をお伺いします。応募の際、履歴書への明記をお願いします。ランチタイムに働ける方、大歓迎!

コーヒーショップ　らんらん

スーパー

職　　種：レジ担当
就業時間：A 10:00～13:00　B 12:00～17:00　C 17:00～20:00
＊土日勤務は必須
時 間 給：1,250円以上

スーパーマーケット　リンガー

정답 3번

※ 문항 수는 JLPT 공식 홈페이지 안내 기준으로 실제 시험에서의 출제 문항 수는 다소 달라질 수 있습니다.

2. 문제 풀이 전략

STEP 1 질문을 읽고 제시된 조건이나 상황에 표시한다.

질문을 읽고 무엇을 묻는 문제인지 파악한 뒤, 질문 속에 제시된 조건과 상황을 찾아 표시해 둔다.

STEP 2 지문에 질문에서 표시한 조건이나 상황에 해당하는 부분을 모두 찾아 표시한다.

지문에서 질문의 조건이나 상황에 해당하는 부분을 모두 찾아 표시한다. 특히 정답의 중요한 단서가 지문에서 '注意', '※', '·' 표시 다음에 자주 언급되므로 꼼꼼히 확인한다.

STEP 3 지문에 표시한 내용과 일치하는 선택지를 정답으로 고른다.

모든 조건에 부합하는 선택지를 고르는 문제는 지문에 표시한 내용 중 모든 조건에 해당하는 것을 정답으로 고르고, 상황에 따라 해야 할 행동을 고르는 문제는 안내나 지시 사항과 일치하는 선택지를 정답으로 고른다.

JLPT N2 출제 형태 및 문제 풀이 전략

청해

문제 1 | 과제 이해

1. 출제 형태

- 특정 이슈에 대한 두 사람의 대화나 한 사람의 말을 듣고, 남자 또는 여자가 해야 할 일을 고르는 문제이다. 앞으로 해야 할 일, 가장 먼저 해야 할 일, 어떻게 해야 하는지를 묻는 문제 등이 출제된다.
- 총 문항 수: 5문항

문제지 예제

1番

1　資料とボールペンを箱に詰める

2　ファイルが届いているか確認する

3　田中さんにファイルの注文をする

4　だれかに手伝ってくれるように頼む

정답 2번

음성 예제

会社で男の人と女の人が話しています。女の人はこのあとまず何をしなければなりませんか。

M：明日の午後の就職説明会のことなんだけど、ちょっとお願いしていいかな？

F：わかりました。配る資料は準備してありますか。

M：うん、それはもう箱に入れてある。箱はまだここにあるけど。

F：あ、じゃ、それを会場に運んでおけばいいですね。ボールペンも配るんでしたっけ。

M：いや、今回はボールペンの代わりにファイルを配るんだよね。ファイルは注文してあるから、今日届いているはずだけれど。

F：じゃ、届いているか確認しておきます。

M：お願い。届いていなかったら、田中さんに聞いてみて。持って行くのは明日でいいから、確認だけ今日してくれる？

F：わかりました。荷物を運ぶのは午前中でいいんですよね。

M：うん。会場には田中さんも行くけど、彼も忙しいみたいだから。

F：大丈夫です。一人でできないときは、誰かに頼みますから。

女の人はこのあとまず、何をしなければなりませんか。

2. 문제 풀이 전략

STEP 1　음성을 듣기 전, 선택지를 미리 확인한다.

음성을 듣기 전에 선택지를 빠르게 읽고 과제의 종류를 미리 파악한다.

※ 문항 수는 JLPT 공식 홈페이지 안내 기준으로 실제 시험에서의 출제 문항 수는 다소 달라질 수 있습니다.

STEP 2 상황 설명과 질문을 들을 때 문제의 포인트를 파악하고, 대화를 들을 때 과제 수행 여부나 순서를 파악한다.

상황 설명과 질문을 들을 때 과제를 해야 할 사람이 누구인지, 무엇을 묻는 문제인지 파악한다. 대화를 들을 때는 과제의 수행 여부나 순서를 파악하면서 이미 했거나 바로 하지 않아도 되는 선택지는 X표를 한다.

STEP 3 질문을 다시 듣고 올바른 선택지를 고른다.

질문을 다시 듣고 가장 먼저 하기로 언급된 과제나, 최종적으로 하기로 언급된 과제를 정답으로 고른다.

문제 2 | 포인트 이해

1. 출제 형태

- 두 사람의 대화나 한 사람의 말을 듣고 대화의 세부 내용을 고르는 문제이다. 화자의 생각이나 이유, 문제점, 상태 등을 묻는 문제가 출제된다.
- 총 문항 수: 6문항

문제지 예제

1番

1 進学することになったから
2 おじいさんの体調が悪いから
3 結婚することが決まったから
4 国で就職することになったから

정답 3번

음성 예제

男の人と女の人が話しています。女の人はどうして帰国することになったのですか。

M：日本での就職、決まったんだってね。大手メーカーなんだって？

F：ええ、それが帰国することになりまして…。

M：え？ ここで就職したいって言って、大学院にも進学したのに？ご家族がご病気とか？

F：祖父が1年前から体調を崩しているんですが、家族はしたいことをしなさいと言ってくれているので、そちらは大丈夫なんです。実は国にいるときから付き合っている人がいて、その方と6月に結婚することになりまして。

M：そうなんだ。おめでとう。

F：急な話なんですが、相手のおばあ様がご高齢でお元気なうちにという話になったんです。

M：それはいいことだね。じゃあ、もう働かないの？

F：それがありがたいことなんですが、就職が決まった会社に相談したら、国の支店で働けるようにしていただけたんです。

M：それはよかったね。これから忙しくなるね。

女の人はどうして帰国することになったのですか。

2. 문제 풀이 전략

STEP 1 상황 설명과 질문을 듣고, 이후 주어지는 20초 동안 선택지를 빠르게 읽는다.

상황 설명과 질문을 들을 때 누구의 무엇에 대해 묻고 있는지 간단히 메모한다. 이후 주어지는 20초 동안 재빨리 선택지를 읽고, 앞으로 언급될 내용을 미리 파악한다.

STEP 2 질문이 묻는 내용을 기억하면서 정답의 단서를 파악한다.

대화의 경우에는 질문에서 언급된 남자 또는 여자의 말을 주의 깊게 듣고, 한 사람의 말인 경우에는 질문이 묻고 있는 내용 위주로 집중하여 들으며 정답의 단서를 파악한다.

STEP 3 질문을 다시 듣고 올바른 선택지를 고른다.

질문을 다시 듣고 대화나 한 사람의 말에서 언급된 정답의 단서와 일치하는 선택지를 정답으로 고른다.

문제 3 | 개요 이해

1. 출제 형태

- 방송, 강연, 공지 등에서 한 사람의 말이나 두 사람의 대화를 듣고 주제나 중심 내용, 화자의 생각이나 의견을 고르는 문제가 출제된다.
- 총 문항 수: 5문항

음성 예제

旅行会社の会議で、女の人が話しています。

F：今年は、国内旅行全体の契約数は減ったものの、高価格のツアーの売上が増加しました。多少費用が高くなっても、特別な経験ができる旅行がしたいと思う人が増加しているためと考えられます。例えば、普通の乗車料金の倍の金額であっても、景色と料理を楽しみながらゆっくりと目的地へ向かう観光列車に人気が集まっています。ホテルを選ぶ際にも、宿泊費の安さよりも、その土地にしかない食べ物やサービスがあるかを重視するお客様が増えています。

女の人は何について話していますか。

1 国内旅行者が増えた原因
2 高価格ツアーが売れる理由
3 観光列車の魅力
4 旅行の価格とサービスの関係

정답 2번

2. 문제 풀이 전략

STEP 1 상황 설명을 듣고 앞으로 듣게 될 말의 주제나 중심 내용을 미리 예상한다.

상황 설명의 장소나 상황, 화자의 직업 등의 정보를 재빨리 메모하면서 앞으로 듣게 될 말의 주제나 중심 내용을 미리 예상한다.

※ 문항 수는 JLPT 공식 홈페이지 안내 기준으로 실제 시험에서의 출제 문항 수는 다소 달라질 수 있습니다.

STEP 2 대화를 들을 때 주제 및 중심 내용을 간단히 메모한다.
문제지 빈 공간에 들리는 어휘나 표현을 간단하게 메모하면서 주제 및 중심 내용을 파악한다.

STEP 3 질문과 선택지를 듣고 정답을 고른다.
질문과 선택지를 듣고, 메모를 토대로 주제 및 중심 내용과 일치하는 선택지를 정답으로 고른다.

문제 4 | 즉시 응답

1. 출제 형태

- 짧은 질문과 3개의 선택지를 연속하여 듣고, 질문에 가장 적절한 응답을 고르는 문제가 출제된다.
- 총 문항 수: 11~12문항

음성 예제

F：この椅子(いす)、運(はこ)んでくれない？
M：1 運(はこ)んでくれますか。
2 はい、運(はこ)びません。
3 どこに運(はこ)びましょうか。

정답 3번

2. 문제 풀이 전략

STEP 1 질문을 듣고 내용과 의도, 상황을 파악한다.
질문을 잘 듣고 질문자가 권유, 칭찬, 아쉬움, 부탁, 위로 등 어떤 의도와 내용으로 말하는지 상황을 파악한다.

STEP 2 선택지를 듣고 가장 적절한 응답을 정답으로 고른다.
질문의 응답으로 적절하다고 생각되는 선택지에는 ○, 정답인지 오답인지 애매한 선택지에는 △로 표시하고, ○인 선택지를 정답으로 고른다. 정답을 고민할 시간이 충분하지 않으므로, 질문과 선택지의 내용을 직청직해 하되, 특히 오답 선택지의 함정에 빠지지 않도록 주의한다.

JLPT N2 출제 형태 및 문제 풀이 전략

문제 5 | 통합 이해

1. 출제 형태

- 긴 대화를 듣고 대화 중에 언급되는 여러 정보를 통합하여 푸는 문제이다. 1번 문제는 두 사람의 대화를 듣고 최종 선택을 고르는 문제이고, 2번 문제는 세 사람의 대화를 듣고 최종 결정 사항을 고르는 문제이며, 3번 문제는 한 사람이 하는 말과 그 말을 들은 두 사람의 대화를 듣고 대화자들이 각각 선택한 것을 고르거나, 공통으로 선택한 것을 고르는 문제이다. 2, 3번 문제 유형만 출제되기도 한다.
- 총 문항 수: 3~4문항

음성 예제 (1번, 2번)

1番

大学の学生課で女の学生と職員が話しています。

F：あのー、このチラシの四つのテニス部について聞きたいんですが。

M：あ、そうですか。えっと、最初の二つは公認のクラブなんです。一つ目のクラブは、練習日も多いですが、他の大学との試合にも大学を代表して参加します。二つ目のも試合がありますが、こちらは男女のチームが別になりますね。一つ目のは一緒に練習します。

F：へえ。そうですか。

M：ええ、この三つ目のは練習が週に1回ですね。大学を代表しての試合には出ませんが、メンバーは多いです。四つ目のクラブも同じような感じですが部費は一番安いです。

F：あ、そうか。この二つも男女が一緒のチームなんですね。

M：はい、そうです。

F：ふうん、どうせクラブに入るなら、試合にも出たいし、試合は男女別々だから、練習も別のほうがいいかも。うん、これにします。

女の学生はどのクラブに入りますか。

1　一つ目のクラブ
2　二つ目のクラブ
3　三つ目のクラブ
4　四つ目のクラブ

정답 2번

문제지 예제 (3번)

3番

質問1

1　面接力アップ
2　自己分析
3　企業研究
4　エントリーシート作成

정답 1번

※ 문항 수는 JLPT 공식 홈페이지 안내 기준으로 실제 시험에서의 출제 문항 수는 다소 달라질 수 있습니다.

음성 예제 (3번)

就職活動のためのセミナーのお知らせを聞いて、男の学生と女の学生が話しています。

M1：来年度の卒業生を対象とした４つのセミナーのご案内です。一つ目は、面接力アップセミナーです。実際に企業の方との面接が体験できます。二つ目は、自己分析セミナーです。自分がどんな職業に向いているかを知ることができます。三つ目は、企業研究セミナーです。希望している企業が本当にいい会社かどうかを研究できます。最後は、エントリーシート作成セミナーです。エントリーシートの書き方を、去年入社した先輩から教えてもらえます。

F：もうこういう時期になったのね。そろそろ考えなきゃね。

M2：残業や転勤とか、会社のことをまず知りたいけどな。でも、それは、先輩に聞いたり、ネットで調べられるかもしれないな。

F：そうだね。エントリーシートの書き方もサンプルがありそうね。

M2：企業の人との面接ができるセミナーって、なかなかないから、これはチャンスだな。僕は話す練習をしてみるよ。

F：そっか。私は自分が選んだ職業が、自分に向いてるかどうか、まだ自信がないから、それを確認してから、面接の練習をしてみるわ。

質問１　男の学生は、どのセミナーに参加しますか。

2. 문제 풀이 전략

STEP 1 대화를 들으며 핵심 내용을 메모한다.

첫 번째, 두 번째 유형은 화자의 희망 사항과 선택 사항 별 특징이나, 여러 의견과 그에 대한 찬반 여부를 메모한다. 세 번째 유형은 문제지에 제시된 4개의 선택지에 대한 특징과 남녀의 희망 사항을 메모한다.

STEP 2 질문을 듣고 올바른 선택지를 고른다.

메모를 토대로 첫 번째, 두 번째 유형의 문제는 화자의 최종 희망 사항에 만족하는 것, 최종적으로 결정된 사항을 정답으로 고른다. 세 번째 유형의 문제는 질문1과 질문2가 각각 남자에 대한 질문인지 여자에 대한 질문인지 혹은 두 사람에 대한 공통 질문인지 잘 듣고 이에 맞게 각각 선택한 것을 정답으로 고른다.

JLPT N2 합격 달성을 위한 맞춤 학습 플랜

7일 학습 플랜

* 시험 직전 실전 감각을 극대화하고, 마지막 학습 점검을 하고 싶은 학습자

일차	날짜	학습 내용
1일차	□___월___일	실전모의고사 제1회 채점 후 틀린 문제 복습 「폰 안에 쏙! 회차별 단어·문형집(PDF) - 제1회」 암기
2일차	□___월___일	실전모의고사 제2회 채점 후 틀린 문제 복습 「폰 안에 쏙! 회차별 단어·문형집(PDF) - 제2회」 암기
3일차	□___월___일	실전모의고사 제3회 채점 후 틀린 문제 복습 「폰 안에 쏙! 회차별 단어·문형집(PDF) - 제3회」 암기
4일차	□___월___일	실전모의고사 제1회~제3회 틀린 문제 한 번 더 풀기 「폰 안에 쏙! 회차별 단어·문형집(PDF) - 제1회~제3회」 잘 안 외워진 단어 위주로 한 번 더 암기
5일차	□___월___일	실전모의고사 제4회 채점 후 틀린 문제 복습 「폰 안에 쏙! 회차별 단어·문형집(PDF) - 제4회」 암기
6일차	□___월___일	실전모의고사 제5회 채점 후 틀린 문제 복습 「폰 안에 쏙! 회차별 단어·문형집(PDF) - 제5회」 암기
7일차	□___월___일	실전모의고사 제4회~제5회 틀린 문제 한 번 더 풀기 「폰 안에 쏙! 회차별 단어·문형집(PDF) - 제4회~제5회」 잘 안 외워진 단어 위주로 한 번 더 암기
시험일	□___월___일	시험장에 가져가면 좋을 학습 자료 1. 청해 문제별 분할 MP3를 담은 휴대 전화 2. 「폰 안에 쏙! 회차별 단어·문형집(PDF)」

14일 학습 플랜

* 현재 실력을 가늠해 보고, 차근차근 합격 달성을 위한 실력과 실전 감각을 쌓고 싶은 학습자

일차	날짜	학습 내용
1일차	□___월___일	실전모의고사 제1회 「폰 안에 쏙! 회차별 단어·문형집(PDF) - 제1회」 암기
2일차	□___월___일	실전모의고사 제1회 틀린 문제 한 번 더 풀기 「폰 안에 쏙! 회차별 단어·문형집(PDF) - 제1회」 잘 안 외워진 단어 위주로 한 번 더 암기
3일차	□___월___일	실전모의고사 제2회 「폰 안에 쏙! 회차별 단어·문형집(PDF) - 제2회」 암기
4일차	□___월___일	실전모의고사 제2회 틀린 문제 한 번 더 풀기 「폰 안에 쏙! 회차별 단어·문형집(PDF) - 제2회」 잘 안 외워진 단어 위주로 한 번 더 암기
5일차	□___월___일	실전모의고사 제3회 「폰 안에 쏙! 회차별 단어·문형집(PDF) - 제3회」 암기
6일차	□___월___일	실전모의고사 제3회 틀린 문제 한 번 더 풀기 「폰 안에 쏙! 회차별 단어·문형집(PDF) - 제3회」 잘 안 외워진 단어 위주로 한 번 더 암기
7일차	□___월___일	실전모의고사 제4회 「폰 안에 쏙! 회차별 단어·문형집(PDF) - 제4회」 암기
8일차	□___월___일	실전모의고사 제4회 틀린 문제 한 번 더 풀기 「폰 안에 쏙! 회차별 단어·문형집(PDF) - 제4회」 잘 안 외워진 단어 위주로 한 번 더 암기
9일차	□___월___일	실전모의고사 제5회 「폰 안에 쏙! 회차별 단어·문형집(PDF) - 제5회」 암기
10일차	□___월___일	실전모의고사 제5회 틀린 문제 한 번 더 풀기 「폰 안에 쏙! 회차별 단어·문형집(PDF) - 제5회」 잘 안 외워진 단어 위주로 한 번 더 암기
11일차	□___월___일	실전모의고사 제1회~제3회 회독용 답안지로 다시 풀기
12일차	□___월___일	실전모의고사 제1회~제3회 틀린 문제 복습하기 「폰 안에 쏙! 회차별 단어·문형집(PDF) - 제1회~제3회」 잘 안 외워진 단어 위주로 한 번 더 암기
13일차	□___월___일	실전모의고사 제4회~제5회 회독용 답안지로 다시 풀기
14일차	□___월___일	실전모의고사 제4회~제5회 틀린 문제 복습하기 「폰 안에 쏙! 회차별 단어·문형집(PDF) - 제4회~제5회」 잘 안 외워진 단어 위주로 한 번 더 암기
시험일	□___월___일	시험장에 가져가면 좋을 학습 자료 1. 청해 문제별 분할 MP3를 담은 휴대 전화 2. 「폰 안에 쏙! 회차별 단어·문형집(PDF)」

실전모의고사 제1회

난이도 : 중

답안지 작성법

受験番号を書いて、その下のマーク欄(らん)にマークしてください。
Fill in your examinee registration number in this box, and then mark the circle for each digit of the number.

受験番号
(Examinee Registration Number)

2	0	A	1	0	1	0	1	2	3	-	3	0	1	2	3
⓪	●	●		●	⓪	●	⓪	⓪	⓪			●	⓪	⓪	⓪
①	①	Ⓑ	●	①	●	①	●	①	①		①	①	●	①	①
●	②		②	②	②	②	②	●	②		②	②	②	●	②
③	③		③	③	③	③	③	③	●		●	③	③	③	●
④	④		④	④	④	④	④	④	④		④	④	④	④	④
⑤	⑤		⑤	⑤	⑤	⑤	⑤	⑤	⑤		⑤	⑤	⑤	⑤	⑤
⑥	⑥		⑥	⑥	⑥	⑥	⑥	⑥	⑥		⑥	⑥	⑥	⑥	⑥
⑦	⑦		⑦	⑦	⑦	⑦	⑦	⑦	⑦		⑦	⑦	⑦	⑦	⑦
⑧	⑧		⑧	⑧	⑧	⑧	⑧	⑧	⑧		⑧	⑧	⑧	⑧	⑧
⑨	⑨		⑨	⑨	⑨	⑨	⑨	⑨	⑨		⑨	⑨	⑨	⑨	⑨

← 수험표 상의 수험 번호와 답안지에 기재된 수험 번호가 일치하는지 확인하세요.

せいねんがっぴを書いてください。
Fill in your date of birth in the box.

せいねんがっぴ(Date of Birth)							
ねん Year				つき Month		ひ Day	
1	9	9	3	0	4	2	8

생년월일을 올바르게 작성하세요.
오늘 날짜를 작성하지 않도록 주의하세요.

日本語能力試験解答用紙

N2
聴解

← 언어지식(문자・어휘・문법)・독해, 청해 답안지가 각각 별도로 준비되어있으니, 시험 시간 별로 해당 과목에 맞는 답안지인지 꼭 확인하세요.

〈ちゅうい Notes〉
1. くろいえんぴつ(HB、No.2)でかいてください。
(ペンやボールペンではかかないでください。)
Use a black medium soft (HB or No.2) pencil.
(Do not use any kind of pen.)
2. かきなおすときは、けしゴムできれいにけしてください。
Erase any unintended marks completely.
3. きたなくしたり、おったりしないでください。
Do not soil or bend this sheet.
4. マークれい Marking Examples

よいれい Correct Example	わるいれい Incorrect Examples
●	⊘ ◯ ⊖ ⓪ ⊜ ⦶ ◉

あなたの名前をローマ字のかつじたいで書いてください。 Please print in block letters.
당신의 이름을 로마자로 써 주세요.

名前 Name	K I M J I S U

수험표 상의 영문 이름과 답안지에 기재된 영문 이름이 일치하는지 확인하세요.

問題(もんだい) 1				
例(れい)	●	②	③	④
1	①	②	③	④
2	①	②	③	④
3	①	②	③	④
4	①	②	③	④
5	①	②	③	④

← 답안 마킹 시 문항 번호에 주의하세요.

問題(もんだい) 2				
例(れい)	①	●	③	④
1	①	②	③	④
2	①	②	③	④
3	①	②	③	④
4	①	②	③	④
5	①	②	③	④
6	①	②	③	④

問題(もんだい) 3				
例(れい)	①	●	③	④
1	①	②	③	④
2	①	②	③	④
3	①	②	③	④
4	①	②	③	④
5	①	②	③	④

問題(もんだい) 4			
例(れい)	①	●	③
1	①	②	③
2	①	②	③
3	①	②	③
4	①	②	③
5	①	②	③
6	①	②	③
7	①	②	③
8	①	②	③
9	①	②	③
10	①	②	③
11	①	②	③
12	①	②	③

問題(もんだい) 5					
1		①	②	③	④
2		①	②	③	④
3	(1)	①	②	③	④
	(2)	①	②	③	④

〈주의 사항〉
1. 검정 연필(HB, No.2)로 써 주세요.
펜이나 볼펜으로는 쓰지 마세요.
2. 고쳐 쓸 때는 지우개로 깨끗이 지워 주세요.
3. 답안지를 더럽히거나 접지 마세요.
4. 마킹 예시

올바른 예	잘못된 예
●	⊘ ◯ ⊖ ⓪ ⊜ ⦶ ◉

受験番号を書いて、その下のマーク欄(らん)にマークしてください。
Fill in your examinee registration number in this box, and then mark the circle for each digit of the number.

受験番号
(Examinee Registration Number)

20A1010123-30123

せいねんがっぴを書いてください。
Fill in your date of birth in the box.

せいねんがっぴ(Date of Birth)		
ねん Year	つき Month	ひ Day

N2
言語知識（文字・語彙・文法）・読解

〈ちゅうい Notes〉
1. くろいえんぴつ(HB、No.2)でかいてください。
(ペンやボールペンではかかないでください。)
Use a black medium soft (HB or No.2) pencil.
(Do not use any kind of pen.)
2. かきなおすときは、けしゴムできれいにけしてください。
Erase any unintended marks completely.
3. きたなくしたり、おったりしないでください。
Do not soil or bend this sheet.
4. マークれい Marking Examples

よいれい Correct Example	わるいれい Incorrect Examples
●	⊘ ◯ ◯ ⓪ ⊖ ◐ ◍

あなたの名前をローマ字のかつじたいで書いてください。 Please print in block letters.

名前 Name	

問題 1				
1	①	②	③	④
2	①	②	③	④
3	①	②	③	④
4	①	②	③	④
5	①	②	③	④

問題 2				
6	①	②	③	④
7	①	②	③	④
8	①	②	③	④
9	①	②	③	④
10	①	②	③	④

問題 3				
11	①	②	③	④
12	①	②	③	④
13	①	②	③	④

問題 4				
14	①	②	③	④
15	①	②	③	④
16	①	②	③	④
17	①	②	③	④
18	①	②	③	④
19	①	②	③	④
20	①	②	③	④

問題 5				
21	①	②	③	④
22	①	②	③	④
23	①	②	③	④
24	①	②	③	④
25	①	②	③	④

問題 6				
26	①	②	③	④
27	①	②	③	④
28	①	②	③	④
29	①	②	③	④
30	①	②	③	④

問題 7				
31	①	②	③	④
32	①	②	③	④
33	①	②	③	④
34	①	②	③	④
35	①	②	③	④
36	①	②	③	④
37	①	②	③	④
38	①	②	③	④
39	①	②	③	④
40	①	②	③	④
41	①	②	③	④
42	①	②	③	④

問題 8				
43	①	②	③	④
44	①	②	③	④
45	①	②	③	④
46	①	②	③	④
47	①	②	③	④

問題 9				
48	①	②	③	④
49	①	②	③	④
50	①	②	③	④
51	①	②	③	④

問題 10				
52	①	②	③	④
53	①	②	③	④
54	①	②	③	④
55	①	②	③	④
56	①	②	③	④

問題 11				
57	①	②	③	④
58	①	②	③	④
59	①	②	③	④
60	①	②	③	④
61	①	②	③	④
62	①	②	③	④
63	①	②	③	④
64	①	②	③	④

問題 12				
65	①	②	③	④
66	①	②	③	④

問題 13				
67	①	②	③	④
68	①	②	③	④
69	①	②	③	④

問題 14				
70	①	②	③	④
71	①	②	③	④

受験番号を書いて、その下のマーク欄に マークしてください。
Fill in your examinee registration number in this box, and then mark the circle for each digit of the number.

受験番号
(Examinee Registration Number)

2	0	A	1	0	1	0	1	2	3	-	3	0	1	2	3
⓪	●	●		●	⓪	●	⓪	⓪	⓪			●	⓪	⓪	⓪
①	①	Ⓑ	●	①	●	①	●	①	①		①	①	●	①	①
●	②		②	②	②	②	②	●	②		②	②	②	●	②
③	③		③	③	③	③	③	③	●		●	③	③	③	●
④	④		④	④	④	④	④	④	④		④	④	④	④	④
⑤	⑤		⑤	⑤	⑤	⑤	⑤	⑤	⑤		⑤	⑤	⑤	⑤	⑤
⑥	⑥		⑥	⑥	⑥	⑥	⑥	⑥	⑥		⑥	⑥	⑥	⑥	⑥
⑦	⑦		⑦	⑦	⑦	⑦	⑦	⑦	⑦		⑦	⑦	⑦	⑦	⑦
⑧	⑧		⑧	⑧	⑧	⑧	⑧	⑧	⑧		⑧	⑧	⑧	⑧	⑧
⑨	⑨		⑨	⑨	⑨	⑨	⑨	⑨	⑨		⑨	⑨	⑨	⑨	⑨

せいねんがっぴを書いてください。
Fill in your date of birth in the box.

せいねんがっぴ(Date of Birth)		
ねん Year	つき Month	ひ Day

실전모의고사 1

N2
聴解

〈ちゅうい Notes〉
1. くろいえんぴつ(HB、No.2)でかいてください。
(ペンやボールペンではかかないでください。)
Use a black medium soft (HB or No.2) pencil.
(Do not use any kind of pen.)
2. かきなおすときは、けしゴムできれいにけしてください。
Erase any unintended marks completely.
3. きたなくしたり、おったりしないでください。
Do not soil or bend this sheet.
4. マークれい Marking Examples

よいれい Correct Example	わるいれい Incorrect Examples
●	⊗ ◯ ⊖ ⓪ ⊘ ① ◉

あなたの名前をローマ字のかつじたいで書いてください。 Please print in block letters.

名前 Name

問題 1				
例	●	②	③	④
1	①	②	③	④
2	①	②	③	④
3	①	②	③	④
4	①	②	③	④
5	①	②	③	④

問題 2				
例	①	●	③	④
1	①	②	③	④
2	①	②	③	④
3	①	②	③	④
4	①	②	③	④
5	①	②	③	④
6	①	②	③	④

問題 3				
例	①	●	③	④
1	①	②	③	④
2	①	②	③	④
3	①	②	③	④
4	①	②	③	④
5	①	②	③	④

問題 4			
例	①	●	③
1	①	②	③
2	①	②	③
3	①	②	③
4	①	②	③
5	①	②	③
6	①	②	③
7	①	②	③
8	①	②	③
9	①	②	③
10	①	②	③
11	①	②	③

問題 5					
1		①	②	③	④
2	(1)	①	②	③	④
	(2)	①	②	③	④

Language Knowledge (Vocabulary/Grammar) • Reading　　問題用紙

N2

言語知識（文字・語彙・文法）・読解

（105分）

注　　意

Notes

1．試験が始まるまで、この問題用紙を開けないでください。
Do not open this question booklet until the test begins.

2．この問題用紙を持って帰ることはできません。
Do not take this question booklet with you after the test.

3．受験番号と名前を下の欄（らん）に、受験票と同じように書いてください。
Write your examinee registration number and name clearly in each box below as written on your test voucher.

4．この問題用紙は、全部で31ページあります。
This question booklet has 31 pages.

5．問題には解答番号の 1 、 2 、 3 …が付いています。解答は、解答用紙にある同じ番号のところにマークしてください。
One of the row numbers 1、2、3 … is given for each question. Mark your answer in the same row of the answer sheet.

受験番号　Examinee Registration Number	

名　前　Name	

問題1 ＿＿＿の言葉の読み方として最もよいものを、1・2・3・4 から一つ選びなさい。

1 割れたガラスの破片が床に落ちている。

1 はかた　　2 はへん　　3 ひかた　　4 ひへん

2 彼女が描いた絵は酷かった。

1 ひどかった　　2 みにくかった　　3 すごかった　　4 まぶしかった

3 重要な書類は金庫で厳重に保管している。

1 ごんじゅ　　2 ごんじゅう　　3 げんじゅ　　4 げんじゅう

4 この看板(かんばん)は古くなって少し傾いている。

1 うつむいて　　2 かたむいて　　3 しりぞいて　　4 みちびいて

5 観客は試合で戦う選手たちに熱い声援を送った。

1 おうえん　　2 おうだん　　3 せいえん　　4 せいだん

問題２　＿＿＿の言葉を漢字で書くとき、最もよいものを１・２・３・４から一つ選びなさい。

6　社会に出る前に社会人としてのマナーやれいぎを知っておくべきだ。

1　礼儀　　2　礼議　　3　札儀　　4　札議

7　この町は都心から近いが、自然がゆたかで住みやすい。

1　富か　　2　盛か　　3　豊か　　4　栄か

8　幼いころから通っている食堂だから、味はほしょうできます。

1　補証　　2　保証　　3　補正　　4　保正

9　昨晩のうちに30センチもの雪がつもった。

1　重もった　　2　降もった　　3　蓄もった　　4　積もった

10　商品をへんぴんする際は、レシートをお持ちください。

1　返品　　2　変品　　3　返更　　4　変更

問題3 （　　）に入れるのに最もよいものを、1・2・3・4 から一つ選びなさい。

11 （　　　）登録はオンラインでも可能です。

1 副　　2 次　　3 半　　4 仮

12 その植物は秋になるとボール（　　　）の花を咲かせる。

1 状　　2 流　　3 式　　4 性

13 彼は毎日バスと電車を乗り（　　　）大学に通っている。

1 行って　　2 継いで　　3 留めて　　4 超えて

問題4 （　　　）に入れるのに最もよいものを、1・2・3・4 から一つ選びなさい。

14 ビルに着くと、エレベーターがちょうどいい（　　　）で下りてきた。

1 シーズン　　2 スペース　　3 バランス　　4 タイミング

15 メールに（　　　）されていた資料を事前に確認しておいた。

1 輸送(ゆそう)　　2 郵送(ゆうそう)　　3 添付(てんぷ)　　4 添加(てんか)

16 昔は自分の（　　　）に悩んだが、今は内面や能力を磨きたいと思っている。

1 容姿　　2 性格　　3 様子　　4 時間

17 日々の（　　　）運動として、軽いジョギングがおすすめです。

1 順調な　　2 適度な　　3 過激な　　4 的確な

18 旅行の荷物をかばんに（　　　）みたが、量が多すぎて入りきらなかった。

1 詰めて　　2 埋めて　　3 抱えて　　4 備えて

19 姉は顔が父に似ているが、声や話し方は母に（　　　）だ。

1 さっぱり　　2 けっこう　　3 そっくり　　4 ぴったり

20 引っ越し前に契約していたインターネットを（　　　）した。

1 解散　　2 解消　　3 解除　　4 解約

問題5 ＿＿＿の言葉に意味が最も近いものを、1・2・3・4 から一つ選びなさい。

21 今回の試合で負けても失望する必要はない。

1 がっかりする　2 びっくりする　3 なやむ　4 くやむ

22 景気の回復は依然期待できない。

1 まだ　2 それでも　3 たしか　4 あいにく

23 授業が終わった後、友人と雑談した。

1 勉強　2 食事　3 待ち合わせ　4 おしゃべり

24 塩と砂糖(さとう)を足したほうがいいよ。

1 混ぜた　2 区別した　3 追加した　4 減らした

25 先に仕事にとりかかってください。

1 仕事を終えて　2 仕事を始めて　3 仕事を教えて　4 仕事を手伝って

問題6　次の言葉の使い方として最もよいものを、1・2・3・4 から一つ選びなさい。

26　視察

1　本社の職員が海外にある工場を訪問し、製造過程を視察した。

2　韓国語を早く習得するため、自分に合った勉強方法を視察している。

3　理科の授業で顕微鏡(けんびきょう)の使い方を習った後、プランクトンを視察した。

4　おとといから風邪気味だったので、近くの病院で視察してもらった。

27　保つ

1　個人情報を保つためにサイトのパスワードを定期的に変えている。

2　果物の中には、冷蔵庫に保つと傷みやすくなるものもあるそうだ。

3　あの寺は文化的にも歴史的にも価値が高いとして国が保っています。

4　高校時代の友人とは今でも互いに信頼し合える良い関係を保っている。

28　妥当(だとう)

1　全国絵画コンクールで賞がもらえたのは、先生の妥当(だとう)な指導のおかげです。

2　大会が中止になったのは悲しいが、この天候を考えると妥当(だとう)な判断だったと思う。

3　彼女はバレリーナになるという夢を叶(かな)えるため、妥当(だとう)な努力を費やしてきた。

4　今回の数学のテストでは、難しい問題もなんとか妥当(だとう)な答えを導くことができた。

29　ほっとする

1　朝寝坊したが、どうにか出勤時間に間に合ってほっとした。

2　飼(か)い猫(ねこ)がお腹を見せてほっとして寝ている姿がかわいい。

3　アルバイトの高橋(たかはし)さんにはレジ業務がほっとして任せられる。

4　部屋を片付けると気持ちがほっとしてその後勉強に集中できた。

30　栽培

1　この広大な牧場では何百頭もの牛を栽培しています。

2　工場に部品が大量に栽培できる新型の機械が導入された。

3　自分で栽培した野菜は、売っているものよりおいしかった。

4　社会で活躍(かつやく)できる人材を栽培することが本校の教育目標だ。

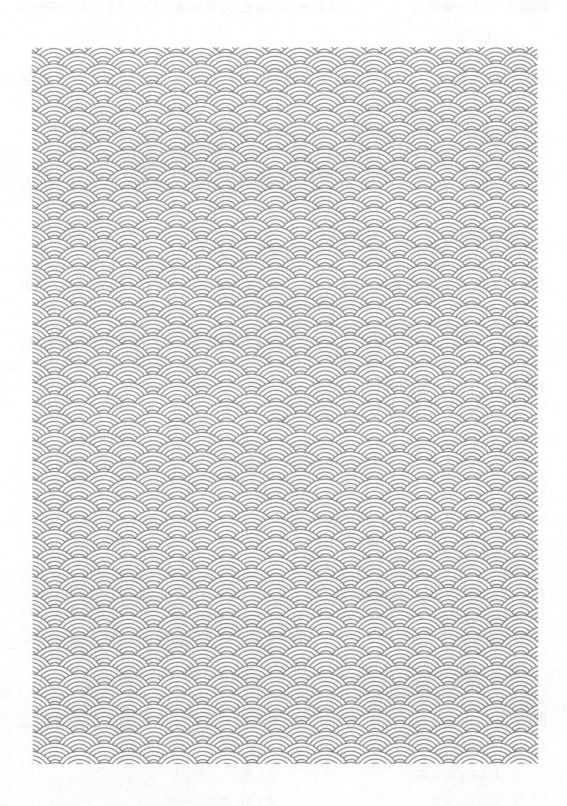

問題7　次の文の（　　　）に入れるのに最もよいものを、1・2・3・4 から一つ選びなさい。

31 誰にも支援して（　　　）まいと思っていたが、会社を立て直すためには、資金の援助をお願いするしかなかった。

1　もらわ　　2　もらい　　3　もらう　　4　もらおう

32 わが社では大学での専攻（　　　）、研究開発に意欲的に取り組んでいただける方に採用試験を受けてもらっている。

1　を問わず　　2　を抜きにして　　3　にかわって　　4　に反して

33 全国的に少子化が進んでいる（　　　）、この地域の子どもの数は10年連続で増加している。

1　以上は　　2　だけに　　3　のみならず　　4　とはいうものの

34 趣味だから上達しなくてもいいと思っていたが、高いギターを買った（　　　）、一生懸命練習して、有名な曲を上手に弾けるようになりたい。

1　からには　　2　ところ　　3　ばかりに　　4　だけあって

35 コンサートホールでオーケストラの演奏を聞くと、初めは音の大きさに驚くが、演奏が進むにつれて、（　　　）耳が慣れてくるものだ。

1　しょっちゅう　　2　続々　　3　徐々に　　4　要するに

36 あの運転手が割り込み運転をしたせいで、事故が起きたのだ。それなのに車も止めず逃げてしまうなんて、ひきょう（　　　）。

1　としか言いようがない　　2　としか言いそうにない

3　とも言いようがない　　4　とも言いそうにない

37 多少の難点は（　　　）、数々の困難を乗り越えて無事に仕事を終えることができてよかったと思う。

1　あるものだから　　2　ありっこないが

3　あるかと思うと　　4　あったにしろ

38 （ホテルへの電話で）

客　「今晩、シングルを一部屋、予約できますか。」

予約係「シングルのお部屋は本日満室でございます。ツインのお部屋なら、（　　　）が。」

客　「じゃあ、ツインでお願いします。」

1　ご予約なさいます　　2　ご予約いただけます

3　ご予約になります　　4　ご予約くださいます

39 どうしてもと言われれば（　　　）が、同僚の結婚式でのスピーチなんて気が進まない。

1　してきたであろう　　2　せずにはいられない

3　やってほしいものだ　　4　やらないこともない

40 まだ６時にもなっていないのに辺りは真っ暗だ。もう11月に入ったのだから、日が落ちるのも早くなった（　　　）。

1　といっただけだ　　2　というわけだ

3　といったかのようだ　　4　というほどだ

41 中村(なかむら)「あのレストラン、どうだった？」

山田(やまだ)「テレビで（　　　）空いていたし、期待したほどじゃなかったかな。」

中村(なかむら)「へえ、そうなんだ。」

1　騒(さわ)がれていたわりには　　2　騒(さわ)いだあげくに

3　騒(さわ)いでいたあまり　　4　騒(さわ)がせたにしては

42 高橋(たかはし)「この時計、買うの？ すてきだけど、ずいぶん高いね。」

山本(やまもと)「うん、もう少し安く（　　　）。」

高橋(たかはし)「お店の人に聞いてみたら？」

1　なりかねないな　　2　ならないもんかな

3　するわけにはいかないな　　4　するに越したことはないかな

問題8　次の文の＿★＿に入る最もよいものを、1・2・3・4 から一つ選びなさい。

（問題例）

あそこで ＿＿＿ ＿＿＿ ＿★＿ ＿＿＿ は山田さんです。

1　テレビ　　2　人　　3　見ている　　4　を

（解答のしかた）

1．正しい文はこうです。

あそこで ＿＿＿ ＿＿＿ ＿★＿ ＿＿＿ は山田さんです。 1 テレビ　4 を　3 見ている　2 人

2．＿★＿に入る番号を解答用紙にマークします。

（解答用紙）

（例）	①　②　●　④

43　そんな ＿＿＿ ＿＿＿ ＿★＿ ＿＿＿ 誰が信じるのかと言われ続けてきたが、やっぱりどんな病気でも治せる薬の研究はあきらめたくない。

1　夢　　2　話　　3　みたいな　　4　など

44　今回の技術研修は、基礎コースを ＿＿＿ ＿＿＿ ＿★＿ ＿＿＿、実習コースには進めません。

1　あっても　　2　なければ　　3　修了してからで　　4　どんなに経験が

45　この仕事はそんなに複雑じゃないし、締め切りまで ＿＿＿ ＿＿＿ ＿★＿ ＿＿＿ 終わらせなくても大丈夫ですよ。

1　して　　2　かなり　　3　残業まで　　4　余裕があるから

46 若宮「吉田君、また仕事で失敗したんだって？」

西田「うん、しかもそれを ＿＿＿ ＿＿＿ ＿＿＿ ＿★＿ とても怒られていたよ。」

1 また隠そうとした　　　2 ことも忘れて

3 から　　　4 前に注意された

47 買い物客から代金を多くもらってしまったが、 ＿★＿ ＿＿＿ ＿＿＿ ＿＿＿ 困っている。

1 住所も電話番号も　　　2 連絡方法が

3 なくて　　　4 知らないので

問題９　次の文章を読んで、文章全体の内容を考えて、**48** から **51** の中に入る最もよいものを、1・2・3・4 から一つ選びなさい。

以下は、雑誌のコラムである。

変化する敬語

言葉は時代とともに、使われ方やその言葉に込められた意味までも変わってしまうことがあります。例えば「させていただく」という敬語は、1990年代から使用頻度(ひんど)が増え、現代ではさまざまな場面で広く使われるようになりました。

もともと敬語は、多く使われるうちに敬意が薄くなっていく傾向があります。さらに、社会構造の変化にともなって、それまでの上下関係を表すための敬語の使い分けが弱まりました。代わりに「相手とちょうどよい距離(きょり)をとりながら、丁寧(ていねい)さを表す敬語」が **48** なったのです。

その代表的な例が現在の「させていただく」で、使用場面が増えるとともに前に付く動詞の種類も増えました。**49** 、使いやすくなったということです。

しかし、その敬語を受け取る側からすると、わかりにくい使われ方もあるようです。「この商品について説明させていただきます」のように、目の前の相手を意識した使われ方は素直(すなお)に受け取れるけれど、「東京(とうきょう)大学を卒業させていただきました」のように、相手との関係を意識する必要がない使われ方は、受け取りにくさがあるというのです。

使いやすくなり、多く使うことで実現できたはずの「ちょうどよくとった相手との距離(きょり)」が、逆にお互いの **50** のです。そのため、親しく交流できなくなっているとも言われています。

よく使われる一方で、受け取りにくさを感じさせてしまうこともある「させていただく」の使い方の鍵(かぎ)は何なのでしょうか。スムーズなコミュニケーションのためには、「あなたのことを意識していますよ」という **51** 。

48

1 好むように　2 好みに　3 好まれにくく　4 好まれるように

49

1 つまり　2 しかも　3 あるいは　4 ただし

50

1 距離(きょり)を遠くしてしまった　2 上下関係を作れなくしてしまった

3 考えがよくわかるようになった　4 心を表現するようになった

51

1 気持ちは必要なくなるでしょう　2 気持ちとともに使うことが大切です

3 気持ちに応えるべきです　4 気持ちの変化が大切です

問題10　次の(1)から(5)の文章を読んで、後の問いに対する答えとして最もよいものを、1・2・3・4 から一つ選びなさい。

(1)

買い物をする際は、それが自分にとって本当に必要な物か考えた上で買うことにしている。あると便利だがなくても困らない物なら買わないし、何か買うことになったとしても必要な分だけ買い、決して無駄(むだ)にならないようにしている。

少しでも安い物を買って、お金を節約しているという人がいるが、安く買っているからといって、節約ができているわけではない。不必要な物を買ったり、また、必要以上に買えば、いくら安くてもお金を無駄(むだ)に使ったことになる。このようなお金の使い方は、節約ではなくむしろぜいたくであろう。

52　筆者が考える節約とはどのようなことか。

1　できる限り低価格な物を買うこと
2　無駄(むだ)な物にお金を使わないこと
3　自分にとって必要な物を安く買うこと
4　ぜいたくな物にお金を使わないこと

（2）

以下は、ある会社の社内文書である。

令和（れいわ）3年6月1日

社員各位

人事課

インターンシップ(注)についてのお知らせ

本年度も以下のようにインターンシップの学生を受け入れます。

インターンシップは将来、私たちとともに働く人材を確保することはもちろん、社会への貢献（こうけん）活動として、わが社が毎年行っているものです。先輩（せんぱい）として自己成長の機会にもなりますので、ご協力をお願いいたします。

期間	対象者	担当部署	目標
1日	全学年	営業管理部	先輩（せんぱい）と仕事をして仕事の楽しさを知る。
5日	来年度卒業生	商品開発部	先輩（せんぱい）とチームで商品を開発する。

(注) インターンシップ：企業が学生に行う職業体験の制度

53 学生の受け入れについて正しいものはどれか。

1 この会社は最長5日間、インターンシップの学生を受け入れる。

2 この会社は担当部署以外でも、インターンシップの学生を受け入れる。

3 この会社は社員の教育のために、インターンシップの学生を受け入れる。

4 この会社は社会のために、本年度よりインターンシップの学生を受け入れる。

(3)

私たちは「お陰様の人生」を生きていると言えます。「お陰様」という言葉は、現在では挨拶に使われるほど日常的に、人や世間に対する感謝を表す言葉として広く使われています。直接お世話になった相手への気持ちを表すだけでなく、「お陰様」の「お陰」には「神や仏の助け」という意味もあると言われています。仏教では、人は常に周りから支えられて生きているという考えがあるのですが、「お陰様」という言葉にはそのような考えも表れているように思われます。

54 私たちは「お陰様の人生」を生きているとあるが、なぜか。

1 「お陰様」という言葉が、日常的に使われているから

2 私たちは日々、相手への感謝を込めて言葉を発しているから

3 人に対する感謝を忘れないで生きることが大切だから

4 人は周りからの支えがなければ生きていけないから

（4）

以下は、ある図書館に届いたメールである。

> 山下市中央図書館
>
> ご担当者様
>
> 山下市にある企業(きぎょう)に勤務しております高橋(たかはし)と申します。
>
> 先日そちらに書籍を借りに行ったのですが、市民でないと借りられないと言われました。
>
> 他の市ではたいてい在勤者も借りられるシステムになっていて、山下市でもそうだと思っていたので、とても残念でした。
>
> しかし、家に帰って調べたところ自分の理解に誤りはなく、やはり借りられることがわかりました。
>
> 図書館カウンター職員の教育の徹底(てってい)が必要かと思います。
>
> 後日改めて伺おうと思いますが、その際には適切な対応(たいおう)をしていただけることを期待します。

55　このメールを書いた目的は何か。

1　市内で働いている人も本を借りることができるように求める。

2　図書館で働いている人達が間違った対応(たいおう)をしないように求める。

3　貸し出しシステムがよくないので、改善(かいぜん)するように求める。

4　次回本を借りに行ったときには、ていねいに接するように求める。

(5)

最後に人をうらやましいと思ったのはいつだろう。そんなことを口にすると、何不自由のないご身分なのだと、とんでもない誤解をされることもあるが、もちろんそんなはずはない。人との競争では辛いこともあったし、もっと頭がよく生まれていればと思ったことも何度もある。だが、どれほど他人をうらやましがったところで、自分を取り巻く状況がすぐに変わるわけではないし、他人は他人、自分は自分だ。そしてそれならば、自分の手の中にあるものをもっと大切にすべきだと考えるようになったのだ。

56　筆者の考えに合うのはどれか。

1　他人をうらやましいと思う気持ちは、どんな時でも持つべきではない。

2　自分の環境を変えたからといって、自分の望みが叶(かな)うわけではない。

3　自分の状況を変えることはできないから、今のことだけを考えるべきだ。

4　他人をうらやましいと思うより、自分が持っているものを大事にするべきだ。

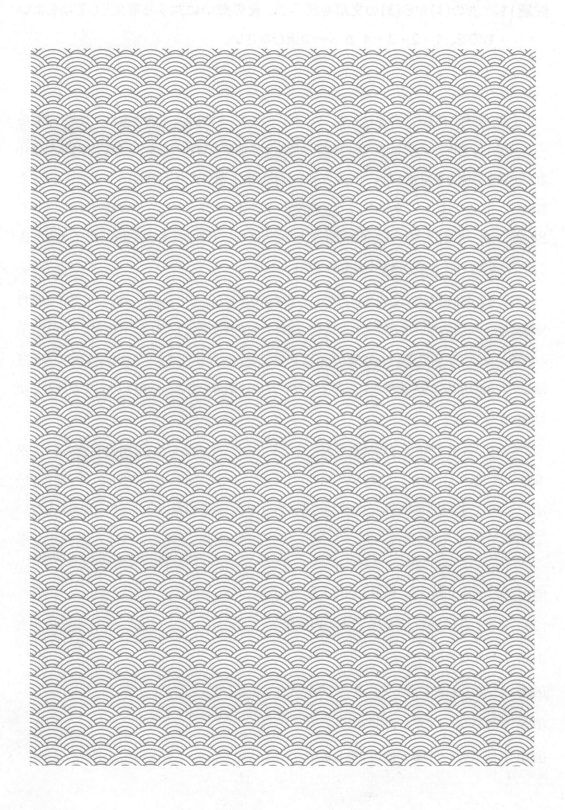

問題11　次の(1)から(3)の文章を読んで、後の問いに対する答えとして最もよいものを、1・2・3・4 から一つ選びなさい。

(1)

人生は、評価されることの連続です。幼い頃からもうできるとか、まだできないなどと成長をチェックされ、学校へ行けばテストの結果や態度から成績を付けられます。社会人になれば仕事の実績から能力を査定(注1)され、子どもを持てば良い親、悪い親などと周りから言われることもあります。最近では、インターネットなどのメディアを通した発言(注2)が批判や賞賛(注3)の対象になることも多く、会ったこともない人から評価されることがあるほどです。人は人生のほとんどを評価されているといっても言い過ぎではないでしょう。

けれども、評価されること自体は悪いことではありません。違う立場からの公正な評価は自分では気づくことのない現状を明らかにし、改善すべき点を教えてくれるからです。しかし、その評価が妥当で信頼できるものかということには気をつけなければなりません。信頼できる評価はその人のためになりますが、信頼できない評価は誤解を与え、その人の人生を狂わし(注4)かねないからです。

ですから、評価されたらその評価が公正で、本当に自分のためになるのかを見極める(注5)ことが重要です。その上で無視して良いものは無視し、改めるべきことは改めるなどの決定をしていけばいいのです。どう生きるのかを決めるのは自分です。自分の役に立つ評価を無駄にしないことが賢明(注6)でしょう。

(注1) 査定する：調べて、価値を決定する

(注2) 発言：意見を述べること、またその意見

(注3) 賞賛：ほめること

(注4) 人生を狂わす：人生を普通ではない状態にすること

(注5) 見極める：よく考えて判断する

(注6) 賢明：賢くて判断が適切である様子

57 筆者によると、評価されることの連続とはどのようなことか。

1 幼い頃から社会人になるまでの間はずっと周りから評価されるということ

2 さまざまな評価が幼いときから始まり人生を通して行われるということ

3 大人になっても知らない人の間で自分への批判や賞賛が続くということ

4 学生のように成績で評価されることが人生の中で繰り返されるということ

58 評価について、筆者はどのように述べているか。

1 信頼できる評価は評価される人の役に立つ。

2 評価が信頼できるかどうかは人によって違う。

3 評価は人の知らない弱点を教えてくれる。

4 評価は常に人の人生を変える恐れがある。

59 この文章で筆者の言いたいことは何か。

1 自分の人生だから、周りの評価は気にせず生きていくことが大切だ。

2 どんな評価も無駄にしないで、自分の人生に役立てることが大切だ。

3 人からの評価は無視し、改めるべきことは自分で決めることが大切だ。

4 正しく評価されているかを判断してから、すべきことを決めることが大切だ。

(2)

日本では古くから「読み書きそろばん」を子供達に教えてきた。文字や文章を正しく読むこと、文章を書くこと、そして数字を扱うことの三つを表しているが、中でも数の計算は、昔から、日々の生活に欠かせないものだった。

現在においても数学という学問を軽視（注1）する人はいないであろう。数学は世界中の人が同じルールで使うことができる人工的な言語であり、今日では天文学や化学などのほぼ全ての自然科学、経済学や心理学など大半の社会科学などで用いられている学問である。聞いた話によると、数字を扱うことは生まれつき持っている能力ではないという。つまり、これは誰もがゼロから学習して伸ばすことができる能力なので、努力して身に付けるに値（注2）する能力だと言えよう。

とは言っても、数学を学ぶことが嫌いな人は多い。原因はおそらく数学に内在（注3）する非日常性なのではないだろうか。古代にゼロを「発見」したという話があるが、目に見えないものを数えるというのは、考えると奇妙なことだ。このように日常的な感覚や想像できる範囲を超えたところに数学はあり、そのことが数学を難しくてわからないものにしている。

だが、数学の優れているところはルール通りに使いさえすれば、皆が納得できるような結論を導き出すことができる点であり、それこそが多くの学問を支えている理由である。人類が膨大な時間をかけて作り上げた数学という言語は、人の想像力や日常の感覚では解けない問いを今後も明らかにしていくに違いない。

（注1）軽視する：重要だと思わない

（注2）値する：価値がある

（注3）内在する：その中に存在する

60 筆者によると、数学という学問が重要視される理由は何か。

1 生活の中で必ず計算という技術を使うから
2 多くの分野で使われている学問だから
3 能力がなくても学べるように作られた言語だから
4 今後は多くの場所で使われる可能性があるから

61 数学の難しさについて、筆者はどのように述べているか。

1 数学を使うことは日常的ではないので、難しいと感じる。
2 目に見えないものを扱(あつか)っているので、難しいと感じる。
3 自分の想像や感覚と離れているので、難しいと感じる。
4 複雑な計算を使うことが多いので、難しいと感じる。

62 数学について、筆者の考えに合うものはどれか。

1 ルールに従い計算すれば、必ず納得(なっとく)できる結果にたどり着く学問である。
2 多くの学問の基礎になっているので、学校できちんと学習すべきである。
3 言葉で表せないものを表すために長い時間をかけて作ってきた学問である。
4 難しい問題を解決するために必要となるので、誰(だれ)もが身に付けるべきである。

（3）

学生のころ、朝の電車に乗りながら、ここにいる多くの人達が働きに行くんだろうなと考えたことがある。一日の３分の１以上の時間、仕事をするのは大変だろうと思ったものだ。卒業が近くなり就職する時期が迫(せま)ってくると、これからあの電車の中の一人になるのかと少しゆううつになった。楽しそうに思えなかったからだ。

ところが、仕事を始めてみるとそんな気持ちはどこかに行ってしまった。毎日が忙しく、余計なことを考えている暇(ひま)はなかったのだ。私は、目の前のすべきことを日々行うだけで精一杯（注１）だった。

就職して数年が過ぎたころ、学生時代の友人に仕事は楽しいかと聞かれた。「もちろん」と答えたのだが、後から自分が即答(そくとう)（注２）したことを<u>不思議に思った</u>。大きい会社だというだけで選んだ仕事だ。やりたいことがあったわけでも情熱を傾けて（注３）仕事をしていたという自覚（注４）もない。だが、いつの間にか自分の仕事が好きになっていた。

仕事というものはそんなものなのかもしれない。最初からやりたいことが明確にある人は稀(まれ)で、誰(だれ)もがたまたまそばにあった仕事を選び、やりながらおもしろさを発見していくのではないだろうか。自分のしている仕事が社会の中で果たして（注５）いる役割を徐々(じょじょ)に理解していき、その中で出会う難しさに挑戦(ちょうせん)し続けることで好きになる。そして、この仕事は自分に向いていると思うようになるのだ。

（注1）精一杯：全ての力を使っている状態

（注2）即答(そくとう)する：聞かれてすぐに答える

（注3）情熱を傾ける：力や気持ちを集中させる

（注4）自覚：自分で自分のことを知ること

（注5）果たす：目的を達成する

63 筆者の仕事に対する考えは就職前後でどのように変わったか。

1 働くのは大変なだけだと思っていたが、始めたらすぐに楽しくなった。

2 働くのは楽しくなさそうだと思っていたが、始めたら何の考えもなくなった。

3 働くのはつまらないだろうと思っていたが、始めたら夢中になった。

4 働くのは好きじゃないと思っていたが、始めたら考える時間がなくなった。

64 筆者が不思議に思ったのはなぜか。

1 楽しいかどうか考える暇(ひま)がないくらい、忙しかったから

2 大企業を選んだことで、楽しい仕事ができていたから

3 やりたくて選んだ仕事ではないのに、楽しいと答えたから

4 自分の本当の気持ちがわからないのに、楽しいと答えたから

問題12　次のAとBの文章を読んで、後の問いに対する答えとして最もよいものを、1・2・3・4 から一つ選びなさい。

A

この度、さくら病院に設置されている公衆電話は一台を除き、すべて撤去(注)されることになりました。これまで公衆電話をご利用いただいていた皆様には、ご不便をおかけすることになりますが、ご理解いただきますようお願い申し上げます。

また、この決定に伴って、病院内での携帯電話のご利用が可能になりました。しかし一部、使用禁止エリアもございますので、携帯電話をご利用の際は、利用が可能なエリアかどうかをお確かめの上、ご利用いただきますようお願いいたします。

なお、一階、時間外受付横にある公衆電話は、今まで通りご利用になれます。皆様のご理解とご協力をお願い申し上げます。

B

私は入院患者です。最近、公衆電話は利用者が減っていることや維持費の問題から撤去が進んでいると聞いています。これは私のように携帯電話を持たない老人からすると、非常に困ります。しかし、この病院では一台は残しておいてくださるとのことで、安心いたしました。

友人が通っている病院でも、最近、病院にあるすべての公衆電話が撤去されたと聞きました。友人も携帯電話を持っていないので、入院したら連絡はどうすればいいのかと、とても不安がっていました。時代が変わり、社会のあり方が変わっていくのは仕方のないことです。しかし、いつの時代であっても、小さい子どもから私のような老人まで暮らしやすい社会であってほしいと心から願っています。

(注) 撤去：建物や置いてあるものなどをなくすこと

65 この病院での電話利用について、正しいものはどれか。

1 この病院では、携帯電話と公衆電話の両方を使うことができる。

2 この病院では、どのエリアでも携帯電話を使うことができる。

3 携帯電話禁止エリアでは、公衆電話を利用する必要がある。

4 時間外受付付近では、携帯電話の利用のみ可能である。

66 病院にある公衆電話について、AとBはどのように述べているか。

1 AもBも、利用者数が減っていると述べている。

2 AもBも、最近ではどの病院でも撤去が進む一方だと述べている。

3 Aはすべて撤去されることが決まったと述べ、Bは必要なので残すべきだと述べている。

4 Aは撤去が決まり台数が減ると述べ、Bは台数が減るにしてもあるだけよいと述べている。

問題13　次の文章を読んで、後の問いに対する答えとして最もよいものを、1・2・3・4 から一つ選びなさい。

文楽という伝統芸能があるが、ご存じだろうか。これは1体の人形を3人の人で動かすという、世界でも珍しい人形劇だ。その人形はまるで生きているかのようで、見ている人は物語の世界に引き込まれる。文楽の人形の顔は表情を表すことができないのだが、なぜ心があるかのように錯覚(注1)するのだろうか。

それは人形を動かす人形遣いの技術に秘密がある。一般的な機械は一定の速さで動くものだが、文楽の人形は緩急(注2)のついた手や体の動きで、機械のような感情のないものとの違いを生み出している。つまり、人間のような感情を表すには、ゆったりとした動きと素早い動作の両方を合わせて行うことが必要らしい。<u>人形遣いはその動かし方がすばらしい</u>のだ。

さて、日本ではかなり前からロボット研究が盛んに行われている。これは小さいころからアニメなどでロボットに慣れ親しんだ(注3)人々が研究者となり、憧れていたロボットをその手で作ろうと努力していることも大きい。中には、まるで人間のような外見を持つロボットを開発しようとする動きもある。だが、ロボットの見た目が人間に近づくにつれ、親しみを感じる人は減っていくらしい。似ているのに違和感(注4)を抱くようになるのだ。

人間ではないと分かっていながらも人のようだと感じる要素が、この二つの例から分かる。つまり、人間らしさを表すのは見た目ではなくむしろ動作の緩急なのだ。

人は他人の気持ちを表情や話し方や体の動きから判断しているという。文楽の人形の動作から出る「気持ち」に人間らしさを感じる一方で、動作などが一定の速さになっているロボットからは「気持ち」を読み取ることができず、かえって気持ち悪さを感じてしまうと言われている。

ロボットの研究が最終的にたどり着くところは、人間の心理の探究(注5)だ。それを通じ、人の心がどのようなものを受け入れ、どのようなものを拒否するのかを探っていく。人と同じような視線や表情や体の動きをロボットに身に付けさせるにはどのようにしたらいいのか。身に付けさせた後に、人間はそのロボットの「気持ち」を読み取ることができるのか。感情があるかのように振る舞うロボットの開発は、人間とはどのような生き物なのかを明らかにしてくれるに違いない。

（注1）錯覚する：事実とは違うことをそうだと感じる

（注2）緩急：遅いことと速いこと

（注3）慣れ親しむ：何度も接して、親しみを感じる

（注4）違和感を抱く：普通と違っていて不自然だと思う

（注5）探究：研究

67 人形遣いはその動かし方がすばらしいと筆者が考えているのはなぜか。

1　３人で動かすことで人形に感情があると思わせるから

2　人形の手や体の動きから、物語を作ることができるから

3　動きを通して人間のような感情を見せることができるから

4　高い技術力で機械とは違うことを表すことができるから

68 人間らしさについて、筆者の考えに合うものはどれか。

1　動きの緩急が激しいものは、人間らしさを全く感じさせない。

2　ロボットが人間のように動くと、人は気持ち悪いと感じる。

3　文楽の人形の動きのように感情が想像できるものを、人間らしいと感じる。

4　見た目が人と同じロボットは、人間らしさを感じさせない。

69 ロボットの研究について、筆者はどのように考えているか。

1　ロボットの研究は人間の心を研究するために行われている。

2　ロボットの研究をすることで人間のことが分かってくる。

3　人が受け入れてくれるようなロボットを作ることが必要である。

4　人のような感情を持つロボットを開発することが最終目標である。

問題14　右のページは、あるホテルのパンフレットである。下の問いに対する答えとして最もよいものを、1・2・3・4 から一つ選びなさい。

70　山田さんは、来月中学校時代の友達５人で月山ホテルを利用しようと考えている。レストラン「ムーンダイナー」で特別な夕食を食べ、全員で同じ部屋に泊まりたい。山田さんはどうしたらいいか。

1　朝食付き洋室プランに申し込み、夕食を追加する。

2　朝食付き和室プランに申し込み、夕食を追加する。

3　食事なし洋室プランに申し込み、夕食を追加する。

4　食事なし和室プランに申し込み、夕食を追加する。

71　ワンさんは、来週の木曜日に一泊、中学１年生の息子と４歳の娘の３人で「食事なし洋室プラン」を利用する予定である。ワンさんたちの料金はどのようになるか。

1　ワンさん10,000円、息子5,000円、娘5,000円

2　ワンさん11,000円、息子11,000円、娘5,500円

3　ワンさん10,000円、息子10,000円、娘5,000円

4　ワンさん10,000円、息子10,000円のみ

春の宿泊プラン

春がだんだん近づいてきました。ご家族やご友人との春の旅行にお使いいただける、お得な宿泊プランをご用意しました。この機会にぜひ月山ホテルをご利用ください。

朝食付き洋室プラン　定員：4名

■ 1泊の料金（1名分）　(月〜木・日曜日)大人：12,000円　子ども：6,000円
(金・土曜日)大人：13,000円　子ども：6,500円

朝食付き和室プラン　定員：6名

■ 1泊の料金（1名分）　(月〜木・日曜日)大人：11,000円　子ども：5,500円
(金・土曜日)大人：12,000円　子ども：6,000円

食事なし洋室プラン　定員：4名

■ 1泊の料金（1名分）　(月〜木・日曜日)大人：10,000円　子ども：5,000円
(金・土曜日)大人：11,000円　子ども：5,500円

食事なし和室プラン　定員：6名

■ 1泊の料金（1名分）　(月〜木・日曜日)大人：9,000円　子ども：4,500円
(金・土曜日)大人：10,000円　子ども：5,000円

朝食付きプランをご利用のお客様に限り、ホテル内レストラン「ムーンダイナー」での春の特別ディナーをご用意しております。追加料金は以下の通りです。ご希望の方は、宿泊予約時にお申し付けください。

追加料金　大人：4,000円　子ども：2,800円

＜お部屋について＞　洋室：ベッドのあるお部屋（バス・トイレ付）
和室：畳のお部屋（バス・トイレ付）

＜料金の区分について＞　大人：中学生以上のお客様
子ども：4歳から小学生までのお子様（3歳以下は無料です）

ご予約・お問い合わせ　月山ホテル　033-123-5566

Listening

問題用紙

N2

聴解

（50分）

注　　意

Notes

1． 試験が始まるまで、この問題用紙を開けないでください。
Do not open this question booklet until the test begins.

2． この問題用紙を持って帰ることはできません。
Do not take this question booklet with you after the test.

3． 受験番号と名前を下の欄（らん）に、受験票と同じように書いてください。
Write your examinee registration number and name clearly in each box below as written on your test voucher.

4． この問題用紙は、全部で13ページあります。
This question booklet has 13 pages.

5． この問題用紙にメモをとってもかまいません。
You may make notes in this question booklet.

受験番号　Examinee Registration Number	

名　前　Name	

일반 버전

고사장 소음 버전

해커스N2실전모의고사_1회.mp3

問題1

問題１では、まず質問を聞いてください。それから話を聞いて、問題用紙の１から４の中から、最もよいものを一つ選んでください。

例

1　しゅうかつサイトでテストを受ける

2　どういう仕事がしたいか決める

3　希望の仕事をサイトに登録する

4　やりたい仕事の企業について調べる

1番

1　ビジネスマナーの違いを教える

2　プロジェクトの内容を説明する

3　新しい業界の資料を渡す

4　プレゼンテーションのしかたを見せる

2番

1　パソコンを修理に出す

2　インターネットで修理の店を探す

3　事務室にパソコンを借りに行く

4　事務室に電話する

3番

1　家の中をもう一度探す

2　鉄道会社に聞いてみる

3　先生にお願いする

4　面接する会社に連絡する

4番

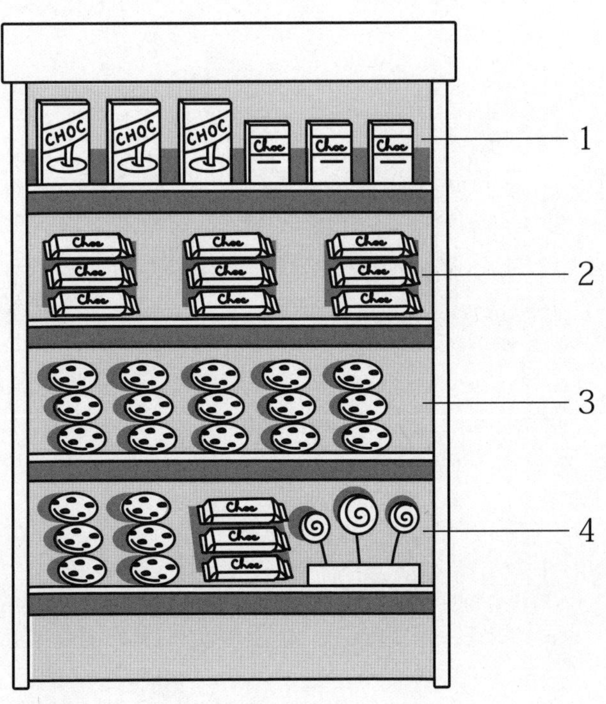

5番

1　司会のやり方を吉田さんに聞く

2　仕事の進み具合を確認する

3　課長に決まったことを報告する

4　取引先にメールで欠席者を知らせる

問題2

問題２では、まず質問を聞いてください。そのあと、問題用紙のせんたくしを読んでください。読む時間があります。それから話を聞いて、問題用紙の１から４の中から、最もよいものを一つ選んでください。

例

1　長い時間、ゆっくりしたいから

2　集中して本を読みたいから

3　田舎の自然を思い出したいから

4　おいしいケーキが食べたいから

1番(ばん)

1　駅(えき)からの距離(きょり)

2　部屋(へや)の広(ひろ)さ

3　家賃(やちん)の安(やす)さ

4　キッチンの使(つか)いやすさ

2番(ばん)

1　勉強(べんきょう)が進(すす)んでいないから

2　体(からだ)の調子(ちょうし)がよくないから

3　やる気(き)がなくなったから

4　ボランティアに応募(おうぼ)したから

3番

1　天気予報を見る

2　発表の準備をする

3　早めに家を出る

4　電車が止まるか確認する

4番

1　新しい洋服を着ていくこと

2　歌手の表情が見られること

3　よい音で歌が聞けること

4　歌手の写真を撮ること

5番

1　高い技術が使える仕事がしたいから

2　残業の少ない会社で働きたいから

3　給料の高い会社で働きたいから

4　家からでもできる仕事がしたいから

6番

1　書籍の数が多いこと

2　電子図書サービスを行っていること

3　エレベーターが設置されていること

4　読書イベントが開かれること

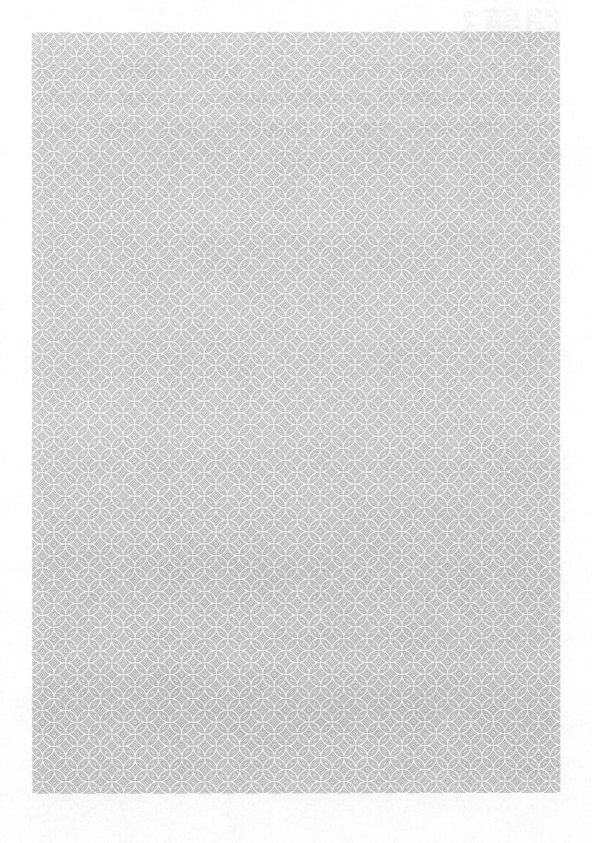

問題3

問題３では、問題用紙に何もいんさつされていません。この問題は、全体としてどんな内容かを聞く問題です。話の前に質問はありません。まず話を聞いてください。それから、質問とせんたくしを聞いて、１から４の中から、最もよいものを一つ選んでください。

- メモ -

問題4

問題４では、問題用紙に何もいんさつされていません。まず文を聞いてください。それから、それに対する返事を聞いて、１から３の中から、最もよいものを一つ選んでください。

- メモ -

問題5

問題５では、長めの話を聞きます。この問題には練習はありません。
問題用紙にメモをとってもかまいません。

1番

問題用紙に何もいんさつされていません。まず話を聞いてください。それから、質問とせんたくしを聞いて、１から４の中から、最もよいものを一つ選んでください。

- メモ -

2番

まず話を聞いてください。それから、二つの質問を聞いて、それぞれ問題用紙の1から4の中から、最も よいものを一つ選んでください。

質問1

1 運動公園

2 図書館

3 多目的ホール

4 ミュージアムセンター

質問2

1 運動公園

2 図書館

3 多目的ホール

4 ミュージアムセンター

정답표 p.288
[해설집] p.4

실전모의고사 제2회

난이도 : 중상

실전모의고사 2

N2

言語知識（文字・語彙・文法）・読解

受験番号を書いて、その下のマーク欄(らん)にマークしてください。
Fill in your examinee registration number in this box, and then mark the circle for each digit of the number.

受験番号
(Examinee Registration Number)

20A1010123-30123

〈ちゅうい Notes〉
1. くろいえんぴつ(HB、No.2)でかいてください。
(ペンやボールペンではかかないでください。)
Use a black medium soft (HB or No.2) pencil.
(Do not use any kind of pen.)
2. かきなおすときは、けしゴムできれいにけしてください。
Erase any unintended marks completely.
3. きたなくしたり、おったりしないでください。
Do not soil or bend this sheet.
4. マークれい Marking Examples

よいれい Correct Example	わるいれい Incorrect Examples
●	⊗ ◯ ◯ ◎ ◯ ◯ ●

あなたの名前をローマ字のかつじたいで書いてください。 Please print in block letters.

名前 Name

せいねんがっぴを書いてください。
Fill in your date of birth in the box.

せいねんがっぴ(Date of Birth)

ねん Year	つき Month	ひ Day

問題 1				
1	①	②	③	④
2	①	②	③	④
3	①	②	③	④
4	①	②	③	④
5	①	②	③	④

問題 2				
6	①	②	③	④
7	①	②	③	④
8	①	②	③	④
9	①	②	③	④
10	①	②	③	④

問題 3				
11	①	②	③	④
12	①	②	③	④
13	①	②	③	④
14	①	②	③	④
15	①	②	③	④

問題 4				
16	①	②	③	④
17	①	②	③	④
18	①	②	③	④
19	①	②	③	④
20	①	②	③	④
21	①	②	③	④
22	①	②	③	④

問題 5				
23	①	②	③	④
24	①	②	③	④
25	①	②	③	④
26	①	②	③	④
27	①	②	③	④

問題 6				
28	①	②	③	④
29	①	②	③	④
30	①	②	③	④
31	①	②	③	④
32	①	②	③	④

問題 7				
33	①	②	③	④
34	①	②	③	④
35	①	②	③	④
36	①	②	③	④
37	①	②	③	④
38	①	②	③	④
39	①	②	③	④
40	①	②	③	④
41	①	②	③	④
42	①	②	③	④
43	①	②	③	④
44	①	②	③	④

問題 8				
45	①	②	③	④
46	①	②	③	④
47	①	②	③	④
48	①	②	③	④
49	①	②	③	④

問題 9				
50	①	②	③	④
51	①	②	③	④
52	①	②	③	④
53	①	②	③	④
54	①	②	③	④

問題 10				
55	①	②	③	④
56	①	②	③	④
57	①	②	③	④
58	①	②	③	④
59	①	②	③	④

問題 11				
60	①	②	③	④
61	①	②	③	④
62	①	②	③	④
63	①	②	③	④
64	①	②	③	④
65	①	②	③	④
66	①	②	③	④
67	①	②	③	④
68	①	②	③	④

問題 12				
69	①	②	③	④
70	①	②	③	④

問題 13				
71	①	②	③	④
72	①	②	③	④
73	①	②	③	④

問題 14				
74	①	②	③	④
75	①	②	③	④

실전모의고사 2

N2
聴解

受験番号を書いて、その下のマーク欄(らん)にマークしてください。
Fill in your examinee registration number in this box, and then mark the circle for each digit of the number.

受験番号
(Examinee Registration Number)

20A1010123-30123

〈ちゅうい Notes〉
1. くろいえんぴつ(HB、No.2)でかいてください。
(ペンやボールペンではかかないでください。)
Use a black medium soft (HB or No.2) pencil.
(Do not use any kind of pen.)
2. かきなおすときは、けしゴムできれいにけしてください。
Erase any unintended marks completely.
3. きたなくしたり、おったりしないでください。
Do not soil or bend this sheet.
4. マークれい Marking Examples

よいれい Correct Example	わるいれい Incorrect Examples
●	⊗ ◯ ⊖ ⓪ ⊜ ⓞ ◐

あなたの名前をローマ字のかつじたいで書いてください。 Please print in block letters.

名前 Name

せいねんがっぴを書いてください。
Fill in your date of birth in the box.

せいねんがっぴ(Date of Birth)		
ねん Year	つき Month	ひ Day

問題(もんだい) 1			
例(れい)	●	②	③	④
1	①	②	③	④
2	①	②	③	④
3	①	②	③	④
4	①	②	③	④
5	①	②	③	④

問題(もんだい) 2				
例(れい)	①	●	③	④
1	①	②	③	④
2	①	②	③	④
3	①	②	③	④
4	①	②	③	④
5	①	②	③	④
6	①	②	③	④

問題(もんだい) 3				
例(れい)	①	●	③	④
1	①	②	③	④
2	①	②	③	④
3	①	②	③	④
4	①	②	③	④
5	①	②	③	④

問題(もんだい) 4			
例(れい)	①	●	③
1	①	②	③
2	①	②	③
3	①	②	③
4	①	②	③
5	①	②	③
6	①	②	③
7	①	②	③
8	①	②	③
9	①	②	③
10	①	②	③
11	①	②	③
12	①	②	③

問題(もんだい) 5					
1		①	②	③	④
2		①	②	③	④
3	(1)	①	②	③	④
	(2)	①	②	③	④

Language Knowledge (Vocabulary/Grammar) • Reading　　問題用紙

N2

言語知識（文字・語彙・文法）・読解

（105分）

注　意

Notes

1．試験が始まるまで、この問題用紙を開けないでください。
Do not open this question booklet until the test begins.

2．この問題用紙を持って帰ることはできません。
Do not take this question booklet with you after the test.

3．受験番号と名前を下の欄（らん）に、受験票と同じように書いてください。
Write your examinee registration number and name clearly in each box below as written on your test voucher.

4．この問題用紙は、全部で31ページあります。
This question booklet has 31 pages.

5．問題には解答番号の 1 、 2 、 3 …が付いています。解答は、解答用紙にある同じ番号のところにマークしてください。
One of the row numbers 1、2、3 … is given for each question. Mark your answer in the same row of the answer sheet.

受験番号　Examinee Registration Number	

名　前　Name	

問題１　＿＿＿の言葉の読み方として最もよいものを、１・２・３・４ から一つ選びなさい。

1　ふるさとを離れてもう10年が経つ。

1　はずれて　　2　はなれて　　3　わかれて　　4　われて

2　このテーブルは高さが調整できて便利だ。

1　ちょうせい　　2　ちょうせつ　　3　ちゅうせい　　4　ちゅうせつ

3　板にくぎを垂直に打ってください。

1　せいじき　　2　せいちょく　　3　すいじき　　4　すいちょく

4　食事会は和やかな雰囲気(ふんいき)で進んだ。

1　なごやか　　2　さわやか　　3　にぎやか　　4　おだやか

5　事故にあったが、幸い軽傷で済んだ。

1　けっしょう　　2　けっしょ　　3　けいしょう　　4　けいしょ

問題２　＿＿＿の言葉を漢字で書くとき、最もよいものを１・２・３・４から一つ選びなさい。

6　駅の利用者増加によりホームをかくちょうする工事を行います。

1　拡大　　2　拡張　　3　拡充　　4　拡散

7　自宅で小学生をたいしょうにしたそろばん教室を開いている。

1　対象　　2　代象　　3　対照　　4　代照

8　中村(なかむら)選手のゴールがチームを優勝にみちびいた。

1　誘いた　　2　率いた　　3　案いた　　4　導いた

9　この雑誌は、毎号ふろくがついてくる。

1　付録　　2　付緑　　3　符録　　4　符緑

10　市長は多くの市民から厚い信頼をえている。

1　取て　　2　得て　　3　受て　　4　承て

問題3 （　　）に入れるのに最もよいものを、1・2・3・4 から一つ選びなさい。

11　名前を呼ばれて（　　　）向いたら、後ろに友達が立っていた。

1　通り　　2　振り　　3　回り　　4　返り

12　大会を中止するかどうか（　　　）段階では判断できません。

1　来　　2　現　　3　最　　4　初

13　本だなには、本が種類（　　　）に並べられていた。

1　差　　2　分　　3　度　　4　別

14　あの人は若い時から（　　　）健康（けんこう）な生活をしていた。

1　不　　2　無　　3　悪　　4　下

15　来週の会議の参加（　　　）に資料を送ってください。

1　人　　2　家　　3　者　　4　手

問題4 （　　）に入れるのに最もよいものを、1・2・3・4 から一つ選びなさい。

16 普通、（　　　）の切符を買うほうが別々に買うより得だ。

1 片道(かたみち)　　2 往復(おうふく)　　3 記念(きねん)　　4 特急(とっきゅう)

17 彼は新商品に関するいい案(あん)を（　　　）部長に褒(ほ)められた。

1 出して　　2 思って　　3 直して　　4 持って

18 高価な肉や魚が並んだこんな（　　　）食事をしたのは、友人の結婚式以来だ。

1 余計(よけい)な　　2 過剰(かじょう)な　　3 広大(こうだい)な　　4 豪華(ごうか)な

19 パーティーで、初対面の人と話が続かなくて（　　　）雰囲気(ふんいき)になった。

1 厚かましい　　2 気まずい　　3 情けない　　4 頼りない

20 今日は朝から気温がどんどん（　　　）し、2月とは思えない暖かさだった。

1 上昇　　2 向上　　3 増加　　4 急増

21 日本は世界の主要国で構成される国際的な会議の（　　　）である。

1 クルー　　2 メンバー　　3 サークル　　4 プレーヤー

22 いつも夏休みの最後の日に困るんだから、宿題は（　　　）終わらせてしまいなさい。

1 じっくりと　　2 ずばりと　　3 ざっと　　4 さっさと

問題5　＿＿＿の言葉に意味が最も近いものを、1・2・3・4から一つ選びなさい。

23　その鳥は都会でも、まれに見られます。

1　しょっちゅう　　2　たまに　　3　あちこちで　　4　たびたび

24　この道具の用途は説明書に書いてあります。

1　性質　　2　値段　　3　使い道　　4　性能

25　両親に転居したことを知らせた。

1　引っ越した　　2　入院した　　3　店がつぶれた　　4　仕事を変えた

26　車での移動が続いたのでくたびれた。

1　とても疲れた　　2　病気になった　　3　眠くなった　　4　退屈だった

27　あの動物は動きがのろいことで有名だ。

1　荒い　　2　多い　　3　遅い　　4　速い

問題６　次の言葉の使い方として最もよいものを、１・２・３・４ から一つ選びなさい。

28　文句（もんく）

1　商品の使いやすさについて、多くのお客様から文句（もんく）が寄せられた。

2　アンケートによると、この町に住み続けたいという、いい文句（もんく）が多かった。

3　病院で２時間も待たされて、母は受付の人に文句（もんく）を言ったそうだ。

4　皆様からいただいた文句（もんく）にこたえて、新サービスを実施します。

29　つぶす

1　飲み終わったジュースの缶は、水で洗った後、つぶしてここに捨ててください。

2　この資料のサイズを小さくしたいので、コピー機でつぶしてください。

3　荷物を運びたいので、ドアが閉まらないようにちょっとつぶしておいてくれますか。

4　パソコンの使い過ぎで肩が痛いので、子供に頼んでつぶしてもらった。

30　なだらか

1　３月に入って春らしくなり、気温もなだらかになってきた。

2　家の前のなだらかな坂を上ると、海が見える公園に着きます。

3　会社の規則が厳（きび）しすぎるので、なだらかにすることにした。

4　子供が病気なく、なだらかに成長することを祈っている。

31　収集

1　これから会議を始めるので、皆さんを収集してください。

2　私の父は、趣味（しゅみ）で世界中の切手を収集しています。

3　歓迎会（かんげいかい）の参加費として、１人3,000円ずつ収集します。

4　この農家では、イチゴを収集して市場で売っています。

32　気候

1　今日は気候がいいので、久しぶりにピクニックに行くことにした。

2　天気予報によると、来週の気候は雪の日が多くて、朝晩の気温も低いそうだ。

3　午前中は晴れていたのに、急に風が吹いて大雨になるなんて、今日は変な気候だ。

4　この家は一年を通じて降水量が多い気候に適した形で作られている。

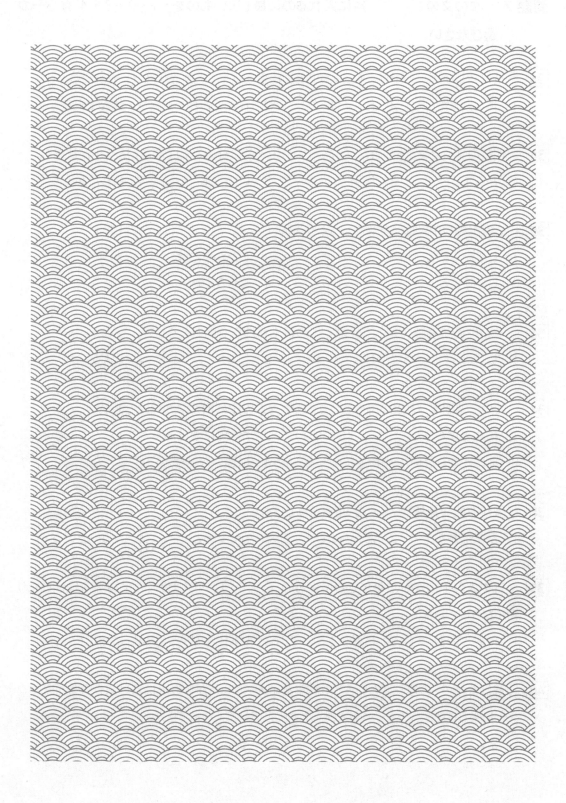

問題7　次の文の（　　　）に入れるのに最もよいものを、1・2・3・4 から一つ選びなさい。

33 彼は新しいゲームが早く欲しいからと、仕事を（　　　）買いに行ったそうだ。

1 休んだとたん　2 休んだあげく　3 休んでから　4 休んでまで

34 明日のプレゼンテーション（　　　）、クライアントと契約できるかどうかが決まる。

1 からすると　2 次第で　3 につけて　4 にしたがって

35 この工場の中には、全身をしっかり消毒（　　　）入ってはいけない。

1 してからでないと　2 したからには
3 してはじめて　4 したうえで

36 その俳優(はいゆう)が来日（　　　）際、この日本料理店を訪れたらしい。

1 し　2 した　3 して　4 しよう

37 この一週間ずっと雨が降っていたので、ダムの水は増えた（　　　）。

1 にすぎなかった　2 だけのことはある
3 にほかならない　4 に違いない

38 彼が有能な社員（　　　）正直そうではない。

1 かどうか　2 だからこそ　3 かというと　4 だからといって

39 日本人の平均寿命(じゅみょう)が毎年延びているの（　　　）、アメリカ人の平均寿命(じゅみょう)は延びたり縮んだりしている。

1 に対しては　2 に対して　3 に関しては　4 に関して

40 昔はタクシーの運転手というと中高年をイメージしたが、最近は若い人が運転するタクシーに乗ることも、（　　　）めずらしいことではなくなってきた。

1 まもなく　2 つい　3 そう　4 めったに

41 今年もあとひと月で（　　　）。大人になると、あっという間に時間が過ぎていくように感じられる。

1　終わろうとしている　　2　終わりかねない
3　終わるばかりだ　　4　終わるところだった

42 受付「はい、どのようなご用件でしょうか。」
田中「ABC商事の田中と申しますが、鈴木部長にこの書類を（　　　）ませんか。」

1　渡してさしあげ　　2　渡していただけ
3　受け取ってさしあげ　　4　受け取っていただけ

43 定年後、まだまだ働こうと就職活動を続けていたら、ありがたい（　　　）、経験が生かせる企業に再就職することができた。

1　ことから　　2　ことに　　3　ことだし　　4　ことだから

44 子供も生まれるし自分や家族の健康のことも考え、もう二度とたばこを（　　　）と決心した。

1　吸うまい　　2　吸いかねる　　3　吸わないものか　　4　吸うものではない

問題8　次の文の＿★＿に入る最もよいものを、1・2・3・4 から一つ選びなさい。

（問題例）

あそこで ＿＿ ＿＿ ＿★＿ ＿＿ は山田（やまだ）さんです。

1　テレビ　　2　人　　3　見ている　　4　を

（解答のしかた）

1. 正しい文はこうです。

あそこで ＿＿ ＿＿ ＿★＿ ＿＿ は山田（やまだ）さんです。 1 テレビ　4 を　3 見ている　2 人

2. ＿★＿に入る番号を解答用紙にマークします。

（解答用紙）

（例）	①　②　●　④

45　このたび、当映画館は映画鑑賞（かんしょう）料金を改定させていただきましたが、＿＿ ＿＿ ＿★＿ ＿＿ でご鑑賞（かんしょう）いただけます。

1　映画の日　　2　に限り　　3　改定前の料金　　4　12月1日の

46　もし夫婦二人で ＿＿ ＿＿ ＿★＿ ＿＿、どれぐらいの時間や費用がかかるだろうか。

1　すると　　2　船の旅に　　3　世界一周の　　4　参加すると

47　普段は穏（おだ）やかで心が広い社長だが、＿＿ ＿＿ ＿＿ ＿★＿ 厳（きび）しくなる。

1　お金の　　2　とても　　3　となると　　4　こと

48 健康（けんこう）のためにスポーツジムに入会した。週に３回は ＿＿＿ ＿★＿ ＿＿＿ ＿＿＿ だった。

1 体を動かそうと 2 今週は一度も 3 行けずじまい 4 思っていたのに

49 彼は大学生のときに、＿＿＿ ＿＿＿ ＿★＿ ＿＿＿ 小さい会社だった。

1 社員は２人だけの 2 社長になったが

3 会社を作って 4 社長といっても

問題9　次の文章を読んで、文章全体の内容を考えて、[50] から [54] の中に入る最もよいものを、1・2・3・4 から一つ選びなさい。

ペットと暮らすこと

現在、日本では子供の数よりペットの数の方が多い。2018年の段階で、日本の15歳未満の子供の数は約1,600万人。一方、ペットとして飼われている犬は約991万7,000匹、猫は約987万4,000匹。犬、猫合わせてざっと1,979万匹となる。もはや、国民の生活はペットの存在 [50] 語れないと言っても良いだろう。

さらに、昔なら家の外で飼っていたペットも、最近では家の中で飼うケースが多い。ペット用のベッドを用意するなど、ペットにとって良い環境に [51] ことも重要だとされている。こうして家の中でペットと過ごす時間が増えたことで、飼い主はペットの病気に気づきやすくなった。そして、心配なことがあるとすぐに近所の動物病院に連れて行くのだ。加えてドッグフード、キャットフードの質が良くなったことで、ペットの寿命はこの30年で２倍ほどになったと言われている。

[52]、お年寄りの飼い主からは「足や腰が痛くて犬の散歩に行けない」「自分が入院することになり、ペットの世話ができない」などの声を聞くことがある。しかし、そういうときには、ペットシッターやペットホテルなどのサービスを利用する手もあるそうだ。このような [53] 場所は、ペット介護センターやペットホテル、ドッグラン、ペットと一緒に入店できるレストランにいたるまで、充実してきている。

ここまでさまざまな環境が整いつつあるのは、ペットが人間の生活において重要な役割を果たしている [54]。

50

1　に先立って　　2　をはじめとして　　3　を抜きにしては　　4　にかかわりなく

51

1　していただく　　2　してあげる　　3　しないでおく　　4　させられる

52

1　それでも　　2　ただ　　3　そのうえ　　4　なお

53

1　ペットとの暮らしを支える　　2　年を取ったペットが行ける
3　お年寄りがサービスを受ける　　4　ペットの病気に気づける

54

1　わけがない　　2　だけだろう　　3　ように思う　　4　からだろう

問題10　次の(1)から(5)の文章を読んで、後の問いに対する答えとして最もよいものを、1・2・3・4 から一つ選びなさい。

(1)

　スマートフォンが壊(こわ)れてしまい、新しいものが欲しくて携帯(けいたい)電話の販売店に行ったのだが、店員に話を聞くと、新しいものは十万円もすると言われて驚(おどろ)いた。値引きが適用されるキャンペーンもあるそうだが、その場合はそのスマートフォンを２年か３年使い続けることが条件(じょうけん)になるという。さらに通話やデータ通信の料金プランがいくつもあり、その場ですぐには決断できなかった。スマートフォンは、もう少し買いやすくならないものだろうか。

55　筆者の考えに合うものはどれか。

1　スマートフォンは２年か３年で買い替えたほうがよい。

2　スマートフォンはキャンペーンの時に買うべきである。

3　スマートフォンの値段は安くないので、買うことができない。

4　スマートフォンは高くて料金プランもいろいろあり、買いづらい。

(2)

以下は、ある会社に届いたメールの内容である。

あて先：abc345@main.co.jp

送信日時：令和（れいわ）２年４月18日

ご担当者様

この度、オンラインショップでくつを買いました、山本（やまもと）と申します。
実際に履（は）いてみましたが、サイズが合わなかったため交換したいと思っています。

交換を希望する場合の手続きは、同封されていた専用用紙に交換理由を書いて返送するとありましたが、くつの返送先はカスタマーセンターと本社のどちらになりますか。

どのようにすればよいか、詳（くわ）しく教えていただきたいです。
どうぞよろしくお願いします。

56 このメールの用件は何か。

1 オンラインショップでのくつの買い方を教えてほしい。

2 選べるくつのサイズについて案内してほしい。

3 くつをどこへ送り返すべきか教えてほしい。

4 サイズが合わないくつを返品できるか教えてほしい。

(3)

最近、「地球にやさしく」という言葉をよく聞く。地球は弱いので、保護(ほご)すべきものだということなのか。

地球は生まれておよそ46億年である。地球温暖化が問題になって以来、「地球にやさしく」と言われてきたが、地球は長い時間、自分で自分を守ってきた。一方、人の歴史は700万年だ。残念ながら、人は気候変動による自然災害(さいがい)に負けてしまうこともある。「地球にやさしく」ではなく、「人にやさしく」のほうが正しいのではないだろうか。

57 筆者は、なぜ「地球にやさしく」ではなく「人にやさしく」のほうが正しいと考えているか。

1 人は自分を守ることができるから
2 地球は自分自身を守ることができるから
3 人は自然災害(さいがい)への対策ができるから
4 地球は自然災害(さいがい)を起こしてしまうから

(4)

以下は、あるお店から届いたお知らせである。

移転のお知らせ

いつもクリーニング福田をご利用いただき、ありがとうございます。当店はビル改築に伴(ともな)い、10月31日で移転することになりました。移転先は「山森駅」６番出口を出てすぐ右のＮＵビル１階です。

なお、11月１日から５日まで移転作業のためお休みをいただき、11月６日より新しい場所での営業を開始いたします。開店後３日間は移転キャンペーンとして、すべて半額の料金で承りますので、この機会にぜひご利用ください。

58 このお知らせで一番言いたいことは何か。

1　一度移転したあと、今の場所に戻るということ

2　１日から５日まで料金を半額にするということ

3　移転する場所が現在の場所から遠くないということ

4　店が現在の場所から引っ越しをするということ

(5)

都市では全ての物が、必要な物と不要な物に分けられる。そして、有害な動物や虫は不要な物として駆除(注1)し、その結果自然を破壊する。しかし田舎に行くと、人にとって意味のない物が大多数だと気づく。例えば腐った木や何のためにいるのかわからない虫などだ。本来、自然界には多様(注2)な物があるものだ。田舎で過ごすと多様であることが普通だと気づき、謙虚になり、あらゆる物に敬意を持つようになるのではないだろうか。

（注1）駆除する：追い払って、取り除くこと

（注2）多様な：さまざまな種類があること

59 筆者の考えに合うのはどれか。

1 都市での生活を好むのは田舎には意味のない物が多く、住みにくいからだ。

2 都市の自然破壊をただちにやめ、多少不便でも自然を残すようにするべきだ。

3 田舎で意味がない物の存在に気づくことで、多様性が理解できるようになる。

4 田舎にいると意味のない物もあると気づくことができるので、田舎に住むべきだ。

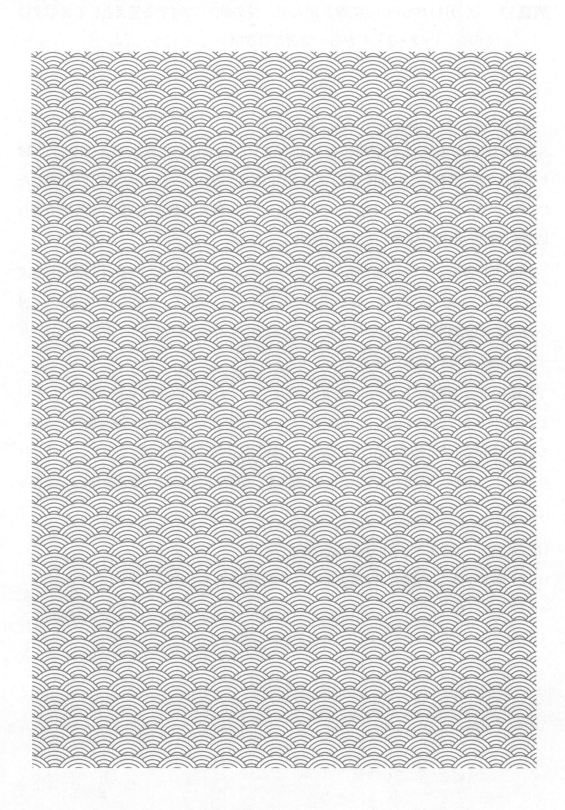

問題11　次の(1)から(3)の文章を読んで、後の問いに対する答えとして最もよいものを、1・2・3・4 から一つ選びなさい。

(1)

私には妹がいる。二歳違いなので、子供の頃(ころ)は体の大きさに差があったが、大人になると身長もほぼ同じになり、どこへ行っても「似ている」と言われた。家族や親しい友人は、「確かに姉妹だが、性格も違うし顔も違う」と言っていたが、初対面の人からは双子だと思われたことも一度や二度ではない。今思うと、「似ている」と一番多く言われたのは、学生時代から結婚するまで、親のもとを離(はな)れて二人で暮らしていた時期だった。

夫婦がよい例だが、「一緒に暮らしているとだんだん似てくる」とよく言われる。同じ空間にいて、同じものを食べていると似てくるのだろうか。そういえば私の両親も似ているように思う。私達もその法則(注1)通りだったのだろう。お互い結婚して別々に暮らすようになってからは、双子だと間違われることはなくなった。

私達夫婦は、まもなく赤ちゃんを養子(ようし)(注2)として迎えることになっている。私達の子供ではないが、家族になる。子供が成長して、顔が似ていなかったら困るのではないかと心配する人もいるが、夫も私もそのことは<u>心配していない</u>。一緒に暮らしていれば、本当に似てくるかもしれないし、たとえ血のつながりはないとわかる顔でも、きっと「似ている」と言われるようになるだろう。

(注1) 法則：ある条件(じょうけん)のもとで必ず成立すること
(注2) 養子(ようし)：他人の子を自分の子とすること、またはその子

60 自分と妹について、筆者はどのように述べているか。

1 体の大きさが子供のときからほとんど同じで、似ていた。

2 本当は性格も顔も違うのに、よく似ていると言われた。

3 ほとんどの人から双子だと思われるほど、顔が似ていた。

4 二人暮らしの時に似ていると言われるようになった。

61 筆者が妹と双子だと間違われなくなったのはいつからか。

1 大人になって身長がほぼ同じになってから

2 実家から独立して二人で住み始めてから

3 二人とも結婚して別々に暮らし始めてから

4 赤ちゃんを養子(ようし)として迎えてから

62 心配していないとあるが、それはなぜか。

1 家族として一緒に暮らしていれば、似てくると思うから

2 子供が成長すれば、似てくると思うから

3 血がつながっていなくても、一緒に暮らせば家族だから

4 顔が似ていなくても、性格は似ているから

(2)

私達は、あげたお菓子をおいしいと褒(ほ)められれば「また買ってきます」と言ったり、一緒に写真を撮(と)れば「後で写真を送ります」などと言ったりするが、気軽にした約束は忘れてしまうことも多いのではないだろうか。たいていは、相手もそれほど気にしない場合がほとんどだろう。しかし、そんな小さな約束でも真面目に守る人もいる。日常会話の中の小さな言葉をきちんと覚えている人に出会うと、①そのことに驚(おどろ)き、うれしく思うものだ。あまり親しくなくても、信頼できる人だと思ってしまう。小さな約束を守ることは大きな信頼につながるのだ。

誰(だれ)かを信頼するということは、何も相手に期待することではないと思う。つまり、何かをしてもらうのを望むことではなく、自分自身がその人に対してどう思うかであり、その人の存在が②人生の励(はげ)ましとなることが「信頼」なのだ。信頼できる人が一人でもいれば、生きていく上で大きな味方となるし、自分自身の力となるのではないだろうか。

時には信頼が裏切られ、つらい思いをすることがあるかもしれない。でも、人を信頼できるのは幸せなことだと思う。信頼できる人がいたら自分も同じように行動しようとするので、人からも信頼されることになる。強い信頼で結ばれた人がいるということで、人生が豊かになると思うのだ。

63　①そのことに驚きとあるが、どのような時に驚くのか。

1　気軽にした約束でも忘れずにいてくれた時

2　あまり親しくないのに、約束を守ってくれた時

3　会話の中の大切な話を覚えていてくれた時

4　小さい約束でも守ってくれると信頼できた時

64　②人生の励ましとは、どういうことか。

1　何かをしてもらうこと

2　誰かの信頼を望むこと

3　誰かに期待されること

4　味方がいると感じること

65　「信頼」について、筆者の考えに合うのはどれか。

1　誰かを信頼してもいつかは裏切られる。

2　信頼するというのは、人と同じように行動することだ。

3　人を信頼することは豊かな人生につながる。

4　信頼されるためには、先に人を信頼する必要がある。

(3)

数年前、日本で大きな地震が起こったとき、多くの農家が住んでいる土地を離れて避難(注)した。その地域には牛を育てている農家も多かったのだが、牛と一緒に避難するわけにはいかず、人がいなくても生きられるよう小屋から放したそうだ。その後、多くの牛が家の近くの草を食べて生きていたことが確認されている。

日本は自然災害の多い国である。地震に限らず、台風や大雨などで避難しなければならない場合が多い。そのようなときに問題になるのが、ペットとの避難である。牛を手放した農家のように、ペットを置いたまま避難することはできない。家族の一員だからだ。しかし、ペットと一緒に避難できる場所は限られている。鳴き声がうるさいと思う人や、動物の毛などのアレルギーがある人が同じ場所に避難することが考えられるため、中に入れないことが多い。そのために避難しない人もいるほどだ。

現在、様々な地域でこの問題に取り組み始めているが、ペットを飼っていない人々の理解を得るのは難しい。人の安全についても十分な準備ができているとは言えない中、ペットと避難する人々をどうするのか、国の対策が急がれる。

(注) 避難：安全な場所に逃げること

66 地震のときに、農家が牛を小屋から放したのはなぜか。

1 人が牛を育てることをあきらめたから

2 牛と一緒に逃げる理由がないから

3 人が食べる物をあげられなくなるから

4 牛がその土地で生きていけないから

67 そのためとは何か。

1 ペットは人がいないと生きられないため

2 牛と違い、ペットは家族の一員であるため

3 ペットと一緒に避難所に入れないため

4 ペットが避難所を嫌がるため

68 災害時の避難について、筆者の考えに合うのはどれか。

1 災害が起きたときは、人を優先し、全員が安全に過ごせるような準備が必要である。

2 災害が起きたときにペットを連れた人が安全に過ごせる方法を早く考えるべきだ。

3 ペットを連れた人が安全に過ごせる場所が非常に少ないので、増やす必要がある。

4 ペットを飼っていない人も、ペットを連れた人の気持ちを理解するべきだ。

問題12　次のAとBの文章を読んで、後の問いに対する答えとして最もよいものを、1・2・3・4 から一つ選びなさい。

A

　最近は、外国語教室へ通わなくても気軽にオンラインサービスを使って、語学を勉強することができるようになった。通勤や通学途中の電車の中などでもスマートフォンを使って単語の勉強ができるし、オンラインレッスンを使えば好きな時間に予約を入れて勉強できる。オンライン学習は時間を有効に使えるのがなによりの利点だ。しかし、欠点もある。教室へ通っていれば同じような目的を持った仲間がいるし、教師が宿題を出してくれたりするので、嫌でも勉強することになる。それがオンライン学習だとレッスンの予約も欠席も自分の意思で決められてしまうし、欠席してもだれからも怒られることはない。教室へ通えないという理由でオンライン学習を利用する場合はしっかりとした目的を持つことが大切だと言える。

B

　今はインターネットを使って気軽に海外の人とコミュニケーションできるようになった。その際、会話をする相手の国の言葉を勉強してみようと思う人もいるだろう。スマートフォンがあれば通勤や通学中の電車内で簡単に単語を学ぶことができるし、オンラインレッスンを使って自分に合った必要な内容を好きな時に学習するということも可能だ。オンライン学習は時間を有効に使えるのだ。語学学習には人によって様々な目的があるが、まずは手元にあるスマートフォンで気軽に他の国の言葉を学び、実際にコミュニケーションしながら言葉を習得していくというオンラインでの学習方法も、新しい語学学習のあり方となるだろう。

69 語学を勉強する方法についてAとBはどのように述べているか。

1 AもBも教室へ通ったほうが早く習得できると述べている。

2 AもBもオンライン学習は時間を効率よく使えてよいと述べている。

3 Aは教室で勉強するのが一番だと述べ、Bは外国人と会話するのが重要だと述べている。

4 Aはオンライン学習は勧(すす)めないと述べ、Bはオンライン学習が一番効果的だと述べている。

70 オンラインの語学学習について、AとBはどのように述べているか。

1 AもBも嫌でも勉強するようになると述べている。

2 AもBもレッスンを欠席することができないと述べている。

3 Aは目的を持つことが大切だと述べ、Bは新しい学び方として期待できると述べている。

4 Aは気軽に外国語を勉強できると述べ、Bはスマートフォンが必須(ひっす)だと述べている。

問題13　次の文章を読んで、後の問いに対する答えとして最もよいものを、1・2・3・4 から一つ選びなさい。

私は「頑張ったのになんでうまくいかないんだろう」と悩むたびに、いつも次回はもっと頑張ろうと気持ちを切り替えていた。一週間かけて準備したプレゼンの提案が通らなかったとき、その理由を深く探ろうとしなかった①。このようなことがあるたびに、自分の努力不足のせいだと思い込んでいたからだ。

今考えればできる限りのことをしたはずなのだから、それを理由にするのはおかしかった。先輩が作ったプレゼンの資料を読みあさったり、他社の商品を実際に買って使ってみたりもした。とりあえずただ思い付くことを順番にやっていた。

しかし、私がやらなければならないことは他にあった。商品利用者のニーズをしっかり分析することだった。これはプレゼンを聞いていた先輩が指摘してくれたものだった。プレゼンの失敗の原因を先輩が教えてくれていなかったら、また同じ問題を抱えたままなんとなくプレゼンを準備していたのだろう。

幼い頃（ころ）から家庭でも学校でも努力することが大切だと教育を受けた私は、努力の本当の意味が分かっていなかった。「頑張りなさい」と言われるから、とりあえず頑張ってみる。目標を達成することよりも目の前のことをただ一生懸命にこなすことに満足していたように思う。それ②が今まで身についていたのかもしれない。

けれども、先輩に失敗の根本的理由を見つめて、努力の方向性を考えるようにとアドバイスをもらってから、努力には正しい方向があり、何も考えずに頑張ることは正しい努力ではないと知った。正しく行うからこそ報われるものなのだ。もし何か達成したいことがあれば、目標に向かって必要なステップを踏（ふ）まなければならない。

このことに気付ける人はどのくらいいるのだろうか。私は大人になってから気付いたが、早い段階からこれが考えられるようになったほうがいい。それは子どもに関わる大人の役目である。努力の方向性を教えるのだ。子どもが問題にぶつかったときに原因と努力の向きを一緒に考えることで、幼い頃（ころ）からこの習慣が身につけられる。そうすれば彼らが大人になったとき自ら方向を見つけ努力できる人になっているはずである。

71 ①理由を深く探ろうとしなかったのは、なぜか。

1 提案が通らなかったことが初めてではなかったから

2 努力が足りないことが原因だと思っていたから

3 自分ができる限りのことは全てやったから

4 十分な時間をかけて準備したプレゼンだったから

72 ②それとは、どのようなことか。

1 努力は素晴らしいと教育すること

2 目標を達成することを大切にすること

3 失敗に根本的理由があると考えること

4 考えなしにひたすら頑張ること

73 この文章で筆者が言いたいことはどれか。

1 子どものうちから努力する習慣を身につけておいたほうがいい。

2 目標を叶(かな)えるには正しい方向に向かって努力することが必要である。

3 大人は努力を教える自分たちの役割を子どもと一緒に考えるべきだ。

4 いくら正しい方向に努力しても全ての努力が報われるわけではない。

問題14　右のページは、ある音楽教室の生徒募集の案内である。下の問いに対する答えとして最もよいものを、1・2・3・4 から一つ選びなさい。

74　林さんは18歳の高校生で、ピアノのレッスンを月４回以上受けたいと考えている。個人レッスンでなくても構わないので、なるべく安い料金のコースを希望している。林さんは、どのコースを選べばいいか。

1　個人レッスン

2　グループレッスン

3　大人の個人レッスン

4　大人のグループレッスン

75　山中さんの小学生の娘は、毎週火曜日の16時から16時半まで、ピアノの個人レッスンを受けている。これまで娘がレッスンを受けている間、山中さんはロビーで待っていたが、娘と同じ時間にバイオリンを習うことにした。入会する際に、山中さんはいくら支払うか。

1　入会金5,000円、レッスン料12,000円

2　入会金5,000円、レッスン料9,000円、教材費500円

3　レッスン料12,000円、教材費500円

4　レッスン料9,000円

いろは音楽教室　生徒募集

いろは音楽教室では、お子様から大人の方まで、さまざまな年齢の方が音楽を楽しんでいます。毎日の生活の中に音楽を取り入れてみませんか。経験豊かな講師たちが、ていねいに指導します。楽器に触れるのが初めての方も、お気軽にお問い合わせください。

＜入会金＞　5,000円

※ ご家族がすでに教室に通われている方は、入会金が無料となります。

＜レッスン料＞　コースごとに異なりますので、下の表をご確認ください。

1か月分のレッスン料を表示しています。

＜教材費＞　500円

ピアノ・サックス

	個人レッスン（平日）	グループレッスン（月曜・土曜）	大人の個人レッスン（平日）	大人のグループレッスン（水曜・木曜）
レッスン時間	30分	50分	30分	50分
回数	月4回	月4回	月2回	月2回
レッスン料	11,000円	7,000円	6,000円	5,000円

＊ 大人の個人・グループレッスンは、18歳以上からご参加いただけます。

バイオリン・フルート・トランペット

	個人レッスン	グループレッスン	小学生向けグループレッスン
レッスン時間	30分	50分	50分
回数	月4回	月4回	月4回
レッスン料	12,000円	9,000円	9,000円

＜レッスンのお申込み方法＞

1. ご希望のコース、曜日、時間帯をお電話にてお知らせください。「お試しレッスン」の日時を調整し、決定します。
2. 「お試しレッスン」にご参加ください。費用はかかりません。
3. ご入会を決められましたら、申込用紙をご提出ください。その際、入会金と最初の月のレッスン料、教材費をお支払いいただきますので、ご準備ください。

Listening

問題用紙

N2

聴解

（50分）

注　意
Notes

1．試験が始まるまで、この問題用紙を開けないでください。
Do not open this question booklet until the test begins.

2．この問題用紙を持って帰ることはできません。
Do not take this question booklet with you after the test.

3．受験番号と名前を下の欄(らん)に、受験票と同じように書いてください。
Write your examinee registration number and name clearly in each box below as written on your test voucher.

4．この問題用紙は、全部で13ページあります。
This question booklet has 13 pages.

5．この問題用紙にメモをとってもかまいません。
You may make notes in this question booklet.

受験番号　Examinee Registration Number	

名　前　Name	

일반 버전

고사장 소음 버전

해커스N2실전모의고사_2회.mp3

問題1

問題１では、まず質問を聞いてください。それから話を聞いて、問題用紙の１から４の中から、最もよいものを一つ選んでください。

例

1　しゅうかつサイトでテストを受ける

2　どういう仕事がしたいか決める

3　希望の仕事をサイトに登録する

4　やりたい仕事の企業について調べる

1番

1　レンタル料と配送料を支払う

2　レンタル会社の人を部屋へ案内する

3　ベッドを自分で組み立てる

4　ベッドを借りる期間を延長する

2番

1　大学の図書館に行く

2　市の図書館に行く

3　市の図書館に電話する

4　田中さんに連絡する

3番

1　1,000円

2　2,000円

3　3,000円

4　4,000円

4番

1　市役所の担当者に電話をして話を聞く

2　市役所へ行ってサンプルを確認する

3　印刷会社へ行ってポスターを確認する

4　印刷会社へ再印刷を依頼する

5番

1　職員と一緒に部屋へ行く

2　レストランで夕食を食べる

3　隣にある美術館に行く

4　ロビーでピアノの演奏を聞く

問題2

問題２では、まず質問を聞いてください。そのあと、問題用紙のせんたくしを読んでください。読む時間があります。それから話を聞いて、問題用紙の１から４の中から、最も よいものを一つ選んでください。

例

1　長い時間、ゆっくりしたいから

2　集中して本を読みたいから

3　田舎の自然を思い出したいから

4　おいしいケーキが食べたいから

1番

1　体の具合が悪いから

2　妻が残業をするから

3　子供を迎えに行くから

4　夕食を作るから

2番

1　レポートについて注意するため

2　賞を取ったことを伝えるため

3　作文を指導するため

4　作文を読む練習をするため

3番

1 知らない人と話すのが好きだから

2 バーベキューに行きたいから

3 兄に頼まれたから

4 母親に怒られたから

4番

1 消費税が上がったから

2 新しいデパートが開店したから

3 観光客の数が減ったから

4 冬の商品が売れなかったから

5番

1　山の上にあって自然が多いから

2　うちから近くて通いやすいから

3　在学生から評判がいいから

4　様々な考え方の学生がいるから

6番

1　学生の時にやっていたから

2　妻が運動がしたいと言ったから

3　近所にテニススクールしかなかったから

4　ストレス解消に役立つから

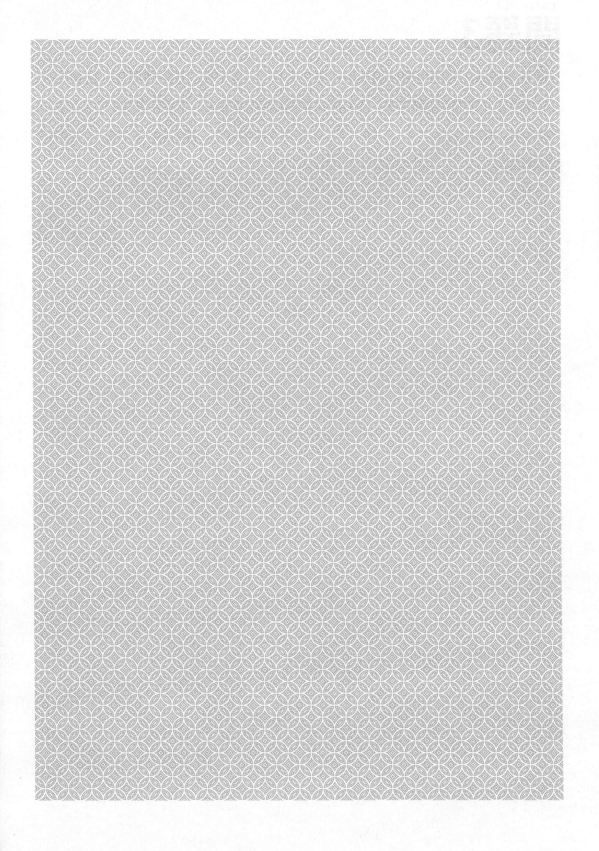

問題3

問題３では、問題用紙に何もいんさつされていません。この問題は、全体としてどんな内容かを聞く問題です。話の前に質問はありません。まず話を聞いてください。それから、質問とせんたくしを聞いて、１から４の中から、最もよいものを一つ選んでください。

- メモ -

問題4

問題４では、問題用紙に何もいんさつされていません。まず文を聞いてください。それから、それに対する返事を聞いて、１から３の中から、最もよいものを一つ選んでください。

- メモ -

問題5

問題５では、長めの話を聞きます。この問題には練習はありません。

問題用紙にメモをとってもかまいません。

1番、2番

問題用紙に何もいんさつされていません。まず話を聞いてください。それから、質問とせんたくしを聞いて、１から４の中から、最もよいものを一つ選んでください。

- メモ -

3番

まず話を聞いてください。それから、二つの質問を聞いて、それぞれ問題用紙の1から4の中から、最もよいものを一つ選んでください。

質問1

1　かわいい形のチョコレート

2　日本酒が入っているチョコレート

3　野菜を使ったチョコレート

4　外国で売っているチョコレート

質問2

1　かわいい形のチョコレート

2　日本酒が入っているチョコレート

3　野菜を使ったチョコレート

4　外国で売っているチョコレート

정답표 p.289
[해설집] p.60

실전모의고사 제3회

난이도 : 상

실전모의고사 3

N2
言語知識（文字・語彙・文法）・読解

受験番号を書いて、その下のマーク欄にマークしてください。
Fill in your examinee registration number in this box, and then mark the circle for each digit of the number.

受験番号 (Examinee Registration Number)

20A1010123-30123

せいねんがっぴを書いてください。
Fill in your date of birth in the box.

せいねんがっぴ(Date of Birth)

ねん Year	つき Month	ひ Day

〈ちゅうい Notes〉
1. くろいえんぴつ(HB、No.2)でかいてください。(ペンやボールペンではかかないでください。) Use a black medium soft (HB or No.2) pencil. (Do not use any kind of pen.)
2. かきなおすときは、けしゴムできれいにけしてください。 Erase any unintended marks completely.
3. きたなくしたり、おったりしないでください。 Do not soil or bend this sheet.
4. マークれい Marking Examples

よいれい Correct Example	わるいれい Incorrect Examples
●	⊘ ◯ ◯ ⓪ ◯ ◯ ◯

あなたの名前をローマ字のかつじたいで書いてください。 Please print in block letters.

名前 Name

問題 1				
1	①	②	③	④
2	①	②	③	④
3	①	②	③	④
4	①	②	③	④
5	①	②	③	④

問題 2				
6	①	②	③	④
7	①	②	③	④
8	①	②	③	④
9	①	②	③	④
10	①	②	③	④

問題 3				
11	①	②	③	④
12	①	②	③	④
13	①	②	③	④

問題 4				
14	①	②	③	④
15	①	②	③	④
16	①	②	③	④
17	①	②	③	④
18	①	②	③	④
19	①	②	③	④
20	①	②	③	④

問題 5				
21	①	②	③	④
22	①	②	③	④
23	①	②	③	④
24	①	②	③	④
25	①	②	③	④

問題 6				
26	①	②	③	④
27	①	②	③	④
28	①	②	③	④
29	①	②	③	④
30	①	②	③	④

問題 7				
31	①	②	③	④
32	①	②	③	④
33	①	②	③	④
34	①	②	③	④
35	①	②	③	④
36	①	②	③	④
37	①	②	③	④
38	①	②	③	④
39	①	②	③	④
40	①	②	③	④
41	①	②	③	④
42	①	②	③	④

問題 8				
43	①	②	③	④
44	①	②	③	④
45	①	②	③	④
46	①	②	③	④
47	①	②	③	④

問題 9				
48	①	②	③	④
49	①	②	③	④
50	①	②	③	④
51	①	②	③	④
52	①	②	③	④

問題 10				
53	①	②	③	④
54	①	②	③	④
55	①	②	③	④
56	①	②	③	④
57	①	②	③	④

問題 11				
58	①	②	③	④
59	①	②	③	④
60	①	②	③	④
61	①	②	③	④
62	①	②	③	④
63	①	②	③	④
64	①	②	③	④
65	①	②	③	④
66	①	②	③	④

問題 12				
67	①	②	③	④
68	①	②	③	④

問題 13				
69	①	②	③	④
70	①	②	③	④
71	①	②	③	④

問題 14				
72	①	②	③	④
73	①	②	③	④

실전모의고사 3

N2
聴解

受験番号を書いて、その下のマーク欄(らん)にマークしてください。
Fill in your examinee registration number in this box, and then mark the circle for each digit of the number.

受験番号 (Examinee Registration Number)

20A1010123-30123

せいねんがっぴを書いてください。
Fill in your date of birth in the box.

せいねんがっぴ(Date of Birth)		
ねん Year	つき Month	ひ Day

〈ちゅうい Notes〉
1. くろいえんぴつ(HB、No.2)でかいてください。(ペンやボールペンではかかないでください。)
Use a black medium soft (HB or No.2) pencil. (Do not use any kind of pen.)
2. かきなおすときは、けしゴムできれいにけしてください。
Erase any unintended marks completely.
3. きたなくしたり、おったりしないでください。
Do not soil or bend this sheet.
4. マークれい Marking Examples

よいれい Correct Example	わるいれい Incorrect Examples
●	⊗ ○ ⊖ ⊘ ⊜ ◐ ◉

あなたの名前をローマ字のかつじたいで書いてください。 Please print in block letters.

名前 Name

問(もん)題(だい) 1

例(れい)	●	②	③	④
1	①	②	③	④
2	①	②	③	④
3	①	②	③	④
4	①	②	③	④
5	①	②	③	④

問(もん)題(だい) 2

例(れい)	①	●	③	④
1	①	②	③	④
2	①	②	③	④
3	①	②	③	④
4	①	②	③	④
5	①	②	③	④
6	①	②	③	④

問(もん)題(だい) 3

例(れい)	①	●	③	④
1	①	②	③	④
2	①	②	③	④
3	①	②	③	④
4	①	②	③	④
5	①	②	③	④

問(もん)題(だい) 4

例(れい)	①	●	③
1	①	②	③
2	①	②	③
3	①	②	③
4	①	②	③
5	①	②	③
6	①	②	③
7	①	②	③
8	①	②	③
9	①	②	③
10	①	②	③
11	①	②	③

問(もん)題(だい) 5

1	①	②	③	④
2	①	②	③	④
3 (1)	①	②	③	④
3 (2)	①	②	③	④

Language Knowledge (Vocabulary/Grammar) • Reading　　**問題用紙**

N2

言語知識（文字・語彙・文法）・読解

（105分）

注　　意

Notes

1．試験が始まるまで、この問題用紙を開けないでください。
Do not open this question booklet until the test begins.

2．この問題用紙を持って帰ることはできません。
Do not take this question booklet with you after the test.

3．受験番号と名前を下の欄(らん)に、受験票と同じように書いてください。
Write your examinee registration number and name clearly in each box below as written on your test voucher.

4．この問題用紙は、全部で31ページあります。
This question booklet has 31 pages.

5．問題には解答番号の 1 、 2 、 3 …が付いています。解答は、解答用紙にある同じ番号のところにマークしてください。
One of the row numbers 1、2、3 … is given for each question. Mark your answer in the same row of the answer sheet.

受験番号　Examinee Registration Number	

名　前　Name	

問題１　＿＿＿の言葉の読み方として最もよいものを、1・2・3・4 から一つ選びなさい。

1　母は自宅で体が不自由な祖父の介護をしている。

1　かいこ　　2　かんこ　　3　かいご　　4　かんご

2　夕日で海が輝（かがや）く情景が忘れられない。

1　じょうけい　　2　じょうけ　　3　せいけい　　4　せいけ

3　締め切りが迫っていたので、急いで申し込んだ。

1　いたって　　2　せまって　　3　あせって　　4　つまって

4　クリスマスはケーキの売り上げが著しく伸びる。

1　はげしく　　2　いさましく　　3　あわただしく　　4　いちじるしく

5　愛犬は久しぶりに散歩に行けて、欲求が満たされたようだ。

1　よっきゅう　　2　よっきょう　　3　よきゅう　　4　よきょう

問題２　＿＿＿の言葉を漢字で書くとき、最もよいものを１・２・３・４から一つ選びなさい。

6　報告した企画案にあった間違いを部長にしてきされた。

1　旨摘　　2　旨滴　　3　指摘　　4　指滴

7　これは全国のシェフたちが料理の腕をきそう大会です。

1　争う　　2　競う　　3　勝う　　4　戦う

8　そろそろ進路についてしんけんに考えなければならない。

1　信検　　2　真検　　3　信剣　　4　真剣

9　洗濯機でセーターを洗ったらちぢんでしまった。

1　狭んで　　2　短んで　　3　削んで　　4　縮んで

10　平和な世界がえいきゅうに続くことを願っている。

1　永久　　2　氷久　　3　永旧　　4　氷旧

問題3 （　　）に入れるのに最もよいものを、1・2・3・4 から一つ選びなさい。

11 無理な運動は体に（　　　）影響を及ぼす。

1 好　　2 悪　　3 良　　4 嫌

12 メロンは収穫（しゅうかく）してから一週間後が食べ（　　　）だ。

1 期　　2 節　　3 頃　　4 際

13 お気に入りのピアスをなくして（　　　）込んだ。

1 下げ　　2 落ち　　3 外し　　4 逃し

실전모의고사 제3회

해커스 JLPT 실전모의고사 N2

問題4 （　　）に入れるのに最もよいものを、1・2・3・4 から一つ選びなさい。

14 ここでは地域の（　　）を生かした農業が行われている。

1 特色　　2 特定　　3 特技　　4 特別

15 消費者の（　　）は時代とともに変化していくものだ。

1 サンプル　　2 エラー　　3 ニーズ　　4 アピール

16 歩きながらメールを読んでいたら、段差に（　　）転んでしまった。

1 たおれて　　2 ささって　　3 さからって　　4 つまずいて

17 テニスの試合が近いので、娘は毎日（　　）になるまで練習している。

1 くたくた　　2 すれすれ　　3 ぽかぽか　　4 ごろごろ

18 ３年間片思いしてきた初恋の相手に自分の気持ちを（　　）告白してみた。

1 あらかじめ　　2 思い切って　　3 引き続き　　4 ごちゃごちゃ

19 スマートフォンが（　　）してから、電子書籍を利用する人が増えた。

1 続出　　2 活動　　3 拡散　　4 普及

20 外国語を相手に分かりやすく（　　）するためには母語を磨(みが)く必要もある。

1 通訳　　2 助言　　3 議論　　4 案内

問題5 ＿＿＿の言葉に意味が最も近いものを、1・2・3・4 から一つ選びなさい。

21 部長はいつも、指図ばかりしている。

1 命令　2 注意　3 自慢　4 説教

22 ロボットで労働力の不足をカバーした。

1 改善(かいぜん)した　2 把握(はあく)した　3 補(おぎな)った　4 訴(うった)えた

23 実験は案の定、失敗に終わった。

1 やっぱり　2 まさか　3 あいにく　4 ことごとく

24 妹を最寄り駅まで車で送ってあげた。

1 一番大きい駅　2 一番近い駅　3 最終の駅　4 始発の駅

25 私の生活には音楽が欠かせない。

1 あったほうがいい　2 あると便利だ

3 なくてもいい　4 ないと困る

問題6　次の言葉の使い方として最もよいものを、1・2・3・4 から一つ選びなさい。

26 引用

1 論文に他人の文章を<u>引用</u>する場合は出典を書かなければならない。
2 あのレストランでは新鮮(しんせん)な国産の食材のみを<u>引用</u>している。
3 約束までの空き時間を<u>引用</u>して、美容室に髪を切りに行った。
4 機械の詳(くわ)しい操作方法については、説明書を<u>引用</u>してください。

27 いっせいに

1 彼女の意志の強さは長所でもあるが、<u>いっせいに</u>短所でもある。
2 救急車のサイレンに驚(おどろ)いた鳥たちが<u>いっせいに</u>空に飛び立った。
3 私は大学卒業とともに実家を離(はな)れ、兄と<u>いっせいに</u>暮らしている。
4 銀行は犯罪(はんざい)防止のため<u>いっせいに</u>振り込める金額を決めている。

28 かばう

1 デパートの中で一人迷子になっている幼児を<u>かばった</u>。
2 消防士の役目は事故や災害(さいがい)から人の命を<u>かばう</u>ことだ。
3 自然を<u>かばう</u>ために森に樹木(じゅもく)を植える活動に参加している。
4 仕事で重大なミスを犯(おか)してしまったが、上司が<u>かばって</u>くれた。

29 急激

1 飛行機が気流の不安定なところを通過していて機体の揺(ゆ)れが<u>急激</u>だ。
2 明日は娘の誕生日だというのに、<u>急激</u>に出張が入ってしまった。
3 この時期は<u>急激</u>な気温の変化で体調を崩してしまう人が多いようです。
4 新人歌手の<u>急激</u>なパフォーマンスが若者を中心に人気を集めている。

30 真相

1 来年、ゴッホが描いた<u>真相</u>の絵画を見にパリを訪れる予定だ。
2 警察は事件の<u>真相</u>を明らかにするために全力を尽(つ)くしている。
3 今まで夢だと思っていた民間人の宇宙(うちゅう)旅行がついに<u>真相</u>になった。
4 社内で流れていた会長が交代するといううわさは<u>真相</u>だった。

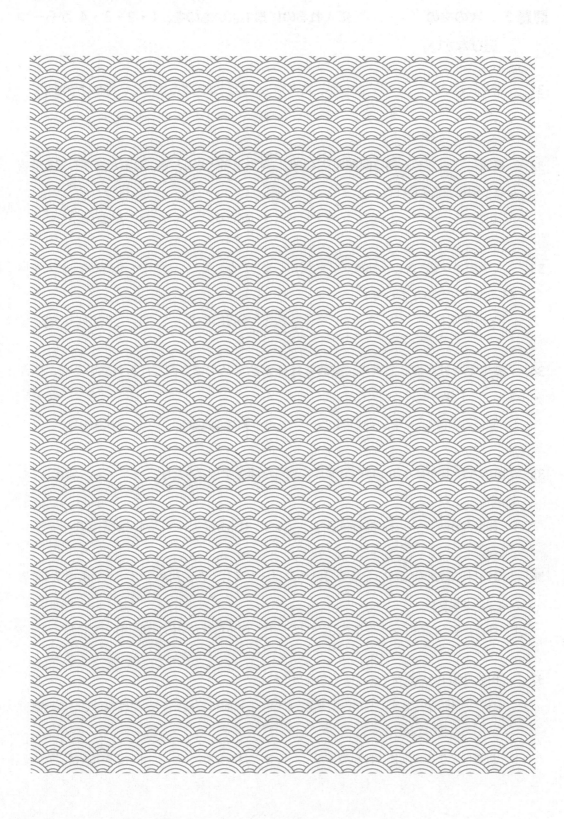

問題7　次の文の（　　　）に入れるのに最もよいものを、1・2・3・4 から一つ選びなさい。

31　本を読むこと（　　　）読むが、読書家というほどたくさん読んでいるわけではない。

1　は　　2　が　　3　で　　4　も

32　事前に（　　　）得る問題をリスト化し対策(たいさく)を考えることで、問題が発生しても被害(ひがい)が最小限におさえられる。

1　起こる　　2　起こり　　3　起こって　　4　起こった

33　人手が足りず、新しい社員を２名採用しましたが、私（　　　）、もっともっと人を増やしたいというのが本音です。

1　というのは　　2　からすると　　3　からして　　4　といえば

34　職場で大けがをして以来、家族には仕事を辞めてほしいと言われているが、体が（　　　）働き続けるつもりだ。

1　動ける際に　　2　動くにしろ　　3　動けるたびに　　4　動く限りは

35　肌のかゆみがひどかったので薬局で買った薬を塗ってみたが、（　　　）悪化してしまった。

1　なかなか　　2　それほど　　3　せっかく　　4　かえって

36　母の日に感謝の気持ちを込めて、ハンバーグを作った。初めて（　　　）うまくできたほうだと思う。

1　作るとなると　　2　作りさえすれば　　3　作ったばかりに　　4　作ったにしては

37　社長「明日のパーティー、何時からだっけ。」
中村(なかむら)「14時からです。明日、会場に（　　　）前にご連絡いただければ、ロビーまでお迎えに参ります。」

1　お越しになる　　2　お邪魔(じゃま)する　　3　お目にかかる　　4　ご覧に入れる

38 彼は寝坊(ねぼう)して私たちを1時間も（　　　）あげく、約束をキャンセルしたいと言い出した。

1　待たせる　　2　待たされる　　3　待たせた　　4　待たされた

39 山田(やまだ)「明日からスキー旅行だって？ うらやましいなあ。」
木村(きむら)「ああ。よかったら一緒にどう？」
山田(やまだ)「今週は試験があるから、旅行（　　　）。」

1　することもないんだ　　2　しないわけにはいかないね
3　せずにはいられないのに　　4　するどころじゃないんだよ

40 昨日、出張で雪の積もっている町に（　　　）、悪天候の中でも電車が通常通り運行していて驚(おどろ)きました。

1　行ってはじめて　　2　行くにあたり　　3　行ったところ　　4　行くにさきだって

41 甘いものが好きな父はケーキ一つでは満足できないようだ。一つ（　　　）もう二つ目のケーキを食べていた。

1　食べ終わったとすると　　2　食べ終わったかと思うと
3　食べ終わったとたん　　4　食べ終わったせいか

42 佐藤(さとう)「昨日、弟が面白い話を聞いたって言って、急に笑い出してさ。」
田中(たなか)「へえ、どんな話なの？」
佐藤(さとう)「それが、聞くと秘密だって教えてくれなくて。変だよね。」
田中(たなか)「本当は誰かに（　　　）？」

1　話したくてしかたないんじゃない　　2　話すに越したことはないんじゃない
3　話してしまうよりほかないだろう　　4　話すことになっていただろう

問題8　次の文の＿★＿に入る最もよいものを、1・2・3・4 から一つ選びなさい。

（問題例）

あそこで ＿＿ ＿＿ ＿★＿ ＿＿ は山田（やまだ）さんです。

1　テレビ　　2　人　　3　見ている　　4　を

（解答のしかた）

1. 正しい文はこうです。

あそこで ＿＿ ＿＿ ＿★＿ ＿＿ は山田（やまだ）さんです。 1 テレビ　4 を　3 見ている　2 人

2. ＿★＿ に入る番号を解答用紙にマークします。

（解答用紙）	（例）	① ② ● ④

43　新しく開発された薬は、安全基準を ＿＿ ＿＿ ＿★＿ ＿＿。

1　承認されなかった　　2　として

3　国に　　4　満たしていない

44　彼の大学合格は努力したという事実とそれに値する当然の結果であって、人生には偶然など ＿＿ ＿＿ ＿★＿ ＿＿ ものではないのである。

1　起きる　　2　ものは　　3　という　　4　めったに

45　彼は２か月前に指の手術を ＿＿ ＿＿ ＿★＿ ＿＿ すばらしい演奏（えんそう）をしてピアノコンクールで３位になった。

1　いつも　　2　受けたにも　　3　以上に　　4　かかわらず

46 あの先生の本は ＿＿＿ ＿＿＿ ＿＿＿ ＿★＿、その主張(しゅちょう)には疑問点が多い。

1 立場からいうと　　2 研究している

3 同じ分野で　　4 売れているようだが

47 池田(いけだ)「昨日エレベーターが点検中で動かなくてさ。6階まで階段で上がったら足が筋肉痛(きんにくつう)になっちゃったよ。」

石田(いしだ)「ええ？ ちょっと ＿＿＿ ＿★＿ ＿＿＿ ＿＿＿、もっと運動したほうがいいんじゃない？」

1 筋肉痛(きんにくつう)　　2 くらいで　　3 動いた　　4 なんて

問題９　次の文章を読んで、文章全体の内容を考えて、［48］から［52］の中に入る最もよいものを、1・2・3・4 から一つ選びなさい。

以下は、雑誌のコラムである。

日本人と木の文化

日本人は遠い昔から現代にいたるまで、木とともに暮らしてきた。720年ごろに書かれた古い書物である『日本書紀』によれば、古くから日本人は自分達の周りにある森林から木を切り、それをさまざまな形で生活に［48］。

たとえば、ヒノキに代表される硬くて丈夫な木。［49］木は住居を作る際に使われていた。また、やわらかい木は削って食事に使う器にしたり、曲げやすいが折れにくい木は、動物を捕まえる道具にしたりしていたという。当時の人達は、木をその特徴に合わせていろいろな用途に使っていたのだ。

木は一度切れば死んでしまうため、木を切ることは自然を破壊しているように見える。しかし、当時の人達は木を限りのある資源とみて、種をまき、育てることで木の数が減らないようにしていた。木は種をまいたからといって、すぐに成長するものではなく、利用できるようになるには長い年月がかかる。［50］、育てた木が利用できるようになるのは、ずいぶん先のことになる。大昔から、人々は次の世代の人達が使う木を育てることで、森林を守り自然を保護していたのだろう。

［51］、日本人は木だけでなく、人工的に作られた物とも暮らすようになった。しかしそれでも、箸や器、家具などの生活道具はもちろん、住居などの建築物にいたるまで、今でも木で作られた物とともに暮らしている。これから先、祖先が守り続けた森林と木の文化を次の世代につなげられるのは、今を生きる［52］。

48

1　役立てていたにすぎない　　2　役立てていたそうだ

3　役立てていたのだろうか　　4　役立てていたに決まっている

49

1　このような　　2　あのような　　3　ああいう　　4　どういう

50

1　それとも　　2　あるいは　　3　したがって　　4　それでも

51

1　森林が守られた結果　　2　次の世代が成長した結果

3　木が成長するとともに　　4　時代が進むとともに

52

1　私達の世代であるわけがない　　2　私達の世代にほかならない

3　私達の世代とは限らない　　4　私達の世代ではあるまい

問題10　次の(1)から(5)の文章を読んで、後の問いに対する答えとして最もよいものを、1・2・3・4 から一つ選びなさい。

(1)

明るい人は自分を肯定できる人だと思いがちだが、実はそうとも限らない。私の知人にいつもニコニコしている人がいた。しかし、親しくなってみると常に愚痴(ぐち)(注)をこぼしていたり、自分自身を否定する発言が多かったりして少々残念に思ってしまった。一方で、人に興味がなさそうなクールな人でも、発する言葉は決して暗くなく楽天的な人がいた。その人は、どんな時でも自分を信じているように見えた。自分を肯定できる人かどうかは、第一印象では判断しきれないようだ。

(注) 愚痴(ぐち)をこぼす：文句(もんく)を言う

53　筆者の考えに合うのはどれか。

1　自分を信じることができる人は、自分を否定しない。

2　自分を信じることができれば、楽天的になれる。

3　自分を肯定しているかは、発する言葉に表れる。

4　自分を肯定しているかは、見た目からはわからない。

(2)

以下は、ある会社の社内文書である。

令和(れいわ)３年12月１日

社員各位

人事課

年末年始の休業について

本年度の年末年始の休業期間についてお知らせします。

事前にお知らせしておりました通り、下記の期間中は全社休業となります。担当業務の都合により期間中に出勤予定のある方は、12月20日までに社内システムからご入力ください。それぞれの業務に支障(ししょう)がないよう、各課で出勤調整(ちょうせい)をお願いいたします。

なお、期日までに入力できない場合は、予定がわかり次第、人事課・川口(内線3064)までご連絡ください。

休業期間　令和(れいわ)３年12月28日～令和(れいわ)４年１月４日

注意　　　１月１日は建物内に入れません。

54　この文書を書いた、一番の目的は何か。

1　休業の予定日を期限までに入力することを求める。

2　休業中の出勤予定をシステムで申請(しんせい)することを求める。

3　年末年始は、課内で協力して業務を行うことを求める。

4　年末年始の業務内容を人事課に知らせることを求める。

(3)

継続は力なり、というと古い言葉だと思われるかもしれないが、継続することによる効果はやはり大きい。一方、この言葉を「継続こそが重要」という側面(注)だけで理解している人もいる。では、一つのやり方を続けなければ意味がないのか。実は、何かを継続できずに諦めてしまいそうになっても、何度でも別の方法を試せばいいだけなのだ。選んだ方法が自分に合っていれば他の人より少ない努力で続けられるはずで、気づいた時には驚くような場所まで来てしまっているものなのである。

（注）側面：いろいろな性質がある中の一つ

55 筆者の考えに合うのはどれか。

1 自分に適したやり方を見つけることこそが継続するコツである。

2 努力や継続よりも、高い目標に達することのほうが重要である。

3 最小の努力で継続しても、驚くような結果が必ず出るはずだ。

4 ほとんどの場合、一つのやり方を継続することが正しいはずだ。

(4)

以下は、ある会社が出したメールの内容である。

株式会社KAMINO

鈴木様

いつもお世話になっております。ゲンキ株式会社の山田です。

先ほどもお電話でお話しさせていただきましたが、納品(注)が遅れてしまいましたこと、重ねてお詫び申し上げます。

今回の納品遅れの原因ですが、商品の売れ行きがよく、自社工場での生産が追いつかない状況になっておりました。現在は協力工場の生産体制も整いましたので、月末までには商品をお渡しできる予定でございます。

この度はご希望納期に間に合わせることができず、大変申し訳ございませんでした。
納品まで今しばらくお待ちいただきますよう、何卒よろしくお願い申し上げます。

（注）納品：注文の品を納めること

56 このメールに書かれている商品の状況について正しいものはどれか。

1 商品の注文が非常に多いが、今月中に追加の生産体制ができる。
2 商品の生産体制はすでにできているので、今月中に納品できる。
3 協力工場での生産は強化されたが、今後もしばらく納品は難しい。
4 協力工場と自社工場の生産体制を統一したため、月末までの納品は難しい。

(5)

ヨーロッパでは家は築百年以上経ったものでも、改修して長く住むという考え方があるのに対して、日本では新築が好まれる傾向があり、古くなった家は壊され、新しい家が建てられるのが一般的だ。確かに新しい設備は快適だが、このような持続しない消費をし続けていいのだろうか。

古いというだけで家を壊せば、多くの使われなくなった物がごみとなり、それは環境問題にもなり得る。そこで、古い家を有効活用するため、改修してカフェや住居に生き返らせる動きが日本で広がりつつある。これからの時代、新しいだけの快適さを求めるより、古い物にもう一度命を与え、再び使うという価値観が必要なのだ。

57 筆者の考えに合うのはどれか。

1 古い家は直して使えば価値が生まれる。

2 古い家が持つ良さを見直すべきだ。

3 再利用すればごみが出なくなり環境に良い。

4 再利用するという考え方を持つべきだ。

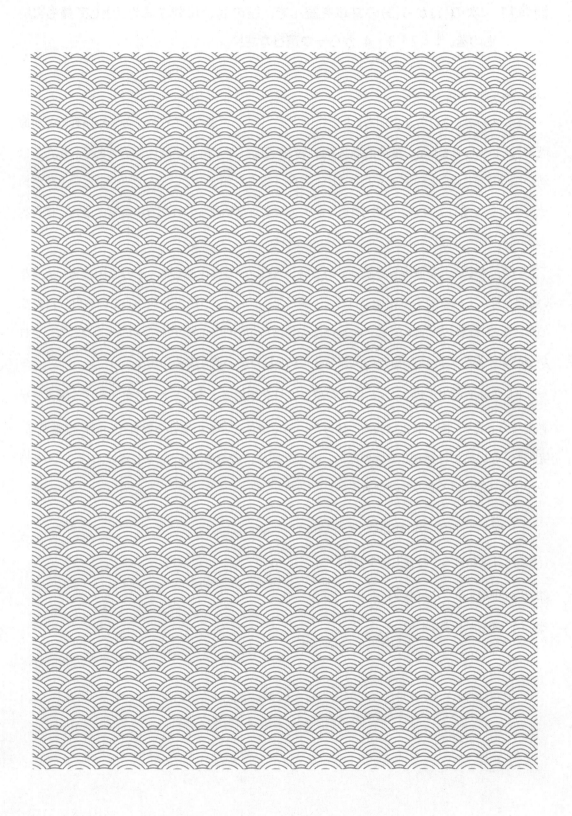

問題11　次の(1)から(3)の文章を読んで、後の問いに対する答えとして最もよいものを、1・2・3・4 から一つ選びなさい。

（1）

ストレスの多くは自分を裏切ることで発生する、というと驚くだろうか。病気や怪我などが原因のストレスは別として、精神的なストレスの多くは「がまん」が原因なのである。私たちは幼い頃から周りの人に「がまんしなさい」とか「みんな頑張っているんだから」といった努力を促す（注1）言葉を受けて育つ。そのくり返しが大人になった私たちの考え方に影響を与え、様々な場面でストレスを感じるようになっているのである。

続けたくないことを無理して続けている時、人はストレスを感じる。その原因は続けたくないことを与えている相手や環境ではなく、続けたくないという意思を無視している自分自身なのだ。その「続けたくないこと」を続けた先に何らかの報酬が得られるのならまだしも、それが望めない場合にどうして自分の気持ちを裏切り続ける必要があるのだろう。

ストレス社会を生き抜くには、自分の意思に耳を傾けて（注2）上手にストレスを回避する（注3）図太さ（注4）が必要なのである。眠い時には寝る、休みたい時には休む、その場から離れたい時には離れる、笑いたくない時には無理して笑わない。そんな風に自分を裏切ることをしなければ、もっと穏やかに生きていけるものなのである。

（注1）促す：するように勧める

（注2）耳を傾ける：注意してよく聞く

（注3）回避する：よけたり、避けたりする

（注4）図太さ：ずうずうしさ

58 そのくり返しとは何のくり返しか。

1 病気や怪我(けが)でがまんしている人を励(はげ)ます言葉

2 身近な人が頑張(がんば)らせようとしてかける言葉

3 がまんして頑張(がんば)る時のストレスを少なくする言葉

4 大人になった私たちにストレスを与える言葉

59 筆者によると、ストレスの原因とは何か。

1 よい結果のために必要なことを頑張(がんば)りすぎてしまうこと

2 自分の望みのために、続けることをやめてしまうこと

3 本当はやりたくないことをがまんして続けてしまうこと

4 自分が続けたいことと続けたくないことがわからないこと

60 ストレスを減らす方法について、筆者の考えに合うのはどれか。

1 自分の気持ちを大切にし、したいと思うことをしたほうがいい。

2 自分の気持ちを大切にし、他人のことを気にしないほうがいい。

3 自分の気持ちを裏切ってでも、静かに生きるようにしたほうがいい。

4 自分の気持ちを裏切ってでも、人と同じように行動したほうがいい。

(2)

外国から日本に来た人々が驚(おどろ)くことの一つは、テレビ番組で食に関する番組が毎日あることだという。一日に何回も、どこの店がおいしいか、新しい料理やスイーツは何なのかが放送される様子は、かなり奇異(注1)に映るようだ。日本で暮らしていると食べ物に関心を持っていることは普通のことだと、マスコミを通して教育されている気分にさえなるらしい。

そんな日本において、ある大学が特殊な(注2)ディスプレー(注3)を開発した。それは画面に映る料理の味が再現できるというものだ。現在は番組で料理を紹介されても、出演者がおいしいと言うのを聞いているだけだが、このディスプレーを使うと料理を見るだけでなく、その「味」を楽しむことができるようになる。遠く離(はな)れた海外の有名店の料理でさえ、味わうことができるようになるのだ。

実際は、映し出される料理に合わせて、付属のカートリッジ(注4)から味を再現する複数の液体が配合され(注5)て、出てくるだけらしい。だから、完成した「味」は液体状だ。料理を味わうというより、味を確認するだけというようなものだが、それでも想像するものから味わうものへという変化は大きい。今後、香りや食感の再現が可能になれば、全ての料理が食事として再現可能になることも考えられる。まるでSF映画のようではないか。

日本人の食への興味はこのような技術を作らせるほどなのかと、また外国の人々に驚(おどろ)かれるに違いない。

（注1）奇異：普通と違っている

（注2）特殊な：他とはすごく違う

（注3）ディスプレー：テレビやコンピューターの画面を映し出すもの

（注4）カートリッジ：機械の部品で、交換ができるもの

（注5）配合する：ここでは組み合わせて、ちょうどいいものにすること

61 日本のテレビ番組について、筆者はどのように述べているか。

1 食べることが好きな人のために、食事を紹介する番組が非常に多い。

2 レストランや新しい料理を毎日紹介することが、食べ物の教育に役立つ。

3 外国から来た人は、食べ物の番組が多いことをとても不思議だと思うらしい。

4 食べることに興味を持ち続けてほしいと考え、食べ物の番組が作られている。

62 ある大学が開発した技術を使えば、何ができるのか。

1 テレビで見た料理を再現することができる。

2 画面の中のものと同じ料理を食べることができる。

3 有名な店の料理を作って味わうことができる。

4 テレビに映る料理の味を知ることができる。

63 筆者は今後どのような技術が開発されると考えているか。

1 テレビで見たものと同じ香りや食感のものが作れるような技術

2 味だけでなく、見た目も同じ料理が再現できるような技術

3 香りや食感が再現され、液体状の料理が作れるような技術

4 日本人の食べることへの関心を増大させるような料理の技術

(3)

私の住む町では年に一度、市内に住民登録がある20歳以上の人に健康診断の受診（注1）券が郵送される。これは健康診断が受けられる券であり、受診券を利用したい時は医療機関に予約を入れ、健康診断の当日に受付でこの券を提出すればよい。受診券は毎年６月ごろに届くのだが、私はこの制度をありがたく利用している。

というのも、会社員の人は福利厚生（注2）によって少ない費用負担で健康診断を受けることができるのだが、一方、そのような制度のない個人事業主（注3）の私が健康診断を受けるとなると、普通はかなりの費用がかかってしまうからだ。

しかし、私のような人でも市の受診券があれば基本的な健康診断が無料で受けられるのである。さらに、数百円払えば追加で受けられる検査もある。このように金銭的な負担が少ないことから、市民の健康管理には大いに役立っていることがうかがえる。

このような便利な制度だが、私の同年代にはあまり知られていないように思う。それは私の友人の多くが会社員か会社員の家族であり、企業の福利厚生サービスが受けられる立場だからかもしれない。しかし、働き方が多様化している現在、以前より多くの人がこの制度を必要としているはずだ。市はもっと広く制度を知ってもらえるような努力をすべきではないだろうか。

（注１）受診：医者にみてもらうこと

（注２）福利厚生：社員の生活を健康で豊かにするための企業の制度

（注３）個人事業主：会社ではなく個人で仕事をしている人

64 <u>ありがたく利用している</u>とあるが、どうしてか。

1　会社員は毎年、割引価格で健康診断が受けられるから

2　会社員は毎年、健康診断を受けると多くの費用がかかるから

3　個人事業主には、会社員のような福利厚生制度がないから

4　個人事業主は、市の健康診断の対象ではないから

65 筆者は、この市の制度がどのようなものだと述べているか。

1　普段健康診断を受ける機会がない市民を対象としたもの

2　病院での健康診断が高額で払えない人を対象としたもの

3　福利厚生サービスが受けられない個人だけを対象としたもの

4　低価格で健康管理ができるよう、市民を対象としたもの

66 健康診断について、筆者の考えに合うものはどれか。

1　多くの人の健康管理に役立てるため、便利な制度にするべきだ。

2　働き方の変化によって必要度が変わるので、制度の変更が必要だ。

3　企業で行う健康診断より負担が少ないので、多くの人が利用するべきだ。

4　制度について知らない人が多いので、知ってもらう工夫が必要だ。

問題12　次のAとBの文章を読んで、後の問いに対する答えとして最もよいものを、1・2・3・4 から一つ選びなさい。

A

遠くの親戚より近くの他人という言葉があるが、近頃ご近所付き合いの大切さが見直されている。確かに、何かあった時には遠くに住んでいる家族や友人よりも近くに住んでいる人のほうがすぐに助けてくれそうだ。同じ地域に住んでいるので、その土地の特徴や町の情報なども会話のついでに共有しやすい。このような地域の情報のやりとりが大きな助けとなり、万一の時に役に立つに違いない。

とはいえ、若い人や引っ越してきたばかりの人はどのように近所の人と交流すればいいのか分からないかもしれない。まずは挨拶からはじめてみてはどうか。挨拶が返ってこなかったとしても諦めないでほしい。人から挨拶をされて悪い気はしないものである。

B

人々がインターネットを使うようになってからインターネットを基盤にしたコミュニケーションも共に増加してきた。専門家たちはネットコミュニケーションの否定的な影響を唱えているが、多くの人がインターネットを使う現代においてインターネット上での交流こそ、今後は価値ある人間関係を作る基盤になるのではないだろうか。

たとえば、田舎に住んでいる人やアパートで一人暮らしの人などは近所との付き合いに息苦しさを感じることもあるという。それならばインターネットで交流し、共通の話題がある知り合いを作ったほうが、日常生活のことはもちろん、困った時にも悩みなどを気軽に話し合えるように思う。それに、同僚や近所の人と仲良くなっても転勤や引っ越しなどで会えなくなってしまう可能性もあるだろう。人との繋がりを求める私たちにはいつでもどこでも繋がれるインターネットがより適していると思う。

67 人との付き合いについて、AとBはどのように述べているか。

1 AもBも、役に立つ情報が得られるので近所付き合いは必要だと述べている。

2 AもBも、近所の人との付き合いはそれほど大切ではないと述べている。

3 Aは困ったときのために普段の地域交流が大切だと述べ、Bはインターネット上で作る人間関係のほうが重要になると述べている。

4 Aは気持ちよく暮らすために近所の人には挨拶(あいさつ)すべきだと述べ、Bは近所付き合いを面倒だと感じる人がいると述べている。

68 困ったときに必要なことについて、AとBはどのように述べているか。

1 AもBも、普段交流している人からの助けだと述べている。

2 AもBも、遠くにいる人より近くにいる人との繋(つな)がりだと述べている。

3 Aは情報を持っている人との会話だと述べ、Bはインターネットを利用して多くの人に相談することだと述べている。

4 Aは地域の特徴を教え合うことだと述べ、Bはインターネット上で助けてくれる人を増やすことだと述べている。

問題13　次の文章を読んで、後の問いに対する答えとして最もよいものを、1・2・3・4 から一つ選びなさい。

私達の身の回りには簡略化(注1)できる家事が多く存在している。しかし習慣とは恐ろしいもので、便利な商品が出回っているはずの現代でも、かつての家事のやり方を守っている人は多い。「こうするのが普通だ」と思い込んでいる方法から未だに逃れられないのである。

例えば、天気のいい日は洗濯物を外に干すのが当たり前だと思っていないだろうか。外に干すというのは結構面倒で、洗濯物が強風で飛ばされないか、突然の雨でぬれないかと気をつけなければならないし、花粉や大気の汚染物質が付くのも気になる。考えてみれば何かと煩わしい(注2)作業である。

我が家では少し前から除湿機(注3)を活用して洗濯物を部屋の中に干しているのだが、これが大変良くて、今までの面倒くささから解放された。家族もいつの間にかこの新しいやり方に慣れてしまい、何も言わなくなった。世界には洗濯物を外に干すことが禁じられている国や地域もあれば、気候によっては衣類を外で乾かすのが合理的ではない土地もある。我が家の新習慣は世界のどこかではごく一般的な方法なのかもしれない。

また、毎日の家事で私達を悩ませることの一つに食事の用意がある。中でも、朝食を自宅で作って食べるという習慣、これは本当に厄介(注4)だ。アジアのある国では朝食を屋台(注5)で買って職場で食べるのが普通だったり、そもそもアパートにキッチンがついていないのが一般的だったりする。また、私がアメリカでホームステイした家庭では、子供達が好きなシリアルを各自で準備して食べていたものだ。

先日、「子供の朝食が冷凍食品だなんて信じられない」という内容の記事を読んだのだが、これも自身の生活習慣しか知りえないからこそ出てきた言葉だろう。だが、世の中には朝食に屋台の料理を食べる習慣のある人達や、おいしくて健康的な冷凍食品の開発に取り組んでいる人達がいるのだ。<u>私達の普通</u>は世界的に見れば、ある地域の習慣にすぎないのである。

このように、私達が思っている当たり前は、実に当たり前とは言い難い。そしてそれは家事に限ったことではない。他のやり方や自分とは異なる考えを持つ人々は多数存在するのだ。こうあるべきという思い込みから一歩離れて考える習慣が、より良い生活につながることもあるのではないだろうか。

（注１）簡略化（かんりゃくか）：複雑な部分を取って、簡単にする

（注２）煩（わずら）わしい：面倒で、できれば避（さ）けたい

（注３）除湿機（じょしつき）：部屋の湿度を下げるための機械

（注４）厄介（やっかい）：面倒なこと

（注５）屋台（やたい）：道で物を売る移動可能な店

69 筆者は、現代の家事のやり方についてどのように述べているか。

1 昔のやり方ではなく簡単にできる方法が広まっている。

2 習慣となっている方法を変えない人が多くいる。

3 できるだけ普通のやり方でやりたいと考える人がいる。

4 当たり前の方法ですると、面倒なことが多くなる。

70 私達の普通として筆者が挙げているのはどれか。

1 食事は家族がそれぞれ好きなものを準備すること

2 食事は自宅で作らないで外で食べること

3 朝食は自宅で調理して食べること

4 朝食は通勤途中に買って職場で食べること

71 習慣について、筆者の考えに合うのはどれか。

1 当たり前だと思っていることでも、やり方を疑ってみるべきだ。

2 暮らしに必要なことは、当たり前だと思うやり方でするべきだ。

3 当たり前であることが、より良い生活につながっていくものだ。

4 家事に限らず、当たり前だと思っている習慣は伝統的なものだ。

問題14　右のページは、ある市の公共施設「さくら」の案内である。下の問いに対する答えとして最もよいものを、1・2・3・4 から一つ選びなさい。

72　市外に住むシアさんは、交流センター「さくら」でグループのメンバーとダンスの練習をしたいと考えている。予算は1,000円以内で、常時エアコンを使用した部屋でできるだけ長い時間練習したい。シアさんの希望に合う時間帯と部屋の組み合わせはどれか。

1　夜間の「多目的室１」

2　午後の「多目的室２」

3　夜間の「多目的室２」

4　午後の「グループワーク室」

73　市内に住むジミンさんは交流センター「さくら」で部屋を借りて新年会をしたい。当日は飲み物や食べ物を準備する予定である。ジミンさんはどのように予約したらいいか。

1　電話で「大集会室」を１週間前までに予約する。

2　電話で「和室」を１週間前までに予約する。

3　直接「さくら」へ行って「大集会室」を１か月前までに予約する。

4　直接「さくら」へ行って「和室」を１か月前までに予約する。

総合交流センター「さくら」

生涯学習センター利用案内

交流センター「さくら」はこれまでの中央公民館としての機能だけでなく、テラス、庭園やカフェなどを備え、市民のいこいの場としての役割を果たしています。会議や講座はもちろん、ボランティア活動、調理・ダンス等の趣味にもぜひご活用ください。※事前申込が必要です。

休館日　毎月第２月曜日および年末年始(12月28日から１月３日)
開館時間　８時30分から22時00分
連絡先　031-598-4456
住所　咲良市中町1-2-4
ホームページアドレス　https://www.kouryu-centersakura.jp

生涯学習センター使用料および冷暖房料

	午前	午後	夜間	冷暖房料 1時間あたり
	8:30〜12:00	13:00〜17:00	17:00〜22:00	
大集会室	1,200	1,300	1,500	400
講義室	600	700	800	200
多目的室1	300	400	500	100
多目的室2	500	600	700	100
和室	1,500	2,000	2,500	300
グループワーク室	400	500	600	150
ボランティアルーム	1,000	1,100	1,200	250

※ 市民の方が申請した場合、使用料は半額となります。ただし、冷暖房使用料は減額となりませんのでお気をつけください。

※ 各部屋の使用には事前予約が必要です。ご利用の１か月前までにお電話もしくは直接来館にてお申し込みください。

※ 多目的室および和室以外での飲食は不可となっております。

Listening

問題用紙

N2

聴解

(50分)

注　意

Notes

1. 試験が始まるまで、この問題用紙を開けないでください。
   Do not open this question booklet until the test begins.

2. この問題用紙を持って帰ることはできません。
   Do not take this question booklet with you after the test.

3. 受験番号と名前を下の欄(らん)に、受験票と同じように書いてください。
   Write your examinee registration number and name clearly in each box below as written on your test voucher.

4. この問題用紙は、全部で13ページあります。
   This question booklet has 13 pages.

5. この問題用紙にメモをとってもかまいません。
   You may make notes in this question booklet.

受験番号　Examinee Registration Number	

名　前　Name	

일반 버전

고사장 소음 버전

해커스N2실전모의고사_3회.mp3

問題1

問題１では、まず質問を聞いてください。それから話を聞いて、問題用紙の１から４の中から、最もよいものを一つ選んでください。

例

1　しゅうかつサイトでテストを受ける

2　どういう仕事がしたいか決める

3　希望の仕事をサイトに登録する

4　やりたい仕事の企業について調べる

1番

1　病院で検査を受ける

2　家で体温を測る

3　薬を飲む

4　学校に連絡する

2番

1　以前登録したカードを子供と探す

2　市役所で新しいカードを申し込む

3　文化センターでカードを申し込む

4　インターネットで部屋を予約する

3番(ばん)

会議室管理表	1	2	3	4
	会議室1	会議室2	会議室3	会議室4
12:00				
12:30				
13:00				
13:30				
14:00				
14:30				
15:00				
15:30				
16:00				
16:30				
17:00				

4番(ばん)

1　会議(かいぎ)の資料(しりょう)を完成(かんせい)させる

2　資料(しりょう)の確認(かくにん)をお願(ねが)いする

3　企画(きかく)について相談(そうだん)する

4　会議(かいぎ)の資料(しりょう)を提出(ていしゅつ)する

5番(ばん)

1　300円(えん)

2　500円(えん)

3　700円(えん)

4　800円(えん)

問題2

問題２では、まず質問を聞いてください。そのあと、問題用紙のせんたくしを読んでください。読む時間があります。それから話を聞いて、問題用紙の１から４の中から、最もよいものを一つ選んでください。

例

1　長い時間、ゆっくりしたいから

2　集中して本を読みたいから

3　田舎の自然を思い出したいから

4　おいしいケーキが食べたいから

1番

1　先生の発表の手伝いをするから

2　旅行に行けなくなったから

3　お花見が中止になったから

4　女の人が他の人と行くから

2番

1　ウサギやハムスターのそうしきがあること

2　虫のそうしきがあること

3　ペットのそうしきが増えていること

4　虫がペットとして受け入れられていること

3番

1　ロボットが料理を間違えること

2　技術の進化が速すぎること

3　人間が管理されるようになること

4　人間の仕事が少なくなること

4番

1　自分に合ったいいものが見つかったから

2　メガネは曇って見えなくなるから

3　耳が痛くなったり頭痛が起きたりするから

4　メガネの跡がついてしまうから

5番

1　教室が近くにないこと

2　女性選手がほとんどいないこと

3　競技をやる人が少ないこと

4　試合数が少ないこと

6番

1　インターネットが普及したから

2　本に使えるお金が少なくなったから

3　高価な本が増えたから

4　電子書籍が増えたから

問題3

問題３では、問題用紙に何もいんさつされていません。この問題は、全体としてどんな内容かを聞く問題です。話の前に質問はありません。まず話を聞いてください。それから、質問とせんたくしを聞いて、１から４の中から、最もよいものを一つ選んでください。

- メモ -

問題4

問題4では、問題用紙に何もいんさつされていません。まず文を聞いてください。それから、それに対する返事を聞いて、1から3の中から、最もよいものを一つ選んでください。

- メモ -

問題5

問題５では、長めの話を聞きます。この問題には練習はありません。

問題用紙にメモをとってもかまいません。

1番、2番

問題用紙に何もいんさつされていません。まず話を聞いてください。それから、質問とせんたくしを聞いて、１から４の中から、最もよいものを一つ選んでください。

- メモ -

3番

まず話を聞いてください。それから、二つの質問を聞いて、それぞれ問題用紙の1から4の中から、最もよいものを一つ選んでください。

質問1

1 初心者コース

2 テーマ別コース

3 創作コース

4 大作コース

質問2

1 初心者コース

2 テーマ別コース

3 創作コース

4 大作コース

정답표 p.290
[해설집] p.112

실전모의고사 제4회

난이도 : 중상

受験番号を書いて、その下のマーク欄（らん）にマークしてください。
Fill in your examinee registration number in this box, and then mark the circle for each digit of the number.

受験番号
(Examinee Registration Number)

20A1010123-30123

せいねんがっぴを書いてください。
Fill in your date of birth in the box.

せいねんがっぴ(Date of Birth)		
ねん Year	つき Month	ひ Day

실전모의고사 4

N2
言語知識（文字・語彙・文法）・読解

〈ちゅうい Notes〉

1. くろいえんぴつ(HB、No.2)でかいてください。(ペンやボールペンではかかないでください。)
Use a black medium soft (HB or No.2) pencil.
(Do not use any kind of pen.)
2. かきなおすときは、けしゴムできれいにけしてください。
Erase any unintended marks completely.
3. きたなくしたり、おったりしないでください。
Do not soil or bend this sheet.
4. マークれい Marking Examples

よいれい Correct Example	わるいれい Incorrect Examples
●	⊘ ◯ ◯ ⓪ ⊖ ⦶ ◯

あなたの名前をローマ字のかつじたいで書いてください。 Please print in block letters.

名前 Name

問題 1				
1	①	②	③	④
2	①	②	③	④
3	①	②	③	④
4	①	②	③	④
5	①	②	③	④
問題 2				
6	①	②	③	④
7	①	②	③	④
8	①	②	③	④
9	①	②	③	④
10	①	②	③	④
問題 3				
11	①	②	③	④
12	①	②	③	④
13	①	②	③	④
14	①	②	③	④
15	①	②	③	④
問題 4				
16	①	②	③	④
17	①	②	③	④
18	①	②	③	④
19	①	②	③	④
20	①	②	③	④
21	①	②	③	④
22	①	②	③	④

問題 5				
23	①	②	③	④
24	①	②	③	④
25	①	②	③	④
26	①	②	③	④
27	①	②	③	④
問題 6				
28	①	②	③	④
29	①	②	③	④
30	①	②	③	④
31	①	②	③	④
32	①	②	③	④
問題 7				
33	①	②	③	④
34	①	②	③	④
35	①	②	③	④
36	①	②	③	④
37	①	②	③	④
38	①	②	③	④
39	①	②	③	④
40	①	②	③	④
41	①	②	③	④
42	①	②	③	④
43	①	②	③	④
44	①	②	③	④

問題 8				
45	①	②	③	④
46	①	②	③	④
47	①	②	③	④
48	①	②	③	④
49	①	②	③	④
問題 9				
50	①	②	③	④
51	①	②	③	④
52	①	②	③	④
53	①	②	③	④
54	①	②	③	④
問題 10				
55	①	②	③	④
56	①	②	③	④
57	①	②	③	④
58	①	②	③	④
59	①	②	③	④

問題 11				
60	①	②	③	④
61	①	②	③	④
62	①	②	③	④
63	①	②	③	④
64	①	②	③	④
65	①	②	③	④
66	①	②	③	④
67	①	②	③	④
68	①	②	③	④
問題 12				
69	①	②	③	④
70	①	②	③	④
問題 13				
71	①	②	③	④
72	①	②	③	④
73	①	②	③	④
問題 14				
74	①	②	③	④
75	①	②	③	④

N2
聴解

受験番号を書いて、その下のマーク欄(らん)にマークしてください。
Fill in your examinee registration number in this box, and then mark the circle for each digit of the number.

受験番号 (Examinee Registration Number)

2	0	A	1	0	1	0	1	2	3	-	3	0	1	2	3
⓪	●	●		●	⓪	●	⓪	⓪	⓪			●	⓪	⓪	⓪
①	①	Ⓑ	●	①	●	①	●	①	①		①	①	●	①	①
●	②		②	②	②	②	②	●	②		②	②	②	●	②
③	③		③	③	③	③	③	③	●		●	③	③	③	●
④	④		④	④	④	④	④	④	④		④	④	④	④	④
⑤	⑤		⑤	⑤	⑤	⑤	⑤	⑤	⑤		⑤	⑤	⑤	⑤	⑤
⑥	⑥		⑥	⑥	⑥	⑥	⑥	⑥	⑥		⑥	⑥	⑥	⑥	⑥
⑦	⑦		⑦	⑦	⑦	⑦	⑦	⑦	⑦		⑦	⑦	⑦	⑦	⑦
⑧	⑧		⑧	⑧	⑧	⑧	⑧	⑧	⑧		⑧	⑧	⑧	⑧	⑧
⑨	⑨		⑨	⑨	⑨	⑨	⑨	⑨	⑨		⑨	⑨	⑨	⑨	⑨

せいねんがっぴを書いてください。
Fill in your date of birth in the box.

せいねんがっぴ(Date of Birth)		
ねん Year	つき Month	ひ Day

〈ちゅうい Notes〉
1. くろいえんぴつ(HB、No.2)でかいてください。(ペンやボールペンではかかないでください。)
Use a black medium soft (HB or No.2) pencil. (Do not use any kind of pen.)
2. かきなおすときは、けしゴムできれいにけしてください。
Erase any unintended marks completely.
3. きたなくしたり、おったりしないでください。
Do not soil or bend this sheet.
4. マークれい Marking Examples

よいれい Correct Example	わるいれい Incorrect Examples
●	⊗ ○ ○ ⓪ ⊖ ① ●

あなたの名前をローマ字のかつじたいで書いてください。 Please print in block letters.

名前 Name	

問題 1

例	●	②	③	④
1	①	②	③	④
2	①	②	③	④
3	①	②	③	④
4	①	②	③	④
5	①	②	③	④

問題 2

例	①	●	③	④
1	①	②	③	④
2	①	②	③	④
3	①	②	③	④
4	①	②	③	④
5	①	②	③	④
6	①	②	③	④

問題 3

例	①	●	③	④
1	①	②	③	④
2	①	②	③	④
3	①	②	③	④
4	①	②	③	④
5	①	②	③	④

問題 4

例	①	●	③
1	①	②	③
2	①	②	③
3	①	②	③
4	①	②	③
5	①	②	③
6	①	②	③
7	①	②	③
8	①	②	③
9	①	②	③
10	①	②	③
11	①	②	③
12	①	②	③

問題 5

1		①	②	③	④
2		①	②	③	④
3	(1)	①	②	③	④
	(2)	①	②	③	④

Language Knowledge (Vocabulary/Grammar) • Reading　　**問題用紙**

N2

言語知識（文字・語彙・文法）・読解

（105分）

注　意
Notes

1．試験が始まるまで、この問題用紙を開けないでください。
Do not open this question booklet until the test begins.

2．この問題用紙を持って帰ることはできません。
Do not take this question booklet with you after the test.

3．受験番号と名前を下の欄（らん）に、受験票と同じように書いてください。
Write your examinee registration number and name clearly in each box below as written on your test voucher.

4．この問題用紙は、全部で31ページあります。
This question booklet has 31 pages.

5．問題には解答番号の 1 、 2 、 3 …が付いています。解答は、解答用紙にある同じ番号のところにマークしてください。
One of the row numbers 1、2、3 … is given for each question. Mark your answer in the same row of the answer sheet.

受験番号　Examinee Registration Number	

名　前　Name	

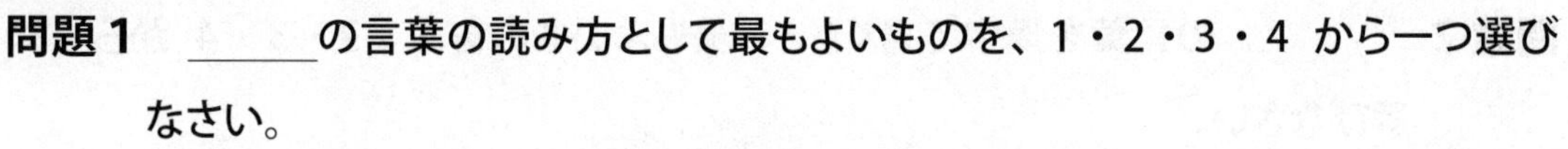

問題1 ＿＿＿の言葉の読み方として最もよいものを、1・2・3・4 から一つ選びなさい。

1 本田(ほんだ)さんは車が好きで、その部品や<u>構造</u>にまで詳しい。

1 こうぞ　　2 こうそ　　3 こうぞう　　4 こうそう

2 良い人間関係を作るには、相手を<u>敬う</u>気持ちが大切だ。

1 したがう　　2 うかがう　　3 うやまう　　4 あつかう

3 その映画は来月の<u>下旬</u>に公開される予定だ。

1 かしゅん　　2 げしゅん　　3 かじゅん　　4 げじゅん

4 台風の時は、窓が割れないように<u>用心</u>してください。

1 ようしん　　2 ようじん　　3 ゆうしん　　4 ゆうじん

5 彼女は専門知識は豊富だが、業務経験が<u>乏しい</u>。

1 とぼしい　　2 あやしい　　3 まずしい　　4 むなしい

問題２　＿＿＿の言葉を漢字で書くとき、最もよいものを１・２・３・４から一つ選びなさい。

6　急に出張が決まり、会議の日程をあらためた。

1　替めた　　2　換めた　　3　改めた　　4　新めた

7　居間に飾ってある家族写真は５年前にさつえいしたものだ。

1　刷影　　2　撮影　　3　刷映　　4　撮映

8　今日は波があらく危険なため、海水浴が禁止になった。

1　忘く　　2　忙く　　3　慌く　　4　荒く

9　私の周りにはゆかいな友人が多い。

1　諭快　　2　諭決　　3　愉快　　4　愉決

10　本日の舞台は予定より10分遅れてかいえんします。

1　開演　　2　開始　　3　開催　　4　開会

問題3 （　　　）に入れるのに最もよいものを、1・2・3・4 から一つ選びなさい。

11 この計画は、もう引き（　　　）ことはできない。

1 帰る　　2 戻る　　3 返す　　4 取る

12 チームの（　　　）優勝を祝うパーティーが開かれた。

1 最　　2 初　　3 真　　4 第

13 この製品の安全（　　　）は検査で確認されている。

1 差　　2 的　　3 性　　4 用

14 何も食べないのはダイエットに（　　　）効果だ。

1 反　　2 逆　　3 別　　4 不

15 泥棒(どろぼう)に入られて、警察に被害（　　　）を出した。

1 状　　2 証　　3 書　　4 届

問題4　（　　　）に入れるのに最もよいものを、1・2・3・4 から一つ選びなさい。

16　いつも冷静なところが彼の（　　　）だ。

1　便宜　　2　長所　　3　重点　　4　優良

17　取引先とは少しでも（　　　）条件で契約したいと思っている。

1　有効な　　2　有力な　　3　有利な　　4　有望な

18　大学卒業後はテレビ局や新聞社などの（　　　）に関係する仕事がしたい。

1　メディア　　2　アナウンス　　3　オンライン　　4　プログラム

19　当センターでは今月から子育て相談窓口を新たに（　　　）します。

1　支援　　2　開設　　3　案内　　4　成立

20　先日、父との約束を（　　　）怒られてしまった。

1　くだいて　　2　こわして　　3　たおして　　4　やぶって

21　語学力を伸ばすためには、（　　　）勉強を続けることが必要だ。

1　こつこつ　　2　しみじみ　　3　はきはき　　4　がたがた

22　友人たちと一緒に登った山は、とても（　　　）大変だった。

1　激しくて　　2　鋭くて　　3　憎くて　　4　険しくて

問題5 ＿＿＿の言葉に意味が最も近いものを、1・2・3・4 から一つ選びなさい。

23 就職活動に関する情報を<u>検索(けんさく)した</u>。

1 探(さが)した　2 集(あつ)めた　3 提供(ていきょう)した　4 操作(そうさ)した

24 兄はよく<u>勝手な</u>ことを言う。

1 いい　2 わがままな　3 悪い　4 親切な

25 生徒たちはしばらく<u>だまり込んで</u>いた。

1 涙を流して　2 下を向いて　3 出かけないで　4 何も言わないで

26 あの人は<u>単なる</u>知人ですよ。

1 親しい　2 ただの　3 共通の　4 大切な

27 <u>ずうずうしい</u>ことを言って、申(もう)し訳(わけ)ありません。

1 厚かましい　2 残念な　3 いらいらする　4 聞きたくない

問題６　次の言葉の使い方として最もよいものを、１・２・３・４ から一つ選びなさい。

28　順調

1　地域住民の協力により来月のお祭りの準備が順調に進んでいる。

2　税金が上がって以来、あの国の経済は順調に悪くなっている。

3　明日、雨が降ったら、ラグビーの試合は順調に中止するそうだ。

4　会話のテストは、名前を呼ばれた人から順調に入ってください。

29　ためる

1　うれしいことだけを日記にためるようにしたら、毎日が楽しく過ごせるようになった。

2　今、日曜に行う公園の清掃ボランティアをためているんですが、参加しますか。

3　来年、留学を予定しているので、アルバイトをしてお金をためているところです。

4　志望する大学に合格するためには、もっと成績をためる必要がある。

30　発達

1　教室に通うようになってから、私はピアノが少しずつ発達している。

2　ただの冗談(じょうだん)も、多くの人が信じたら大事件に発達することもある。

3　社会での様々な経験を通して、大きく発達できた一年だった。

4　生産技術の発達により、商品コストの削減が可能になった。

31　いったん

1　まだまだ仕事は終わらないけれど、いったん休憩(きゅうけい)してから続きをしましょう。

2　会社が買収されると聞いたが、これからいったんどうなってしまうのだろうか。

3　富士山のふもとに行ったことはあるが、いったん登ったことはない。

4　今のアルバイトは、いったん書類を出しただけで合格した。

32　活気

1　社員の意見を活気に取り入れて、働きやすい環境作りを心掛けている。

2　祖母は長い間、入院していたが、やっと病気が治って活気になった。

3　この市場は、多くの人々がいきいきと働いていて活気がある。

4　彼女はテニス界の新星で、今シーズン一番活気が期待されている選手です。

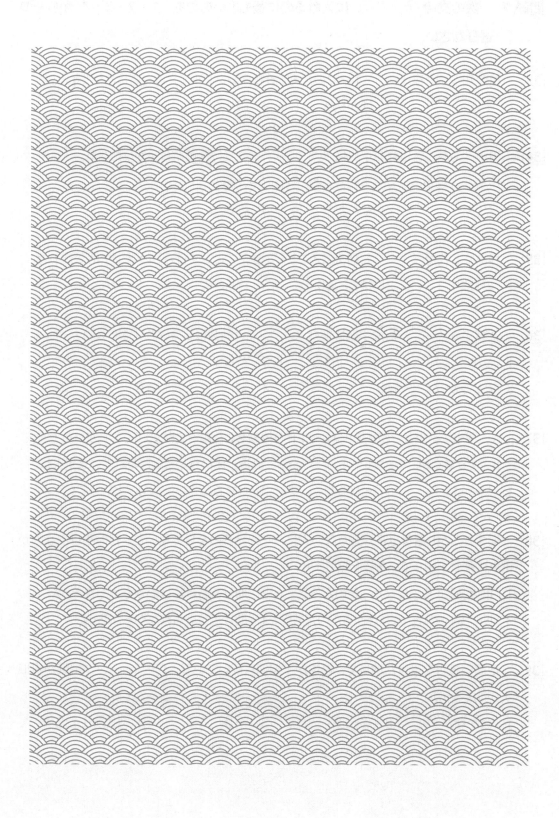

問題7　次の文の（　　　）に入れるのに最もよいものを、1・2・3・4 から一つ選びなさい。

33　私が知っている（　　　）、この近くに着物がレンタルできるお店はありません。

1　上に　　2　ばかりか　　3　限りでは　　4　うちに

34　田中（たなか）「ああ、忘年会の予約係（　　　）、引き受けなければよかったなあ。」
鈴木（すずき）「人数が多いから大変だよね。何か手伝おうか。」

1　ぐらい　　2　なんか　　3　こそ　　4　さえ

35　尊敬する教授（　　　）研究することができたので、すばらしい学生生活が送れた。

1　のもとで　　2　はもとより　　3　のもとに　　4　をもとに

36　就職する（　　　）大学院に進む（　　　）、勉強はしなければならない。

1　とか / とか　　2　やら / やら
3　というか / というか　　4　にしても / にしても

37　A「週末に子供と一緒にチョコレート作り体験をしたんですが、とても楽しかったです。」
B「そうですか。チョコレート（　　　）、最近、体に良いとも言われていますよね。」

1　といえば　　2　となると　　3　とすると　　4　といっても

38　恥ずかしがり屋な息子が知らない人に声をかけるのを見て驚（おどろ）いた。目の不自由な人が電車に乗れず困っている姿を見て、（　　　）。

1　助けるどころではなかったのだろう　　2　助けるわけにはいかなかったそうだ
3　助けないではいられなかったのだろう　　4　助けてはいられなかったそうだ

39　地震の被害を受けた地域で、停電が1週間も続いている。（　　　）いつ電気が復旧するのだろうか。

1　なかなか　　2　さっぱり　　3　一体　　4　もしかしたら

40　（会社の受付で）

鈴木「山田課長と10時にお約束をしております。ABC電機の鈴木と申します。」

受付「山田はただいま（　　　）、どうぞお掛けになってお待ちください。」

1　いらっしゃいまして　　　2　参りますので

3　おりますので　　　4　おいでになりまして

41　十数年にわたって研究が（　　　）、ようやく新しい薬が開発された。病気に苦しむ人に、希望を与える知らせだ。

1　続けられてきたが　　　2　続けられていくので

3　続けていくならば　　　4　続けていたとしても

42　子供の時は母に書道教室に嫌々（　　　）大変だったが、大人になってその面白みがわかるようになった。

1　通って　　2　通わせて　　3　通われて　　4　通わせられて

43　明日は雨だから、山登りには行かない方がいいと言っても無駄だろう。父は一度行くと決めたら（　　　）。

1　行くに決まっている　　　2　行かないおそれがある

3　行ってみせる　　　4　行くというものだ

44　夜遅くまで起きているのは体に悪いと（　　　）、夜中の３時までゲームをしてしまった。

1　知ってでも　　2　知ったとしても　　3　知ってこのかた　　4　知りつつ

問題８　次の文の＿★＿に入る最もよいものを、１・２・３・４ から一つ選びなさい。

（問題例）

あそこで ＿＿＿ ＿＿＿ ＿★＿ ＿＿＿ は山田(やまだ)さんです。

1　テレビ　　2　人　　3　見ている　　4　を

（解答のしかた）

1．正しい文はこうです。

あそこで ＿＿＿ ＿＿＿ ＿★＿ ＿＿＿ は山田(やまだ)さんです。
1 テレビ　4 を　3 見ている　2 人

2．＿★＿に入る番号を解答用紙にマークします。

（解答用紙）	（例）	①　②　●　④

45　彼女は父親のような立派な医者になるために、＿＿＿ ＿★＿ ＿＿＿ ＿＿＿ 強い。

1　国家試験に合格したい　　2　多くの時間と

3　という気持ちが　　4　努力を費やしてでも

46　彼の会社への強い不満はわかるが、＿＿＿ ＿＿＿ ＿★＿ ＿＿＿ と思う。

1　無理な　　2　こんな

3　認められっこない　　4　要求は

47　娘はお気に入りの漫画(まんが)のドラマ化が決まってから ＿＿＿ ＿＿＿ ＿★＿ ＿＿＿ みたいだ。

1　しょうがない　　2　気になって　　3　俳優(はいゆう)が誰(だれ)か　　4　主人公を演じる

48 一般的にたばこは ＿＿＿ ＿＿＿ ＿★＿ ＿＿＿ 悪い影響(えいきょう)を及ぼすと言われている。

1 吸う人　　2 にも　　3 だけでなく　　4 周りの人

49 私の母は ＿＿＿ ＿＿＿ ＿＿＿ ＿★＿ 様子を見ることになった。

1 通院しながら　　2 今日の検査の結果

3 病気が悪化して　　4 入院する予定だったが

실전모의고사 제4회

해커스 JLPT 실전모의고사 N2

問題9　次の文章を読んで、文章全体の内容を考えて、[50] から [54] の中に入る最もよいものを、1・2・3・4 から一つ選びなさい。

思考を止める方法

必要のない思考(注)はできるだけ早く止めるように練習しておくと、気持ちがとても楽になることを知っているだろうか。

仕事のミスで同僚に迷惑をかけてしまったり、恋人とけんかをしてしまったりした後に、何度もそのことを思い返してしまったことはないだろうか。「もっと注意すればよかった」「あんなこと言わなければよかった」といった思いで頭がいっぱいになる。こういった考えを繰り返す [50] 、自分自身がどんどんつらくなってくる。こういった思考は、思い切って止めたほうがいい。[51] 、どうすればこのようなマイナス思考を止めることができるのだろうか。その答えは「意識を他に向ける」ことだそうだ。

具体的には、嫌なことを思い出したらすぐに、何かを見たり、聞いたり、別のことに集中したりする。例えば、電車に乗っていて嫌なことを思い出しそうになったら、 窓の外の風景を見る、音楽を聞く、スマホを見るなどして、意識を他に向けるようにする。そうすることで、[52] を思い出しても、ぼんやりしたイメージのままにすることができるそうだ。これを何度か繰り返しているうちに、嫌なこと自体も思い出さなくなってくるという。

私たちは、食事中にひどくつらいことを [53] 、食欲をなくしてしまうし、試合中サッカーボールを追いかけている間は他のことを考えることはできないものだ。常に意識は一つの事に集中される。したがって、嫌な思考を止めたいときには、その性質をうまく利用して意識を他のことに向けることで、[54] 。

（注）思考：考えること、考え

50

1 にとどまらず　2 にしては　3 につれて　4 にせよ

51

1 では　2 しかも　3 だから　4 また

52

1 楽しいこと　2 嫌(いや)なこと　3 必要なこと　4 別のこと

53

1 考えようものなら　2 考えないことには

3 考えるにあたり　4 考えないように

54

1 気分が変わらないのだ　2 気分が高まるのだ

3 気分が落ち込むのだ　4 気分が晴れるのだ

問題10　次の(1)から(5)の文章を読んで、後の問いに対する答えとして最もよいものを、1・2・3・4 から一つ選びなさい。

(1)

「時は金なり」は、世界中で使われている言葉である。時間はお金と同様に貴重なものだから、無駄にしてはいけないという意味だ。

しかし、時間の無駄とは何だろう。例えば、電車が事故で遅れている時、自分の時間を無駄にされたと怒り、わざわざ駅員に文句を言いに行く人がいるが、私はそれこそ時間の無駄だと思ってしまう。電車が来るまでの時間を、小説を読んだり仕事をしたり、自分のために使えばいいだけのことだろう。

55　筆者の考えに合うのはどれか。

1　「時は金なり」という言葉は、間違って使われている。
2　遅れることがある電車に乗るのは、時間の無駄である。
3　何を時間の無駄ととらえるかは、人によって異なる。
4　時間もお金も自分のために使うべきである。

（2）

以下は、マンションの入口に貼られた文書である。

入居者各位

管理室

ボール遊びについて

先日、マンション敷地内で小学生が投げたボールが、赤ちゃんに当たるという事故が起きました。

幸い軽いけがですみましたが、敷地内でのボールの使用について、ルールの再確認をお願いします。

ボール遊びは禁止ではありませんが、使用できるのは柔らかいボールのみです。人が通るときは投げるのをやめましょう。

ルールが守られない場合は、ボールの使用の全面禁止も検討します。

56 この文書が書かれた一番の目的は何か。

1 ボールによる事故について知らせる。

2 ボールの使用禁止を発表する。

3 ボール遊びのルールの変更を伝える。

4 ボール遊びのルールの徹底を求める。

(3)

会議を成功（せいこう）させるために必要なことは何だろうか。

「ルビンのつぼ(注1)」という絵がある。黒と白で描（か）かれていて、黒を背景(注2)として見ると人の顔が見え、白を背景として見るとつぼが見えるという有名な絵だ。見ている背景の色で、見えるものが違うのだ。

会議における背景とは会議の目的である。それを参加者が理解していないままだと、見えているものが一人一人違って、議論がうまく進まない。２時間も会議をしたのに、何も結果が出ないということだってあり得る。

(注１) つぼ：水や酒などを入れる容器

(注２) 背景：絵や写真の中心になるものの後ろにある色

57 筆者が会議の成功（せいこう）のために必要だと考えていることは何か。

1 会議の目的を明確に伝えること

2 会議室の壁の色を黒くすること

3 参加者の意見を一つにまとめること

4 会議の時間は2時間を超えないようにすること

(4)

以下は、あるお店から届いたメールである。

お客様各位

いつも「鮮魚市場あけぼの」をご利用いただき、誠にありがとうございます。

メールマガジンにご登録いただいているお客様に、当店メール会員様限定のプレゼント抽選会についてご案内いたします。

プレゼントの賞品は次回以降、お会計の際にお使いいただけるクーポン券、温泉宿泊券、ペア映画鑑賞券などです。

【日時】　10月13日(日)　10:00から　先着200名様

当日のお買い物レシートとこちらのメールマガジン画面を見せていただくと、お一人様１回、ご参加いただけます。

皆様のご来店を心よりお待ちしております。

鮮魚市場あけぼの

58　このメールの内容について正しいものはどれか。

1　抽選会に参加できるのは、買い物をしたメール会員だけである。

2　抽選会に参加できるのは、10時から並んだ200人だけである。

3　メールマガジンの画面を見せるだけで１回抽選会に参加できる。

4　メール会員は買い物をすれば、何回でも抽選会に参加できる。

(5)

ゴミを捨てる日やその捨て方には、住んでいる地域や町により、それぞれの決まりがある。しかし、最近、私の家の近所でそれが守られず、ゴミが捨てられていた。決められた曜日に捨てられなかったゴミは収集してもらえず、数日間、ゴミ置き場に置かれたままとなっていた。しかもそれが生ゴミだったので、においも出てしまい、近所の住民はとても迷惑(めいわく)した。ゴミの捨て方や収集日を守ることは、住民の最低限のマナーなのではないだろうか。

59 筆者の考えに合うものはどれか。

1 住んでいる町をきれいにするためにはルールを守るべきだ。

2 ゴミは決められた曜日にしか捨てられないので迷惑(めいわく)している。

3 ゴミの捨て方はマナーではなくルールなので、町によって違う。

4 最低限のマナーとして、ゴミを捨てる曜日や捨て方は守るべきだ。

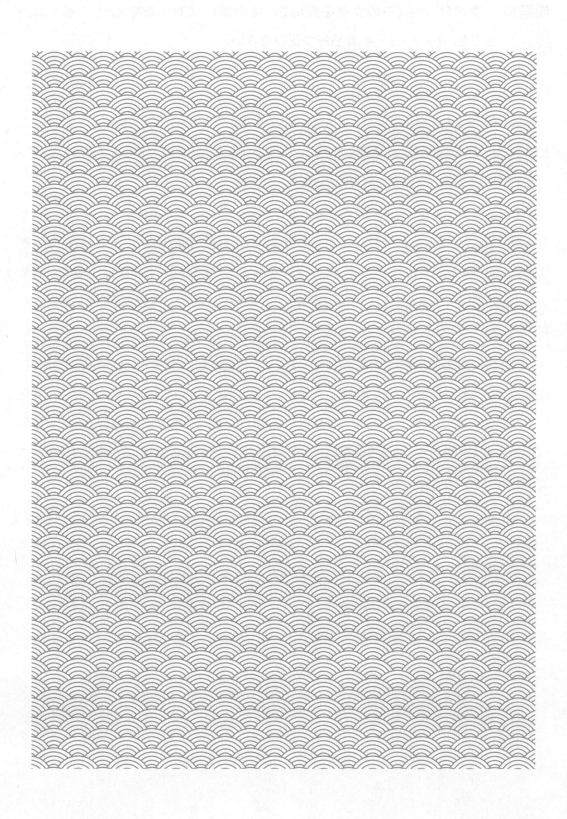

問題11　次の(1)から(3)の文章を読んで、後の問いに対する答えとして最もよいものを、1・2・3・4 から一つ選びなさい。

(1)

先日、テレビでベテラン俳優が「自分はもうこの年だから何でも分かっている。だから驚くこともないし、迷うこともない」と話していた。落ち着いた大人の態度だとも言えるが、私はいつまでも迷っている大人の方が魅力的だと思う。

一方、私の父は田舎で路線バスの運転手をしている。毎日、同じ道を回る退屈な仕事だと思っていたが、父はそうは言わない。自分の仕事が好きだと、特に思っているわけでもなさそうだが、毎日同じことをしていてもあきないという。「全てうまくいく日もあるし、いかない日もある。不快なこともあるが、うれしいこともある」と言うのを聞いて、父は努力している人なのだと思った。

「人間は努力する限り迷うものだ」という、ドイツを代表する文学者の言葉がある。私はこの言葉がとても好きだ。慣れた仕事でも、何年経っても、努力しているから迷う。迷うから、さらに努力する。そして、迷いからは様々な感情が生まれる。驚きや失望や喜びは、「何でも分かっている」という態度からは生まれないだろう。もし迷うことが全くなければ、それは退屈なことではないだろうか。

父もたぶん、日々、迷っているのかもしれない。しかし、迷うことは決して悪いことではないと思う。

60 筆者によると、落ち着いた大人とはどのような人か。

1 何でも分かっていると言う人

2 驚(おどろ)くことや迷うことがない人

3 いつまでも迷っている人

4 ほかの人より魅力(みりょく)的な人

61 筆者は、自分の父についてどう思っているか。

1 父は自分の仕事が退屈(たいくつ)で好きではないと思っている。

2 父は毎日同じことをする仕事が好きだと思っている。

3 父は慣れた仕事でも常に努力していると思っている。

4 父は迷わない仕事はつまらないと感じていると思っている。

62 迷うことについて、筆者の考えに合うのはどれか。

1 努力すると迷うことが多くなるが、それはしかたがないことだ。

2 迷うことがない人生は退屈(たいくつ)なので、驚(おどろ)きや失望を感じなくなる。

3 迷っているといろいろな感情が出てきて、疲れることが多い。

4 迷ってがっかりしたり喜んだりするのは努力している証拠(しょうこ)だ。

(2)

「好きなラブストーリーは何ですか。」突然、知人にそう質問された。少し考えて出した答えは、知人にとって予想外だったらしく、とても驚かれた。確かにラブストーリーというより人間愛の話なので、普通に想像する男女の恋愛ものからは外れていたのかもしれない。しかし、その時に思い浮かんだのはその作品だったのだ。知人の答えも聞き、大いに話が盛り上がって以来、おもしろい質問だと思っていろいろな人に聞いている。

今まで約40人に聞いたのだが、予想以上に興味深い。小説、マンガ、アニメ、映画、ゲームなど様々で、有名作品、人気作品の名も出るのだが、これまでに同じ回答はたった２つ。思い浮かぶ作品がそれぞれ違うというのが大変おもしろい。

質問するときは、なるべく一対一で聞くほうがよい。素直に答える人もいるが、自分が他の人達にどう思われるか意識したり、答えることを恥ずかしがる人もいて、そういったことが答えに影響するからだ。だから、大勢に聞くより一人に聞く時のほうが、その人らしい回答が得られると思った。普段のその人からは想像できない作品名を言われて驚いたことが何度もある。

どんな答えでも、それがその人にとってのラブストーリーだと思うと、新たな一面を発見したような驚きがある。人によって好きな愛の形も種類も様々だ。だからこそ、答えにその人の個性が表れるいい質問だと思う。

63 筆者が知人に質問されて答えたラブストーリーはどのような話か。

1 誰もが驚くような話

2 男女間の恋愛の話

3 人間愛についての話

4 大いに盛り上がれる話

64 なるべく一対一で聞くほうがよいとあるが、なぜか。

1 有名で人気のある作品を知ることができるから

2 周りに人がいることが答えに影響するから

3 大勢に聞くと答えが予想できないから

4 その人らしい答えは恥ずかしいと思うから

65 好きなラブストーリーの質問について、筆者の考えに合うのはどれか。

1 想像できない作品名に驚かされる質問である。

2 その人らしい答えが出てくる、想像できない質問である。

3 物語の新しい見方ができるようになる、いい質問である。

4 答える人の個性が表れるので、いい質問である。

（3）

先日、携帯電話を落としてしまった。幸運にもすぐに見つかったのだが、それは今でも信じられないほどショックな出来事だった。

私は用心深い（注1）方で、それまで財布や鍵など大切な物をなくしたことはなかった。その日は、友人宅へタクシーで移動したのだが、料金を支払い、タクシーを降りる時に落としたらしい。それまで手に持っていた携帯電話を一瞬ひざの上に置いたのだろう。後で探し回った時、まさかと思ったが、道路に落ちていた。45歳くらいから、色々と不注意やうっかり忘れることなどが多くなったと自覚（注2）していたが、これは私にとって決定的な出来事だった。私は年を取ったのだ。

人は若い時は全てのことに鋭い感覚を持っているが、年を取るとだんだん鈍くなっていく。身体機能が衰えるのだから当然のことである。物忘れや不注意、身体的な鈍さも、体の一つ一つが正しく機能していないからだろう。それらが同時に起きた。大事な物を手から放したことを忘れ、手にない感覚もなかった。体から離れ、落ちたことにも気付かなかった。

自然に年を取って、いつか死ぬことを思えば、年齢とともに体の全てが鈍くなるのはその準備として与えられた過程だと思うしかない。その日は「年を取ること」について考えてしまった一日だった。

（注1）用心深い：十分に気を付けている
（注2）自覚する：自分でそうだと感じる

66 筆者がまさかと思ったのはなぜか。

1 用心深い(ようじんぶか)自分が、携帯(けいたい)電話を道に落とすはずがないから

2 道路に携帯(けいたい)電話があっても、誰(だれ)も拾わなかったから

3 ひざの上に置いたはずの携帯(けいたい)電話がなくなったから

4 友人の家の前で落としたのに、見つけられなかったから

67 「年を取ること」について、筆者の考えに合うのはどれか。

1 人は年齢とともに体が弱くなるが、しかたがないことだ。

2 年を取って体全体の感覚が鈍くなるのは、当然のことだ。

3 ショックな事なので、自分が年を取るということは受け入れづらい。

4 若い時には気付かなかったが、あきらめるしかない。

68 筆者が、自分に対して年を取ったと感じた点は何か。

1 若い時のような注意力がなくなったと思ったこと

2 大切なものをなくすという経験が増えてきたこと

3 頭の働きと体の働きの両方が鈍くなっていること

4 大事なものを手から放すようなことが多くなったこと

問題12　次のAとBの文章を読んで、後の問いに対する答えとして最もよいものを、1・2・3・4 から一つ選びなさい。

A

最近、「暮らすように旅する」という言葉を耳にする。旅行を休息だと考え、気の向くままにしたいことをするらしい。観光地には行かず知らない町を散歩したり、民宿で現地の人と交流する。日常から離(はな)れながら、異国の地(注)で日常的な時間を自由に過ごすことがテーマだそうだ。以前は旅行というとパッケージツアーに代表されるよう、観光地や有名レストランを回るイメージが強かったが、スタイルが多様化したものだ。

パッケージツアーのように旅行の手間を減らしてくれるサービスがある中で、最初からエネルギーをかけずに旅行するという発想が面白い。観光したいときには、当日現地のツアーに申し込めば観光も楽に楽しめるという。時間に余裕があれば、こんな新しいスタイルの旅行も体験してみたい。

B

テレビ番組でも特集されるパッケージツアーだが、行動や時間に制限があることから利用者は減少傾向にある。確かに自由に日程を組め、好きなものが食べられる個人旅行が人気なのも分かる。そもそもパッケージツアーとは旅行会社が作った旅行セットのことで、商品を申し込めば航空券やホテルなどの手配をやってくれるサービスである。しかも、個人旅行より旅の費用が安く済ませられるという。

スケジュールを一から立てる必要がないため、場所や交通手段を調べるといった作業がストレスの人には良いサービスだろう。また、効率的に観光できるのも利点だ。個人旅行でよくある道に迷ったり、予約の手続きによる問題が起こったりなんて心配もいらない。言語に自信がなくて海外旅行が不安だという時にもこのサービスを利用するといいと思う。

（注）異国の地：自分の生活している国とは異なる国

69 AとBのどちらの文章にも触れられている点は何か。

1 多様化している旅行のスタイル

2 旅行中に出くわすトラブル

3 楽に旅行を楽しむ方法

4 パッケージツアー利用者の減少理由

70 旅行について、AとBはどのように考えているか。

1 AもBも、パッケージツアーを利用すると効率良く観光地を回ることができると考えている。

2 AもBも、手間をかけず費用を安く済ませたいならパッケージツアーを利用すべきだと考えている。

3 Aは様々なスタイルの旅行を試すべきだと考え、Bは手間がかかる作業が苦手な人には旅行は向かないと考えている。

4 Aは観光地を回ることだけが旅ではないと考え、Bはサービスを利用すれば旅のストレスが減らせると考えている。

問題13　次の文章を読んで、後の問いに対する答えとして最もよいものを、1・2・3・4 から一つ選びなさい。

私は日本で生まれ育ち、日本で教育を受けたのだが、日本の歴史にあまり詳(くわ)しくない。中学と高校で学んだ日本史は表面的な事だけで、それすらもう既(すで)に忘れてしまっていることが多い。テレビドラマで昔の歴史に関することが出てくると、そうだったんだとそのたびに思うくらいだ。歴史は毎日の生活に必要なものではないから忘れてしまうのだろう。それは、数学も物理もそうかもしれない。

なぜ勉強しなければならないのかと問われたら、みんなはどう答えるだろうか。将来役に立つから?今の私の生活に高校の数学は役に立っているだろうか。そんなことはないだろう。いい大学に入るため?いや、それなら、大学に入らない人は、勉強しなくてもいいことになってしまう。しかし、ある日、インターネット上で見つけた言葉に、私ははっとした。

「勉強するのは自由になるため。」

私の祖母は中学を出てすぐに働き始めたそうだ。田舎(いなか)の農村出身の祖母は、十分な教育機会が与えられなかったと想像がつく。学ぶことより、稼(かせ)ぐことのほうが大切だと教えられたのかもしれない。しかし、中学を出たばかりの女の子に、それほどいい仕事はない。結局、いくつかの仕事をして、結婚をし、主婦になったため仕事を辞めてしまった。その後、祖母の世界は近所とテレビぐらいで、新しい仕事をすることもなく、ずっと家にいたそうだ。学校には行けなくても、せめて本や新聞を読むようにしていたら、祖母の世界はもっと違うものになっていたのではないだろうか。祖母は「自分は頭がよくないから」と、私にあまり多くのことを教えてはくれなかった。しかし、祖母が経験して身に付けてきた事にも、本当は価値があるはずだ。

周りの環境(かんきょう)や経済的な問題から、学校に通うことが難しい人は世界中に多くいる。そのような中でも、人は学び続けることで知識を増やし、新しいことを知り、それを子供や孫たちに伝えてきた。そうやって人間は、自分のためだけでなく、誰(だれ)かのために学び続けてきた。

勉強は、勉強する人自身の世界を広げる。そして、その人は学んだことを他の人たちに伝えることで彼らの世界をほんの少しだけ変えていくのだろう。「自由になる」とはそういうことかもしれない。このように多くの人が、自分の勉強を続けていたら、世界はよりよいものになるのではないだろうか。

71 数学も物理もそうかもしれないとは、どのようなことか。

1 表面的な事しか勉強していないから、数学や物理に詳(くわ)しくない。

2 中学と高校で勉強したことは、既(すで)に忘れてしまっている。

3 テレビで数学や物理のことを見ると、初めて知ったかのように思う。

4 日常生活に必要がないことは、覚えていることが難しい。

72 祖母について、筆者はどのように考えているか。

1 祖母は子供のころに教育が受けられなくて、気の毒だ。

2 祖母の世界が狭かったのは、本や新聞を読まなかったからだ。

3 祖母は教育を受けていなくても、有意義な経験を積んできた。

4 祖母はあまり頭がよくないので、価値のある話は聞けない。

73 学ぶことについて、筆者の考えに合うのはどれか。

1 学ぶことは自分のためだけでなく、他の人のためにもなる。

2 学ぶだけでは世界が変わることはないが、必要なことだ。

3 世界をよくするために、学ぶことはやめるべきではない。

4 学校に通うことができないと、学ぶことを続けるのは難しい。

問題14　右のページは、ある大学の集中講座の案内である。下の問いに対する答えとして最もよいものを、1・2・3・4 から一つ選びなさい。

74　遠藤さんは試験英語の特別クラスを申請するつもりだ。試験を受けたことはないが、前学期に大学で「実践(じっせん)英語 I」の講義を受講した。遠藤さんが受講できるクラスはどれか。

1　Aクラス

2　Bクラス

3　Aクラス、Bクラス

4　Aクラス、Bクラス、Cクラス

75　高橋さんは前回の試験で800点を取ったが、点数を上げるために夏休み集中講座を受講したいと考えている。高橋さんが集中講座を受けるためにとる行動はどれか。

1　6月18日までに学生部で申し込みを行い、1万5千円を払う。

2　6月18日までに学生部で申し込みを行い、1万8千円を払う。

3　6月25日までに学生部で申し込みを行い、1万5千円を払う。

4　6月25日までに学生部で申し込みを行い、1万8千円を払う。

－試験英語夏休み集中講座　受講生募集中－

夏休みに試験英語の特別クラスを実施します。

独学で点数が伸び悩んでいる方はぜひ！

自分の点数を基にレベルに合ったクラスに申し込んでください。

	Aクラス	Bクラス	Cクラス	Dクラス
レベル	基礎的な単語、基本文法から学ぶことができます。 *目標点数：680点	基礎的な練習問題を通して、解き方のコツを伝授します。 *目標点数：730点	基礎レベルからステップアップ！ つまずきやすいポイントを解説します。 *目標点数：800点	試験形式で過去問を解き、スピーディーに問題を解く力をつけます。 *目標点数：860点以上
対象者	470点以下 または 受験未経験者	600点前後	680点前後	780点以上
日程	週に２回 月、水 13:00-15:00	週に２回 火、金 13:00-15:00	週に１回 水 13:00-17:00	週に１回 木 13:00-17:00
人数	40名	40名	40名	40名
受講料	18,000円	18,000円	15,000円	15,000円

＊本校で開講されている「実践(じっせん)英語Ｉ」の単位を取得した学生は試験を受けたことがなくてもＢクラスが受講できます。
ただし、レベルを確認するためにも一度受験することをおすすめしています。

■ 申請方法

・申請は学生部で承っております。その際に受講料を現金でお支払いください。

＊別途でテキスト代(３千円)もご一緒にお願いします。

・申請期間：本日から６月18日(金)午後５時まで

＊受講の取り消しは６月25日(金)午後５時まで可能です。

授業内容や日程に関するお問い合わせは英語キャリア課までお願いいたします。

英語キャリア課　TEL：0238-xxxx-9999

Listening

問題用紙

N2

聴解

（50分）

注　意

Notes

1．試験が始まるまで、この問題用紙を開けないでください。
Do not open this question booklet until the test begins.

2．この問題用紙を持って帰ることはできません。
Do not take this question booklet with you after the test.

3．受験番号と名前を下の欄（らん）に、受験票と同じように書いてください。
Write your examinee registration number and name clearly in each box below as written on your test voucher.

4．この問題用紙は、全部で13ページあります。
This question booklet has 13 pages.

5．この問題用紙にメモをとってもかまいません。
You may make notes in this question booklet.

受験番号　Examinee Registration Number	

名　前　Name	

일반 버전

고사장 소음 버전

해커스N2실전모의고사_4회.mp3

問題1

問題１では、まず質問を聞いてください。それから話を聞いて、問題用紙の１から４の中から、最もよいものを一つ選んでください。

例

1　しゅうかつサイトでテストを受ける

2　どういう仕事がしたいか決める

3　希望の仕事をサイトに登録する

4　やりたい仕事の企業について調べる

1番

1　ベランダの物を中に入れる

2　食べ物を買いに行く

3　水を準備する

4　ラジオを探す

2番

1　ホテルに電話をする

2　課の全員にメールをする

3　会議室の予約を変更する

4　山田さんに連絡をする

3番

1　2,000円

2　8,000円

3　8,800円

4　8,500円

4番

1　警察に届けを出す

2　免許証を届ける

3　銀行に電話する

4　スーパーに電話する

5番

1　転職したい理由を考える

2　転職が必要かどうか考える

3　転職したい会社を研究する

4　転職したい会社の人と話す

問題2

問題２では、まず質問を聞いてください。そのあと、問題用紙のせんたくしを読んでください。読む時間があります。それから話を聞いて、問題用紙の１から４の中から、最もよいものを一つ選んでください。

例

1 長い時間、ゆっくりしたいから

2 集中して本を読みたいから

3 田舎の自然を思い出したいから

4 おいしいケーキが食べたいから

1番

1　お客さんが減ったから

2　売り上げが悪くなったから

3　働く人が足りないから

4　コインランドリーができるから

2番

1　集会室を掃除するため

2　友達を紹介してもらうため

3　知り合いを増やすため

4　楽しいゲームをするため

3番

1 運転するのが好きだから

2 育った場所に住みたいから

3 自然の中で生活したいから

4 家賃があまり高くないから

4番

1 上手にひけなかったから

2 コンクールに出場できなかったから

3 引っ越し先にいい教室がなかったから

4 ピアニストになれなかったから

5番

1　少しずつ体重が増えてきたこと

2　運動が長く続かないこと

3　何から始めればいいかわからないこと

4　首回りに痛みを感じること

6番

1　強い風が吹いているから

2　線路に何かが落ちているから

3　他の電車が遅れたから

4　安全確認をしているから

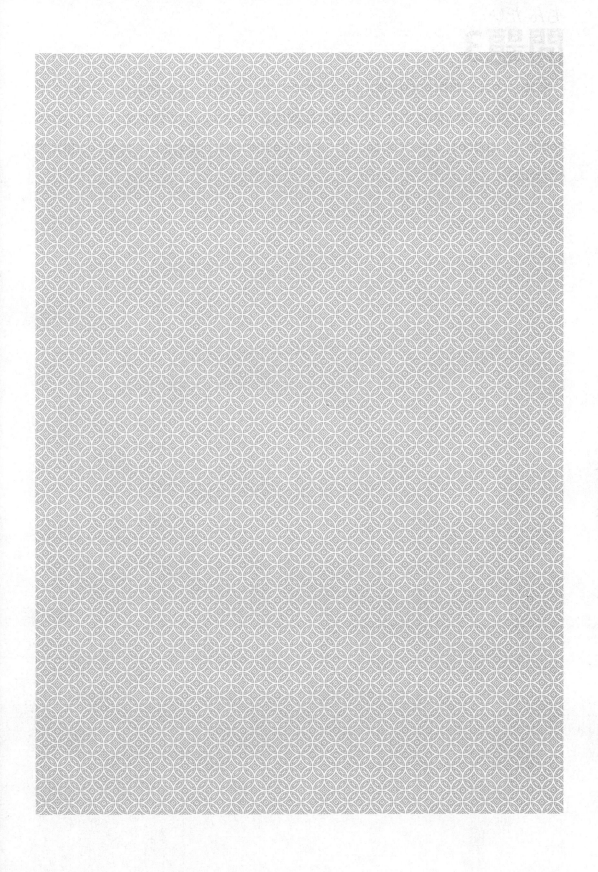

もんだい
問題3

もんだい　　　　もんだいようし　なに　　　　　　　　　　　　　　もんだい　ぜんたい

問題３では、問題用紙に何もいんさつされていません。この問題は、全体としてどんな内容かを聞く問題です。話の前に質問はありません。まず話を聞いてください。それから、質問とせんたくしを聞いて、１から４の中から、最もよいものを一つ選んでください。

\- メモ -

問題4

問題４では、問題用紙に何もいんさつされていません。まず文を聞いてください。それから、それに対する返事を聞いて、１から３の中から、最もよいものを一つ選んでください。

- メモ -

問題5

問題５では、長めの話を聞きます。この問題には練習はありません。
問題用紙にメモをとってもかまいません。

1番、2番

問題用紙に何もいんさつされていません。まず話を聞いてください。それから、質問とせんたくしを聞いて、１から４の中から、最もよいものを一つ選んでください。

- メモ -

3番

まず話を聞いてください。それから、二つの質問を聞いて、それぞれ問題用紙の1から4の中から、最もよいものを一つ選んでください。

質問1

1　ゴルフ教室

2　テニス教室

3　水泳教室

4　ヨガ教室

質問2

1　ゴルフ教室

2　テニス教室

3　水泳教室

4　ヨガ教室

정답표 p.291
[해설집] p.164

실전모의고사 제5회

난이도 : 상

受験番号を書いて、その下のマーク欄(らん)にマークしてください。
Fill in your examinee registration number in this box, and then mark the circle for each digit of the number.

受験番号
(Examinee Registration Number)

20A1010123-30123

せいねんがっぴを書いてください。
Fill in your date of birth in the box.

せいねんがっぴ(Date of Birth)

ねん Year	つき Month	ひ Day

N2
言語知識（文字・語彙・文法）・読解

〈ちゅうい Notes〉
1. くろいえんぴつ(HB、No.2)でかいてください。
(ペンやボールペンではかかないでください。)
Use a black medium soft (HB or No.2) pencil.
(Do not use any kind of pen.)
2. かきなおすときは、けしゴムできれいにけしてください。
Erase any unintended marks completely.
3. きたなくしたり、おったりしないでください。
Do not soil or bend this sheet.
4. マークれい Marking Examples

よいれい Correct Example	わるいれい Incorrect Examples
●	⊘ ◯ ◎ ⓪ ⊖ ⓪ ●

あなたの名前をローマ字のかつじたいで書いてください。 Please print in block letters.

名前 Name

問題 1				
1	①	②	③	④
2	①	②	③	④
3	①	②	③	④
4	①	②	③	④
5	①	②	③	④
問題 2				
6	①	②	③	④
7	①	②	③	④
8	①	②	③	④
9	①	②	③	④
10	①	②	③	④
問題 3				
11	①	②	③	④
12	①	②	③	④
13	①	②	③	④
問題 4				
14	①	②	③	④
15	①	②	③	④
16	①	②	③	④
17	①	②	③	④

問題 5				
18	①	②	③	④
19	①	②	③	④
20	①	②	③	④
21	①	②	③	④
22	①	②	③	④
問題 6				
23	①	②	③	④
24	①	②	③	④
25	①	②	③	④
26	①	②	③	④
27	①	②	③	④
問題 7				
28	①	②	③	④
29	①	②	③	④
30	①	②	③	④
31	①	②	③	④
32	①	②	③	④
33	①	②	③	④
34	①	②	③	④
35	①	②	③	④
36	①	②	③	④
37	①	②	③	④
38	①	②	③	④
39	①	②	③	④

問題 8				
40	①	②	③	④
41	①	②	③	④
42	①	②	③	④
43	①	②	③	④
44	①	②	③	④
問題 9				
45	①	②	③	④
46	①	②	③	④
47	①	②	③	④
48	①	②	③	④
問題 10				
49	①	②	③	④
50	①	②	③	④
51	①	②	③	④
52	①	②	③	④
53	①	②	③	④

問題 11				
54	①	②	③	④
55	①	②	③	④
56	①	②	③	④
57	①	②	③	④
58	①	②	③	④
59	①	②	③	④
60	①	②	③	④
61	①	②	③	④
62	①	②	③	④
問題 12				
63	①	②	③	④
64	①	②	③	④
問題 13				
65	①	②	③	④
66	①	②	③	④
67	①	②	③	④
問題 14				
68	①	②	③	④
69	①	②	③	④

실전모의고사 5

N2
聴解

受験番号を書いて、その下のマーク欄に マークしてください。
Fill in your examinee registration number in this box, and then mark the circle for each digit of the number.

受験番号 (Examinee Registration Number)

2	0	A	1	0	1	0	1	2	3	-	3	0	1	2	3
⓪	●	●		●	⓪	●	⓪	⓪	⓪			●	⓪	⓪	⓪
①	①	Ⓑ	●	①	●	①	●	①	①		①	①	●	①	①
●	②		②	②	②	②	②	●	②		②	②	②	●	②
③	③		③	③	③	③	③	③	●		●	③	③	③	●
④	④		④	④	④	④	④	④	④		④	④	④	④	④
⑤	⑤		⑤	⑤	⑤	⑤	⑤	⑤	⑤		⑤	⑤	⑤	⑤	⑤
⑥	⑥		⑥	⑥	⑥	⑥	⑥	⑥	⑥		⑥	⑥	⑥	⑥	⑥
⑦	⑦		⑦	⑦	⑦	⑦	⑦	⑦	⑦		⑦	⑦	⑦	⑦	⑦
⑧	⑧		⑧	⑧	⑧	⑧	⑧	⑧	⑧		⑧	⑧	⑧	⑧	⑧
⑨	⑨		⑨	⑨	⑨	⑨	⑨	⑨	⑨		⑨	⑨	⑨	⑨	⑨

せいねんがっぴを書いてください。
Fill in your date of birth in the box.

せいねんがっぴ(Date of Birth)		
ねん Year	つき Month	ひ Day

〈ちゅうい Notes〉
1. くろいえんぴつ(HB、No.2)でかいてください。
(ペンやボールペンではかかないでください。)
Use a black medium soft (HB or No.2) pencil.
(Do not use any kind of pen.)
2. かきなおすときは、けしゴムできれいにけしてください。
Erase any unintended marks completely.
3. きたなくしたり、おったりしないでください。
Do not soil or bend this sheet.
4. マークれい Marking Examples

よいれい Correct Example	わるいれい Incorrect Examples
●	⊗ ◯ ◎ ⓪ ⊜ ◐ ◉

あなたの名前をローマ字のかつじたいで書いてください。 Please print in block letters.

名前 Name

問題 1

例	●	②	③	④
1	①	②	③	④
2	①	②	③	④
3	①	②	③	④
4	①	②	③	④
5	①	②	③	④

問題 2

例	①	●	③	④
1	①	②	③	④
2	①	②	③	④
3	①	②	③	④
4	①	②	③	④
5	①	②	③	④
6	①	②	③	④

問題 3

例	①	●	③	④
1	①	②	③	④
2	①	②	③	④
3	①	②	③	④
4	①	②	③	④
5	①	②	③	④

問題 4

例	①	●	③
1	①	②	③
2	①	②	③
3	①	②	③
4	①	②	③
5	①	②	③
6	①	②	③
7	①	②	③
8	①	②	③
9	①	②	③
10	①	②	③
11	①	②	③

問題 5

1		①	②	③	④
2	(1)	①	②	③	④
	(2)	①	②	③	④

Language Knowledge (Vocabulary/Grammar) • Reading　　問題用紙

N2

言語知識（文字・語彙・文法）・読解

（105分）

注　意

Notes

1．試験が始まるまで、この問題用紙を開けないでください。

Do not open this question booklet until the test begins.

2．この問題用紙を持って帰ることはできません。

Do not take this question booklet with you after the test.

3．受験番号と名前を下の欄(らん)に、受験票と同じように書いてください。

Write your examinee registration number and name clearly in each box below as written on your test voucher.

4．この問題用紙は、全部で31ページあります。

This question booklet has 31 pages.

5．問題には解答番号の 1 、 2 、 3 …が付いています。解答は、解答用紙にある同じ番号のところにマークしてください。

One of the row numbers 1 、 2 、 3 … is given for each question. Mark your answer in the same row of the answer sheet.

受験番号　Examinee Registration Number	

名　前　Name	

問題 1 ＿＿＿の言葉の読み方として最もよいものを、1・2・3・4 から一つ選びなさい。

1 新しい事業方針は社内でも賛否が分かれている。

1 さんぴ　2 さんひ　3 あんぴ　4 あんひ

2 無理な食事制限で栄養バランスが崩れてしまった。

1 こわれて　2 くずれて　3 はずれて　4 みだれて

3 会社の売り上げを上げるため、営業部を拡充するそうだ。

1 こうじょう　2 こうじゅう　3 かくじょう　4 かくじゅう

4 その音楽イベントは国内最大の規模だ。

1 きも　2 ぎも　3 きぼ　4 ぎぼ

5 寝坊したので、朝食もとらず焦って家を出た。

1 あせって　2 せまって　3 きそって　4 かぎって

問題 2　＿＿＿の言葉を漢字で書くとき、最もよいものを 1・2・3・4 から一つ選びなさい。

6　入学式を終えた新入生たちをサークルにかんゆうした。

1　観誘　　2　観誇　　3　勧誘　　4　勧誇

7　山田（やまだ）さんは色のこい派手（はで）な服がよく似合う。

1　深い　　2　濃い　　3　農い　　4　探い

8　共用で使うものをそんなにらんぼうに扱わないでください。

1　強爆　　2　乱爆　　3　強暴　　4　乱暴

9　このカメラは旧製品のじゃくてんを大きく改善した新モデルだ。

1　弱点　　2　不点　　3　失点　　4　欠点

10　重要なプロジェクトを部下にまかせた。

1　就せた　　2　預せた　　3　任せた　　4　頼せた

問題3 （　　）に入れるのに最もよいものを、1・2・3・4 から一つ選びなさい。

11　私も青山(あおやま)さんと（　　）意見です。

1 当　　2 本　　3 同　　4 等

12　選手たちが（　　）シーズンに向け、練習を重ねている。

1 昨　　2 来　　3 元　　4 未

13　出張で使った交通（　　）を経理課に申請(しんせい)した。

1 金　　2 価　　3 割　　4 費

問題4 (　　) に入れるのに最もよいものを、1・2・3・4 から一つ選びなさい。

14 試験会場まで急いで走ったので、開始時間に（　　　）間に合った。

1　ますます　　2　のびのび　　3　ぎりぎり　　4　とうとう

15 面接では自分の長所や能力を（　　　）することが大切だ。

1　コマーシャル　　2　アピール　　3　クレーム　　4　フォーカス

16 うちの店では年配の方を積極的に（　　　）います。

1　かかわって　　2　すくって　　3　やとって　　4　ふくめて

17 桜の（　　　）として知られている場所を訪れた。

1　名所　　2　舞台　　3　地元　　4　季節

問題5　＿＿＿の言葉に意味が最も近いものを、1・2・3・4 から一つ選びなさい。

18　このスカートはぶかぶかではけない。

1　とても大きくて　2　とても小さくて　3　とても長くて　4　とても短くて

19　彼の優しい人柄が魅力的だ。

1　表情　2　印象　3　性格　4　言葉

20　昔、この山に登った覚えがある。

1　証拠　2　記憶　3　理由　4　事実

21　成人式用の着物をレンタルした。

1　買った　2　売った　3　返した　4　借りた

22　生ごみを紙でくるんで捨てた。

1　つつんで　2　まるめて　3　かくして　4　まとめて

실전모의고사 제5회

해커스 JLPT 실전모의고사 N2

問題６　次の言葉の使い方として最もよいものを、１・２・３・４ から一つ選びなさい。

23　日課

1　歴史の講義ではレポートの日課がよく出される。

2　オリンピック競技の日課はホームページから確認できます。

3　日本には年末に普段より丁寧(ていねい)に掃除をする日課がある。

4　寝る前に一日の出来事を日記に書くのが日課になっている。

24　漏(も)れる

1　コップにジュースを注ぎすぎて、運ぶ途中で漏(も)れてしまった。

2　庭にある物置小屋は古く、天井から雨が漏(も)れている。

3　コンサートホールは開演を待つ客で漏(も)れていた。

4　こんな簡単なミスをするなんて、ずいぶん気が漏(も)れていたようだ。

25　展開

1　映画の予想もしなかった展開に最後まで目が離(はな)せなかった。

2　新生活で環境の展開に上手くついていけず、体調を崩した。

3　近年、科学技術の展開は目覚ましい速さで進んでいる。

4　この動物の展開の過程には未だ明らかになっていない謎が多い。

26　傾向

1　息子が傾向の服が欲しいと言うので、買い物に連れて行ってあげた。

2　大学の試験期間中は図書館を利用する学生が増える傾向がある。

3　学校で定められている傾向を守って快適な学校生活を送りましょう。

4　この部屋はあらゆる傾向から日差しが入って冬でも暖かい。

27　せっかく

1　週末なので道が混んでいて、２時間運転してせっかく目的地に着いた。

2　メールでも申し込めるから、せっかく担当者を訪問する必要はない。

3　遠いところせっかく遊びに来てくれたんだから、どこでも案内するよ。

4　散歩するのが好きで、帰り道にせっかく遠回りをすることもある。

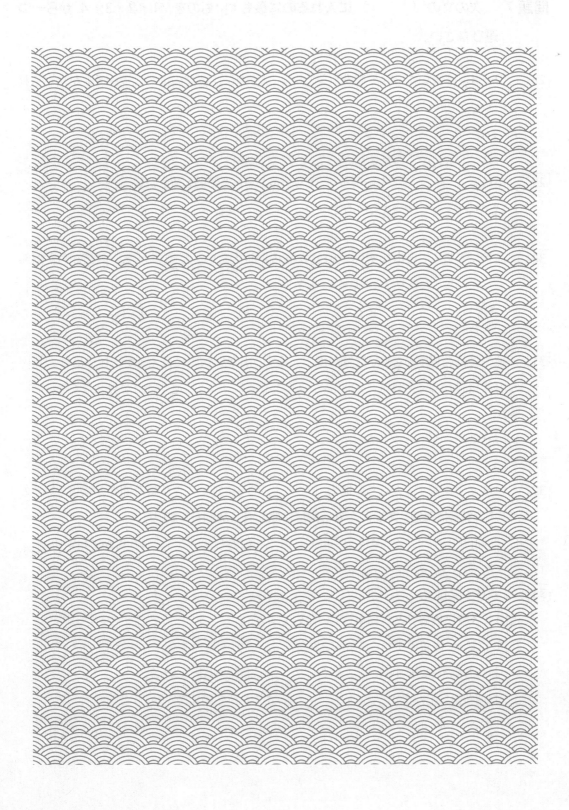

問題7　次の文の（　　　）に入れるのに最もよいものを、1・2・3・4 から一つ選びなさい。

28　ラーメンは嫌(きら)いだなんて嘘(うそ)を（　　　）ばかりに、彼女の前ではラーメンが食べられなくなってしまった。

1　つき　　2　つく　　3　ついた　　4　ついて

29　戻れる（　　　）学生に戻って、もう一度ちゃんと勉強し直したい。

1　ものなら　　2　つもりで　　3　にせよ　　4　からこそ

30　高校は、近くて自由な雰囲気(ふんいき)の公立高校に行きたい。授業料が安いのだから、両親（　　　）してもそのほうがいいだろう。

1　さえ　　2　まで　　3　が　　4　に

31　秋や冬は乾燥することで空気が澄(す)み、遠くの山がきれいに見えるが、春や夏は大気中の水蒸気量が多く、空気に透明感(とうめいかん)がなくなる。（　　　）遠くの山が見えなくなるのである。

1　ただし　　2　それで　　3　なぜなら　　4　それでも

32　児童文学を愛する人たちの協力（　　　）、15年続いてきた読み聞かせの会というのがある。彼らは毎週、本を読んで子供達に聞かせる活動をしている。

1　に向け　　2　のもと　　3　に対し　　4　もかまわず

33　（会社の受付で）

吉田(よしだ)「3時に佐藤(さとう)様とお約束していたのですが。」

職員「はい、佐藤(さとう)ですね。こちらで少々（　　　）。」

1　お待ちくださいます　　2　お待ちしましょうか

3　お待ち申し上げます　　4　お待ち願えますか

34 さすが上野さんだ。長年教師として働いて（　　　）、人前で話すのがうまい。

1　いるばかりか　　　2　きただけあって
3　いたにもかかわらず　　　4　いくからには

35 娘には母親の考えが理解できないようだ。母親に対して反発を続ける娘に、私は何回注意（　　　）。

1　したことか　　2　するものか　　3　しようとする　　4　されたという

36 田中さんは外国語が得意だとは聞いていたが、英語（　　　）、フランス語も話せるようだ。上達した方法をぜひ聞いてみたい。

1　はともかく　　2　を問わず　　3　にもとづいて　　4　はもとより

37 山田「明日の会議で、改善案を出すんだけど、賛成してもらえるか自信ないなあ。」
加藤「そんなの、（　　　）わからないじゃない。」

1　やるとなったら　　　2　やるからといって
3　やってみないことには　　　4　やってみるとしても

38 雑誌で紹介されていたこのレストランはびっくりするほど高いが、本当においしいと評判だ。外食好きの彼（　　　）、近いうちに絶対行くと思う。

1　のこととなったら　　　2　のことだから
3　がきっかけとなって　　　4　をはじめとして

39 石山「引っ越す家をどこにするかで、ずっと迷っているんだ。」
小川「ああ、長く住むところだから、十分に調べる（　　　）。」

1　に越したことはないよ　　　2　べきではないよ
3　というものではないよ　　　4　わけがないよ

問題8　次の文の ＿★＿ に入る最もよいものを、1・2・3・4 から一つ選びなさい。

（問題例）

あそこで ＿＿＿ ＿＿＿ ＿★＿ ＿＿＿ は山田（やまだ）さんです。

1　テレビ　　2　人　　3　見ている　　4　を

（解答のしかた）

1．正しい文はこうです。

あそこで ＿＿＿ ＿＿＿ ＿★＿ ＿＿＿ は山田（やまだ）さんです。 1 テレビ　4 を　3 見ている　2 人

2．＿★＿ に入る番号を解答用紙にマークします。

（解答用紙）

（例）	①　②　●　④

40　あれほどお世話になった方によく ＿＿＿ ＿★＿ ＿＿＿ ＿＿＿ だ。彼にはあきれてしまった。

1　あんな　　2　言える　　3　失礼なことが　　4　もの

41　今度のパーティーだが、＿＿＿ ＿＿＿ ＿★＿ ＿＿＿ 先に決めておかなければならない。

1　会場だけは　　2　ことは　　3　さておき　　4　細かい

42　良い成績を取りたいという気持ちはわかるが、長時間勉強すればいい ＿＿＿ ＿＿＿ ＿＿＿ ＿★＿ だろう。

1　でも　　2　という　　3　もの　　4　ない

43 久しぶりに実家に帰ったら母がたくさん料理を ＿＿＿ ＿＿＿ ★ ＿＿＿ ＿＿＿、お腹が苦しくなってしまった。

1　いかないだろうと思って　　2　何も残すわけには

3　頑張(がんば)って食べたところ　　4　作っていたので

44 山田(やまだ)「ミーティング、そろそろ終わりにしない？もう９時になるし。」

佐藤(さとう)「うん。まだ ＿＿＿ ＿＿＿ ★ ＿＿＿ しよう。」

1　あるけど　　2　明日も早いことだし

3　これで終わりに　　4　話し合うことが

問題9　次の文章を読んで、文章全体の内容を考えて、［45］から［48］の中に入る最もよいものを、1・2・3・4 から一つ選びなさい。

歴史を学ぶ意味

なぜ歴史を学ぶのか。多くの人は、歴史というと、何年に誰が中心となってどんな出来事が起こったかを暗記する勉強だと思うだろう。

しかし、歴史を学ぶ意味はそれだけではない。過去の出来事について知ることも大切だが、［45］、それらがどのように起こったか当時の状況を今と比べながら、いろいろな角度から考えることに面白さがあるのではないだろうか。

先日、テレビである番組を見た。ある歴史上の出来事について、様々な専門家が話し合うというものだったが、［46］、番組には歴史学者だけでなく、経済学者や脳科学者、社会心理学者などもいたのだ。彼らの専門的な分析で出来事の全体像が明らかにされていくのは本当に面白かった。［47］、その出来事がどうして起こったかをいろいろな角度から丁寧(ていねい)に考えていくと、今に共通するところがあると感じられたのだ。例えば、100年前の人が、どのような状況でその決定をしたのかを、脳科学や心理学から見てみると、人間はどんな時にどのような行動をするのかがわかる。すなわち、歴史を学ぶことで今の私達がこれから選択をする時のヒントや注意点を見つけることもできるのだ。

歴史には優れた業績となる出来事がある一方で、二度と繰り返したくない出来事もある。特に後者は考えるのも辛いが、私たちはその苦い出来事からも学ぶ必要がある。失敗を含めた経験から学ぶことで、将来、私たちがよりよい選択をするにはどうすればよいかが見えてくるからである。過去の出来事をいろいろな角度から考え続けることこそ、歴史を学ぶ［48］。

45

1　あたかも　　2　逆に　　3　むしろ　　4　あるいは

46

1　驚(おどろ)いたことに　　2　驚(おどろ)いたあげくに　　3　驚(おどろ)いたわりに　　4　驚(おどろ)いたうえに

47

1　それだけに　　2　それに対して

3　それを抜きにしては　　4　そればかりか

48

1　意味だと思わせられるのだ　　2　意味であると言えるだろう

3　意味がないわけがない　　4　意味があるようには思えない

問題10　次の(1)から(5)の文章を読んで、後の問いに対する答えとして最もよいものを、1・2・3・4 から一つ選びなさい。

(1)

　バリアフリー(注)について考えるときは、ハード面とソフト面の両方を考えて進めなければなりません。ハードは建物や乗り物などの物理的な面を指し、ソフトはやさしさや思いやりなどの心の持ち方のことを指します。

　一般的にハード面の整備ばかりに意識が向きがちですが、それを利用する人への理解や援助があってはじめて本当のバリアフリーが実現できます。どんなに設備を整えても、自転車や車、荷物などが邪魔になって利用できないのでは、せっかくのハード面が生かされない結果となってしまうのです。

（注）バリアフリー：高齢者や体が不自由な人の生活上の不便さをなくすこと

49　筆者の考えに合うのはどれか。

1　バリアフリーを進めるには、利用者の心の持ち方が一番大切だ。

2　バリアフリーの実現には、物理的な面と心の面のどちらも大切だ。

3　ソフト面の理解を進めてから、バリアフリーを活用すべきだ。

4　ハード面を整える前に、バリアフリーの意義を検討すべきだ。

(2)

以下は、ある会社の社内文書である。

令和2年9月15日

社員各位

総務課長

会議室使用に関するお願い

会議室の利用が増えるとともに、資料や使用済みのコップなどの置き忘れ、ホワイトボードの消し忘れなどが目立つようになりました。机の上にゴミがあったり、飲み物で汚れていることもあるようです。お客様との打ち合わせに使用する場合もあるため、退出時には机の上やホワイトボードの確認を徹底してください。

また、電気の消し忘れも多くなっています。節電のためにも、使用後は電気が消えていることを確認するようご協力をお願いいたします。

50 この文書を書いた一番の目的は何か。

1 会議室を利用するときは忘れ物に気をつけるよう求める。

2 会議室を片づける際に汚れがないか確認するよう求める。

3 会議室を出るときに室内の状態を確認するよう求める。

4 会議室に人がいないときは電気を消すよう求める。

(3)

代替肉とは、植物性の原料を使い、肉のような味と食感が楽しめる食品で、日本でも近年その種類が増えている。元々は肉を食べない人々のためのものだったが、最近は一般的に売られるようになった。

工場で大量に安く作れることはもちろん、日本人が昔から食べてきた豆腐のように健康的な食品としてとらえられていることが、日本での消費拡大につながった。また、動物を育てることで排出(注)される二酸化炭素など、環境への影響を最小限にしたいという国際的な取り組みもある。今後も代替肉を利用した多くの商品が出てくるだろう。

(注) 排出する：外に出す

51 筆者によると、代替肉が売れているのはなぜか。

1 一般的な食品として売られるようになり、種類が増えたから
2 安い上に健康的な食品であると考える人が多くなったから
3 昔から食べてきた肉より健康的だと考えるようになったから
4 国際的な取り組みがきっかけで、動物の数が減ったから

（4）

以下は、ある植物園が出したメールの内容である。

- イベントにお申し込みのお客様 -

この度は７月１日（水）開催のイベント「植物で染めよう」にお申し込みいただき、ありがとうございます。

誠に残念ですが、こちらのイベントは先日の大型台風10号による被害のため中止することになりました。

当園では施設の復旧作業を進めておりますが、現在も安全に利用していただける状況ではありません。

そのため、現時点でのイベント開催は中止せざるを得ないと判断いたしました。

ご理解くださいますようお願い申し上げます。

なお、参加費の払い戻し方法につきましては、改めてご案内をお送りいたします。詳細はそちらのメールにてご確認ください。

52　このメールの内容について正しいものはどれか。

1　イベントを止めることにしたが、参加費については別のメールで知らせる。
2　参加費の払い戻しがされていない人は、メールで知らせてほしい。
3　施設の復旧作業をしているが、イベントの開催には問題がない。
4　壊れた施設の修理が終わり次第、メールでイベントの情報を伝える。

(5)

世代を問わず、自分の身の回りにあふれている物を処分することに満足感を得る人が増えている。余計な物を片付けると、物を探す時間の節約になったり、必要な物しか買わなくなりお金の節約にもなるからだろう。すっきりした部屋で、ストレスも減るに違いない。

人生100年時代と言われる今、子供が独立した60代以上の世代の場合を考えてみる。突然自分に死が訪れた時、子供に残すべきは物ではない。それがわかれば、自分の心に安心が生まれ自由にもなれる。これこそ残りの人生を前向きに楽しく生きるために必要なことなのだ。

53 筆者によると、高齢者が片付けを行うとどうなるか。

1 時間とお金に余裕ができ、部屋を広く感じるようになる。

2 残りの人生を考え、子供に残す物を減らすようになる。

3 ストレスが減り、経済的に安定するようになる。

4 自由であると感じ、これからの人生に前向きになる。

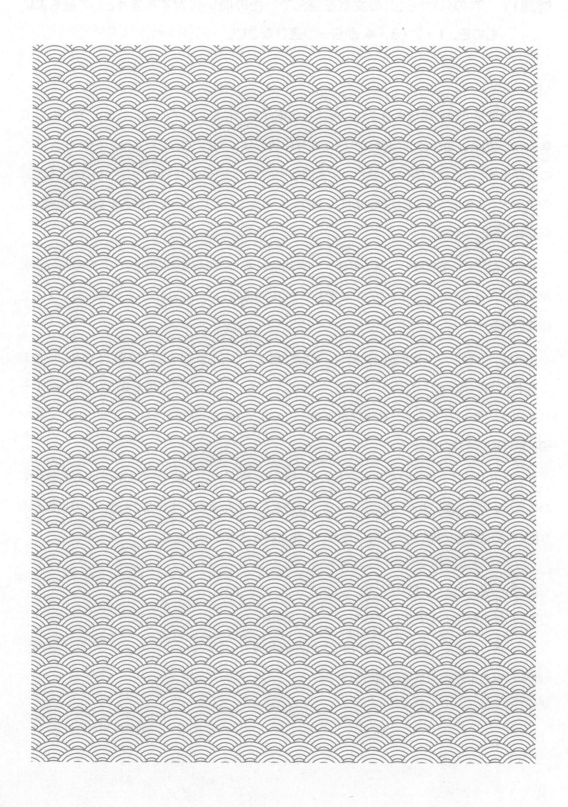

問題11　次の(1)から(3)の文章を読んで、後の問いに対する答えとして最もよいものを、1・2・3・4 から一つ選びなさい。

（1）

日本は選挙で国会議員を選ぶが、毎回投票率が非常に低い。どの政党を選んでも同じようなものだろうし、私が行っても行かなくても今の状況はどうせ大きく変わるはずがないと、多くの人が思っているからだろう。確かに、大勢の中のたった一人が1回選挙に行かなくても、世の中が大きく変化することはないかもしれない。しかし、そのような人が大多数だった場合、何が起こるだろうか。

社会に対して距離を置いて見るのは、一見（注1）冷静に考えているように思える。だがそれは、現状を受け入れているのと変わりない。そしてそういう態度は社会のあるべき姿を揺るがす（注2）のではないだろうか。

例えば、公務員の不正があった時に、自分が何を言っても変わらないと思っていたらいつまでも不正はなくならないだろう。しかし、それはいけないことだと言葉にすることで社会のルールを明確にできる。だから、私達は選挙やデモやインターネットでこうあるべきと思うことを主張し続けるべきなのだ。

世の中のことは全て自分の生活に何らかの（注3）影響を及ぼしている。社会のルールから外れていることを見たり聞いたりしたら、たとえ一人でもためらわず声を上げる（注4）ことが、この世界をより良いものにするに違いない。小さな声でも集まれば大きな力になる。

（注1）一見：ちょっと見たら
（注2）揺るがす：不安定にする
（注3）何らかの：どれくらいかわからないが何かの
（注4）声を上げる：意見を表に出す

54 日本の選挙について、筆者はどのように述べているか。

1 選挙では今の社会は変わらないと考える人が多い。

2 どの政党も同じような考えなので、意味がない。

3 一人が選挙に行かないことの影響は大きい。

4 投票率が低いため、社会の変化が少ない。

55 <u>そういう態度</u>とは、どのような態度か。

1 現在の状態を冷静に考える態度

2 正しいことを主張し続ける態度

3 今の状態を受け入れない態度

4 社会を変える行動をしない態度

56 筆者によると、世の中を良くするためには何をすべきか。

1 自分が正しいと思うことは、必ず言葉にすべきである。

2 正しくないことが起こっていないか、注意すべきである。

3 社会のルールに反することには、違うと言うべきである。

4 不正を見つけて、言葉で多くの人に発信すべきである。

(2)

先日、ある企業がサイバー攻撃を受け、取引先の工場が数日停止するという事件がありました。サイバー攻撃というのは、インターネットを通じてパソコンやサーバー(注1)などを破壊(注2)したり、データを盗んだりすることで、企業が攻撃を受けると、周りの企業にも被害が出るのです。その目的は恨みや営業妨害(注3)などさまざまですが、最近では企業のデータを暗号化(注4)し使えなくしてから、システムの復旧と引き換え(注5)に金銭を要求するという形の犯罪が増えています。

そういう目的なら、私など被害にあわないだろうと思うかもしれません。しかし、サイバー攻撃に必要なのは、実はあなたのような個人の情報なのです。

犯人はまず自分ではない特定の個人になりすまし(注6)ます。その後、正当な(注7)手段で企業のコンピューターシステムに入り込み、攻撃を開始することが分かっています。ですから、あなたの情報がサイバー攻撃に利用されたり、被害にあったりする可能性がないとは言えないのです。

自分の情報が犯罪に使われないようにするには、一人一人が気を付けるしかありません。会社ではなく自宅で仕事をする人が増えている現在、インターネットを使うパソコンには情報を守るようなソフトウェアを必ず入れておき、個人情報が盗まれないように十分に注意する必要があります。

(注1) サーバー：webサイトを表示するために必要な情報がおいてあるところ
(注2) 破壊する：壊す
(注3) 営業妨害：営業の邪魔をすること
(注4) 暗号化する：秘密の記号に変える
(注5) 引き換え：交換
(注6) なりすます：あるものに完全になること
(注7) 正当な：ここでは、ルール通りで正しい

57 サイバー攻撃について、筆者はどのように述べているか。

1 企業のデータを売るために行われている。

2 影響を受けるのは、攻撃を受けた企業だけではない。

3 営業が邪魔され、経済的な損失が大きくなる。

4 システムが使えなくなり、復旧にお金がかかる。

58 そういう目的とあるが、どういう目的か。

1 システムを直すかわりに金銭を得るという目的

2 企業のデータを暗号化することで損害を与えるという目的

3 個人情報を企業に売ることで個人を攻撃するという目的

4 盗んだデータと引き換えに金銭を受け取るという目的

59 筆者の考えに合うのはどれか。

1 サイバー攻撃にあった企業は個人情報を守るべきだ。

2 サイバー攻撃は個人に対して行われると考えるべきだ。

3 自宅ではないところでインターネットを使うことを控えるべきだ。

4 個人の情報をインターネット上で特定されないように守るべきだ。

(3)

私達が生きているこの世界は、過去に生きた多くの人々が試行錯誤(しこうさくご)(注1)を重ねてきたからこそ今がある。発明王と呼ばれるエジソンが「私は失敗したことがない。ただ1万通りのうまくいかない方法を見つけただけだ」という肯定(こうてい)的な言葉を残しているように、1回で成功することなどほぼない。要するに、多くの失敗は成功のために不可欠なものなのだ。

ところが最近、失敗することを過度に(注2)避(さ)ける若者が多いそうだ。これは子供時代に失敗する経験が足りないからだと言われているが、成功体験を子供にさせたいという親の考えが元になっていることが多い。子供が失敗しそうになった時に親が手伝ったり、すぐに直したりすると、失敗は悪いことなのだという気持ちが子供に芽生(めば)え(注3)、失敗することを恐れるようになるらしい。

職場や学校で自発的に(注4)物事に取り組むことができないという人は、自分が失敗を恐れていないかを考えてみたほうがいい。失敗したときには、なぜそうなったのかをよく観察し、何が原因なのかを推測(すいそく)し、次はどうしたらいいかという仮説を立てる。こうしたことを繰り返すのが、失敗への正しい対応方法だ。失敗はしてはいけないのではなく、避(さ)けるのがよくないのだと気付けば、失敗経験を楽しむこともできるようになるはずだ。そして、1万回に1つの「うまくいく方法」を探し出すことができるかもしれない。

（注1）試行錯誤(しこうさくご)：いろいろとやってみて、失敗を繰り返しながら完成に近づけること

（注2）過度に：必要以上に

（注3）芽生(めば)える：新しく出てくる

（注4）自発的に：自分から進んで

60 私は失敗したことがないとは、どのようなことか。

1 発明に取り組むたびに成功ばかりしていたこと
2 うまくいかない方法はないと思っていたこと
3 失敗を成功につながるものとして考えていたこと
4 失敗しそうなことは最初からやらなかったこと

61 失敗を恐れる若者について、筆者はどのように述べているか。

1 親が失敗させないようにすることで、失敗を悪いことだと思うようになる。
2 失敗の経験が少ないため、1回で成功するのがいいことだと思うようになる。
3 成功の経験を親がたくさんさせたため、成功するのが普通のことになる。
4 親の考えが基本になっているため、失敗したときにすぐに直すようになる。

62 筆者によると、失敗を楽しむにはどのようにすればいいか。

1 自分の失敗を失敗と思わずに、次にどうしたらいいかを考えればいい。
2 他の人のやり方を観察し、同じ方法でチャレンジすればいい。
3 失敗は正しく対処すればいいので、避(さ)ける必要はないと考えればいい。
4 繰り返した失敗の中から、うまくいく方法を探し出せばいい。

問題12　次のAとBの文章を読んで、後の問いに対する答えとして最もよいものを、1・2・3・4 から一つ選びなさい。

A

人にはいつか、働いて収入を得ることが難しい時期が来る。そういう人々の生活を支えるのが、公的年金という制度だ。しかし、真面目に働き続けていれば老後は安心だと考えられていたのはもう昔のことで、今ではわずかな金額の年金では生活が難しいというのが現実だろう。年金制度は働いている世代から働けない世代にお金を渡す仕組みになっているので、高齢化が進む日本では、若い人々の負担が増える一方だ。上の世代を支えるのではなく、貯金のように支払った分が自分に戻ってくる制度に変えたほうが、不公平さが減るのではないだろうか。高齢者の割合は今後も増えると考えられている。年金制度は一日でも早く見直しをすべきだ。

B

年金保険制度はもういらないという声がある。年金を受け取る人一人分の金額を、20歳から60歳までの世代二人で支払っている現状では、その負担を辛いと思う人がいるのも当然だ。世代と世代の支え合いという今の制度は、高齢者が少ない時代にはうまく機能していたが、現在ではもう難しいだろう。しかし、年金は高齢者だけが受け取っているわけではない。病気や交通事故で体が不自由になり、働くことができない人も対象なのだ。誰(だれ)もが明日はどうなるかわからないのが人生で、それを支え合う制度の一つが年金制度である。生きていく上で少しでも安心できる制度があることは、社会のいい点だと思う。今の状況だけを見て、安易に制度をなくすようなことはしないほうがいいだろう。

63 AとBのどちらの文章にも触れられている点は何か。

1 年金制度のお金の流れ

2 年金と貯金の違い

3 高齢者以外の年金の受給者

4 受け取る年金の少なさ

64 これからの年金制度について、AとBはどのように述べているか。

1 AもBも、現在の仕組みを続けるのは難しいので変えるべきだと述べている。

2 AもBも、若い世代が高齢者を支える制度はそのうちなくなると述べている。

3 Aは不公平さを減らすべきだと述べ、Bは制度を続けるべきでないと述べている。

4 Aは早く改善すべきだと述べ、Bは制度をなくさないほうがいいと述べている。

問題13　次の文章を読んで、後の問いに対する答えとして最もよいものを、1・2・3・4 から一つ選びなさい。

現在の日本は、外国人労働者なくしては成り立たない。多くの職場で外国人が働き、日本社会を動かしていることは誰(だれ)もが認めるところだろう。仕事や留学のために最近日本に来た人々だけではなく、何世代にもわたって日本で暮らしているが日本国籍を持たない人々も多くいる。彼らはみな、この社会の一員である。

より良い生活を求めて住むところを変えたいと思うのは普通のことで、日本人も同様だ。それが国内での移動なのか、国外への移動なのかという違いだけで、幸せを求める気持ちに国籍は関係ない。しかし外国への移住には言葉や文化の違いによるトラブルが付(つ)き物(もの)(注1)なので、それを避(さ)けるには、移住する側と受け入れる側の<u>両方に準備が必要</u>だろう。

さて、外国での生活における大きな問題の一つは、子供の教育である。日本では、親は子に教育を受けさせる義務(ぎむ)があると決められている。つまり、全ての子供が適切な教育を受ける権利を持っているのだ。それと矛盾(むじゅん)(注2)しているが、外国籍の子供が日本の学校で学ぶことは任意、つまり学校に行くかどうかは自分達で決めていいことになっている。しかも日本の学校に入学するための手続きなどのお知らせが、外国人家庭には届かないことも少なくない。親が日本語をあまり理解できない場合、日本の制度を知らず、子供が学校に行けなくなってしまうという危険性があるのだ。

成長の途中で日本に来た子供の場合、日本語が上手ではないために授業がよくわからず、本人が持つ本来の能力とは無関係に、勉強ができない子として扱(あつか)われてしまうことも問題となっている。必要な教育を受けることができないまま、大人になるとどうなるか。社会になじめず、能力を発揮(はっき)(注3)することもできないのは、その子の幸せな人生を奪(うば)うものであり、日本社会にとっても大きな損失であると言えよう。これは、まさに不十分な準備が引き起こした結果である。

「誰一人取り残さない」という言葉を近年よく耳にするようになった。親と一緒に日本に来た子供達の問題を語るときにも、これを基本理念(きほんりねん)(注4)としているようだ。しかし現実の社会は、理想の実現からまだまだ遠いところにある。

さまざまな背景を持つ人々と一緒にいい社会を作っていくためには受け入れる側には何が必要なのかを、今一度考えるべきだろう。

(注1) 付き物(つきもの)：必ず付いているもの

(注2) 矛盾(むじゅん)する：二つの物事が一致しないこと

(注3) 発揮(はっき)する：力を十分に出すこと

(注4) 理念(りねん)：基礎(きそ)となる考え

65 両方に準備が必要だと筆者が考えているのはなぜか。

1 日本の社会に外国人を受け入れることが多くなったから

2 いい生活を求めて移動するのは国内だけだとは限らないから

3 言葉や文化の違いで起こる問題を減らす必要があるから

4 国外への移動時にトラブルが起こる可能性があるから

66 外国人の子供の教育について、筆者はどのように述べているか。

1 親は子に教育を受けさせる義務(ぎむ)があるが、学校に行かなくなる子供がいる。

2 教育を受ける権利はあるが、必要な教育を受けることができない子供がいる。

3 学校での日本語が難しく、授業が途中からわからなくなる子供がいる。

4 学校に行くかどうかを家庭で決めるので、行かないことを選ぶ子供がいる。

67 筆者は、これからの社会のために何をすべきだと考えているか。

1 外国から来る人々を受け入れるために、必要な準備について考えるべきだ。

2 いい社会を作っていくために、さまざまな国の人々を受け入れるべきだ。

3 家族で来日する人々を受け入れるために、教育の問題を解決すべきだ。

4 異なる文化を持つ人々と、いい社会を作るための方法について話し合うべきだ。

問題14　右のページは、やまと女子大学キャリアセンターで行われる就職活動セミナーの情報である。下の問いに対する答えとして最もよいものを、1・2・3・4 から一つ選びなさい。

68　シンさんは理学部の２年生である。自分にどのような仕事が合うかわからないでいるが、就職する企業は働きやすさで選びたいと考えている。シンさんが最初に参加するセミナーはどれか。

1　４月20日のセミナー

2　４月21日のセミナー

3　４月23日のセミナー

4　４月28日のセミナー

69　大学に入学したばかりのアンさんは、今後の就職活動のためセミナーに参加するつもりだ。企業の人の話を聞きたいが、自分の希望する業界の人が説明会に参加するか知ってから参加したい。アンさんはどうすればいいか。

1　21日の説明会に申し込む前に、大学キャリアセンターの山田さんに質問する。

2　28日の説明会に申し込む前に、大学キャリアセンターの山田さんに質問する。

3　大学キャリアセンターの窓口に行き、21日の説明会について質問する。

4　大学キャリアセンターのホームページから28日の説明会について質問する。

就職活動新聞　令和(れいわ)３年春号

★セミナー情報

やまと女子大学キャリアセンターでは以下の日程で、就職活動セミナーを行います。学生の皆さん、ぜひ、ご参加ください。

4月20日(金)	テーマ「他己分析による自分発見　自分の強みを見つけよう!」 講師：やまと女子大学キャリアセンター　田中ひろし氏
10時～11時 C号館ホール 1、2年生対象	・自分に合う仕事探しの第一歩 ・周囲からの評価を知り、自分を見直すチャンス
4月21日(土)	オンラインによる合同企業説明会 司会：やまと女子大学キャリアセンター　山田太郎氏
11時～17時 オンライン 全学年対象	・さまざまな業界のトップ企業10社が参加 ・PCやスマホなどから参加可能 ・企業の担当者に質問できる
4月23日(月)	テーマ「働き方改革　仕事と生活のバランスを目指して」 講師：井上さくら氏
14時～15時 F号館ホール 全学年対象	・社員の働き方を改革し、業績を上げた企業について紹介 ・働きやすい企業を選ぶポイントを説明
4月28日(土)	オンラインによる合同企業説明会 司会：やまと女子大学キャリアセンター　山田太郎氏
11時～17時 オンライン 工学部、理学部 3年生対象	・研究や開発に関係する仕事を探している人向け ・PCやスマホなどから参加可能 ・企業の担当者に質問できる

＊お申し込みは３年生を優先します。1、２年生の申し込みは２つまでとします。

＊セミナー申し込みは、大学の学生用ホームページの［やまと女子大学セミナー］から行ってください。
受付期間：4月10日 9:00～17日17:00

＊20日と23日のセミナーはそれぞれ定員100名です。定員になり次第締め切りますので、お早めにお申し込みください。

＊セミナーの具体的な内容についてお問い合わせがある方は、大学キャリアセンターの窓口に来てください。窓口受付時間：9:00～18:30(平日のみ)

Listening

問題用紙

N2

聴解

（50分）

注　意

Notes

1. 試験が始まるまで、この問題用紙を開けないでください。
   Do not open this question booklet until the test begins.

2. この問題用紙を持って帰ることはできません。
   Do not take this question booklet with you after the test.

3. 受験番号と名前を下の欄(らん)に、受験票と同じように書いてください。
   Write your examinee registration number and name clearly in each box below as written on your test voucher.

4. この問題用紙は、全部で13ページあります。
   This question booklet has 13 pages.

5. この問題用紙にメモをとってもかまいません。
   You may make notes in this question booklet.

受験番号　Examinee Registration Number	

名　前　Name	

해커스N2실전모의고사_5회.mp3

問題1

問題１では、まず質問を聞いてください。それから話を聞いて、問題用紙の１から４の中から、最もよいものを一つ選んでください。

例

1　しゅうかつサイトでテストを受ける

2　どういう仕事がしたいか決める

3　希望の仕事をサイトに登録する

4　やりたい仕事の企業について調べる

1番

1　資料を確認する

2　イベントの計画を立てる

3　会議の資料を作成する

4　企画書を書く

2番

1　新しい本を棚に並べる

2　返品する本を箱に入れる

3　天井からポスターをつるす

4　他の小説を持ってくる

3番

1 一斉メールを待つ

2 学校に電話する

3 学校に行って確認する

4 先生にメールする

4番

1 打ち合わせの日を決める

2 他の会社の価格を調べる

3 報告書を作成する

4 他の会社に連絡する

5番(ばん)

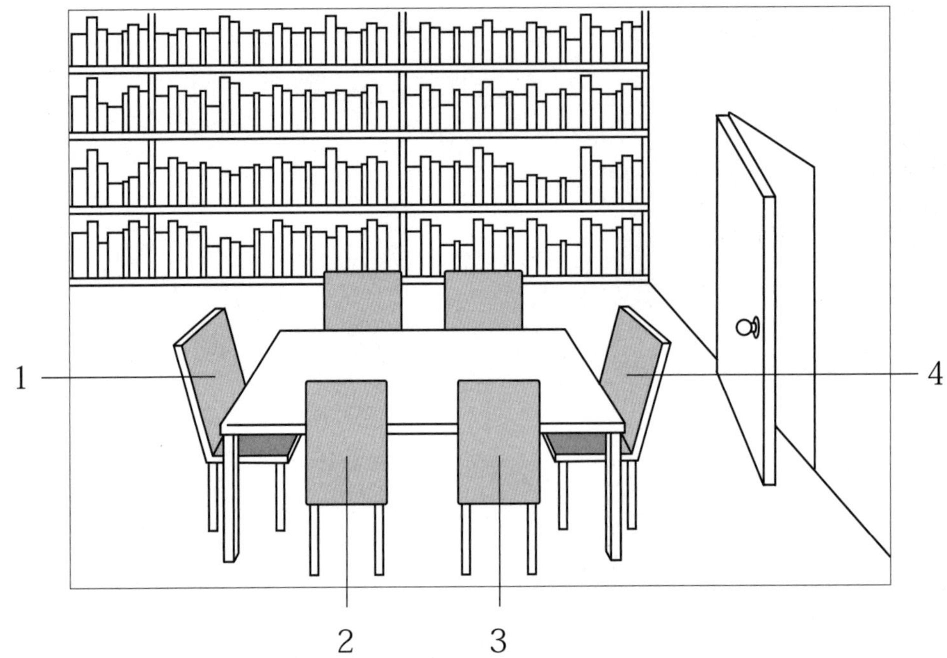

問題2

問題２では、まず質問を聞いてください。そのあと、問題用紙のせんたくしを読んでください。読む時間があります。それから話を聞いて、問題用紙の１から４の中から、最もよいものを一つ選んでください。

例

1　長い時間、ゆっくりしたいから

2　集中して本を読みたいから

3　田舎の自然を思い出したいから

4　おいしいケーキが食べたいから

1番

1　大きなトラブルを解決すること

2　気持ちのよい学生生活にすること

3　勉強の成績を伸ばすこと

4　友達と気軽に悩みを話すこと

2番

1　訓練の参加者が集まらないこと

2　パソコンを 持っていない人がいること

3　集会室に集まるのが難しいこと

4　動画がうまく再生されるか分からないこと

3番

1　店に商品がなかったから

2　値段が高くなっていたから

3　店員の態度がよくなかったから

4　カタログと色が違っていたから

4番

1　即戦力になる社員を増やすため

2　会社の古い考えや習慣を変えるため

3　社会の変化に合わせるため

4　国際的な競争力をつけるため

5番

1　コンクールの結果が悪かったから

2　自分に自信がなくなったから

3　全然休んでいないから

4　友達が優勝してくやしいから

6番

1　材料を正確に量ること

2　材料をしっかりと混ぜること

3　サイズをそろえること

4　ていねいに焼くこと

問題3

問題３では、問題用紙に何もいんさつされていません。この問題は、全体としてどんな内容かを聞く問題です。話の前に質問はありません。まず話を聞いてください。それから、質問とせんたくしを聞いて、１から４の中から、最もよいものを一つ選んでください。

- メモ -

問題4

問題４では、問題用紙に何もいんさつされていません。まず文を聞いてください。それから、それに対する返事を聞いて、１から３の中から、最もよいものを一つ選んでください。

- メモ -

問題5

問題５では、長めの話を聞きます。この問題には練習はありません。
問題用紙にメモをとってもかまいません。

1番

問題用紙に何もいんさつされていません。まず話を聞いてください。それから、質問とせんたくしを聞いて、１から４の中から、最もよいものを一つ選んでください。

- メモ -

2番

まず話を聞いてください。それから、二つの質問を聞いて、それぞれ問題用紙の1から4の中から、最もよいものを一つ選んでください。

質問1

1 学校生活の話を聞く

2 ダンスの発表を見る

3 英語の授業を受ける

4 試験の相談会に参加する

質問2

1 学校生活の話を聞く

2 ダンスの発表を見る

3 英語の授業を受ける

4 試験の相談会に参加する

정답표 p.292
[해설집] p.216

정답표 | 실전모의고사 제1회

언어지식(문자 · 어휘)

문제 1	
1	2
2	1
3	4
4	2
5	3

문제 2	
6	1
7	3
8	2
9	4
10	1

문제 3	
11	4
12	1
13	2

문제 4	
14	4
15	3
16	1
17	2
18	1
19	3
20	4

문제 5	
21	1
22	1
23	4
24	3
25	2

문제 6	
26	1
27	4
28	2
29	1
30	3

언어지식(문법)

문제 7	
31	3
32	1
33	4
34	1
35	3
36	1
37	4
38	2
39	4
40	2
41	1
42	2

문제 8	
43	2
44	4
45	3
46	3
47	1

문제 9	
48	4
49	1
50	1
51	2

독해

문제 10	
52	2
53	1
54	4
55	2
56	4

문제 11	
57	2
58	1
59	4
60	2
61	3
62	1
63	2
64	3

문제 12	
65	1
66	4

문제 13	
67	3
68	3
69	2

문제 14	
70	2
71	3

청해

문제 1	
1	2
2	3
3	3
4	2
5	3

문제 2	
1	4
2	3
3	3
4	3
5	1
6	2

문제 3	
1	4
2	2
3	3
4	1
5	3

문제 4	
1	3
2	1
3	2
4	1
5	2
6	3
7	2
8	1
9	3
10	1
11	2

문제 5	
1	2
2 질문1	1
질문2	3

언어지식(문자・어휘)

문제 1	
1	2
2	1
3	4
4	1
5	3

문제 2	
6	2
7	1
8	4
9	1
10	2

문제 3	
11	2
12	2
13	4
14	1
15	3

문제 4	
16	2
17	1
18	4
19	2
20	1
21	2
22	4

문제 5	
23	2
24	3
25	1
26	1
27	3

문제 6	
28	3
29	1
30	2
31	2
32	4

언어지식(문법)

문제 7	
33	4
34	2
35	1
36	2
37	4
38	3
39	2
40	3
41	1
42	2
43	2
44	1

문제 8	
45	2
46	4
47	2
48	4
49	4

문제 9	
50	3
51	2
52	2
53	1
54	4

독해

문제 10	
55	4
56	3
57	2
58	4
59	3

문제 11	
60	2
61	3
62	1
63	1
64	4
65	3
66	3
67	3
68	2

문제 12	
69	2
70	3

문제 13	
71	2
72	4
73	2

문제 14	
74	2
75	3

청해

문제 1	
1	1
2	2
3	2
4	3
5	1

문제 2	
1	3
2	2
3	4
4	2
5	1
6	2

문제 3	
1	1
2	2
3	3
4	1
5	1

문제 4	
1	2
2	3
3	2
4	1
5	1
6	2
7	1
8	3
9	2
10	3
11	2
12	1

문제 5	
1	2
2	4
3 질문1	2
질문2	4

정답표 | 실전모의고사 제3회

언어지식(문자 · 어휘)

문제 1	
1	3
2	1
3	2
4	4
5	1

문제 2	
6	3
7	2
8	4
9	4
10	1

문제 3	
11	2
12	3
13	2

문제 4	
14	1
15	3
16	4
17	1
18	2
19	4
20	1

문제 5	
21	1
22	3
23	1
24	2
25	4

문제 6	
26	1
27	2
28	4
29	3
30	2

언어지식(문법)

문제 7	
31	1
32	2
33	2
34	4
35	4
36	4
37	1
38	3
39	4
40	3
41	2
42	1

문제 8	
43	3
44	4
45	1
46	1
47	2

문제 9	
48	2
49	1
50	3
51	4
52	2

독해

문제 10	
53	4
54	2
55	1
56	2
57	4

문제 11	
58	2
59	3
60	1
61	3
62	4
63	1
64	3
65	4
66	4

문제 12	
67	3
68	1

문제 13	
69	2
70	3
71	1

문제 14	
72	1
73	4

청해

문제 1	
1	1
2	3
3	4
4	1
5	3

문제 2	
1	1
2	2
3	4
4	1
5	3
6	2

문제 3	
1	2
2	1
3	3
4	1
5	3

문제 4	
1	2
2	1
3	2
4	3
5	1
6	2
7	3
8	2
9	2
10	3
11	1

문제 5	
1	2
2	4
3 질문1	1
질문2	3

정답표 | 실전모의고사 제4회

언어지식(문자 · 어휘)

문제 1	
1	3
2	3
3	4
4	2
5	1

문제 2	
6	3
7	2
8	4
9	3
10	1

문제 3	
11	3
12	2
13	3
14	2
15	4

문제 4	
16	2
17	3
18	1
19	2
20	4
21	1
22	4

문제 5	
23	1
24	2
25	4
26	2
27	1

문제 6	
28	1
29	3
30	4
31	1
32	3

언어지식(문법)

문제 7	
33	3
34	2
35	1
36	4
37	1
38	3
39	3
40	2
41	1
42	4
43	1
44	4

문제 8	
45	4
46	4
47	2
48	4
49	1

문제 9	
50	3
51	1
52	2
53	1
54	4

독해

문제 10	
55	3
56	4
57	1
58	1
59	4

문제 11	
60	2
61	3
62	4
63	3
64	2
65	4
66	1
67	2
68	3

문제 12	
69	3
70	4

문제 13	
71	4
72	3
73	1

문제 14	
74	3
75	2

청해

문제 1	
1	2
2	4
3	3
4	3
5	2

문제 2	
1	3
2	3
3	4
4	3
5	4
6	1

문제 3	
1	2
2	4
3	2
4	2
5	3

문제 4	
1	1
2	3
3	2
4	1
5	3
6	1
7	1
8	3
9	3
10	2
11	2
12	3

문제 5	
1	3
2	4
3 질문1	3
질문2	1

정답표 | 실전모의고사 제5회

언어지식(문자 · 어휘)

문제 1	
1	1
2	2
3	4
4	3
5	1

문제 2	
6	3
7	2
8	4
9	1
10	3

문제 3	
11	3
12	2
13	4

문제 4	
14	3
15	2
16	3
17	1

문제 5	
18	1
19	3
20	2
21	4
22	1

문제 6	
23	4
24	2
25	1
26	2
27	3

언어지식(문법)

문제 7	
28	3
29	1
30	4
31	2
32	2
33	4
34	2
35	1
36	4
37	3
38	2
39	1

문제 8	
40	3
41	3
42	4
43	1
44	2

문제 9	
45	3
46	1
47	4
48	2

독해

문제 10	
49	2
50	3
51	2
52	1
53	4

문제 11	
54	1
55	4
56	3
57	2
58	1
59	4
60	3
61	1
62	3

문제 12	
63	1
64	4

문제 13	
65	3
66	2
67	1

문제 14	
68	1
69	3

청해

문제 1	
1	4
2	2
3	4
4	1
5	2

문제 2	
1	2
2	4
3	3
4	4
5	2
6	2

문제 3	
1	3
2	2
3	4
4	2
5	3

문제 4	
1	3
2	2
3	3
4	1
5	2
6	2
7	1
8	3
9	1
10	2
11	1

문제 5	
1	3
2 질문1	1
질문2	3

사전이 필요 없는 상세한 어휘 수록!

모르는 단어나 문형을
사전으로 찾을 필요 없이
그 자리에서 바로 학습하고
암기하세요.

문제별 핵심 포인트만 짚은 꼭! 알아두기 수록!

실제 시험장에서 적용 가능한
문제 풀이 포인트만
콕콕 학습해보세요.

해커스일본어 홈페이지에서 「폰 안에 쏙! 회차별 단어·문형집(PDF)」을
다운로드 받아 언제 어디서든 간편하게 고난도 단어와 문형을 학습하세요.

해커스 JLPT

일본어능력시험

실전모의고사 N2

해설집

해커스 일본어

CONTENTS

실전모의고사 제1회

언어지식(문자・어휘)

문제 1	
1	2
2	1
3	4
4	2
5	3
문제 2	
6	1
7	3
8	2
9	4
10	1
문제 3	
11	4
12	1
13	2
문제 4	
14	4
15	3
16	1
17	2
18	1
19	3
20	4

문제 5	
21	1
22	1
23	4
24	3
25	2
문제 6	
26	1
27	4
28	2
29	1
30	3

언어지식(문법)

문제 7	
31	3
32	1
33	4
34	1
35	3
36	1
37	4
38	2
39	4
40	2
41	1
42	2
문제 8	
43	2
44	4
45	3
46	3
47	1
문제 9	
48	4
49	1
50	1
51	2

독해

문제 10	
52	2
53	1
54	4
55	2
56	4
문제 11	
57	2
58	1
59	4
60	2
61	3
62	1
63	2
64	3
문제 12	
65	1
66	4
문제 13	
67	3
68	3
69	2
문제 14	
70	2
71	3

청해

문제 1	
1	2
2	3
3	3
4	2
5	3
문제 2	
1	4
2	3
3	3
4	3
5	1
6	2
문제 3	
1	4
2	2
3	3
4	1
5	3

문제 4	
1	3
2	1
3	2
4	1
5	2
6	3
7	2
8	1
9	3
10	1
11	2
문제 5	
1	2
2 질문1	1
질문2	3

언어지식 (문자·어휘) p.33

문제 1의 디렉션

問題１ ＿＿＿＿＿の言葉の読み方として最もよいものを、１・２・３・４から一つ選びなさい。	문제1 ＿＿＿＿ 의 말의 읽는 법으로 가장 알맞은 것을, 1·2·3·4에서 하나 고르세요.

1 중상

割れたガラスの破片が床に落ちている。		깨진 유리의 파편이 바닥에 떨어져 있다.	
1 はかた	**2 はへん**	1 X	**2 파편**
3 ひかた	4 ひへん	3 X	4 X

해설 破片은 2 はへん으로 발음한다.

어휘 破片 はへん 명 파편　床 ゆか 명 바닥

2 중상

彼女が描いた絵は酷かった。		그녀가 그린 그림은 형편없었다.	
1 ひどかった	2 みにくかった	**1 형편없었다**	2 흉했다
3 すごかった	4 まぶしかった	3 훌륭했다	4 눈부셨다

해설 酷かった는 1 ひどかった로 발음한다.

어휘 酷い ひどい い형 형편없다　描く かく 동 그리다　醜い みにくい い형 흉하다　凄い すごい い형 훌륭하다　眩しい まぶしい い형 눈부시다

3 중상

重要な書類は金庫で厳重に保管している。		중요한 서류는 금고에 엄중히 보관하고 있다.	
1 ごんじゅ	2 ごんじゅう	1 X	2 X
3 げんじゅ	**4 げんじゅう**	3 X	**4 엄중**

해설 厳重는 4 げんじゅう로 발음한다. 厳重의 厳은 두 가지 음독 げん과 ごん 중 げん으로 발음하고, じゅう가 장음인 것에 주의한다.

어휘 厳重だ げんじゅうだ な형 엄중하다　重要だ じゅうようだ な형 중요하다　書類 しょるい 명 서류　金庫 きんこ 명 금고　保管 ほかん 명 보관

4 중

この看板(かんばん)は古くなって少し傾いている。		이 간판은 오래되어서 조금 기울어져 있다.	
1 うつむいて	**2 かたむいて**	1 고개를 숙이고	**2 기울어져**
3 しりぞいて	4 みちびいて	3 물러나	4 이끌고

해설 傾いて는 2 かたむいて로 발음한다.

어휘 傾く かたむく 동 기울어지다　看板 かんばん 명 간판　俯く うつむく 동 고개를 숙이다　退く しりぞく 동 물러나다　導く みちびく 동 이끌다

5 상

観客は試合で戦う選手たちに熱い声援を送った。		관객은 시합에서 겨루는 선수들에게 뜨거운 성원을 보냈다.	
1 おうえん	2 おうだん	1 X	2 X
3 せいえん	4 せいだん	**3 성원**	4 X

해설 声援은 3 せいえん으로 발음한다.

어휘 声援 せいえん 명 성원　観客 かんきゃく 명 관객　戦う たたかう 동 겨루다, 싸우다　選手 せんしゅ 명 선수

꼭! 알아두기 援이 포함된 명사로 応援(おうえん, 응원), 救援(きゅうえん, 구원), 援助(えんじょ, 원조)를 함께 알아 둔다.

문제 2의 디렉션

問題２ ＿＿＿＿＿の言葉を漢字で書くとき、最もよいものを１・２・３・４から一つ選びなさい。	문제2 ＿＿＿＿＿의 말을 한자로 쓸 때, 가장 알맞은 것을 1·2·3·4에서 하나 고르세요.

6 상

社会に出る前に社会人としてのマナーやれいぎを知っておくべきだ。

1 礼儀　2 礼議
3 札儀　4 札議

사회로 나가기 전에 사회인으로서의 매너와 예의를 알아 두어야만 한다.

1 예의　2 X
3 X　4 X

해설 れいぎ는 1 礼儀로 표기한다. 礼(れい, 예절)를 선택지 3과 4의 札(さつ, 지폐)와 구별해서 알아 두고, 儀(ぎ, 법도)를 선택지 2와 4의 議(ぎ, 논함)와 구별해서 알아 둔다.

어휘 礼儀 れいぎ 명 예의　社会人 しゃかいじん 명 사회인　マナー 명 매너

꼭! 알아두기 儀가 포함된 명사로 行儀(ぎょうぎ, 예의범절), お辞儀(おじぎ, 인사), 儀式(ぎしき, 의식)를 함께 알아 둔다.

7 중

この町は都心から近いが、自然がゆたかで住みやすい。

1 富か　2 盛か
3 豊か　4 栄か

이 마을은 도심에서 가깝지만, 자연이 풍부해서 살기 좋다.

1 X　2 X
3 풍부해　4 X

해설 ゆたか는 3 豊か로 표기한다.

어휘 豊かだ ゆたかだ な형 풍부하다　都心 としん 명 도심　自然 しぜん 명 자연

8 중상

幼いころから通っている食堂だから、味はほしょうできます。

1 補証　**2 保証**
3 補正　4 保正

어릴 때부터 다니고 있는 식당이니까, 맛은 보증할 수 있습니다.

1 X　**2 보증**
3 보정　4 X

해설 ほしょう는 2 保証로 표기한다. 保(ほ, 지키다)를 선택지 1과 3의 補(ほ, 보충하다)와 구별해서 알아 두고, 証(しょう, 증명)를 선택지 3과 4의 正(しょう, 바르다)와 구별해서 알아 둔다.

어휘 保証 ほしょう 명 보증　幼い おさない い형 어리다　補正 ほせい 명 보정

9 중

昨晩のうちに 30 センチもの雪がつもった。

1 重もった　2 降もった
3 蓄もった　**4 積もった**

어젯밤 사이에 30센티미터나 되는 눈이 쌓였다.

1 X　2 X
3 X　**4 쌓였다**

해설 つもった는 4 積もった로 표기한다.

어휘 積もる つもる 동 쌓이다　昨晩 さくばん 명 어젯밤　センチ 명 센티미터

10 중

商品をへんぴんする際は、レシートをお持ちください。	상품을 반품할 때는, 영수증을 지참해 주세요.
1 返品 2 変品	**1 반품** 2 X
3 返更 4 変更	3 X 4 변경

해설 へんぴん은 1 返品으로 표기한다. 返(へん, 돌아오다)을 선택지 2과 4의 変(へん, 변화하다)과 구별해서 알아 둔다.

어휘 **返品** へんぴん 명 반품 **商品** しょうひん 명 상품 **際** さい 명 때 **レシート** 명 영수증 **変更** へんこう 명 변경

문제 3의 디렉션

問題３（　　）に入れるのに最もよいものを、１・２・３・４から一つ選びなさい。	문제3 (　　) 에 들어갈 가장 알맞은 것을, 1·2·3·4에서 하나 고르세요.

11 중상

（　　）登録はオンラインでも可能です。	(　　) 등록은 온라인으로도 가능합니다.
1 副 2 次	1 부 2 차
3 半 **4 仮**	3 반 **4 가**

해설 괄호 뒤의 어휘 登録(등록)와 함께 쓰여 仮登録(가등록)를 만드는 접두어 4 仮가 정답이다. 1은 副社長(ふくしゃちょう, 부사장), 2는 次世代(じせだい, 차세대), 3은 半透明(はんとうめい, 반투명)로 자주 쓰인다.

어휘 **仮登録** かりとうろく 명 가등록 **オンライン** 명 온라인 **可能だ** かのうだ な형 가능하다

12 중

その植物は秋になるとボール（　　）の花を咲かせる。	그 식물은 가을이 되면 공 (　　) 의 꽃을 피운다.
1 状 2 流	**1 모양** 2 류
3 式 4 性	3 식 4 성

해설 괄호 앞의 어휘 ボール(공)와 함께 쓰여 ボール状(공 모양)를 만드는 접미어 1 状가 정답이다. 2는 アメリカ流(アメリカりゅう, 아메리카류), 3은 日本式(にほんしき, 일본식), 4는 危険性(きけんせい, 위험성)로 자주 쓰인다.

어휘 **ボール状** ボールじょう 공 모양 **植物** しょくぶつ 명 식물

꼭! 알아두기 状는 ボール状(ボールじょう, 공 모양)와 같이 모양을 나타내는 의미 외에도, 案内状(あんないじょう, 안내장), 招待状(しょうたいじょう, 초대장)와 같이 증서나 편지의 의미로도 자주 쓰이므로 함께 알아 둔다.

13 중상

彼は毎日バスと電車を乗り（　　）大学に通っている。	그는 매일 버스와 전철을 (　　) 타며 대학에 다니고 있다.
1 行って **2 継いで**	1 X **2 갈아**
3 留めて 4 超えて	3 X 4 X

해설 괄호 앞의 어휘 乗り(타다)와 함께 쓰여 乗り継ぐ(갈아타다)라는 복합어를 만드는 2 継いで가 정답이다.

어휘 **乗り継ぐ** のりつぐ 동 갈아타다

문제 4의 디렉션

問題４（　　）に入れるのに最もよいものを、１・２・３・４から一つ選びなさい。	문제4 (　　) 에 들어갈 가장 알맞은 것을, 1·2·3·4에서 하나 고르세요.

14 중

ビルに着くと、エレベーターがちょうどいい（　　　）で下りてきた。 1 シーズン　　2 スペース 3 バランス　　**4 タイミング**	빌딩에 도착하니, 엘리베이터가 마침 좋은 (　　　) 으로 내려왔다. 1 시즌　　2 스페이스 3 밸런스　　**4 타이밍**

해설 선택지가 모두 명사이다. 괄호 앞뒤의 내용과 함께 쓸 때 **ちょうどいいタイミング**(마침 좋은 타이밍)라는 문맥이 가장 자연스러우므로 4 **タイミング**(타이밍)가 정답이다. 1은 **桜が咲くシーズン**(벚꽃이 피는 시즌), 2는 **広くて明るいスペース**(넓고 밝은 스페이스), 3은 **仕事と家庭生活のバランス**(일과 가정생활의 밸런스)로 자주 쓰인다.

어휘 **シーズン** 명 시즌　**スペース** 명 스페이스　**バランス** 명 밸런스　**タイミング** 명 타이밍

15 중

メールに（　　　）されていた資料を事前に確認しておいた。 1 輸送（ゆそう）　　2 郵送（ゆうそう） **3 添付（てんぷ）**　　4 添加（てんか）	이메일에 (　　　) 되어 있었던 자료를 사전에 확인해 두었다. 1 수송　　2 우송 **3 첨부**　　4 첨가

해설 선택지가 모두 명사이다. 괄호 앞의 **メールに**(이메일에)와 함께 쓸 때 **メールに添付**(이메일에 첨부)라는 문맥이 가장 자연스러우므로 3 **添付**(첨부)가 정답이다. 1은 **海外に輸送**(해외에 수송), 2는 **取引先に郵送**(거래처에 우송), 4는 **薬品を添加**(약품을 첨가)로 자주 쓰인다.

어휘 **メール** 명 이메일　**資料** しりょう 명 자료　**事前** じぜん 명 사전　**確認** かくにん 명 확인　**輸送** ゆそう 명 수송　**郵送** ゆうそう 명 우송　**添付** てんぷ 명 첨부　**添加** てんか 명 첨가

16 상

昔は自分の（　　　）に悩んだが、今は内面や能力を磨きたいと思っている。 **1 容姿**　　2 性格 3 様子　　4 時間	옛날에는 자신의 (　　　) 에 고민했지만, 지금은 내면이나 능력을 연마하고 싶다고 생각하고 있다. **1 용모**　　2 성격 3 모습　　4 시간

해설 선택지가 모두 명사이다. 괄호 앞뒤의 내용과 함께 쓸 때 **自分の容姿に悩んだが**(자신의 용모에 고민했지만), **自分の性格に悩んだが**(자신의 성격에 고민했지만) 모두 자연스러우므로 문장 전체의 문맥을 파악해야 한다. 전체 문맥 **昔は自分の容姿に悩んだが、今は内面や能力を磨きたい**(옛날에는 자신의 용모에 고민했지만, 지금은 내면이나 능력을 연마하고 싶다)가 가장 자연스러우므로 1 **容姿**(용모)가 정답이다. 3은 **教室の様子をうかがう**(교실의 모습을 살피다), 4는 **業務の時間を守る**(업무 시간을 지키다)로 자주 쓰인다.

어휘 **悩む** なやむ 동 고민하다　**内面** ないめん 명 내면　**能力** のうりょく 명 능력　**容姿** ようし 명 용모, 얼굴과 몸매　**性格** せいかく 명 성격　**様子** ようす 명 모습, 상태　**時間** じかん 명 시간

17 중상

日々の（　　　）運動として、軽いジョギングがおすすめです。 1 順調な　　**2 適度な** 3 過激な　　4 的確な	매일의 (　　　) 운동으로, 가벼운 조깅이 추천입니다. 1 순조로운　　**2 적당한** 3 과격한　　4 적확한

해설 선택지가 모두 な형용사이다. 괄호 앞뒤의 내용과 함께 쓸 때 **日々の適度な運動として**(매일의 적당한 운동으로)라는 문맥이 가장 자연스러우므로 2 **適度な**(적당한)가 정답이다. 1은 **順調なスタート**(순조로운 스타트), 3은 **過激な発言**(과격한 발언), 4는 **的確な判断**(적확한 판단)으로 자주 쓰인다.

어휘 **日々** ひび 명 매일　**ジョギング** 명 조깅　**おすすめ** 추천　**順調だ** じゅんちょうだ な형 순조롭다　**適度だ** てきどだ な형 적당하다　**過激だ** かげきだ な형 과격하다　**的確だ** てきかくだ な형 적확하다

18 중

旅行の荷物をかばんに（　　　）みたが、量が多すぎて入りきらなかった。 **1 詰めて**　　2 埋めて 3 抱えて　　4 備えて	여행의 짐을 가방에 (　　) 보았지만, 양이 너무 많아서 다 들어가지 않았다. **1 담아**　　2 묻어 3 안아　　4 대비해

해설 선택지가 모두 동사이다. 괄호 앞의 かばんに(가방에)와 함께 쓸 때 かばんに詰めて(가방에 담아)라는 문맥이 가장 자연스러우므로 1 詰めて(담아)가 정답이다. 2는 土に埋めて(땅에 묻어), 3은 腕に抱えて(팔에 안아), 4는 災害に備えて(재해에 대비해)로 자주 쓰인다.

어휘 量 りょう 명 양　詰める つめる 동 담다　埋める うめる 동 묻다　抱える かかえる 동 안다　備える そなえる 동 대비하다

19 중

姉は顔が父に似ているが、声や話し方は母に（　　　）だ。 1 さっぱり　　2 けっこう **3 そっくり**　　4 ぴったり	누나는 얼굴이 아버지와 닮았지만, 목소리나 말투는 어머니를 (　　) 다. 1 형편없　　2 훌륭하 **3 꼭 닮았**　　4 꼭 맞는

해설 선택지가 모두 な형용사이다. 괄호 앞의 声や話し方は母に(목소리나 말투는 어머니를)와 함께 쓸 때 声や話し方は母にそっくりだ(목소리나 말투는 어머니를 꼭 닮았다)라는 문맥이 가장 자연스러우므로 3 そっくり(꼭 닮았)가 정답이다. 1은 売り上げがさっぱりだ(매상이 형편없다), 2는 景色がけっこうだ(경치가 훌륭하다), 4는 靴が足にぴったりだ(신발이 발에 꼭 맞다)로 자주 쓰인다.

어휘 話し方 はなしかた 명 말투　さっぱりだ な형 형편없다　けっこうだ な형 훌륭하다　そっくりだ な형 꼭 닮았다　ぴったりだ な형 꼭 맞다

꼭! 알아두기　외모나 목소리가 매우 비슷함을 나타내는 そっくりだ(꼭 닮았다)는 Aにそっくりだ(A와 꼭 닮았다), Aにそっくり似ている(A와 판에 박은 듯 닮았다)로 자주 쓰인다.

20 중상

引っ越し前に契約していたインターネットを（　　　）した。 1 解散　　2 解消 3 解除　　**4 解約**	이사 전에 계약하고 있던 인터넷을 (　　) 했다. 1 해산　　2 해소 3 해제　　**4 해약**

해설 선택지가 모두 명사이다. 괄호 앞의 インターネットを(인터넷을)와 함께 쓸 때 インターネットを解約(인터넷을 해약)라는 문맥이 가장 자연스러우므로 4 解約(해약)가 정답이다. 1은 団体を解散(단체를 해산), 2는 ストレスを解消(스트레스를 해소), 3은 ロックを解除(잠금을 해제)로 자주 쓰인다.

어휘 引っ越し ひっこし 명 이사　契約 けいやく 명 계약　インターネット 명 인터넷　解散 かいさん 명 해산　解消 かいしょう 명 해소　解除 かいじょ 명 해제　解約 かいやく 명 해약

문제 5의 디렉션

問題５ ＿＿＿＿＿の言葉に意味が最も近いものを、１・２・３・４から一つ選びなさい。	문제5 ＿＿＿＿＿ 의 말에 의미가 가장 가까운 것을, 1·2·3·4에서 하나 고르세요.

21 중

今回の試合で負けても<u>失望する</u>必要はない。 **1 がっかりする**　　2 びっくりする 3 なやむ　　4 くやむ	이번 시합에서 져도 <u>실망할</u> 필요는 없다. **1 낙심할**　　2 놀랄 3 고민할　　4 후회할

해설 失望する는 '실망할'이라는 의미로, 동의어인 1 がっかりする(낙심할)가 정답이다.

어휘 失望 しつぼう 명 실망　がっかりする 낙심하다　びっくりする 놀라다　なやむ 동 고민하다　くやむ 동 후회하다

22 중

景気の回復は依然期待できない。		경기 회복은 여전히 기대할 수 없다.	
1 まだ	2 それでも	**1 아직도**	2 그래도
3 たしか	4 あいにく	3 확실히	4 공교롭게도

해설 依然은 '여전히'라는 의미로, 동의어인 1 まだ(아직도)가 정답이다.

어휘 景気 けいき 명 경기　回復 かいふく 명 회복　依然 いぜん 부 여전히　期待 きたい 명 기대　まだ 부 아직도　それでも 접 그래도　たしか 부 확실히　あいにく 부 공교롭게도

23 중상

授業が終わった後、友人と雑談した。		수업이 끝난 뒤, 친구와 잡담했다.	
1 勉強	2 食事	1 공부	2 식사
3 待ち合わせ	**4 おしゃべり**	3 만날 약속	**4 수다**

해설 雑談은 '잡담'이라는 의미로, 동의어인 4 おしゃべり(수다)가 정답이다.

어휘 友人 ゆうじん 명 친구　雑談 ざつだん 명 잡담　勉強 べんきょう 명 공부　食事 しょくじ 명 식사　待ち合わせ まちあわせ 명 만날 약속　おしゃべり 수다

24 중

塩と砂糖(さとう)を足したほうがいいよ。		소금과 설탕을 더하는 편이 좋아.	
1 混ぜた	2 区別した	1 섞는	2 구별하는
3 追加した	4 減らした	**3 추가하는**	4 줄이는

해설 足した는 '더하는'이라는 의미로, 동의어인 3 追加した(추가하는)가 정답이다.

어휘 足す たす 동 더하다　混ぜる まぜる 동 섞다　区別 くべつ 명 구별　追加 ついか 명 추가　減らす へらす 동 줄이다

25 중상

先に仕事にとりかかってください。		먼저 일에 착수해 주세요.	
1 仕事を終えて	**2 仕事を始めて**	1 일을 끝내	**2 일을 시작해**
3 仕事を教えて	4 仕事を手伝って	3 일을 가르쳐	4 일을 도와

해설 仕事にとりかかって는 '일에 착수해'라는 의미이다. 이와 교체하여도 문장의 의미가 바뀌지 않는, 2 仕事を始めて(일을 시작해)가 정답이다.

어휘 とりかかる 동 착수하다　終える おえる 동 끝내다　始める はじめる 동 시작하다　教える おしえる 동 가르치다　手伝う てつだう 동 돕다

꼭! 알아두기 とりかかる(착수하다)의 유의어로 やりだす(하기 시작하다), 開始する(かいしする, 개시하다)를 함께 알아 둔다.

문제 6의 디렉션

問題6 次の言葉の使い方として最もよいものを、1・2・3・4から一つ選びなさい。	문제6 다음 말의 사용법으로 가장 알맞은 것을, 1·2·3·4에서 하나 고르세요.

26 상

視察	시찰
1 本社の職員が海外にある工場を訪問し、製造過程を視察した。	**1 본사의 직원이 해외에 있는 공장을 방문하여, 제조 과정을 시찰했다.**
2 韓国語を早く習得するため、自分に合った勉強方法を視察している。	2 한국어를 빨리 습득하기 위해, 자신에게 맞는 공부 방법을 시찰하고 있다.

3 理科の授業で顕微鏡の使い方を習った後、プランクトンを<u>視察</u>した。	3 이과 수업에서 현미경의 사용법을 배운 뒤, 플랑크톤을 <u>시찰</u>했다.
4 おとといから風邪気味だったので、近くの病院で<u>視察</u>してもらった。	4 그저께부터 감기 기운이 있어서, 근처 병원에서 <u>시찰</u>해 받았다.

해설 視察(시찰)는 주로 현지나 현장에 직접 가서 그 모습을 보는 경우에 사용한다. 1의 **製造過程を視察**(제조 과정을 시찰)에서 올바르게 사용되었으므로 1이 정답이다. 참고로, 2는 **模索**(もさく, 모색), 3은 **観察**(かんさつ, 관찰), 4는 **診察**(しんさつ, 진찰)를 사용하는 것이 올바른 문장이다.

어휘 **視察** しさつ 명 시찰　**本社** ほんしゃ 명 본사　**職員** しょくいん 명 직원　**海外** かいがい 명 해외　**訪問** ほうもん 명 방문　**製造** せいぞう 명 제조　**過程** かてい 명 과정　**韓国語** かんこくご 명 한국어　**習得** しゅうとく 명 습득　**顕微鏡** けんびきょう 명 현미경　**プランクトン** 명 플랑크톤　**風邪気味だ** かぜぎみだ 감기 기운이 있다

꼭! 알아두기 視察(시찰)는 工場(こうじょう, 공장), 現場(げんば, 현장), 現地(げんち, 현지), 施設(しせつ, 시설)와 같이 장소를 나타내는 명사와 함께 자주 쓰인다.

27 상

保つ	유지하다
1 個人情報を<u>保つ</u>ためにサイトのパスワードを定期的に変えている。	1 개인 정보를 <u>유지하기</u> 위해서 사이트의 패스워드를 정기적으로 바꾸고 있다.
2 果物の中には、冷蔵庫に<u>保つ</u>と傷みやすくなるものもあるそうだ。	2 과일 중에는, 냉장고에 <u>유지하</u>면 곯기 쉬워지는 것도 있다고 한다.
3 あの寺は文化的にも歴史的にも価値が高いとして国が<u>保って</u>います。	3 저 절은 문화적으로도 역사적으로도 가치가 높다하여 나라가 <u>유지하고</u> 있습니다.
4 高校時代の友人とは今でも互いに信頼し合える良い関係を<u>保って</u>いる。	**4 고교 시절의 친구와는 지금도 서로 신뢰할 수 있는 좋은 관계를 <u>유지하고</u> 있다.**

해설 保つ(유지하다)는 주로 어떤 상태나 상황을 계속 변함없이 지켜가는 경우에 사용한다. 4의 **良い関係を保っている**(좋은 관계를 유지하고 있다)에서 올바르게 사용되었으므로 4가 정답이다. 참고로, 1은 **守る**(まもる, 지키다), 2는 **保存する**(ほぞんする, 보존하다), 3은 **保護する**(ほごする, 보호하다)를 사용하는 것이 올바른 문장이다.

어휘 **保つ** たもつ 동 유지하다　**個人** こじん 명 개인　**情報** じょうほう 명 정보　**サイト** 명 사이트　**パスワード** 명 패스워드　**定期的だ** ていきてきだ な형 정기적이다　**傷む** いたむ 동 곯다, 상하다　**文化的だ** ぶんかてきだ な형 문화적이다　**歴史的だ** れきしてきだ な형 역사적이다　**価値** かち 명 가치　**友人** ゆうじん 명 친구　**互いに** たがいに 부 서로　**信頼** しんらい 명 신뢰

28 상

妥当	타당
1 全国絵画コンクールで賞がもらえたのは、先生の<u>妥当</u>な指導のおかげです。	1 전국 회화 콩쿠르에서 상을 받을 수 있었던 것은, 선생님의 <u>타당</u>한 지도 덕분입니다.
2 大会が中止になったのは悲しいが、この天候を考えると<u>妥当</u>な判断だったと思う。	**2 대회가 중지된 것은 슬프지만, 이 날씨를 생각하면 <u>타당</u>한 판단이었다고 생각한다.**
3 彼女はバレリーナになるという夢を叶えるため、<u>妥当</u>な努力を費やしてきた。	3 그녀는 발레리나가 되겠다는 꿈을 이루기 위해, <u>타당</u>한 노력을 다해 왔다.
4 今回の数学のテストでは、難しい問題もなんとか<u>妥当</u>な答えを導くことができた。	4 이번의 수학 시험에서는, 어려운 문제도 어떻게든 <u>타당</u>한 답을 이끌어 낼 수 있었다.

해설 妥当(타당)는 주로 어떤 것이 이치나 사리에 맞고 적절한 경우에 사용한다. 2의 **妥当な判断**(타당한 판단)과 4의 **妥当な答え**(타당한 답) 모두 자연스러우므로, 문장 전체의 문맥을 파악해야 한다. 2의 **この天候を考えると妥当な判断だったと思う**(이 날씨를 생각하면 타당한 판단이었다고 생각한다)에서 올바르게 사용되었으므로 2가 정답이다. 참고로, 1은 **的確**(てきかく, 적확), 3은 **相当**(そうとう, 상당)를 사용하는 것이 올바른 문장이다.

어휘 妥当だ だとうだ な형 타당하다 全国 ぜんこく 명 전국 絵画 かいが 명 회화 コンクール 명 콩쿠르 賞 しょう 명 상 指導 しどう 명 지도 大会 たいかい 명 대회 天候 てんこう 명 날씨 判断 はんだん 명 판단 バレリーナ 명 발레리나 叶える かなえる 동 이루다 努力 どりょく 명 노력 費やす ついやす 동 다하다, 쓰다 導く みちびく 동 이끌어 내다

29 상

ほっとする	한시름 놓다
1 朝寝坊したが、どうにか出勤時間に間に合ってほっとした。	1 늦잠을 잤지만, 어찌어찌 출근 시간에 맞추어서 한시름 놓았다.
2 飼い猫がお腹を見せてほっとして寝ている姿がかわいい。	2 키우는 고양이가 배를 보이며 한시름 놓고 자고 있는 모습이 귀엽다.
3 アルバイトの高橋さんにはレジ業務がほっとして任せられる。	3 아르바이트인 다카하시 씨에게는 계산대 업무를 한시름 놓고 맡길 수 있다.
4 部屋を片付けると気持ちがほっとしてその後勉強に集中できた。	4 방을 정리했더니 기분이 한시름 놓아서 그 후 공부에 집중할 수 있었다.

해설 ほっとする(한시름 놓다)는 주로 안심하여 기분이 편안해지는 경우에 사용한다. 1의 出勤時間に間に合ってほっとした(출근 시간에 맞추어서 한시름 놓았다)에서 올바르게 사용되었으므로 1이 정답이다. 참고로, 2는 リラックスする(릴랙스하다), 3은 安心する(あんしんする, 안심하다), 4는 すっきりする(산뜻하다)를 사용하는 것이 올바른 문장이다.

어휘 ほっとする 한시름 놓다 朝寝坊 あさねぼう 명 늦잠 どうにか 부 어찌어찌 出勤 しゅっきん 명 출근 飼い猫 かいねこ 키우는 고양이 お腹 おなか 배 姿 すがた 명 모습 業務 ぎょうむ 명 업무 任せる まかせる 동 맡기다 集中 しゅうちゅう 명 집중

30 중상

栽培	재배
1 この広大な牧場では何百頭もの牛を栽培しています。	1 이 광대한 목장에서는 몇 백 마리나 되는 소를 재배하고 있습니다.
2 工場に部品が大量に栽培できる新型の機械が導入された。	2 공장에 부품을 대량으로 재배할 수 있는 신형 기계가 도입되었다.
3 自分で栽培した野菜は、売っているものよりおいしかった。	**3 스스로 재배한 채소는, 팔고 있는 것보다 맛있었다.**
4 社会で活躍できる人材を栽培することが本校の教育目標だ。	4 사회에서 활약할 수 있는 인재를 재배하는 것이 본교의 교육 목표다.

해설 栽培(재배)는 주로 과일이나 채소 등의 식물을 가꾸거나 기르는 경우에 사용한다. 3의 栽培した野菜(재배한 채소)에서 올바르게 사용되었으므로 3이 정답이다. 참고로, 1은 飼育(しいく, 사육), 2는 製造(せいぞう, 제조), 4는 育成(いくせい, 육성)를 사용하는 것이 올바른 문장이다.

어휘 栽培 さいばい 명 재배 広大だ こうだいだ な형 광대하다 牧場 ぼくじょう 명 목장 部品 ぶひん 명 부품 大量だ たいりょうだ な형 대량이다 新型 しんがた 명 신형 導入 どうにゅう 명 도입 活躍 かつやく 명 활약 人材 じんざい 명 인재 本校 ほんこう 명 본교 目標 もくひょう 명 목표

언어지식(문법) p.40

문제 7의 디렉션

問題7 次の文の（　　　）に入れるのに最もよいものを、1・2・3・4から一つ選びなさい。	문제7 다음 문장의 (　　　) 에 들어갈 가장 알맞은 것을, 1·2·3·4에서 하나 고르세요.

31 중

誰にも支援して（　　）まいと思っていたが、会社を立て直すためには、資金の援助をお願いするしかなかった。

1 もらわ　　2 もらい
3 もらう　　4 もらおう

누구에게도 지원해 (　　) 않겠다고 생각하고 있었지만, 회사를 다시 세우기 위해서는, 자금의 원조를 부탁할 수밖에 없었다.

1 받　　2 받기
3 받지　　4 받으려

해설 동사의 올바른 활용형을 고르는 문제이다. 괄호 뒤의 문형 **まい**(~않겠다)와 접속할 수 있는 동사의 활용형은 사전형이므로 3 **もらう**(받지)가 정답이다. '지원해 받지 않겠다고'라는 문맥에도 맞다.

어휘 **支援** しえん 명 지원　**～まい** ~않겠다　**立て直す** たてなおす 동 다시 세우다　**資金** しきん 명 자금　**援助** えんじょ 명 원조　**～しかない** ~밖에 없다

32 중

わが社では大学での専攻（　　）、研究開発に意欲的に取り組んでいただける方に採用試験を受けてもらっている。

1 を問わず　　2 を抜きにして
3 にかわって　　4 に反して

우리 회사에서는 대학에서의 전공 (　　), 연구 개발에 의욕적으로 몰두해 주실 수 있는 분에게 채용 시험을 치르도록 하고 있다.

1 을 불문하고　　2 을 빼고
3 을 대신하여　　4 에 반하여

해설 적절한 문형을 고르는 문제이다. 모든 선택지가 괄호 앞의 명사 **専攻**(전공)에 접속할 수 있다. 괄호 뒤 **研究開発に意欲的に取り組んでいただける方**(연구 개발에 의욕적으로 몰두해 주실 수 있는 분)로 이어지는 문맥을 보면 '전공을 불문하고'가 가장 자연스럽다. 따라서 1 **を問わず**(을 불문하고)가 정답이다. 2 **を抜きにして**는 '~을 빼고', 3 **にかわって**는 '~을 대신하여', 4 **に反して**는 '~에 반하여'라는 의미의 문형임을 알아 둔다.

어휘 **わが社** わがしゃ 명 우리 회사　**専攻** せんこう 명 전공　**開発** かいはつ 명 개발　**意欲的だ** いよくてきだ な형 의욕적이다　**取り組む** とりくむ 동 몰두하다　**採用** さいよう 명 채용　**～を問わず** ~をとわず ~을 불문하고　**～を抜きにして** ~をぬきにして ~을 빼고　**～にかわって** ~을 대신하여　**～に反して** ~にはんして ~에 반하여

꼭! 알아두기 Aを問わず(A를 불문하고)는 A를 문제 삼지 않는다는 의미로, 専攻を問わず(전공을 불문하고), 男女を問わず(남녀를 불문하고), 昼夜を問わず(밤낮을 불문하고), 学歴を問わず(학력을 불문하고)로 자주 사용됨을 알아 둔다.

33 중

全国的に少子化が進んでいる（　　）、この地域の子どもの数は10年連続で増加している。

1 以上は　　2 だけに
3 のみならず　　**4 とはいうものの**

전국적으로 저출산이 진행되고 있다 (　　), 이 지역의 아이의 수는 10년 연속으로 증가하고 있다.

1 이상은　　2 인 만큼
3 뿐만 아니라　　**4 고는 하지만**

해설 적절한 문형을 고르는 문제이다. 모든 선택지가 괄호 앞의 **進んでいる**(진행되고 있다)에 접속할 수 있다. 괄호 앞뒤 문맥을 보면 '저출산이 진행되고 있다고는 하지만, 이 지역의 아이의 수는 10년 연속으로 증가'가 가장 자연스럽다. 따라서 4 **とはいうものの**(고는 하지만)가 정답이다. 1 **以上は**는 '~이상은', 2 **だけに**는 '~인 만큼', 3 **のみならず**는 '~뿐만 아니라'라는 의미의 문형임을 알아 둔다.

어휘 **全国的だ** ぜんこくてきだ な형 전국적이다　**少子化** しょうしか 명 저출산　**地域** ちいき 명 지역　**連続** れんぞく 명 연속　**増加** ぞうか 명 증가　**～以上は** ~いじょうは ~이상은　**～だけに** ~인 만큼　**～のみならず** ~뿐만 아니라　**～とはいうものの** ~라고는 하지만

34 중

趣味だから上達しなくてもいいと思っていたが、高いギターを買った（　　）、一生懸命練習して、有名な曲を上手に弾けるようになりたい。

1 からには　　2 ところ
3 ばかりに　　4 だけあって

취미니까 숙달되지 않아도 된다고 생각하고 있었지만, 비싼 기타를 산 (　　), 열심히 연습해서, 유명한 곡을 능숙하게 칠 수 있게 되고 싶다.

1 이상에는　　2 더니
3 탓에　　4 만큼

해설 적절한 문형을 고르는 문제이다. 모든 선택지가 괄호 앞의 동사 た형 買った(산)에 접속할 수 있다. 괄호 뒤 一生懸命練習して、有名な曲を上手に弾けるようになりたい(열심히 연습해서, 유명한 곡을 능숙하게 칠 수 있게 되고 싶다)로 이어지는 문맥을 보면 '산 이상에는'이 가장 자연스럽다. 따라서 1 からには(이상에는)가 정답이다. 2 ところ는 '~더니', 3 ばかりに는 '~탓에'라는 의미의 문형이다. 4 だけあって는 '~만큼'이라는 의미의 문형이며, 뒤에 감탄하거나 칭찬하는 내용이 이어진다.

어휘 **上達** じょうたつ 명 숙달 **~からには** ~이상에는 **~ところ** ~더니 **~ばかりに** ~탓에 **~だけあって** ~인 만큼

꼭 알아두기 ~からには(~이상에는)는 ~たい(~하고 싶다), ~つもりだ(~계획이다), ~なければならない(~하지 않으면 안 된다)와 같이 희망이나 의지를 나타내는 표현과 함께 자주 사용된다.

35 중상

コンサートホールでオーケストラの演奏(えんそう)を聞くと、初めは音の大きさに驚(おどろ)くが、演奏(えんそう)が進むにつれて、（　　　）耳が慣れてくるものだ。

1 しょっちゅう　　2 続々
3 徐々(じょじょ)に　　4 要するに

콘서트홀에서 오케스트라의 연주를 들으면, 처음에는 소리의 크기에 놀라지만, 연주가 진행됨에 따라서, (　　　) 귀가 익숙해지는 법이다.

1 늘　　2 속속
3 서서히　　4 요컨대

해설 적절한 부사를 고르는 문제이다. 괄호 앞의 演奏が進むにつれて(연주가 진행됨에 따라서)와 괄호 뒤의 耳が慣れてくるものだ(귀가 익숙해지는 법이다)와 문맥상 어울리는 말은 '서서히'이다. 따라서 3 徐々に(서서히)가 정답이다.

어휘 **コンサートホール** 명 콘서트홀 **オーケストラ** 명 오케스트라 **演奏** えんそう 명 연주 **~ものだ** ~(하)는 법이다 **しょっちゅう** 부 늘 **続々** ぞくぞく 부 속속 **徐々に** じょじょに 부 서서히 **要するに** ようするに 부 요컨대

36 중상

あの運転手が割り込み運転をしたせいで、事故が起きたのだ。それなのに車も止めず逃げてしまうなんて、ひきょう（　　　）。

1 としか言いようがない
2 としか言いそうにない
3 とも言いようがない
4 とも言いそうにない

저 운전사가 끼어들기 운전을 한 탓에, 사고가 일어난 것이다. 그런데도 차도 세우지 않고 도망가 버리다니, 비겁 (　　　).

1 하다고 밖에 말할 방도가 없다
2 하다고 밖에 말할 것 같지 않다
3 하다고도 말할 방도가 없다
4 하다고도 말할 것 같지 않다

해설 적절한 문형을 고르는 문제이다. 괄호 앞뒤 문맥을 보면, '차도 세우지 않고 도망가 버리다니, 비겁하다고 밖에 말할 방도가 없다'가 가장 자연스럽다. 따라서 1 としか言いようがない(하다고 밖에 말할 방도가 없다)가 정답이다. 2, 4의 そうにない는 '~할 것 같지 않다'라는 의미의 문형임을 알아 둔다.

어휘 **割り込み** わりこみ 명 끼어들기 **~せいで** ~탓에 **ひきょう** 명 비겁 **~ようがない** ~할 방도가 없다 **~そうにない** ~할 것 같지 않다

37 중상

多少の難点は（　　　）、数々の困難を乗り越えて無事に仕事を終えることができてよかったと思う。

1 あるものだから　　2 ありっこないが
3 あるかと思うと　　**4 あったにしろ**

다소의 난점은 (　　　), 수많은 곤란을 극복하고 무사히 일을 끝낼 수 있어서 다행이라고 생각한다.

1 있기 때문에　　2 있을 리가 없지만
3 있는가 생각했더니　　**4 있었다고 하더라도**

해설 적절한 문형을 고르는 문제이다. 괄호 앞뒤 문맥을 보면, '다소의 난점은 있었다고 하더라도, 수많은 곤란을 극복하고'가 가장 자연스럽다. 따라서 4 あったにしろ(있었다고 하더라도)가 정답이다. 1의 ものだから는 '~이기 때문에', 2의 っこない는 '~일 리가 없다', 3의 かと思うと는 '~인가 생각했더니'라는 의미의 문형임을 알아 둔다.

어휘 **難点** なんてん 명 난점, 어려운 점 **数々の** かずかずの 수많은 **困難** こんなん 명 곤란 **乗り越える** のりこえる 동 극복하다 **無事だ** ぶじだ な형 무사하다 **~ものだから** ~이기 때문에 **~っこない** ~일 리가 없다 **~かと思うと** ~かとおもうと ~인가 생각했더니 **~にしろ** ~라고 하더라도

38 상

（ホテルへの電話で） 客　「今晩、シングルを一部屋、予約できますか。」 予約係「シングルのお部屋は本日満室でございます。ツインのお部屋なら、（　　）が。」 客　「じゃあ、ツインでお願いします。」	(호텔로의 전화에서) 손님 : 오늘 밤, 싱글을 한 방, 예약할 수 있을까요? 예약 담당자 : 싱글인 방은 오늘 만실입니다. 트윈인 방이라면, (　　) 만. 손님 : 그럼, 트윈으로 부탁합니다.
1 ご予約なさいます　**2 ご予約いただけます** 3 ご予約になります　4 ご予約くださいます	1 예약하십니다　**2 예약받을 수 있습니다** 3 예약하십니다　4 예약해 주십니다

해설 적절한 경어 표현을 고르는 문제이다. 예약 담당자가 예약 안내를 하고 있는 상황이므로 자신의 행위를 낮추는 ご予約いただけます(예약받을 수 있습니다)가 가장 자연스럽다. 따라서 2 ご予約いただけます(예약받을 수 있습니다)가 정답이다. 여기서 いただく(받다)는 もらう(받다)의 겸양어이다. 1의 なさる(하시다)는 する(하다)의 존경어, 3의 ご+명사+になる는 '~하시다'라는 의미의 존경 표현, 4의 くださる(주시다)는 くれる((남이) 주다)의 존경어이다.

어휘 シングル 명 싱글　予約係 よやくがかり 명 예약 담당자　本日 ほんじつ 명 오늘　満室 まんしつ 명 만실　ツイン 명 트윈
なさる 동 하시다 (する의 존경어)　いただく 동 받다 (もらう의 겸양어)　くださる 동 주시다 (くれる의 존경어)

39 중상

どうしてもと言われれば（　　）が、同僚の結婚式でのスピーチなんて気が進まない。	무슨 일이 있어도 라고 들으면 (　　) 만, 동료의 결혼식에서의 스피치라니 마음이 내키지 않는다.
1 してきたであろう　2 せずにはいられない 3 やってほしいものだ　**4 やらないこともない**	1 해 왔을 것이지　2 하지 않고는 못 배기지 3 하길 바라는 것이지　**4 하지 않을 것도 없지**

해설 적절한 문형을 고르는 문제이다. 괄호 앞뒤 문맥을 보면, '무슨 일이 있어도 라고 들으면 하지 않을 것도 없지만'이 가장 자연스럽다. 따라서 4 やらないこともない(하지 않을 것도 없지)가 정답이다. 2의 ずにはいられない는 '~하지 않고는 못 배기다', 3의 てほしい는 '~하길 바라다'라는 의미의 문형임을 알아 둔다.

어휘 同僚 どうりょう 명 동료　結婚式 けっこんしき 명 결혼식　スピーチ 명 스피치　気が進まない きがすすまない 마음이 내키지 않다
～ずにはいられない ~하지 않고는 못 배기다　～てほしい ~하길 바라다　～ないこともない ~하지 않을 것도 없다

40 중상

まだ6時にもなっていないのに辺りは真っ暗だ。もう11月に入ったのだから、日が落ちるのも早くなった（　　）。	아직 6시도 되지 않았는데 주변은 깜깜하다. 벌써 11월에 접어든 것이니까, 해가 떨어지는 것도 빨라졌다 (　　).
1 といっただけだ　**2 というわけだ** 3 といったかのようだ　4 というほどだ	1 고 했을 뿐이다　**2 는 얘기다** 3 고 한 것 같다　4 는 정도다

해설 적절한 문형을 고르는 문제이다. 괄호 앞뒤 문맥을 보면, '벌써 11월에 접어든 것이니까, 해가 떨어지는 것도 빨라졌다는 얘기다'가 가장 자연스럽다. 따라서 2 というわけだ(는 얘기다)가 정답이다. 1의 だけだ는 '~일 뿐이다', 3의 かのようだ는 '~인 것 같다', 4의 ほどだ는 '~정도다'라는 의미의 문형임을 알아 둔다.

어휘 辺り あたり 명 주변　真っ暗だ まっくらだ な형 깜깜하다　～だけだ ~일 뿐이다　～というわけだ ~라는 얘기다　～かのようだ ~인 것 같다
～ほどだ ~정도다

41 상

中村（なかむら）「あのレストラン、どうだった?」 山田（やまだ）「テレビで（　　）空いていたし、期待したほどじゃなかったかな。」 中村（なかむら）「へえ、そうなんだ。」	나카무라 : 저 레스토랑, 어땠어? 야마다 : 텔레비전에서 (　　) 비어 있었고, 기대한 정도는 아니었다고 할까. 나카무라 : 오, 그렇구나.

1 騒がれていたわりには　2 騒いだあげくに 3 騒いでいたあまり　4 騒がせたにしては	**1 떠들어지고 있었던 것에 비해서는**　2 떠들던 끝에 3 떠들고 있던 나머지　4 떠들게 한 것치고는

해설 적절한 문형을 고르는 문제이다. 특히 선택지 1의 수동 표현, 선택지 4의 사역 표현에 유의하여 선택지를 해석한다. 괄호 앞뒤 문맥을 보면, '텔레비전에서 떠들어지고 있었던 것에 비해서는 비어 있었고'가 가장 자연스럽다. 따라서 1 騒がれていたわりには(떠들어지고 있었던 것에 비해서는)가 정답이다. 2의 たあげくに는 '~한 끝에', 3의 たあまり는 '~한 나머지', 4의 にしては는 '~것치고는'이라는 의미의 문형임을 알아 둔다.

어휘 期待 きたい 명 기대　~わりには ~에 비해서는　~たあげくに ~한 끝에　~たあまり ~한 나머지　~にしては ~것치고는

42 중상

高橋「この時計、買うの？ すてきだけど、ずいぶん高いね。」 山本「うん、もう少し安く（　　　）。」 高橋「お店の人に聞いてみたら？」 1 なりかねないな **2 ならないもんかな** 3 するわけにはいかないな 4 するに越したことはないかな	다카하시 : 이 시계, 살 거야? 멋지긴 한데, 꽤 비싸네. 야마모토 : 응, 조금 더 싸게 (　　　). 다카하시 : 가게의 사람에게 물어보면? 1 될 수도 있겠다 **2 되지 않는 것일까** 3 할 수는 없네 4 하는 것보다 더 좋은 것은 없을까

해설 적절한 문형을 고르는 문제이다. 괄호 앞뒤 문맥을 보면, '조금 더 싸게 되지 않는 것일까'가 가장 자연스럽다. 따라서 2 ならないもんかな(되지 않는 것일까)가 정답이다. 1의 かねない는 '~수도 있다', 3의 わけにはいかない는 '~수는 없다', 4의 に越したことはない는 '~보다 더 좋은 것은 없다'라는 의미의 문형임을 알아 둔다.

어휘 ~かねない ~수도 있다　~もんだ ~것이다　~わけにはいかない ~수는 없다　~に越したことはない ~にこしたことはない ~보다 더 좋은 것은 없다

문제 8의 디렉션

問題8　次の文の ＿★＿ に入る最もよいものを、1・2・3・4から一つ選びなさい。	문제8 다음 문장의 ＿★＿ 에 들어갈 가장 알맞은 것을, 1·2·3·4에서 하나 고르세요.

43 중상

そんな ＿＿ ＿＿ ＿★＿ ＿＿ 誰が信じるのかと言われ続けてきたが、やっぱりどんな病気でも治せる薬の研究はあきらめたくない。 1 夢　2 **話** 3 みたいな　4 など	그런 꿈 같은 ★이야기 따위 누가 믿는 거냐고 계속 들어 왔지만, 역시 어떤 병이라도 치료할 수 있는 약의 연구는 포기하고 싶지 않다. 1 꿈　**2 이야기** 3 같은　4 따위

해설 3 みたいな(~같은)는 명사에 접속하므로 먼저 1 夢 3 みたいな 2 話 4 など(꿈같은 이야기 따위) 또는 2 話 3 みたいな 1 夢 4 など(이야기 같은 꿈 따위)로 배열할 수 있다. 둘 중 빈칸 뒤의 '역시 어떤 병이라도 치료할 수 있는 약의 연구는 포기하고 싶지 않다'와 문맥상 어울리는 말은 1 夢 3 みたいな 2 話 4 など(꿈같은 이야기 따위)이다. 따라서 2 話(이야기)가 정답이다.

어휘 信じる しんじる 동 믿다　治す なおす 동 치료하다　あきらめる 동 포기하다　~みたいな ~같은

44 중

今回の技術研修は、基礎コースを ＿＿ ＿＿ ＿★＿ ＿＿、実習コースには進めません。 1 あっても　2 なければ 3 修了してからで　**4 どんなに経験が**	이번 기술 연수는, 기초 코스를 수료하고 나서가 아니면 ★아무리 경험이 있어도, 실습 코스에는 나아갈 수 없습니다. 1 있어도　2 아니면 3 수료하고 나서가　**4 아무리 경험이**

해설 2 なければ는 3의 てからで와 함께 쓰여 문형 てからでなければ(~하고 나서가 아니면)가 되므로 먼저 3 修了してからで 2 なければ(수료

하고 나서가 아니면)로 연결할 수 있다. 이것을 나머지 선택지와 함께 문맥에 맞게 배열하면 3 修了してからで 2 なければ 4 どんなに経験が 1 あっても(수료하고 나서가 아니면 아무리 경험이 있어도)가 되면서 전체 문맥과도 어울린다. 따라서 4 どんなに経験が(아무리 경험이)가 정답이다.

어휘 研修 けんしゅう 명 연수　基礎 きそ 명 기초　コース 명 코스　実習 じっしゅう 명 실습　修了 しゅうりょう 명 수료
〜てからでなければ ~하고 나서가 아니면

꼭! 알아두기 Aてからでなければ B(A하고 나서가 아니면 B)는 A를 하지 않으면 B를 할 수 없다는 의미이므로, ~られない(~수 없다), ~できない(~할 수 없다)와 같이 불가능을 나타내는 표현과 자주 쓰인다. 그 외에 Aてからでないと B(A한 다음이 아니면 B), Aないことには B(A하지 않고서는 B)도 같은 의미이므로 함께 알아 둔다.

45 중상

この仕事はそんなに複雑じゃないし、締め切りまで ＿＿ ＿＿ ★ ＿＿ 終わらせなくても大丈夫ですよ。	이 일은 그렇게 복잡하지 않고, 마감까지 꽤 여유가 있으니까 ★잔업까지 해서 끝내지 않아도 괜찮아요.
1 して　　2 かなり	1 해서　　2 꽤
3 残業まで　　4 余裕があるから	**3 잔업까지**　　4 여유가 있으니까

해설 1 して는 3의 まで와 함께 쓰여 문형 までして(~까지 해서)가 되므로 먼저 3 残業まで 1 して(잔업까지 해서)로 연결할 수 있다. 이것을 나머지 선택지와 함께 문맥에 맞게 배열하면 2 かなり 4 余裕があるから 3 残業まで 1 して(꽤 여유가 있으니까 잔업까지 해서)가 되면서 전체 문맥과도 어울린다. 따라서 3 残業まで(잔업까지)가 정답이다.

어휘 締め切り しめきり 명 마감　かなり 부 꽤　残業 ざんぎょう 명 잔업　余裕 よゆう 명 여유　〜までして ~까지 해서

46 상

若宮「吉田君、また仕事で失敗したんだって?」 西田「うん、しかもそれを ＿＿ ＿＿ ＿＿ ★ とても怒られていたよ。」	와카미야 : 요시다 군, 또 일에서 실수했다면서? 니시다 : 응, 게다가 그것을 전에 주의받은 것도 잊고 또 숨기려고 했 ★기 때문에 매우 혼나고 있었어.
1 また隠そうとした　　2 ことも忘れて	1 또 숨기려고 했다　　2 것도 잊고
3 から　　4 前に注意された	**3 때문에**　　4 전에 주의받았다

해설 선택지들끼리 연결 가능한 문형이 없으므로 의미적으로 배열하면 4 前に注意された 2 ことも忘れて 1 また隠そうとした 3 から(전에 주의받은 것도 잊고 또 숨기려고 했기 때문에)가 되면서 전체 문맥과도 어울린다. 따라서 3 から(때문에)가 정답이다.

어휘 しかも 접 게다가　隠す かくす 동 숨기다

47 상

買い物客から代金を多くもらってしまったが、 ★ ＿＿ ＿＿ ＿＿ 困っている。	쇼핑객으로부터 대금을 많이 받아 버렸는데, ★주소도 전화번호도 모르기 때문에 연락 방법이 없어서 곤란해하고 있다.
1 住所も電話番号も　　2 連絡方法が	**1 주소도 전화번호도**　　2 연락 방법이
3 なくて　　4 知らないので	3 없어서　　4 모르기 때문에

해설 선택지들끼리 연결 가능한 문형이 없으므로 의미적으로 배열하면 1 住所も電話番号も 4 知らないので 2 連絡方法が 3 なくて(주소도 전화번호도 모르기 때문에 연락 방법이 없어서)가 되면서 전체 문맥과도 어울린다. 따라서 1 住所も電話番号も(주소도 전화번호도)가 정답이다.

어휘 代金 だいきん 명 대금　方法 ほうほう 명 방법

문제 9의 디렉션

問題9 次の文章を読んで、文章全体の内容を考えて、 48 から 51 の中に入る最もよいものを、1・2・3・4から一つ選びなさい。	문제9 다음 글을 읽고, 문장 전체의 내용을 생각해서, 48 에서 51 의 안에 들어갈 가장 알맞은 것을, 1·2·3·4에서 하나 고르세요.

以下は、雑誌のコラムである。

変化する敬語

言葉は時代とともに、使われ方やその言葉に込められた意味までも変わってしまうことがあります。例えば「させていただく」という敬語は、1990年代から使用頻度(ひんど)が増え、現代ではさまざまな場面で広く使われるようになりました。

もともと敬語は、多く使われるうちに敬意が薄くなっていく傾向があります。さらに、社会構造の変化にともなって、それまでの上下関係を表すための敬語の使い分けが弱まりました。代わりに「[48]相手とちょうどよい距離(きょり)をとりながら、丁寧(ていねい)さを表す敬語」が 48 なったのです。

[49]その代表的な例が現在の「させていただく」で、使用場面が増えるとともに前に付く動詞の種類も増えました。 49 、[49]使いやすくなったということです。

しかし、その敬語を受け取る側からすると、わかりにくい使われ方もあるようです。「この商品について説明させていただきます」のように、目の前の相手を意識した使われ方は素直(すなお)に受け取れるけれど、「東京(とうきょう)大学を卒業させていただきました」のように、相手との関係を意識する必要がない使われ方は、受け取りにくさがあるというのです。

[50]使いやすくなり、多く使うことで実現できたはずの「ちょうどよくとった相手との距離(きょり)」が、逆にお互いの 50 のです。[50]そのため、親しく交流できなくなっているとも言われています。

よく使われる一方で、受け取りにくさを感じさせてしまうこともある「させていただく」の使い方の鍵(かぎ)は何なのでしょうか。[51]スムーズなコミュニケーションのためには、「あなたのことを意識していますよ」という 51 。

이하는, 잡지의 칼럼이다.

변화하는 경어

말은 시대와 함께, 쓰임이나 그 말에 담긴 의미까지도 변해 버리는 경우가 있습니다. 예를 들면 '하게 함을 받다(させていただく)'라는 경어는, 1990년대부터 사용 빈도가 늘어서, 현대에서는 다양한 장면에서 널리 사용되게 되었습니다.

원래 경어는, 많이 사용되는 동안에 존경의 의미가 옅어져 가는 경향이 있습니다. 더욱이, 사회 구조의 변화에 따라, 그때까지의 상하 관계를 나타내기 위한 경어의 분간이 약해졌습니다. 대신 '[48]상대와 딱 좋은 거리를 두면서, 정중함을 나타내는 경어'가 48 된 것입니다.

[49]그 대표적인 예가 현재의 '하게 함을 받다(させていただく)'로, 사용 장면이 늚과 함께 앞에 붙는 동사의 종류도 늘었습니다. 49 , [49]사용하기 쉬워졌다는 것입니다.

그러나, 그 경어를 받아들이는 측에서 보면, 알기 어려운 쓰임도 있는 것 같습니다. '이 상품에 대해서 설명하게 함을 받겠습니다(この商品について説明させていただきます)'와 같이, 눈앞의 상대를 의식한 쓰임은 수월하게 받아들일 수 있지만, '도쿄 대학을 졸업하게 함을 받았습니다(東京大学を卒業させていただきました)'와 같이, 상대와의 관계를 의식할 필요가 없는 쓰임은, 받아들이기 어려움이 있다는 것입니다.

[50]사용하기 쉬워지고, 많이 사용하는 것으로 실현할 수 있었을 '딱 좋게 둔 상대와의 거리'가, 반대로 서로의 50 것입니다. [50]그 때문에, 친하게 교류할 수 없게 되었다고도 일컬어지고 있습니다.

자주 사용되는 한편으로, 받아들이기 어려움을 느끼게 해 버리는 경우도 있는 '하게 함을 받다(させていただく)'의 사용법의 열쇠는 무엇일까요? [51]원활한 커뮤니케이션을 위해서는, '당신을 의식하고 있어요'라는 51 .

어휘 コラム 명 칼럼 変化 へんか 명 변화 敬語 けいご 명 경어 ～とともに ~와 함께 使われ方 つかわれかた 명 쓰임 込める こめる 동 담다 使用 しよう 명 사용 頻度 ひんど 명 빈도 現代 げんだい 명 현대 さまざまだ な형 다양하다 場面 ばめん 명 장면 もともと 부 원래 敬意 けいい 명 존경의 의미, 경의 傾向 けいこう 명 경향 さらに 부 더욱이 構造 こうぞう 명 구조 ～にともなって ~에 따라 上下 じょうげ 명 상하 表す あらわす 동 나타내다 使い分け つかいわけ 명 분간 弱まる よわまる 동 약해지다 相手 あいて 명 상대 距離をとる きょりをとる 거리를 두다 ～ながら ~하면서 丁寧さ ていねいさ 명 정중함 代表的だ だいひょうてきだ な형 대표적이다 例 れい 명 예 現在 げんざい 명 현재 付く つく 동 붙다 動詞 どうし 명 동사 種類 しゅるい 명 종류 受け取る うけとる 동 받아들이다 ～からすると ~에서 보면 商品 しょうひん 명 상품 ～について ~에 대해서 意識 いしき 명 의식 素直だ すなおだ な형 수월하다, 솔직하다 卒業 そつぎょう 명 졸업 実現 じつげん 명 실현 逆に ぎゃくに 부 반대로 お互い おたがい 서로 親しい したしい い형 친하다 交流 こうりゅう 명 교류 ～一方で ～いっぽうで ~(하)는 한편으로 感じる かんじる 동 느끼다 鍵 かぎ 명 열쇠 スムーズだ な형 원활하다 コミュニケーション 명 커뮤니케이션

48 중상

1 好むように	2 好みに	1 선호하게	2 선호에
3 好まれにくく	**4 好まれるように**	3 선호되기 어렵게	**4 선호되게**

해설 적절한 문형을 고르는 문제이다. 빈칸이 포함된 단락 앞부분에서 '하게 함을 받다(させていただく)'와 같은 경어가 널리 사용되게 되었음을 언급하며, 빈칸의 앞에서 말하는 相手とちょうどよい距離をとりながら、丁寧さを表す敬語가 '하게 함을 받다(させていただく)'를 가리키므로 好まれるようになったのですが 자연스럽다. 따라서 4 好まれるように가 정답이다.

어휘 好む このむ 동 선호하다

49 중상

1 つまり	2 しかも	**1 즉**	2 게다가
3 あるいは	4 ただし	3 혹은	4 다만

해설 적절한 접속사나 부사를 고르는 문제이다. 빈칸 앞에서 その代表的な例が現在の「させていただく」で、使用場面が増えるとともに前に付く動詞の種類も増えました라고 하고, 빈칸 뒤에서 使いやすくなったということです라며 앞의 말을 정리하여 다시 언급하였다. 따라서 1 つまり가 정답이다.

어휘 つまり 부 즉 しかも 접 게다가 あるいは 접 혹은 ただし 접 다만

> 꼭! 알아두기 빈칸 뒤의 문장에 ~ということだ(~라는 것이다), ~のだ(~인 것이다)와 같은 표현이 있으면, つまり(즉), 要するに(요컨대)와 같이 앞의 말에 대해 표현을 달리 바꾸어 말할 때 쓰는 접속사가 정답일 가능성이 높다.

50 중상

1 距離(きょり)を遠くしてしまった	**1 거리를 멀게 해 버린**
2 上下関係を作れなくしてしまった	2 상하 관계를 만들지 못하게 해 버린
3 考えがよくわかるようになった	3 생각을 잘 알 수 있게 된
4 心を表現するようになった	4 마음을 표현하게 된

해설 적절한 문장을 고르는 문제이다. 빈칸 앞에서 使いやすくなり、多く使うことで実現できたはずの「ちょうどよくとった相手との距離」が、逆に라고 하고, 빈칸 뒤에서 そのため、親しく交流できなくなっているとも言われています라고 언급하였으므로 お互いの距離を遠くしてしまったのですが 가장 자연스럽다. 따라서 1 距離を遠くしてしまった가 정답이다.

어휘 考え かんがえ 명 생각 表現 ひょうげん 명 표현

51 중상

1 気持ちは必要なくなるでしょう	1 마음은 필요하지 않게 되겠지요
2 気持ちとともに使うことが大切です	**2 마음과 함께 사용하는 것이 중요합니다**
3 気持ちに応えるべきです	3 마음에 응해야만 합니다
4 気持ちの変化が大切です	4 마음의 변화가 중요합니다

해설 적절한 문장을 고르는 문제이다. 빈칸 앞 단락에서 눈앞의 상대를 의식한 쓰임은 수월하게 받아들일 수 있지만, 상대와의 관계를 의식할 필요가 없는 쓰임은 받아들이기 어렵다고 언급하고, 빈칸 앞에서 スムーズなコミュニケーションのためには라고 언급하였으므로「あなたのことを意識していますよ」という気持ちとともに使うことが大切ですが 자연스럽다. 따라서 2 気持ちとともに使うことが大切ですが 정답이다.

어휘 応える こたえる 동 응하다 ~べきだ ~해야만 한다

독해 p.46

문제 10의 디렉션

問題 10 次の (1) から (5) の文章を読んで、後の問いに対する答えとして最もよいものを、1・2・3・4から一つ選びなさい。	문제10 다음 (1)에서 (5)의 글을 읽고, 뒤의 물음에 대한 답으로 가장 알맞은 것을, 1·2·3·4에서 하나 고르세요.

52 상

(1)

買い物をする際は、それが自分にとって本当に必要な物か考えた上で買うことにしている。あると便利だがなくても困らない物なら買わないし、何か買うことになったとしても必要な分だけ買い、決して無駄(むだ)にならないようにしている。

少しでも安い物を買って、お金を節約しているという人がいるが、安く買っているからといって、節約ができているわけではない。不必要な物を買ったり、また、必要以上に買えば、いくら安くてもお金を無駄(むだ)に使ったことになる。このようなお金の使い方は、節約ではなくむしろぜいたくであろう。

筆者が考える節約とはどのようなことか。

1 できる限り低価格な物を買うこと
2 無駄(むだ)な物にお金を使わないこと
3 自分にとって必要な物を安く買うこと
4 ぜいたくな物にお金を使わないこと

(1)

쇼핑을 할 때는, 그것이 자신에게 있어 정말로 필요한 것인지 생각한 뒤에 사기로 하고 있다. 있으면 편리하지만 없어도 곤란하지 않은 물건이라면 사지 않고, 무엇인가 사게 되었다고 하더라도 필요한 몫만 사고, 결코 헛되이 되지 않도록 하고 있다.

조금이라도 싼 물건을 사서, 돈을 절약하고 있다는 사람이 있지만, 싸게 사고 있다고 해서, 절약이 되고 있는 것은 아니다. 불필요한 물건을 사거나, 또, 필요 이상으로 사면, 아무리 싸도 돈을 헛되게 쓴 것이 된다. 이러한 돈의 사용법은, 절약이 아니라 오히려 사치일 것이다.

필자가 생각하는 절약이란 어떠한 것인가?

1 가능한 한 가격이 싼 물건을 사는 것
2 헛된 물건에 돈을 쓰지 않는 것
3 자신에게 있어서 필요한 물건을 싸게 사는 것
4 사치스러운 물건에 돈을 쓰지 않는 것

해설 에세이로 절약에 대한 필자의 생각을 묻고 있다. 후반부에서 安く買っているからといって、節約ができているわけではない。不必要な物を買ったり、また、必要以上に買えば、いくら安くてもお金を無駄に使ったことになる라고 서술하고 있으므로, 2 無駄な物にお金を使わないこと가 정답이다.

어휘 **際** さい 명 때 **~にとって** ~에게 있어 **~た上で** ~たうえで ~한 뒤에 **~ことにする** ~하기로 하다 **無駄になる** むだになる 헛되이 되다 **~ようにする** ~하도록 하다 **節約** せつやく 명 절약 **~からといって** ~라고 해서 **~わけではない** ~인 것은 아니다 **不必要だ** ふひつようだ な형 불필요하다 **いくら~ても** 아무리 ~해도 **無駄だ** むだだ な형 헛되다 **使い方** つかいかた 명 사용법 **むしろ** 부 오히려 **ぜいたくだ** な형 사치스럽다 **できる限り** できるかぎり 가능한 한 **低価格だ** ていかかくだ な형 가격이 싸다

53 중

(2)

以下は、ある会社の社内文書である。

令和(れいわ)3年6月1日

社員各位

人事課

インターンシップについてのお知らせ

(2)

이하는, 어느 회사의 사내 문서이다.

레이와 3년 6월 1일

사원 여러분

인사과

인턴십에 대한 공지

本年度も以下のようにインターンシップの学生を受け入れます。

インターンシップは将来、私たちとともに働く人材を確保することはもちろん、社会への貢献(こうけん)活動として、わが社が毎年行っているものです。先輩(せんぱい)として自己成長の機会にもなりますので、ご協力をお願いいたします。

期間	対象者	担当部署	目標
1日	全学年	営業管理部	先輩(せんぱい)と仕事をして仕事の楽しさを知る。
5日	来年度卒業生	商品開発部	先輩(せんぱい)とチームで商品を開発する。

(注) インターンシップ：企業が学生に行う職業体験の制度

올해도 이하와 같이 인턴십 학생을 수용합니다.

인턴십은 장래, 우리와 함께 일할 인재를 확보하는 것은 물론, 사회로의 공헌 활동으로써, 우리 회사가 매년 행하고 있는 것입니다. 선배로서 자기 성장의 기회도 되기 때문에, 협력을 부탁드립니다.

기간	대상자	담당 부서	목표
1일	전 학년	영업 관리부	선배와 일을 하여 일의 즐거움을 안다.
5일	내년도 졸업생	상품 개발부	선배와 팀으로 상품을 개발한다.

(주) 인턴십 : 기업이 학생에게 행하는 직업 체험 제도

学生の受け入れについて正しいものはどれか。

1 この会社は最長5日間、インターンシップの学生を受け入れる。

2 この会社は担当部署以外でも、インターンシップの学生を受け入れる。

3 この会社は社員の教育のために、インターンシップの学生を受け入れる。

4 この会社は社会のために、本年度よりインターンシップの学生を受け入れる。

학생의 수용에 대해 올바른 것은 어느 것인가?

1 이 회사는 최장 5일간, 인턴십 학생을 수용한다.

2 이 회사는 담당 부서 이외에서도, 인턴십 학생을 수용한다.

3 이 회사는 사원의 교육을 위해, 인턴십 학생을 수용한다.

4 이 회사는 사회를 위해서, 금년도부터 인턴십 학생을 수용한다.

해설 공지 형식의 실용문으로, 인턴십 학생의 수용에 대해 작성한 글과 일치하는 내용을 묻고 있다. 초반부에서 **本年度も以下のようにインターンシップの学生を受け入れます**라고 하고, 후반부에서 **期間, 1日, 5日**라고 언급하고 있으므로, 1 **この会社は最長5日間、インターンシップの学生を受け入れる**가 정답이다.

어휘 **社内** しゃない 명사내 **文書** ぶんしょ 명문서 **令和** れいわ 명레이와 (일본의 연호) **社員** しゃいん 명사원 **各位** かくい 명여러분 **人事課** じんじか 명인사과 **インターンシップ** 명인턴십 **～について** ~에 대해 **お知らせ** おしらせ 공지 **本年度** ほんねんど 명올해, 이번 년도 **受け入れる** うけいれる 동수용하다, 받아들이다 **将来** しょうらい 명장래 **～とともに** ~와 함께 **人材** じんざい 명인재 **確保** かくほ 명확보 **貢献** こうけん 명공헌 **活動** かつどう 명활동 **わが社** わがしゃ 명우리 회사 **自己** じこ 명자기 **成長** せいちょう 명성장 **協力** きょうりょく 명협력 **期間** きかん 명기간 **対象者** たいしょうしゃ 명대상자 **担当** たんとう 명담당 **部署** ぶしょ 명부서 **目標** もくひょう 명목표 **全学年** ぜんがくねん 명전 학년 **営業** えいぎょう 명영업 **管理部** かんりぶ 명관리부 **楽しさ** たのしさ 명즐거움 **来年度** らいねんど 명내년도 **卒業生** そつぎょうせい 명졸업생 **商品** しょうひん 명상품 **開発部** かいはつぶ 명개발부 **チーム** 명팀 **開発** かいはつ 명개발 **企業** きぎょう 명기업 **職業** しょくぎょう 명직업 **体験** たいけん 명체험 **制度** せいど 명제도 **最長** さいちょう 명최장, 가장 긺

54 상

(3)

私たちは「お陰様(かげさま)の人生」を生きていると言えます。「お陰様(かげさま)」という言葉は、現在では挨拶(あいさつ)に使われるほど日常的に、人や世間に対する感謝(かんしゃ)を表す言葉として広く使われています。直接お世話になった相手への気持ちを

(3)

우리는 '덕분의 인생'을 살고 있다고 말할 수 있습니다. '덕분'이라는 말은, 현재는 인사로 사용될 정도로 일상적으로, 사람이나 세상에 대한 감사를 나타내는 말로써 널리 사용되고 있습니다. 직접 신세를 진 상대에의 마음을 나타낼 뿐 아니라, '덕분'의

表すだけでなく、「お陰様」の「お陰」には「神や仏の助け」という意味もあると言われています。仏教では、人は常に周りから支えられて生きているという考えがあるのですが、「お陰様」という言葉にはそのような考えも表れているように思われます。

'덕'에는 '신과 부처의 도움'이라는 의미도 있다고 일컬어지고 있습니다. 불교에서는, 사람은 항상 주위로부터 지원받아서 살고 있다는 생각이 있습니다만, '덕분'이라는 말에는 그러한 생각도 나타나있다고 생각됩니다.

私たちは「お陰様の人生」を生きているとあるが、なぜか。

1「お陰様」という言葉が、日常的に使われているから
2 私たちは日々、相手への感謝を込めて言葉を発しているから
3 人に対する感謝を忘れないで生きることが大切だから
4 人は周りからの支えがなければ生きていけないから

우리는 '덕분의 인생'을 살고 있다고 하는데, 어째서인가?

1 '덕분'이라는 말이, 일상적으로 사용되고 있기 때문에
2 우리는 매일, 상대에 대한 감사를 담아서 말하고 있기 때문에
3 사람에 대한 감사를 잊지 않고 사는 것이 중요하기 때문에
4 사람은 주위로부터의 지원이 없으면 살아갈 수 없기 때문에

해설 우리는 '덕분의 인생'을 살고 있다고 한 이유를 묻고 있다. 밑줄의 뒷부분에서 仏教では、人は常に周りから支えられて生きているという考えがあるのですが、「お陰様」という言葉にはそのような考えも表れているように思われます라고 서술하고 있으므로, 4 人は周りからの支えがなければ生きていけないから가 정답이다.

어휘 お陰様 おかげさま 덕분　人生 じんせい 명 인생　現在 げんざい 명 현재　挨拶 あいさつ 명 인사　日常的だ にちじょうてきだ な형 일상적이다　世間 せけん 명 세상, 세간　～に対する ~にたいする ~에 대한　感謝 かんしゃ 명 감사　表す あらわす 동 나타내다, 표현하다　直接 ちょくせつ 명 직접　お世話になる おせわになる 신세를 지다　相手 あいて 명 상대　～だけでなく ~뿐 아니라　神 かみ 명 신　仏 ほとけ 명 부처　助け たすけ 명 도움　仏教 ぶっきょう 명 불교　常に つねに 부 항상　支える ささえる 동 지원하다, 지지하다　表れる あらわれる 동 나타나다, 드러나다　日々 ひび 명 매일　込める こめる 동 담다　言葉を発する ことばをはっする 말하다

55 중

(4)
以下は、ある図書館に届いたメールである。

> 山下市中央図書館
> ご担当者様
>
> 山下市にある企業に勤務しております高橋と申します。
> 先日そちらに書籍を借りに行ったのですが、市民でないと借りられないと言われました。
> 他の市ではたいてい在勤者も借りられるシステムになっていて、山下市でもそうだと思っていたので、とても残念でした。
> しかし、家に帰って調べたところ自分の理解に誤りはなく、やはり借りられることがわかりました。
> 図書館カウンター職員の教育の徹底が必要かと思います。
> 後日改めて伺おうと思いますが、その際には適切な対応をしていただけることを期待します。

このメールを書いた目的は何か。

(4)
이하는, 어느 도서관에 도착한 이메일이다.

> 야마시타 시 중앙 도서관
> 담당자님
>
> 야마시타 시에 있는 기업에 근무하고 있는 다카하시라고 합니다.
> 얼마 전 그쪽에 서적을 빌리러 갔습니다만, 시민이 아니면 빌릴 수 없다고 들었습니다.
> 다른 시에서는 대부분 재직자도 빌릴 수 있는 시스템으로 되어 있어서, 야마시타 시에서도 그렇다고 생각하고 있었기 때문에, 매우 유감이었습니다.
> 그러나, 집에 돌아가 조사했더니 저의 이해에 틀림은 없고, 역시 빌릴 수 있는 것을 알았습니다.
> 도서관 카운터 직원의 교육에 철저가 필요하지 않을지 생각합니다.
> 후일 다시 방문하려고 생각합니다만, 그때에는 적절한 대응을 해 주실 것을 기대하겠습니다.

이 이메일을 쓴 목적은 무엇인가?

1 市内で働いている人も本を借りることができるように求める。 **2 図書館で働いている人達が間違った対応(たいおう)をしないように求める。** 3 貸し出しシステムがよくないので、改善(かいぜん)するように求める。 4 次回本を借りに行ったときには、ていねいに接するように求める。	1 시내에서 일하고 있는 사람도 책을 빌릴 수 있도록 요청한다. **2 도서관에서 일하고 있는 사람들이 잘못된 대응을 하지 않도록 요청한다.** 3 대출 시스템이 좋지 않으므로, 개선하도록 요청한다. 4 다음번 책을 빌리러 갔을 때에는, 정중하게 대하도록 요청한다.

해설 이메일 형식의 실용문으로, 글의 목적을 묻고 있다. 중반부에서 しかし、家に帰って調べたところ自分の理解に誤りはなく、やはり借りられることがわかりました。図書館カウンター職員の教育の徹底が必要かと思います라고 언급하고 있으므로, 2 図書館で働いている人達が間違った対応をしないように求める가 정답이다.

어휘 **届く** とどく 동 도착하다 **メール** 명 이메일 **中央** ちゅうおう 명 중앙 **担当者** たんとうしゃ 명 담당자 **企業** きぎょう 명 기업 **勤務** きんむ 명 근무 **～と申す** ～ともうす ~라고 (말)하다 **先日** せんじつ 명 얼마 전, 요전 **書籍** しょせき 명 서적 **他の** ほかの 다른 **在勤者** ざいきんしゃ 명 재직자 **システム** 명 시스템 **残念だ** ざんねんだ な형 유감이다 **～たところ** ~했더니 **理解** りかい 명 이해 **誤り** あやまり 명 틀림, 잘못 **カウンター** 명 카운터 **職員** しょくいん 명 직원 **徹底** てってい 명 철저 **後日** ごじつ 명 후일 **改めて** あらためて 부 다시 **際** さい 명 때 **適切だ** てきせつだ な형 적절하다 **対応** たいおう 명 대응 **期待** きたい 명 기대 **目的** もくてき 명 목적 **市内** しない 명 시내 **求める** もとめる 동 요청하다, 요구하다 **間違う** まちがう 동 잘못되다 **貸し出し** かしだし 명 대출 **改善** かいぜん 명 개선 **次回** じかい 명 다음번 **ていねいだ** な형 정중하다 **接する** せっする 동 대하다, 접하다

꼭! 알아두기 しかし(그러나), だが(하지만), 実は(실은) 같은 표현 뒤에 필자가 진짜로 말하고자 하는 내용이 자주 언급되므로 특히 꼼꼼히 읽고 해석한다.

56 상

(5) 最後に人をうらやましいと思ったのはいつだろう。そんなことを口にすると、何不自由のないご身分なのだと、とんでもない誤解をされることもあるが、もちろんそんなはずはない。人との競争では辛いこともあったし、もっと頭がよく生まれていればと思ったことも何度もある。だが、どれほど他人をうらやましがったところで、自分を取り巻く状況がすぐに変わるわけではないし、他人は他人、自分は自分だ。そしてそれならば、自分の手の中にあるものをもっと大切にすべきだと考えるようになったのだ。	(5) 마지막으로 다른 사람을 부럽다고 생각한 것은 언제일까? 그런 것을 말하면, 전혀 부족함 없는 사람이냐고, 터무니없는 오해를 받는 일도 있지만, 물론 그럴 리는 없다. 다른 사람과의 경쟁에서는 괴로운 일도 있었고, 좀 더 머리가 좋게 태어났다면 하고 생각한 적도 몇 번이나 있다. 하지만, 아무리 타인을 부러워해 봤자, 나를 둘러싼 상황이 바로 바뀌는 것은 아니고, 타인은 타인, 나는 나다. 그리고 그렇다면, 자신의 손안에 있는 것을 더 소중히 해야 한다고 생각하게 된 것이다.
筆者の考えに合うのはどれか。 1 他人をうらやましいと思う気持ちは、どんな時でも持つべきではない。 2 自分の環境を変えたからといって、自分の望みが叶(かな)うわけではない。 3 自分の状況を変えることはできないから、今のことだけを考えるべきだ。 **4 他人をうらやましいと思うより、自分が持っているものを大事にするべきだ。**	필자의 생각과 맞는 것은 어느 것인가? 1 타인을 부럽다고 생각하는 마음은, 어떤 때라도 가져서는 안 된다. 2 자신의 환경을 바꿨다고 하더라도, 자신의 바람이 이루어지는 것은 아니다. 3 자신의 상황을 바꿀 수는 없기 때문에, 지금만을 생각해야 한다. **4 타인을 부럽다고 생각하기보다, 자신이 가지고 있는 것을 소중히 해야 한다.**

해설 에세이로 필자의 생각을 묻고 있다. 후반부에서 どれほど他人をうらやましがったところで、自分を取り巻く状況がすぐに変わるわけではないし、他人は他人、自分は自分だ라고 하고, 自分の手の中にあるものをもっと大切にすべきだと考えるようになったのだ라고 서술

하고 있으므로, 4 他人をうらやましいと思うより、自分が持っているものを大事にするべきだ가 정답이다.

어휘 うらやましい い형 부럽다 口にする くちにする 말하다 何 なに 부 전혀, 어떤 不自由 ふじゆう 명 부족함, 빈곤함 ご身分 ごみぶん 사람, 본인 とんでもない い형 터무니없다 誤解 ごかい 명 오해 辛い つらい い형 괴롭다 何度 なんど 명 몇 번 だが 접 하지만 どれほど 아무리 他人 たにん 명 타인 ～たところで ~해 봤자 取り巻く とりまく 동 둘러싸다 状況 じょうきょう 명 상황 ～わけではない ~인 것은 아니다 ～べきだ ~해야 한다 ～ようになる ~하게 되다 ～べきではない ~해서는 안 된다 環境 かんきょう 명 환경 望み のぞみ 명 바람, 소망

문제 11의 디렉션

問題 11 次の (1) から (3) の文章を読んで、後の問いに対する答えとして最もよいものを、1・2・3・4から一つ選びなさい。	문제11 다음 (1)에서 (3)의 글을 읽고, 뒤의 물음에 대한 답으로 가장 알맞은 것을, 1·2·3·4에서 하나 고르세요.

57-59

(1)

人生は、評価されることの連続です。[57]幼い頃からもうできるとか、まだできないなどと成長をチェックされ、学校へ行けばテストの結果や態度から成績を付けられます。社会人になれば仕事の実績から能力を査定され、子どもを持てば良い親、悪い親などと周りから言われることもあります。最近では、インターネットなどのメディアを通した発言が批判や賞賛の対象になることも多く、会ったこともない人から評価されることがあるほどです。[57]人は人生のほとんどを評価されているといっても言い過ぎではないでしょう。

けれども、評価されること自体は悪いことではありません。違う立場からの公正な評価は自分では気づくことのない現状を明らかにし、改善すべき点を教えてくれるからです。しかし、その評価が妥当で信頼できるものかということには気をつけなければなりません。[58]信頼できる評価はその人のためになりますが、信頼できない評価は誤解を与え、その人の人生を狂わしかねないからです。

[59]ですから、評価されたらその評価が公正で、本当に自分のためになるのかを見極めることが重要です。その上で無視して良いものは無視し、改めるべきことは改めるなどの決定をしていけばいいのです。どう生きるのかを決めるのは自分です。自分の役に立つ評価を無駄にしないことが賢明でしょう。

(注 1) 査定する：調べて、価値を決定する
(注 2) 発言：意見を述べること、またその意見
(注 3) 賞賛：ほめること
(注 4) 人生を狂わす：人生を普通ではない状態にすること
(注 5) 見極める：よく考えて判断する
(注 6) 賢明：賢くて判断が適切である様子

(1)

인생은, 평가받는 일의 연속입니다. [57]어릴 적부터 벌써 할 수 있다든가, 아직 못한다 따위로 성장을 체크받고, 학교에 가면 시험의 결과나 태도로부터 성적이 매겨집니다. 사회인이 되면 일의 실적으로부터 능력을 조사 결정받고, 아이를 가지면 좋은 부모, 나쁜 부모 등이라고 주위에서 듣는 일도 있습니다. 최근에는, 인터넷 등의 미디어를 통한 발언이 비판이나 칭송의 대상이 되는 일도 많아, 만난 적도 없는 사람으로부터 평가받는 일이 있을 정도입니다. [57]사람은 인생의 대부분을 평가받고 있다고 해도 과언은 아니겠죠.

그렇지만, 평가받는 것 자체는 나쁜 것이 아닙니다. 다른 입장으로부터의 공정한 평가는 스스로는 깨달은 적이 없는 현상을 분명히 하고, 개선해야 할 점을 가르쳐 주기 때문입니다. 그러나, 그 평가가 타당하고 신뢰할 수 있는가 하는 것에는 주의하지 않으면 안 됩니다. [58]신뢰할 수 있는 평가는 그 사람에게 도움이 되지만, 신뢰할 수 없는 평가는 오해를 주고, 그 사람의 인생을 틀어지게 할 수도 있기 때문입니다.

[59]그래서, 평가받으면 그 평가가 공정하고, 정말로 자신에게 도움이 되는지를 판별하는 것이 중요합니다. 그다음에 무시해도 되는 것은 무시하고, 고쳐야 할 것은 고치는 등의 결정을 해 나가면 되는 것입니다. 어떻게 살 것인가를 정하는 것은 자신입니다. 자신에게 도움이 되는 평가를 헛되이 하지 않는 것이 현명하겠죠.

(주1) 조사 결정하다 : 조사하여, 가치를 결정하다
(주2) 발언 : 의견을 말하는 것, 또는 그 의견
(주3) 칭송 : 칭찬하는 것
(주4) 인생을 틀어지게 하다 : 인생을 보통이 아닌 상태로 하는 것
(주5) 판별하다 : 잘 생각해서 판단하다
(주6) 현명 : 영리하고 판단이 적절한 모양

어휘 人生 じんせい 명 인생　評価 ひょうか 명 평가　連続 れんぞく 명 연속　幼い おさない い형 어리다　成長 せいちょう 명 성장　結果 けっか 명 결과
態度 たいど 명 태도　成績を付ける せいせきをつける 성적을 매기다　社会人 しゃかいじん 명 사회인　実績 じっせき 명 실적　能力 のうりょく 명 능력
査定 さてい 명 조사 결정, 사정　インターネット 명 인터넷　メディア 명 미디어　～を通した ～をとおした ~을 통한　発言 はつげん 명 발언
批判 ひはん 명 비판　賞賛 しょうさん 명 칭송, 상찬　対象 たいしょう 명 대상　～といっても ~라고 해도　言い過ぎ いいすぎ 명 과언
自体 じたい 명 자체　立場 たちば 명 입장　公正だ こうせいだ な형 공정하다　気づく きづく 동 깨닫다　現状 げんじょう 명 현상
明らかにする あきらかにする 분명히 하다, 밝히다　改善 かいぜん 명 개선　～べきだ ~해야 한다　妥当だ だとうだ な형 타당하다
信頼 しんらい 명 신뢰　気をつける きをつける 주의하다　～なければならない ~하지 않으면 안 된다　ためになる 도움이 되다　誤解 ごかい 명 오해
与える あたえる 동 주다　狂わす くるわす 동 틀어지게 하다　～かねない ~할 수도 있다　ですから 접 그래서　見極める みきわめる 동 판별하다
重要だ じゅうようだ な형 중요하다　その上 そのうえ 접 게다가　無視 むし 명 무시　改める あらためる 동 고치다　決定 けってい 명 결정
無駄にする むだにする 헛되이 하다　賢明 けんめい 명 현명　価値 かち 명 가치　述べる のべる 동 말하다　状態 じょうたい 명 상태
判断 はんだん 명 판단　賢い かしこい い형 영리하다　適切だ てきせつだ な형 적절하다　様子 ようす 명 모양

57 중상

筆者によると、評価されることの連続とはどのようなことか。 1 幼い頃から社会人になるまでの間はずっと周りから評価されるということ **2 さまざまな評価が幼いときから始まり人生を通して行われるということ** 3 大人になっても知らない人の間で自分への批判や賞賛が続くということ 4 学生のように成績で評価されることが人生の中で繰り返されるということ	필자에 의하면, 평가받는 일의 연속이란 어떠한 것인가? 1 어릴 적부터 사회인이 될 때까지의 동안은 줄곧 주위로부터 평가받는다는 것 **2 다양한 평가가 어릴 때부터 시작되어 인생 내내 행해진다는 것** 3 어른이 되어도 모르는 사람 사이에서 자신에 대한 비판이나 칭송이 계속된다는 것 4 학생처럼 성적으로 평가받는 일이 인생 속에서 반복된다는 것

해설 평가받는 일의 연속이 어떤 것인지를 묻고 있다. 밑줄의 뒷부분에서 幼い頃からもうできるとか、まだできないなどと成長をチェックされ、学校へ行けばテストの結果や態度から成績を付けられます。社会人になれば仕事の実績から能力を査定され、子どもを持てば良い親、悪い親などと周りから言われることもありますと 하고, 人は人生のほとんどを評価されているといっても言い過ぎではないでしょう라고 서술하고 있으므로, 2 さまざまな評価が幼いときから始まり人生を通して行われるということ가 정답이다.

어휘 さまざまだ な형 다양하다　～を通して ～をとおして ~내내　繰り返す くりかえす 동 반복하다

꼭! 알아두기 밑줄 친 부분의 의미는 주로 밑줄 부분과 같은 표현이 있거나 의미가 비슷한 표현이 있는 문장에서 파악할 수 있다.

58 중

評価について、筆者はどのように述べているか。 **1 信頼できる評価は評価される人の役に立つ。** 2 評価が信頼できるかどうかは人によって違う。 3 評価は人の知らない弱点を教えてくれる。 4 評価は常に人の人生を変える恐れがある。	평가에 대해서, 필자는 어떻게 말하고 있는가? **1 신뢰할 수 있는 평가는 평가받는 사람에게 도움이 된다.** 2 평가를 신뢰할 수 있는지 어떤지는 사람에 따라 다르다. 3 평가는 다른 사람이 모르는 약점을 알려 준다. 4 평가는 항상 사람의 인생을 바꿀 우려가 있다.

해설 평가에 대한 필자의 생각을 묻고 있다. 두 번째 단락에서 信頼できる評価はその人のためになりますが라고 서술하고 있으므로, 1 信頼できる評価は評価される人の役に立つ가 정답이다.

어휘 ～によって ~에 따라　弱点 じゃくてん 명 약점　常に つねに 부 항상　～恐れがある ～おそれがある ~할 우려가 있다

59 중상

この文章で筆者の言いたいことは何か。 1 自分の人生だから、周りの評価は気にせず生きていくことが大切だ。	이 글에서 필자가 말하고 싶은 것은 무엇인가? 1 자신의 인생이니까, 주위의 평가는 신경 쓰지 말고 살아가는 것이 중요하다.

2 どんな評価も無駄にしないで、自分の人生に役立てることが大切だ。

3 人からの評価は無視し、改めるべきことは自分で決めることが大切だ。

4 正しく評価されているかを判断してから、すべきことを決めることが大切だ。

2 어떤 평가도 헛되이 하지 말고, 자신의 인생에 도움이 되게 하는 것이 중요하다.

3 다른 사람의 평가는 무시하고, 고쳐야 할 것은 스스로 정하는 것이 중요하다.

4 올바르게 평가받고 있는지를 판단하고 나서, 해야 할 일을 정하는 것이 중요하다.

해설 필자가 글을 통해 말하고자 하는 내용을 묻고 있다. 세 번째 단락에서 ですから、評価されたらその評価が公正で、本当に自分のためになるのかを見極めることが重要です。その上で無視して良いものは無視し、改めるべきことは改めるなどの決定をしていけばいいのです라고 서술하고 있으므로, 4 正しく評価されているかを判断してから、すべきことを決めることが大切だ가 정답이다.

어휘 気にする きにする 신경 쓰다 ～てから ~하고 나서

60-62

(2)

日本では古くから「読み書きそろばん」を子供達に教えてきた。文字や文章を正しく読むこと、文章を書くこと、そして数字を扱うことの三つを表しているが、[60]中でも数の計算は、昔から、日々の生活に欠かせないものだった。

[60]現在においても数学という学問を軽視する人はいないであろう。数学は世界中の人が同じルールで使うことができる人工的な言語であり、今日では天文学や化学などのほぼ全ての自然科学、経済学や心理学など大半の社会科学などで用いられている学問である。聞いた話によると、数字を扱うことは生まれつき持っている能力ではないという。つまり、これは誰もがゼロから学習して伸ばすことができる能力なので、努力して身に付けるに値する能力だと言えよう。

とは言っても、数学を学ぶことが嫌いな人は多い。原因はおそらく数学に内在する非日常性なのではないだろうか。古代にゼロを「発見」したという話があるが、目に見えないものを数えるというのは、考えると奇妙なことだ。[61]このように日常的な感覚や想像できる範囲を超えたところに数学はあり、そのことが数学を難しくてわからないものにしている。

だが、[62]数学の優れているところはルール通りに使いさえすれば、皆が納得できるような結論を導き出すことができる点であり、それこそが多くの学問を支えている理由である。人類が膨大な時間をかけて作り上げた数学という言語は、人の想像力や日常の感覚では解けない問いを今後も明らかにしていくに違いない。

(注 1) 軽視する：重要だと思わない
(注 2) 値する：価値がある
(注 3) 内在する：その中に存在する

(2)

일본에서는 옛날부터 '읽기, 쓰기, 주판'을 아이들에게 가르쳐 왔다. 문자나 글을 올바르게 읽는 것, 글을 쓰는 것, 그리고 숫자를 다루는 것의 세 가지를 나타내고 있는데, [60]그중에서도 수의 계산은, 옛날부터, 매일의 생활에 없어서는 안 되는 것이었다.

[60]현재에 있어서도 수학이라는 학문을 경시하는 사람은 없을 것이다. 수학은 전 세계의 사람이 같은 규칙으로 쓸 수 있는 인공적인 언어이며, 오늘날에는 천문학이나 화학 등의 거의 모든 자연 과학, 경제학이나 심리학 등 대부분의 사회 과학 등에서 사용되고 있는 학문이다. 들은 얘기에 의하면, 숫자를 다루는 것은 선천적으로 가지고 있는 능력이 아니라고 한다. 즉, 이것은 누구나가 0부터 학습해 늘릴 수 있는 능력이므로, 노력해서 몸에 익힐 만한 능력이라고 말할 수 있다.

그렇다고 해도, 수학을 배우는 것을 싫어하는 사람은 많다. 원인은 아마 수학에 내재하는 비일상성인 것은 아닐까? 고대에 0을 '발견'했다고 하는 이야기가 있지만, 눈에 보이지 않는 것을 센다는 것은, 생각하면 기묘한 일이다. [61]이와 같이 일상적인 감각이나 상상할 수 있는 범위를 넘은 곳에 수학은 있어, 그것이 수학을 어렵고 이해할 수 없는 것으로 하고 있다.

하지만, [62]수학의 뛰어난 점은 규칙대로 쓰기만 하면, 모두가 납득할 수 있는 결론을 도출할 수 있는 점이고, 그것이야말로 많은 학문을 지탱하고 있는 이유이다. 인류가 방대한 시간을 들여 만들어 낸 수학이라고 하는 언어는, 사람의 상상력이나 일상의 감각으로는 풀 수 없는 질문을 앞으로도 밝혀 나갈 것임에 틀림없다.

(주1) 경시하다 : 중요하다고 생각하지 않는다
(주2) 할 만하다 : 가치가 있다
(주3) 내재하다 : 그 속에 존재하다

어휘 古く ふるく 명 옛날 読み よみ 명 읽기 書き かき 명 쓰기 そろばん 명 주판 文字 もじ 명 문자 数字 すうじ 명 숫자 扱う あつかう 동 다루다
表す あらわす 동 나타내다 中でも なかでも 부 그중에서도 計算 けいさん 명 계산 日々 ひび 명 매일 欠かせない かかせない 없어서는 안 된다
現在 げんざい 명 현재 ～において ~에 있어 学問 がくもん 명 학문 軽視 けいし 명 경시 世界中 せかいじゅう 명 전 세계 同じだ おなじだ な형 같다
ルール 명 규칙 人工的だ じんこうてきだ な형 인공적이다 言語 げんご 명 언어 今日 こんにち 명 오늘날 天文学 てんもんがく 명 천문학
化学 かがく 명 화학 ほぼ 부 거의 全て すべて 명 모두, 전부 自然 しぜん 명 자연 経済学 けいざいがく 명 경제학 心理学 しんりがく 명 심리학
大半 たいはん 명 대부분 用いる もちいる 동 사용하다 ～によると ~에 의하면 生まれつき うまれつき 선천적으로 能力 のうりょく 명 능력
つまり 부 즉 学習 がくしゅう 명 학습 伸ばす のばす 동 늘리다 努力 どりょく 명 노력 身に付ける みにつける 몸에 익히다
～に値する ～にあたいする ~할 만하다 とは言っても とはいっても 그렇다고 해도 学ぶ まなぶ 동 배우다 嫌いだ きらいだ な형 싫어하다
おそらく 부 아마 内在 ないざい 명 내재 非日常性 ひにちじょうせい 명 비일상성 古代 こだい 명 고대 発見 はっけん 명 발견
数える かぞえる 동 세다 奇妙だ きみょうだ な형 기묘하다 日常的だ にちじょうてきだ な형 일상적이다 感覚 かんかく 명 감각 想像 そうぞう 명 상상
範囲 はんい 명 범위 超える こえる 동 넘다 だが 접 하지만 優れる すぐれる 동 뛰어나다 ～さえ…ば ~만…하면 納得 なっとく 명 납득
結論 けつろん 명 결론 導き出す みちびきだす 동 도출하다 支える ささえる 동 지탱하다 人類 じんるい 명 인류 膨大だ ぼうだいだ な형 방대하다
時間をかける じかんをかける 시간을 들이다 作り上げる つくりあげる 동 만들어 내다 想像力 そうぞうりょく 명 상상력 日常 にちじょう 명 일상
解く とく 동 풀다 問い とい 명 질문 今後 こんご 명 앞으로 明らかにする あきらかにする 밝히다 ～に違いない ～にちがいない ~임에 틀림없다
重要だ じゅうようだ な형 중요하다 価値 かち 명 가치 存在 そんざい 명 존재

60 중

筆者によると、数学という学問が重要視される理由は何か。 1 生活の中で必ず計算という技術を使うから **2 多くの分野で使われている学問だから** 3 能力がなくても学べるように作られた言語だから 4 今後は多くの場所で使われる可能性があるから	필자에 의하면, 수학이라는 학문이 중요시되는 이유는 무엇인가? 1 생활 속에서 반드시 계산이라는 기술을 쓰기 때문에 **2 많은 분야에서 쓰이고 있는 학문이기 때문에** 3 능력이 없어도 배울 수 있도록 만들어진 언어이기 때문에 4 앞으로는 많은 장소에서 쓰일 가능성이 있기 때문에

해설 수학이라는 학문이 중요시되는 이유가 무엇인지 묻고 있다. 첫 번째 단락에서 中でも数の計算は、昔から、日々の生活に欠かせないものだったと라고 하고, 두 번째 단락에서 現在においても数学という学問を軽視する人はいないであろう。数学は世界中の人が同じルールで使うことができる人工的な言語であり、今日では天文学や化学などのほぼ全ての自然科学、経済学や心理学など大半の社会科学などで用いられている学問である라고 서술하고 있으므로, 2 多くの分野で使われている学問だから가 정답이다.

어휘 重要視 じゅうようし 명 중요시 分野 ぶんや 명 분야 場所 ばしょ 명 장소 可能性 かのうせい 명 가능성

61 중상

数学の難しさについて、筆者はどのように述べているか。 1 数学を使うことは日常的ではないので、難しいと感じる。 2 目に見えないものを扱っているので、難しいと感じる。 **3 自分の想像や感覚と離れているので、難しいと感じる。** 4 複雑な計算を使うことが多いので、難しいと感じる。	수학의 어려움에 대해서, 필자는 어떻게 말하고 있는가? 1 수학을 쓰는 것은 일상적이지 않기 때문에, 어렵다고 느낀다. 2 눈에 보이지 않는 것을 다루고 있기 때문에, 어렵다고 느낀다. **3 자신의 상상이나 감각과 떨어져 있기 때문에, 어렵다고 느낀다.** 4 복잡한 계산을 쓰는 일이 많기 때문에, 어렵다고 느낀다.

해설 수학의 어려움에 대한 필자의 생각을 묻고 있다. 세 번째 단락에서 このように日常的な感覚や想像できる範囲を超えたところに数学はあり、そのことが数学を難しくてわからないものにしている라고 서술하고 있으므로, 3 自分の想像や感覚と離れているので、難しいと感じる가 정답이다.

어휘 難しさ むずかしさ 명 어려움 離れる はなれる 동 떨어지다

62 중상

数学について、筆者の考えに合うものはどれか。 **1 ルールに従い計算すれば、必ず納得できる結果にたどり着く学問である。**	수학에 대하여, 필자의 생각과 맞는 것은 어느 것인가? **1 규칙에 따라 계산하면, 반드시 납득할 수 있는 결과에 도달하는 학문이다.**

2 多くの学問の基礎になっているので、学校できちんと学習すべきである。	2 많은 학문의 기초가 되고 있기 때문에, 학교에서 제대로 학습해야 한다.
3 言葉で表せないものを表すために長い時間をかけて作ってきた学問である。	3 말로 나타낼 수 없는 것을 나타내기 위해 긴 시간을 들여서 만들어 온 학문이다.
4 難しい問題を解決するために必要となるので、誰(だれ)もが身に付けるべきである。	4 어려운 문제를 해결하기 위해 필요해지기 때문에, 누구나가 몸에 익혀야 한다.

해설 수학에 대한 필자의 생각을 묻고 있다. 네 번째 단락에서 数学の優れているところはルール通りに使いさえすれば、皆が納得できるような結論を導き出すことができる点であり라고 서술하고 있으므로, 1 ルールに従い計算すれば、必ず納得できる結果にたどり着く学問である가 정답이다.

어휘 従う したがう 동 따르다　たどり着く たどりつく 동 도달하다　基礎 きそ 명 기초　きちんと 부 제대로　～べきだ ~해야 한다　解決 かいけつ 명 해결

63-64

(3)

学生のころ、朝の電車に乗りながら、ここにいる多くの人達が働きに行くんだろうなと考えたことがある。一日の3分の1以上の時間、仕事をするのは大変だろうと思ったものだ。卒業が近くなり就職する時期が迫(せま)ってくると、これからあの電車の中の一人になるのかと少しゆううつになった。[63]楽しそうに思えなかったからだ。

ところが、[63]仕事を始めてみるとそんな気持ちはどこかに行ってしまった。毎日が忙しく、余計なことを考えている暇(ひま)はなかったのだ。私は、目の前のすべきことを日々行うだけで精一杯だった。

就職して数年が過ぎたころ、[64]学生時代の友人に仕事は楽しいかと聞かれた。「もちろん」と答えたのだが、後から自分が即答(そくとう)したことを不思議に思った。大きい会社だというだけで選んだ仕事だ。[64]やりたいことがあったわけでも情熱を傾けて仕事をしていたという自覚もない。だが、いつの間にか自分の仕事が好きになっていた。

仕事というものはそんなものなのかもしれない。最初からやりたいことが明確にある人は稀(まれ)で、誰(だれ)もがたまたまそばにあった仕事を選び、やりながらおもしろさを発見していくのではないだろうか。自分のしている仕事が社会の中で果たしている役割を徐々(じょじょ)に理解していき、その中で出会う難しさに挑戦(ちょうせん)し続けることで好きになる。そして、この仕事は自分に向いていると思うようになるのだ。

(注1) 精一杯：全ての力を使っている状態
(注2) 即答(そくとう)する：聞かれてすぐに答える
(注3) 情熱を傾ける：力や気持ちを集中させる
(注4) 自覚：自分で自分のことを知ること
(注5) 果たす：目的を達成する

(3)

학생 때, 아침 전철을 타면서, 여기에 있는 많은 사람들이 일하러 가는구나라고 생각한 적이 있다. 하루의 3분의 1 이상의 시간, 일을 하는 것은 힘들 것이라고 생각했던 것이다. 졸업이 가까워지고 취직할 시기가 다가오자, 앞으로 저 전철 안의 한 사람이 되는 건가 하고 조금 우울해졌다. [63]즐거울 것으로 생각되지 않았기 때문이다.

그런데, [63]일을 시작하고 보니 그런 마음은 어디론가 가 버렸다. 매일이 바빠서, 쓸데없는 것을 생각하고 있을 틈은 없었던 것이다. 나는, 눈앞의 해야 할 일을 매일 하는 것만으로 최대한이었다.

취직하고 몇 년이 지났을 무렵, [64]학창 시절의 친구가 일은 즐겁냐고 물었다. '물론'이라고 대답했지만, 나중에 자신이 즉답한 것을 이상하게 생각했다. 큰 회사라는 것만으로 선택한 일이다. [64]하고 싶은 것이 있던 것도 정열을 기울여 일을 하고 있었다는 자각도 없다. 하지만, 어느새인가 자신의 일을 좋아하게 되어 있었다.

일이라는 것은 그런 것일지도 모른다. 처음부터 하고 싶은 것이 명확하게 있는 사람은 드물고, 누구나가 때마침 곁에 있던 일을 선택하고, 하면서 재미를 발견해 가는 것은 아닐까? 자신이 하고 있는 일이 사회 속에서 완수하고 있는 역할을 서서히 이해해 가고, 그 안에서 만나는 어려움에 계속 도전하는 것으로 좋아하게 된다. 그리고, 이 일은 자신에게 맞는다고 생각하게 되는 것이다.

(주1) 최대한 : 모든 힘을 쓰고 있는 상태
(주2) 즉답하다 : 질문받고 바로 대답하다
(주3) 정열을 기울이다 : 힘과 마음을 집중시키다
(주4) 자각 : 스스로 자신을 아는 것
(주5) 완수하다 : 목적을 달성하다

어휘 就職 しゅうしょく 명 취직 時期 じき 명 시기 迫る せまる 동 다가오다 ゆううつだ な형 우울하다 思える おもえる 동 생각되다 ところが 접 그런데 余計だ よけいだ な형 쓸데없다 日々 ひび 명 매일 精一杯 せいいっぱい 명 최대한 友人 ゆうじん 명 친구 即答 そくとう 명 즉답 不思議だ ふしぎだ な형 이상하다 情熱 じょうねつ 명 정열 傾ける かたむける 동 기울이다 自覚 じかく 명 자각 だが 접 하지만 いつの間にか いつのまにか 어느새인가 ～かもしれない ~일지도 모른다 明確だ めいかくだ な형 명확하다 稀だ まれだ な형 드물다 たまたま 부 때마침, 우연히 おもしろさ 명 재미 発見 はっけん 명 발견 果たす はたす 동 완수하다 役割 やくわり 명 역할 徐々に じょじょに 부 서서히 理解 りかい 명 이해 出会う であう 동 만나다 難しさ むずかしさ 명 어려움 挑戦 ちょうせん 명 도전 向く むく 동 맞다, 적합하다 全て すべて 명 모두, 전부 状態 じょうたい 명 상태 集中 しゅうちゅう 명 집중 目的 もくてき 명 목적 達成 たっせい 명 달성

63 상

筆者の仕事に対する考えは就職前後でどのように変わったか。	필자의 일에 대한 생각은 취업 전후로 어떻게 변했는가?
1 働くのは大変なだけだと思っていたが、始めたらすぐに楽しくなった。	1 일하는 것은 힘들 뿐이라고 생각했었는데, 시작하니 금방 즐거워졌다.
2 働くのは楽しくなさそうだと思っていたが、始めたら何の考えもなくなった。	**2 일하는 것은 즐겁지 않을 것 같다고 생각했었는데, 시작하니 어떤 생각도 없어졌다.**
3 働くのはつまらないだろうと思っていたが、始めたら夢中になった。	3 일하는 것은 재미없을 것이라고 생각했었는데, 시작하니 몰두했다.
4 働くのは好きじゃないと思っていたが、始めたら考える時間がなくなった。	4 일하는 것은 좋아하지 않는다고 생각했었는데, 시작하니 생각할 시간이 없어졌다.

해설 필자의 일에 대한 생각이 취업 전후로 어떻게 변했는지 묻고 있다. 첫 번째 단락에서 취직할 시기가 다가오자 우울해졌는데 楽しそうに思えなかったからだ라고 하고, 두 번째 단락에서 仕事を始めてみるとそんな気持ちはどこかに行ってしまった。毎日が忙しく、余計なことを考えている暇はなかったのだ라고 서술하고 있으므로, 2 働くのは楽しくなさそうだと思っていたが、始めたら何の考えもなくなった가 정답이다.

어휘 前後 ぜんご 명 전후 夢中になる むちゅうになる 몰두하다, 열중하다

64 중

筆者が不思議に思ったのはなぜか。	필자가 이상하게 생각한 것은 왜인가?
1 楽しいかどうか考える暇(ひま)がないくらい、忙しかったから	1 즐거운지 어떤지 생각할 틈이 없을 정도로, 바빴기 때문에
2 大企業を選んだことで、楽しい仕事ができていたから	2 대기업을 선택한 것으로, 즐거운 일을 할 수 있었기 때문에
3 やりたくて選んだ仕事ではないのに、楽しいと答えたから	**3 하고 싶어서 선택한 일이 아닌데, 즐겁다고 대답했기 때문에**
4 自分の本当の気持ちがわからないのに、楽しいと答えたから	4 자신의 진짜 마음을 알지 못하는데, 즐겁다고 대답했기 때문에

해설 필자가 이상하게 생각한 이유를 묻고 있다. 밑줄의 앞부분에서 学生時代の友人に仕事は楽しいかと聞かれた。「もちろん」と答えたのだ가라고 하고, 밑줄의 뒷부분에서 やりたいことがあったわけでも情熱を傾けて仕事をしていたという自覚もない。だが、いつの間にか自分の仕事が好きになっていた라고 서술하고 있으므로, 3 やりたくて選んだ仕事ではないのに、楽しいと答えたから가 정답이다.

어휘 大企業 だいきぎょう 명 대기업

문제 12의 디렉션

問題 12 次のAとBの文章を読んで、後の問いに対する答えとして最もよいものを、1・2・3・4から一つ選びなさい。	문제12 다음 A와 B의 글을 읽고, 뒤의 물음에 대한 답으로 가장 알맞은 것을, 1·2·3·4에서 하나 고르세요.

65-66

A

この度、[66]さくら病院に設置されている公衆電話は一台を除き、すべて撤去されることになりました。これまで公衆電話をご利用いただいていた皆様には、ご不便をおかけすることになりますが、ご理解いただきますようお願い申し上げます。

また、この決定に伴って、[65]病院内での携帯電話のご利用が可能になりました。しかし一部、使用禁止エリアもございますので、携帯電話をご利用の際は、利用が可能なエリアかどうかをお確かめの上、ご利用いただきますようお願いいたします。

[65]なお、一階、時間外受付横にある公衆電話は、今まで通りご利用になれます。皆様のご理解とご協力をお願い申し上げます。

A

이번에, [66]사쿠라 병원에 설치되어 있는 공중전화는 한 대를 제외하고, 모두 철거되게 되었습니다. 지금까지 공중전화를 이용해 주신 여러분께는, 불편을 끼쳐 드리게 됩니다만, 이해해 주시길 부탁드립니다.

또, 이 결정에 따라, [65]병원 내에서의 휴대 전화의 이용이 가능하게 되었습니다. 그러나 일부, 사용 금지 구역도 있으므로, 휴대 전화를 이용하실 때에는, 이용이 가능한 구역인지 어떤지를 확인하신 후, 이용해 주시기 부탁드립니다.

[65]또한, 1층, 시간 외 접수처 옆에 있는 공중전화는, 지금까지와 같이 이용하실 수 있습니다. 여러분의 이해와 협력을 부탁드립니다.

B

私は入院患者です。最近、公衆電話は利用者が減っていることや維持費の問題から撤去が進んでいると聞いています。これは私のように携帯電話を持たない老人からすると、非常に困ります。しかし、[66]この病院では一台は残しておいてくださるとのことで、安心いたしました。

友人が通っている病院でも、最近、病院にあるすべての公衆電話が撤去されたと聞きました。友人も携帯電話を持っていないので、入院したら連絡はどうすればいいのかと、とても不安がっていました。時代が変わり、社会のあり方が変わっていくのは仕方のないことです。しかし、いつの時代であっても、小さい子どもから私のような老人まで暮らしやすい社会であってほしいと心から願っています。

(注) 撤去：建物や置いてあるものなどをなくすこと

B

저는 입원 환자입니다. 최근, 공중전화는 이용자가 줄어들고 있는 것이나 유지비 문제로 철거가 진행되고 있다고 들었습니다. 이건 나처럼 휴대 전화를 가지지 않는 노인 입장에서 본다면, 상당히 곤란합니다. 그러나, [66]이 병원에서는 한 대는 남겨 둬 주신다고 해서, 안심했습니다.

친구가 다니고 있는 병원에서도, 최근, 병원에 있는 모든 공중전화가 철거되었다고 들었습니다. 친구도 휴대 전화를 가지고 있지 않기 때문에, 입원하면 연락은 어떻게 하면 좋을까 하고, 매우 불안해하고 있었습니다. 시대가 바뀌고, 사회의 이상적인 모습이 바뀌어 가는 것은 어쩔 수 없는 일입니다. 그러나, 어느 시대든, 어린 아이부터 저와 같은 노인까지 살기 좋은 사회이길 바란다고 진심으로 바라고 있습니다.

(주) 철거 : 건물이나 놓여 있는 물건 등을 없애는 것

어휘 **この度** このたび [명] 이번 **設置** せっち [명] 설치 **公衆電話** こうしゅうでんわ [명] 공중전화 **除く** のぞく [동] 제외하다, 빼다 **すべて** [명] 모두 **撤去** てっきょ [명] 철거 **～ことになる** ~하게 되다 **不便をかける** ふべんをかける 불편을 끼치다 **理解** りかい [명] 이해 **決定** けってい [명] 결정 **～に伴って** ~にともなって ~에 따라 **携帯** けいたい [명] 휴대 **可能だ** かのうだ [な형] 가능하다 **一部** いちぶ [명] 일부 **使用** しよう [명] 사용 **禁止** きんし [명] 금지 **エリア** [명] 구역 **ござる** [동] 있다 (ある의 존경어) **際** さい [명] 때 **確かめ** たしかめ [명] 확인 **～の上** ~のうえ ~한 후에 **なお** [접] 또한 **時間外** じかんがい [명] 시간 외 **横** よこ [명] 옆 **協力** きょうりょく [명] 협력 **患者** かんじゃ [명] 환자 **利用者** りようしゃ [명] 이용자 **減る** へる [동] 줄다 **維持費** いじひ [명] 유지비 **老人** ろうじん [명] 노인 **～からすると** ~의 입장에서 본다면 **非常だ** ひじょうだ [な형] 상당하다 **残す** のこす [동] 남기다 **友人** ゆうじん [명] 친구 **不安だ** ふあんだ [な형] 불안하다 **あり方** ありかた [명] 이상적인 모습 **仕方のない** しかたのない 어쩔 수 없다 **暮らす** くらす [동] 살다 **～やすい** ~(하)기 좋다 **～てほしい** ~(하)길 바라다 **心から** こころから [부] 진심으로 **願う** ねがう [동] 바라다

꼭 알아두기 통합이해의 두 지문이 실용문과 에세이처럼 서로 다른 유형인 경우에는 두 지문의 공통 키워드를 파악하며 지문을 읽는다.

65 중상

この病院での電話利用について、正しいものはどれか。

1 この病院では、携帯電話と公衆電話の両方を使うことができる。

2 この病院では、どのエリアでも携帯電話を使うことができる。

3 携帯電話禁止エリアでは、公衆電話を利用する必要がある。

4 時間外受付付近では、携帯電話の利用のみ可能である。

이 병원에서의 전화 이용에 대해서, 올바른 것은 어느 것인가?

1 이 병원에서는, 휴대 전화와 공중전화 둘 다 사용할 수 있다.

2 이 병원에서는, 어느 구역에서도 휴대 전화를 사용할 수 있다.

3 휴대 전화 금지 구역에서는, 공중전화를 이용할 필요가 있다.

4 시간 외 접수처 부근에서는, 휴대 전화의 이용만 가능하다.

해설 이 병원에서의 전화 이용에 대해 일치하는 내용을 묻고 있다. A의 글의 중반부에서 病院内での携帯電話のご利用が可能になりました라고 하고, 후반부에서 なお、一階、時間外受付横にある公衆電話は、今まで通りご利用になれます라고 서술하고 있으므로, 1 この病院では、携帯電話と公衆電話の両方を使うことができる가 정답이다.

어휘 付近 ふきん 명 부근

66 상

病院にある公衆電話について、AとBはどのように述べているか。

1 AもBも、利用者数が減っていると述べている。

2 AもBも、最近ではどの病院でも撤去が進む一方だと述べている。

3 Aはすべて撤去されることが決まったと述べ、Bは必要なので残すべきだと述べている。

4 Aは撤去が決まり台数が減ると述べ、Bは台数が減るにしてもあるだけよいと述べている。

병원에 있는 공중전화에 대해서, A와 B는 어떻게 말하고 있는가?

1 A도 B도, 이용자 수가 줄고 있다고 말하고 있다.

2 A도 B도, 최근에는 어느 병원에서나 철거가 진행되기만 한다고 말하고 있다.

3 A는 모두 철거되는 것이 정해졌다고 말하고, B는 필요하기 때문에 남겨야 한다고 말하고 있다.

4 A는 철거가 정해져 대수가 줄어든다고 말하고, B는 대수가 준다고 해도 있는 것만으로 좋다고 말하고 있다.

해설 병원에 있는 공중전화에 대한 A와 B의 견해를 각 지문에서 찾는다. A는 지문의 초반부에서 さくら病院に設置されている公衆電話は一台を除き、すべて撤去されることになりました라고 서술하고 있고, B는 지문의 초반부에서 この病院では一台は残しておいてくださるとのことで、安心いたしました라고 서술하고 있으므로, 4 Aは撤去が決まり台数が減ると述べ、Bは台数が減るにしてもあるだけよいと述べている가 정답이다.

어휘 ～一方だ ～いっぽうだ ~하기만 하다　～にしても (가령) ~라고 해도

문제 13의 디렉션

問題13　次の文章を読んで、後の問いに対する答えとして最もよいものを、1・2・3・4から一つ選びなさい。

문제13　다음 글을 읽고, 뒤의 물음에 대한 답으로 가장 알맞은 것을, 1·2·3·4에서 하나 고르세요.

67-69

文楽という伝統芸能があるが、ご存じだろうか。これは1体の人形を3人の人で動かすという、世界でも珍しい人形劇だ。その人形はまるで生きているかのようで、見ている人は物語の世界に引き込まれる。[67]文楽の人形の顔は表情を表すことができないのだが、なぜ心があるかのように錯覚するのだろうか。

분라쿠라는 전통 예능이 있는데, 알고 있는가? 이것은 1개의 인형을 3명의 사람이서 움직이게 한다는, 세계에서도 드문 인형극이다. 그 인형은 마치 살아 있는 것 같아서, 보고 있는 사람은 이야기의 세계로 끌어들여진다. [67]분라쿠의 인형 얼굴은 표정을 나타낼 수 없는 것이지만, 왜 마음이 있는 것처럼 착각하는 것일까?

それは人形を動かす人形遣い(にんぎょうつかい)の技術に秘密(ひみつ)がある。一般的な機械は一定の速さで動くものだが、文楽の人形は緩急(かんきゅう)のついた手や体の動きで、機械のような感情のないものとの違いを生み出している。つまり、[67]人間のような感情を表すには、ゆったりとした動きと素早い(すばやい)動作の両方を合わせて行うことが必要らしい。人形遣い(にんぎょうつかい)はその動かし方がすばらしいのだ。

さて、日本ではかなり前からロボット研究が盛ん(さかん)に行われている。これは小さいころからアニメなどでロボットに慣れ親しんだ人々が研究者となり、憧れて(あこがれて)いたロボットをその手で作ろうと努力していることも大きい。中には、まるで人間のような外見を持つロボットを開発しようとする動きもある。だが、ロボットの見た目が人間に近づくにつれ、親しみを感じる人は減っていくらしい。似ているのに違和感(いわかん)を抱くようになるのだ。

人間ではないと分かっていながらも人のようだと感じる要素(ようそ)が、この二つの例から分かる。つまり、[68]人間らしさを表すのは見た目ではなくむしろ動作の緩急(かんきゅう)なのだ。

人は他人の気持ちを表情や話し方や体の動きから判断しているという。[68]文楽の人形の動作から出る「気持ち」に人間らしさを感じる一方で、動作などが一定の速さになっているロボットからは「気持ち」を読み取ることができず、かえって気持ち悪さを感じてしまうと言われている。

ロボットの研究が最終的にたどり着くところは、人間の心理の探究だ。それを通じ、人の心がどのようなものを受け入れ、どのようなものを拒否(きょひ)するのかを探っていく。人と同じような視線(しせん)や表情や体の動きをロボットに身に付けさせるにはどのようにしたらいいのか。身に付けさせた後に、人間はそのロボットの「気持ち」を読み取ることができるのか。[69]感情があるかのように振る舞う(ふるまう)ロボットの開発は、人間とはどのような生き物なのかを明らかにしてくれるに違いない。

(注1) 錯覚(さっかく)する：事実とは違うことをそうだと感じる
(注2) 緩急(かんきゅう)：遅いことと速いこと
(注3) 慣れ親しむ：何度も接して、親しみを感じる
(注4) 違和感(いわかん)を抱く：普通と違っていて不自然だと思う
(注5) 探究：研究

그것은 인형을 움직이는 인형술사의 기술에 비밀이 있다. 일반적인 기계는 일정한 속도로 움직이는 것이지만, 분라쿠의 인형은 완급이 더해진 손이나 몸의 움직임으로, 기계와 같은 감정이 없는 것과의 차이를 만들어 내고 있다. 즉, [67]인간과 같은 감정을 나타내려면, 느긋한 움직임과 재빠른 동작을 둘 다 아울러 행하는 것이 필요한 것 같다. 인형술사는 그 움직이는 법이 훌륭한 것이다.

그런데, 일본에서는 꽤 전부터 로봇 연구가 활발히 행해지고 있다. 이것은 어릴 적부터 애니메이션 등으로 로봇에 친숙한 사람들이 연구자가 되어, 동경하고 있던 로봇을 그 손으로 만들려고 노력하고 있는 것도 크다. 그중에는, 마치 인간과 같은 외관을 가진 로봇을 개발하려고 하는 움직임도 있다. 하지만, 로봇의 외형이 인간에게 가까워짐에 따라, 친밀감을 느끼는 사람은 줄어들어 가는 것 같다. 닮았는데도 위화감을 품게 되는 것이다.

인간이 아니라고 알고 있으면서도 사람 같다고 느끼는 요소가, 이 두 가지 예에서 알 수 있다. 즉, [68]인간다움을 나타내는 것은 외형이 아니라 오히려 동작의 완급인 것이다.

사람은 타인의 기분을 표정이나 말투나 몸의 움직임으로 판단하고 있다고 한다. [68]분라쿠 인형의 동작에서 나오는 '기분'에 인간다움을 느끼는 한편으로, 동작 등이 일정한 속도로 되어 있는 로봇에게서는 '기분'을 간파할 수 없어서, 도리어 불쾌함을 느끼게 된다고 일컬어지고 있다.

로봇 연구가 최종적으로 도달할 곳은, 인간 심리의 탐구다. 그것을 통해서, 사람의 마음이 어떠한 것을 받아들이고, 어떠한 것을 거부하는지를 찾아 간다. 사람과 같은 시선이나 표정이나 몸의 움직임을 로봇에게 습득시키려면 어떻게 하면 좋은 것일까? 습득시킨 후에, 인간은 그 로봇의 '기분'을 간파할 수 있을까? [69]감정이 있는 것처럼 행동하는 로봇의 개발은, 인간이란 어떠한 생물인가를 밝혀줄 것임에 틀림없다.

(주1) 착각하다 : 사실과는 다른 것을 그렇다고 느끼다
(주2) 완급: 느린 것과 빠른 것
(주3) 친숙하다 : 몇 번이고 접해서, 친밀감을 느끼다
(주4) 위화감을 품다 : 보통과 달라서 부자연스럽다고 생각하다
(주5) 탐구 : 연구

어휘 文楽 ぶんらく 명 분라쿠 (일본의 전통 인형극)　伝統 でんとう 명 전통　芸能 げいのう 명 예능　動かす うごかす 동 움직이게 하다
人形劇 にんぎょうげき 명 인형극　まるで 부 마치　~かのようだ ~인 것 같다　物語 ものがたり 명 이야기　引き込む ひきこむ 동 끌어들이다
表情 ひょうじょう 명 표정　表す あらわす 동 나타내다　錯覚 さっかく 명 착각　人形遣い にんぎょうつかい 명 인형술사　秘密 ひみつ 명 비밀
一般的だ いっぱんてきだ な형 일반적이다　一定 いってい 명 일정　速さ はやさ 명 속도　緩急 かんきゅう 명 완급　動き うごき 명 움직임
感情 かんじょう 명 감정　違い ちがい 명 차이　生み出す うみだす 동 만들어내다　つまり 부 즉　人間 にんげん 명 인간　ゆったり 부 느긋하게
素早い すばやい い형 재빠르다　動作 どうさ 명 동작　合わせる あわせる 동 아우르다　動かし方 うごかしかた 명 움직이는 법　さて 접 그런데
日本 にほん 명 일본　かなり 부 꽤, 상당히　ロボット 명 로봇　アニメ 명 애니메이션 (アニメーション의 준말)　慣れ親しむ なれしたしむ 동 친숙하다

研究者 けんきゅうしゃ 명 연구자　憧れる あこがれる 동 동경하다　努力 どりょく 명 노력　中には なかには 그중에는　外見 がいけん 명 외관, 외견
開発 かいはつ 명 개발　だが 접 하지만　見た目 みため 명 외형　近づく ちかづく 동 가까워지다　〜につれ ~함에 따라　親しみ したしみ 명 친밀감
感じる かんじる 동 느끼다　減る へる 동 줄다　違和感 いわかん 명 위화감　抱く いだく 동 품다　〜ようになる ~하게 되다　〜ながらも ~이면서도
要素 ようそ 명 요소　例 れい 명 예　人間らしさ にんげんらしさ 명 인간다움　むしろ 부 오히려　他人 たにん 명 타인　話し方 はなしかた 명 말투
判断 はんだん 명 판단　〜一方で 〜いっぽうで ~하는 한편으로　読み取る よみとる 동 간파하다　かえって 부 도리어
気持ち悪さ きもちわるさ 명 불쾌함　最終的だ さいしゅうてきだ な형 최종적이다　たどり着く たどりつく 동 도달하다　心理 しんり 명 심리
探究 たんきゅう 명 탐구　〜を通じ 〜をつうじ ~을 통해　受け入れる うけいれる 동 받아들이다　拒否 きょひ 명 거부　探る さぐる 동 찾다
視線 しせん 명 시선　身に付ける みにつける 습득하다　振る舞う ふるまう 동 행동하다　生き物 いきもの 명 생물　明らかにする あきらかにする 밝히다
〜に違いない 〜にちがいない ~임에 틀림없다　事実 じじつ 명 사실　接する せっする 동 접하다　不自然だ ふしぜんだ な형 부자연스럽다

꼭! 알아두기　주장이해(장문)는 주로 지문의 내용 순서대로 관련된 문제가 출제되므로, 지문을 처음부터 해석하면서 문제 순서대로 정답의 단서를 찾는다.

67 상

人形遣い(にんぎょうつかい)はその動かし方がすばらしいと筆者が考えているのはなぜか。	인형술사는 그 움직이는 법이 훌륭한이라고 필자가 생각하고 있는 것은 왜인가?
1 3人で動かすことで人形に感情があると思わせるから	1 3명이서 움직이게 하는 것으로 인형에 감정이 있다고 생각하게 하기 때문에
2 人形の手や体の動きから、物語を作ることができるから	2 인형의 손이나 몸의 움직임으로부터, 이야기를 만들 수 있기 때문에
3 動きを通して人間のような感情を見せることができるから	**3 움직임을 통해서 인간과 같은 감정을 보여줄 수 있기 때문에**
4 高い技術力で機械とは違うことを表すことができるから	4 높은 기술력으로 기계와는 다른 것을 나타낼 수 있기 때문에

해설 필자가 인형술사의 그 움직이는 법이 훌륭하다고 생각한 이유를 묻고 있다. 밑줄의 앞 단락에서 文楽の人形の顔は表情を表すことができないのだが、なぜ心があるかのように錯覚するのだろうか라고 하고, 밑줄의 앞부분에서 人間のような感情を表すには、ゆったりとした動きと素早い動作の両方を合わせて行うことが必要らしい라고 서술하고 있으므로, 3 動きを通して人間のような感情を見せることができるから가 정답이다.

어휘 〜を通して 〜をとおして ~을 통해서　技術力 ぎじゅつりょく 명 기술력

68 상

人間らしさについて、筆者の考えに合うものはどれか。	인간다움에 대해서, 필자의 생각과 맞는 것은 어느 것인가?
1 動きの緩急が激しいものは、人間らしさを全く感じさせない。	1 움직임의 완급이 격심한 것은, 인간다움을 전혀 느끼게 하지 않는다.
2 ロボットが人間のように動くと、人は気持ち悪いと感じる。	2 로봇이 인간처럼 움직이면, 사람은 불쾌하다고 느낀다.
3 文楽の人形の動きのように感情が想像できるものを、人間らしいと感じる。	**3 분라쿠 인형의 움직임과 같이 감정을 상상할 수 있는 것을, 인간답다고 느낀다.**
4 見た目が人と同じロボットは、人間らしさを感じさせない。	4 외형이 사람과 똑같은 로봇은, 인간다움을 느끼게 하지 않는다.

해설 인간다움에 대한 필자의 생각을 묻고 있다. 네 번째 단락에서 人間らしさを表すのは見た目ではなくむしろ動作の緩急なのだ라고 하고, 다섯 번째 단락에서 文楽の人形の動作から出る「気持ち」に人間らしさを感じる一方で、動作などが一定の速さになっているロボットからは「気持ち」を読み取ることができず、かえって気持ち悪さを感じてしまうと言われている라고 서술하고 있으므로, 3 文楽の人形の動きのように感情が想像できるものを、人間らしいと感じる가 정답이다.

어휘 差 さ 명 차, 차이　激しい はげしい い형 격심하다　全く まったく 부 전혀　気持ち悪い きもちわるい い형 불쾌하다, 기분 나쁘다

69 중

ロボットの研究について、筆者はどのように考えているか。 1 ロボットの研究は人間の心を研究するために行われている。 **2 ロボットの研究をすることで人間のことが分かってくる。** 3 人が受け入れてくれるようなロボットを作ることが必要である。 4 人のような感情を持つロボットを開発することが最終目標である。	로봇 연구에 대해서, 필자는 어떻게 생각하고 있는가? 1 로봇 연구는 인간의 마음을 연구하기 위해서 행해지고 있다. **2 로봇 연구를 하는 것으로 인간에 대해 알게 된다.** 3 사람이 받아들일 수 있을 로봇을 만드는 것이 필요하다. 4 사람 같은 감정을 가진 로봇을 개발하는 것이 최종 목표이다.

해설 로봇 연구에 대한 필자의 생각을 묻고 있다. 여섯 번째 단락에서 **感情があるかのように振る舞うロボットの開発は、人間とはどのような生き物なのかを明らかにしてくれるに違いない**라고 서술하고 있으므로, 2 **ロボットの研究をすることで人間のことが分かってくる**가 정답이다.

어휘 **最終** さいしゅう 명 최종 **目標** もくひょう 명 목표

꼭! 알아두기 지문의 내용과 인과 관계를 다르게 제시하는 선택지로 혼동을 주기도 하므로 지문을 읽을 때 인과 관계를 꼼꼼하게 파악한다.

문제 14의 디렉션

問題14 右のページは、あるホテルのパンフレットである。下の問いに対する答えとして最も良いものを、1・2・3・4の中から一つ選びなさい。	문제14 오른쪽 페이지는, 어느 호텔의 팸플릿이다. 아래의 물음에 대한 답으로 가장 알맞은 것을, 1·2·3·4에서 하나 고르시오.

70 중상

山田さんは、来月中学校時代の友達５人で月山ホテルを利用しようと考えている。レストラン「ムーンダイナー」で特別な夕食を食べ、全員で同じ部屋に泊まりたい。山田さんはどうしたらいいか。 1 朝食付き洋室プランに申し込み、夕食を追加する。 **2 朝食付き和室プランに申し込み、夕食を追加する。** 3 食事なし洋室プランに申し込み、夕食を追加する。 4 食事なし和室プランに申し込み、夕食を追加する。	야마다 씨는, 다음 달 중학교 시절의 친구 5명이서 쓰키야마 호텔을 이용하려고 생각하고 있다. 레스토랑 '문 다이너'에서 특별한 저녁을 먹고, 전원이서 같은 방에 묵고 싶다. 야마다 씨는 어떻게 하면 되는가? 1 조식 포함 서양식 방 플랜으로 신청하고, 저녁 식사를 추가한다. **2 조식 포함 일본식 방 플랜으로 신청하고, 저녁 식사를 추가한다.** 3 식사 없음 서양식 방 플랜으로 신청하고, 저녁 식사를 추가한다. 4 식사 없음 일본식 방 플랜으로 신청하고, 저녁 식사를 추가한다.

해설 야마다 씨가 해야 할 행동을 묻는 문제이다. 질문에서 제시된 상황 **友達5人, レストラン「ムーンダイナー」で特別な夕食を食べ、全員で同じ部屋に泊まりたい**에 따라, 지문에서 **朝食付き和室プラン 定員：6名**, 그리고 아래 박스 부분에서 **朝食付きプランをご利用のお客様に限り、ホテル内レストラン「ムーンダイナー」での春の特別ディナーをご用意しております, ご希望の方は、宿泊予約時にお申し付けください**라고 언급하고 있으므로, 2 **朝食付き和室プランに申し込み、夕食を追加する**가 정답이다.

어휘 **夕食** ゆうしょく 명 저녁 (식사) **全員** ぜんいん 명 전원 **泊まる** とまる 동 묵다 **朝食** ちょうしょく 명 조식, 아침 식사 **付き** つき 명 포함 **洋室** ようしつ 명 서양식 방 **プラン** 명 플랜 **申し込む** もうしこむ 동 신청하다 **追加** ついか 명 추가 **和室** わしつ 명 일본식 방 **なし** 명 없음

71 중상

ワンさんは、来週の木曜日に一泊、中学１年生の息子と４歳の娘の３人で「食事なし洋室プラン」を利用する予定である。ワンさんたちの料金はどのようになるか。 1 ワンさん 10,000円、息子 5,000円、娘 5,000円	왕 씨는, 다음 주 목요일에 1박, 중학교 1학년인 아들과 4살 딸과 3명이서 '식사 없음 서양식 방 플랜'을 이용할 예정이다. 왕 씨들의 요금은 어떻게 되는가? 1 왕 씨 10,000엔, 아들 5,000엔, 딸 5,000엔

2 ワンさん 11,000 円、息子 11,000 円、娘 5,500 円	2 왕 씨 11,000엔, 아들 11,000엔, 딸 5,500엔
3 ワンさん 10,000 円、息子 10,000 円、娘 5,000 円	**3 왕 씨 10,000엔, 아들 10,000엔, 딸 5,000엔**
4 ワンさん 10,000 円、息子 10,000 円のみ	4 왕 씨 10,000엔, 아들 10,000엔뿐

해설 왕 씨가 지불하는 금액을 묻는 문제이다. 질문에서 제시된 조건 (1) **木曜日に一泊**, (2) **中学1年生の息子と4歳の娘の3人で**, (3) **食事なし洋室プラン**에 따라,

(1) 목요일에 1박: **食事なし洋室プラン** 부분을 보면 (월~목 · 일요일) 성인은 10,000엔, 아이는 5,000엔을 지불해야 함

(2) 중학교 1학년인 아들과 4살 딸과 3명이서: **料金の区分について** 부분을 보면 성인은 중학생 이상의 고객, 아이는 4살부터 초등학생까지의 어린이로 규정하고 있음

따라서, 왕 씨와 중학교 1학년인 아들은 성인 요금, 4살인 딸은 아이 요금을 지불해야 하므로 **3 ワンさん10,000円、息子10,000円、娘5,000円**이 정답이다.

어휘 **一泊** いっぱく 명 1박 **料金** りょうきん 명 요금

꼭! 알아두기 지불할 비용을 묻는 문제는 지문에서 언급하는 요금의 기준, 별도로 추가되는 비용 등에 특히 유의한다.

70-71 호텔의 팸플릿

春の宿泊プラン	봄의 숙박 플랜
春がだんだん近づいてきました。ご家族やご友人との春の旅行にお使いいただける、お得な宿泊プランをご用意しました。この機会にぜひ月山ホテルをご利用ください。	봄이 점점 다가왔습니다. 가족이나 친구와의 봄 여행에 사용하실 수 있는, 이득인 숙박 플랜을 준비했습니다. 이 기회에 꼭 쓰키야마 호텔을 이용해 주세요.
朝食付き洋室プラン　定員：4 名	**조식 포함 서양식 방 플랜　정원 : 4명**
■ 1 泊の料金（1 名分）（月～木・日曜日）大人：12,000 円　子ども：6,000 円 （金・土曜日）大人：13,000 円　子ども：6,500 円	■ 1박 요금 (1명분) (월~목 · 일요일) 성인 : 12,000엔　아이 : 6,000엔 (금 · 토요일) 성인 : 13,000엔　아이 : 6,500엔
[70]朝食付き和室プラン　定員：6 名	[70]조식 포함 일본식 방 플랜　정원 : 6명
■ 1 泊の料金（1 名分）（月～木・日曜日）大人：11,000 円　子ども：5,500 円 （金・土曜日）大人：12,000 円　子ども：6,000 円	■ 1박 요금 (1명분) (월~목 · 일요일) 성인 : 11,000엔　아이 : 5,500엔 (금 · 토요일) 성인 : 12,000엔　아이 : 6,000엔
食事なし洋室プラン　定員：4 名	**식사 없음 서양식 방 플랜　정원 : 4명**
■ 1 泊の料金（1 名分）[71]（月～木・日曜日）大人：10,000 円　子ども：5,000 円 （金・土曜日）大人：11,000 円　子ども：5,500 円	■ 1박 요금 (1명분) [71](월~목 · 일요일) 성인 : 10,000엔　아이 : 5,000엔 (금 · 토요일) 성인 : 11,000엔　아이 : 5,500엔
食事なし和室プラン　定員：6 名	**식사 없음 일본식 방 플랜　정원 : 6명**
■ 1 泊の料金（1 名分）（月～木・日曜日）大人：9,000 円　子ども：4,500 円 （金・土曜日）大人：10,000 円　子ども：5,000 円	■ 1박 요금 (1명분) (월~목 · 일요일) 성인 : 9,000엔　아이 : 4,500엔 (금 · 토요일) 성인 : 10,000엔　아이 : 5,000엔

[70]朝食付きプランをご利用のお客様に限り、ホテル内レストラン「ムーンダイナー」での春の特別ディナーをご用意しております。追加料金は以下の通りです。[70]ご希望の方は、宿泊予約時にお申し付けください。

追加料金　大人：4,000円　子ども：2,800円

<お部屋について>　洋室：ベッドのあるお部屋（バス・トイレ付）
和室：畳のお部屋（バス・トイレ付）

<料金の区分について>　[71]大人：中学生以上のお客様
子ども：4歳から小学生までのお子様（3歳以下は無料です）

ご予約・お問い合わせ　月山ホテル　033-123-5566

[70]조식 포함 플랜을 이용하시는 고객님에 한하여, 호텔 내 레스토랑 '문 다이너'에서의 봄 특별 디너를 준비하고 있습니다. 추가 요금은 이하와 같습니다. [70]희망하시는 분은, 숙박 예약 시에 말씀해 주세요.

추가 요금　성인 : 4,000엔　아이 : 2,800엔

<방에 대해서>　서양식 방 : 침대가 있는 방 (욕실, 화장실 포함)
일본식 방 : 다다미방 (욕실, 화장실 포함)

<요금의 구분에 대해서>　[71]성인 : 중학생 이상의 고객
아이 : 4살부터 초등학생까지의 어린이 (3세 이하는 무료입니다)

예약 · 문의 쓰키야마 호텔 033-123-5566

어휘 宿泊 しゅくはく 명 숙박　近づく ちかづく 동 다가오다　友人 ゆうじん 명 친구　お得だ おとくだ 이득이다, 득이 되다　定員 ていいん 명 정원
お客様 おきゃくさま 고객님　～に限り ～にかぎり ~에 한하여　ディナー 명 디너　追加 ついか 명 추가　希望 きぼう 명 희망
申し付ける もうしつける 동 말씀하다, 분부하다 (言いつける의 겸양어)　～について ~에 대해서　バス 명 욕조　トイレ 명 화장실, 변기
区分 くぶん 명 구분　小学生 しょうがくせい 명 초등학생　お子様 おこさま 어린이 (남의 아이에 대한 높임말)　無料 むりょう 명 무료
お問い合わせ おといあわせ 문의

청해 p.67

문제별 분할 파일 바로 듣기

☞ 문제 1의 디렉션과 예제를 들려줄 때 1번부터 5번까지의 선택지를 미리 읽고 내용을 재빨리 파악해 둡니다. 음성에서 では、始めます(그러면, 시작합니다)가 들리면, 곧바로 문제 풀 준비를 합니다.

문제 1의 디렉션과 예제

[음성]

問題1では、まず質問を聞いてください。それから話を聞いて、問題用紙の1から4の中から、最もよいものを一つ選んでください。では、練習しましょう。

大学で女の人と男の人が就職活動について話しています。女の人はこの後まず、何をしますか。

F：そろそろ就職活動しないといけないけど、何からすればいいのかわかんなくて。もう何かしてる？

M：もちろん。就活サイトに登録はした？ほら、大学生向けの就職の情報がたくさん載っているウェブサイト。

F：ああ、うん。それはもうした。でも、情報が多すぎて。どこから見ればいいかわかんなくてさ。

[음성]

문제 1에서는, 우선 질문을 들어 주세요. 그러고 나서 이야기를 듣고, 문제 용지의 1에서 4 중에, 가장 알맞은 것을 하나 골라 주세요. 그러면, 연습합시다.

대학에서 여자와 남자가 취직 활동에 대해서 이야기하고 있습니다. 여자는 이 다음에 우선, 무엇을 합니까?

F : 슬슬 취직 활동을 해야 하는데, 뭐부터 하면 좋을지 몰라서. 벌써 뭔가 하고 있어?

M : 물론. 취직 활동 사이트에 등록은 했어? 이것 봐, 대학생 대상의 취직 정보가 많이 실려있는 웹사이트.

F : 아, 응. 그건 벌써 했어. 하지만, 정보가 너무 많아서. 어디부터 보면 좋을지 모르겠어서 말이야.

M：登録したなら、希望の仕事も登録したよね。

F：それが、まだなんだよね。そこで止まってしまって。

M：ああ、じゃ、まずそこからだよ。どんな仕事をしたいか登録しないと、情報が絞れないでしょ。

F：うん、でも、どんな仕事がいいかもよくわかんなくて。だいたい働いたことないから、仕事の内容なんてわかるわけがないじゃない？企業研究もしなきゃいけないんだよね。

M：うん。でも、自分が何に向いているか理解することが先じゃない？ほら、サイトにあるテストとかで、どういうことが得意なのかわかるからやってみたら？

F：そうだね。それからやってみる。企業研究はそのあとでいいかなあ。

女の人はこの後まず、何をしますか。

最もよいものは１番です。解答用紙の問題１の例のところを見てください。最もよいものは１番ですから、答えはこのように書きます。では、始めます。

[문제지]

1 しゅうかつサイトでテストを受ける
2 どういう仕事がしたいか決める
3 希望の仕事をサイトに登録する
4 やりたい仕事の企業について調べる

M：등록했으면, 희망 업무도 등록했지?

F：그게, 아직이야. 거기서 멈춰 버려서.

M：아, 그럼, 우선 거기부터야. 어떤 일을 하고 싶은지 등록하지 않으면, 정보를 좁힐 수 없잖아.

F：응, 하지만, 어떤 일이 좋을지도 잘 모르겠어서. 도대체 일해본 적이 없으니, 업무 내용 따위 알 리가 없지 않아? 기업 연구도 해야 하지?

M：응. 하지만, 본인이 무엇에 적합한지 이해하는 것이 먼저이지 않아? 이것 봐, 사이트에 있는 테스트 같은 것으로, 어떤 것을 잘하는지 알 수 있으니까 해 보면?

F：그렇네. 그것부터 해 볼게. 기업 연구는 그 후에 해도 괜찮으려나.

여자는 이 다음에 우선, 무엇을 합니까?

가장 알맞은 것은 1번입니다. 답안 용지의 문제1의 예시 부분을 봐 주세요. 가장 알맞은 것은 1번이므로, 정답은 이렇게 표시합니다. 그러면, 시작합니다.

[문제지]

1 취직 활동 사이트에서 테스트를 본다
2 어떤 일을 하고 싶은지 정한다
3 희망 업무를 사이트에 등록한다
4 하고 싶은 일의 기업에 관해 조사한다

1 중

[음성]

会社で男の人と女の人が新入社員について話しています。女の人は研修で何をしますか。

M：来週からうちの部署に配属になる新しい社員のこと、もう聞いている？

F：はい。明日から一週間、私が研修を担当することになっています。研修後は早速、今度のプロジェクトに加わるそうですね。

M：そうそう。だから、プロジェクトにすぐに参加できるようになってほしいんだ。まあ、新入社員といっても、５年ほど違う業界で経験のある人だから、基本的なビジネスマナーなんかは問題ないよ。

F：そうですか。では、プロジェクトについて詳しく説明しなければなりませんね。

M：そうなんだよ。

F：では、まずこの業界について説明してからのほうがいいですよね。なにしろ新しい業界ですから。

[음성]

회사에서 남자와 여자가 신입 사원에 대해서 이야기하고 있습니다. 여자는 연수에서 무엇을 합니까?

M：다음 주부터 우리 부서에 배속되는 새로운 사원에 관한 거, 이미 들었어?

F：네. 내일부터 일주일간, 제가 연수를 담당하게 되어 있습니다. 연수 후는 즉시, 이번 프로젝트에 참여한다면서요.

M：맞아 맞아. 그래서, 프로젝트에 곧바로 참가할 수 있게 되었으면 해. 뭐, 신입 사원이라고 해도, 5년 정도 다른 업계에서 경험이 있는 사람이니까, 기본적인 비즈니스 매너 같은 건 문제없어.

F：그런가요? 그럼, 프로젝트에 대해서 자세하게 설명하지 않으면 안 되겠네요.

M：그렇지.

F：그럼, 우선 이 업계에 대해서 설명하고 나서인 편이 좋겠네요. 어쨌든 새로운 업계니까요.

M：ああ、そう思って、[2][3]実はもう資料を渡してあるよ。読んで勉強してくるように言ってあるから、質問があれば対応してくれる？

F：[2]はい、わかりました。では、プロジェクトのほうに集中できますね。

M：[1]ここでのビジネスマナーやプレゼンテーションの細かい違いについては実際に見て覚えてもらうしかないよ。彼には是非プレゼンテーションも担当してもらいたいんだ。[4]内容がしっかりわかれば、安心して任せられるから。

F：はい、わかりました。

女の人は研修で何をしますか。

[문제지]

1 ビジネスマナーの違いを教える
2 プロジェクトの内容を説明する
3 新しい業界の資料を渡す
4 プレゼンテーションのしかたを見せる

M : 아, 그렇게 생각해서, [2][3]실은 이미 자료를 건네 뒀어. 읽고 공부해 오도록 말해 뒀으니까, 질문이 있으면 대응해 줄래?

F : [2]네, 알겠습니다. 그럼, 프로젝트 쪽에 집중할 수 있겠네요.

M : [1]여기서의 비즈니스 매너나 프레젠테이션의 세세한 차이에 대해서는 실제로 보고 익혀 주는 수밖에 없어. 그에게는 꼭 프레젠테이션도 담당해 주었으면 해. [4]내용을 확실히 이해하면, 안심하고 맡길 수 있으니까.

F : 네, 알겠습니다.

여자는 연수에서 무엇을 합니까?

[문제지]

1 비즈니스 매너의 차이를 가르친다
2 프로젝트의 내용을 설명한다
3 새로운 업계의 자료를 건넨다
4 프레젠테이션 하는 법을 보인다

해설 여자가 연수에서 해야 할 일을 묻는 문제이다. 대화에서, 프로젝트 설명은 이 업계에 대해서 설명하고 나서인 편이 좋겠다는 말에 남자가 実はもう資料を渡してあるよ。読んで勉強してくるように言ってあるから、質問があれば対応してくれる？라고 하자, 여자가 はい、わかりました。では、プロジェクトのほうに集中できますね라고 했으므로, 2 プロジェクトの内容を説明する가 정답이다. 선택지 1은 세세한 차이는 실제로 보고 익혀야 한다고 했고, 3은 남자가 이미 건넸으며, 4는 프로젝트의 내용을 설명한 다음에 할 일이므로 오답이다.

어휘 新入 しんにゅう 명 신입　社員 しゃいん 명 사원　研修 けんしゅう 명 연수　部署 ぶしょ 명 부서　配属 はいぞく 명 배속　担当 たんとう 명 담당　早速 さっそく 부 즉시　プロジェクト 명 프로젝트　加わる くわわる 동 참여하다, 더해지다　参加 さんか 명 참가　業界 ぎょうかい 명 업계　基本的だ きほんてきだ な형 기본적이다　ビジネス 명 비즈니스　マナー 명 매너　詳しい くわしい い형 자세하다　なにしろ 부 어쨌든　実は じつは 부 실은　資料 しりょう 명 자료　対応 たいおう 명 대응　集中 しゅうちゅう 명 집중　プレゼンテーション 명 프레젠테이션　違い ちがい 명 차이　実際 じっさい 명 실제　内容 ないよう 명 내용　任せる まかせる 동 맡기다

2 중

[음성]

大学で男の学生と先生が話しています。男の学生はこれから何をしなければなりませんか。

M：先生、すみません。今、うちのゼミで使用しているパソコンなんですが、最近調子が悪くて、困っているんです。

F：ああ、そういえば、この間も急に電源が落ちたって言ってたよね。修理に出さなきゃね。

M：はい。でも、前に修理に出したときは、一週間くらいかかりましたよね。ゼミで今、実験データを整理してて、1台修理に出すと作業に遅れが出るかもしれないんですが。

F：そうだったね。じゃ、その間、代わりのパソコンが必要ね。

[음성]

대학에서 남학생과 선생님이 이야기하고 있습니다. 남학생은 이제부터 무엇을 해야 합니까?

M : 선생님, 실례합니다. 지금, 우리 세미나에서 사용하고 있는 컴퓨터 말입니다만, 최근 상태가 나빠서, 난처합니다.

F : 아, 그러고 보니, 요전에도 갑작스럽게 전원이 꺼졌다고 말했었지? 수리를 맡기지 않으면 안 되겠네.

M : 네. 하지만, 전에 수리를 맡겼을 때는, 일주일 정도 걸렸지요? 세미나에서 지금, 실험 데이터를 정리하고 있어서, 1대 수리를 맡기면 작업에 지연이 생길지도 모릅니다만.

F : 그랬지. 그럼, 그동안, 대체 컴퓨터가 필요하네.

M：では、みんなに自分のパソコンを持ってくるように言いますか。それとも、すぐ直してくれるところをインターネットで探してみましょうか。

F：うーん、早く直れば、それに越したことはないけど、大学のだから、[1][2]事務室を通して頼まなきゃいけないんだよね。[3]とりあえず、事務室から代わりのパソコンを1台借りることにしましょう。

M：[3]わかりました。じゃあ、僕、行って借りてきます。

F：今行くの？[4]それなら、すぐ受け取れるように事務室に電話しとくね。

男の学生はこれから何をしなければなりませんか。

[문제지]

1 パソコンを修理に出す

2 インターネットで修理の店を探す

3 事務室にパソコンを借りに行く

4 事務室に電話する

M : 그럼, 모두에게 자신의 컴퓨터를 가지고 오도록 말할까요? 아니면, 바로 고쳐 주는 곳을 인터넷으로 찾아볼까요?

F : 음, 빨리 고쳐지면, 그보다 좋은 일은 없겠지만, 대학 거니까, [1][2]사무실을 통해서 부탁하지 않으면 안 되겠지. [3]우선, 사무실에서 대체 컴퓨터를 1대 빌리기로 합시다.

M : [3]알겠습니다. 그럼, 저, 가서 빌려오겠습니다.

F : 지금 가는 거야? [4]그러면, 바로 받을 수 있도록 사무실에 전화해 둘게.

남학생은 이제부터 무엇을 해야 합니까?

[문제지]

1 컴퓨터를 수리를 맡긴다

2 인터넷으로 수리점을 찾는다

3 사무실에 컴퓨터를 빌리러 간다

4 사무실에 전화한다

해설 남자가 앞으로 해야 할 일을 묻는 문제이다. 대화에서, 여자가 **とりあえず、事務室から代わりのパソコンを1台借りることにしましょう**라고 하자, 남자가 **わかりました。じゃあ、僕、行って借りてきます**라고 했으므로, 3 **事務室にパソコンを借りに行く**가 정답이다. 선택지 1은 사무실을 통해 하기로 했고, 2는 하지 않기로 했으며, 4는 여자가 할 일이므로 오답이다.

어휘 **ゼミ** 명 세미나 **使用** しよう 명 사용 **調子が悪い** ちょうしがわるい 상태가 나쁘다 **この間** このあいだ 명 요전 **急だ** きゅうだ な형 갑작스럽다 **電源が落ちる** でんげんがおちる 전원이 꺼지다 **修理に出す** しゅうりにだす 수리를 맡기다 **実験** じっけん 명 실험 **データ** 명 데이터 **整理** せいり 명 정리 **作業** さぎょう 명 작업 **遅れが出る** おくれがでる 지연이 생기다 **それとも** 접 아니면 **インターネット** 명 인터넷 **事務室** じむしつ 명 사무실 **とりあえず** 부 우선 **それなら** 접 그러면 **受け取る** うけとる 동 받다, 수령하다

꼭! 알아두기 앞으로 해야 할 일을 묻는 문제에서는, 정답의 단서가 ~ことにしましょう(~하기로 합시다)와 함께 자주 언급된다는 것을 알아 둔다.

3 중

[음성]

大学で男の学生と女の学生が話しています。男の学生はこのあとまず何をしますか。

M：聞いてよ。僕さ、昨日、先生に書いてもらった推薦状、なくしちゃったみたいで。

F：ええ、それは大変。家の中、よく探したの？

M：それが、[1]うちに帰ってかばんから出そうとしたらなかったから、どっかで落としちゃったみたい。まっすぐ帰ったから、電車の中だと思ったんだけど。

F：鉄道会社には電話した？

M：[2]うん、でも届いてなかった。あれ、今度面接する会社に提出するものだから、早く見つけないとなあ。

F：じゃあ、先生にお願いして、もう一度書いてもらったほうが早いかもね。

M：ああ。でもまず、会社に遅れるかもって事情をメールしといたほうがいいかな。

[음성]

대학에서 남학생과 여학생이 이야기하고 있습니다. 남학생은 이 다음에 우선 무엇을 합니까?

M : 들어봐. 나 말이야, 어제, 선생님께 써 받은 추천장, 잃어버린 것 같아서.

F : 앗, 그건 큰일. 집 안, 잘 찾았어?

M : 그게, [1]집에 돌아가서 가방에서 꺼내려고 하니까 없었으니까, 어딘가에서 떨어트린 것 같아. 곧장 돌아갔으니까, 전철 안이라고 생각했는데.

F : 철도 회사에는 전화했어?

M : [2]응, 하지만 도착해 있지 않았어. 그거, 이번에 면접 볼 회사에 제출할 거라서, 빨리 찾지 않으면.

F : 그럼, 선생님께 부탁해서, 다시 한번 써 받는 편이 빠를지도.

M : 아. 하지만 우선, 회사에 늦을지도 모른다고 사정을 이메일 해 두는 편이 좋으려나.

F：[3][4]先生に話したら、すぐに書いてくれるかもしれないから、先に行ってみたら。

M：[3]そうだね。あーあ、怒られちゃうだろうなあ。

男の学生はこのあとまず何をしますか。

[문제지]

1 家の中をもう一度探す

2 鉄道会社に聞いてみる

3 先生にお願いする

4 面接する会社に連絡する

F : [3][4]선생님께 이야기하면, 곧바로 써 주실지도 모르니까, 먼저 가 보면?

M : [3]그렇네. 아아, 혼나겠지.

남학생은 이 다음에 우선 무엇을 합니까?

[문제지]

1 집 안을 다시 한번 찾는다

2 철도 회사에 물어본다

3 선생님께 부탁한다

4 면접 볼 회사에 연락한다

해설 남자가 가장 먼저 해야 할 일을 묻는 문제이다. 대화에서, 우선 회사에 늦을지도 모른다고 사정을 이메일 해 두는 편이 좋으려나라는 말에 여자가 **先生に話したら、すぐに書いてくれるかもしれないから、先に行ってみたら**라고 하자, 남자가 **そうだね**라고 했으므로, 3 **先生にお願いする**가 정답이다. 선택지 1은 어딘가에서, 즉 바깥에서 떨어트렸으므로 할 필요가 없고, 2는 이미 했고, 4는 선생님이 바로 써 주지 않는 경우에 할 일이므로 오답이다.

어휘 **推薦状** すいせんじょう 명 추천장 **鉄道** てつどう 명 철도 **届く** とどく 동 도착하다, 닿다 **面接** めんせつ 명 면접 **提出** ていしゅつ 명 제출 **見つける** みつける 동 찾다, 발견하다 **事情** じじょう 명 사정 **メールする** 이메일 하다

꼭! 알아두기 가장 먼저 해야 할 일을 묻는 문제에서는 すぐに(곧바로), 早速(곧)와 함께 언급되는 행동을 주의 깊게 듣는다.

4 중상

[음성]

スーパーで女の店員と店長が話しています。女の店員は新しいお菓子を何段目に置きますか。

F：このお菓子、新しい商品ですよね。どこに置けばいいでしょうか。

M：あ、上から2段目にあるチョコレート、3列になってるけど、2列にして、その横に置ける?

F：えーと、このチョコレート、まだたくさんあるから、2列にはできないですよ。

M：そうか。じゃあ3段目のクッキーは?

F：ここですね。右に詰めれば入ると思います。

M：じゃあ、そこにしようか。

F：あ、でも、確かこのクッキー、昨日また注文したので、それが明日届くはずです。[3]ここに置いたら届いた分が置けませんね。4段目はどうですか。

M：ああ、そうか。[4]4段目は新商品より、今売れているのを置きたいんだよな。

F：じゃあ、棚の一番上のチョコレートの横に置きましょうか。ここのチョコレート、少なくなってきてますし。

M：あ、じゃあ、[1][2]2段目にあるチョコレートと1段目のを場所、交換して。そうすれば、2段目に入るよね。目の高さになるから新商品だって分かりやすいし。

F：[2]はい、じゃあそうします。

[음성]

슈퍼에서 여자 점원과 점장이 이야기하고 있습니다. 여자 점원은 새로운 과자를 몇 단째에 놓습니까?

F : 이 과자, 새로운 상품이죠? 어디에 놓으면 좋을까요?

M : 아, 위에서 2단째에 있는 초콜릿, 3열로 되어 있는데, 2열로 하고, 그 옆에 놓을 수 있어?

F : 음, 이 초콜릿, 아직 많이 있어서, 2열로는 할 수 없어요.

M : 그런가. 그럼 3단째의 쿠키는?

F : 여기요. 오른쪽으로 채우면 들어갈 거라고 생각해요.

M : 그럼, 거기로 할까?

F : 아, 하지만, 확실히 이 쿠키, 어제 또 주문했기 때문에, 그게 내일 도착할 거예요. [3]여기에 두면 도착한 몫을 놓을 수 없겠네요. 4단째는 어때요?

M : 아, 그런가. [4]4단째는 신상품보다, 지금 팔리고 있는 것을 놓고 싶은데.

F : 그럼, 선반 가장 위의 초콜릿 옆에 둘까요? 여기 초콜릿, 줄어들고 있고요.

M : 아, 그럼, [1][2]2단째에 있는 초콜릿과 1단째 것을 장소, 교환해 줘. 그렇게 하면, 2단째에 들어가지? 눈높이가 되니까 신상품이라고 알기 쉽고.

F : [2]네, 그럼 그렇게 하겠습니다.

女の店員は新しいお菓子を何段目に置きますか。

[문제지]

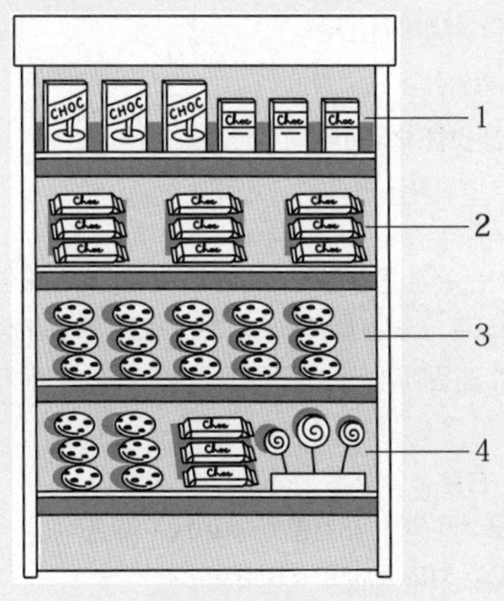

여자 점원은 새로운 과자를 몇 단째에 놓습니까?

[문제지]

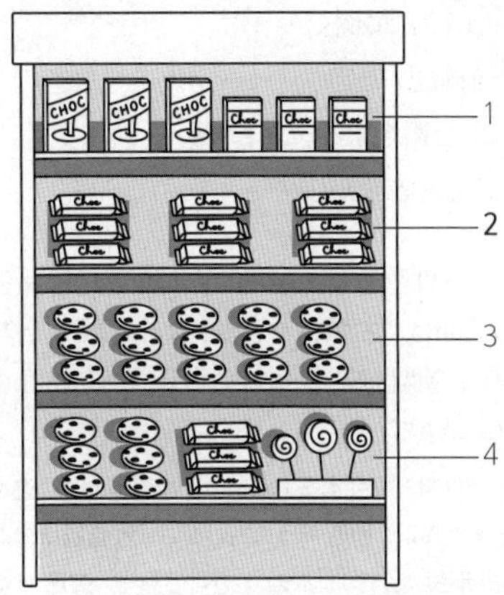

해설 여자가 과자를 몇 단째에 놓는지를 묻는 문제이다. 대화에서, 남자가 2段目にあるチョコレートと1段目のを場所、交換して。そうすれば、2段目に入るよね라고 하자, 여자가 はい、じゃあそうします라고 했으므로, 2가 정답이다. 1은 새로운 과자가 아니라 2단째에 있는 것을 옮기기로 했고, 3은 새로 도착할 쿠키를 놓을 수 없으니 둘 수 없고, 4는 신상품보다는 팔리고 있는 것을 놓고 싶다고 했으므로 오답이다.

어휘 **店長** てんちょう 명 점장 **お菓子** おかし 과자 **商品** しょうひん 명 상품 **チョコレート** 명 초콜릿 **クッキー** 명 쿠키 **詰める** つめる 동 채우다, 좁히다 **注文** ちゅうもん 명 주문 **届く** とどく 동 도착하다 **新商品** しんしょうひん 명 신상품 **売れる** うれる 동 팔리다 **交換** こうかん 명 교환

5 중상

[음성]

会社で女の人と男の人が話しています。女の人が休む時、男の人は何をしますか。

F：佐藤さん、取引先との会議、これから佐藤さんが出ることになったんだって？

M：そうなんです。吉田さんが忙しくなってしまって。来週から僕が代わりに司会します。2週間に1回、木曜の午後ですよね。

F：そう。[2]これからの進め方や日程などを話し合うんだよ。

M：話し合ったことの報告は課長にするんですか。

F：うん、そう。[3]いつもは私が報告してるけど、私が休みの時は、お願いできるかな。

M：[3]わかりました。報告書も必要ですよね。

F：いや、直接課長に話せばいいよ。会議で決まったことだけ知らせれば。

M：取引先の出席者はいつも同じですか。

F：うん、メンバーは決まってるし、大切な会議だから、体調不良じゃない限り休まないよ。[4]もし欠席する場合は、メールで連絡が来るから対応して。

M：わかりました。司会のやり方は吉田さんに聞いておきます。

[음성]

회사에서 여자와 남자가 이야기하고 있습니다. 여자가 쉴 때, 남자는 무엇을 합니까?

F : 사토 씨, 거래처와의 회의, 앞으로 사토 씨가 나가게 되었다면서?

M : 그렇습니다. 요시다 씨가 바빠져 버려서. 다음 주부터 제가 대신 사회를 봅니다. 2주일에 1회, 목요일 오후지요?

F : 맞아. [2]앞으로의 진행 방법이나 일정 등을 의논하는 거야.

M : 의논한 것의 보고는 과장님에게 하는 건가요?

F : 응, 맞아. [3]평소에는 내가 보고하고 있는데, 내가 쉴 때는, 부탁할 수 있을까?

M : [3]알겠습니다. 보고서도 필요하죠?

F : 아니, 직접 과장님에게 이야기하면 돼. 회의에서 정해진 것만 알리면.

M : 거래처의 출석자는 언제나 같나요?

F : 응, 멤버는 정해져 있고, 중요한 회의니까, 컨디션 불량이 아닌 한 쉬지 않아. [4]만약 결석할 경우에는, 이메일로 연락이 올 테니 대응해 줘.

M : 알겠습니다. 사회 방법은 요시다 씨에게 물어 두겠습니다.

女の人が休む時、男の人は何をしますか。

[문제지]

1 司会のやり方を吉田さんに聞く
2 仕事の進み具合を確認する
3 課長に決まったことを報告する
4 取引先にメールで欠席者を知らせる

여자가 쉴 때, 남자는 무엇을 합니까?

[문제지]

1 사회 방법을 요시다 씨에게 묻는다
2 일의 진행 상황을 확인한다
3 과장님에게 정해진 것을 보고한다
4 거래처에 이메일로 결석자를 알린다

해설 여자가 쉴 때 남자가 해야 할 일을 묻는 문제이다. 대화에서, 의논한 것의 보고는 과장님에게 하는 건지 묻는 말에 여자가 **いつもは私が報告してるけど、私が休みの時は、お願いできるかな**라고 하자, 남자가 **わかりました**라고 했으므로, 3 **課長に決まったことを報告する**가 정답이다. 선택지 1은 여자가 쉴 때 해야 할 일이 아니고, 2는 여자가 쉬는 것과 상관없이 회의에서 할 일이며, 4는 거래처에 결석자가 있을 때 거래처가 해야 할 일이므로 오답이다.

어휘 **取引先** とりひきさき 명 거래처 **司会する** しかいする 사회를 보다 **進め方** すすめかた 명 진행 방법 **日程** にってい 명 일정
話し合う はなしあう 동 의논하다 **報告** ほうこく 명 보고 **報告書** ほうこくしょ 명 보고서 **直接** ちょくせつ 명 직접 **出席者** しゅっせきしゃ 명 출석자
メンバー 명 멤버 **体調不良** たいちょうふりょう 컨디션 불량 **欠席** けっせき 명 결석 **メール** 명 이메일 **対応** たいおう 명 대응
やり方 やりかた 명 방법, 하는 법 **欠席者** けっせきしゃ 명 결석자

☞ **문제 2**의 디렉션과 예제를 들려줄 때 1번부터 6번까지의 선택지를 미리 읽고 내용을 재빨리 파악해 둡니다. 음성에서 **では、始めます**(그러면, 시작합니다)가 들리면, 곧바로 문제 풀 준비를 합니다.

문제 2의 디렉션과 예제

[음성]

問題2では、まず質問を聞いてください。そのあと、問題用紙のせんたくしを読んでください。読む時間があります。それから話を聞いて、問題用紙の1から4の中から、最もよいものを一つ選んでください。では、練習しましょう。

喫茶店で店員と男の人が話しています。**男の人がこの店に通う一番の目的は何ですか。**

F：いつもお越しくださってありがとうございます。

M：こちらこそいつも長い時間すみません。ここにいるとつい時間を忘れてしまいますね。気づいたらこんな時間になっちゃってて、びっくりしました。すみません。

F：いえいえ。ここはお客様に普段の生活から離れて、のんびりしていただくことが目的ですのでごゆっくりどうぞ。ちょっと不便なところで申し訳ないんですが。

M：いやいや。**集中して読書がしたいときは、こんな環境がぴったりなんですよ。**今日は風の音を楽しみながら読書ができて、やっぱり私は自然が好きなんだなって思いました。自然がいっぱいの田舎で育ちましたので。

F：それはよかったです。ありがとうございます。

M：それに加えて、こちらのケーキはどれもおいしいですから。いつもどれにするか迷っちゃうんですよね。

[음성]

문제 2에서는, 우선 질문을 들어 주세요. 그 뒤, 문제 용지의 선택지를 읽어 주세요. 읽는 시간이 있습니다. 그리고 나서 이야기를 듣고, 문제 용지의 1에서 4 중에, 가장 알맞은 것을 하나 골라 주세요. 그러면, 연습합시다.

찻집에서 점원과 남자가 이야기하고 있습니다. **남자**가 이 **가게에 다니는 가장 큰 목적**은 무엇입니까?

F：언제나 와 주셔서 감사합니다.

M：저야말로 언제나 오랜 시간 죄송합니다. 여기에 있으면 그만 시간을 잊어버리네요. 알아차리면 이런 시간이 되어 버려서, 깜짝 놀랐어요. 죄송합니다.

F：아뇨 아뇨. 여기는 손님이 평소의 생활로부터 떨어져서, 느긋하게 있어 주시는 것이 목적이니까 편안히 계세요. 조금 불편한 곳이라 죄송합니다만.

M：아뇨 아뇨. **집중해서 독서를 하고 싶을 때는, 이런 환경이 딱이에요.** 오늘은 바람 소리를 즐기면서 독서할 수 있어서, 역시 나는 자연을 좋아하는구나라고 생각했어요. 자연이 가득한 시골에서 자라서요.

F：그건 다행이네요. 감사합니다.

M：거기에다가, 여기 케이크는 어느 것이나 다 맛있으니까요. 항상 어느 것으로 할지 망설여 버려요.

F：ありがとうございます。来週からケーキの種類も増やす予定ですので、またぜひお越しください。
M：そうなんですか。それは楽しみです。

男の人がこの店に通う一番の目的は何ですか。

最もよいものは２番です。解答用紙の問題２の例のところを見てください。最もよいものは２番ですから、答えはこのように書きます。では、始めます。

[문제지]
1 長い時間、ゆっくりしたいから
2 集中して本を読みたいから
3 田舎の自然を思い出したいから
4 おいしいケーキが食べたいから

F : 감사합니다. 다음 주부터 케이크 종류도 늘릴 예정이니까, 다시 꼭 와 주세요.
M : 그래요? 그거 기대되네요.

남자가 이 가게에 다니는 가장 큰 목적은 무엇입니까?

가장 알맞은 것은 2번입니다. 답안 용지의 문제 2의 예시 부분을 봐 주세요. 가장 알맞은 것은 2번이기 때문에, 정답은 이렇게 표시합니다. 그러면, 시작합니다.

[문제지]
1 오랜 시간, 편안히 있고 싶기 때문에
2 집중해서 책을 읽고 싶기 때문에
3 시골의 자연을 회상하고 싶기 때문에
4 맛있는 케이크가 먹고 싶기 때문에

1 중

[음성]
男の人と女の人が話しています。女の人は引っ越した部屋の何が一番気に入っていると言っていますか。

M：新しく引っ越した部屋はどう？
F：うん、快適だよ。やっぱり駅から近いっていいね。前はバスも使っていたから、本当に大変だったけど。
M：そうか、よかったね。
F：うん。引っ越す前は広い部屋がいいなと思って、いろいろ見たんだけど、やっぱり家賃高くて。
M：部屋が広いとねえ。
F：でもね、今の部屋って前よりけっこう安くてさ。それにキッチン。狭いからどうかなって思ってたけど、使いやすいんだ。何よりそこがよくて。
M：ああ、料理が好きだって言ってたもんね。
F：部屋は少し古いけど、日当たりもいいし。部屋が狭いのはちょっと我慢かな。
M：じゃあ、今度料理食べに行かないとね。

女の人は引っ越した部屋の何が一番気に入っていると言っていますか。

[문제지]
1 駅からの距離
2 部屋の広さ
3 家賃の安さ
4 キッチンの使いやすさ

[음성]
남자와 여자가 이야기하고 있습니다. 여자는 이사한 방의 무엇이 가장 마음에 든다고 **말하고 있습니까?**

M : 새로 이사한 방은 어때?
F : 응, 쾌적해. 역시 역에서 가깝다는 건 좋네. 전에는 버스도 이용하고 있었으니까, 정말로 힘들었는데.
M : 그렇구나, 잘 됐네.
F : 응. 이사하기 전에는 넓은 방이 좋겠다고 생각해서, 여러 가지 봤는데, 역시 집세가 비싸서.
M : 방이 넓으면 그렇지.
F : 하지만, 지금의 방은 전보다 꽤 싸서 말이야. 게다가 부엌. 좁아서 어떨까 생각했는데, 사용하기 편해. 무엇보다 그게 좋아서.
M : 아, 요리를 좋아한다고 말했었지.
F : 방은 조금 낡았지만, 채광도 좋고. 방이 좁은 것은 조금 참아야지.
M : 그럼, 다음에 요리 먹으러 가지 않으면 안 되겠네.

여자는 이사한 방의 무엇이 가장 마음에 든다고 말하고 있습니까?

[문제지]
1 역으로부터의 거리
2 방의 넓이
3 집세의 저렴함
4 부엌의 사용하기 편함

해설 이사한 방의 무엇이 가장 마음에 드는지 묻는 문제이다. 대화에서, 여자가 それにキッチン。狭いからどうかなって思ってたけど、使いやすいんだ。何よりそこがよくて라고 했으므로, 4 キッチンの使いやすさ가 정답이다. 선택지 1, 3은 가장 마음에 든다고 언급한 것이 아니고, 2는 방이 좁은 것은 참아야 한다 즉, 방의 넓이가 마음에 들지 않는다고 했으므로 오답이다.

어휘 気に入る きにいる 마음에 들다 快適だ かいてきだ [な형] 쾌적하다 家賃 やちん [명] 집세 キッチン [명] 부엌 何より なにより [부] 무엇보다 日当たり ひあたり [명] 채광, 볕 我慢 がまん [명] 참음 距離 きょり [명] 거리

2 중상

[음성]

女の人と男の人が話しています。男の人はどうして試験を受けないことにしましたか。

F：来週いよいよ試験だね。調子はどう?

M：ああ、勉強は順調だったんだけどね。

F：どうしたの? 体調でも悪いの?

M：そうじゃないんだけど、いろいろ考えて、試験を受けるのやめようと思って。

F：え、どうして?何かあったの?

M：これが本当に意味のある勉強かなって思っちゃって。資格のための知識を頭に詰め込んでるだけじゃ社会で役に立たないって思ったら、勉強する気も、試験に受かりたいっていう気持ちもなくなっちゃったんだ。

F：ああ、そうなんだ。その気持ち、分からなくもないけど。

M：それで、まずはボランティアやインターンで経験をしてみようと思って。

F：そう。でもせっかく勉強してきたんだから受けてみたら? もったいないじゃない。

M：ああ、でももう勉強する気分じゃなくて。今はね、ボランティアの募集をチェックしたりしているんだ。

男の人はどうして試験を受けないことにしましたか。

[문제지]

1 勉強が進んでいないから
2 体の調子がよくないから
3 やる気がなくなったから
4 ボランティアに応募したから

[음성]

여자와 남자가 이야기하고 있습니다. 남자는 어째서 시험을 치지 않기로 했습니까?

F：다음 주 드디어 시험이네. 상태는 어때?

M：아, 공부는 순조로웠는데 말이야.

F：무슨 일이야? 몸 상태라도 안 좋은 거야?

M：그런 건 아닌데, 여러 가지로 생각해서, 시험을 치는 걸 그만둘까 생각해서.

F：뭐, 어째서? 뭔가 있었어?

M：이게 정말로 의미가 있는 공부인가 생각해 버려서. 자격을 위한 지식을 머리에 집어넣고 있는 것 만으로는 사회에서 도움이 되지 않는다고 생각하니, 공부할 의욕도, 시험에 붙고 싶다는 마음도 사라져 버렸어.

F：아, 그렇구나. 그 마음, 모르는 것도 아니지만.

M：그래서, 우선은 자원봉사나 인턴으로 경험을 해 보려고 생각해서.

F：그래. 하지만 모처럼 공부해 온 거니까 쳐 보면 어때? 아깝잖아.

M：아, 하지만 이미 공부할 기분이 아니라서. 지금은 말이야, 자원봉사 모집을 체크하거나 하고 있어.

남자는 어째서 시험을 치지 않기로 했습니까?

[문제지]

1 공부가 진행되고 있지 않기 때문에
2 몸 상태가 좋지 않기 때문에
3 의욕이 없어졌기 때문에
4 자원봉사에 응모했기 때문에

해설 어째서 시험을 치지 않기로 했는지를 묻는 문제이다. 대화에서, 남자가 勉強する気も、試験に受かりたいっていう気持ちもなくなっちゃったんだ라고 했으므로, 3 やる気がなくなったから가 정답이다. 선택지 1은 순조로웠다고 했고, 2는 아니라고 했으며, 4는 시험을 치지 않기로 결정한 다음에 하고 있는 일이므로 오답이다.

어휘 試験を受ける しけんをうける 시험을 치다 いよいよ [부] 드디어 調子 ちょうし [명] 상태 順調だ じゅんちょうだ [な형] 순조롭다 体調 たいちょう [명] 몸 상태 資格 しかく [명] 자격 知識 ちしき [명] 지식 詰め込む つめこむ [동] 집어넣다 試験に受かる しけんにうかる 시험에 붙다 ボランティア [명] 자원봉사 インターン [명] 인턴 せっかく [부] 모처럼 もったいない [い형] 아깝다 募集 ぼしゅう [명] 모집 やる気 やるき [명] 의욕 応募 おうぼ [명] 응모

3 중상

[음성]

大学で男の学生と女の学生が話しています。女の学生は明日どうすると言っていますか。

M：明日、大雨になるらしいね。

[음성]

대학에서 남학생과 여학생이 이야기하고 있습니다. 여학생은 내일 어떻게 한다고 말하고 있습니까?

M：내일, 큰비가 온다고 하네.

F：うん、朝の通学時間に雨と風が強くなるってニュースで言ってたよ。午後には止むみたいだけど、天気予報、寝る前にもう一度見ておかないとね。

M：うん、でも、明日は僕、午後の授業だけなんだよ。

F：いいなあ。私は朝から授業があるし、午後はゼミで発表だし。あ、帰ったら、発表の準備しとかないと。

M：朝の授業って、何の？

F：佐藤先生の経済学。あの授業、難しくて大変なんだよね。遅刻もしたくないから、時間に余裕を持ってうちを出るしかないか。

M：ああ、あの先生、厳しいもんね。でも、大雨だと電車が止まるかもよ。そしたら、休講じゃない？

F：ええ？そんな都合のいい話、期待しちゃだめでしょう。

M：確かに、そうだね。

女の学生は明日どうすると言っていますか。

[문제지]

1 天気予報を見る
2 発表の準備をする
3 早めに家を出る
4 電車が止まるか確認する

F：응, 아침 통학 시간에 비와 바람이 강해진다고 뉴스에서 말하고 있었어. 오후에는 그치는 것 같은데, 일기 예보, 자기 전에 다시 한번 봐 두지 않으면 안 되겠네.

M：응, 하지만, 내일은 나, 오후 수업뿐이야.

F：좋겠다. 나는 아침부터 수업이 있고, 오후는 세미나에서 발표고. 아, 돌아가면, 발표 준비해 두지 않으면.

M：아침의 수업이라면, 무슨?

F：사토 선생님의 경제학. 그 수업, 어려워서 힘들어. 지각도 하기 싫으니까, 시간에 여유를 가지고 집을 나올 수밖에 없나.

M：아, 그 선생님, 엄격하지. 하지만, 큰비라면 전철이 멈출지도. 그러면, 휴강 아니야?

F：뭐? 그런 형편 좋은 얘기, 기대하면 안 되지.

M：확실히, 그렇지.

여학생은 내일 어떻게 한다고 말하고 있습니까?

[문제지]

1 일기 예보를 본다
2 발표 준비를 한다
3 일찌감치 집을 나온다
4 전철이 멈추는지 확인한다

해설 내일 어떻게 하는지를 묻는 문제이다. 대화에서, 남자가 아침 수업이 무엇이냐고 묻자, 여자가 佐藤先生の経済学。あの授業、難しくて大変なんだよね。遅刻もしたくないから、時間に余裕を持ってうちを出るしかないか라고 했으므로, 3 早めに家を出る가 정답이다. 선택지 1은 자기 전에 할 일이고, 2는 오늘 집에 돌아가서 할 일이며, 4는 언급되지 않았으므로 오답이다.

어휘 **大雨** おおあめ 명 큰비 **通学** つうがく 명 통학 **天気予報** てんきよほう 명 일기 예보 **ゼミ** 명 세미나, 강습회 **発表** はっぴょう 명 발표
経済学 けいざいがく 명 경제학 **遅刻** ちこく 명 지각 **余裕** よゆう 명 여유 **休講** きゅうこう 명 휴강 **期待** きたい 명 기대
早めだ はやめだ な형 일찌감치다 **確認** かくにん 명 확인

4 중상

[음성]

男の人と女の人が話しています。女の人が週末のオペラについて楽しみにしていることは何ですか。

M：オペラに行くのって、今週末だっけ？

F：うん。とっても楽しみで、昨日もなかなか寝られなかったよ。

M：着て行く服は決めた？

F：新しいワンピースを買おうかとも思ったんだけど、去年友達の結婚式のために買ったやつがあるから、それを着るつもり。

M：いいね。席はどのあたりなの？ 前のほう？

F：顔がはっきり見えるほどではないけど、いい席がとれたよ。今回のオペラはできたばかりのホールでやるんだけど、音の響きがとてもいいって評判だから、期待してるんだ。

[음성]

남자와 여자가 이야기하고 있습니다. 여자가 주말의 오페라에 대해서 기대하고 있는 것은 무엇입니까?

M：오페라에 가는 거는, 이번 주말이던가?

F：응. 매우 기대돼서, 어제도 좀처럼 잘 수 없었어.

M：입고 갈 옷은 정했어?

F：새로운 원피스를 살까도 생각했는데, 작년에 친구 결혼식을 위해서 산 것이 있으니까, 그걸 입을 생각이야.

M：좋네. 자리는 어느 부근이야? 앞 쪽?

F：얼굴이 확실히 보일 정도는 아니지만, 좋은 자리를 잡을 수 있었어. 이번 오페라는 생긴지 얼마 안 된 홀에서 하는데, 소리의 울림이 매우 좋다는 평판이라서, 기대하고 있어.

M：へえ。

F：終了後に出演した歌手の写真撮影会もあるんだけど、料金がちょっと高かったから、次回以降の楽しみにとっておくことにしたよ。

女の人が週末のオペラについて楽しみにしていることは何ですか。

[문제지]

1 新しい洋服を着ていくこと
2 歌手の表情が見られること
3 よい音で歌が聞けること
4 歌手の写真を撮ること

M : 우와.

F : 종료 후에 출연한 가수의 사진 촬영회도 있는데, 요금이 조금 비쌌어서, 다음번 이후의 즐거움으로 남겨 두기로 했어.

여자가 주말의 오페라에 대해서 기대하고 있는 것은 무엇입니까?

[문제지]

1 새로운 옷을 입고 가는 것
2 가수의 표정을 볼 수 있는 것
3 좋은 소리로 노래를 들을 수 있는 것
4 가수의 사진을 찍는 것

해설 주말의 오페라에 대해서 기대하고 있는 것을 묻는 문제이다. 대화에서, 여자가 今回のオペラはできたばかりのホールでやるんだけど、音の響きがとてもいいって評判だから、期待してるんだ라고 했으므로, 3 よい音で歌が聞けること가 정답이다. 선택지 1은 새로운 옷이 아니라 작년에 산 옷을 입는다고 했고, 2는 얼굴이 확실히 보일 정도는 아니라고 했으며, 4는 다음번의 즐거움으로 남겨 두기로 했다고 했으므로 오답이다.

어휘 **週末** しゅうまつ 명 주말 **オペラ** 명 오페라 **楽しみにする** たのしみにする 기대하다 **今週末** こんしゅうまつ 명 이번 주말 **ワンピース** 명 원피스 **結婚式** けっこんしき 명 결혼식 **今回** こんかい 명 이번 **ホール** 명 홀 **響き** ひびき 명 울림 **評判** ひょうばん 명 평판 **期待** きたい 명 기대 **終了** しゅうりょう 명 종료 **出演** しゅつえん 명 출연 **歌手** かしゅ 명 가수 **撮影会** さつえいかい 명 촬영회 **料金** りょうきん 명 요금 **次回** じかい 명 다음번 **以降** いこう 명 이후 **とっておく** 남겨 두다 **表情** ひょうじょう 명 표정

5 상

[음성]

女の人と男の人が話しています。男の人はどうして転職することにしましたか。

F：リーさん、来月、転職するんだって？

M：ああ、そうなんだ。実はもう半年前から考えてて。

F：へえ、今のチームに何か問題でも？

M：うーん、僕はもっと専門的なスキルを学んで仕事に生かしたいんだ。今は他のメンバーが経験不足で、自分の仕事以外にいつもメンバーにいろいろ教えなきゃならなくてさ。それがちょっとね。それにほら、去年会社が移転して、通勤時間も長くなってしまったし。

F：なるほどね。今の環境じゃ残業も多いから、大変だよね。私はやっぱりもっとお給料の高い会社がいいのかなと思ってたけど。

M：確かに、給料も高い方がいいんだけど。今度の仕事は家からでも仕事ができるしね。

F：そっかあ。リーさんはシステムエンジニアだから、それが可能なんだね。でも、細かい打ち合わせとか、大丈夫なの？

M：それも問題ないよ。インターネット上での会議でもコミュニケーションは取れるからね。

[음성]

여자와 남자가 이야기하고 있습니다. 남자는 어째서 이직하기로 했습니까?

F : 리 씨, 다음 달, 이직한다면서?

M : 아, 맞아. 실은 이미 반 년 전부터 생각하고 있어서.

F : 흐음, 지금 팀에 뭔가 문제라도?

M : 으음, 나는 좀 더 전문적인 스킬을 배워서 일에 활용하고 싶어. 지금은 다른 멤버가 경험 부족이라, 자신의 일 외에 항상 멤버에게 여러 가지 가르쳐주지 않으면 안 돼서 말이야. 그게 좀. 그리고 봐, 작년 회사가 이전해서, 통근 시간도 길어져 버렸고.

F : 그렇구나. 지금 환경에선 잔업도 많으니까, 힘들겠네. 나는 역시 더 급료가 높은 회사가 좋은 걸까 생각했었는데.

M : 확실히, 급료도 높은 편이 좋지만. 이번 일은 집에서도 일을 할 수 있어서 말이야.

F : 그렇구나. 리 씨는 시스템 엔지니어니까, 그게 가능하구나. 하지만, 세세한 협의라든가, 괜찮아?

M : 그것도 문제없어. 인터넷상에서의 회의에서도 커뮤니케이션은 할 수 있으니까 말이야.

男の人はどうして転職することにしましたか。

[문제지]

1 高い技術が使える仕事がしたいから
2 残業の少ない会社で働きたいから
3 給料の高い会社で働きたいから
4 家からでもできる仕事がしたいから

남자는 어째서 이직하기로 했습니까?

[문제지]

1 높은 기술을 쓸 수 있는 일을 하고 싶기 때문에
2 잔업이 적은 회사에서 일하고 싶기 때문에
3 급료가 높은 회사에서 일하고 싶기 때문에
4 집에서도 할 수 있는 일을 하고 싶기 때문에

해설 어째서 이직하기로 했는지를 묻는 문제이다. 대화에서, 남자가 **僕はもっと専門的なスキルを学んで仕事に生かしたいんだ**라고 했으므로, **1 高い技術が使える仕事がしたいから**가 정답이다. 선택지 2, 3은 여자가 추측한 이유이고, 4는 이직하고 싶은 이유로 언급한 것이 아니므로 오답이다.

어휘 **転職** てんしょく 명 이직 **実は** じつは 부 실은 **半年** はんとし 명 반 년 **チーム** 명 팀 **スキル** 명 스킬 **生かす** いかす 동 활용하다, 살리다 **メンバー** 명 멤버 **経験不足** けいけんぶそく 명 경험 부족 **移転** いてん 명 이전 **通勤** つうきん 명 통근 **環境** かんきょう 명 환경 **残業** ざんぎょう 명 잔업 **給料** きゅうりょう 명 급료 **システム** 명 시스템 **エンジニア** 명 엔지니어 **可能だ** かのうだ な형 가능하다 **打ち合わせ** うちあわせ 명 협의 **インターネット** 명 인터넷 **コミュニケーション** 명 커뮤니케이션

6 중상

[음성]

図書館の館長が図書館の開館式でスピーチをしています。この図書館が他の図書館と違う点は何ですか。

M：本日は、新しく生まれ変わった当図書館の開館式にお越しいただきありがとうございます。以前から、旧図書館の書籍の数と種類の少なさ、設備の古さについて、住民の皆さんから多くのご指摘をいただいていました。そこで今回、館内には3機のエレベーターを設置し、誰もが利用しやすいようにしました。また書籍数は以前の倍になり、種類も医療やITなどの新しい分野が大幅に増えています。何より、この地域における当図書館唯一の魅力と言えるのが、電子書籍サービスです。これは自宅にいながら図書の貸し出しが可能なシステムで、ご希望の書籍が電子版で読める、この図書館ならではのサービスです。今後は従来の図書貸し出しサービス以外にも読み聞かせや読書イベント、カフェやレストランなどのサービスをより一層充実させていきますので、皆さんぜひご利用ください。

この図書館が他の図書館と違う点は何ですか。

[문제지]

1 書籍の数が多いこと
2 電子図書サービスを行っていること
3 エレベーターが設置されていること
4 読書イベントが開かれること

[음성]

도서관의 관장이 도서관 개관식에서 스피치를 하고 있습니다. 이 도서관이 다른 도서관과 다른 점은 무엇입니까?

M: 오늘은, 새롭게 다시 태어난 저희 도서관의 개관식에 와 주셔서 감사합니다. 이전부터, 구 도서관의 서적 수와 종류의 적음, 설비의 낡음에 대해서, 주민 여러분으로부터 많은 지적을 받고 있었습니다. 그래서 이번에, 관내에는 3기의 엘리베이터를 설치하여, 누구나 이용하기 쉽도록 했습니다. 또 서적 수는 이전의 배가 되고, 종류도 의료나 IT 등의 새로운 분야가 대폭으로 늘어 있습니다. 무엇보다, 이 지역에 있어서 저희 도서관 유일의 매력이라고 말할 수 있는 것이, 전자 서적 서비스입니다. 이것은 자택에 있으면서 도서의 대출이 가능한 시스템으로, 희망 서적을 전자판으로 읽을 수 있는, 이 도서관만의 서비스입니다. 앞으로는 종래의 도서 대출 서비스 이외에도 낭독이나 독서 이벤트, 카페와 레스토랑 등의 서비스를 한층 더 충실하게 해 나가겠으니, 여러분 꼭 이용해 주십시오.

이 도서관이 다른 도서관과 다른 점은 무엇입니까?

[문제지]

1 서적의 수가 많은 것
2 전자 도서 서비스를 행하고 있는 것
3 엘리베이터가 설치되어 있는 것
4 독서 이벤트가 열리는 것

해설 이 도서관이 다른 도서관과 다른 점을 묻는 문제이다. 도서관 관장 즉, 남자가 **何より、この地域における当図書館唯一の魅力と言えるのが、電子書籍サービスです**라고 했으므로, **2 電子図書サービスを行っていること**가 정답이다. 선택지 1, 3은 유일의 매력으로 언급한 것이

아니고, 4는 앞으로 해 나갈 것이므로 오답이다.

어휘 館長 かんちょう [명]관장　開館式 かいかんしき [명]개관식　スピーチ [명]스피치　本日 ほんじつ [명]오늘　生まれ変わる うまれかわる [동]다시 태어나다
お越しいただく おこしいただく 와 주시다 (来てもらう의 겸양 표현)　以前 いぜん [명]이전　書籍 しょせき [명]서적　数 かず [명]수　種類 しゅるい [명]종류
設備 せつび [명]설비　住民 じゅうみん [명]주민　指摘 してき [명]지적　そこで [접]그래서　今回 こんかい [명]이번　館内 かんない [명]관내
設置 せっち [명]설치　書籍数 しょせきすう [명]서적 수　倍 ばい [명]배　医療 いりょう [명]의료　分野 ぶんや [명]분야　大幅だ おおはばだ [な형]대폭이다
地域 ちいき [명]지역　唯一 ゆいいつ [명]유일　魅力 みりょく [명]매력　電子 でんし [명]전자　サービス [명]서비스　自宅 じたく [명]자택　図書 としょ [명]도서
貸し出し かしだし [명]대출　可能だ かのうだ [な형]가능하다　システム [명]시스템　希望 きぼう [명]희망　電子版 でんしばん [명]전자판
今後 こんご [명]앞으로, 차후　従来 じゅうらい [명]종래, 지금까지　読み聞かせ よみきかせ [명]낭독　読書 どくしょ [명]독서　イベント [명]이벤트
カフェ [명]카페　より一層 よりいっそう 한층 더　充実 じゅうじつ [명]충실

☞ 문제 3은 문제지에 아무것도 인쇄되어 있지 않습니다. 따라서, 예제를 들려줄 때, 그 내용을 들으면서 p.20 개요 이해의 문제 풀이 전략을 떠올려 봅니다. 음성에서 では、始めます(그러면, 시작합니다)가 들리면, 곧바로 문제 풀 준비를 합니다.

문제 3의 디렉션과 예제

[음성]

問題３では、問題用紙に何もいんさつされていません。この問題は、全体としてどんな内容かを聞く問題です。話の前に質問はありません。まず話を聞いてください。それから、質問とせんたくしを聞いて、１から４の中から、最もよいものを一つ選んでください。では、練習しましょう。

会社のパーティーで女性の社長が話しています。

F：皆さん、今年もこのように多くの若者が私達の会社のメンバーとして働いてくれることになりました。**今年入社した皆さんには、ぜひ積極的に仕事をしてほしいと思います。**これから仕事を始める皆さんは、日本だけでなく世界中の人々がビジネスの相手となります。**まず１年、ご自分の英語の力を伸ばし、仕事で使えるレベルにしてください。**１年目は任される仕事もあまり多くないですが、２年、３年と仕事を続けていくと、どんどん忙しくなるでしょう。時間が使える今がチャンスなのです。どうかそれを忘れずに、**時間を有効に活用してください。**これからの皆さんに期待しています。

社長は何について話していますか。

1 積極的に働く社員の紹介
2 新入社員にしてほしいこと
3 社員の仕事の忙しさ
4 時間を上手に使う方法

最もよいものは２番です。解答用紙の問題３の例のところを見てください。最もよいものは２番ですから、答えはこのように書きます。では、始めます。

[음성]

문제 3에서는, 문제 용지에 아무것도 인쇄되어 있지 않습니다. 이 문제는, 전체적으로 어떤 내용인지를 묻는 문제입니다. 이야기 전에 질문은 없습니다. 우선 이야기를 들어 주세요. 그러고 나서, 질문과 선택지를 듣고, 1에서 4 중에, 가장 알맞은 것을 하나 골라 주세요. 그러면, 연습합시다.

회사의 파티에서 여성 사장이 이야기하고 있습니다.

F : 여러분, 올해도 이렇게 많은 젊은이가 우리 회사의 멤버로서 일해주게 되었습니다. **올해 입사한 여러분에게는, 꼭 적극적으로 일을 해 주시기 바란다고 생각합니다.** 앞으로 일을 시작하는 여러분은, 일본뿐만 아니라 전 세계 사람들이 비즈니스 상대가 됩니다. **우선 1년, 자신의 영어 능력을 키우고, 일에서 사용할 수 있는 레벨로 해 주세요.** 1년째는 맡겨지는 일도 그다지 많지 않습니다만, 2년, 3년 일을 계속해 가면, 점점 바빠질 것입니다. 시간을 쓸 수 있는 지금이 기회입니다. 부디 그것을 잊지 말고, **시간을 유효하게 활용해 주세요.** 앞으로의 여러분에게 기대하고 있습니다.

사장은 무엇에 대해 이야기하고 있습니까?

1 적극적으로 일하는 사원 소개
2 신입 사원에게 해 주길 바라는 점
3 사원의 일의 바쁨
4 시간을 잘 쓰는 방법

가장 알맞은 것은 2번입니다. 답안 용지의 문제 3의 예시 부분을 봐 주세요. 가장 알맞은 것은 2번이기 때문에, 정답은 이렇게 표시합니다. 그러면, 시작합니다.

1 상

[음성]

会社の人事部の会議で女の人が話しています。

F：自宅で仕事を行う在宅勤務が一般的になった今、時代を先取りした制度が求められています。そこで我が社でも、来年度から契約社員を含む全社員に対し、制度の改正を行います。まず、社員の住む場所に関してですが、会社までの通勤時間が 90 分以内という制限をなくします。それに伴い、交通費の限度額を月 15 万円とし、新幹線、飛行機などあらゆる交通手段の利用を可能にします。この制度には全国から優秀な社員を確保し、社員の意欲を高めるという重要な狙いがあります。ライバル企業より良い働き方を提案していく必要があるからです。

女の人は何について話していますか。

1 制度を改める理由
2 新しい通勤スタイルの提案
3 働く環境を変える必要性
4 新しい制度の内容と目的

[음성]

회사의 인사부 회의에서 여자가 이야기하고 있습니다.

F : 자택에서 일을 하는 재택근무가 일반적이 된 지금, 시대를 앞지른 제도가 요구되고 있습니다. 그래서 우리 회사에서도, 내년도부터 계약 사원을 포함한 전 사원에 대해, 제도의 개정을 행합니다. 우선, 사원이 사는 장소에 관해서입니다만, 회사까지의 통근 시간이 90분 이내라고 하는 제한을 없앱니다. 그에 따라, 교통비 한도액을 월 15만 엔으로 하여, 신칸센, 비행기 등 모든 교통수단의 이용을 가능하게 하겠습니다. 이 제도에는 전국에서 우수한 사원을 확보하고, 사원의 의욕을 높인다고 하는 중요한 목표가 있습니다. 라이벌 기업보다 좋은 근무 방법을 제안해 갈 필요가 있기 때문입니다.

여자는 무엇에 대해 이야기하고 있습니까?

1 제도를 고치는 이유
2 새로운 통근 스타일의 제안
3 일하는 환경을 바꿀 필요성
4 새로운 제도의 내용과 목적

해설 여자가 인사부 회의에서 어떤 이야기를 하는지 전체적인 흐름을 파악하며 주의 깊게 듣는다. 여자가 'そこで我が社でも、来年度から契約社員を含む全社員に対し、制度の改正を行います', '会社までの通勤時間が90分以内という制限をなくします', '交通費の限度額を月15万円とし', 'この制度には全国から優秀な社員を確保し、社員の意欲を高めるという重要な狙い'라고 했다. 질문에서 여자가 무엇에 대해 이야기하고 있는지 묻고 있으므로, 4 新しい制度の内容と目的가 정답이다.

어휘 人事部 じんじぶ 명 인사부　自宅 じたく 명 자택　在宅勤務 ざいたくきんむ 명 재택근무　一般的だ いっぱんてきだ な형 일반적이다
先取り さきどり 명 앞지름　制度 せいど 명 제도　求める もとめる 동 요구하다　そこで 접 그래서　我が社 わがしゃ 명 우리 회사
来年度 らいねんど 명 내년도　契約 けいやく 명 계약　社員 しゃいん 명 사원　含む ふくむ 동 포함하다　全社員 ぜんしゃいん 명 전 사원
改正 かいせい 명 개정　通勤 つうきん 명 통근　制限 せいげん 명 제한　交通費 こうつうひ 명 교통비　限度額 げんどがく 명 한도액
新幹線 しんかんせん 명 신칸센　あらゆる 모든　交通手段 こうつうしゅだん 명 교통수단　可能だ かのうだ な형 가능하다　全国 ぜんこく 명 전국
優秀だ ゆうしゅうだ な형 우수하다　確保 かくほ 명 확보　意欲 いよく 명 의욕　重要だ じゅうようだ な형 중요하다　狙い ねらい 명 목표, 목적
ライバル 명 라이벌　企業 きぎょう 명 기업　働き方 はたらきかた 명 근무 방법　提案 ていあん 명 제안　改める あらためる 동 고치다
スタイル 명 스타일　環境 かんきょう 명 환경　必要性 ひつようせい 명 필요성　内容 ないよう 명 내용　目的 もくてき 명 목적

꼭! 알아두기 そこで(그래서), 今後は(앞으로는) 뒤에서 화자가 말하고자 하는 주제나 중심 내용이 자주 언급되므로 유의해서 듣는다.

2 중상

[음성]

消費者生活センターで男の人が話しています。

M：自動的に動くロボット掃除機は、使い方が簡単で、仕事中や他の作業をしている間に掃除をしてくれるので、人気があります。ところが最近、使用中のトラブルがかなり発生しています。最も多い報告は、電気ストーブがロボット掃除機に押されて倒れたり、コードが引っ張られて移動したりして、家具などが燃え

[음성]

소비자 생활 센터에서 남자가 이야기하고 있습니다.

M : 자동적으로 움직이는 로봇 청소기는, 사용법이 간단하고, 업무 중이나 다른 작업을 하고 있는 사이에 청소를 해 주기 때문에, 인기가 있습니다. 그런데 최근, 사용 중의 트러블이 상당히 발생하고 있습니다. 가장 많은 보고는, 전기스토브가 로봇 청소기에 밀려서 쓰러지거나, 코드가 끌어당겨져서 이동하거나

てしまうという事故です。ロボット掃除機を使用するときは電気ストーブのコードを抜いて、安全な場所に移動してからお使いください。共働きの家庭や高齢者にとって、家事の時間を短くできるのでとても便利な商品ですが、使用する際には十分に注意する必要があります。

男の人は何について話していますか。

1 ロボット掃除機の事故の多さ
2 **ロボット掃除機の使用上の注意**
3 安全に使うためのロボット掃除機の機能
4 忙しい人がロボット掃除機を使う理由

해서, 가구 등이 불타 버린다는 사고입니다. 로봇 청소기를 사용할 때는 전기스토브의 코드를 뽑고, 안전한 장소에 이동하고 나서 사용해 주세요. 맞벌이 가정이나 고령자에게 있어서, 가사 시간을 짧게 할 수 있기 때문에 매우 편리한 상품입니다만, 사용할 때에는 충분히 주의할 필요가 있습니다.

남자는 무엇에 대해 이야기하고 있습니까?

1 로봇 청소기의 사고의 많음
2 **로봇 청소기 사용상의 주의**
3 안전하게 쓰기 위한 로봇 청소기의 기능
4 바쁜 사람이 로봇 청소기를 쓰는 이유

해설 남자가 소비자 생활 센터에서 어떤 이야기를 하는지 전체적인 흐름을 파악하며 주의 깊게 듣는다. 남자가 '使用中のトラブルがかなり発生', '電気ストーブがロボット掃除機に押されて倒れたり、コードが引っ張られて移動したりして、家具などが燃えてしまうという事故', '電気ストーブのコードを抜いて、安全な場所に移動してからお使いください', '使用する際には十分に注意する必要があります'라고 했다. 질문에서 남자가 무엇에 대해 이야기하고 있는지 묻고 있으므로, 2 ロボット掃除機の使用上の注意가 정답이다.

어휘 **消費者** しょうひしゃ 명 소비자 **センター** 명 센터 **自動的だ** じどうてきだ な형 자동적이다 **ロボット** 명 로봇 **掃除機** そうじき 명 청소기 **使い方** つかいかた 명 사용법 **作業** さぎょう 명 작업 **人気** にんき 명 인기 **ところが** 접 그런데 **使用中** しようちゅう 사용 중 **トラブル** 명 트러블 **かなり** 부 상당히 **発生** はっせい 명 발생 **最も** もっとも 부 가장 **報告** ほうこく 명 보고 **コード** 명 코드 **引っ張る** ひっぱる 동 끌어당기다 **移動** いどう 명 이동 **家具** かぐ 명 가구 **燃える** もえる 동 불타다 **使用** しよう 명 사용 **抜く** ぬく 동 뽑다 **共働き** ともばたらき 명 맞벌이 **高齢者** こうれいしゃ 명 고령자 **家事** かじ 명 가사 **商品** しょうひん 명 상품 **機能** きのう 명 기능

3 중상

[음성]

大学で女の学生と男の学生が話しています。

F：3年生になったら、ディベートのサークルに入ろうと思ってるんだ。

M：へえ、ディベートって聞いたことあるけど、どんなことするの?

F：一つのテーマについて、賛成と反対のグループに分かれて、それぞれが意見を出して、聞いている人が納得できるように議論するの。

M：へえ、面白そうだね。でも、それをすると何の役に立つのかな。

F：あのね。納得させるというのは、反対の意見の人を強い言葉や言い方で黙らせることじゃないの。相手の意見もよく聞いたうえで、自分の考えをまとめ、的確に相手に伝えることが必要なんだ。その練習なんだよ。

M：なるほど。無理に賛成させるわけじゃないんだね。

F：そう。つまり、コミュニケーション能力を高めることができるのよ。

M：そうなんだ。それって、大学のゼミや、会社に入っても企画や営業、いろいろな場面で必要なスキルだね。

[음성]

대학에서 여학생과 남학생이 이야기하고 있습니다.

F : 3학년이 되면, 토론 서클에 들어가려고 생각하고 있어.

M : 오, 토론이라는 건 들어본 적 있지만, 어떤 걸 하는 거야?

F : 하나의 테마에 대해, 찬성과 반대의 그룹으로 나뉘어서, 각자가 의견을 내서, 듣고 있는 사람이 납득할 수 있도록 의론하는 거야.

M : 와, 재밌을 것 같네. 하지만, 그걸 하면 무슨 도움이 되는 걸까?

F : 있지. 납득시킨다고 하는 것은, 반대 의견인 사람을 강한 말이나 말투로 잠자코 있게 하는 게 아니야. 상대의 의견도 잘 들은 후에, 자신의 생각을 정리해서, 적확하게 상대에게 전달하는 것이 필요해. 그 연습인 거야.

M : 과연. 무리하게 찬성시키는 게 아니구나.

F : 맞아. 즉, 커뮤니케이션 능력을 높이는 것이 가능한 거야.

M : 그렇구나. 그건, 대학의 세미나나, 회사에 들어가서도 기획이나 영업, 여러 가지 경우에 필요한 스킬이네.

女の学生はディベートを練習するとどうなると言っていますか。

1 反対意見が理解できるようになる
2 自分の意見をまとめることができる
3 コミュニケーションがうまくなる
4 社会で必要な技術が身につく

여학생은 토론을 연습하면 어떻게 된다고 말하고 있습니까?

1 반대 의견을 이해할 수 있게 된다
2 자신의 의견을 정리하는 것이 가능하다
3 커뮤니케이션을 잘하게 된다
4 사회에서 필요한 기술이 몸에 밴다

해설 여학생과 남학생이 대학에서 어떤 이야기를 하는지 전체적인 흐름을 파악하며 주의 깊게 듣는다. 여자가 '相手の意見もよく聞いたうえで、自分の考えをまとめ、的確に相手に伝えることが必要なんだ', 'つまり、コミュニケーション能力を高めることができるのよ'라고 했다. 질문에서 여학생이 토론을 연습하면 어떻게 된다고 말하고 있는지 묻고 있으므로, 3 コミュニケーションがうまくなる가 정답이다.

어휘 ディベート 명 토론 サークル 명 서클, 동아리 テーマ 명 테마 賛成 さんせい 명 찬성 グループ 명 그룹 分かれる わかれる 동 나뉘다 それぞれ 명 각자 納得 なっとく 명 납득 議論 ぎろん 명 의론, 논의 言い方 いいかた 명 말투 黙る だまる 동 잠자코 있다 相手 あいて 명 상대 まとめる 동 정리하다 的確だ てきかくだ な형 적확하다 コミュニケーション 명 커뮤니케이션 能力 のうりょく 명 능력 高める たかめる 동 높이다 ゼミ 명 세미나 企画 きかく 명 기획 営業 えいぎょう 명 영업 場面 ばめん 명 경우, 장면 スキル 명 스킬 理解 りかい 명 이해 身につく みにつく 몸에 배다

4 중상

[음성]

ラジオで男の人が話しています。

M：新しいビジネスやサービスが次々と生まれている変化の激しい時代においては、企業の社員教育の進め方にも変化が求められています。以前、覚えた知識やスキルを社員は常に学び直す必要があるというわけです。新しいスキルを身に付けることで、今までにないアイディアが生まれ、売り上げの拡大にも繋がるでしょう。労働人口が減少する中、新しい社員を採用し教育するのは時間も費用もかかります。それよりも社員の学び直しを進めれば、コスト削減にも繋がります。このように、現在の社員教育は、新入社員だけを対象とするものではなくなっているのです。

男の人は何について話していますか。

1 新しい社員教育の必要性
2 時代に合った技術の学び方
3 社員の学びが変わった理由
4 企業のコストを削減する方法

[음성]

라디오에서 남자가 이야기하고 있습니다.

M : 새로운 비즈니스나 서비스가 잇달아 생기고 있는 변화가 격심한 시대에 있어서는, 기업의 사원 교육의 진행 방법에도 변화가 요구되고 있습니다. 이전, 익힌 지식이나 스킬을 사원은 항상 다시 배울 필요가 있다고 하는 것입니다. 새로운 스킬을 습득하는 것으로, 지금까지 없는 아이디어가 생기고, 매상 확대에도 이어지겠지요. 노동 인구가 감소하는 가운데, 새로운 사원을 채용하고 교육하는 것은 시간도 비용도 듭니다. 그것보다도 사원이 다시 배우는 것을 진행하면, 비용 삭감으로도 이어집니다. 이렇게, 현재의 사원 교육은, 신입 사원만을 대상으로 하는 것이 아니게 되어 있는 것입니다.

남자는 무엇에 대해 이야기하고 있습니까?

1 새로운 사원 교육의 필요성
2 시대에 맞는 기술의 학습법
3 사원의 배움이 바뀐 이유
4 기업의 비용을 삭감하는 방법

해설 남자가 라디오에서 어떤 이야기를 하는지 전체적인 흐름을 파악하며 주의 깊게 듣는다. 남자가 '企業の社員教育の進め方にも変化が求められています', '新しいスキルを身に付けることで、今までにないアイディアが生まれ、売り上げの拡大にも繋がるでしょう', '社員の学び直しを進めれば、コスト削減にも繋がります'라고 했다. 질문에서 남자가 무엇에 대해 이야기하고 있는지 묻고 있으므로, 1 新しい社員教育の必要性가 정답이다.

어휘 ビジネス 명 비즈니스 サービス 명 서비스 次々 つぎつぎ 부 잇달아 変化 へんか 명 변화 激しい はげしい い형 격심하다 企業 きぎょう 명 기업 社員 しゃいん 명 사원 進め方 すすめかた 명 진행 방법 求める もとめる 동 요구하다 以前 いぜん 명 이전 知識 ちしき 명 지식 スキル 명 스킬 常に つねに 부 항상 学び直す まなびなおす 동 다시 배우다 身に付ける みにつける 습득하다 アイディア 명 아이디어 売り上げ うりあげ 명 매상 拡大 かくだい 명 확대 繋がる つながる 동 이어지다 労働 ろうどう 명 노동 減少 げんしょう 명 감소 採用 さいよう 명 채용 費用 ひよう 명 비용 進める すすめる 동 진행하다 コスト 명 비용 削減 さくげん 명 삭감 必要性 ひつようせい 명 필요성 合う あう 동 맞다 学び方 まなびかた 명 학습법 学び まなび 명 배움 方法 ほうほう 명 방법

5 중상

[음성]

テレビで男の俳優がインタビューに答えています。

F：今日は数多くの映画に出演されている松田さんにお越しいただきました。映画のお仕事がとてもお好きだそうですね。

M：ええ、やはり、映画は時間をかけて作るものですから、ゆっくり役について考えて、演技に取り組むことができるので、楽しいですね。

F：これまでいろいろな役を演じられていますね。

M：はい、お陰様で。いただいた役をカメラの前で演技する時、俳優としては、いったいどうすれば生きた人物として、見てもらえるだろうかといつも考えています。

F：なるほど。

M：そのためには、自然な演技をすることが大事です。俳優は映画の中では、その人物の人生を生きているんです。それが自然に見えないと。

F：昨年は、演技の勉強のためにアメリカまで行っていたとお聞きしましたが。

M：はい、アメリカでトレーニングを受けて、自分の演技を見直すことができました。今よりいい俳優になれるように学び続けたいと思っています。

男の俳優は演技についてどう思っていますか。

1 長い時間をかけて取り組むことが大切だ
2 様々な役を演じることが大切だ
3 **人物を自然に見せることが大切だ**
4 自分の演技を見直すことが大切だ

[음성]

텔레비전에서 남자 배우가 인터뷰에 대답하고 있습니다.

F : 오늘은 수많은 영화에 출연하고 계시는 마쓰다 씨가 와 주셨습니다. 영화 일을 매우 좋아하신다고 하던데요.

M : 네, 역시, 영화는 시간을 들여서 만드는 것이라서, 천천히 역에 대해 생각하고, 연기에 임하는 것이 가능하기 때문에, 즐겁네요.

F : 지금까지 다양한 역을 연기하고 계시죠.

M : 네, 덕분에. 주신 역을 카메라 앞에서 연기할 때, 배우로서는, 대체 어떻게 하면 살아있는 인물로서, 봐 주실 수 있을까 하고 항상 생각하고 있습니다.

F : 그렇군요.

M : 그것을 위해서는, 자연스러운 연기를 하는 것이 중요합니다. 배우는 영화 속에서는, 그 인물의 인생을 살고 있는 것입니다. 그것이 자연스럽게 보이지 않으면.

F : 작년은, 연기 공부를 위해 미국까지 갔었다고 들었습니다만.

M : 네, 미국에서 트레이닝을 받고, 자신의 연기를 다시 살펴볼 수 있었습니다. 지금보다 좋은 배우가 될 수 있도록 계속 배우고 싶다고 생각하고 있습니다.

남자 배우는 연기에 대해 어떻게 생각하고 있습니까?

1 긴 시간을 들여서 임하는 것이 중요하다
2 다양한 역을 연기하는 것이 중요하다
3 **인물을 자연스럽게 보이는 것이 중요하다**
4 자신의 연기를 다시 살펴보는 것이 중요하다

해설 남자 배우가 인터뷰에 대답하고 있다고 했으므로, 전체적인 흐름을 파악하며 남자 배우의 이야기를 주의 깊게 듣는다. 남자 배우가 'そのためには、自然な演技をすることが大事です。俳優は映画の中では、その人物の人生を生きているんです。それが自然に見えないと'라고 했다. 질문에서 남자 배우가 연기에 대해 어떻게 생각하고 있는지 묻고 있으므로, 3 人物を自然に見せることが大切だ가 정답이다.

어휘 **俳優** はいゆう 명 배우 **インタビュー** 명 인터뷰 **数多い** かずおおい 수많은 **出演** しゅつえん 명 출연
お越しいただく おこしいただく 와 주시다 (来てもらう의 겸양 표현) **役** やく 명 역 **演技** えんぎ 명 연기 **取り組む** とりくむ 동 임하다
演じる えんじる 동 연기하다 **人物** じんぶつ 명 인물 **自然だ** しぜんだ な형 자연스럽다 **人生** じんせい 명 인생 **トレーニング** 명 트레이닝
見直す みなおす 동 다시 살펴보다 **様々だ** さまざまだ な형 다양하다

☞ **문제 4**는 문제지에 아무것도 인쇄되어 있지 않습니다. 따라서, 예제를 들려줄 때, 그 내용을 들으면서 p.21 즉시 응답의 문제 풀이 전략을 떠올려 봅니다. 음성에서 では、始めます(그러면, 시작합니다)가 들리면, 곧바로 문제 풀 준비를 합니다.

문제 4의 디렉션과 예제

[음성]

問題４では、問題用紙に何もいんさつされていません。まず文を聞いてください。それから、それに対する返事を聞いて、１から３の中から、最もよいものを一つ選んでください。では、練習しましょう。

M：その日は子どもの運動会を見に行かなきゃいけないから、無理だよ。

F：１　え、昨日、運動会だったんですか。

２　じゃあ、日程を変えないといけないですね。

３　本当に見に行ってあげないんですか。

最もよいものは２番です。解答用紙の問題４の例のところを見てください。最もよいものは２番ですから、答えはこのように書きます。では、始めます。

[음성]

문제 4에서는 문제 용지에 아무것도 인쇄되어 있지 않습니다. 우선 문장을 들어 주세요. 그러고 나서, 그것에 대한 대답을 듣고, 1에서 3 중에, 가장 알맞은 것을 하나 골라 주세요. 그러면, 연습합시다.

M : 그날은 아이의 운동회를 보러 가야 하니까, 무리야.

F : 1 네? 어제, 운동회였나요?

2 그럼, 일정을 바꿔야겠네요.

3 정말 보러 가주지 않는 건가요?

가장 알맞은 것은 2번입니다. 답안 용지의 문제 4의 예시 부분을 봐 주세요. 가장 알맞은 것은 2번이기 때문에, 정답은 이렇게 표시합니다. 그러면, 시작합니다.

1 중

[음성]

F：私、運動不足だから何か始めようかな。

M：１　ああ、それで運動を始めたんだね。

２　やっぱり運動すればよかったね。

３　朝のジョギングとか、いいんじゃない？

[음성]

F : 나, 운동 부족이니까 뭔가 시작할까.

M : 1 아, 그래서 운동을 시작한 거구나.

2 역시 운동하면 좋았을 텐데.

3 아침 조깅이라든가, 좋지 않아?

해설 여자가 운동 부족이라 뭔가 시작할지 고민하는 상황이다.

1 (X) 운동을 시작할지 고민하는 상황과 맞지 않다.

2 (X) 運動(うんどう)를 반복 사용하여 혼동을 준 오답이다.

3 (O) 아침 조깅은 어떤지 권유하고 있으므로 적절한 응답이다.

어휘 **運動不足** うんどうぶそく 명 운동 부족　**～ばよかった** ~하면 좋았을 텐데　**ジョギング** 명 조깅

꼭! 알아두기　~かな(~할까)는 확실히 정하지 않은 일이나, 자신의 결정에 확신이 없음을 나타내는 표현이므로, 조언을 하거나 동의 혹은 반대하는 내용을 정답으로 고른다.

2 중상

[음성]

F：土曜日の午後７時、三人、窓側の席を予約できますか。

M：１　７時半でしたら承れるのですが…。

２　あちらのテーブルは売り切れました。

３　土曜日は約束されていないようですが。

[음성]

F : 토요일 오후 7시, 3명, 창가 쪽 자리를 예약할 수 있나요?

M : 1 7시 반이라면 받을 수 있습니다만….

2 저쪽의 테이블은 다 팔렸습니다.

3 토요일은 약속되어 있지 않은 것 같습니다만.

해설 여자가 토요일 오후 7시, 3명, 창가 쪽 자리를 예약할 수 있는지 묻는 상황이다.

1 (O) 예약할 수 있는 다른 시간을 안내하고 있으므로 적절한 응답이다.

2 (X) 席(자리)와 관련된 テーブル(테이블)를 사용하여 혼동을 준 오답이다.

3 (X) 土曜日(どようび)를 반복 사용하고, 予約(예약)와 비슷한 의미인 約束(약속)를 사용하여 혼동을 준 오답이다.

어휘 **窓側** まどがわ 명 창가 쪽　**承る** うけたまわる 동 받다 (うける의 겸양어)　**売り切れる** うりきれる 동 다 팔리다

3 중

[음성]

M：コピー機故障してるんだけど、修理の人、4時過ぎじゃないと来られないって。

F：1 では私は3時なら大丈夫です。

2 え?それまで使えないんですか?

3 ああ、来なくなったんですか。

[음성]

M : 복사기 고장 나 있는데, 수리하는 사람, 4시 지나서가 아니면 올 수 없대.

F : 1 그럼 저는 3시라면 괜찮습니다.

2 네? 그때까지 쓸 수 없는 건가요?

3 아, 오지 않게 된 건가요?

해설 남자가 복사기가 고장 났는데 수리하는 사람이 4시 지나서가 아니면 올 수 없다며 걱정하는 상황이다.

1 (X) ~時(~じ)를 반복 사용하여 혼동을 준 오답이다.

2 (O) 그때까지 즉, 4시까지 쓸 수 없는 거냐고 다시 확인하고 있으므로 적절한 응답이다.

3 (X) 4시 지나서가 아니면 올 수 없대 즉, 4시 지나서 온다는 남자의 말과 맞지 않다.

어휘 **コピー機** コピーき 명 복사기 **修理** しゅうり 명 수리

4 중

[음성]

F：髪、ずいぶん伸びちゃったから、そろそろ切りに行こうかな。

M：**1 え?伸ばしたいのかと思ってた。**

2 じゃあ、ゆっくり行ったほうがいいよ。

3 うん、先週切りに行ったって。

[음성]

F : 머리, 꽤 자라 버렸으니까, 슬슬 자르러 갈까.

M : **1 어라? 기르고 싶은 건가 하고 생각하고 있었어.**

2 그럼, 느긋하게 가는 편이 좋아.

3 응, 지난주에 자르러 갔대.

해설 여자가 머리가 꽤 자라 슬슬 자르러 갈지 고민하는 상황이다.

1 (O) 여자의 머리가 꽤 자란 것에 대한 자신의 생각을 이야기하고 있으므로 적절한 응답이다.

2 (X) **そろそろ**(슬슬)와 관련된 **ゆっくり**(느긋하게)를 사용하여 혼동을 준 오답이다.

3 (X) 여자가 머리를 자르러 갈지 고민하는 상황과 맞지 않다.

어휘 **伸びる** のびる 동 자라다 **伸ばす** のばす 동 기르다 **~ほうがいい** ~하는 편이 좋다

5 중

[음성]

M：先輩、今からコンビニに行くんですが、お昼、何か買ってきましょうか。

F：1 いや、朝のほうがよかったな。

2 ううん、私もあとで行くつもり。

3 ああ、何を買うかわかった?

[음성]

M : 선배, 지금부터 편의점에 갈 건데요, 점심, 뭔가 사 올까요?

F : 1 아니, 아침인 편이 좋았을걸.

2 아니, 나도 나중에 갈 생각.

3 아아, 무엇을 살지 알았어?

해설 남자가 편의점에 가는 김에 점심으로 뭔가 사 올지 제안하는 상황이다.

1 (X) **お昼**(점심)와 관련된 **朝**(아침)를 사용하여 혼동을 준 오답이다.

2 (O) 나중에 갈 생각이라며 거절하고 있으므로 적절한 응답이다.

3 (X) 뭔가 사 올지 제안하는 상황과 맞지 않다.

어휘 **コンビニ** 명 편의점

꼭! 알아두기 ~ましょうか(~할까요?), いかがですか(어떻습니까?)는 제안하는 표현이므로 수락하거나 거절하는 내용을 정답으로 고른다.

6 중상

[음성]	[음성]
F：部長、総務から新しい名刺が届いてます。	F : 부장님, 총무로부터 새로운 명함이 도착해 있습니다.
M：1 それじゃ、総務に取りに行って来て。	M : 1 그러면, 총무에게 가지러 갔다 와.
2 じゃあ、もうすぐ来るね。	2 그럼, 이제 곧 오겠네.
3 ああ、そこに置いといて。	**3 아, 거기에 놓아 둬.**

해설 여자가 남자에게 총무로부터 새로운 명함이 도착했음을 알리는 상황이다.

1 (X) 총무로부터 명함이 도착한 상황과 맞지 않다.

2 (X) 명함이 도착해 있다는 여자의 말과 맞지 않다.

3 (O) 여자에게 그 다음에 해야 할 일을 지시하고 있으므로 적절한 응답이다.

어휘 **総務** そうむ 명 총무 **名刺** めいし 명 명함 **届く** とどく 동 도착하다

7 상

[음성]	[음성]
M：この件については、加藤さんにお尋ねしたほうがよろしいでしょうか。	M : 이 건에 대해서는, 가토 씨에게 묻는 편이 좋을까요?
F：1 いえ、行く必要はないですよ。	F : 1 아뇨, 갈 필요는 없어요.
2 そうですね。聞いてみてください。	**2 그렇네요. 물어봐 주세요.**
3 では、1時に来てください。	3 그럼, 1시에 와 주세요.

해설 남자가 여자에게 이 건에 대해서는 가토 씨에게 묻는 편이 좋을지 의견을 구하는 상황이다.

1 (X) **尋ねる**(たずねる)와 동음이의어인 **訪ねる**(たずねる, 방문하다)와 관련된 **行く**(가다)를 사용하여 혼동을 준 오답이다.

2 (O) 물어보라고 하며, 동의하고 있으므로 적절한 응답이다.

3 (X) **尋ねる**(たずねる)와 동음이의어인 **訪ねる**(たずねる, 방문하다)와 관련된 **来る**(오다)를 사용하여 혼동을 준 오답이다.

어휘 **件** けん 명 건 **尋ねる** たずねる 동 묻다 **～ほうがいい** ~하는 편이 좋다

8 중상

[음성]	[음성]
M：予約したホテル、山の上なんだけど、駅からどうする？	M : 예약한 호텔, 산 위인데, 역에서부터 어떻게 할까?
F：1 バスでいいんじゃない？	**F : 1 버스로 괜찮지 않아?**
2 だいたい10分くらいかかるね。	2 대체로 10분 정도 걸리네.
3 それはどうしようもないね。	3 그건 어쩔 수 없네.

해설 남자가 여자에게 예약한 호텔이 산 위에 있어 역에서부터 어떻게 할지 즉, 어떻게 갈지 묻는 상황이다.

1 (O) 버스로 괜찮지 않아? 즉, 버스를 타고 가자고 제안하고 있으므로 적절한 응답이다.

2 (X) 역에서부터 호텔까지 어떻게 갈지 묻는 상황과 맞지 않다.

3 (X) どうする(어떻게 할까)와 관련된 どうしようもない(어쩔 수 없다)를 사용하여 혼동을 준 오답이다.

어휘 **どうしようもない** 어쩔 수 없다

9 중

[음성]	[음성]
M：きれいな夕日。写真撮るチャンス、待っててよかったね。	M : 예쁜 석양. 사진 찍을 찬스, 기다리길 잘했네.
F：1 後でこの景色を撮ろうね。	F : 1 나중에 이 경치를 찍자.

2 あ、もう少し待つの？

3 うん、いい写真が撮れたよ。

2 아, 조금 더 기다려?

3 응, 좋은 사진을 찍을 수 있었어.

해설 남자가 예쁜 석양 사진을 찍어서, 기다리길 잘했다며 뿌듯해하는 상황이다.

1 (X) 이미 예쁜 석양 사진을 찍은 상황과 맞지 않다.

2 (X) 待つ(まつ)를 반복 사용하여 혼동을 준 오답이다.

3 (O) 뿌듯해하는 남자의 말에 공감하고 있으므로 적절한 응답이다.

어휘 **夕日** ゆうひ 명 석양 **チャンス** 명 찬스, 기회

10 중상

[음성]

F：急に会議することになって、5人なんだけど、どっか空いてる？

M：**1 じゃあ、ちょっと確認してみます。**

2 ええ、かまいませんけど。

3 さあ、どこになったんでしょうか。

[음성]

F : 갑자기 회의하게 되어서, 5명인데, 어딘가 비어 있어?

M : **1 그럼, 잠시 확인해 보겠습니다.**

2 네, 상관없습니다만.

3 글쎄요, 어디로 된 걸까요?

해설 여자가 남자에게 빈 회의실이 있는지 묻는 상황이다.

1 (O) 확인해 보겠다며 여자의 물음에 대응하고 있으므로 적절한 응답이다.

2 (X) 빈 회의실이 있는지 묻는 상황과 맞지 않다.

3 (X) どっか(어딘가)와 관련된 どこ(어디)를 사용하여 혼동을 준 오답이다.

어휘 **確認** かくにん 명 확인

11 중상

[음성]

F：課長が足を骨折して、お休みになるとのことです。

M：1 ああ、休む時はあらかじめ言ってね。

2 そう、他に何か言ってなかった？

3 じゃあ、もうすぐ連絡が来るね。

[음성]

F : 과장님이 다리를 골절해서, 쉬신다고 합니다.

M : 1 아, 쉴 때는 미리 말해 줘.

2 그렇구나, 그 밖에 뭔가 말하지 않았어?

3 그럼, 이제 곧 연락이 오겠네.

해설 여자가 과장님이 다리를 골절해서 쉰다는 사실을 전달하는 상황이다.

1 (X) 과장님이 골절로 예정에 없이 쉰다고 한 상황과 맞지 않다.

2 (O) 그 밖에 과장님이 전달한 사항은 없는지 확인하는 적절한 응답이다.

3 (X) 여자가 과장님의 연락 사항을 전달하고 있는 상황과 맞지 않다.

어휘 **骨折** こっせつ 명 골절 **あらかじめ** 부 미리, 사전에

☞ **문제 5**는 긴 이야기를 듣습니다. 예제가 없으므로 바로 문제를 풀 준비를 합니다. 문제지에 들리는 내용을 적극적으로 메모하며 문제를 풀어 봅시다.

문제 5의 디렉션

[음성]

問題5では、長めの話を聞きます。この問題には練習はありません。問題用紙にメモをとってもかまいません。

[음성]

문제 5에서는, 긴 이야기를 듣습니다. 이 문제에는 연습은 없습니다. 문제 용지에 메모를 해도 상관없습니다.

1番

問題用紙に何もいんさつされていません。まず話を聞いてください。それから、質問とせんたくしを聞いて、1から4の中から、最もよいものを一つ選んでください。では、始めます。

1번

문제 용지에 아무것도 인쇄되어 있지 않습니다. 우선 이야기를 들어 주세요. 그리고 나서, 질문과 선택지를 듣고, 1에서 4 중에, 가장 알맞은 것을 하나 골라 주세요. 그러면, 시작합니다.

1 중상

[음성]

会社の営業部の3人が、会議で配る資料を見ながら話しています。

M1：この新製品の販売計画についての資料だけど、さっき部長に2枚以内に収めるように言われたんだ。今は2枚半になっちゃってるから、どこかを削らないと…。

F：うーん。旧商品の売り上げのグラフを取っちゃいますか。そうすれば、ちょうどそれくらいの分量になると思いますけど。

M2：でも、そのグラフはじっくり見てもらいたいですよね。それよりも、写真を減らすのはどうですか。代わりに商品のサンプルを持っていけば、より商品の魅力が伝わるんじゃないでしょうか。

F：なるほどね。

M1：ほかにはある？

M2：うーん。あとは、販売計画について説明している文章を短くするとか？

M1：なるほど。会議で詳しく説明するわけだしね。

F：でも、ここは重要な箇所ですよね。何回も考え直しながら書いた部分なので、私は残したいですね。

M1：ほかに、省けそうなものはあるかな。

F：あとは、字やグラフ、写真を全部、少しずつ小さくするとか？

M2：そうすれば、ちょうど2枚になりそうですね。

M1：今も決して字が大きいわけじゃないから、それじゃかなり読みにくくなってしまう気がするな。よし、サンプルを用意して、ここを調整しよう。

資料の枚数を減らすために、どうすることにしましたか。

1 グラフをなくす
2 写真を少なくする
3 販売計画の説明を変える
4 全体的に縮小する

[음성]

회사 영업부의 3명이, 회의에서 나눠줄 자료를 보면서 이야기하고 있습니다.

M1 : 이 신제품의 판매 계획에 대한 자료 말인데, 아까 부장님에게 2장 이내로 수록하도록 말을 들었어. 지금은 2장 반이 되어 버렸으니까, 어딘가를 삭제하지 않으면….

F : 으음. 이전 상품의 매상 그래프를 빼 버릴까요? 그렇게 하면, 딱 그 정도 분량이 될 거라고 생각하는데요.

M2 : 하지만, 그 그래프는 차분히 봐 주셨으면 해요. 그것보다도, 사진을 줄이는 것은 어때요? 대신에 상품의 샘플을 가지고 가면, 보다 상품의 매력이 전달되는 것이 아닐까요?

F : 그렇네.

M1 : 그 밖에 있어?

M2 : 으음, 그리고, 판매 계획에 대해 설명하고 있는 문장을 짧게 한다든가?

M1 : 과연. 회의에서 자세하게 설명할 거고 말이야.

F : 하지만, 여긴 중요한 대목이죠? 몇 번이고 다시 생각하면서 쓴 부분이라서, 저는 남기고 싶어요.

M1 : 그 밖에, 생략할 수 있을 것 같은 것은 있을까.

F : 그리고, 글자나 그래프, 사진을 전부, 조금씩 작게 한다든가?

M2 : 그렇게 하면, 딱 2장이 될 것 같네요.

M1 : 지금도 결코 글자가 큰 게 아니니까, 그러면 꽤 읽기 힘들게 돼 버릴 듯한 느낌이 들어. 좋아, 샘플을 준비하고, 여기를 조정하자.

자료의 매수를 줄이기 위해서, 어떻게 하기로 했습니까?

1 그래프를 없앤다
2 사진을 적게 한다
3 판매 계획의 설명을 바꾼다
4 전체적으로 축소한다

해설 대화에서 언급되는 여러 선택 사항과 특징, 최종 결정 사항을 재빨리 메모하며 주의 깊게 듣는다.

[메모] 자료 2장 이내로, 어딘가 삭제

- 그래프 빼?: 딱 그 정도 분량 → 그래프는 차분히 봐 주셨으면
- 사진 줄여?: 대신 상품 샘플 가져가 → 그러네
- 문장 짧게?: 자세하게 설명 → 중요한 대목, 남겨야 함
- 전부 조금씩 작게: 딱 2장 → 읽기 힘들어짐

남자 → 샘플을 준비하자

질문에서 자료의 매수를 줄이기 위해 어떻게 하기로 했는지 묻고 있다. 남자2가 사진을 줄이고 대신 샘플을 가져가자고 했고, 남자1이 샘플을 준비하고 자료를 조정하자고 했으므로, 2 **写真を少なくする**가 정답이다.

어휘 **営業部** えいぎょうぶ 명 영업부 **配る** くばる 동 나눠주다 **資料** しりょう 명 자료 **新製品** しんせいひん 명 신제품 **販売** はんばい 명 판매 **さっき** 명 아까 **収める** おさめる 동 수록하다, 담다 **削る** けずる 동 삭제하다 **旧商品** きゅうしょうひん 명 이전 상품 **売り上げ** うりあげ 명 매상 **グラフ** 명 그래프 **分量** ぶんりょう 명 분량 **じっくり** 부 차분히 **減らす** へらす 동 줄이다, 적게 하다 **商品** しょうひん 명 상품 **サンプル** 명 샘플 **魅力** みりょく 명 매력 **伝わる** つたわる 동 전달되다 **詳しい** くわしい い형 자세하다 **重要だ** じゅうようだ な형 중요하다 **箇所** かしょ 명 대목, 부분 **考え直す** かんがえなおす 동 다시 생각하다 **部分** ぶぶん 명 부분 **残す** のこす 동 남기다 **省く** はぶく 동 생략하다 **かなり** 부 꽤 **気がする** きがする 느낌이 들다 **調整** ちょうせい 명 조정 **枚数** まいすう 명 매수 **全体的だ** ぜんたいてきだ な형 전체적이다 **縮小** しゅくしょう 명 축소

문제 5의 디렉션

[음성]

2番

まず話を聞いてください。それから、二つの質問を聞いて、それぞれ問題用紙の1から4の中から、最もよいものを一つ選んでください。

[음성]

2번

우선 이야기를 들어 주세요. 그러고 나서, 두 개의 질문을 듣고, 각각 문제 용지의 1부터 4 중에, 가장 알맞은 것을 하나 골라 주세요.

2 중상

[음성]

大学で、来月行われる調査発表会についての説明を聞いて、男の学生と女の学生が話しています。

M1：今日は来月行う調査発表会のグループを決めます。まず調査したい地域のレクリエーション施設を選んでください。グループが決まったらそれぞれの施設の利用者数の変化や利用目的、年代別利用者数などについて調査して、来月発表してもらいます。では、一つ目の施設は「運動公園」です。最近は様々な年代の方に利用されているようですが、利用目的によって違いもあるようです。次に「図書館」です。昨年新しくなってから、利用者数が増えているようです。それから、「多目的ホール」ですね。ここは様々な目的で利用されていますので、過去どんなことに使われたかを詳しく調べる必要がありますね。最後に「ミュージアムセンター」ですが、地域の歴史などの紹介のほか、2、3か月ごとに入れ替わるイベントが人気のようです。

M2：どこにする？運動公園、サイクリングとかジョギングコースをよく使うんだけど、週末は結構利用者が多いから調べがいがありそうだよ。

F：うん。私も時々テニスコートを利用するけど、平日でも結構混んでるよ。

[음성]

대학에서, 다음 달 행해지는 조사 발표회에 대한 설명을 듣고, 남학생과 여학생이 이야기하고 있습니다.

M1 : 오늘은 다음 달 행하는 조사 발표회의 그룹을 정합니다. 우선 조사하고 싶은 지역의 레크리에이션 시설을 골라 주세요. 그룹이 정해지면 각각 시설의 이용자 수의 변화나 이용 목적, 연대별 이용자 수 등에 대해 조사해서, 다음 달에 발표해 주세요. 그럼, 첫 번째 시설은 '운동 공원'입니다. 최근에는 다양한 연령대의 분에게 이용되고 있는 것 같습니다만, 이용 목적에 따라 차이도 있는 것 같습니다. 다음으로 '도서관'입니다. 작년에 새롭게 되고 나서, 이용자 수가 늘고 있는 것 같습니다. 그리고, '다목적 홀'이네요. 여기는 다양한 목적으로 이용되고 있기 때문에, 과거 어떤 것에 사용되었는지를 자세히 조사할 필요가 있겠네요. 마지막으로 '뮤지엄 센터'입니다만, 지역의 역사 등의 소개 외에, 2, 3개월마다 교체되는 이벤트가 인기인 것 같습니다.

M2 : 어디로 할래? 운동 공원, 사이클링이라든가 조깅 코스를 자주 사용하는데, 주말에는 꽤 이용자가 많으니까 조사하는 보람이 있을 것 같아.

F : 응. 나도 때때로 테니스 코트를 이용하는데, 평일에도 꽤 붐비고 있어.

M2：へえ、平日でも混んでるんなら、やっぱり、僕はそこにしようかな。

F：そっか。利用者はどっちが多いかわからないけど、前の図書館と新しくなった図書館の変化も気にならない？

M2：確かに気になるなあ。それと、多目的ホールも普段あまり利用しないから、どんな目的で使われてきたか気になるよね。

F：うん。わかる、わかる。私も普段利用しないから、そう言われると知りたくなってきたな。

M2：じゃあ、一緒にそこを調べようよ。

F：そうだね。そうしよう。

質問 1 男の学生は最初どこを選びましたか。

[문제지]

1 運動公園

2 図書館

3 多目的ホール

4 ミュージアムセンター

質問 2 結局二人はどこを選びましたか。

[문제지]

1 運動公園

2 図書館

3 多目的ホール

4 ミュージアムセンター

M2 : 우와, 평일에도 붐비고 있다면, 역시, 나는 거기로 할까.

F : 그렇구나. 이용자는 어느 쪽이 많을지 모르겠지만, 전의 도서관과 새롭게 된 도서관의 변화도 궁금하지 않아?

M2 : 확실히 궁금하네. 그거랑, 다목적 홀도 평소 그다지 이용하지 않으니까, 어떤 목적으로 사용되어 왔는지 궁금하네.

F : 응. 뭔지 알아, 뭔지 알아. 나도 평소 이용하지 않으니까, 그렇게 들으니 알고 싶어졌는걸.

M2 : 그럼, 같이 거길 조사하자.

F : 그러네. 그렇게 하자.

질문1 남학생은 처음에 어디를 골랐습니까?

[문제지]

1 운동 공원

2 도서관

3 다목적 홀

4 뮤지엄 센터

질문2 결국 두 사람은 어디를 골랐습니까?

[문제지]

1 운동 공원

2 도서관

3 다목적 홀

4 뮤지엄 센터

해설 각 선택지와 관련하여 언급되는 내용을 재빨리 메모하며 주의 깊게 듣고, 두 명의 대화자가 최종적으로 선택하는 것에 유의하며 대화를 듣는다.

[메모] 조사하고 싶은 레크리에이션 시설

① 최근 다양한 연령대, 이용 목적 차이 있음

② 작년에 새롭게 되고 이용자 수 ↑

③ 다양한 목적으로 이용, 과거 사용 조사 필요

④ 지역의 역사 소개, 2, 3개월마다 이벤트 교체

남자 → 운동 공원 보람 있을 듯, 평일에 붐빈다면 거기로. 다목적 홀도 궁금, 같이 하자

여자 → 평일에 붐빔, 도서관 변화 궁금, 다목적 홀 평소 이용 X 알고 싶어짐

질문 1은 남자가 처음에 고른 것을 묻고 있다. 남자는 처음에 운동 공원이 보람이 있을 것 같다고 했으므로 1 運動公園이 정답이다.

질문 2는 두 사람이 어디를 골랐는지 묻고 있다. 남자가 다목적 홀이 궁금하다고 했고, 여자도 평소 이용하지 않아 알고 싶어졌다고 했으므로 3 多目的ホール가 정답이다.

어휘 調査 ちょうさ 명 조사　発表会 はっぴょうかい 명 발표회　グループ 명 그룹　地域 ちいき 명 지역　レクリエーション 명 레크리에이션　施設 しせつ 명 시설　それぞれ 명 각각　利用者 りようしゃ 명 이용자　変化 へんか 명 변화　目的 もくてき 명 목적　年代別 ねんだいべつ 명 연대별　発表 はっぴょう 명 발표　様々だ さまざまだ な형 다양하다　年代 ねんだい 명 연령대, 세대　違い ちがい 명 차이　昨年 さくねん 명 작년　多目的 たもくてき 명 다목적　ホール 명 홀　過去 かこ 명 과거　詳しい くわしい い형 자세하다　ミュージアム 명 뮤지엄, 박물관　センター 명 센터　入れ替わる いれかわる 동 교체되다　イベント 명 이벤트　人気 にんき 명 인기　サイクリング 명 사이클링　ジョギング 명 조깅　コース 명 코스　週末 しゅうまつ 명 주말　調べがい しらべがい 조사하는 보람　テニスコート 명 테니스 코트　平日 へいじつ 명 평일　混む こむ 동 붐비다　気になる きになる 궁금하다　普段 ふだん 명 평소　結局 けっきょく 부 결국

꼭! 알아두기 두 사람이 공통으로 선택한 것을 고르는 문제에서는 一緒に(같이), 合流(합류)와 함께 언급되는 행동이 무엇인지 주의 깊게 듣는다.

실전모의고사 제2회

언어지식(문자・어휘)

문제 1	
1	2
2	1
3	4
4	1
5	3

문제 2	
6	2
7	1
8	4
9	1
10	2

문제 3	
11	2
12	2
13	4
14	1
15	3

문제 4	
16	2
17	1
18	4
19	2
20	1
21	2
22	4

문제 5	
23	2
24	3
25	1
26	1
27	3

문제 6	
28	3
29	1
30	2
31	2
32	4

언어지식(문법)

문제 7	
33	4
34	2
35	1
36	2
37	4
38	3
39	2
40	3
41	1
42	2
43	2
44	1

문제 8	
45	2
46	4
47	2
48	4
49	4

문제 9	
50	3
51	2
52	2
53	1
54	4

독해

문제 10	
55	4
56	3
57	2
58	4
59	3

문제 11	
60	2
61	3
62	1
63	1
64	4
65	3
66	3
67	3
68	2

문제 12	
69	2
70	3

문제 13	
71	2
72	4
73	2

문제 14	
74	2
75	3

청해

문제 1	
1	1
2	2
3	2
4	3
5	1

문제 2	
1	3
2	2
3	4
4	2
5	1
6	2

문제 3	
1	1
2	2
3	3
4	1
5	1

문제 4	
1	2
2	3
3	2
4	1
5	1
6	2
7	1
8	3
9	2
10	3
11	2
12	1

문제 5	
1	2
2	4
3 질문1	2
3 질문2	4

언어지식(문자·어휘) p.85

1 상

ふるさとを<u>離れて</u>もう 10 年が経つ。		고향을 <u>떠난 지</u> 벌써 10년이 지난다.	
1 はずれて	**2 はなれて**	1 빗나간 지	**2 떠난 지**
3 わかれて	4 われて	3 헤어진 지	4 갈라진 지

해설 離れて는 2 はなれて로 발음한다.

어휘 離れる はなれる 동 떠나다, 떨어지다　ふるさと 명 고향　経つ たつ 동 지나다　外れる はずれる 동 빗나가다　別れる わかれる 동 헤어지다　割れる われる 동 갈라지다

2 상

このテーブルは高さが<u>調整</u>できて便利だ。		이 테이블은 높이를 <u>조정</u>할 수 있어서 편리하다.	
1 ちょうせい	2 ちょうせつ	**1 조정**	2 X
3 ちゅうせい	4 ちゅうせつ	3 X	4 X

해설 調整는 1 ちょうせい로 발음한다.

어휘 調整 ちょうせい 명 조정　高さ たかさ 명 높이

3 상

板にくぎを<u>垂直</u>に打ってください。		판자에 못을 <u>수직</u>으로 박아 주세요.	
1 せいじき	2 せいちょく	1 X	2 X
3 すいじき	**4 すいちょく**	3 X	**4 수직**

해설 垂直는 4 すいちょく로 발음한다. 垂直의 直는 두 가지 음독 ちょく와 じき 중 ちょく로 발음하는 것에 주의한다.

어휘 垂直だ すいちょくだ な형 수직이다　板 いた 명 판자　くぎ 명 못

꼭! 알아두기 直를 ちょく로 발음하는 명사로 率直(そっちょく, 솔직), 直接(ちょくせつ, 직접), 直通(ちょくつう, 직통)를 함께 알아 둔다.

4 중상

食事会は<u>和やか</u>な雰囲気(ふんいき)で進んだ。		식사 모임은 <u>화목</u>한 분위기로 진행되었다.	
1 なごやか	2 さわやか	**1 화목**	2 상쾌
3 にぎやか	4 おだやか	3 번화	4 온화

해설 和やか는 1 なごやか로 발음한다.

어휘 和やかだ なごやかだ な형 화목하다　食事会 しょくじかい 명 식사 모임　雰囲気 ふんいき 명 분위기　爽やかだ さわやかだ な형 상쾌하다　賑やかだ にぎやかだ な형 번화하다　穏やかだ おだやかだ な형 온화하다

5 상

事故にあったが、幸い<u>軽傷</u>で済んだ。		사고를 당했지만, 다행히 <u>경상</u>으로 끝났다.	
1 けっしょう	2 けっしょ	1 X	2 X
3 けいしょう	4 けいしょ	**3 경상**	4 X

해설 軽傷는 3 けいしょう로 발음한다. けい는 촉음이 아니고, しょう는 장음인 것에 주의한다.

어휘 軽傷 けいしょう 명 경상 (조금 다침)　事故にあう じこにあう 사고를 당하다　幸い さいわい 부 다행히

6 중상

駅の利用者増加によりホームをかくちょうする工事を行います。		역의 이용자 증가로 인해 플랫폼을 확장하는 공사를 시행합니다.	
1 拡大	**2 拡張**	1 확대	**2 확장**
3 拡充	4 拡散	3 확충	4 확산

해설 かくちょう는 2 拡張로 표기한다.

어휘 拡張 かくちょう 명 확장 利用者 りようしゃ 명 이용자 増加 ぞうか 명 증가 ホーム 명 플랫폼 (プラットホーム의 준말) 工事 こうじ 명 공사 拡大 かくだい 명 확대 拡充 かくじゅう 명 확충 拡散 かくさん 명 확산

7 중

自宅で小学生をたいしょうにしたそろばん教室を開いている。		자택에서 초등학생을 대상으로 한 주판 교실을 열고 있다.	
1 対象	2 代象	**1 대상**	2 X
3 対照	4 代照	3 X	4 X

해설 たいしょう는 1 対象로 표기한다. 対(たい, 마주 보다)를 선택지 2와 4의 代(たい, 대신하다)와 구별해서 알아 두고, 象(しょう, 형상)를 선택지 3과 4의 照(しょう, 비치다)와 구별해서 알아 둔다.

어휘 対象 たいしょう 명 대상 自宅 じたく 명 자택 小学生 しょうがくせい 명 초등학생 そろばん 명 주판

8 중상

中村(なかむら)選手のゴールがチームを優勝にみちびいた。		나카무라 선수의 골이 팀을 우승으로 이끌었다.	
1 誘いた	2 率いた	1 X	2 거느렸다
3 案いた	**4 導いた**	3 X	**4 이끌었다**

해설 みちびいた는 4 導いた로 표기한다.

어휘 導く みちびく 동 이끌다 選手 せんしゅ 명 선수 ゴール 명 골 チーム 명 팀 優勝 ゆうしょう 명 우승 率いる ひきいる 동 거느리다, 인솔하다

9 상

この雑誌は、毎号ふろくがついてくる。		이 잡지는, 매 호 부록이 딸려 온다.	
1 付録	2 付緑	**1 부록**	2 X
3 符録	4 符緑	3 X	4 X

해설 ふろく는 1 付録로 표기한다. 付(ふ, 붙이다)를 선택지 3과 4의 符(ふ, 표)와 구별해서 알아 두고, 録(ろく, 기록)를 선택지 2와 4의 緑(りょく, 녹색)와 구별해서 알아 둔다.

어휘 付録 ふろく 명 부록 毎号 まいごう 명 (잡지, 신문의) 매 호

꼭! 알아두기 録가 포함된 명사로 登録(とうろく, 등록), 収録(しゅうろく, 수록), 録画(ろくが, 녹화)를 함께 알아 둔다.

10 중

市長は多くの市民から厚い信頼をえている。		시장은 많은 시민으로부터 두터운 신뢰를 얻고 있다.	
1 取て	**2 得て**	1 X	**2 얻고**
3 受て	4 承て	3 X	4 X

해설 えて는 2 得て로 표기한다.

어휘 得る える 동 얻다 市長 しちょう 명 시장 多く おおく 명 많음, 많은 것 信頼 しんらい 명 신뢰

11 상

名前を呼ばれて（　　　）向いたら、後ろに友達が立っていた。		이름을 불려서 (　　) 보았더니, 뒤에 친구가 서 있었다.	
1 通り	**2 振り**	1 X	**2 뒤돌아**
3 回り	4 返り	3 X	4 X

해설 괄호 뒤의 어휘 向く(향하다)와 함께 쓰여 振り向く(뒤돌아보다)라는 복합어를 만드는 2 振り가 정답이다.

어휘 **振り向く** ふりむく 동 뒤돌아보다

12 중상

大会を中止するかどうか（　　　）段階では判断できません。		대회를 중지할지 어쩔지 (　　) 단계에서는 판단할 수 없습니다.	
1 来	**2 現**	1 다음	**2 현**
3 最	4 初	3 가장	4 초

해설 괄호 뒤의 어휘 段階(단계)와 함께 쓰여 現段階(현 단계)를 만드는 접두어 2 現이 정답이다. 1은 来学期(らいがっき, 다음 학기), 3은 最有力(さいゆうりょく, 가장 유력), 4는 初年度(しょねんど, 초년도)로 자주 쓰인다.

어휘 **現段階** げんだんかい 명 현 단계　**大会** たいかい 명 대회　**判断** はんだん 명 판단

꼭! 알아두기 現은 현재, 지금이라는 의미를 나타내는 접두어로, 現段階(げんだんかい, 현 단계) 외에, 現政府(げんせいふ, 현 정부), 現チャンピオン(げんチャンピオン, 현 챔피온)으로 자주 쓰인다.

13 중

本だなには、本が種類（　　　）に並べられていた。		책장에는, 책이 종류 (　　) 로 나란히 세워져 있었다.	
1 差	2 分	1 차	2 분
3 度	**4 別**	3 도	**4 별**

해설 괄호 앞의 어휘 種類(종류)와 함께 쓰여 種類別(종류별)를 만드는 접미어 4 別가 정답이다. 1은 年齢差(ねんれいさ, 연령차), 2는 増加分(ぞうかぶん, 증가분), 3은 満足度(まんぞくど, 만족도)로 자주 쓰인다.

어휘 **種類別** しゅるいべつ 명 종류별

14 중상

あの人は若い時から（　　　）健康(けんこう)な生活をしていた。		저 사람은 젊었을 때부터 (　　) 건전한 생활을 하고 있었다.	
1 不	2 無	**1 불**	2 무
3 悪	4 下	3 악	4 하

해설 괄호 뒤의 어휘 健康(건전, 건강)와 함께 쓰여 不健康(불건전)를 만드는 접두어 1 不가 정답이다. 2는 無計画(むけいかく, 무계획), 3은 悪影響(あくえいきょう, 악영향), 4는 下準備(したじゅんび, 사전 준비)로 자주 쓰인다.

어휘 **不健康だ** ふけんこうだ な형 불건전하다

15 중

来週の会議の参加（　　　）に資料を送ってください。		다음 주 회의의 참가 (　　) 에게 자료를 보내 주세요.	
1 人	2 家	1 인	2 가
3 者	4 手	**3 자**	4 수

해설 괄호 앞의 어휘 参加(참가)와 함께 쓰여 参加者(참가자)를 만드는 접미어 3 者가 정답이다. 1은 外国人(がいこくじん, 외국인), 2는 建築家(けんちくか, 건축가), 4는 運転手(うんてんしゅ, 운전수(사))로 자주 쓰인다.

어휘 **参加者** さんかしゃ 명 참가자　**資料** しりょう 명 자료

16 중상

普通、(　　　) の切符を買うほうが別々に買うより得だ。	보통, (　　) 티켓을 사는 편이 따로따로 사는 것보다 이득이다.
1 片道(かたみち)　　2 **往復(おうふく)**	1 편도　　**2 왕복**
3 記念(きねん)　　4 特急(とっきゅう)	3 기념　　4 특급

해설 선택지가 모두 명사이다. 괄호 뒤의 내용과 함께 쓸 때 **往復の切符を買うほうが別々に買うより得だ**(왕복 티켓을 사는 편이 따로따로 사는 것보다 이득이다)라는 문맥이 가장 자연스러우므로 2 **往復**(왕복)가 정답이다. 1은 **片道の切符だけ買う**(편도 티켓만 사다), 3은 **記念の切符が発行される**(기념 티켓이 발행되다), 4는 **特急の切符がないと乗れない**(특급 티켓이 없으면 탈 수 없다)로 자주 쓰인다.

어휘 **別々だ** べつべつだ [な형] 따로따로이다　**得** とく [명] 이득　**片道** かたみち [명] 편도　**往復** おうふく [명] 왕복　**記念** きねん [명] 기념　**特急** とっきゅう [명] 특급

17 중상

彼は新商品に関するいい案(あん)を (　　　) 部長に褒(ほ)められた。	그는 신상품에 관한 좋은 안을 (　　) 부장님에게 칭찬받았다.
1 出して　　2 思って	**1 내서**　　2 생각해서
3 直して　　4 持って	3 고쳐서　　4 들어서

해설 선택지가 모두 동사이다. 괄호 앞의 **いい案を**(좋은 안을)와 함께 쓸 때 **いい案を出して**(좋은 안을 내서)라는 문맥이 가장 자연스러우므로 1 **出して**(내서)가 정답이다. 2는 **家族を思う**(가족을 생각하다), 3은 **機械を直す**(기계를 고치다), 4는 **荷物を持つ**(짐을 들다)로 자주 쓰인다.

어휘 **新商品** しんしょうひん [명] 신상품　**案** あん [명] 안　**出す** だす [동] 내다　**思う** おもう [동] 생각하다　**直す** なおす [동] 고치다　**持つ** もつ [동] 들다

18 상

高価な肉や魚が並んだこんな (　　　) 食事をしたのは、友人の結婚式以来だ。	값비싼 고기나 생선이 늘어선 이런 (　　) 식사를 한 것은, 친구의 결혼식 이후로 처음이다.
1 余計(よけい)な　　2 過剰(かじょう)な	1 쓸데없는　　2 과잉인
3 広大(こうだい)な　　4 **豪華(ごうか)な**	3 광대한　　**4 호화로운**

해설 선택지가 모두 な형용사이다. 괄호 뒤의 **食事**(식사)와 함께 쓸 때 **豪華な食事**(호화로운 식사)라는 문맥이 가장 자연스러우므로 4 **豪華な**(호화로운)가 정답이다. 1은 **余計な心配**(쓸데없는 걱정), 2는 **過剰な反応**(과잉인 반응), 3은 **広大な土地**(광대한 토지)로 자주 쓰인다.

어휘 **高価だ** こうかだ [な형] 값비싸다　**友人** ゆうじん [명] 친구　**結婚式** けっこんしき [명] 결혼식　**余計だ** よけいだ [な형] 쓸데없다
過剰だ かじょうだ [な형] 과잉이다　**広大だ** こうだいだ [な형] 광대하다　**豪華だ** ごうかだ [な형] 호화롭다

19 중상

パーティーで、初対面の人と話が続かなくて (　　　) 雰囲気(ふんいき)になった。	파티에서, 초면인 사람과 이야기가 이어지지 않아서 (　　) 분위기가 되었다.
1 厚かましい　　**2 気まずい**	1 뻔뻔한　　**2 어색한**
3 情けない　　4 頼りない	3 한심한　　4 미덥지 못한

해설 선택지가 모두 い형용사이다. 괄호 뒤의 **雰囲気**(분위기)와 함께 쓸 때 **気まずい雰囲気**(어색한 분위기)라는 문맥이 가장 자연스러우므로 2 **気まずい**(어색한)가 정답이다. 1은 **厚かましいお願い**(뻔뻔한 부탁), 3은 **情けない姿**(한심한 모습), 4는 **頼りない人**(미덥지 못한 사람)로 자주 쓰인다.

어휘 **初対面** しょたいめん [명] 초면, 첫 대면　**雰囲気** ふんいき [명] 분위기　**厚かましい** あつかましい [い형] 뻔뻔하다　**気まずい** きまずい [い형] 어색하다
情けない なさけない [い형] 한심하다　**頼りない** たよりない [い형] 미덥지 못하다

20 중상

今日は朝から気温がどんどん（　　）し、２月とは思えない暖かさだった。	오늘은 아침부터 기온이 점점 (　　) 해서, 2월이라고는 생각할 수 없는 따뜻함이었다.
1 上昇　　2 向上 3 増加　　4 急増	**1 상승**　　2 향상 3 증가　　4 급증

해설 선택지가 모두 명사이다. 괄호 앞의 **気温がどんどん**(기온이 점점)과 함께 쓸 때 **気温がどんどん上昇**(기온이 점점 상승)라는 문맥이 가장 자연스러우므로 1 **上昇**(상승)가 정답이다. 2는 **生産性が向上**(생산성이 향상), 3은 **人口が増加**(인구가 증가), 4는 **需要が急増**(수요가 급증)로 자주 쓰인다.

어휘 **気温** きおん 명 기온　**暖かさ** あたたかさ 명 따뜻함　**上昇** じょうしょう 명 상승　**向上** こうじょう 명 향상　**増加** ぞうか 명 증가　**急増** きゅうぞう 명 급증

21 중

日本は世界の主要国で構成される国際的な会議の（　　）である。	일본은 세계 주요국으로 구성되는 국제적인 회의의 (　　) 이다.
1 クルー　　**2 メンバー** 3 サークル　　4 プレーヤー	1 크루　　**2 멤버** 3 서클　　4 플레이어

해설 선택지가 모두 명사이다. 괄호 앞의 **国際的な会議の**(국제적인 회의의)와 함께 쓸 때 **国際的な会議のメンバー**(국제적인 회의의 멤버)라는 문맥이 가장 자연스러우므로 2 **メンバー**(멤버)가 정답이다. 1은 **クルーズ船のクルー**(크루즈선의 크루), 3은 **大学のサークル**(대학의 서클), 4는 **ゲームのプレーヤー**(게임의 플레이어)로 자주 쓰인다.

어휘 **日本** にほん 명 일본　**主要国** しゅようこく 명 주요국　**構成** こうせい 명 구성　**国際的だ** こくさいてきだ な형 국제적이다　**クルー** 명 크루, 승무원　**メンバー** 명 멤버　**サークル** 명 서클　**プレーヤー** 명 플레이어

22 상

いつも夏休みの最後の日に困るんだから、宿題は（　　）終わらせてしまいなさい。	항상 여름 방학의 마지막 날에 시달리니까, 숙제는 (　　) 끝내 버리세요.
1 じっくりと　　2 ずばりと 3 ざっと　　**4 さっさと**	1 곰곰이　　2 거침없이 3 대충　　**4 빨리빨리**

해설 선택지가 모두 부사이다. 괄호 앞뒤의 내용과 함께 쓸 때 **夏休みの最後の日に困るんだから、宿題はさっさと終わらせて**(여름 방학의 마지막 날에 시달리니까, 숙제는 빨리빨리 끝내)라는 문맥이 가장 자연스러우므로 4 **さっさと**(빨리빨리)가 정답이다. 1은 **じっくりと考える**(곰곰이 생각하다), 2는 **ずばりと言う**(거침없이 말하다), 3은 **ざっと見る**(대충 보다)로 자주 쓰인다.

어휘 **じっくり** 부 곰곰이　**ずばり** 부 거침없이　**ざっと** 부 대충　**さっさと** 부 빨리빨리

> 꼭! 알아두기　さっさと는 행동이 재빠르고 거침없는 모습을 나타내는 부사로, さっさと終わらせる(さっさとおわらせる, 빨리빨리 끝내다), さっさと済ませる(さっさとすませる, 빨리빨리 마치다), さっさと片づける(さっさとかたづける, 빨리빨리 정리하다), さっさと行く(さっさといく, 빨리빨리 가다), さっさと帰る(さっさとかえる, 빨리빨리 돌아가다)로 자주 사용됨을 알아 둔다.

23 중

その鳥は都会でも、<u>まれに</u>見られます。	그 새는 도시에서도, <u>드물게</u> 볼 수 있습니다.
1 しょっちゅう　　**2 たまに** 3 あちこちで　　4 たびたび	1 자주　　**2 가끔** 3 여기저기에서　　4 여러 번

해설 **まれに**는 '드물게'라는 의미로, 동의어인 2 **たまに**(가끔)가 정답이다.

어휘 **都会** とかい 명 도시　**まれだ** な형 드물다　**しょっちゅう** 부 자주　**たまに** 가끔　**あちこち** 명 여기저기　**たびたび** 부 여러 번

24 중상

この道具の用途は説明書に書いてあります。		이 도구의 용도는 설명서에 적혀 있습니다.	
1 性質	2 値段	1 성질	2 가격
3 使い道	4 性能	**3 쓰임새**	4 성능

해설 用途는 '용도'라는 의미로, 동의어인 3 使い道(쓰임새)가 정답이다.

어휘 用途 ようと 명 용도 説明書 せつめいしょ 명 설명서 性質 せいしつ 명 성질 値段 ねだん 명 가격 使い道 つかいみち 명 쓰임새 性能 せいのう 명 성능

25 중

両親に転居したことを知らせた。		부모님에게 전거한 것을 알렸다.	
1 引っ越した	2 入院した	**1 이사한**	2 입원한
3 店がつぶれた	4 仕事を変えた	3 가게가 망한	4 일을 바꾼

해설 転居した는 '전거한'이라는 의미로, 동의어인 1 引っ越した(이사한)가 정답이다.

어휘 転居 てんきょ 명 전거, 이사 引っ越す ひっこす 동 이사하다 入院 にゅういん 명 입원 つぶれる 동 망하다, 찌부러지다 仕事 しごと 명 일 変える かえる 동 바꾸다

26 중상

車での移動が続いたのでくたびれた。		자동차로의 이동이 계속되었기 때문에 녹초가 되었다.	
1 とても疲れた	2 病気になった	**1 아주 지쳤다**	2 병에 걸렸다
3 眠くなった	4 退屈だった	3 잠이 왔다	4 지루했다

해설 くたびれた는 '녹초가 되었다'라는 의미로, 단어의 뜻을 올바르게 풀어쓴 표현인 1 とても疲れた(아주 지쳤다)가 정답이다.

어휘 移動 いどう 명 이동 くたびれる 동 녹초가 되다, 기진맥진하다 疲れる つかれる 동 지치다 病気になる びょうきになる 병에 걸리다 眠くなる ねむくなる 잠이 오다 退屈だ たいくつだ な형 지루하다

27 중

あの動物は動きがのろいことで有名だ。		저 동물은 움직임이 둔한 것으로 유명하다.	
1 荒い	2 多い	1 거친	2 많은
3 遅い	4 速い	**3 느린**	4 빠른

해설 のろい는 '둔한'이라는 의미로, 동의어인 3 遅い(느린)가 정답이다.

어휘 動き うごき 명 움직임 のろい い형 둔하다 荒い あらい い형 거칠다 多い おおい い형 많다 遅い おそい い형 느리다 速い はやい い형 빠르다

꼭! 알아두기 のろい의 동의어로 にぶい(굼뜨다, 느리다), スローだ(느리다)를 함께 알아 둔다.

28 중상

文句(もんく)

1 商品の使いやすさについて、多くのお客様から文句(もんく)が寄せられた。

2 アンケートによると、この町に住み続けたいという、いい文句(もんく)が多かった。

3 病院で2時間も待たされて、母は受付の人に文句(もんく)を言ったそうだ。

불평

1 상품의 사용하기 쉬움에 대해서, 많은 손님으로부터 불평이 밀려왔다.

2 설문 조사에 의하면, 이 마을에 계속 살고 싶다고 하는, 좋은 불평이 많았다.

3 병원에서 2시간이나 기다리게 해서, 어머니는 접수처 사람에게 불평을 했다고 한다.

4 皆様からいただいた文句(もんく)にこたえて、新サービスを実施します。	4 여러분으로부터 받은 불평에 부응하여, 새로운 서비스를 실시하겠습니다.

해설 文句(불평)는 주로 마음에 들지 않거나 못마땅한 일이 있는 경우에 사용한다. 1의 **お客様から文句が寄せられた**(손님으로부터 불평이 밀려왔다)와 3의 **受付の人に文句を言った**(접수처 사람에게 불평을 했다) 모두 자연스러우므로, 문장 전체의 문맥을 파악해야 한다. 3의 **病院で2時間も待たされて、母は受付の人に文句を言った**(병원에서 2시간이나 기다리게 해서, 어머니는 접수처 사람에게 불평을 했다)에서 올바르게 사용되었으므로 3이 정답이다. 참고로, 1은 **感想**(かんそう, 감상), 2는 **意見**(いけん, 의견), 4는 **要望**(ようぼう, 요망)를 사용하는 것이 올바른 문장이다.

어휘 文句 もんく 명 불평　商品 しょうひん 명 상품　使いやすさ つかいやすさ 명 사용하기 쉬움, 편리함　多く おおく 명 많음　お客様 おきゃくさま 손님　寄せる よせる 동 밀려오다　アンケート 명 설문 조사, 앙케트　文句を言う もんくをいう 불평을 하다　皆様 みなさま 명 여러분　新サービス しんサービス 명 새로운 서비스　実施 じっし 명 실시

29 상

つぶす	찌부러뜨리다
1 飲み終わったジュースの缶は、水で洗った後、つぶしてここに捨ててください。	**1 다 마신 주스의 캔은, 물로 씻은 뒤, 찌부러뜨려서 여기에 버려 주세요.**
2 この資料のサイズを小さくしたいので、コピー機でつぶしてください。	2 이 자료의 사이즈를 작게 하고 싶으니, 복사기에서 찌부러뜨려 주세요.
3 荷物を運びたいので、ドアが閉まらないようにちょっとつぶしておいてくれますか。	3 짐을 옮기고 싶으니, 문이 닫히지 않도록 잠시 찌부러뜨려 두어 줄래요?
4 パソコンの使い過ぎで肩が痛いので、子供に頼んでつぶしてもらった。	4 컴퓨터를 너무 오래 사용해서 어깨가 아프기 때문에, 아이에게 부탁해서 찌부러뜨려 달라고 했다.

해설 つぶす(찌부러뜨리다)는 주로 힘을 가해 원래의 형태를 무너뜨리는 경우에 사용한다. 1의 **飲み終わったジュースの缶は、水で洗った後、つぶして**(다 마신 주스의 캔은, 물로 씻은 뒤, 찌부러뜨려서)에서 올바르게 사용되었으므로 1이 정답이다. 참고로, 2는 **縮小する**(しゅくしょうする, 축소하다), 3은 **押さえる**(おさえる, 누르다), 4는 **揉む**(もむ, 주무르다)를 사용하는 것이 올바른 문장이다.

어휘 つぶす 동 찌부러뜨리다　ジュース 명 주스　缶 かん 명 캔　資料 しりょう 명 자료　サイズ 명 사이즈　コピー機 コピーき 명 복사기　肩 かた 명 어깨

30 상

なだらか	완만
1 3月に入って春らしくなり、気温もなだらかになってきた。	1 3월에 들어서 봄다워지고, 기온도 완만해졌다.
2 家の前のなだらかな坂を上ると、海が見える公園に着きます。	**2 집 앞의 완만한 언덕을 오르면, 바다가 보이는 공원에 도착합니다.**
3 会社の規則が厳(きび)しすぎるので、なだらかにすることにした。	3 회사의 규칙이 너무 엄격하기 때문에, 완만하게 하기로 했다.
4 子供が病気なく、なだらかに成長することを祈っている。	4 아이가 질병 없이, 완만하게 성장하기를 빌고 있다.

해설 なだらか(완만)는 주로 경사가 급하지 않은 경우에 사용한다. 2의 **なだらかな坂**(완만한 언덕)에서 올바르게 사용되었으므로 2가 정답이다. 참고로, 1은 **穏やか**(おだやか, 온화), 3은 **緩やか**(ゆるやか, 느슨함), 4는 **健やか**(すこやか, 튼튼)를 사용하는 것이 올바른 문장이다.

어휘 なだらかだ な형 완만하다　気温 きおん 명 기온　上る のぼる 동 오르다　成長 せいちょう 명 성장

꼭! 알아두기 なだらか(완만)는 なだらかな坂(なだらかなさか, 완만한 언덕), なだらかな坂道(なだらかなさかみち, 완만한 언덕길), なだらかな丘(なだらかなおか, 완만한 구릉)와 같이 비탈지고 높은 곳을 나타내는 어휘와 함께 자주 쓰인다.

31 중상

収集	수집
1 これから会議を始めるので、皆さんを収集してください。	1 지금부터 회의를 시작할 테니, 모두를 수집해 주세요.
2 私の父は、趣味(しゅみ)で世界中の切手を収集しています。	**2 나의 아버지는, 취미로 전 세계의 우표를 수집하고 있습니다.**
3 歓迎会(かんげいかい)の参加費として、1人3,000円ずつ収集します。	3 환영회의 참가비로서, 1인 3,000엔씩 수집하겠습니다.
4 この農家では、イチゴを収集して市場で売っています。	4 이 농가에서는, 딸기를 수집해서 시장에서 팔고 있습니다.

해설 収集(수집)는 주로 취미나 연구 등을 위해 물건이나 자료를 모으는 경우에 사용한다. 2의 世界中の切手を収集(전 세계의 우표를 수집)에서 올바르게 사용되었으므로 2가 정답이다. 참고로, 1은 収集する 대신 集める(あつめる, 모으다), 3은 集金(しゅうきん, 수금), 4는 収穫(しゅうかく, 수확)를 사용하는 것이 올바른 문장이다.

어휘 収集 しゅうしゅう 명 수집　世界中 せかいじゅう 명 전 세계　歓迎会 かんげいかい 명 환영회　参加費 さんかひ 명 참가비　農家 のうか 명 농가　イチゴ 명 딸기　市場 いちば 명 시장

32 중상

気候	기후
1 今日は気候がいいので、久しぶりにピクニックに行くことにした。	1 오늘은 기후가 좋아서, 오랜만에 피크닉 하러 가기로 했다.
2 天気予報によると、来週の気候は雪の日が多くて、朝晩の気温も低いそうだ。	2 일기 예보에 의하면, 다음 주의 기후는 눈 오는 날이 많고, 아침 저녁의 기온도 낮다고 한다.
3 午前中は晴れていたのに、急に風が吹いて大雨になるなんて、今日は変な気候だ。	3 오전 중에는 맑았는데, 갑자기 바람이 불고 큰비가 오다니, 오늘은 이상한 기후이다.
4 この家は一年を通じて降水量が多い気候に適した形で作られている。	**4 이 집은 일 년 내내 강수량이 많은 기후에 적합한 형태로 지어져 있다.**

해설 気候(기후)는 주로 장기간에 걸친 기상의 평균 상태를 일컫는 경우에 사용한다. 4의 一年を通じて降水量が多い気候(1년 내내 강수량이 많은 기후)에서 올바르게 사용되었으므로 4가 정답이다. 참고로, 1, 2, 3은 天気(てんき, 날씨)를 사용하는 것이 올바른 문장이다.

어휘 気候 きこう 명 기후　ピクニック 명 피크닉　朝晩 あさばん 명 아침저녁　気温 きおん 명 기온　急だ きゅうだ な형 갑작스럽다　大雨 おおあめ 명 큰비　一年を通じて いちねんをつうじて 일 년 내내, 일 년에 걸쳐서　降水量 こうすいりょう 명 강수량　適する てきする 동 적합하다

언어지식(문법) p.92

33 중상

彼は新しいゲームが早く欲しいからと、仕事を（　　）買いに行ったそうだ。		그는 새로운 게임을 빨리 가지고 싶다며, 일을 (　　) 사러 갔다고 한다.	
1 休んだとたん	2 休んだあげく	1 쉰 순간	2 쉰 끝에
3 休んでから	**4 休んでまで**	3 쉬고 나서	**4 쉬면서까지**

해설 적절한 문형을 고르는 문제이다. 모든 선택지가 괄호 앞의 조사 を(을)에 접속할 수 있다. 괄호 앞뒤 문맥을 보면, '새로운 게임을 빨리 가지고 싶다며, 일을 쉬면서까지 사러 갔다'가 가장 자연스럽다. 따라서 4 休んでまで(쉬면서까지)가 정답이다. 1의 たとたん은 '~한 순간', 2의 あげく는 '~한 끝에', 3의 てから는 '~하고 나서'라는 의미의 문형임을 알아 둔다.

어휘 ゲーム 명 게임　~そうだ ~라고 한다　~たとたん ~한 순간　~あげく ~한 끝에　~てから ~하고 나서　~てまで ~해서까지

34 중

明日のプレゼンテーション（　　　）、クライアントと契約できるかどうかが決まる。	내일의 프레젠테이션 (　　　), 클라이언트와 계약할 수 있을지 없을지가 결정된다.
1 からすると　　**2 次第で**	1 으로 보아　　**2 에 따라서**
3 につけて　　4 にしたがって	3 할 때마다　　4 에 따라

해설 적절한 문형을 고르는 문제이다. 모든 선택지가 괄호 앞의 명사 プレゼンテーション(프레젠테이션)에 접속할 수 있다. 괄호 뒤 クライアントと契約できるかどうかが決まる(클라이언트와 계약할 수 있을지 없을지가 결정된다)로 이어지는 문맥을 보면 '프레젠테이션에 따라서'가 가장 자연스럽다. 따라서 2 次第で(에 따라서)가 정답이다. 1 からすると는 '~으로 보아', 3 につけて는 '~할 때마다', 4 にしたがって는 '~에 따라'라는 의미의 문형임을 알아둔다. 4 にしたがって '~에 따라'는 규칙이나 명령에 거스르지 않고 지시대로 행동함을 나타내는 표현이므로 프레젠테이션의 결과에 따라 계약 여부가 결정된다는 문맥에는 맞지 않으므로 오답이다.

어휘 **プレゼンテーション** 명 프레젠테이션　**クライアント** 명 클라이언트, 고객　**契約** けいやく 명 계약　**~かどうか** ~있을지 없을지
~からすると ~으로 보아, ~의 입장에서 보면　**~次第で** ~しだいで ~에 따라서 (좌우된다)　**~につけて** ~할 때마다　**~にしたがって** ~에 따라

꼭! 알아두기　~次第で(~에 따라서) 외에 ~によって(~에 따라), ~のいかんによって(~여하에 따라)도 앞의 일에 따라서 뒤의 일이 결정되는 상황을 나타낼 때 사용되는 표현이므로 함께 알아 둔다.

35 중상

この工場の中には、全身をしっかり消毒（　　　）入ってはいけない。	이 공장 안에는, 전신을 제대로 소독 (　　　) 들어가서는 안 된다.
1 してからでないと　　2 したからには	**1 한 후가 아니면**　　2 한 이상에는
3 してはじめて　　4 したうえで	3 하고 나서야 비로소　　4 한 뒤에

해설 적절한 문형을 고르는 문제이다. 모든 선택지가 괄호 앞의 명사 消毒(소독)에 접속할 수 있다. 괄호 앞뒤 문맥을 보면, '전신을 제대로 소독한 후가 아니면 들어가서는 안 된다'가 가장 자연스럽다. 따라서 1 してからでないと(한 후가 아니면)가 정답이다. 2의 からには는 '~인 이상에는', 3의 てはじめて는 '~하고 나서야 비로소', 4의 たうえで는 '~한 뒤에'라는 의미의 문형임을 알아 둔다.

어휘 **全身** ぜんしん 명 전신　**消毒** しょうどく 명 소독　**~てはいけない** ~해서는 안 된다　**~てからでないと** ~한 후가 아니면　**~からには** ~인 이상에는
~てはじめて ~하고 나서야 비로소　**~たうえで** ~한 뒤에

36 중

その俳優(はいゆう)が来日（　　　）際、この日本料理店を訪れたらしい。	그 배우가 방일 (　　　) 때, 이 일본 요리점을 방문한 것 같다.
1 し　　**2 した**	1 해　　**2 했을**
3 して　　4 しよう	3 하고　　4 하려고

해설 동사의 올바른 활용형을 고르는 문제이다. 괄호 뒤의 문형 際(~때)와 접속할 수 있는 동사의 활용형은 보통형이다. 괄호 앞뒤 문맥을 보면 '방일했을 때, 이 일본 요리점을 방문한 것 같다'가 가장 자연스러우므로, 동사 た형인 2 した(했을)가 정답이다.

어휘 **俳優** はいゆう 명 배우　**来日** らいにち 명 방일　**際** さい 명 때　**日本** にほん 명 일본　**料理店** りょうりてん 명 요리점　**訪れる** おとずれる 동 방문하다

37 중

この一週間ずっと雨が降っていたので、ダムの水は増えた（　　　）。	요 일주일간 내내 비가 내렸기 때문에, 댐의 물은 불어 (　　　).
1 にすぎなかった　　2 だけのことはある	1 난 것에 지나지 않았다　　2 난 만큼의 가치가 있다
3 にほかならない　　**4 に違いない**	3 난 것과 같다　　**4 난 것임에 틀림없다**

해설 적절한 문형을 고르는 문제이다. 괄호 앞의 동사 た형 増えた(불어났다)에 접속할 수 있는 문형은 1 にすぎなかった, 2 だけのことはある, 4 に違いない이다. 3 にほかならない는 명사에 접속하므로 오답이다. 괄호 앞 문맥을 보면, '비가 내렸기 때문에, 댐의 물은 불어난 것임에

틀림없다'가 가장 자연스럽다. 따라서 4 に違いない(난 것임에 틀림없다)가 정답이다. 1의 にすぎない는 '~에 지나지 않다', 2 だけのことはある는 '~만큼의 가치가 있다', 3 にほかならない는 '~것과 같다'라는 의미의 문형임을 알아 둔다.

어휘 ダム 명 댐 ~にすぎない ~에 지나지 않다 ~だけのことはある ~만큼의 가치가 있다 ~にほかならない ~것과 같다, 바로 ~이다
~に違いない ~にちがいない ~임에 틀림없다

38 중

彼が有能な社員（　　）正直そうではない。		그가 유능한 사원 (　　) 솔직히 그렇지 않다.	
1 かどうか	2 だからこそ	1 인지 아닌지	2 이기에
3 かというと	4 だからといって	**3 이냐 하면**	4 이라고 해서

해설 적절한 문형을 고르는 문제이다. 모든 선택지가 괄호 앞의 명사 社員(사원)에 접속할 수 있다. 괄호 앞뒤 문맥을 보면, '그가 유능한 사원이냐 하면 솔직히 그렇지 않다'가 가장 자연스럽다. 따라서 3 かというと(이냐 하면)가 정답이다. 1 かどうか는 '~인지 아닌지', 2의 からこそ는 '~이기에', 4의 からといって는 '~라고 해서'라는 의미의 문형임을 알아 둔다.

어휘 有能だ ゆうのうだ な형 유능하다 社員 しゃいん 명 사원 正直 しょうじき 부 솔직히 ~かどうか ~인지 아닌지 ~からこそ ~이기에
~かというと ~이냐 하면 ~からといって ~라고 해서

39 중상

日本人の平均寿命(じゅみょう)が毎年延びているの（　　）、アメリカ人の平均寿命(じゅみょう)は延びたり縮んだりしている。		일본인의 평균 수명이 매년 늘고 있는 데 (　　), 미국인의 평균 수명은 늘기도 하고 줄기도 하고 있다.	
1 に対しては	**2 に対して**	1 에 비해서는	**2 에 비해**
3 に関しては	4 に関して	3 에 관해서는	4 에 관해

해설 적절한 문형을 고르는 문제이다. 모든 선택지가 괄호 앞의 조사 の(데)에 접속할 수 있다. 괄호 앞뒤 문맥을 보면, '일본인의 평균 수명이 매년 늘고 있는 데에 비해, 미국인의 평균 수명은 늘기도 하고 줄기도 하고 있다'가 가장 자연스럽다. 따라서 2 に対して(에 비해)가 정답이다. 3과 4의 に関しては '~에 관해'라는 의미의 문형임을 알아 둔다.

어휘 日本人 にほんじん 명 일본인 平均 へいきん 명 평균 寿命 じゅみょう 명 수명 延びる のびる 동 늘다, 길어지다 アメリカ人 アメリカじん 명 미국인
縮む ちぢむ 동 줄다, 감소하다 ~のに対して ~のにたいして ~인 데에 비해 ~に関して ~にかんして ~에 관해

40 중상

昔はタクシーの運転手というと中高年をイメージしたが、最近は若い人が運転するタクシーに乗ることも、（　　）めずらしいことではなくなってきた。		옛날에는 택시 운전사라고 하면 중장년을 떠올렸지만, 최근에는 젊은 사람이 운전하는 택시에 타는 일도, (　　) 드문 일은 아니게 되었다.	
1 まもなく	2 つい	1 이윽고	2 무심코
3 そう	4 めったに	**3 그리**	4 좀처럼

해설 적절한 부사를 고르는 문제이다. 괄호 앞의 昔はタクシーの運転手というと中高年をイメージしたが、最近は若い人が運転するタクシーに乗ることも(옛날에는 택시 운전사라고 하면 중장년을 떠올렸지만, 최근에는 젊은 사람이 운전하는 택시에 타는 일도)와 괄호 뒤의 めずらしいことではなくなってきた(드문 일은 아니게 되었다)와 문맥상 어울리는 말은 '그리 드문 일은 아니게 되었다'이다. 따라서 3 そう(그리)가 정답이다.

어휘 ~というと ~라고 하면 中高年 ちゅうこうねん 명 중장년 イメージする (이미지를) 떠올리다 まもなく 부 이윽고 つい 부 무심코 そう 부 그리
めったに 부 좀처럼

41 중상

今年もあとひと月で（　　）。大人になると、あっという間に時間が過ぎていくように感じられる。		올해도 앞으로 한 달로 (　　). 어른이 되니, 눈 깜짝할 새에 시간이 지나가는 것처럼 느껴진다.	
1 終わろうとしている	2 終わりかねない	**1 끝나려 하고 있다**	2 끝날지도 모른다
3 終わるばかりだ	4 終わるところだった	3 끝나기만 한다	4 끝나려던 참이었다

해설 적절한 문형을 고르는 문제이다. 괄호 앞의 문맥을 보면, '올해도 앞으로 한 달로 끝나려 하고 있다'가 가장 자연스럽다. 따라서 1 **終わろうとしている**(끝나려 하고 있다)가 정답이다. 2의 **かねない**는 '~할지도 모른다', 3의 **ばかりだ**는 '~하기만 한다', 4의 **ところだ**는 '~하려던 참이다'라는 의미의 문형임을 알아 둔다.

어휘 **あっという間** あっというま 눈 깜짝할 새　**～ように** ~인 것처럼　**感じる** かんじる 동 느끼다　**～ようとする** ~하려 하다　**～かねない** ~할지도 모른다　**～ばかりだ** ~하기만 한다　**～ところだ** ~하려던 참이다

42 상

受付「はい、どのようなご用件でしょうか。」

田中(たなか)「ABC商事の田中(たなか)と申しますが、鈴木(すずき)部長にこの書類を（　　）ませんか。」

1 渡してさしあげ　**2 渡していただけ**

3 受け取ってさしあげ　4 受け取っていただけ

접수처: 네, 어떤 용건이신가요?

다나카: ABC 상사의 다나카라고 합니다만, 스즈키 부장님에게 이 서류를 (　　) 않겠습니까?

1 건네 드리지　**2 건네주시지**

3 수취해 드리지　4 수취해 주시지

해설 적절한 경어 표현을 고르는 문제이다. 다나카가 접수처에 서류 전달을 부탁하는 상황이므로 자신의 행위를 낮추는 **渡していただけませんか**(건네주시지 않겠습니까)가 가장 자연스럽다. 따라서 2 **渡していただけ**(건네주시지)가 정답이다. 여기서 **ていただく**((상대가) ~해 주시다)는 **てもらう**((상대가) ~해 주다)의 겸양 표현이다. 1과 3의 **てさしあげる**(~해 드리다)는 **てあげる**((내가) ~해 주다)의 겸양 표현이다.

어휘 **用件** ようけん 명 용건　**商事** しょうじ 명 상사　**書類** しょるい 명 서류　**～てさしあげる** ~해 드리다 (~てあげる의 겸양 표현)　**～ていただく** ~해 주시다 (~てもらう의 겸양 표현)　**受け取る** うけとる 동 수취하다

43 중

定年後、まだまだ働こうと就職(しゅうしょく)活動を続けていたら、ありがたい（　　）、経験が生かせる企業に再就職(さいしゅうしょく)することができた。

1 ことから　**2 ことに**

3 ことだし　4 ことだから

정년 후, 더 일하려고 취직 활동을 계속하고 있었더니, 감사 (　　), 경험을 살릴 수 있는 기업에 재취직할 수 있었다.

1 로 인해　**2 하게도**

3 하니　4 하니까

해설 적절한 문형을 고르는 문제이다. 모든 선택지가 괄호 앞의 い형용사 **ありがたい**(감사하다)에 접속할 수 있다. 괄호 앞뒤 문맥을 보면, '감사하게도, 경험을 살릴 수 있는 기업에 재취직할 수 있었다'가 가장 자연스럽다. 따라서 2 **ことに**(하게도)가 정답이다. 1 **ことから**는 '~로 인해', 3 **ことだし**는 '~이니', 4 **ことだから**는 '~이니까'라는 의미의 문형임을 알아 둔다.

어휘 **定年** ていねん 명 정년　**後** ご 명 후　**まだまだ** 부 더, 아직　**就職** しゅうしょく 명 취직　**活動** かつどう 명 활동　**ありがたい** い형 감사하다　**生かす** いかす 동 살리다　**企業** きぎょう 명 기업　**再就職** さいしゅうしょく 명 재취직　**～ことから** ~로 인해, ~때문에　**～ことに** ~하게도　**～ことだし** ~이니, ~이기도 하니까　**～ことだから** ~이니까

44 중상

子供も生まれるし自分や家族の健康(けんこう)のことも考え、もう二度とたばこを（　　）と決心した。

1 吸うまい　2 吸いかねる

3 吸わないものか　4 吸うものではない

아이도 태어나고 나나 가족의 건강도 생각해서, 이제 두 번 다시 담배를 (　　) 고 결심했다.

1 피우지 않겠다　2 피우기 어렵다

3 피우지 않을까 보냐　4 피워서는 안 된다

해설 적절한 문형을 고르는 문제이다. 모든 선택지가 괄호 앞의 조사 **を**(를)에 접속할 수 있다. 괄호 앞뒤 문맥을 보면, '이제 두 번 다시 담배를 피우지 않겠다고 결심했다'가 가장 자연스럽다. 따라서 1 **吸うまい**(피우지 않겠다)가 정답이다. 2의 **かねる**는 '~하기 어렵다', 3의 **ものか**는 '~할까 보냐', 4의 **ものではない**는 '~해서는 안 된다'라는 의미의 문형임을 알아 둔다.

어휘 **健康** けんこう 명 건강　**二度と** にどと 부 두 번 다시　**決心** けっしん 명 결심　**～まい** ~않겠다, ~않을 작정이다　**～かねる** ~하기 어렵다　**～ものか** ~할까 보냐　**～ものではない** ~해서는 안 된다

꼭! 알아두기　~まい(~않겠다)는 부정의 의지를 나타내는 표현으로, もう二度と(두 번 다시), 絶対に(절대로), 決して(결코)와 같은 표현과 함께 자주 사용된다.

45 중상

このたび、当映画館は映画鑑賞料金を改定させていただきましたが、＿＿ ＿＿ ★ ＿＿ でご鑑賞いただけます。	이번에, 저희 영화관은 영화 감상 요금을 개정하였습니다만, 12월 1일의 영화의 날 ★에 한하여 개정 전의 요금으로 감상하실 수 있습니다.
1 映画の日　**2 に限り**	1 영화의 날　**2 에 한하여**
3 改定前の料金　4 12月1日の	3 개정 전의 요금　4 12월 1일의

해설 2 に限り는 명사에 접속하므로 먼저 1 **映画の日** 2 **に限り**(영화의 날에 한하여) 또는 3 **改定前の料金** 2 **に限り**(개정 전의 요금에 한하여)로 연결할 수 있다. 선택지 중 빈칸 뒤의 **でご鑑賞いただけます**(으로 감상하실 수 있습니다) 바로 앞에 올 수 있는 것은 3 **改定前の料金**(개정 전의 요금)이므로 가장 마지막 빈칸에 배치한다. 나머지 선택지를 문맥에 맞게 배열하면 4 **12月1日の** 1 **映画の日** 2 **に限り** 3 **改定前の料金**(12월 1일의 영화의 날에 한하여 개정 전의 요금)이 되면서 전체 문맥과도 어울린다. 따라서 2 **に限り**(에 한하여)가 정답이다.

어휘 **このたび** 명 이번　**当映画館** とうえいがかん 저희 영화관　**鑑賞** かんしょう 명 감상　**料金** りょうきん 명 요금　**改定** かいてい 명 개정　**させていただく** 동 하다 (させてもらう의 겸양 표현)　**～に限り** ～にかぎり ~에 한하여

46 중상

もし夫婦二人で ＿＿ ＿＿ ★ ＿＿、どれぐらいの時間や費用がかかるだろうか。	만약 부부 둘이서 세계 일주의 선박 여행에 ★참가한다고 하면, 어느 정도의 시간이나 비용이 들 것인가.
1 すると　2 船の旅に	1 하면　2 선박 여행에
3 世界一周の　**4 参加すると**	3 세계 일주의　**4 참가한다고**

해설 4의 と는 1의 **すると**와 함께 쓰여 문형 **とすると**(~라고 하면)가 되므로 먼저 4 **参加すると** 1 **すると**로 연결할 수 있다. 이것을 나머지 선택지와 함께 문맥에 맞게 배열하면 3 **世界一周の** 2 **船の旅に** 4 **参加すると** 1 **すると**(세계 일주의 선박 여행에 참가한다고 하면)가 되면서 전체 문맥과도 어울린다. 따라서 4 **参加すると**(참가한다고)가 정답이다.

어휘 **夫婦** ふうふ 명 부부　**費用** ひよう 명 비용　**～だろうか** ~일 것인가　**～とすると** ~라고 하면　**旅** たび 명 여행　**一周** いっしゅう 명 일주　**参加** さんか 명 참가

47 중

普段は穏やかで心が広い社長だが、＿＿ ＿＿ ＿＿ ★ 厳しくなる。	평소에는 온화하고 마음이 넓은 사장님이지만, 돈에 관한 일 이 되면 ★몹시 엄격해진다.
1 お金の　**2 とても**	1 돈에　**2 몹시**
3 となると　4 こと	3 이 되면　4 관한 일

해설 1의 **の**와 4 **こと**, 3 **となると**는 함께 쓰여 문형 **のこととなると**(~에 관한 일이 되면)가 되므로 먼저 1 **お金の** 4 **こと** 3 **となると**(돈에 관한 일이 되면)로 연결할 수 있다. 이것을 나머지 선택지와 함께 문맥에 맞게 배열하면 1 **お金の** 4 **こと** 3 **となると** 2 **とても**(돈에 관한 일이 되면 몹시)가 되면서 전체 문맥과도 어울린다. 따라서 2 **とても**(몹시)가 정답이다.

어휘 **普段** ふだん 명 평소　**穏やかだ** おだやかだ な형 온화하다　**お金** おかね 돈　**～のこととなると** ~에 관한 일이 되면

48 중

健康のためにスポーツジムに入会した。週に3回は ＿＿ ★ ＿＿ ＿＿ だった。	건강을 위해서 체육관에 입회했다. 주에 3회는 몸을 움직이려고 ★생각하고 있었는데 이번 주는 한 번도 가지 않고 말았다.
1 体を動かそうと　2 今週は一度も	1 몸을 움직이려고　2 이번 주는 한 번도
3 行けずじまい　**4 思っていたのに**	3 가지 않고 말다　**4 생각하고 있었는데**

해설 1의 **動かそうと**는 4의 **思う**와 함께 쓰여 문형 **ようと思う**(~하려고 생각하다)가 되므로 먼저 1 **体を動かそうと** 4 **思っていたのに**(몸을 움직이려고 생각하고 있었는데)로 연결할 수 있다. 이것을 나머지 선택지와 함께 문맥에 맞게 배열하면 1 **体を動かそうと** 4 **思っていたのに** 2 **今週は一度も** 3 **行けずじまい**(몸을 움직이려고 생각하고 있었는데 이번 주는 한 번도 가지 않고 말다)가 되면서 전체 문맥과도 어울린다. 따라서 4 **思っていたのに**(생각하고 있었는데)가 정답이다.

어휘 **健康** けんこう 명 건강 **~のために** ~을 위해서 **スポーツジム** 명 체육관 **入会** にゅうかい 명 입회 **週** しゅう 명 주, 일주일 **動かす** うごかす 동 움직이다 **~ずじまい** ~하지 않고 말다 **~ようと思う** ~ようとおもう ~하려고 생각하다

꼭! 알아두기 ~ずじまい(~하지 않고 말다)는 어떤 행위를 하지 못하고 끝난 것을 후회하고 안타까워하는 표현이므로, ~ようと思った(~하려고 생각했다), ~たかった(~하고 싶었다), ~予定だった(~예정이었다)와 같이 의지나 예정을 나타내는 표현이 있으면 ~ずじまい의 앞으로 배치한다.

49 상

彼は大学生のときに、＿＿＿ ＿＿＿ ★＿＿＿ ＿＿＿ 小さい会社だった。	그는 대학생 때에, 회사를 만들어 사장이 되었지만 ★사장이라고 해도 사원은 2명뿐인 작은 회사였다.
1 社員は２人だけの　2 社長になったが 3 会社を作って　**4 社長といっても**	1 사원은 2명뿐인　2 사장이 되었지만 3 회사를 만들어　**4 사장이라고 해도**

해설 선택지들끼리 연결 가능한 문형이 없으므로 의미적으로 배열하면 1 **社員は２人だけの** 3 **会社を作って** 2 **社長になったが** 4 **社長といっても**(사원은 2명뿐인 회사를 만들어 사장이 되었지만 사장이라고 해도) 또는 3 **会社を作って** 2 **社長になったが** 4 **社長といっても** 1 **社員は２人だけの**(회사를 만들어 사장이 되었지만 사장이라고 해도 사원은 2명뿐인)로 배열할 수 있다. 둘 중 빈칸 뒤의 '작은 회사였다'와 문맥상 어울리는 말은 3 **会社を作って** 2 **社長になったが** 4 **社長といっても** 1 **社員は２人だけの**(회사를 만들어 사장이 되었지만 사장이라고 해도 사원은 2명뿐인)이다. 따라서 4 **社長といっても**(사장이라고 해도)가 정답이다.

어휘 **社員** しゃいん 명 사원 **~になる** ~이 되다 **~といっても** ~라고 해도

50-54

ペットと暮らすこと

現在、日本では子供の数よりペットの数の方が多い。2018年の段階で、日本の15歳未満の子供の数は約1,600万人。一方、ペットとして飼(か)われている犬は約991万7,000匹、猫は約987万4,000匹。犬、猫合わせてざっと1,979万匹となる。[50]もはや、国民の生活はペットの存在 50 [50]語れないと言っても良いだろう。

さらに、昔なら家の外で飼っていたペットも、最近では家の中で飼(か)うケースが多い。ペット用のベッドを用意するなど、[51]ペットにとって良い環境(かんきょう)に 51 ことも重要だとされている。こうして家の中でペットと過ごす時間が増えたことで、飼い主(かいぬし)はペットの病気に気づきやすくなった。そして、心配なことがあるとすぐに近所の動物病院に連れて行くのだ。加えてドッグフード、キャットフードの質が良くなったことで、ペットの寿命(じゅみょう)はこの30年で2倍ほどになったと言われている。

52 、[52]お年寄りの飼い主(かいぬし)からは「足や腰が痛くて犬の散歩に行けない」「自分が入院することになり、ペットの世話ができない」などの声を聞くことがある。しかし、そういうときには、ペットシッターやペットホテルなどのサービスを利用する手もあるそうだ。このような 53 場所は、[53]ペット介護(かいご)センターやペットホテル、ドッグラン、ペットと一緒に入店できるレストランにいたるまで、充実(じゅうじつ)してきている。

반려동물과 사는 것

현재, 일본에서는 아이의 수보다 반려동물의 수 쪽이 많다. 2018년 단계에서, 일본의 15세 미만인 아이의 수는 약 1,600만 명. 한편, 반려동물로서 키워지고 있는 개는 약 991만 7,000마리, 고양이는 약 987만 4,000마리. 개, 고양이 합쳐서 대략 1,979만 마리가 된다. [50]이미, 국민의 생활은 반려동물의 존재 50 [50]이야기할 수 없다고 말해도 좋을 것이다.

게다가, 옛날이라면 집 밖에서 키웠던 반려동물도, 최근에는 집 안에서 키우는 케이스가 많다. 반려동물용 침대를 준비하는 등, [51]반려동물에게 있어 좋은 환경으로 51 것도 중요하다고 여겨지고 있다. 이렇게 집 안에서 반려동물과 지내는 시간이 늘어난 것으로, 주인은 반려동물의 병을 알아차리기 쉬워졌다. 그리고, 걱정되는 것이 있으면 곧바로 근처의 동물 병원으로 데리고 가는 것이다. 덧붙여 도그 푸드, 캣 푸드의 질이 좋아진 것으로, 반려동물의 수명은 최근 30년 새 2배 정도가 되었다고 일컬어지고 있다.

52 , [52]노인인 주인으로부터는 '다리나 허리가 아파서 개의 산책을 갈 수 없다', '내가 입원하게 되어, 반려동물을 돌볼 수 없다' 등의 의견을 듣는 경우가 있다. 그러나, 그럴 때에는, 펫 시터나 반려동물 호텔 등의 서비스를 이용하는 수도 있다고 한다. 이러한 53 장소는, [53]반려동물 간호 센터나 반려동물 호텔, 개 전용 놀이터, 반려동물과 함께 가게에 들어갈 수 있는 레스토랑에 이르기까지, 충실해지고 있다.

[54]ここまでさまざまな環境が整いつつあるのは、ペットが人間の生活において重要な役割を果たしている 54 。	[54]이렇게까지 다양한 환경이 갖추어지고 있는 것은, 반려동물이 인간의 생활에 있어서 중요한 역할을 다하고 있 54 .

어휘 暮らす くらす 동 살다 現在 げんざい 명 현재 日本 にほん 명 일본 数 かず 명 수 ～より…の方が ～より…のほうが ~보다 …쪽이 段階 だんかい 명 단계 未満 みまん 명 미만 約 やく 부 약 万人 まんにん 명 만 명 一方 いっぽう 접 한편 飼う かう 동 키우다, 기르다 合わせる あわせる 동 합치다 ざっと 부 대략 ～となる ~가 되다 もはや 부 이미 国民 こくみん 명 국민 存在 そんざい 명 존재 語る かたる 동 이야기하다 さらに 부 게다가 ケース 명 케이스 ペット用 ペットよう 명 반려동물용 ～にとって ~에게 있어 環境 かんきょう 명 환경 重要だ じゅうようだ な형 중요하다 ～とされる ~라고 여겨지다 こうして 접 이렇게, 이와 같이 過ごす すごす 동 지내다 ～ことで ~인 것으로 飼い主 かいぬし 명 주인 気づく きづく 동 알아차리다 ～やすい ~하기 쉽다 心配だ しんぱいだ な형 걱정되다 加えて くわえて 덧붙여, 게다가 ドッグフード 명 도그 푸드 キャットフード 명 캣 푸드 質 しつ 명 질 寿命 じゅみょう 명 수명 倍 ばい 명 배 お年寄り おとしより 노인 腰 こし 명 허리 ～ことになる ~하게 되다 ペットシッター 명 펫 시터 サービス 명 서비스 介護 かいご 명 간호 センター 명 센터 ドッグラン 명 개 전용 놀이터, 도그런 一緒に いっしょに 함께 入店 にゅうてん 명 가게에 들어감 いたる 동 이르다, 도달하다 充実 じゅうじつ 명 충실 ここまで 이렇게까지 さまざまだ な형 다양하다 整う ととのう 동 갖추어지다 ～つつある (계속) ~하고 있다 人間 にんげん 명 인간 ～において ~에 있어서 役割 やくわり 명 역할 果たす はたす 동 다하다

50 중

1 に先立って	2 をはじめとして	1 에 앞서서	2 를 시작으로 하여
3 を抜きにしては	4 にかかわりなく	**3 를 빼고서는**	4 에 관계없이

해설 적절한 문형을 고르는 문제이다. 빈칸이 포함된 단락에서 일본은 아이의 수보다 반려동물의 수 쪽이 많다고 설명하며 빈칸 앞에서 もはや、国民の生活はペットの存在라고 하고, 빈칸 뒤에서 語れないと言っても良いだろう라고 언급하였으므로 もはや、国民の生活はペットの存在を抜きにしては語れないと言っても良いだろう가 가장 자연스럽다. 따라서 3 を抜きにしては가 정답이다.

어휘 ～に先立って ～にさきだって ~에 앞서서 ～をはじめとして ~을 시작으로 하여 ～を抜きにしては ～をぬきにしては ~을 빼고서는 ～にかかわりなく ~에 관계없이

꼭! 알아두기 ~を抜きにしては(~을 빼고서는)는 ~できない(~할 수 없다), ~られない(~수 없다)와 같이 불가능을 나타내는 표현과 함께 '~을 빼고서는 ~할 수 없다'는 의미로 사용된다.

51 중상

1 していただく	**2 してあげる**	1 해 주시는	**2 해 주는**
3 しないでおく	4 させられる	3 하지 않고 두는	4 (억지로) 당하는

해설 적절한 문형을 고르는 문제이다. 선택지 1, 2에는 수수 표현, 4에는 사역수동 표현이 사용되었으므로 빈칸 주변에서 행위의 주체나 대상을 파악하는 것에 유의한다. 빈칸 앞뒤 문맥을 볼 때, '반려동물에게 있어 좋은 환경으로' 만들어 주는 주체는 주인이다. 따라서 수수 표현이면서 문맥에 맞는 의미인 2 してあげる가 정답이다.

어휘 ～ておく ~해 두다

52 중상

1 それでも	**2 ただ**	1 그럼에도	**2 다만**
3 そのうえ	4 なお	3 게다가	4 더구나

해설 적절한 접속사를 고르는 문제이다. 빈칸 앞에서 먹이의 질이 좋아져 반려동물의 수명이 늘었다고 설명하고, 빈칸 뒤에서 お年寄りの飼い主からは「足や腰が痛くて犬の散歩に行けない」「自分が入院することになり、ペットの世話ができない」などの声を聞くことがある라며 반려동물의 수명이 늘어난 것에 대한 부작용을 언급하였다. 따라서 2 ただ가 정답이다.

어휘 それでも 접 그럼에도 ただ 접 다만 そのうえ 접 게다가 なお 접 더구나

53 중상

1 ペットとの暮らしを支える	**1 반려동물과의 생활을 지탱하는**
2 年を取ったペットが行ける	2 나이를 먹은 반려동물이 갈 수 있는
3 お年寄りがサービスを受ける	3 노인이 서비스를 받는
4 ペットの病気に気づける	4 반려동물의 병을 알아차릴 수 있는

해설 적절한 문장을 고르는 문제이다. 빈칸 뒤에서 ペット介護センターやペットホテル、ドッグラン、ペットと一緒に入店できるレストランにいたるまで라고 언급하였으므로 ペットとの暮らしを支える場所は가 가장 자연스럽다. 따라서 1 ペットとの暮らしを支える가 정답이다.

어휘 暮らし くらし 명 생활　支える ささえる 동 지탱하다, 지지하다　年を取る としをとる 나이를 먹다

54 중상

1 わけがない	2 だけだろう	1 을 리가 없다	2 을 뿐일 것이다
3 ように思う	**4 からだろう**	3 는 것 같다	**4 기 때문일 것이다**

해설 적절한 문형을 고르는 문제이다. 빈칸 앞에서 ここまでさまざまな環境が整いつつあるのは라고 언급하였으므로 ペットが人間の生活において重要な役割を果たしているからだろう가 가장 자연스럽다. 따라서 4 からだろう가 정답이다.

어휘 ～わけがない ~일 리가 없다　～だけだ ~뿐이다　～ように思う ~ようにおもう ~인 것 같다　～からだ ~이기 때문이다

독해 p.98

55 상

(1)

スマートフォンが壊(こわ)れてしまい、新しいものが欲しくて携帯(けいたい)電話の販売店に行ったのだが、店員に話を聞くと、新しいものは十万円もすると言われて驚(おどろ)いた。値引きが適用されるキャンペーンもあるそうだが、その場合はそのスマートフォンを2年か3年使い続けることが条件(じょうけん)になるという。さらに通話やデータ通信の料金プランがいくつもあり、その場ですぐには決断できなかった。スマートフォンは、もう少し買いやすくならないものだろうか。

筆者の考えに合うものはどれか。

1 スマートフォンは2年か3年で買い替えたほうがよい。
2 スマートフォンはキャンペーンの時に買うべきである。
3 スマートフォンの値段は安くないので、買うことができない。
4 スマートフォンは高くて料金プランもいろいろあり、買いづらい。

(1)

스마트폰이 망가져 버려, 새로운 것이 갖고 싶어서 휴대 전화 판매점에 갔는데, 점원에게 이야기를 들으니, 새로운 것은 십만 엔이나 한다고 들어서 놀랐다. 할인이 적용되는 캠페인도 있다고 하는데, 그 경우는 그 스마트폰을 2년이나 3년 계속 쓰는 것이 조건이 된다고 한다. 게다가 통화나 데이터 통신의 요금 플랜이 몇 개나 있어, 그 자리에서 곧바로는 결단할 수 없었다. 스마트폰은, 좀 더 사기 쉬워지지 않는 것일까?

필자의 생각과 맞는 것은 어느 것인가?

1 스마트폰은 2년이나 3년에 새로 사서 바꾸는 편이 좋다.
2 스마트폰은 캠페인 때에 사야 한다.
3 스마트폰의 가격은 싸지 않기 때문에, 살 수 없다.
4 스마트폰은 비싸고 요금 플랜도 여러 가지 있어, 사기 어렵다.

해설 에세이로 필자의 생각을 묻고 있다. 초반부에서 新しいものは十万円もすると言われて驚いた라고 하고, 후반부에서 さらに通話やデータ通信の料金プランがいくつもあり、その場ですぐには決断できなかった라고 서술하고 있으므로, 4 スマートフォンは高くて料金プランもいろいろあり、買いづらい가 정답이다.

어휘 スマートフォン 명 스마트폰　～てしまう ~해 버리다　携帯 けいたい 명 휴대　販売店 はんばいてん 명 판매점　値引き ねびき 명 할인　適用 てきよう 명 적용　キャンペーン 명 캠페인　～続ける ～つづける 계속 ~하다　条件 じょうけん 명 조건　さらに 부 게다가　通話 つうわ 명 통화　データ 명 데이터　通信 つうしん 명 통신　料金 りょうきん 명 요금　プラン 명 플랜　その場 そのば 그 자리, 즉시　決断 けつだん 명 결단

もう少し もうすこし 부 좀 더　~やすい ~하기 쉽다　買い替える かいかえる 동 새로 사서 바꾸다　~ほうがよい ~하는 편이 좋다
~べきだ ~해야 한다　値段 ねだん 명 가격　~づらい ~하기 어렵다

56 중상

(2)

以下は、ある会社に届いたメールの内容である。

> あて先：abc345@main.co.jp
> 送信日時：令和(れいわ)2年4月18日
>
> ---
>
> ご担当者様
> この度、オンラインショップでくつを買いました、山本(やまもと)と申します。
> 実際に履(は)いてみましたが、サイズが合わなかったため交換したいと思っています。
> 交換を希望する場合の手続きは、同封されていた専用用紙に交換理由を書いて返送するとありましたが、くつの返送先はカスタマーセンターと本社のどちらになりますか。
> どのようにすればよいか、詳(くわ)しく教えていただきたいです。
> どうぞよろしくお願いします。

このメールの用件は何か。

1 オンラインショップでのくつの買い方を教えてほしい。
2 選べるくつのサイズについて案内してほしい。
3 くつをどこへ送り返すべきか教えてほしい。
4 サイズが合わないくつを返品できるか教えてほしい。

(2)

이하는, 어느 회사에 도착한 이메일의 내용이다.

> 수신처 : abc345@main.co.jp
> 송신일시 : 레이와 2년 4월 18일
>
> ---
>
> 담당자님
> 이번, 온라인 숍에서 신발을 산, 야마모토라고 합니다.
> 실제로 신어 보았습니다만, 사이즈가 맞지 않았기 때문에 교환하고 싶다고 생각하고 있습니다.
> 교환을 희망하는 경우의 절차는, 동봉되어 있던 전용 용지에 교환 이유를 써서 반송한다고 되어 있었습니다만, 신발의 반송처는 고객 센터와 본사 어느 쪽이 되나요?
> 어떻게 하면 좋을지, 자세히 가르쳐 주셨으면 합니다.
> 부디 잘 부탁드립니다.

이 이메일의 용건은 무엇인가?

1 온라인 숍에서의 신발 사는 법을 가르쳐 주었으면 한다.
2 고를 수 있는 신발의 사이즈에 대해서 안내해 주었으면 한다.
3 신발을 어디로 되돌려 보내야 하는지 가르쳐 주었으면 한다.
4 사이즈가 맞지 않는 신발을 반품할 수 있는지 가르쳐 주었으면 한다.

해설 이메일 형식의 실용문으로, 글의 용건을 묻고 있다. 후반부에서 くつの返送先はカスタマーセンターと本社のどちらになりますか。どのようにすればよいか、詳しく教えていただきたいです라고 언급하고 있으므로, 3 くつをどこへ送り返すべきか教えてほしい가 정답이다.

어휘 届く とどく 동 도착하다　メール 명 이메일　内容 ないよう 명 내용　あて先 あてさき 명 수신처　送信 そうしん 명 송신　日時 にちじ 명 일시
令和 れいわ 명 레이와 (일본의 연호)　担当者 たんとうしゃ 명 담당자　この度 このたび 명 이번　オンラインショップ 명 온라인 숍
~と申す ~ともうす ~라고 (말)하다　実際 じっさい 명 실제　サイズ 명 사이즈　合う あう 동 맞다　交換 こうかん 명 교환　希望 きぼう 명 희망
手続き てつづき 명 절차, 수속　同封 どうふう 명 동봉　専用 せんよう 명 전용　用紙 ようし 명 용지　返送 へんそう 명 반송
返送先 へんそうさき 명 반송처　カスタマーセンター 명 고객 센터　本社 ほんしゃ 명 본사　~すればよい ~하면 좋다　詳しい くわしい い형 자세하다
買い方 かいかた 명 사는 법　~について ~에 대해서　送り返す おくりかえす 동 되돌려 보내다, 반송하다　~べきだ ~해야 한다
返品 へんぴん 명 반품

꼭! 알아두기　실용문에서는 ~ていただきたいです(~해 주셨으면 합니다), ~てください(~해 주십시오), ~をお願いします(~을 부탁합니다), ~ことを期待します(~것을 기대하겠습니다)와 같은 표현이 사용된 문장에서 글의 용건이나 목적을 찾을 수 있다.

57 중

(3)

最近、「地球にやさしく」という言葉をよく聞く。地球は弱いので、保護(ほご)すべきものだということなのか。

(3)

최근, '지구에 친화적으로'라는 말을 곧잘 듣는다. 지구는 약하기 때문에, 보호해야 하는 것이라는 걸까?

地球は生まれておよそ46億年である。地球温暖化が問題になって以来、「地球にやさしく」と言われてきたが、地球は長い時間、自分で自分を守ってきた。一方、人の歴史は700万年だ。残念ながら、人は気候変動による自然災害(さいがい)に負けてしまうこともある。「地球にやさしく」ではなく、「人にやさしく」のほうが正しいのではないだろうか。

지구는 생긴 지 대략 46억 년이다. 지구 온난화가 문제가 된 이래, '지구에 친화적으로'라고 들어 왔지만, 지구는 긴 시간, 스스로 자신을 지켜 왔다. 한편, 사람의 역사는 700만 년이다. 유감스럽게도, 사람은 기후 변동에 의한 자연재해에 져 버리는 경우도 있다. '지구에 친화적으로'가 아닌, '사람에 친화적으로'인 편이 올바른 것이 아닐까?

筆者は、なぜ「地球にやさしく」ではなく「人にやさしく」のほうが正しいと考えているか。

1 人は自分を守ることができるから
2 地球は自分自身を守ることができるから
3 人は自然災害(さいがい)への対策ができるから
4 地球は自然災害(さいがい)を起こしてしまうから

필자는, 왜 '지구에 친화적으로'가 아닌 '사람에 친화적으로'인 편이 올바르다고 생각하고 있는가?

1 사람은 자신을 지키는 것이 가능하기 때문에
2 지구는 자기 자신을 지키는 것이 가능하기 때문에
3 사람은 자연재해에 대한 대책이 가능하기 때문에
4 지구는 자연재해를 일으켜 버리기 때문에

해설 에세이로 필자가 「地球にやさしく」ではなく「人にやさしく」のほうが正しい라고 생각하는 이유를 묻고 있다. 중반부에서 地球温暖化が問題になって以来、「地球にやさしく」と言われてきたが、地球は長い時間、自分で自分を守ってきた라고 하고, 후반부에서 残念ながら、人は気候変動による自然災害に負けてしまうこともある라고 서술하고 있으므로, 2 地球は自分自身を守ることができるから가 정답이다.

어휘 地球 ちきゅう 명 지구　保護 ほご 명 보호　~べきだ ~해야 한다　およそ 부 대략　温暖化 おんだんか 명 온난화　~て以来 ~ていらい ~된 이래　守る まもる 동 지키다　一方 いっぽう 접 한편　残念ながら ざんねんながら 유감스럽게도　気候 きこう 명 기후　変動 へんどう 명 변동　~による ~에 의한　自然災害 しぜんさいがい 명 자연재해　~てしまう ~해 버리다　自分自身 じぶんじしん 명 자기 자신　対策 たいさく 명 대책

58 중상

(4)

以下は、あるお店から届いたお知らせである。

> 移転のお知らせ
>
> いつもクリーニング福田をご利用いただき、ありがとうございます。当店はビル改築に伴(ともな)い、10月31日で移転することになりました。移転先は「山森駅」6番出口を出てすぐ右のNUビル1階です。
>
> なお、11月1日から5日まで移転作業のためお休みをいただき、11月6日より新しい場所での営業を開始いたします。開店後3日間は移転キャンペーンとして、すべて半額の料金で承りますので、この機会にぜひご利用ください。

(4)

이하는, 어느 가게로부터 도착한 공지이다.

> 이전 공지
>
> 항상 클리닝 후쿠다를 이용해 주셔서, 감사합니다. 저희 가게는 빌딩 개축에 따라, 10월 31일에 이전하게 되었습니다. 이전지는 '야마모리역' 6번 출구를 나와 바로 오른쪽의 NU 빌딩 1층입니다.
>
> 또한, 11월 1일부터 5일까지 이전 작업을 위해 휴가를 받고, 11월 6일부터 새로운 장소에서의 영업을 개시합니다. 개점 후 3일간은 이전 캠페인으로써, 전부 반값의 요금으로 받으므로, 이 기회에 부디 이용해 주세요.

このお知らせで一番言いたいことは何か。

1 一度移転したあと、今の場所に戻るということ
2 1日から5日まで料金を半額にするということ
3 移転する場所が現在の場所から遠くないということ
4 店が現在の場所から引っ越しをするということ

이 공지에서 가장 말하고 싶은 것은 무엇인가?

1 한 번 이전한 후, 지금의 장소로 돌아온다는 것
2 1일부터 5일까지 요금을 반값으로 한다는 것
3 이전하는 장소가 현재의 장소에서 멀지 않다는 것
4 가게가 현재의 장소로부터 이사를 한다는 것

해설 공지 형식의 실용문으로, 글의 목적을 묻고 있다. 초반부에서 当店はビル改築に伴い、10月31日で移転することになりました라고 언급하고 있으므로, 4 店が現在の場所から引っ越しをするということ가 정답이다.

어휘 届く とどく 동 도착하다 お知らせ おしらせ 공지 移転 いてん 명 이전 クリーニング 명 클리닝 当店 とうてん 명 저희 가게 改築 かいちく 명 개축 ～に伴い ～にともない ~에 따라 移転先 いてんさき 명 이전지 なお 접 또한 作業 さぎょう 명 작업 お休み おやすみ 휴가, 휴업 営業 えいぎょう 명 영업 開始 かいし 명 개시 開店 かいてん 명 개점 キャンペーン 명 캠페인 ～として ~로써 すべて 명 전부 半額 はんがく 명 반값, 반액 料金 りょうきん 명 요금 承る うけたまわる 동 받다 (うける의 겸양어) 現在 げんざい 명 현재 引っ越し ひっこし 명 이사

59 상

(5)

都市では全ての物が、必要な物と不要な物に分けられる。そして、有害な動物や虫は不要な物として駆除(くじょ)し、その結果自然を破壊(はかい)する。しかし田舎(いなか)に行くと、人にとって意味のない物が大多数だと気づく。例えば腐(くさ)った木や何のためにいるのかわからない虫などだ。本来、自然界には多様な物があるものだ。田舎(いなか)で過ごすと多様であることが普通だと気づき、謙虚(けんきょ)になり、あらゆる物に敬意を持つようになるのではないだろうか。

(注1) 駆除(くじょ)する：追い払って、取り除くこと
(注2) 多様な：さまざまな種類があること

筆者の考えに合うのはどれか。

1 都市での生活を好むのは田舎(いなか)には意味のない物が多く、住みにくいからだ。
2 都市の自然破壊(はかい)をただちにやめ、多少不便でも自然を残すようにするべきだ。
3 田舎(いなか)で意味がない物の存在に気づくことで、多様性が理解できるようになる。
4 田舎(いなか)にいると意味のない物もあると気づくことができるので、田舎(いなか)に住むべきだ。

(5)

도시에서는 모든 것이, 필요한 것과 불필요한 것으로 나누어진다. 그리고, 유해한 동물이나 벌레는 불필요한 것으로서 박멸하고, 그 결과 자연을 파괴한다. 그러나 시골에 가면, 사람에게 있어 의미 없는 것이 대다수라고 깨닫는다. 예를 들면 썩은 나무나 무엇을 위해서 있는 것인지 알 수 없는 벌레 등이다. 본래, 자연계에는 다양한 것이 있는 법이다. 시골에서 지내면 다양한 것이 보통이라고 깨닫고, 겸허해지고, 모든 것에 경의를 가지게 되는 것이 아닐까?

(주1) 박멸하다: 내쫓고, 제거하는 것
(주2) 다양한: 가지각색의 종류가 있는 것

필자의 생각과 맞는 것은 무엇인가?

1 도시에서의 생활을 선호하는 것은 시골에는 의미 없는 것이 많고, 살기 어렵기 때문이다.
2 도시의 자연 파괴를 즉각 그만두고, 다소 불편해도 자연을 남기도록 해야 한다.
3 시골에서 의미 없는 것의 존재를 깨닫는 것으로, 다양성을 이해할 수 있게 된다.
4 시골에 있으면 의미 없는 것도 있다고 깨달을 수 있기 때문에, 시골에 살아야 한다.

해설 에세이로 필자의 생각을 묻고 있다. 중반부에서 田舎に行くと、人にとって意味のない物が大多数だと気づく라고 하고, 후반부에서 田舎で過ごすと多様であることが普通だと気づき、謙虚になり、あらゆる物に敬意を持つようになるのではないだろうか라고 서술하고 있으므로, 3 田舎で意味がない物の存在に気づくことで、多様性が理解できるようになる가 정답이다.

어휘 都市 とし 명 도시 全て すべて 명 모두 不要だ ふようだ な형 불필요하다 分ける わける 동 나누다 有害だ ゆうがいだ な형 유해하다 ～として ~로서 駆除 くじょ 명 박멸, 구제 結果 けっか 명 결과 自然 しぜん 명 자연 破壊 はかい 명 파괴 ～にとって ~에게 있어 大多数 だいたすう 명 대다수 気づく きづく 동 깨닫다 腐る くさる 동 썩다 本来 ほんらい 명 본래 自然界 しぜんかい 명 자연계 多様だ たようだ な형 다양하다 ～ものだ ~(하는) 법이다 過ごす すごす 동 지내다 謙虚だ けんきょだ な형 겸허하다 あらゆる 모든, 온갖 敬意 けいい 명 경의 追い払う おいはらう 동 내쫓다 取り除く とりのぞく 동 제거하다, 없애다 さまざまだ な형 가지각색이다 種類 しゅるい 명 종류 好む このむ 동 선호하다 ～にくい ~하기 어렵다 ただちに 부 즉각 多少 たしょう 부 다소 残す のこす 동 남기다 ～ようにする ~하도록 하다 ～べきだ ~해야 한다 存在 そんざい 명 존재 多様性 たようせい 명 다양성 理解 りかい 명 이해

60-62

(1)

私には妹がいる。二歳違いなので、子供の頃(ころ)は体の大きさに差があったが、大人になると身長もほぼ同じになり、どこへ行っても「似ている」と言われた。[60]家族や親しい友人は、「確かに姉妹だが、性格も違うし顔も違う」と言っていたが、初対面の人からは双子だと思われたことも

(1)

나에게는 여동생이 있다. 두 살 차이이기 때문에, 아이일 적에는 몸의 크기에 차가 있었지만, 어른이 되니 신장도 얼추 똑같게 되어, 어디에 가도 '닮았다'고 들었다. [60]가족이나 친한 친구는, '확실히 자매지만, 성격도 다르고 얼굴도 다르다'라고 말하고 있었지만, 첫 대면인 사람으로부터는 쌍둥이라고 생각된 일도 한 번이나

一度や二度ではない。今思うと、「似ている」と一番多く言われたのは、学生時代から結婚するまで、親のもとを離(はな)れて二人で暮らしていた時期だった。

夫婦がよい例だが、「一緒に暮らしているとだんだん似てくる」とよく言われる。同じ空間にいて、同じものを食べていると似てくるのだろうか。そういえば私の両親も似ているように思う。私達もその法則通りだったのだろう。[61]お互い結婚して別々に暮らすようになってからは、双子だと間違われることはなくなった。

私達夫婦は、まもなく赤ちゃんを養子(ようし)として迎えることになっている。私達の子供ではないが、家族になる。子供が成長して、顔が似ていなかったら困るのではないかと心配する人もいるが、夫も私もそのことは心配していない。[62]一緒に暮らしていれば、本当に似てくるかもしれないし、たとえ血のつながりはないとわかる顔でも、きっと「似ている」と言われるようになるだろう。

(注1) 法則：ある条件(じょうけん)のもとで必ず成立すること
(注2) 養子(ようし)：他人の子を自分の子とすること、またはその子

두 번이 아니다. 지금 생각하면, '닮았다'고 제일 많이 들었던 것은, 학생 시절부터 결혼하기까지, 부모의 곁을 떠나 둘이서 살고 있었던 시기였다.

부부가 좋은 예인데, '함께 살고 있으면 점점 닮아진다'라고 곧잘 듣는다. 같은 공간에 있고, 같은 것을 먹고 있으면 닮아지는 것일까? 그러고 보니 나의 부모님도 닮은 것처럼 느껴진다. 우리도 그 법칙대로였던 것일 것이다. [61]서로 결혼하고 따로따로 살게 되고부터는, 쌍둥이라고 혼동되는 일은 없어졌다.

우리 부부는, 곧 아기를 양자로서 맞아들이게 되어 있다. 우리의 아이는 아니지만, 가족이 된다. 아이가 성장해서, 얼굴이 닮아 있지 않다면 곤란하지는 않을까 하고 걱정하는 사람도 있지만, 남편도 나도 그것은 걱정하고 있지 않다. [62]함께 살고 있으면, 정말로 닮아질지도 모르고, 설령 혈연관계는 아니라고 알 수 있는 얼굴이어도, 분명 '닮았다'고 듣게 될 것이다.

(주1) 법칙 : 어떤 조건하에서 반드시 성립하는 것
(주2) 양자 : 타인의 아이를 자신의 아이로 하는 것, 또는 그 아이

어휘 **違い** ちがい 명 차이 **大きさ** おおきさ 명 크기 **差** さ 명 차, 차이 **身長** しんちょう 명 신장, 키 **ほぼ** 부 얼추, 거의 **親しい** したしい い형 친하다 **友人** ゆうじん 명 친구 **姉妹** しまい 명 자매 **性格** せいかく 명 성격 **初対面** しょたいめん 명 첫 대면 **双子** ふたご 명 쌍둥이 **もと** 명 곁, 슬하 **離れる** はなれる 동 떠나다, 떨어지다 **暮らす** くらす 동 살다, 생활하다 **時期** じき 명 시기 **夫婦** ふうふ 명 부부 **例** れい 명 예 **一緒に** いっしょに 함께 **空間** くうかん 명 공간 **私達** わたしたち 명 우리 **法則** ほうそく 명 법칙 **～通り** ～どおり ~대로 **お互い** おたがい 서로 **別々だ** べつべつだ な형 따로따로이다 **間違う** まちがう 동 혼동하다, 잘못 알다 **まもなく** 부 곧 **養子** ようし 명 양자 **～として** ~로서 **～ことになる** ~하게 되다 **成長** せいちょう 명 성장 **～かもしれない** ~일지도 모른다 **たとえ** 부 설령 **血のつながり** ちのつながり 혈연관계 **条件** じょうけん 명 조건 **～もとで** ~하에서 **成立** せいりつ 명 성립 **他人** たにん 명 타인

60 중상

自分と妹について、筆者はどのように述べているか。

1 体の大きさが子供のときからほとんど同じで、似ていた。
2 本当は性格も顔も違うのに、よく似ていると言われた。
3 ほとんどの人から双子だと思われるほど、顔が似ていた。
4 二人暮らしの時に似ていると言われるようになった。

자신과 여동생에 대해서, 필자는 어떻게 말하고 있는가?

1 몸의 크기가 아이일 때부터 거의 똑같고, 닮았었다.
2 사실은 성격도 얼굴도 다른데, 곧잘 닮았다고 들었다.
3 대부분의 사람으로부터 쌍둥이라고 생각될 정도로, 얼굴이 닮았었다.
4 둘이서 살 때에 닮았다고 듣게 되었다.

해설 自分と妹에 대한 필자의 생각을 묻고 있다. 첫 번째 단락에서 家族や親しい友人は、「確かに姉妹だが、性格も違うし顔も違う」と言っていたが、初対面の人からは双子だと思われたことも一度や二度ではない라고 서술하고 있으므로, 2 本当は性格も顔も違うのに、よく似ていると言われた가 정답이다.

어휘 **二人暮らし** ふたりぐらし 둘이서 삶

61 중

筆者が妹と双子だと間違われなくなったのはいつからか。

1 大人になって身長がほぼ同じになってから
2 実家から独立して二人で住み始めてから

필자가 여동생과 쌍둥이라고 혼동되지 않게 된 것은 언제부터인가?

1 어른이 되어 신장이 얼추 똑같게 되고 부터
2 본가에서 독립해서 둘이서 살기 시작하고 부터

3 二人とも結婚して別々に暮らし始めてから	3 두 사람 모두 결혼해서 따로따로 살기 시작하고 부터
4 赤ちゃんを養子(ようし)として迎えてから	4 아기를 양자로서 맞아들이고 부터

해설 필자가 여동생과 쌍둥이라고 혼동되지 않게 된 시기를 묻고 있다. 두 번째 단락에서 お互い結婚して別々に暮らすようになってからは、双子だと間違われることはなくなった라고 서술하고 있으므로, 3 二人とも結婚して別々に暮らし始めてから가 정답이다.

어휘 実家 じっか 명 본가　独立 どくりつ 명 독립

62 중상

心配していないとあるが、それはなぜか。	걱정하고 있지 않다고 되어 있는데, 그것은 왜인가?
1 家族として一緒に暮らしていれば、似てくると思うから	1 가족으로서 함께 살고 있으면, 닮아진다고 생각하기 때문에
2 子供が成長すれば、似てくると思うから	2 아이가 성장하면, 닮아진다고 생각하기 때문에
3 血がつながっていなくても、一緒に暮らせば家族だから	3 피가 이어져 있지 않더라도, 함께 살면 가족이기 때문에
4 顔が似ていなくても、性格は似ているから	4 얼굴이 닮지 않더라도, 성격은 닮았으니까

해설 心配していない의 이유를 묻고 있다. 밑줄의 뒷부분에서 一緒に暮らしていれば、本当に似てくるかもしれないし、たとえ血のつながりはないとわかる顔でも、きっと「似ている」と言われるようになるだろう라고 서술하고 있으므로, 1 家族として一緒に暮らしていれば、似てくると思うから가 정답이다.

어휘 つながる 동 이어지다, 연결되다

63-65

(2)

私達は、あげたお菓子をおいしいと褒(ほ)められれば「また買ってきます」と言ったり、一緒に写真を撮(と)れば「後で写真を送ります」などと言ったりするが、気軽にした約束は忘れてしまうことも多いのではないだろうか。たいていは、相手もそれほど気にしない場合がほとんどだろう。しかし、そんな [63]小さな約束でも真面目に守る人もいる。日常会話の中の小さな言葉をきちんと覚えている人に出会うと、①そのことに驚(おどろ)き、うれしく思うものだ。あまり親しくなくても、信頼できる人だと思ってしまう。小さな約束を守ることは大きな信頼につながるのだ。

誰(だれ)かを信頼するということは、何も相手に期待することではないと思う。つまり、何かをしてもらうのを望むことではなく、自分自身がその人に対してどう思うかであり、[64]その人の存在が②人生の励(はげ)ましとなることが「信頼」なのだ。信頼できる人が一人でもいれば、生きていく上で大きな味方となるし、自分自身の力となるのではないだろうか。

時には信頼が裏切られ、つらい思いをすることがあるかもしれない。でも、人を信頼できるのは幸せなことだと思う。[65]信頼できる人がいたら自分も同じように行動しようとするので、人からも信頼されることになる。強い信頼で結ばれた人がいるということで、人生が豊かになると思うのだ。

(2)

우리는, 준 과자를 맛있다고 칭찬받으면 '또 사 올게요'라고 말하거나, 함께 사진을 찍으면 '나중에 사진을 보낼게요' 등이라고 말하거나 하지만, 부담 없이 한 약속은 잊어버리는 일도 많지 않은가? 대개는, 상대방도 그다지 신경 쓰지 않는 경우가 대부분일 것이다. 그러나, 그런 [63]사소한 약속이라도 성실하게 지키는 사람도 있다. 일상 대화 중의 사소한 말을 정확히 기억하고 있는 사람과 만나면, ①그것에 놀라고, 기쁘게 생각하는 법이다. 별로 친하지 않아도, 신뢰할 수 있는 사람이라고 생각해 버린다. 사소한 약속을 지키는 일은 큰 신뢰로 이어지는 것이다.

누군가를 신뢰한다는 것은, 특별히 상대방에게 기대하는 것은 아니라고 생각한다. 즉, 무언가를 해 받는 것을 바라는 것이 아닌, 자기 자신이 그 사람에 대해 어떻게 생각하는가이며, [64]그 사람의 존재가 ②인생의 격려가 되는 것이 '신뢰'인 것이다. 신뢰할 수 있는 사람이 한 명이라도 있다면, 살아가는 데 있어서 큰 아군이 되고, 자기 자신의 힘이 되는 것이 아닐까?

때로는 신뢰를 배신당해, 괴로움을 느끼는 일이 있을지도 모른다. 그렇지만, 남을 신뢰할 수 있는 것은 행복한 것이라고 생각한다. [65]신뢰할 수 있는 사람이 있으면 자신도 똑같이 행동하려고 하기 때문에, 남으로부터도 신뢰받게 된다. 강한 신뢰로 맺어진 사람이 있다는 것으로, 인생이 풍족해진다고 생각하는 것이다.

어휘 私達 わたしたち 명 우리　褒める ほめる 동 칭찬하다　気軽だ きがるだ な형 부담 없다　～てしまう ~해 버리다　相手 あいて 명 상대방
それほど 부 그다지　気にする きにする 신경 쓰다　ほとんど 명 대부분　守る まもる 동 지키다　日常 にちじょう 명 일상　きちんと 부 정확히
出会う であう 동 만나다　～ものだ ~(하는) 법이다　親しい したしい い형 친하다　信頼 しんらい 명 신뢰　つながる 동 이어지다, 연결되다
～という ~라는　何も なにも 부 특별히, 새삼스럽게　期待 きたい 명 기대　つまり 부 즉　望む のぞむ 동 바라다　自分自身 じぶんじしん 명 자기 자신
～に対して ～にたいして ~에 대해　存在 そんざい 명 존재　人生 じんせい 명 인생　励まし はげまし 명 격려　～上で ～うえで ~(하는) 데 있어서
味方 みかた 명 아군　時には ときには 때로는　裏切る うらぎる 동 배신하다　つらい思いをする つらいおもいをする 괴로움을 느끼다
～かもしれない ~(할)지도 모른다　幸せだ しあわせだ な형 행복하다　行動 こうどう 명 행동　結ばれる むすばれる 동 맺어지다
豊かだ ゆたかだ な형 풍족하다, 풍부하다

63 중상

①そのことに驚(おどろ)きとあるが、どのような時に驚(おどろ)くのか。	①그것에 놀라고라고 되어 있는데, 어떤 때에 놀라는 것인가?
1 気軽にした約束でも忘れずにいてくれた時	**1 부담 없이 한 약속이라도 잊지 않고 있어 준 때**
2 あまり親しくないのに、約束を守ってくれた時	2 별로 친하지 않은데, 약속을 지켜 준 때
3 会話の中の大切な話を覚えていてくれた時	3 대화 중의 중요한 이야기를 기억하고 있어 준 때
4 小さい約束でも守ってくれると信頼できた時	4 사소한 약속이라도 지켜 줄 거라고 신뢰할 수 있었을 때

해설 そのことに驚き가 어떤 때에 놀라는 것인지를 묻고 있다. 밑줄의 앞부분에서 小さな約束でも真面目に守る人もいる。日常会話の中の小さな言葉をきちんと覚えている人に出会うと라고 서술하고 있으므로, 1 気軽にした約束でも忘れずにいてくれた時가 정답이다.

64 중상

②人生の励(はげ)ましとは、どういうことか。	②인생의 격려란, 어떤 것인가?
1 何かをしてもらうこと	1 무언가를 해 받는 것
2 誰(だれ)かの信頼を望むこと	2 누군가의 신뢰를 바라는 것
3 誰(だれ)かに期待されること	3 누군가에게 기대받는 것
4 味方がいると感じること	**4 아군이 있다고 느끼는 것**

해설 人生の励まし가 어떤 것인지를 묻고 있다. 밑줄을 포함한 문장에서 その人の存在が人生の励ましとなることが「信頼」なのだ。信頼できる人が一人でもいれば、生きていく上で大きな味方となるし라고 서술하고 있으므로, 4 味方がいると感じること가 정답이다.

어휘 感じる かんじる 동 느끼다

65 중상

「信頼」について、筆者の考えに合うのはどれか。	'신뢰'에 대해서, 필자의 생각과 맞는 것은 어느 것인가?
1 誰(だれ)かを信頼してもいつかは裏切られる。	1 누군가를 신뢰해도 언젠가는 배신당한다.
2 信頼するというのは、人と同じように行動することだ。	2 신뢰한다는 것은, 남과 똑같이 행동하는 것이다.
3 人を信頼することは豊かな人生につながる。	**3 남을 신뢰하는 것은 풍족한 인생으로 이어진다.**
4 信頼されるためには、先に人を信頼する必要がある。	4 신뢰받기 위해서는, 먼저 남을 신뢰할 필요가 있다.

해설 信頼에 대한 필자의 생각을 묻고 있다. 세 번째 단락에서 信頼できる人がいたら自分も同じように行動しようとするので、人からも信頼されることになる。強い信頼で結ばれた人がいるということで、人生が豊かになると思うのだ라고 서술하고 있으므로, 3 人を信頼することは豊かな人生につながる가 정답이다.

어휘 ～ために ~하기 위해서

꼭 알아두기 ~と思うのだ(~라고 생각하는 것이다), ~に違いない(~임에 틀림없다)와 같은 표현이 포함된 문장에서 필자의 생각을 찾을 수 있으므로 특히 꼼꼼히 읽고 해석한다.

66-68

(3)

数年前、日本で大きな地震が起こったとき、多くの農家が住んでいる土地を離(はな)れて避難(ひなん)した。その地域には牛を育てている農家も多かったのだが、[66]牛と一緒に避難(ひなん)するわけにはいかず、人がいなくても生きられるよう小屋から放したそうだ。その後、多くの牛が家の近くの草を食べて生きていたことが確認されている。

日本は自然災害(さいがい)の多い国である。地震に限らず、台風や大雨などで避難(ひなん)しなければならない場合が多い。そのようなときに問題になるのが、ペットとの避難(ひなん)である。牛を手放した農家のように、ペットを置いたまま避難(ひなん)することはできない。家族の一員だからだ。しかし、ペットと一緒に避難(ひなん)できる場所は限られている。[67]鳴き声がうるさいと思う人や、動物の毛などのアレルギーがある人が同じ場所に避難(ひなん)することが考えられるため、中に入れないことが多い。そのために避難(ひなん)しない人もいるほどだ。

現在、様々な地域でこの問題に取り組み始めているが、ペットを飼(か)っていない人々の理解を得るのは難しい。人の安全についても十分な準備ができているとは言えない中、[68]ペットと避難(ひなん)する人々をどうするのか、国の対策(たいさく)が急がれる。

(注) 避難(ひなん)：安全な場所に逃げること

(3)

수년 전, 일본에서 큰 지진이 일어났을 때, 많은 농가가 살고 있는 토지를 떠나 피난했다. 그 지역에는 소를 키우고 있는 농가도 많았는데, [66]소와 함께 피난할 수는 없어서, 사람이 없어도 살 수 있도록 우리에서 풀어줬다고 한다. 그 후, 많은 소가 집 근처의 풀을 먹고 살았던 것이 확인되고 있다.

일본은 자연재해가 많은 나라이다. 지진뿐만 아니라, 태풍이나 큰비 등으로 피난하지 않으면 안 되는 경우가 많다. 그러한 때에 문제가 되는 것이, 반려동물과의 피난이다. 소를 내놓은 농가처럼, 반려동물을 둔 채로 피난할 수는 없다. 가족의 일원이기 때문이다. 그러나, 반려동물과 함께 피난할 수 있는 장소는 한정되어 있다. [67]울음소리가 시끄럽다고 생각하는 사람이나, 동물의 털 등의 알레르기가 있는 사람이 같은 장소로 피난하는 것을 생각할 수 있기 때문에, 안에 들어갈 수 없는 일이 많다. 그 때문에 피난하지 않는 사람도 있을 정도이다.

현재, 다양한 지역에서 이 문제에 힘쓰기 시작하고 있지만, 반려동물을 키우고 있지 않은 사람들의 이해를 얻는 것은 어렵다. 사람의 안전에 대해서도 충분한 준비가 되어 있다고는 말할 수 없는 가운데, [68]반려동물과 피난하는 사람들을 어떻게 할 것인가, 국가의 대책이 시급하다.

(주) 피난 : 안전한 장소로 도망가는 것

어휘 **数年前** すうねんまえ 명 수년 전 **日本** にほん 명 일본 **起こる** おこる 동 일어나다, 발생하다 **多く** おおく 명 많음, 많은 것 **農家** のうか 명 농가 **土地** とち 명 토지 **離れる** はなれる 동 떠나다 **避難** ひなん 명 피난 **地域** ちいき 명 지역 **牛** うし 명 소 **一緒に** いっしょに 함께 **～わけにはいかず** ~할 수는 없다 **小屋** こや 명 우리 **放す** はなす 동 풀어주다, 놓아주다 **その後** そのご 그 후 **確認** かくにん 명 확인 **自然災害** しぜんさいがい 명 자연재해 **～に限らず** ~にかぎらず ~뿐만 아니라 **大雨** おおあめ 명 큰비 **～なければならない** ~하지 않으면 안 된다 **手放す** てばなす 동 내놓다, 손을 놓다 **～まま** ~인 채로 **一員** いちいん 명 일원 **限る** かぎる 동 한정하다 **鳴き声** なきごえ 명 울음소리 **アレルギー** 명 알레르기 **現在** げんざい 명 현재 **様々だ** さまざまだ な형 다양하다 **取り組む** とりくむ 동 힘쓰다, 몰두하다 **～始める** ~はじめる ~하기 시작하다 **飼う** かう 동 키우다 **人々** ひとびと 명 사람들 **理解** りかい 명 이해 **得る** える 동 얻다 **～について** ~에 대해서 **対策** たいさく 명 대책

66 중상

地震のときに、農家が牛を小屋から放したのはなぜか。

1 人が牛を育てることをあきらめたから
2 牛と一緒に逃げる理由がないから
3 人が食べる物をあげられなくなるから
4 牛がその土地で生きていけないから

지진 때에, 농가가 소를 우리에서 풀어준 것은 왜인가?

1 사람이 소를 키우는 것을 포기했기 때문에
2 소와 함께 도망갈 이유가 없기 때문에
3 사람이 먹을 것을 줄 수 없게 되기 때문에
4 소가 그 토지에서 살아갈 수 없기 때문에

해설 지진 때에 농가가 소를 풀어준 이유를 묻고 있다. 첫 번째 단락에서 牛と一緒に避難するわけにはいかず、人がいなくても生きられるよう小屋から放したそうだ。その後、多くの牛が家の近くの草を食べて生きていたことが確認されている라고 서술하고 있으므로, 3 人が食べる物をあげられなくなるから가 정답이다.

어휘 **あきらめる** 동 포기하다

67 중

そのためとは何か。	그 때문이란 무엇인가?
1 ペットは人がいないと生きられないため	1 반려동물은 사람이 없으면 살 수 없기 때문에
2 牛と違い、ペットは家族の一員であるため	2 소와 달리, 반려동물은 가족의 일원이기 때문에
3 ペットと一緒に避難所に入れないため	**3 반려동물과 함께 피난처에 들어갈 수 없기 때문에**
4 ペットが避難所を嫌がるため	4 반려동물이 피난처를 싫어하기 때문에

해설 そのため란 무엇인지를 묻고 있다. 밑줄의 앞부분에서 鳴き声がうるさいと思う人や、動物の毛などのアレルギーがある人が同じ場所に避難することが考えられるため、中に入れないことが多い라고 서술하고 있으므로, 3 ペットと一緒に避難所に入れないため가 정답이다.

어휘 避難所 ひなんじょ 명 피난처　嫌がる いやがる 동 싫어하다

68 상

災害時の避難について、筆者の考えに合うのはどれか。	재해 시의 피난에 대해서, 필자의 생각과 맞는 것은 어느 것인가?
1 災害が起きたときは、人を優先し、全員が安全に過ごせるような準備が必要である。	1 재해가 일어났을 때에는, 사람을 우선하여, 전원이 안전하게 지낼 수 있는 준비가 필요하다.
2 災害が起きたときにペットを連れた人が安全に過ごせる方法を早く考えるべきだ。	**2 재해가 일어났을 때에 반려동물을 데려온 사람이 안전하게 지낼 수 있는 방법을 빨리 생각해야 한다.**
3 ペットを連れた人が安全に過ごせる場所が非常に少ないので、増やす必要がある。	3 반려동물을 데려온 사람이 안전하게 지낼 수 있는 장소가 상당히 적기 때문에, 늘릴 필요가 있다.
4 ペットを飼っていない人も、ペットを連れた人の気持ちを理解するべきだ。	4 반려동물을 키우고 있지 않은 사람도, 반려동물을 데려온 사람의 기분을 이해해야 한다.

해설 災害時の避難에 대한 필자의 생각을 묻고 있다. 글 전체적으로 반려동물을 키우는 사람들의 피난의 어려움을 말하고 있고, 세 번째 단락에서 ペットと避難する人々をどうするのか、国の対策が急がれる라고 서술하고 있으므로, 2 災害が起きたときにペットを連れた人が安全に過ごせる方法を早く考えるべきだ가 정답이다.

어휘 災害 さいがい 명 재해　優先 ゆうせん 명 우선　全員 ぜんいん 명 전원　過ごす すごす 동 지내다　～べきだ ~해야 한다　方法 ほうほう 명 방법
非常だ ひじょうだ な형 상당하다　増やす ふやす 동 늘리다

69-70

A	A
最近は、外国語教室へ通わなくても気軽にオンラインサービスを使って、語学を勉強することができるようになった。通勤や通学途中の電車の中などでもスマートフォンを使って単語の勉強ができるし、オンラインレッスンを使えば好きな時間に予約を入れて勉強できる。[69]オンライン学習は時間を有効に使えるのがなによりの利点だ。しかし、欠点もある。教室へ通っていれば同じような目的を持った仲間がいるし、教師が宿題を出してくれたりするので、嫌でも勉強することになる。それがオンライン学習だとレッスンの予約も欠席も自分の意思で決められてしまうし、欠席してもだれからも怒られることはない。[70]教室へ通えないという理由でオンライン学習を利用する場合はしっかりとした目的を持つことが大切だと言える。	최근에는, 외국어 교실에 다니지 않아도 부담 없이 온라인 서비스를 사용해, 어학을 공부하는 것이 가능하게 되었다. 통근이나 통학 도중의 전철 안 등에서도 스마트폰을 사용해 단어 공부를 할 수 있고, 온라인 레슨을 사용하면 좋아하는 시간에 예약을 넣어서 공부할 수 있다. [69]온라인 학습은 시간을 유효하게 사용할 수 있는 것이 최고의 이점이다. 그러나, 결점도 있다. 교실에 다니고 있으면 같은 목적을 가진 동료가 있고, 교사가 숙제를 내주거나 하기 때문에, 싫어도 공부하게 된다. 그것이 온라인 학습이면 레슨의 예약도 결석도 자신의 의사로 정해져 버리고, 결석해도 누구로부터도 꾸지람받는 일은 없다. [70]교실에 다닐 수 없다는 이유로 온라인 학습을 이용하는 경우는 확고한 목적을 가지는 것이 중요하다고 말할 수 있다.

B

今はインターネットを使って気軽に海外の人とコミュニケーションできるようになった。その際、会話をする相手の国の言葉を勉強してみようと思う人もいるだろう。スマートフォンがあれば通勤や通学中の電車内で簡単に単語を学ぶことができるし、オンラインレッスンを使って自分に合った必要な内容を好きな時に学習するということも可能だ。[69]オンライン学習は時間を有効に使えるのだ。語学学習には人によって様々な目的があるが、まずは手元にあるスマートフォンで気軽に他の国の言葉を学び、実際にコミュニケーションしながら言葉を習得していくという[70]オンラインでの学習方法も、新しい語学学習のあり方となるだろう。

B

지금은 인터넷을 사용하여 부담 없이 해외의 사람과 커뮤니케이션할 수 있게 되었다. 그때, 대화를 하는 상대방의 나라의 말을 공부해 보자고 생각하는 사람도 있을 것이다. 스마트폰이 있다면 통근이나 통학 중의 전철 내에서 간단하게 단어를 배우는 것이 가능하고, 온라인 레슨을 사용해 자신에게 맞는 필요한 내용을 좋아하는 때에 학습한다는 것도 가능하다. [69]온라인 학습은 시간을 유효하게 사용할 수 있는 것이다. 어학 학습에는 사람에 따라 다양한 목적이 있지만, 일단은 수중에 있는 스마트폰으로 부담 없이 다른 나라의 말을 배우고, 실제로 커뮤니케이션하면서 말을 습득해 간다는 [70]온라인으로의 학습 방법도, 새로운 어학 학습의 이상적인 방식이 될 것이다.

어휘 外国語 がいこくご 명 외국어　気軽だ きがるだ な형 부담 없다　オンライン 명 온라인　サービス 명 서비스　語学 ごがく 명 어학　通勤 つうきん 명 통근　通学 つうがく 명 통학　スマートフォン 명 스마트폰　単語 たんご 명 단어　レッスン 명 레슨　学習 がくしゅう 명 학습　有効だ ゆうこうだ な형 유효하다　なにより 최고　利点 りてん 명 이점　欠点 けってん 명 결점　目的 もくてき 명 목적　仲間 なかま 명 동료, 친구　教師 きょうし 명 교사　嫌でも いやでも 싫어도　欠席 けっせき 명 결석　意思 いし 명 의사　~てしまう ~해 버리다　インターネット 명 인터넷　海外 かいがい 명 해외　コミュニケーション 명 커뮤니케이션　際 さい 명 때　相手 あいて 명 상대방　学ぶ まなぶ 동 배우다　内容 ないよう 명 내용　可能だ かのうだ な형 가능하다　様々だ さまざまだ な형 다양하다　手元 てもと 명 수중, 주변　他の ほかの 다른　実際 じっさい 명 실제　~ながら ~하면서　習得 しゅうとく 명 습득　方法 ほうほう 명 방법　あり方 ありかた 명 이상적인 방식

69 중상

語学を勉強する方法についてAとBはどのように述べているか。

1 AもBも教室へ通ったほうが早く習得できると述べている。

2 AもBもオンライン学習は時間を効率よく使えてよいと述べている。

3 Aは教室で勉強するのが一番だと述べ、Bは外国人と会話するのが重要だと述べている。

4 Aはオンライン学習は勧(すす)めないと述べ、Bはオンライン学習が一番効果的だと述べている。

어학을 공부하는 방법에 대해서 A와 B는 어떻게 말하고 있는가?

1 A도 B도 교실에 다니는 편이 빨리 습득할 수 있다고 말하고 있다.

2 A도 B도 온라인 학습은 시간을 효율 좋게 사용할 수 있어서 좋다고 말하고 있다.

3 A는 교실에서 공부하는 것이 제일이라고 말하고, B는 외국인과 대화하는 것이 중요하다고 말하고 있다.

4 A는 온라인 학습은 추천하지 않는다고 말하고, B는 온라인 학습이 제일 효과적이라고 말하고 있다.

해설 질문의 語学を勉強する方法에 대한 A와 B의 견해를 각 지문에서 찾는다. A는 지문의 중반부에서 オンライン学習は時間を有効に使えるのがなによりの利点だ라고 서술하고 있고, B도 지문의 중반부에서 オンライン学習は時間を有効に使えるのだ라고 서술하고 있으므로, 2 AもBもオンライン学習は時間を効率よく使えてよいと述べている가 정답이다.

어휘 早く はやく 부 빨리　勧める すすめる 동 추천하다　効果的だ こうかてきだ な형 효과적이다

70 중상

オンラインの語学学習について、AとBはどのように述べているか。

1 AもBも嫌でも勉強するようになると述べている。

2 AもBもレッスンを欠席することができないと述べている。

온라인 어학 학습에 대해서, A와 B는 어떻게 말하고 있는가?

1 A도 B도 싫어도 공부하게 된다고 말하고 있다.

2 A도 B도 레슨을 결석하는 것이 불가능하다고 말하고 있다.

3 Aは目的を持つことが大切だと述べ、Bは新しい学び方として期待できると述べている。	3 A는 목적을 가지는 것이 중요하다고 말하고, B는 새로운 학습법으로써 기대할 수 있다고 말하고 있다.
4 Aは気軽に外国語を勉強できると述べ、Bはスマートフォンが必須だと述べている。	4 A는 부담 없이 외국어를 공부할 수 있다고 말하고, B는 스마트폰이 필수라고 말하고 있다.

해설 질문의 オンラインの語学学習에 대한 A와 B의 견해를 각 지문에서 찾는다. A는 지문의 후반부에서 教室へ通えないという理由でオンライン学習を利用する場合はしっかりとした目的を持つことが大切だ라고 서술하고 있고, B는 지문의 후반부에서 オンラインでの学習方法も、新しい語学学習のあり方となるだろう라고 서술하고 있으므로, 3 Aは目的を持つことが大切だと述べ、Bは新しい学び方として期待できると述べている가 정답이다.

어휘 学び方 まなびかた 명 학습법 期待 きたい 명 기대 必須 ひっす 명 필수

꼭! 알아두기 통합이해에서 A와 B의 세부적인 견해는 각 지문의 중반~후반부의 내용을 중점적으로 비교하며 파악한다.

71-73

私は「頑張ったのになんでうまくいかないんだろう」と悩むたびに、いつも次回はもっと頑張ろうと気持ちを切り替えていた。一週間かけて準備したプレゼンの提案が通らなかったとき、その①理由を深く探ろうとしなかった。このようなことがあるたびに、[71]自分の努力不足のせいだと思い込んでいたからだ。

今考えればできる限りのことをしたはずなのだから、それを理由にするのはおかしかった。先輩が作ったプレゼンの資料を読みあさったり、他社の商品を実際に買って使ってみたりもした。とりあえずただ思い付くことを順番にやっていた。

しかし、私がやらなければならないことは他にあった。商品利用者のニーズをしっかり分析することだった。これはプレゼンを聞いていた先輩が指摘してくれたものだった。プレゼンの失敗の原因を先輩が教えてくれていなかったら、また同じ問題を抱えたままなんとなくプレゼンを準備していたのだろう。

幼い頃から家庭でも学校でも努力することが大切だと教育を受けた私は、努力の本当の意味を分かっていなかった。「頑張りなさい」と言われるから、[72]とりあえず頑張ってみる。目標を達成することよりも目の前のことをただ一生懸命にこなすことに満足していたように思う。②それが今まで身についていたのかもしれない。

けれども、先輩に失敗の根本的理由を見つめて、努力の方向性を考えるようにとアドバイスをもらってから、[73]努力には正しい方向があり、何も考えずに頑張ることは正しい努力ではないと知った。正しく行うからこそ報われるものなのだ。もし何か達成したいことがあれば、目標に向かって必要なステップを踏まなければならない。

나는 '열심히 했는데 왜 잘 안되는 거지'라고 고민할 때마다, 항상 다음번에는 더 열심히 하자고 마음을 새롭게 했다. 일주일 걸려 준비한 프레젠테이션 제안이 통과되지 않았을 때, 그 ①이유를 깊게 살피려고 하지 않았다. 이런 일이 있을 때마다, [71]자신의 노력 부족 탓이라고 믿고 있었기 때문이다.

지금 생각하면 할 수 있는 모든 것을 했을 터이니, 그것을 이유로 삼는 것은 이상했다. 선배가 만든 프레젠테이션 자료를 닥치는 대로 읽거나, 타사의 상품을 실제로 사서 써 보기도 했다. 일단 그냥 생각나는 것을 순서대로 하고 있었다.

그러나, 내가 하지 않으면 안 되는 것은 따로 있었다. 상품 이용자의 니즈를 제대로 분석하는 것이었다. 이것은 프레젠테이션을 듣고 있던 선배가 지적해 준 것이었다. 프레젠테이션의 실패 원인을 선배가 가르쳐 주지 않았다면, 또 같은 문제를 끌어안은 채 아무 생각 없이 프레젠테이션을 준비하고 있었을 것이다.

어릴 적부터 가정에서도 학교에서도 노력하는 것이 중요하다고 교육을 받은 나는, 노력의 진정한 의미를 알지 못했었다. '열심히 하렴'이라고 들어서, [72]어쨌든 열심히 해 본다. 목표를 달성하는 것보다도 눈앞의 일을 그저 열심히 해내는 것에 만족하고 있었다고 생각한다. ②그것이 지금까지 몸에 배어 있었는지도 모른다.

하지만, 선배에게 실패의 근본적 이유를 들여다보고, 노력의 방향성을 생각하도록 이라고 조언을 받고 나서, [73]노력에는 올바른 방향이 있고, 아무것도 생각하지 않고 열심히 하는 것은 올바른 노력이 아니라고 깨달았다. 올바르게 행하기 때문에야말로 보답받는 것이다. 만약 뭔가 달성하고 싶은 것이 있으면, 목표를 향해 필요한 스텝을 밟지 않으면 안 된다.

このことに気付ける人はどのくらいいるのだろうか。私は大人になってから気付いたが、早い段階からこれが考えられるようになったほうがいい。それは子どもに関わる大人の役目である。努力の方向性を教えるのだ。子どもが問題にぶつかったときに原因と努力の向きを一緒に考えることで、幼い頃(ころ)からこの習慣が身につけられる。そうすれば彼らが大人になったとき自ら方向を見つけ努力できる人になっているはずである。	이것을 깨달을 수 있는 사람은 얼마나 있을까? 나는 어른이 되고 나서 깨달았지만, 이른 단계부터 이것을 생각할 수 있게 되는 편이 좋다. 그것은 아이에 관계된 어른의 임무이다. 노력의 방향성을 가르치는 것이다. 아이가 문제에 부딪쳤을 때에 원인과 노력의 방향을 함께 생각하는 것으로, 어릴 적부터 이 습관을 몸에 익힐 수 있다. 그렇게 하면 그들이 어른이 되었을 때 스스로 방향을 찾고 노력할 수 있는 사람이 되어 있을 것이다.

어휘 **なんで** 부 왜, 어째서 **悩む** なやむ 동 고민하다 **〜たびに** ~때마다 **次回** じかい 명 다음번 **切り替える** きりかえる 동 새롭게 하다, 새로 바꾸다
プレゼン 명 프레제테이션 (プレゼンテーション의 준말) **提案** ていあん 명 제안 **探る** さぐる 동 살피다, 찾다 **努力不足** どりょくぶそく 명 노력 부족
思い込む おもいこむ 동 (그렇다고) 믿다 **できる限りの** 할 수 있는 모든 **〜はずだ** ~일 터이다 **資料** しりょう 명 자료
読みあさる よみあさる 동 닥치는대로 읽다, 이리저리 뒤적이며 읽다 **他社** たしゃ 명 타사 **商品** しょうひん 명 상품 **実際** じっさい 명 실제
とりあえず 부 일단, 우선 **ただ** 부 그냥, 그저 **思い付く** おもいつく 동 생각나다 **順番に** じゅんばんに 순서대로
〜なければならない ~하지 않으면 안 된다 **他に** ほかに 따로, 달리 **利用者** りようしゃ 명 이용자 **ニーズ** 명 니즈, 요구 **分析** ぶんせき 명 분석
指摘 してき 명 지적 **抱える** かかえる 동 끌어안다 **〜まま** ~채 **なんとなく** 부 아무 생각 없이, 무심히 **幼い** おさない い형 어리다
目標 もくひょう 명 목표 **達成** たっせい 명 달성 **こなす** 동 해내다 **満足** まんぞく 명 만족 **今まで** いままで 부 지금까지 **身につく** みにつく 몸에 배다
〜かもしれない ~일지도 모른다 **根本的だ** こんぽんてきだ な형 근본적이다 **見つめる** みつめる 동 들여다보다, 뚫어지게 보다
方向性 ほうこうせい 명 방향성 **〜ように** ~하도록 **アドバイス** 명 조언, 어드바이스 **方向** ほうこう 명 방향 **何も** なにも 부 아무것도
〜ずに ~하지 않고 **〜からこそ** ~때문에야말로 **報う** むくう 동 보답하다 **ステップ** 명 스텝 **気付く** きづく 동 깨닫다 **段階** だんかい 명 단계
〜に関わる 〜にかかわる ~에 관계된 **役目** やくめ 명 임무 **ぶつかる** 동 부딪치다 **向き** むき 명 방향 **一緒に** いっしょに 함께
自ら みずから 부 스스로

71 중

①理由を深く探ろうとしなかったのは、なぜか。	①이유를 깊게 살피려고 하지 않았다는 것은, 왜인가?
1 提案が通らなかったことが初めてではなかったから	1 제안이 통과되지 않은 것이 처음은 아니었기 때문에
2 努力が足りないことが原因だと思っていたから	**2 노력이 부족한 것이 원인이라고 생각하고 있었기 때문에**
3 自分ができる限りのことは全てやったから	3 자신이 할 수 있는 한의 일은 전부 했기 때문에
4 十分な時間をかけて準備したプレゼンだったから	4 충분한 시간을 들여서 준비한 프레젠테이션이었기 때문에

해설 **理由を深く探ろうとしなかった**의 이유를 묻고 있다. 밑줄의 뒷부분에서 **自分の努力不足のせいだと思い込んでいたからだ**라고 서술하고 있으므로, 2 **努力が足りないことが原因だと思っていたから**가 정답이다.

어휘 **足りない** たりない 부족하다 **全て** すべて 명 전부 **十分だ** じゅうぶんだ な형 충분하다

72 중

②それとは、どのようなことか。	②그것이란, 어떠한 것인가?
1 努力は素晴らしいと教育すること	1 노력은 훌륭하다고 교육하는 것
2 目標を達成することを大切にすること	2 목표를 달성하는 것을 소중히 하는 것
3 失敗に根本的理由があると考えること	3 실패에 근본적 이유가 있다고 생각하는 것
4 考えなしにひたすら頑張ること	**4 생각 없이 그저 열심히 하는 것**

해설 **それ**가 어떤 것인지를 묻고 있다. 밑줄의 앞부분에서 **とりあえず頑張ってみる**라고 서술하고 있으므로, 4 **考えなしにひたすら頑張ること**가 정답이다.

어휘 **ひたすら** 부 그저, 오로지

꼭! 알아두기 それ, これ, その, この와 같은 지시어를 포함한 어구에 밑줄이 있는 경우에는 주로 밑줄 앞부분에서 정답의 단서를 찾을 수 있다.

73 상

この文章で筆者が言いたいことはどれか。	이 글에서 필자가 말하고 싶은 것은 어느 것인가?
1 子どものうちから努力する習慣を身につけておいたほうがいい。	1 아이일 때부터 노력하는 습관을 몸에 익혀두는 편이 좋다.
2 目標を叶(かな)えるには正しい方向に向かって努力することが必要である。	**2 목표를 이루기 위해서는 올바른 방향을 향해서 노력하는 것이 필요하다.**
3 大人は努力を教える自分たちの役割を子どもと一緒に考えるべきだ。	3 어른은 노력을 가르치는 자신들의 역할을 아이와 함께 생각해야 한다.
4 いくら正しい方向に努力しても全ての努力が報われるわけではない。	4 아무리 올바른 방향으로 노력해도 모든 노력이 보답받는 것은 아니다.

해설 필자가 글을 통해 말하고자 하는 내용을 묻고 있다. 다섯 번째 단락에서 努力には正しい方向があり、何も考えずに頑張ることは正しい努力ではないと知った。正しく行うからこそ報われるものなのだ라고 서술하고 있으므로, 2 目標を叶えるには正しい方向に向かって努力することが必要である가 정답이다.

어휘 ～うち ~때, ~중　～ておく ~해 두다　叶える かなえる 동 이루다　役割 やくわり 명 역할　～べきだ ~해야 한다

74 상

林さんは18歳の高校生で、ピアノのレッスンを月4回以上受けたいと考えている。個人レッスンでなくても構わないので、なるべく安い料金のコースを希望している。林さんは、どのコースを選べばいいか。	하야시 씨는 18세인 고등학생이고, 피아노 레슨을 월 4회 이상 받고 싶다고 생각하고 있다. 개인 레슨이 아니어도 상관없기 때문에, 가능한 한 싼 요금의 코스를 희망하고 있다. 하야시 씨는, 어느 코스를 고르면 되는가?
1 個人レッスン	1 개인 레슨
2 グループレッスン	**2 그룹 레슨**
3 大人の個人レッスン	3 어른의 개인 레슨
4 大人のグループレッスン	4 어른의 그룹 레슨

해설 하야시 씨가 고를 수 있는 코스를 묻는 문제이다. 질문에서 제시된 조건 (1) 18歳の高校生, (2) ピアノのレッスンを月4回以上受けたい, (3) なるべく安い料金에 따라

(1) 18세인 고등학생: ピアノ・サックス 표 아래의 설명 부분을 보면 개인 레슨, 그룹 레슨, 어른의 개인 레슨, 어른의 그룹 레슨 모두 가능

(2) 피아노 레슨을 월 4회 이상 받고 싶다: ピアノ・サックス 표의 回数를 보면 월 4회인 레슨은 개인 레슨, 그룹 레슨

(3) 가능한 한 싼 요금: ピアノ・サックス 표의 レッスン料 부분을 보면, 개인 레슨 11,000엔, 그룹 레슨 7,000엔으로 그룹 레슨이 더 저렴함

따라서 2 グループレッスン이 정답이다.

어휘 レッスン 명 레슨　個人 こじん 명 개인　構わない かまわない 상관없다　料金 りょうきん 명 요금　コース 명 코스　希望 きぼう 명 희망　グループ 명 그룹

75 상

山中さんの小学生の娘は、毎週火曜日の16時から16時半まで、ピアノの個人レッスンを受けている。これまで娘がレッスンを受けている間、山中さんはロビーで待っていたが、娘と同じ時間にバイオリンを習うことにした。入会する際に、山中さんはいくら支払うか。	야마나카 씨의 초등학생인 딸은, 매주 화요일 16시부터 16시 반까지, 피아노 개인 레슨을 받고 있다. 지금까지 딸이 레슨을 받고 있는 동안, 야마나카 씨는 로비에서 기다리고 있었는데, 딸과 같은 시간에 바이올린을 배우기로 했다. 입회할 때에, 야마나카 씨는 얼마 지불하는가?
1 入会金5,000円、レッスン料12,000円	1 입회금 5,000엔, 레슨료 12,000엔
2 入会金5,000円、レッスン料9,000円、教材費500円	2 입회금 5,000엔, 레슨료 9,000엔, 교재비 500엔
3 レッスン料12,000円、教材費500円	**3 레슨료 12,000엔, 교재비 500엔**
4 レッスン料9,000円	4 레슨료 9,000엔

해설 야마나카 씨가 입회할 때 지불하는 금액을 묻는 문제이다. 질문에서 제시된 조건 (1) 娘は、毎週火曜日の16時から16時半まで、ピアノの個人レッスンを受けている, (2) 娘と同じ時間にバイオリンを習うことにした에 따라,

(1) 딸은, 매주 화요일 16시부터 16시 반까지, 피아노 개인 레슨: 入会金 설명 부분을 보면, 가족이 교실에 다니고 있으므로 야마나카 씨의 입회금은 무료

(2) 딸과 같은 시간에 바이올린을 배우기로 함: バイオリン・フルート・トランペット 표의 レッスン時間 부분을 보면, 바이올린 개인 레슨(30분)은 레슨료 12,000엔, 표 위의 教材費 설명 부분을 보면 교재비는 500엔, 가장 하단의 설명을 보면 입회 신청 시 입회금과 맨 첫 달 레슨료, 교재비를 지불 받는다고 쓰여 있음

따라서 입회금은 지불하지 않고, 레슨료와 교재비를 지불하는 3 レッスン料12,000円、教材費500円이 정답이다.

어휘 小学生 しょうがくせい 명 초등학생 これまで 지금까지 ロビー 명 로비 バイオリン 명 바이올린 ～ことにする ~하기로 하다
入会 にゅうかい 명 입회 際 さい 명 때 支払う しはらう 동 지불하다 入会金 にゅうかいきん 명 입회금 レッスン料 レッスンりょう 명 레슨료
教材費 きょうざいひ 명 교재비

꼭! 알아두기 질문에 제시된 조건뿐만 아니라 선택지에서 언급되는 조건도 미리 확인한 후 지문을 읽으면 더 수월하게 정답의 단서를 찾을 수 있다.

74-75 음악 교실의 학생 모집 안내

いろは音楽教室　生徒募集

いろは音楽教室では、お子様から大人の方まで、さまざまな年齢の方が音楽を楽しんでいます。毎日の生活の中に音楽を取り入れてみませんか。経験豊かな講師たちが、ていねいに指導します。楽器に触れるのが初めての方も、お気軽にお問い合わせください。

＜入会金＞ 5,000円
※ [75]ご家族がすでに教室に通われている方は、入会金が無料となります。

＜レッスン料＞ コースごとに異なりますので、下の表をご確認ください。
1か月分のレッスン料を表示しています。

＜教材費＞ [75]500円

ピアノ・サックス

	個人レッスン（平日）	グループレッスン（月曜・土曜）	大人の個人レッスン（平日）	大人のグループレッスン（水曜・木曜）
レッスン時間	30分	50分	30分	50分
回数	月4回	月4回	月2回	月2回
レッスン料	11,000円	[74]7,000円	6,000円	5,000円

*[74]大人の個人・グループレッスンは、18歳以上からご参加いただけます。

이로하 음악 교실 학생 모집

이로하 음악 교실에서는, 어린이부터 어른인 분까지, 다양한 연령의 분이 음악을 즐기고 있습니다. 매일의 생활 속에 음악을 받아들여 보지 않으시겠어요? 경험 풍부한 강사들이, 정성스럽게 지도합니다. 악기를 접하는 것이 처음인 분도, 부담 없이 문의해 주세요.

<입회금> 5,000엔
※ [75]가족이 이미 교실에 다니고 계시는 분은, 입회금이 무료가 됩니다.

<레슨료> 코스마다 다르므로, 아래의 표를 확인해 주세요.
1개월 분의 레슨료를 표시하고 있습니다.

<교재비> [75]500엔

피아노・색소폰

	개인 레슨 (평일)	그룹 레슨 (월요·토요)	어른의 개인 레슨 (평일)	어른의 그룹 레슨 (수요·목요)
레슨 시간	30분	50분	30분	50분
횟수	월 4회	월 4회	월 2회	월 2회
레슨료	11,000엔	[74]7,000엔	6,000엔	5,000엔

*[74]어른의 개인·그룹 레슨은, 18세 이상부터 참가해 주실 수 있습니다.

バイオリン・フルート・トランペット

	個人レッスン	グループレッスン	小学生向け グループレッスン
レッスン時間	30分	50分	50分
回数	月4回	月4回	月4回
レッスン料	[75]12,000円	9,000円	9,000円

＜レッスンのお申込み方法＞

1. ご希望のコース、曜日、時間帯をお電話にてお知らせください。「お試しレッスン」の日時を調整し、決定します。
2. 「お試しレッスン」にご参加ください。費用はかかりません。
3. ご入会を決められましたら、申込用紙をご提出ください。[75]その際、入会金と最初の月のレッスン料、教材費をお支払いいただきますので、ご準備ください。

바이올린・플루트・트럼펫

	개인 레슨	그룹 레슨	초등학생용 그룹 레슨
레슨 시간	30분	50분	50분
횟수	월 4회	월 4회	월 4회
레슨료	[75]12,000엔	9,000엔	9,000엔

<레슨 신청 방법>

1. 희망하시는 코스, 요일, 시간대를 전화로 알려 주세요. '체험 레슨'의 일시를 조정하여, 결정합니다.
2. '체험 레슨'에 참가해 주세요. 비용은 들지 않습니다.
3. 입회를 결정하셨다면, 신청 용지를 제출해 주세요. [75]그때, 입회금과 맨 첫 달 레슨료, 교재비를 지불 받으므로, 준비해 주세요.

어휘 **募集** ぼしゅう 명 모집 **お子様** おこさま 어린이, 자녀 분 **さまざまだ** な형 다양하다, 가지각색이다 **年齢** ねんれい 명 연령
取り入れる とりいれる 동 받아들이다, 도입하다 **豊かだ** ゆたかだ な형 풍부하다 **講師** こうし 명 강사 **ていねいだ** な형 정성스럽다, 정중하다
指導 しどう 명 지도 **楽器** がっき 명 악기 **触れる** ふれる 동 접하다, 닿다 **気軽だ** きがるだ な형 부담 없다 **問い合わせる** といあわせる 동 문의하다
すでに 부 이미 **無料** むりょう 명 무료 **～ごとに** ~마다 **異なる** ことなる 동 다르다 **表** ひょう 명 표 **確認** かくにん 명 확인 **表示** ひょうじ 명 표시
サックス 명 색소폰 **平日** へいじつ 명 평일 **月曜** げつよう 명 월요(일) **土曜** どよう 명 토요(일) **水曜** すいよう 명 수요(일) **木曜** もくよう 명 목요(일)
回数 かいすう 명 횟수 **参加** さんか 명 참가 **フルート** 명 플루트 **トランペット** 명 트럼펫 **～向け** ～むけ ~용 **申込み** もうしこみ 명 신청
方法 ほうほう 명 방법 **曜日** ようび 명 요일 **時間帯** じかんたい 명 시간대 **お試し** おためし 체험, 시험 **日時** にちじ 명 일시 **調整** ちょうせい 명 조정
決定 けってい 명 결정 **費用** ひよう 명 비용 **申込用紙** もうしこみようし 명 신청 용지 **提出** ていしゅつ 명 제출

청해 p.119

문제별 분할 파일 바로 듣기

☞ 문제 1의 디렉션과 예제를 들려줄 때 1번부터 5번까지의 선택지를 미리 읽고 내용을 재빨리 파악해 둡니다. 음성에서 では、始めます(그러면, 시작합니다)가 들리면, 곧바로 문제 풀 준비를 합니다. 디렉션과 예제는 실전모의고사 제1회의 해설(p.36)에서 확인할 수 있습니다.

1 중상

[음성]

家の玄関で、レンタル会社の人と女の人が話しています。女の人はこのあとまず何をしますか。

M：ベビーベッドをお持ちしました。

F：ありがとうございます。

M：[1][3]お渡しの前に、料金のお支払いをお願いしたいのですが、よろしいでしょうか。

F：[1]はい。

[음성]

집 현관에서, 렌털 회사 사람과 여자가 이야기하고 있습니다. 여자는 이 다음에 우선 무엇을 합니까?

M : 아기 침대를 가지고 왔습니다.

F : 감사합니다.

M : [1][3]건네 드리기 전에, 요금 지불을 부탁드리고 싶습니다만, 괜찮으신가요?

F : [1]네.

M：えーと、3か月のレンタルでお間違いありませんか。こちら1か月の料金が5,000円ですので、3か月で15,000円です。それから、本日の配送料2,000円を合わせて頂戴します。

F：はい、分かりました。

M：組み立てサービスは申し込まれていませんよね。よろしければ、ベッドをお使いになるお部屋で、組み立てを行いますが…。組み立て料は1,000円です。

F：あー、組み立ては自分でやりますので、結構です。[2]ここで受け取ります。

M：分かりました。

F：あの、ベッドを使っている途中で、お借りする期間を延長することはできますか。

M：[4]ええ。その際はお電話ください。ただ、1日のご延長でも1か月分の料金を追加でいただくことになりますので、ご注意ください。

F：分かりました。

女の人はこのあとまず何をしますか？

[문제지]

1 レンタル料と配送料を支払う

2 レンタル会社の人を部屋へ案内する

3 ベッドを自分で組み立てる

4 ベッドを借りる期間を延長する

M : 음, 3개월 렌털로 틀림없으시죠? 이건 1개월 요금이 5,000엔이기 때문에, 3개월에 15,000엔입니다. 그리고, 오늘 배송료 2,000엔을 합해서 받겠습니다.

F : 네, 알겠습니다.

M : 조립 서비스는 신청하지 않으셨네요. 괜찮으시다면, 침대를 쓰실 방에서, 조립을 하겠습니다만…. 조립비는 1,000엔입니다.

F : 아, 조립은 스스로 할 테니, 괜찮습니다. [2]여기서 수령하겠습니다.

M : 알겠습니다.

F : 저, 침대를 쓰고 있는 도중에, 빌리는 기간을 연장하는 것은 가능한가요?

M : [4]네. 그때는 전화 주세요. 다만, 1일 연장이라도 1개월 분의 요금을 추가로 받게 되기 때문에, 주의해 주세요.

F : 알겠습니다.

여자는 이 다음에 우선 무엇을 합니까?

[문제지]

1 렌털료와 배송료를 지불한다

2 렌털 회사 사람을 방으로 안내한다

3 침대를 스스로 조립한다

4 침대를 빌리는 기간을 연장한다

해설 여자가 가장 먼저 해야 할 일을 묻는 문제이다. 대화에서, 남자가 お渡しの前に、料金のお支払いをお願いしたいのですが、よろしいでしょうか라고 하자, 여자가 はい라고 한 후, 남자가 렌털료와 배송료를 안내했으므로, 1 レンタル料と配送料を支払う가 정답이다. 선택지 2는 여기서, 즉 현관에서 수령하겠다고 했으므로 할 필요가 없고, 3은 침대를 수령한 다음에 할 일이며, 4는 침대를 쓰고 있는 도중에 할 일이므로 오답이다.

어휘 **レンタル** 명 렌털 **ベビーベッド** 명 아기 침대 **料金** りょうきん 명 요금 **支払い** しはらい 명 지불 **願う** ねがう 동 부탁하다 **間違い** まちがい 명 틀림 **本日** ほんじつ 명 오늘 **配送料** はいそうりょう 명 배송료 **合わせる** あわせる 동 합하다 **頂戴** ちょうだい 명 받음 **組み立て** くみたて 명 조립 **サービス** 명 서비스 **申し込む** もうしこむ 동 신청하다 **組み立て料** くみたてりょう 명 조립비 **自分で** じぶんで 스스로 **受け取る** うけとる 동 수령하다, 받다 **期間** きかん 명 기간 **延長** えんちょう 명 연장 **際** さい 명 때 **ただ** 접 다만 **追加** ついか 명 추가 **レンタル料** レンタルりょう 명 렌털료 **支払う** しはらう 동 지불하다 **組み立てる** くみたてる 동 조립하다

꼭 알아두기 가장 먼저 해야 할 일을 묻는 문제에서 Aの前にB(A 전에 B), Aする前にB(A 하기 전에 B)의 순서는 B → A이므로 の前に, する前に 뒤에 언급되는 행동을 주의 깊게 듣는다.

2 중

[음성]

大学で男の学生と女の学生が話しています。女の学生はこのあと何をしますか。

M：来週金曜日に提出のレポート、書いてる？

F：まだ。今日、図書館に行って、授業で先生が言ってた本を借りてこようと思ってるんだ。

[음성]

대학에서 남학생과 여학생이 이야기하고 있습니다. 여학생은 이 다음에 무엇을 합니까?

M : 다음 주 금요일에 제출인 리포트, 쓰고 있어?

F : 아직. 오늘, 도서관에 가서, 수업에서 선생님이 말했던 책을 빌려 오려고 생각하고 있어.

M：今から参考文献を借りるの？[2]学内の図書館なら、もう他の人に借りられちゃってたよ。間に合わないんじゃない？

F：えっ、そうなの？あの本がないと、レポート書けないよね。[1][2]じゃあ、しょうがないから、市の図書館に行ってみようかな。他にもあれこれ見られるし。

M：その図書館に先生が言っていた本がないかもしれないよ？ 行く前に電話で聞いてみたら？

F：そっか。でも、[3]家から近いからすぐ行けるし、とりあえず行ってみるよ。本田君は本、借りたの？

M：僕は去年その授業とった田中さんに本を借りたんだ。もう返したけど。

F：え、そうなの？ じゃあ私も田中さんに聞いてみようかな。

M：でも、田中さん最近バイトが忙しいって言ってたから、来週までに会って本を借りられるかなあ。

F：うーん。じゃあ、[4]とりあえず図書館に行ってみて、なかったら連絡してみようかな。ありがとう。

女の学生はこのあと何をしますか。

[문제지]

1 大学の図書館に行く
2 市の図書館に行く
3 市の図書館に電話する
4 田中さんに連絡する

M : 지금부터 참고 문헌을 빌리는 거야? [2]학내 도서관이라면, 이미 다른 사람이 빌려 버렸어. 시간에 맞출 수 없지 않아?

F : 앗, 그래? 그 책이 없으면, 리포트 쓸 수 없잖아. [1][2]그럼, 어쩔 수 없으니까, 시 도서관에 가 볼까. 그 밖에도 이것저것 볼 수 있고.

M : 그 도서관에 선생님이 말했던 책이 없을지도 모른다? 가기 전에 전화로 물어보면?

F : 그런가. 하지만, [3]집에서 가까우니까 금방 갈 수 있고, 우선 가 볼게. 혼다 군은 책, 빌렸어?

M : 나는 작년에 그 수업 들은 다나카 씨에게 책을 빌렸어. 이미 돌려줬지만.

F : 아, 그래? 그럼 나도 다나카 씨에게 물어볼까.

M : 하지만, 다나카 씨 최근에 아르바이트가 바쁘다고 말했었으니까, 다음 주까지 만나서 책을 빌릴 수 있으려나.

F : 음. 그럼, [4]우선 도서관에 가 보고, 없으면 연락해 볼까. 고마워.

여학생은 이 다음에 무엇을 합니까?

[문제지]

1 대학 도서관에 간다
2 시 도서관에 간다
3 시 도서관에 전화한다
4 다나카 씨에게 연락한다

해설 여자가 앞으로 해야 할 일을 묻는 문제이다. 대화에서, 남자가 **学内の図書館なら、もう他の人に借りられちゃってたよ。間に合わないんじゃない？**라고 하자, 여자가 **じゃあ、しょうがないから、市の図書館に行ってみようかな**라고 했으므로, 2 **市の図書館に行く**가 정답이다. 선택지 1은 필요한 책을 다른 사람이 이미 빌려가 버렸으므로 가지 않기로 했고, 3은 가까우니 직접 가겠다고 했으며, 4는 시 도서관에 필요한 책이 없을 경우에 할 일이므로 오답이다.

어휘 **提出** ていしゅつ 명 제출　**参考** さんこう 명 참고　**文献** ぶんけん 명 문헌　**間に合う** まにあう 동 시간에 맞추다　**学内** がくない 명 학내　**他の** ほかの 다른　**しょうがない** 어쩔 수 없다　**あれこれ** 명 이것저것　**とりあえず** 부 우선　**バイト** 명 아르바이트

3 중상

[음성]

会社で女の人と男の人が話しています。男の人はいくら払いますか。

F：ねえ、明日の池田さんの送別会の会費、まだ払ってもらってなかったよね。

M：あ、ごめん。すっかり忘れてた。最近バタバタしてて。えっと、いくらだっけ？

F：うん、[2]会費は3,000円。食事代が2,000円で、それから飲み物代が1,000円。食べ放題飲み放題だよ。

[음성]

회사에서 여자와 남자가 이야기하고 있습니다. 남자는 얼마 지불합니까?

F : 있잖아, 내일 이케다 씨의 송별회 회비, 아직 지불하지 않았지?

M : 아, 미안. 완전히 잊고 있었다. 최근 바빠서. 음, 얼마였지?

F : 응, [2]회비는 3,000엔. 식삿값이 2,000엔이고, 그리고 음료값이 1,000엔. 식사 무한 리필 음료 무한 리필이야.

M：オッケー、今払うよ。今回もいろいろやってもらって助かるよ。いつもありがとう。

F：ううん。あ、そうだ。思い出した。先週、お昼代を払ってくれたよね。私がお財布忘れちゃって。私、返すの忘れてたわ。

M：ああ、そうだっけ。

F：じゃあ、その [2][4]お昼代を引いた分で大丈夫。忘れててごめんね。

M：いいよ。[1]お昼代なんて、1,000円だろ。おごるよ。

F：ううん、[3]時々おごってもらってるから、今回は大丈夫よ。ありがとう。

男の人はいくら払いますか。

[문제지]

1 1,000円

2 2,000円

3 3,000円

4 4,000円

M : 오케이, 지금 지불할게. 이번에도 여러 가지 해 줘서 도움이 돼. 언제나 고마워.

F : 아니야. 아, 맞다. 생각났다. 지난주, 점심값을 지불해 줬지. 내가 지갑을 잊고 와 버려서. 나, 돌려주는 걸 잊고 있었어.

M : 아, 그랬나.

F : 그럼, 그 [2][4]점심값을 뺀 값으로 괜찮아. 잊어버려서 미안해.

M : 괜찮아. [1]점심값 까짓것, 1,000엔이잖아. 한턱낼게.

F : 아니야, [3]가끔 한턱내 주니까, 이번에는 괜찮아. 고마워.

남자는 얼마 지불합니까?

[문제지]

1 1,000엔

2 2,000엔

3 3,000엔

4 4,000엔

해설 남자가 지불해야 할 금액을 묻는 문제이다. 대화에서, 여자가 **会費は3,000円**이라고 한 후, 지난주에 남자가 점심값 1,000엔을 대신 지불해 준 것이 떠올라 남자에게 **お昼代を引いた分で大丈夫**라고 했으므로, 점심값 1,000엔을 뺀 2 **2,000円**이 정답이다.

어휘 **送別会** そうべつかい 명 송별회　**会費** かいひ 명 회비　**バタバタする** 바쁘다　**食事代** しょくじだい 명 식삿값　**飲み物代** のみものだい 명 음료값　**食べ放題** たべほうだい 명 식사 무한 리필　**飲み放題** のみほうだい 명 음료 무한 리필　**今回** こんかい 명 이번　**助かる** たすかる 동 도움이 되다　**お昼代** おひるだい 점심값　**分** ぶん 명 값, 분　**おごる** 동 한턱내다

4 중

[음성]

会社で男の人と女の人が話しています。女の人はこのあと何をしますか。

M：木村さん、お祭りのポスターの件で、ちょっと問題が起きたんだけど。

F：え、市役所からデザインの依頼があったポスターですか。それでしたら、昨日観光課の担当者から無事に届いたと連絡がありましたが。

M：それが今朝になって、観光課の課長からポスターの紙の質が注文と違うんじゃないかって電話が入ったんだよ。もっと厚い紙でお願いしたはずだと言ってるんだけど、そうなの？

F：たしかに去年までのものよりも丈夫な紙にしようという話になっていました。印刷会社にもそのように指示をして、先週送ってもらったサンプルには問題なかったんですが。

M：サンプルは、観光課側にも送っているんだよね。

[음성]

회사에서 남자와 여자가 이야기하고 있습니다. 여자는 이 다음에 무엇을 합니까?

M : 기무라 씨, 축제 포스터 건으로, 조금 문제가 생겼는데.

F : 아, 시청으로부터 디자인 의뢰가 있었던 포스터인가요? 그거라면, 어제 관광과의 담당자로부터 무사히 도착했다고 연락이 있었습니다만.

M : 그게 오늘 아침이 돼서, 관광과 과장님으로부터 포스터의 종이 질이 주문과 다르지 않냐고 전화가 들어온 거야. 더 두꺼운 종이로 부탁했을 거라고 말하고 있는데, 그런 거야?

F : 확실히 작년까지의 것보다도 튼튼한 종이로 하자는 이야기로 되어 있었습니다. 인쇄 회사에도 그렇게 지시를 해서, 지난주에 보내 준 샘플에는 문제없었습니다만.

M : 샘플은, 관광과 측에도 보냈었지?

F：はい。[2]うちと観光課の両方に送ってもらった上で、私と担当者がそれぞれチェックしました。サンプルと違う厚さのものが届いたんでしょうか。私から担当者に電話して詳しく聞いてみましょうか。

M：[1]とにかく実際にポスターを確認したほうがいいな。

F：じゃあ、すぐに市役所へ向かいます。

M：いや、さっき印刷会社に聞いてみたら、[3]今回観光課に届けたものの残りが、印刷会社にもあるそうなんだ。だから、まずそっちに行って、サンプルの紙と違いがないか確認してみてくれないか。[4]もし違ってるようなら、その場ですぐに再印刷を依頼してほしいんだ。そのほうが、時間がかからないだろうから。

F：[3]はい、分かりました。

女の人はこのあと何をしますか。

[문제지]

1 市役所の担当者に電話をして話を聞く
2 市役所へ行ってサンプルを確認する
3 印刷会社へ行ってポスターを確認する
4 印刷会社へ再印刷を依頼する

F：네. [2]우리 쪽과 관광과 양쪽에 보내 준 후에, 저와 담당자가 각각 체크했습니다. 샘플과 다른 두께인 것이 도착한 것일까요? 제가 담당자에게 전화해서 자세하게 물어볼까요?

M：[1]어쨌든 실제로 포스터를 확인하는 편이 좋겠어.

F：그럼, 바로 시청으로 향하겠습니다.

M：아니, 아까 인쇄 회사에 물어보니, [3]이번에 관광과에 보낸 것의 여분이, 인쇄 회사에도 있다고 해. 그러니, 우선 그쪽에 가서, 샘플 종이와 차이가 없는지 확인해 봐 주지 않겠어? [4]만약 다른 것 같으면, 그 자리에서 바로 재인쇄를 의뢰해 주었으면 해. 그 편이, 시간이 걸리지 않을 테니.

F：[3]네, 알겠습니다.

여자는 이 다음에 무엇을 합니까?

[문제지]

1 시청 담당자에게 전화를 해서 이야기를 듣는다
2 시청에 가서 샘플을 확인한다
3 인쇄 회사에 가서 포스터를 확인한다
4 인쇄 회사에 재인쇄를 의뢰한다

해설 여자가 앞으로 해야 할 일을 묻는 문제이다. 대화에서, 남자가 今回観光課に届けたものの残りが、印刷会社にもあるそうなんだ。だから、まずそっちに行って、サンプルの紙と違いがないか確認してみてくれないか라고 하자, 여자가 はい、分かりました라고 했으므로, 3 印刷会社へ行ってポスターを確認する가 정답이다. 선택지 1은 하지 않기로 했고, 2는 인쇄 회사에 가서 실제 포스터를 확인하기로 했으므로 할 필요가 없으며, 4는 포스터 확인 후, 샘플 종이와 차이가 있는 경우에 할 일이므로 오답이다.

어휘 ポスター 명 포스터　件 けん 명 건　市役所 しやくしょ 명 시청　デザイン 명 디자인　依頼 いらい 명 의뢰　観光課 かんこうか 명 관광과　担当者 たんとうしゃ 명 담당자　無事だ ぶじだ な형 무사하다　届く とどく 동 도착하다　質 しつ 명 질　注文 ちゅうもん 명 주문　願う ねがう 동 부탁하다　印刷 いんさつ 명 인쇄　指示 しじ 명 지시　サンプル 명 샘플　それぞれ 명 각각　厚さ あつさ 명 두께　詳しい くわしい い형 자세하다　とにかく 부 어쨌든　実際 じっさい 명 실제　確認 かくにん 명 확인　今回 こんかい 명 이번　残り のこり 명 여분, 남은 것　その場 そのば 그 자리, 즉석　再印刷 さいいんさつ 명 재인쇄

5 상

[음성]

旅館で、受付の人と女の人が話しています。女の人はこのあとまず何をしますか。

M：ようこそいらっしゃいました。

F：3名で予約している山田です。

M：はい。山田様、女性3名でお泊まりですね。お食事付きのプランで承っております。[1]お部屋にご案内する前に、ご夕食のお時間をお決めいただきたいのですが。ご夕食会場は2階のレストランです。

F：[1]あ、はい。じゃあ、18時でお願いできますか。[2]先に温泉に入りたいんで。

[음성]

여관에서, 접수처 사람과 여자가 이야기하고 있습니다. 여자는 이 다음에 우선 무엇을 합니까?

M：어서 오십시오.

F：3명으로 예약한 야마다입니다.

M：네. 야마다 님, 여성 3명이서 숙박이시지요? 식사 포함 플랜으로 받았습니다. [1]방으로 안내드리기 전에, 저녁 식사 시간을 정해 주셨으면 합니다만. 저녁 식사 회장은 2층의 레스토랑입니다.

F：[1]아, 네. 그럼, 18시로 부탁할 수 있나요? [2]먼저 온천에 들어가고 싶어서.

M：かしこまりました。温泉は地下1階にございまして、24時間ご利用いただけます。タオルはお部屋にありますので、そちらをお持ちになってお越しください。それから、こちらは隣にある美術館の入場券です。宿泊者の皆様に差し上げております。ご宿泊中に1回ご使用になれます。

F：わあ、ありがとうございます。今からでも行けますか？

M：はい。16時半まで入場できますので、今すぐ向かわれれば間に合いますよ。お荷物をこちらでお預かりしておきましょうか。

F：あー、4時半までか。温泉に入る時間が短くなっちゃうから、[3]やっぱり美術館は明日にします。

M：かしこまりました。明日は朝9時から開いています。それから本日は夜8時からロビーにてピアノのコンサートがございます。[4]夕食のあとにお越しいただければ、ちょうどいいと思いますので、ぜひお楽しみください。

F：はい、分かりました。

女の人はこのあとまず何をしますか。

[문제지]

1 職員と一緒に部屋へ行く
2 レストランで夕食を食べる
3 隣にある美術館に行く
4 ロビーでピアノの演奏を聞く

M : 알겠습니다. 온천은 지하 1층에 있고, 24시간 이용하실 수 있습니다. 타월은 방에 있기 때문에, 그것을 가지고 가 주세요. 그리고, 이것은 옆에 있는 미술관 입장권입니다. 숙박자 여러분에게 드리고 있습니다. 숙박 중에 1회 사용하실 수 있습니다.

F : 와, 감사합니다. 지금부터라도 갈 수 있나요?

M : 네. 16시 반까지 입장할 수 있기 때문에, 지금 바로 향하시면 시간에 맞출 수 있습니다. 짐을 이쪽에서 맡아 둘까요?

F : 아, 4시 반까지인가. 온천에 들어갈 시간이 짧아져 버리니, [3]역시 미술관은 내일로 하겠습니다.

M : 알겠습니다. 내일은 아침 9시부터 열려 있습니다. 그리고 오늘은 밤 8시부터 로비에서 피아노 콘서트가 있습니다. [4]저녁 식사 후에 와 주시면, 딱 좋다고 생각하기 때문에, 꼭 즐겨 주세요.

F : 네, 알겠습니다.

여자는 이 다음에 우선 무엇을 합니까?

[문제지]

1 직원과 함께 방에 간다
2 레스토랑에서 저녁 식사를 먹는다
3 옆에 있는 미술관에 간다
4 로비에서 피아노 연주를 듣는다

해설 여자가 가장 먼저 해야 할 일을 묻는 문제이다. 대화에서, 남자가 **お部屋にご案内する前に、ご夕食のお時間をお決めいただきたいのですが**라고 하자, 여자가 **あ、はい。じゃあ、18時でお願いできますか**라고 했으므로, 식사 시간을 정한 후에 할 일인 1 **職員と一緒に部屋へ行く**가 정답이다. 선택지 2는 온천을 이용한 다음에 할 일이고, 3은 내일 가기로 했으며, 4는 저녁 식사 후에 할 일이므로 오답이다.

어휘 **泊まり** とまり 명 숙박 **食事付き** しょくじつき 식사 포함 **プラン** 명 플랜 **承る** うけたまわる 동 받다 (うける의 겸양어) **夕食** ゆうしょく 명 저녁 식사 **願う** ねがう 동 부탁하다 **先に** さきに 부 먼저 **温泉** おんせん 명 온천 **地下** ちか 명 지하 **タオル** 명 타월 **越す** こす 동 가시다, 오시다 (行く, 来る의 존경어) **入場券** にゅうじょうけん 명 입장권 **宿泊者** しゅくはくしゃ 명 숙박자 **皆様** みなさま 명 여러분 **使用** しよう 명 사용 **入場** にゅうじょう 명 입장 **間に合う** まにあう 동 시간에 맞추다 **預かる** あずかる 동 맡다 **本日** ほんじつ 명 오늘 **ロビー** 명 로비 **職員** しょくいん 명 직원

☞ 문제 2의 디렉션과 예제를 들려줄 때 1번부터 6번까지의 선택지를 미리 읽고 내용을 재빨리 파악해 둡니다. 음성에서 **では、始めます**(그러면, 시작합니다)가 들리면, 곧바로 문제 풀 준비를 합니다. 디렉션과 예제는 실전모의고사 제1회의 해설(p.42)에서 확인할 수 있습니다.

1 중상

[음성]

会社で女の人と男の人が話しています。男の人はどうして早く帰りたいのですか。

F：明日の会議の準備、どう？

[음성]

회사에서 여자와 남자가 이야기하고 있습니다. 남자는 왜 일찍 돌아가고 싶은 것입니까?

F : 내일 회의 준비, 어때?

M：あとはこの書類の最終確認だけです。あの、それが終わったら、今日は早めに帰らせていただいてもいいでしょうか。

F：構わないけど、どうしたの？ 具合でも悪い？

M：いえ、最近忙しかったのでちょっと疲れてはいますが、大丈夫です。今日は妻から、残業になりそうだから、娘の保育園のお迎えを代わってほしいって言われてるんです。

F：ああ、そうなの。夫婦二人とも仕事してると、大変だよね。

M：ええ。でも、平日の家事はほとんど妻に任せちゃってるので、妻の方が大変だと思います。今日も、朝から夕食の準備をしてくれていて…。

F：じゃあ、今日は奥さんにゆっくり仕事をさせてあげて。書類の確認が長引きそうだったら言ってね。手伝うから。

M：ありがとうございます。

男の人はどうして早く帰りたいのですか。

[문제지]

1 体の具合が悪いから
2 妻が残業をするから
3 子供を迎えに行くから
4 夕食を作るから

M : 이제는 이 서류의 최종 확인뿐입니다. 저, 그것이 끝나면, 오늘은 일찌감치 돌아가도 괜찮을까요?

F : 괜찮은데, 무슨 일이야? 몸 상태라도 안 좋아?

M : 아뇨, 최근에 바빴기 때문에 조금 피곤하긴 합니다만, 괜찮습니다. 오늘은 아내로부터, 잔업이 될 것 같으니, 딸 보육원 마중을 대신해 주었으면 한다고 들었습니다.

F : 아, 그런 거야? 부부 두 명 모두 일하고 있으면, 힘들지.

M : 네. 하지만, 평일 집안일은 거의 아내에게 맡겨 버리고 있기 때문에, 아내 쪽이 힘들다고 생각합니다. 오늘도, 아침부터 저녁밥 준비를 해 주고 있어서….

F : 그럼, 오늘은 부인이 천천히 일을 하게 해 줘. 서류 확인이 오래 걸릴 것 같으면 말해. 도울 테니까.

M : 감사합니다.

남자는 왜 일찍 돌아가고 싶은 것입니까?

[문제지]

1 몸 상태가 나쁘기 때문에
2 아내가 잔업을 하기 때문에
3 아이를 마중하러 가기 때문에
4 저녁 식사를 만들기 때문에

해설 남자가 일찍 돌아가고 싶은 이유를 묻는 문제이다. 대화에서, 남자가 今日は妻から、残業になりそうだから、娘の保育園のお迎えを代わってほしいって言われてるんです라고 했으므로, 3 子供を迎えに行くから가 정답이다. 선택지 1은 조금 피곤하긴 하지만 괜찮다고 했고, 2는 아이를 마중하러 가야 하는 이유이며, 4는 아내가 이미 했으므로 오답이다.

어휘 **早く** はやく 뷔 일찍　**書類** しょるい 몡 서류　**最終** さいしゅう 몡 최종　**確認** かくにん 몡 확인　**早めだ** はやめだ な형 일찌감치이다
構わない かまわない 괜찮다　**残業** ざんぎょう 몡 잔업　**保育園** ほいくえん 몡 보육원　**お迎え** おむかえ 마중　**代わる** かわる 동 대신하다
夫婦 ふうふ 몡 부부　**平日** へいじつ 몡 평일　**家事** かじ 몡 집안일　**任せる** まかせる 동 맡기다　**夕食** ゆうしょく 몡 저녁밥, 저녁
長引く ながびく 동 오래 걸리다

2 상

[음성]

女の学生と男の学生が話しています。先生が女の学生を呼び出した目的は何ですか。

F：遅くなってごめん。ちょっと先生に呼び出されちゃって。

M：もしかして、昨日締め切りのレポート出してなかったの？

F：ううん、ちゃんと出したよ。レポートの内容がよくなくて怒られるのかなって思ったんだけど、全然違う話だった。私の作文が、コンクールで賞を取ったんだって。

M：すごい！ おめでとう！

[음성]

여학생과 남학생이 이야기하고 있습니다. 선생님이 여학생을 불러낸 목적은 무엇입니까?

F : 늦어져서 미안. 잠깐 선생님한테 불려가 버려서.

M : 혹시, 어제 마감인 리포트 내지 않았던 거야?

F : 아니, 제대로 냈어. 리포트 내용이 좋지 않아서 혼나는 걸까 하고 생각했는데, 전혀 다른 이야기였어. 내 작문이, 콩쿠르에서 상을 받았대.

M : 굉장하다! 축하해!

F：ありがとう。最後の部分がなかなか思ったように書けなくて、提出前に先生に何回か指導してもらってたんだ。先生のおかげだよ。

M：どんな作文なの? ぜひ授業で読んで聞かせてよ。僕から先生に提案してみてもいい?

F：えっ、いいけど。読むなら、練習しなくちゃ。

先生が女の学生を呼び出した目的は何ですか。

[문제지]

1 レポートについて注意するため

2 賞を取ったことを伝えるため

3 作文を指導するため

4 作文を読む練習をするため

F : 고마워. 마지막 부분을 좀처럼 생각한 대로 쓸 수 없어서, 제출 전에 선생님에게 몇 번인가 지도해 받았었어. 선생님 덕이야.

M : 어떤 작문이야? 꼭 수업에서 읽어서 들려줘. 내가 선생님에게 제안해 봐도 돼?

F : 앗, 괜찮지만. 읽는다면, 연습하지 않으면 안 되겠다.

선생님이 여학생을 불러낸 목적은 무엇입니까?

[문제지]

1 리포트에 대해서 주의를 주기 위해

2 상을 받은 것을 전하기 위해

3 작문을 지도하기 위해

4 작문을 읽는 연습을 하기 위해

해설 선생님이 여학생을 불러낸 목적을 묻는 문제이다. 대화에서, 여학생이 **私の作文が、コンクールで賞を取ったんだって**라고 했으므로, 2 **賞を取ったことを伝えるため**가 정답이다. 선택지 1은 리포트와는 전혀 다른 이야기였다고 했고, 3은 작문을 제출하기 전에 선생님을 만난 이유이며, 4는 수업에서 읽어서 들려주게 된다면 할 일이므로 오답이다.

어휘 **呼び出す** よびだす 동 불러내다 **目的** もくてき 명 목적 **もしかして** 부 혹시 **締め切り** しめきり 명 마감 **ちゃんと** 부 제대로 **内容** ないよう 명 내용 **コンクール** 명 콩쿠르 **賞** しょう 명 상 **部分** ぶぶん 명 부분 **提出** ていしゅつ 명 제출 **指導** しどう 명 지도 **おかげ** 덕 **聞かせる** きかせる 동 들려주다 **提案** ていあん 명 제안

3 중

[음성]

女の人と男の人が話しています。男の人はどうして週末田舎に帰ることにしましたか。

F：土曜日のバーベキュー、材料は誰が買いに行くんだろう。何か聞いてる?

M：いや、実は、土曜日、行かないことにしたんだよね。

F：え?あんなに楽しみにしてたじゃない。

M：それがさ、週末田舎に帰らなきゃいけなくなっちゃったんだ。来年兄が結婚するんだけど、その結婚相手の家族との食事会があって。知らない人と話すの苦手だから気が進まなくて、断ってたんだけど…。

F：えっ、そんな大切なことなのに行かないつもりでいたの?

M：うん。みんなでバーベキュー行くほうが楽しいし、兄も無理しなくていいよって言ってくれてたから。でも、昨日母から電話が掛かってきてさ、わがまま言うもんじゃないってすごく怒られちゃって、あきらめたよ。

F：まあ、お母さんにしたらね。それに、お兄さんだって、弟が来てくれたほうがうれしいに決まってるよ。

M：うん、そうだね。

男の人はどうして週末田舎に帰ることにしましたか。

[음성]

여자와 남자가 이야기하고 있습니다. 남자는 왜 주말에 시골에 돌아가기로 **했습니까?**

F : 토요일 바비큐, 재료는 누가 사러 가는 거지? 뭔가 들었어?

M : 아니, 실은, 토요일, 가지 않기로 했어.

F : 뭐? 그렇게 기대하고 있었잖아.

M : 그게 말이야, 주말에 시골에 돌아가지 않으면 안 되게 돼버렸어. 내년에 형이 결혼하는데, 그 결혼 상대 가족과의 식사 모임이 있어서. 모르는 사람과 이야기하는 거 서투니까 마음이 내키지 않아서, 거절했었는데….

F : 앗, 그런 중요한 일인데 가지 않을 생각으로 있었던 거야?

M : 응. 다 같이 바비큐 가는 편이 즐겁고, 형도 무리하지 않아도 된다고 말해줬으니까. 하지만, 어제 엄마에게 전화가 걸려 와서 말이야, 제멋대로 구는 거 아니라면서 엄청 혼나버려서, 포기했어.

F : 뭐, 어머님 입장에서는. 게다가, 형님도, 남동생이 와 주는 편이 기쁠 것임에 틀림없어.

M : 응, 그렇지.

남자는 왜 주말에 시골에 돌아가기로 했습니까?

[문제지]

1 知らない人と話すのが好きだから

2 バーベキューに行きたいから

3 兄に頼まれたから

4 母親に怒られたから

[문제지]

1 모르는 사람과 이야기하는 것을 좋아하기 때문에

2 바비큐에 가고 싶기 때문에

3 형에게 부탁받았기 때문에

4 어머니에게 혼났기 때문에

해설 남자가 주말에 시골에 돌아가기로 한 이유를 묻는 문제이다. 대화에서, 남자가 でも、昨日母から電話が掛かってきてさ、わがまま言うもんじゃないってすごく怒られちゃって라고 했으므로, 4 母親に怒られたから가 정답이다. 선택지 1은 모르는 사람과 이야기하는 것은 서투르다고 했고, 2는 시골에 돌아가지 않기로 했던 이유 중에 하나이며, 3은 형은 무리하지 않아도 된다고 말해줬으므로 오답이다.

어휘 **週末** しゅうまつ 명 주말 **バーベキュー** 명 바비큐 **材料** ざいりょう 명 재료 **実は** じつは 부 실은 **相手** あいて 명 상대
食事会 しょくじかい 명 식사 모임 **苦手だ** にがてだ な형 서투르다 **気が進まない** きがすすまない 마음이 내키지 않다 **断る** ことわる 동 거절하다
わがまま言う わがままいう 제멋대로 굴다 **すごく** 부 엄청, 몹시 **あきらめる** 동 포기하다 **母親** ははおや 명 어머니, 모친

4 중상

[음성]

デパートの課長が売り上げについて話しています。課長は売り上げが減った理由は何だと言っていますか。

F：皆さんのおかげで過去5年間、売り上げが順調に伸びていましたが、今年度は5年ぶりに減少となりました。消費税が上がった時も問題がなかったので、非常に残念です。皆さんもご存じのとおり、新しくできたデパートの影響が大きいと思います。とはいえ、当デパートは駅前ということもあり、以前から観光客の方にも多くご利用いただいていましたし、現在も多くの方々にお越しいただいています。また、今年はいつもより暖かい冬となりましたが、コートやブーツなど冬物の売り上げは好調でした。この調子で、より多くのお客様に、よりよい商品を届けるために、来年度もがんばりましょう。

課長は売り上げが減った理由は何だと言っていますか。

[음성]

백화점의 과장이 매상에 대해서 이야기하고 있습니다. 과장은 매상이 줄어든 이유는 무엇이라고 말하고 있습니까?

F : 여러분 덕분에 과거 5년간, 매상이 순조롭게 증가하고 있었습니다만, 올해는 5년 만에 감소가 되었습니다. 소비세가 올랐을 때도 문제가 없었기 때문에, 대단히 유감입니다. 여러분도 알고 계시는 대로, 새롭게 생긴 백화점의 영향이 크다고 생각합니다. 그렇다고 하더라도, 우리 백화점은 역 앞이라는 점도 있어, 이전부터 관광객분도 많이 이용해 주시고 있었고, 현재도 많은 분들이 와 주시고 있습니다. 또, 올해는 평소보다 따뜻한 겨울이 되었습니다만, 코트나 부츠 등 겨울 제품의 매상은 호조였습니다. 이 기세로, 보다 많은 고객에게, 보다 좋은 상품을 전하기 위해, 내년도도 분발합시다.

과장은 매상이 줄어든 이유는 무엇이라고 말하고 있습니까?

[문제지]

1 消費税が上がったから

2 新しいデパートが開店したから

3 観光客の数が減ったから

4 冬の商品が売れなかったから

[문제지]

1 소비세가 올랐기 때문에

2 새로운 백화점이 개점했기 때문에

3 관광객 수가 줄어들었기 때문에

4 겨울 상품이 팔리지 않았기 때문에

해설 백화점의 매상이 줄어든 이유를 묻는 문제이다. 여자가 新しくできたデパートの影響が大きいと思います라고 했으므로, 2 新しいデパートが開店したから가 정답이다. 선택지 1은 소비세가 올랐을 때도 문제없었다고 했고, 3은 관광객의 수가 줄어든 것이 아니라 많이 이용해 주고 있다고 했으며, 4는 겨울 제품의 매상은 호조였다고 했으므로 오답이다.

어휘 **売り上げ** うりあげ 명 매상 **減る** へる 동 줄어들다 **おかげ** 덕분 **過去** かこ 명 과거 **順調だ** じゅんちょうだ な형 순조롭다 **伸びる** のびる 동 증가하다
今年度 こんねんど 명 올해, 이번 연도 **減少** げんしょう 명 감소 **消費税** しょうひぜい 명 소비세 **非常だ** ひじょうだ な형 대단하다
ご存じだ ごぞんじだ 알고 계시다 (知っている의 존경 표현) **影響** えいきょう 명 영향 **とはいえ** 접 그렇다고 하더라도 **駅前** えきまえ 명 역 앞
以前 いぜん 명 이전 **観光客** かんこうきゃく 명 관광객 **現在** げんざい 명 현재 **越す** こす 동 오시다 (来る의 존경어) **いつも** 명 평소 **ブーツ** 명 부츠
冬物 ふゆもの 명 겨울 제품 **調子** ちょうし 명 기세, 여세 **より** 부 보다 **お客様** おきゃくさま 고객 **商品** しょうひん 명 상품 **来年度** らいねんど 명 내년도
開店 かいてん 명 개점 **数** かず 명 수 **売れる** うれる 동 팔리다

5 중

[음성]
大学で男の学生と女の学生が話しています。女の学生がこの大学に入学することを決めた理由は何ですか。

M：この大学、自然が多くていいよね。山の上にあるだけあって。鳥の声も聞こえるし。

F：私、だからこの大学に決めたのよ。高校生のときにここの見学に来てね。そのときにもう絶対ここだって思っちゃった。

M：そうなんだ。ちょっと不便な場所ではあるけどね。

F：うん、通うことを考えてみたら、うちからもうちょっと近かったらいいなあとは思ったよ。でも、この緑が気に入っちゃって。

M：それだけの理由でここに決めたの？

F：そう。実際通ってみたら、この大学に高校の先輩が多くいることが分かってね。先生のこととか、授業のこととか色々話も聞けるんだ。先生方も親切な人が多くて、ここに決めてよかったと思っている。

M：なるほどね。

F：佐藤くんはどうしてここにしたの？

M：僕は大きい大学に入りたかったんだ。学部が多いから、いろんな考え方の友達ができるんじゃないかなって思ってね。

F：確かにそうだね。

女の学生がこの大学に入学することを決めた理由は何ですか。

[문제지]
1 山の上にあって自然が多いから
2 うちから近くて通いやすいから
3 在学生から評判がいいから
4 様々な考え方の学生がいるから

[음성]
대학에서 남학생과 여학생이 이야기하고 있습니다. 여학생이 이 대학에 입학하기로 정한 이유는 무엇입니까?

M : 이 대학, 자연이 많아서 좋지? 산 위에 있는 만큼. 새소리도 들리고.

F : 나, 그래서 이 대학으로 정한 거야. 고등학생 때에 이곳의 견학을 와서. 그때 이제 무조건 여기다 하고 생각해 버렸어.

M : 그렇구나. 조금 불편한 장소이기는 하지만 말이야.

F : 응, 다니는 것을 생각해 보면, 집에서 조금 더 가까웠으면 좋겠다고는 생각했어. 하지만, 이 초록이 마음에 들어 버려서.

M : 그 이유만으로 이곳으로 정한 거야?

F : 맞아. 실제로 다녀 보니, 이 대학에 고등학교 선배가 많이 있다는 것을 알아서 말이야. 선생님에 관한 것이라든가, 수업에 관한 것이라든가 여러 가지 이야기도 들을 수 있어. 선생님들도 친절한 사람이 많아서, 이곳으로 정해서 다행이라고 생각해.

M : 그렇구나.

F : 사토 군은 왜 이곳으로 한 거야?

M : 나는 큰 대학에 들어가고 싶었어. 학부가 많으니까, 여러 사고방식의 친구가 생기지 않을까 하고 생각해서.

F : 확실히 그렇지.

여학생이 이 대학에 입학하기로 정한 이유는 무엇입니까?

[문제지]
1 산 위에 있어 자연이 많기 때문에
2 집에서 가까워서 다니기 쉽기 때문에
3 재학생으로부터 평판이 좋기 때문에
4 다양한 사고방식의 학생이 있기 때문에

해설 여학생이 이 대학에 입학하기로 한 이유를 묻는 문제이다. 대화에서, 남학생이 この大学、自然が多くていいよね라고 하자, 여학생이 私、だからこの大学に決めたのよ라고 했으므로, 1 山の上にあって自然が多いから가 정답이다. 선택지 2는 다니기 쉬운 장소는 아니라고 했고, 3은 이 대학에 입학하기로 정한 이유가 아니며, 4는 남학생이 이 대학에 입학하기로 정한 이유이므로 오답이다.

어휘 自然 しぜん 명 자연　見学 けんがく 명 견학　絶対 ぜったい 부 무조건, 절대　実際 じっさい 부 실제로　いろんな 여러　考え方 かんがえかた 명 사고방식　在学生 ざいがくせい 명 재학생　評判 ひょうばん 명 평판　様々だ さまざまだ な형 다양하다

6 중상

[음성]
女の人と男の人が話しています。男の人はどうしてテニスを始めたと言っていますか。

[음성]
여자와 남자가 이야기하고 있습니다. 남자는 왜 테니스를 시작했다고 말하고 있습니까?

F：最近、テニススクールに通っているそうですね。学生のときにやってて、久しぶりにしたくなっちゃったとかですか？

M：いや、運動が苦手だから、どちらかと言えばしたくなかったんだけどね。妻がやりたいって言い出してね。実は1年前に体調を崩しちゃったんだけど、元気になったと思ったら、健康管理のために何かスポーツがやりたいって、言ってきたんだ。

F：そうなんですか。奥様、お元気になられてよかったですね。

M：うん、それでネットでいいクラスがないかなあと思って調べていたら、通いやすい場所にテニススクールがあったから、そこにしたんだ。

F：そうだったんですね。

M：まあ、せっかくだと思って、私も入会したんだ。最近、ちょっとずつだけど上達してきたんだよ。妻にはいつも負けるんだけどね。

F：上達したら、楽しくなりますよね。テニスを始めて、何かよかったことってありますか？

M：そうだなあ。まず、食事がおいしくなったよ。運動して帰ると、晩ごはんがおいしくってね。以前より食べるようになったよ。

F：そうなんですか。

M：それにストレスも解消できるんだよ。

F：それはいいですね。

男の人はどうしてテニスを始めたと言っていますか。

[문제지]

1 学生の時にやっていたから
2 妻が運動がしたいと言ったから
3 近所にテニススクールしかなかったから
4 ストレス解消に役立つから

F : 최근에, 테니스 스쿨에 다니고 있다고 하던데요. 학생 때에 했어서, 오랜만에 하고 싶어져 버렸다든가 그런 건가요?

M : 아니, 운동이 서툴러서, 어느 쪽이냐 하면 하고 싶지 않았는데 말이야. 아내가 하고 싶다고 말을 꺼내서. 실은 1년 전에 몸 상태가 나빠졌는데, 건강해졌다고 생각했더니, 건강 관리를 위해서 뭔가 스포츠를 하고 싶다고, 말해 온 거야.

F : 그런가요. 사모님, 건강해지셔서 다행이네요.

M : 응, 그래서 인터넷으로 좋은 클래스가 없을까 생각해서 조사했더니, 다니기 쉬운 장소에 테니스 스쿨이 있어서, 그곳으로 한 거야.

F : 그랬던 거군요.

M : 뭐, 모처럼이라고 생각해서, 나도 입회했어. 최근에, 조금씩이지만 숙달되어 왔어. 아내에게는 언제나 지지만 말이야.

F : 숙달되면, 즐거워지죠. 테니스를 시작하고, 뭔가 좋았던 점은 있나요?

M : 그렇군. 우선, 식사가 맛있어졌어. 운동하고 돌아오면, 저녁밥이 맛있어서 말이야. 이전보다 더 먹게 되었어.

F : 그런가요.

M : 게다가 스트레스도 해소할 수 있어.

F : 그건 좋네요.

남자는 왜 테니스를 시작했다고 말하고 있습니까?

[문제지]

1 학생 때에 하고 있었기 때문에
2 아내가 운동이 하고 싶다고 말했기 때문에
3 근처에 테니스 스쿨밖에 없었기 때문에
4 스트레스 해소에 도움이 되기 때문에

해설 남자가 테니스를 시작한 이유를 묻는 문제이다. 대화에서, 남자가 妻がやりたいって言い出してね。実は1年前に体調を崩しちゃったんだけど、元気になったと思ったら、健康管理のために何かスポーツがやりたいって、言ってきたんだ라고 했으므로, 2 妻が運動がしたいと言ったから가 정답이다. 선택지 1은 아니라고, 즉 하지 않았다고 했고, 3은 테니스 스쿨밖에 없었던 것이 아니라 다니기 쉬운 장소에 테니스 스쿨이 있었다고 했고, 4는 테니스를 하면서 좋았던 점이므로 오답이다.

어휘 スクール 명 스쿨 久しぶりだ ひさしぶりだ な형 오랜만이다 苦手だ にがてだ な형 서투르다 言い出す いいだす 동 말을 꺼내다 実は じつは 부 실은 体調を崩す たいちょうをくずす 몸 상태가 나빠지다 健康 けんこう 명 건강 管理 かんり 명 관리 奥様 おくさま 명 사모님 ネット 명 인터넷 せっかく 부 모처럼 入会 にゅうかい 명 입회 上達 じょうたつ 명 숙달 以前 いぜん 명 이전 ストレス 명 스트레스 解消 かいしょう 명 해소 役立つ やくだつ 동 도움이 되다

꼭! 알아두기 이유나 목적을 묻는 문제에서는 정답의 단서가 実は(실은), それがね(그게 말이야)와 함께 자주 언급된다는 것을 알아 둔다.

☞ **문제 3**은 문제지에 아무것도 인쇄되어 있지 않습니다. 따라서, 예제를 들려줄 때, 그 내용을 들으면서 p.20 개요 이해의 문제 풀이 전략을 떠올려 봅니다. 음성에서 では、始めます(그러면, 시작합니다)가 들리면, 곧바로 문제 풀 준비를 합니다. 디렉션과 예제는 실전모의고사 제1회의 해설(p.48)에서 확인할 수 있습니다.

1 중상

[음성]

文化センターの講座で男の人が話しています。

M：私たちの周りには様々な色があふれています。色によって、気持ちが落ち込んだり、穏やかな気持ちになったり、うれしくなったりするのをご存じですか。私たちは色に影響を受けているんです。例えば、赤や黄色は、気持ちを高める色、人の注意を引く色だと言われています。町の注意書きや交通標識などに用いられることも多いですね。青色は一般的に食欲をなくす色だと言われています。確かに、青や水色の料理をあまり見ることはないかもしれません。皆さんはどんな色が好きですか。そしてその色にはどんな働きがあるかご存じでしょうか。今日はそういったことについてお話ししたいと思います。

この講座のテーマは何ですか。

1 色が与える影響
2 身近な色の種類
3 食べ物と色の関係
4 色の使われ方

[음성]

문화 센터 강좌에서 남자가 이야기하고 있습니다.

M：우리들의 주위에는 다양한 색이 넘치고 있습니다. 색에 의해, 기분이 침울해지거나, 평온한 기분이 되거나, 기뻐지거나 하는 것을 알고 계십니까? 우리들은 색에 영향을 받고 있는 것입니다. 예를 들면, 빨강과 노란색은, 기분을 고조시키는 색, 사람의 주의를 끄는 색이라고 일컬어지고 있습니다. 마을의 주의 사항을 적은 글이나 교통 표지 등에 사용되는 경우도 많죠. 파란색은 일반적으로 식욕을 없애는 색이라고 일컬어지고 있습니다. 확실히, 파란색이나 하늘색의 요리를 그다지 볼 일은 없을지도 모릅니다. 여러분은 어떤 색을 좋아하십니까? 그리고 그 색에는 어떤 작용이 있는지 알고 계십니까? 오늘은 그러한 것에 대해 이야기하고 싶다고 생각합니다.

이 강좌의 테마는 무엇입니까?

1 색이 주는 영향
2 친밀한 색의 종류
3 음식과 색의 관계
4 색이 사용되는 방식

해설 남자가 문화 센터 강좌에서 어떤 이야기를 하는지 전체적인 흐름을 파악하며 주의 깊게 듣는다. 남자가 '色によって、気持ちが落ち込んだり、穏やかな気持ちになったり、うれしくなったりするのをご存じですか。私たちは色に影響を受けているんです', '色にはどんな働きがあるかご存じでしょうか。今日はそういったことについてお話ししたいと思います'라고 했다. 질문에서 이 강좌의 테마를 묻고 있으므로, 1 色が与える影響가 정답이다.

어휘 **センター** 명 센터 **講座** こうざ 명 강좌 **様々だ** さまざまだ な형 다양하다 **あふれる** 동 넘치다 **落ち込む** おちこむ 동 침울해지다 **穏やかだ** おだやかだ な형 평온하다 **ご存じだ** ごぞんじだ 알고 계시다 (知っている의 존경 표현) **影響** えいきょう 명 영향 **高める** たかめる 동 고조시키다, 높이다 **注意を引く** ちゅういをひく 주의를 끌다 **注意書き** ちゅういがき 명 주의 사항을 적은 글 **標識** ひょうしき 명 표지 **用いる** もちいる 동 사용하다 **青色** あおいろ 명 파란색 **一般的だ** いっぱんてきだ な형 일반적이다 **食欲** しょくよく 명 식욕 **水色** みずいろ 명 하늘색 **働き** はたらき 명 작용 **テーマ** 명 테마 **与える** あたえる 동 주다 **身近だ** みぢかだ な형 친밀하다, 친근하다 **種類** しゅるい 명 종류

꼭! 알아두기 주제를 묻는 문제에서는 ~をご存じですか(~을 알고 계십니까?) 앞에 언급된 내용이 주제 혹은 핵심 소재일 가능성이 높다.

2 상

[음성]

テレビで女の人が話しています。

F：皆さん、100円ショップをご存じでしょうか。100円ショップでは売っている商品が全て100円です。私

[음성]

텔레비전에서 여자가 이야기하고 있습니다.

F：여러분, 100엔 숍을 알고 계시나요? 100엔 숍에서는 팔고 있는 상품이 전부 100엔입니다. 저도 매우 좋아해서 자주 갑

も大好きでよく行きますが、あれもこれもと、ついたくさん買ってしまうことがあります。皆さんはそんな経験がありませんか。そんな時、よく考えなければいけないのが、商品の値段と質についてです。実は、他のお店で買った方が安かったり、質がよかったりする場合もあるんです。例えば、以前こんなことがありました。100円ショップでノートを一冊買ったんですが、後日文房具屋でノートを見ると、100円ショップのものより2割ほど高い値段でした。でも、紙の枚数が2倍くらいあり、紙の質もとてもよかったんです。

女の人は何について話していますか。

1 100円ショップを利用した感想
2 100円ショップを利用するときの注意点
3 100円ショップと文房具店の違い
4 100円ショップの商品の種類

니다만, 이것도 저것도, 무심코 많이 사 버리는 경우가 있습니다. 여러분은 그런 경험이 없나요? 그런 때, 잘 생각하지 않으면 안 되는 것이, 상품의 가격과 질에 대해서입니다. 실은, 다른 가게에서 사는 편이 싸거나, 질이 좋거나 하는 경우도 있는 것입니다. 예를 들면, 이전에 이런 일이 있었습니다. 100엔 숍에서 노트를 한 권 샀습니다만, 이후 문구점에서 노트를 보니, 100엔 숍의 것보다 2할 정도 비싼 가격이었습니다. 하지만, 종이의 매수가 2배 정도 되고, 종이의 질도 매우 좋았던 것입니다.

여자는 무엇에 대해 이야기하고 있습니까?

1 100엔 숍을 이용한 감상
2 **100엔 숍을 이용할 때의 주의점**
3 100엔 숍과 문구점의 차이
4 100엔 숍의 상품의 종류

해설 여자가 텔레비전에서 어떤 이야기를 하는지 전체적인 흐름을 파악하며 주의 깊게 듣는다. 여자가 '100円ショップをご存じでしょうか', 'ついたくさん買ってしまうこと', 'そんな時、よく考えなければいけないのが、商品の値段と質についてです。実は、他のお店で買った方が安かったり、質がよかったりする場合もあるんです'라고 했다. 질문에서 여자가 무엇에 대해 이야기하고 있는지 묻고 있으므로, 2 100円ショップを利用するときの注意点이 정답이다.

어휘 ショップ 명 숍, 가게　ご存じだ ごぞんじだ 알고 계시다 (知っている의 존경 표현)　商品 しょうひん 명 상품　全て すべて 명 전부
あれもこれも 이것도 저것도　つい 부 무심코　値段 ねだん 명 가격　質 しつ 명 질　実は じつは 부 실은　他の ほかの 다른　以前 いぜん 명 이전
一冊 いっさつ 명 한 권　後日 ごじつ 명 이후, 뒷날　文房具屋 ぶんぼうぐや 명 문구점　割 わり 명 할　枚数 まいすう 명 매수　倍 ばい 명 배
感想 かんそう 명 감상　注意点 ちゅういてん 명 주의점　文房具店 ぶんぼうぐてん 명 문구점　違い ちがい 명 차이　種類 しゅるい 명 종류

3 상

[음성]

講演会で男の人が話しています。

M：最近の健康ブームにより、様々な健康法が紹介されています。皆さんの中にもいろいろ試された方がいらっしゃるのではないでしょうか。また「健康イコール、ダイエット」とイメージしやすいものですが、必ずしも健康のためにダイエットが必要とは限りません。健康の基本はやはり食事にあると言えます。様々な食材をバランス良く摂ることが大切です。そうはいっても、忙しい現代社会では毎日の食事に気を使うことはなかなか難しいことかもしれません。そのような場合には、サプリメントで不足しているものを補ってもいいでしょう。最近では、栄養バランスがチェックできるアプリもあります。アプリで、自分に不足しているものが何かを、一度確認してみるのもおすすめです。

[음성]

강연회에서 남자가 이야기하고 있습니다.

M：최근의 건강 붐에 의해, 다양한 건강법이 소개되고 있습니다. 여러분 중에도 여러 가지 시험해 보신 분이 계신 게 아닐까요? 또 '건강 이퀄, 다이어트'라고 연상하기 쉬운 법입니다만, 반드시 건강을 위해서 다이어트가 필요하다고는 할 수 없습니다. 건강의 기본은 역시 식사에 있다고 말할 수 있습니다. 다양한 식재료를 밸런스 좋게 섭취하는 것이 중요합니다. 그렇다고는 해도, 바쁜 현대 사회에서는 매일의 식사에 신경을 쓰는 것은 꽤 어려운 일일지도 모릅니다. 그런 경우에는, 건강 보조 식품으로 부족한 것을 보충해도 좋겠지요. 최근에는, 영양 밸런스를 체크할 수 있는 앱도 있습니다. 앱에서, 자신에게 부족한 것이 무엇인지를, 한 번 확인해 보는 것도 추천입니다.

男の人は何について話していますか。

1 健康とダイエットの関係
2 ダイエットのための食事のしかた
3 健康における栄養バランスの大切さ
4 忙しい時のサプリメントの重要性

남자는 무엇에 대해 이야기하고 있습니까?

1 건강과 다이어트의 관계
2 다이어트를 위한 식사 방법
3 건강에 있어서 영양 밸런스의 중요함
4 바쁠 때의 건강 보조 식품의 중요성

해설 남자가 강연회에서 어떤 이야기를 하는지 전체적인 흐름을 파악하며 주의 깊게 듣는다. 남자가 '**健康の基本はやはり食事**', '**様々な食材をバランス良く摂ることが大切**', '**サプリメントで不足しているものを補ってもいいでしょう**'라고 했다. 질문에서 남자가 무엇에 대해 이야기하고 있는지 묻고 있으므로, **3 健康における栄養バランスの大切さ**가 정답이다.

어휘 **講演会** こうえんかい [명] 강연회 **健康** けんこう [명] 건강 **ブーム** [명] 붐 **様々だ** さまざまだ [な형] 다양하다 **健康法** けんこうほう [명] 건강법 **試す** ためす [동] 시험해 보다 **イコール** [명] 이퀄 (기호 '='), 같음 **ダイエット** [명] 다이어트 **イメージ** [명] 연상, 이미지 **必ずしも** かならずしも [부] 반드시 **基本** きほん [명] 기본 **食材** しょくざい [명] 식재료 **バランス** [명] 밸런스 **摂る** とる [동] 섭취하다, 취하다 **現代** げんだい [명] 현대 **気を使う** きをつかう 신경을 쓰다 **サプリメント** [명] 건강 보조 식품 **不足** ふそく [명] 부족 **補う** おぎなう [동] 보충하다 **栄養** えいよう [명] 영양 **アプリ** [명] 앱 **確認** かくにん [명] 확인 **おすすめ** 추천 **大切さ** たいせつさ [명] 중요함 **重要性** じゅうようせい [명] 중요성

꼭! 알아두기 ~ことが大切だ(~하는 것이 중요하다), ~ことが必要だ(~하는 것이 필요하다)로 끝나는 문장에서 자주 화자가 주장하고자 하는 바가 언급된다.

4 상

[음성]

ラジオで女の人が話しています。

F：数年前、不安なことが次々と思い浮かんでしまって、夜ぐっすり眠れないことが続いていました。そんな時、不安なことを書き出してみると良いとテレビでお医者さんが言っているのを見て、やってみました。すると不思議なことに、文字にして眺めることによって、心が落ち着いてきたんです。良い睡眠には運動も効果があるよと友人から勧められて、軽いジョギングも始めました。それから、だんだんと眠れない日は減りましたね。もちろん、眠れない理由や原因は人それぞれ違いますから、深刻な場合はまず病院へ行って、お医者さんの診察を受けてくださいね。

女の人は何について話していますか。

1 眠れないときに自分が行ったこと
2 心を落ち着かせるためにすべきこと
3 睡眠について新しくわかったこと
4 ぐっすり眠るためにお勧めすること

[음성]

라디오에서 여자가 이야기하고 있습니다.

F：수년 전, 불안한 일이 잇달아 떠올라 버려서, 밤에 푹 잠들지 못하는 일이 계속되고 있었습니다. 그런 때, 불안한 것을 쓰기 시작해 보면 좋다고 TV에서 의사 선생님이 말하는 것을 보고, 해 봤습니다. 그러자 신기하게도, 글자로 써서 바라보는 것으로 인해, 마음이 안정되어 온 것입니다. 좋은 수면에는 운동도 효과가 있다고 친구로부터 권유받아, 가벼운 조깅도 시작했습니다. 그 뒤로, 점점 잠들지 못하는 날은 줄었네요. 물론, 잠들지 못하는 이유나 원인은 사람마다 각기 다르기 때문에, 심각한 경우에는 우선 병원에 가서, 의사 선생님의 진찰을 받아 주세요.

여자는 무엇에 대해 이야기하고 있습니까?

1 잠들지 못하는 때에 자신이 한 일
2 마음을 안정시키기 위해 해야 하는 일
3 수면에 대해서 새롭게 안 것
4 푹 잠들기 위해 추천하는 것

해설 여자가 라디오에서 어떤 이야기를 하는지 전체적인 흐름을 파악하며 주의 깊게 듣는다. 여자가 '**夜ぐっすり眠れないこと**', '**不安なことを書き出してみると良い**', '**文字にして眺めることによって、心が落ち着いてきたんです**', '**軽いジョギングも始めました**'라고 했다. 질문에서 여자가 무엇에 대해 이야기하고 있는지 묻고 있으므로, **1 眠れないときに自分が行ったこと**가 정답이다.

어휘 **数年** すうねん [명] 수년 **不安だ** ふあんだ [な형] 불안하다 **次々** つぎつぎ [부] 잇달아 **思い浮かぶ** おもいうかぶ [동] 떠오르다 **ぐっすり** [부] 푹 **書き出す** かきだす [동] 쓰기 시작하다 **お医者さん** おいしゃさん 의사 선생님 **不思議だ** ふしぎだ [な형] 신기하다 **文字にする** もじにする 글자로 쓰다 **眺める** ながめる [동] 바라보다 **落ち着く** おちつく [동] 안정되다 **睡眠** すいみん [명] 수면 **効果** こうか [명] 효과 **友人** ゆうじん [명] 친구 **勧める** すすめる [동] 권유하다 **ジョギング** [명] 조깅 **減る** へる [동] 줄다 **それぞれ** [명] 각기 **深刻だ** しんこくだ [な형] 심각하다 **診察** しんさつ [명] 진찰

5 상

[음성]	[음성]
朝礼で部長が部下たちに話しています。	조례에서 부장이 부하들에게 이야기하고 있습니다.
M：おはようございます。以前からお知らせしていた通り、来週一週間はノー残業週間となっています。とは言え、仕事量は通常と変わらず、締め切りも延びるわけではありませんので、大変なこともあるかと思いますが、各自、時間の使い方を工夫して、なるべく早めに仕事を進めるようお願いします。特に、来週中に締め切りがあるものについては、遅れることがないようにしっかりとスケジュールを立てておくことが大切です。なお、以前提出してもらった計画書に変更がある場合は、午前中に再提出をお願いします。では、今日も一日よろしくお願いします。	M : 안녕하세요. 이전부터 알려드렸던 대로, 다음 주 일주일은 잔업이 없는 주간으로 되어 있습니다. 그렇다고는 하더라도, 업무량은 통상과 변함없고, 마감도 연기되는 것이 아니기 때문에, 힘든 것도 있을 거라고 생각합니다만, 각자, 시간의 사용법을 궁리해서, 되도록 일찌감치 업무를 진행하도록 부탁합니다. 특히, 다음 주 중에 마감이 있는 것에 대해서는, 늦는 일이 없도록 확실히 스케줄을 세워 두는 것이 중요합니다. 또한, 이전에 제출해 준 계획서에 변경이 있는 경우는, 오전 중에 재제출을 부탁합니다. 그럼, 오늘도 하루 잘 부탁합니다.
部長は何について話していますか。	부장은 무엇에 대해 이야기하고 있습니까?
1 今後の仕事の進め方と注意点	**1 이후의 업무의 진행 방법과 주의점**
2 来週の仕事のスケジュール	2 다음 주의 업무 스케줄
3 今週、残業ができない理由	3 이번 주, 잔업을 할 수 없는 이유
4 計画書の再提出のしかた	4 계획서의 재제출 방법

해설 부장이 조례에서 어떤 이야기를 하는지 전체적인 흐름을 파악하며 주의 깊게 듣는다. 부장이 '来週一週間はノー残業週間', '早めに仕事を進めるよう', 'しっかりとスケジュールを立てておくことが大切'라고 했다. 질문에서 부장이 무엇에 대해 이야기하고 있는지 묻고 있으므로, 1 今後の仕事の進め方と注意点이 정답이다.

어휘 **朝礼** ちょうれい 명 조례 **部下** ぶか 명 부하 **以前** いぜん 명 이전 **ノー残業** ノーざんぎょう 잔업이 없는, 노 잔업
とは言え とはいえ 접 그렇다고는 하더라도 **仕事量** しごとりょう 명 업무량 **通常** つうじょう 명 통상 **締め切り** しめきり 명 마감
延びる のびる 동 연기되다 **各自** かくじ 명 각자 **使い方** つかいかた 명 사용법 **工夫** くふう 명 궁리 **早めだ** はやめだ な형 일찌감치이다
進める すすめる 동 진행하다 **来週中** らいしゅうちゅう 명 다음 주 중 **スケジュール** 명 스케줄 **なお** 접 또한 **提出** ていしゅつ 명 제출
計画書 けいかくしょ 명 계획서 **変更** へんこう 명 변경 **午前中** ごぜんちゅう 명 오전 중 **再提出** さいていしゅつ 명 재제출 **今後** こんご 명 이후
進め方 すすめかた 명 진행 방법 **注意点** ちゅういてん 명 주의점

> ☞ **문제 4**는 문제지에 아무것도 인쇄되어 있지 않습니다. 따라서, 예제를 들려줄 때, 그 내용을 들으면서 p.21 즉시 응답의 문제 풀이 전략을 떠올려 봅니다. 음성에서 では、始めます(그러면, 시작합니다)가 들리면, 곧바로 문제 풀 준비를 합니다. 디렉션과 예제는 실전모의고사 제1회의 해설(p.53)에서 확인할 수 있습니다.

1 중

[음성]	[음성]
F：新しいプリンターを買おうと思ってるんだけど、相談に乗ってもらえない？	F : 새로운 프린터를 사려고 생각하고 있는데, 상담에 응해줄 수 없을까?
M：1 いいけど、僕はいらないよ。	M : 1 괜찮지만, 나는 필요 없어.
2 いいよ。どんなのが欲しいの？	**2 좋아. 어떤 것을 갖고 싶어?**
3 いいよ。どんなのに乗るの？	3 좋아. 어떤 것을 타는 거야?

해설 여자가 남자에게 프린터를 사는 것과 관련하여 상담을 요청하는 상황이다.
1 (X) 프린터를 사려고 하는 것은 여자이므로 상황과 맞지 않다.

2 (O) 어떤 것이 갖고 싶냐며 상담 내용을 묻고 있으므로 적절한 응답이다.

3 (X) 질문에서 '응하다'라는 뜻으로 쓰인 **乗る**를 '타다'라는 뜻으로 사용하여 혼동을 준 오답이다.

어휘 **プリンター** 명 프린터 **相談に乗る** そうだんにのる 상담에 응하다

꼭! 알아두기 ~てもらえない? (~해줄 수 없을까?), ~よろしくね(~잘 부탁해)는 부탁하는 표현이므로 수락하거나 거절하는 내용을 정답으로 고른다.

2 중상

[음성]

M : もしよろしかったら、この後お食事でもいかがですか。

F : 1 本当にごちそうさまでした。

2 では、後ほどいらっしゃってください。

3 いいですね。ぜひご一緒させてください。

[음성]

M : 혹시 괜찮으시다면, 이 뒤에 식사라도 어떻습니까?

F : 1 정말 잘 먹었습니다.

2 그럼, 나중에 와 주세요.

3 좋네요. 꼭 함께 하게 해 주세요.

해설 남자가 여자에게 함께 식사할 것을 권유하는 상황이다.

1 (X) 식사를 권유하는 상황과 맞지 않다.

2 (X) 남자가 여자에게 권유하는 상황에 남자가 해야 할 말이므로 오답이다.

3 (O) 남자의 권유를 받아들이고 있으므로 적절한 응답이다.

어휘 **この後** このあと 이 뒤에 **後ほど** のちほど 나중에 **ご一緒する** ごいっしょする 함께 하다

3 중

[음성]

F : 昨日は残業、お疲れさま。おかげで助かったよ。

M : 1 すみません。今日は残業ができないんです。

2 書いた報告書に問題はありませんでしたか。

3 はい、本当に助かりましたね。

[음성]

F : 어제는 잔업, 수고했어. 덕분에 도움이 됐어.

M : 1 죄송합니다. 오늘은 잔업을 할 수 없습니다.

2 쓴 보고서에 문제는 없었나요?

3 네, 정말로 도움이 됐네요.

해설 여자가 남자에게 어제 잔업 해 준 것에 대해 고마워하는 상황이다.

1 (X) **残業**(ざんぎょう)를 반복 사용하여 혼동을 준 오답이다.

2 (O) 어제 잔업 하면서 쓴 보고서에 문제는 없는지 확인하고 있으므로 적절한 응답이다.

3 (X) 여자가 남자에게 도움을 받은 상황에 여자가 해야 할 말이므로 오답이다.

어휘 **残業** ざんぎょう 명 잔업 **おかげ** 덕분 **助かる** たすかる 동 도움이 되다 **報告書** ほうこくしょ 명 보고서

4 중상

[음성]

F : 先週から始まったドラマ、思ったほど面白くなさそうじゃない?

M : **1 そう? 僕は面白いと思ったけど。**

2 ああ、面白くなかったけどね。

3 そうだね。面白そうだよね。

[음성]

F : 지난주부터 시작된 드라마, 생각보다 재미없을 것 같지 않아?

M : **1 그래? 나는 재밌다고 생각했는데.**

2 아, 재미없었는데 말이야.

3 그치. 재밌을 것 같아.

해설 여자가 남자에게 드라마가 생각보다 재미없을 것 같다며 동의를 구하는 상황이다.

1 (O) 여자의 말에 반대 의견을 제시하는 적절한 응답이다.

2 (X) 여자가 재밌을 것 같지 않냐고 묻는 경우에 할 수 있는 응답이므로 오답이다.

3 (X) **そうだね** 뒤에는 재미없을 것 같다는 여자의 말에 동의하는 말이 나와야 하므로 오답이다.

어휘 **ドラマ** 명 드라마

5 중상

[음성]

M：明日の会議、高橋さん以外は出席だから、準備よろしくね。

F：1 **はい。今日中に資料を作っておきます。**

2 ええ、よろしくと伝えておきます。

3 では、高橋さんの分まで準備しておきます。

[음성]

M : 내일 회의, 다카하시 씨 이외는 출석이니까, 준비 잘 부탁해.

F : 1 **네. 오늘 중에 자료를 만들어 두겠습니다.**

2 네, 잘 부탁한다고 전해 두겠습니다.

3 그럼, 다카하시 씨 몫까지 준비해 두겠습니다.

해설 남자가 여자에게 회의 준비를 부탁하는 상황이다.

1 (O) 자료를 만들어 두겠다, 즉 회의 준비를 하겠다는 적절한 응답이다.

2 (X) よろしく를 반복 사용하여 혼동을 준 오답이다.

3 (X) 다카하시가 회의에 출석하지 않는 상황과 맞지 않다.

어휘 **今日中** きょうじゅう 명 오늘 중　**資料** しりょう 명 자료

6 중상

[음성]

F：保存したはずのファイルが消えちゃったみたい。最初から作り直すしかないか。

M：1 へえ、元に戻す方法があるの？

2 **えっ、大変。ちょっと見てあげるよ。**

3 作り直したの？ 大変だったね。

[음성]

F : 저장했을 터인 파일이 사라져 버린 것 같아. 처음부터 다시 만들 수밖에 없나.

M : 1 오, 원래대로 되돌릴 방법이 있어?

2 **앗, 큰일이네. 좀 봐 줄게.**

3 다시 만들었어? 큰일이었네.

해설 여자가 저장했을 터인 파일이 사라져 다시 만들어야 하는 난감한 상황이다.

1 (X) 파일이 사라져 난감해하는 상황과 맞지 않다.

2 (O) 난감해하는 여자에게 도움을 주려고 하고 있으므로 적절한 응답이다.

3 (X) 처음부터 다시 만들어야 한다는 여자의 말과 맞지 않다.

어휘 **保存** ほぞん 명 저장, 보존　**ファイル** 명 파일　**作り直す** つくりなおす 동 다시 만들다　**元に戻す** もとにもどす 원래대로 되돌리다　**方法** ほうほう 명 방법

꼭! 알아두기　~しかないか(~수밖에 없나)는 곤란함, 난감함을 나타내는 표현이므로 도와주겠다는 말이나 공감하는 내용을 정답으로 고른다.

7 중

[음성]

M：部長の息子さん、有名な大学に合格したらしいよ。

F：1 **それはうれしいだろうね。**

2 へー。息子さんが来たんだ。

3 息子さん、人気があるよね。

[음성]

M : 부장님의 아드님, 유명한 대학에 합격했다고 해.

F : 1 **그건 기쁘겠다.**

2 우와. 아드님이 왔구나.

3 아드님, 인기가 있지.

해설 남자가 여자에게 부장님의 아들이 유명한 대학에 합격했다는 소식을 전하는 상황이다.

1 (O) 부장님의 아들이 유명한 대학에 합격한, 즉 기쁜 소식에 맞장구치는 적절한 응답이다.

2 (X) 息子さん(むすこさん)을 반복 사용하여 혼동을 준 오답이다.

3 (X) 有名だ(유명하다)와 관련된 人気がある(인기가 있다)를 사용하여 혼동을 준 오답이다.

어휘 **合格** ごうかく 명 합격　**人気** にんき 명 인기

8 중

[음성]

M：田中さんって、人と全然話さないよね。いつも機嫌悪そう。

F：1 ずうずうしい性格だからね。

2 機嫌がいいだけだと思うけど。

3 シャイだからだと思うよ。

[음성]

M : 다나카 씨는, 남과 전혀 이야기하지 않지? 언제나 기분이 나빠 보여.

F : 1 뻔뻔한 성격이니까 말이야.

2 기분이 좋을 뿐이라고 생각하는데.

3 수줍어하기 때문이라고 생각해.

해설 남자가 여자에게 다나카 씨가 남과 전혀 이야기하지 않고, 언제나 기분이 나빠 보인다는 자신의 생각을 말하는 상황이다.

1 (X) 남과 이야기하지 않고 기분이 나빠 보이는 것은 뻔뻔한 성격과 관련이 없으므로 상황에 맞지 않다.

2 (X) **機嫌**(きげん)을 반복 사용하여 혼동을 준 오답이다.

3 (O) 다나카의 행동에 대한 자신의 생각을 말하고 있으므로 적절한 응답이다.

어휘 **機嫌** きげん 명 기분 ずうずうしい い형 뻔뻔하다 シャイだ な형 수줍어하다

9 중

[음성]

M：昨日の大雨で、隣の町で土砂崩れが起きたそうだよ。

F：1 起きたことに気がついたんだね。

2 ここも山が近いから気をつけなきゃね。

3 気をつけてよかったね。

[음성]

M : 어제의 큰비로, 옆 마을에서 산사태가 일어났다고 해.

F : 1 일어난 것을 알아차린 거구나.

2 여기도 산이 가까우니까 조심하지 않으면 안 되겠네.

3 조심해서 다행이네.

해설 남자가 여자에게 큰비로 옆 마을에서 산사태가 일어났다는 사실을 알려주는 상황이다.

1 (X) **起きる**(おきる)를 반복 사용하여 혼동을 준 오답이다.

2 (O) 옆 마을에서 일어난 산사태에 대한 대책을 말하고 있으므로 적절한 응답이다.

3 (X) 산사태가 일어난 상황과 관련된 **気をつける**(조심하다)를 사용하여 혼동을 준 오답이다.

어휘 **大雨** おおあめ 명 큰비 **土砂崩れ** どしゃくずれ 명 산사태 **気がつく** きがつく 알아차리다 **気をつける** きをつける 조심하다

10 중

[음성]

M：最近忙しかったから、次の休みはゆっくり旅行に行くつもりなんだ。

F：1 さっさと行ってきたら。

2 のろのろしてるからだよ。

3 のんびりできそうでいいね。

[음성]

M : 최근 바빴으니까, 다음 휴가는 느긋하게 여행을 갈 생각이야.

F : 1 빨리 다녀오는 게 어때?

2 느릿느릿하고 있기 때문이야.

3 한가롭게 있을 수 있을 것 같아서 좋겠네.

해설 남자가 여자에게 다음 휴가는 느긋하게 여행을 갈 생각이라며 자랑하는 상황이다.

1 (X) 다음 휴가는 느긋하게 여행을 가겠다는 남자의 말과 맞지 않다.

2 (X) **ゆっくり**(느긋하게)와 관련된 **のろのろ**(느릿느릿)를 사용하여 혼동을 준 오답이다.

3 (O) 자랑하는 남자의 말에 부러워하고 있으므로 적절한 응답이다.

어휘 さっさと 부 빨리 のろのろ 부 느릿느릿 のんびり 부 한가롭게

11 중

[음성]

M：あんなに準備に時間がかかったのに、結局、大会は中止になっちゃったんだ。

[음성]

M : 그렇게 준비에 시간이 걸렸는데, 결국, 대회는 중지가 되어 버렸어.

F：1 そうなんだ。すばらしいね。
2 ああ、皆頑張ったのに残念だね。
3 へえ、まだ時間がかかりそうなの？

F : 1 그렇구나. 훌륭하네.
2 아, 모두 열심히 했는데 유감스럽네.
3 흐음, 아직 시간이 걸릴 것 같아?

해설 남자가 준비를 많이 한 대회가 중지되어 아쉬워하는 상황이다.
1 (X) すばらしい는 대회가 중지된 상황에 적절하지 않은 응답이다.
2 (O) 아쉬워하는 남자를 위로하고 있으므로 적절한 응답이다.
3 (X) 時間がかかる(じかんがかかる)를 반복 사용하여 혼동을 준 오답이다.

어휘 **結局** けっきょく 뷔 결국 **大会** たいかい 명 대회

꼭! 알아두기 あんなに~のに(그렇게 ~했는데), ~べきだった(~해야 했다)는 아쉬움이나 낙담을 나타내는 표현이므로 위로하거나 공감하는 내용을 정답으로 고른다.

12 중상

[음성]
M：こちらの商品は、ご年齢にかかわらずお楽しみいただけます。
F：**1 じゃあ、うちの子どもでも使えますね。**
2 若い人向けなんですね。
3 年齢が高くなると、どうなりますか。

[음성]
M : 이쪽의 상품은, 연령에 관계없이 즐기실 수 있습니다.
F : **1 그럼, 우리 아이도 쓸 수 있겠네요.**
2 젊은 사람용인 거군요.
3 연령이 높아지면, 어떻게 되나요?

해설 남자가 여자에게 연령에 관계없이 쓸 수 있는 상품이라며 설명하는 상황이다.
1 (O) 남자의 설명에 공감하고 있으므로 적절한 응답이다.
2 (X) 연령에 관계없다고 한 남자의 말과 맞지 않다.
3 (X) 年齢(ねんれい)를 반복 사용하여 혼동을 준 오답이다.

어휘 **商品** しょうひん 명 상품 **年齢** ねんれい 명 연령 **若い人向け** わかいひとむけ 젊은 사람용

☞ **문제 5**는 긴 이야기를 듣습니다. 예제가 없으므로 바로 문제를 풀 준비를 합니다. 문제지에 들리는 내용을 적극적으로 메모하며 문제를 풀어 봅시다. 디렉션은 실전모의고사 제1회의 해설(p.56)에서 확인할 수 있습니다.

1 중상

[음성]
デパートで女の人と男の店員が話しています。
F：すみません。
M：いらっしゃいませ。
F：今度、友人が結婚することになって、結婚祝いを贈ろうと思っているんですが、迷ってしまって。例えば、このバスタオルはどういうものなんですか。
M：はい、こちらは高級ホテルでも使用されているもので、とても人気があります。バスタオルとフェースタオルが1枚ずつ入っています。
F：真っ白でとても柔らかそうですね。こちらのおしゃれな食器セットもすてきですね。
M：こちらは当店でのみお買い求めいただけるフランス製のものでございます。伝統的な花柄の模様が特徴です。

[음성]
백화점에서 여자와 남자 점원이 이야기하고 있습니다.
F : 실례합니다.
M : 어서 오십시오.
F : 이번에, 친구가 결혼하게 되어서, 결혼 축하 선물을 보내려고 생각하고 있는데요, 고민하게 되어서. 예를 들면, 이 목욕 수건은 어떤 것인가요?
M : 네, 이쪽은 고급 호텔에서도 사용되고 있는 것으로, 매우 인기가 있습니다. 목욕 수건과 얼굴 수건이 1장씩 들어 있습니다.
F : 새하얗고 매우 부드러울 것 같네요. 이쪽의 세련된 식기 세트도 멋지네요.
M : 이쪽은 저희 가게에서만 구매하실 수 있는 프랑스제 물건입니다. 전통적인 꽃무늬 모양이 특징입니다.

F：食器は長く使えて、いいですよね。友人も好きそうな柄だし。あ、紅茶とクッキーのセットもあるんですね。

M：はい。イギリスの高級メーカーの品で、女性の方に人気がありますよ。

F：へえ。あ、カタログギフトもあるんですか。

M：はい、もし贈り物に迷われるようでしたら、こちらもお勧めです。お好みの物をご自身に選んでいただけますので。

F：うーん、でも友人の好みも知っているし、これからずっと夫婦で長く使ってくれそうな物がやっぱりいいですよね。決めた。これにします。

女の人は何を選びましたか。

1 バスタオル

2 食器セット

3 紅茶とクッキー

4 カタログギフト

F : 식기는 오래 사용할 수 있어서, 좋겠네요. 친구도 좋아할 것 같은 무늬이고. 아, 홍차와 쿠키 세트도 있네요.

M : 네. 영국의 고급 제조사의 상품으로, 여성분에게 인기가 있습니다.

F : 오. 아, 카탈로그 기프트도 있나요?

M : 네, 혹시 선물에 고민되신다면, 이쪽도 추천입니다. 취향인 물건을 스스로 고르실 수 있기 때문에.

F : 흐음, 하지만 친구의 취향도 알고 있고, 앞으로 쭉 부부가 오래 사용해 줄 것 같은 물건이 역시 좋겠네요. 정했다. 이것으로 할게요.

여자는 무엇을 골랐습니까?

1 목욕 수건

2 식기 세트

3 홍차와 쿠키

4 카탈로그 기프트

해설 대화에서 언급되는 여러 선택 사항과 화자 중 한 명의 최종 선택 내용을 재빨리 메모하며 주의 깊게 듣는다.

[메모] 여자 → 결혼 축하 선물

- 목욕 수건은?: 고급 호텔에서 사용, 목욕 수건 얼굴 수건 1장씩 → 새하얗고, 부드러울 것 같음
- 식기 세트도 멋짐: 이 가게에서만 구매 가능, 프랑스제, 전통적인 꽃무늬 → 오래 쓸 수 있어서 좋겠음, 친구가 좋아할 것 같은 무늬
- 홍차와 쿠키 세트: 영국의 고급 제조사, 여성에게 인기
- 카탈로그 기프트: 선물에 고민된다면 추천, 취향인 물건 스스로 고를 수 있음

여자 → 부부가 오래 사용할 물건 좋음, 이것으로

질문이 여자가 무엇을 골랐는지 묻고 있다. 여자가 앞으로 부부가 오래 사용해 줄 것 같은 물건이 좋으므로 이것으로 하겠다고 했으므로 2 **食器セット**가 정답이다.

어휘 **結婚祝い** けっこんいわい 결혼 축하 선물 **贈る** おくる 동 보내다 **迷う** まよう 동 고민하다, 망설이다 **バスタオル** 명 목욕 수건 **高級** こうきゅう 명 고급 **使用** しよう 명 사용 **フェースタオル** 명 얼굴 수건 **真っ白だ** まっしろだ な형 새하얗다 **柔らかい** やわらかい い형 부드럽다 **おしゃれだ** な형 세련되다 **食器** しょっき 명 식기 **セット** 명 세트 **すてきだ** な형 멋지다 **当店** とうてん 명 저희 가게, 당점 **買い求める** かいもとめる 동 구매하다, 돈을 치르고 입수하다 **フランス製** フランスせい 명 프랑스제 **伝統的だ** でんとうてきだ な형 전통적이다 **花柄** はながら 명 꽃무늬 **模様** もよう 명 모양 **特徴** とくちょう 명 특징 **柄** がら 명 무늬 **クッキー** 명 쿠키 **イギリス** 명 영국 **メーカー** 명 제조사, 메이커 **カタログギフト** 명 카탈로그 기프트 **贈り物** おくりもの 명 선물 **お好み** おこのみ 취향 **夫婦** ふうふ 명 부부

2 중상

[음성]

家族３人が、アルバイトについて話しています。

M1：ねえ、アルバイトしようと思ってるんだけど、いい？

M2：アルバイトかあ。高校生になったんだから、やってみてもいいんじゃないか。何のアルバイトするの？

M1：まだ決めてない。でもいい仕事が見つかったら、すぐ始めようと思ってるんだよね。

F：うーん、お母さんは勉強が心配だな。

M1：僕もちょっと不安だけど、この前の試験の成績もよかったし、きっと大丈夫だよ。

[음성]

가족 3명이, 아르바이트에 대해 이야기하고 있습니다.

M1 : 있잖아, 아르바이트하려고 생각하고 있는데, 괜찮아?

M2 : 아르바이트인가. 고등학생이 됐으니까, 해 봐도 괜찮지 않을까? 무슨 아르바이트할 거야?

M1 : 아직 정하지 않았어. 하지만 좋은 일을 찾게 되면, 바로 시작하려고 생각하고 있어.

F : 음, 엄마는 공부가 걱정이야.

M1 : 나도 좀 불안하지만, 얼마 전의 시험 성적도 좋았고, 분명 괜찮을 거야.

F：でも、それは勉強する時間がたくさんあったからじゃない？成績が下がることになるなら、アルバイトは反対だな。

M2：あー、アルバイトに夢中になりすぎて、成績が下がる場合もあるもんな。

M1：勉強も頑張るよ。でも、たしかに、アルバイトも最初は覚えることがたくさんあるだろうから、今から始めたら今月末の期末試験はいい点数とれないかも。

M2：来月からにしたら？

M1：うん、そうするよ。

F：ところで、なんでそんなにアルバイトしたいの？お小遣いあげてるじゃない。

M1：ドローンを買いたいんだ。

M2：へえ。目標を持って働くのはいいことだね。

F：でも、とにかく勉強が一番！

M1：はーい。

男の子はどうすることにしましたか。

1 いい仕事があったら、すぐアルバイトを始める
2 成績が下がるので、アルバイトをしない
3 仕事が覚えられないので、アルバイトをしない
4 次の試験が終わってから、アルバイトを始める

F : 하지만, 그건 공부할 시간이 많이 있었기 때문 아니야? 성적이 떨어지게 된다면, 아르바이트는 반대야.

M2 : 아, 아르바이트에 너무 열중해서, 성적이 떨어지는 경우도 있지.

M1 : 공부도 열심히 할게. 하지만, 확실히, 아르바이트도 맨 처음은 배울 것이 많이 있을 테니까, 지금부터 시작하면 이번달 말의 기말시험은 좋은 점수 얻을 수 없을지도.

M2 : 다음 달부터로 하면 어때?

M1 : 응, 그렇게 할게.

F : 그런데, 왜 그렇게 아르바이트하고 싶은 거야? 용돈 주고 있잖아.

M1 : 드론을 사고 싶어.

M2 : 오. 목표를 가지고 일하는 것은 좋은 일이지.

F : 하지만, 어쨌든 공부가 제일!

M1 : 네~.

남자아이는 어떻게 하기로 했습니까?

1 좋은 일이 있으면, 바로 아르바이트를 시작한다
2 성적이 떨어지기 때문에, 아르바이트를 하지 않는다
3 일을 배울 수 없기 때문에, 아르바이트를 하지 않는다
4 다음 시험이 끝나고 나서, 아르바이트를 시작한다

해설 대화에서 언급되는 여러 선택 사항과 특징, 최종 결정 사항을 재빨리 메모하며 주의 깊게 듣는다.

[메모] 아르바이트 괜찮나?

- 좋은 일을 찾으면 시작 → 엄마는 공부가 걱정
- 불안하지만 지난 성적 좋았음 → 공부 시간 많아서. 성적 떨어지면 반대.
- 아르바이트 맨 처음 배울 것이 많아서 → 이번달 기말시험 좋은 점수 X
- 다음 달부터 하면? → OK

질문에서 남자아이가 어떻게 하기로 했는지 묻고 있다. 남자1이 아르바이트를 시작하면 이번달 기말시험에서 좋은 점수를 얻지 못할 수도 있다고 하자, 남자2가 아르바이트를 다음 달부터 하면 어떻겠냐고 했고, 남자1이 그렇게 하겠다고 했으므로 4 次の試験が終わってから、アルバイトを始める가 정답이다.

어휘 **不安だ** ふあんだ [な형] 불안하다 **この前** このまえ 얼마 전 **成績** せいせき [명] 성적 **夢中だ** むちゅうだ [な형] 열중하다 **今月末** こんげつまつ [명] 이번달 말 **期末試験** きまつしけん [명] 기말시험 **点数** てんすう [명] 점수 **ところで** [접] 그런데 **お小遣い** おこづかい 용돈 **ドローン** [명] 드론 **目標** もくひょう [명] 목표 **とにかく** [부] 어쨌든

3 중상

[음성]

チョコレート工場のロビーで、工場の人が話しています。

F1：本日は工場見学へのご参加、ありがとうございます。見学者の皆様に、お土産のチョコレートを４種類ご用意しております。お好きなものをお一人様一つお選びいただき、お持ち帰りください。１番目は、

[음성]

초콜릿 공장의 로비에서, 공장 사람이 이야기하고 있습니다.

F1 : 오늘은 공장 견학의 참가, 감사합니다. 견학자 여러분에게, 기념품 초콜릿을 4종류 준비했습니다. 좋아하시는 것을 한 분당 한 개 골라 주시고, 가지고 돌아가 주세요. 첫 번째는, 이

この工場で製造している中で、今一番売れている動物チョコレートです。かわいい形がお子様にも大人気です。2番目は、日本酒が入ったチョコレート。こちらは大人向けですね。長い時間をかけて完成させた商品で、今年の春ようやく発売となりました。3番目のチョコレートには、なんと野菜が使われています。どんな味かは説明しにくいですが、美味しいことは間違いありませんので、この機会にぜひお試しください。そして最後、4番目は、一部のホテルと外国でしか販売していない、高級チョコレートです。基本的な材料しか使っていませんが、すべての材料にこだわって、丁寧に作っています。

F2：お土産どれにする？

M：うーん、最後のチョコレートもすごく気になるんだけど、お酒のにしようと思う。外国のお酒を使っているのはよく見るけど、日本のお酒を使っているのは珍しいから、食べてみたいと思って。

F2：そうだね、初めて見た気がする。私は珍しい材料を使ったものよりも、普通のチョコレートのほうが好きなんだよね。味が想像できないものは絶対嫌だな。一番人気のにしようかな。

M：まあ一番売れているものが一番美味しいって考え方もあるよね。でもどこでも買えるから、つまらなくない？

F2：たしかにスーパーでも買えるけど。

M：せっかくだから、国内ではなかなか買えないものにしたら？

F2：あっ、ちょっと分けてもらおうとしてるでしょ。

M：ははは。

F2：まあいいや。じゃあ、そっちにするよ。

공장에서 제조하고 있는 것 중에서, 지금 가장 잘 팔리고 있는 동물 초콜릿입니다. 귀여운 모양이 어린이에게도 대인기입니다. 두 번째는, 일본주가 들어간 초콜릿. 이쪽은 어른용입니다. 오랜 시간을 들여서 완성시킨 상품으로, 올해 봄 드디어 발매되었습니다. 세 번째 초콜릿에는, 무려 야채가 사용되고 있습니다. 어떤 맛인지는 설명하기 어렵습니다만, 맛있는 것은 틀림없기 때문에, 이 기회에 꼭 시도해 주세요. 그리고 마지막, 네 번째는, 일부 호텔과 외국에서밖에 판매하고 있지 않은, 고급 초콜릿입니다. 기본적인 재료밖에 사용하고 있지 않습니다만, 모든 재료를 신경 써서, 정성스럽게 만들고 있습니다.

F2 : 기념품 어느 걸로 할 거야?

M : 음, 마지막 초콜릿도 굉장히 궁금하지만, 술이 들어간 것으로 하려고 생각해. 외국의 술을 사용하고 있는 것은 자주 보지만, 일본의 술을 사용하고 있는 것은 드무니까, 먹어보고 싶다고 생각해서.

F2 : 맞아, 처음 본 느낌이 들어. 나는 드문 재료를 사용한 것보다도, 보통 초콜릿 쪽을 좋아해. 맛을 상상할 수 없는 것은 절대로 싫어. 가장 인기인 것으로 할까.

M : 뭐 가장 잘 팔리고 있는 것이 가장 맛있다는 사고방식도 있지. 하지만 어디에서나 살 수 있으니까, 재미없지 않아?

F2 : 확실히 슈퍼에서도 살 수 있지만.

M : 모처럼이니까, 국내에서는 좀처럼 살 수 없는 걸로 하면?

F2 : 아, 좀 나눠달라고 하려는 거지?

M : 하하하.

F2 : 뭐 좋아. 그럼, 그걸로 할게.

質問1　男の人はお土産にどのチョコレートを選びましたか。

[문제지]

1 かわいい形のチョコレート
2 日本酒が入っているチョコレート
3 野菜を使ったチョコレート
4 外国で売っているチョコレート

질문1　남자는 기념품으로 어느 초콜릿을 골랐습니까?

[문제지]

1 귀여운 모양의 초콜릿
2 일본주가 들어가 있는 초콜릿
3 야채를 사용한 초콜릿
4 외국에서 팔고 있는 초콜릿

質問2　女の人はお土産にどのチョコレートを選びましたか。

[문제지]

1 かわいい形のチョコレート
2 日本酒が入っているチョコレート
3 野菜を使ったチョコレート
4 外国で売っているチョコレート

질문2　여자는 기념품으로 어느 초콜릿을 골랐습니까?

[문제지]

1 귀여운 모양의 초콜릿
2 일본주가 들어가 있는 초콜릿
3 야채를 사용한 초콜릿
4 외국에서 팔고 있는 초콜릿

해설 각 선택지와 관련하여 언급되는 내용을 재빨리 메모하며 주의 깊게 듣고, 두 명의 대화자가 최종적으로 선택하는 것에 유의하며 대화를 듣는다.

[메모] 기념품 초콜릿 4종류

① 가장 잘 팔리는 것, 어린이에게 인기

② 일본주, 어른용, 올해 봄 발매

③ 야채, 맛 설명 어려움, 맛있음

④ 일부 호텔과 외국에서 판매, 고급, 기본적인 재료

남자 → 술이 들어간 것, 국내에서 좀처럼 살 수 없는 것은 어떤지?

여자 → 보통 초콜릿 O, 그걸로 할게

질문 1은 남자가 고른 초콜릿을 묻고 있다. 남자는 술이 들어간 것으로 하겠다고 했으므로, 일본주가 들어간 2 日本酒が入っているチョコレートが 정답이다.

질문 2는 여자가 고른 초콜릿을 묻고 있다. 여자는 보통 초콜릿이 좋다고 했고, 국내에서 좀처럼 살 수 없는 것이 어떠냐는 남자의 말에 그걸로 하겠다고 했으므로, 일부 호텔 및 외국에서 판매하는 기본적인 재료를 사용한 4 外国で売っているチョコレートが 정답이다.

어휘 チョコレート 명 초콜릿 ロビー 명 로비 本日 ほんじつ 명 오늘 見学 けんがく 명 견학 参加 さんか 명 참가 見学者 けんがくしゃ 명 견학자 お土産 おみやげ 기념품 種類 しゅるい 명 종류 持ち帰る もちかえる 동 가지고 돌아가다 製造 せいぞう 명 제조 売れる うれる 동 팔리다 お子様 おこさま 어린이 大人気 だいにんき 명 대인기 日本酒 にほんしゅ 명 일본주 大人向け おとなむけ 어른용 完成 かんせい 명 완성 商品 しょうひん 명 상품 ようやく 부 드디어 発売 はつばい 명 발매 なんと 부 무려 間違いない まちがいない 틀림없다 試す ためす 동 시도하다 一部 いちぶ 명 일부 販売 はんばい 명 판매 高級 こうきゅう 명 고급 基本的だ きほんてきだ な형 기본적이다 材料 ざいりょう 명 재료 すべて 명 모든, 전부 こだわる 동 신경 쓰다, 깊이 생각하다 丁寧だ ていねいだ な형 정성스럽다 気になる きになる 궁금하다, 신경 쓰이다 日本 にほん 명 일본 気がする きがする 느낌이 들다 想像 そうぞう 명 상상 絶対 ぜったい 부 절대로 人気 にんき 명 인기 考え方 かんがえかた 명 사고방식 せっかく 부 모처럼 国内 こくない 명 국내 分ける わける 동 나누다

꼭! 알아두기 두 사람이 각각 선택한 것을 묻는 문제에서는 정답의 단서가 ~にする(~로 하겠다), ~たい(~고 싶다)와 함께 자주 언급된다는 것을 알아 둔다.

실전모의고사 제3회

언어지식(문자・어휘)

문제 1	
1	3
2	1
3	2
4	4
5	1
문제 2	
6	3
7	2
8	4
9	4
10	1
문제 3	
11	2
12	3
13	2
문제 4	
14	1
15	3
16	4
17	1
18	2
19	4
20	1

문제 5	
21	1
22	3
23	1
24	2
25	4
문제 6	
26	1
27	2
28	4
29	3
30	2

언어지식(문법)

문제 7	
31	1
32	2
33	2
34	4
35	4
36	4
37	1
38	3
39	4
40	3
41	2
42	1
문제 8	
43	3
44	4
45	1
46	1
47	2
문제 9	
48	2
49	1
50	3
51	4
52	2

독해

문제 10	
53	4
54	2
55	1
56	2
57	4
문제 11	
58	2
59	3
60	1
61	3
62	4
63	1
64	3
65	4
66	4
문제 12	
67	3
68	1
문제 13	
69	2
70	3
71	1
문제 14	
72	1
73	4

청해

문제 1	
1	1
2	3
3	4
4	1
5	3
문제 2	
1	1
2	2
3	4
4	1
5	3
6	2
문제 3	
1	2
2	1
3	3
4	1
5	3

문제 4	
1	2
2	1
3	2
4	3
5	1
6	2
7	3
8	2
9	2
10	3
11	1
문제 5	
1	2
2	4
3 질문1	1
질문2	3

언어지식(문자·어휘) p.137

1 상

母は自宅で体が不自由な祖父の<u>介護</u>をしている。		어머니는 자택에서 몸이 자유롭지 않은 할아버지의 <u>간호</u>를 하고 있다.	
1 かいこ	2 かんこ	1 X	2 X
3 かいご	4 かんご	**3 간호**	4 X

해설 介護는 3 かいご로 발음한다. ご가 탁음인 것에 주의한다.

어휘 介護 かいご 명 간호, 개호　自宅 じたく 명 자택　不自由だ ふじゆうだ な형 자유롭지 않다

2 중상

夕日で海が輝(かがや)く<u>情景</u>が忘れられない。		석양으로 바다가 빛나는 <u>정경</u>을 잊을 수 없다.	
1 じょうけい	2 じょうけ	**1 정경**	2 X
3 せいけい	4 せいけ	3 X	4 X

해설 情景는 1 じょうけい로 발음한다. 情景의 情는 두 가지 음독 じょう와 せい 중 じょう로 발음하는 것에 주의하고, けい가 장음인 것에 주의한다.

어휘 情景 じょうけい 명 정경, 광경　夕日 ゆうひ 명 석양　輝く かがやく 동 빛나다

3 중상

締め切りが<u>迫って</u>いたので、急いで申し込んだ。		마감이 <u>닥쳐오고</u> 있었기 때문에, 서둘러 신청했다.	
1 いたって	**2 せまって**	1 도달하고	**2 닥쳐오고**
3 あせって	4 つまって	3 안달하고	4 막히고

해설 迫って는 2 せまって로 발음한다.

어휘 迫る せまる 동 닥쳐오다, 임박하다　締め切り しめきり 명 마감　申し込む もうしこむ 동 신청하다　至る いたる 동 도달하다　焦る あせる 동 안달하다　詰まる つまる 동 막히다

4 중

クリスマスはケーキの売り上げが<u>著しく</u>伸びる。		크리스마스는 케이크의 매상이 <u>눈에 띄게</u> 늘어난다.	
1 はげしく	2 いさましく	1 심하게	2 용맹하게
3 あわただしく	**4 いちじるしく**	3 분주하게	**4 눈에 띄게**

해설 著しく는 4 いちじるしく로 발음한다.

어휘 著しい いちじるしい い형 눈에 띄다, 현저하다　クリスマス 명 크리스마스　売り上げ うりあげ 명 매상　伸びる のびる 동 늘어나다, 증가하다　激しい はげしい い형 심하다　勇ましい いさましい い형 용맹하다　慌ただしい あわただしい い형 분주하다

5 중

愛犬は久しぶりに散歩に行けて、<u>欲求</u>が満たされたようだ。		반려견은 오랜만에 산책하러 갈 수 있어서, <u>욕구</u>가 충족된 것 같다.	
1 よっきゅう	2 よっきょう	**1 욕구**	2 X
3 よきゅう	4 よきょう	3 X	4 X

해설 欲求는 1 よっきゅう로 발음한다. よっ이 촉음인 것에 주의한다.

어휘 欲求 よっきゅう 명 욕구　愛犬 あいけん 명 반려견, 애견　久しぶりだ ひさしぶりだ な형 오랜만이다　満たす みたす 동 충족시키다

꼭! 알아두기 欲가 포함된 명사로 欲望(よくぼう, 욕망), 意欲(いよく, 의욕), 食欲(しょくよく, 식욕)를 함께 알아 둔다.

6 상

報告した企画案にあった間違いを部長に<u>してき</u>された。		보고한 기획안에 있던 오류를 부장님에게 <u>지적</u>받았다.	
1 旨摘	2 旨滴	1 X	2 X
3 指摘	4 指滴	**3 지적**	4 X

해설 **してき**는 3 **指摘**로 표기한다. **指**(し, 가리키다)를 선택지 1과 2의 **旨**(し, 뜻)와 구별해서 알아 두고, **摘**(てき, 집어내다)를 선택지 2와 4의 **滴**(てき, 물방울)와 구별해서 알아 둔다.

어휘 **指摘** してき 명 지적 **報告** ほうこく 명 보고 **企画案** きかくあん 명 기획안 **間違い** まちがい 명 오류, 잘못

7 중상

これは全国のシェフたちが料理の腕を<u>きそう</u>大会です。		이것은 전국의 셰프들이 요리 솜씨를 <u>겨루는</u> 대회입니다.	
1 争う	**2 競う**	1 다투는	**2 겨루는**
3 勝う	4 戦う	3 X	4 싸우는

해설 **きそう**는 2 **競う**로 표기한다.

어휘 **競う** きそう 동 겨루다, 경쟁하다 **全国** ぜんこく 명 전국 **シェフ** 명 셰프 **大会** たいかい 명 대회 **争う** あらそう 동 다투다 **戦う** たたかう 동 싸우다

8 상

そろそろ進路について<u>しんけん</u>に考えなければならない。		슬슬 진로에 대해 <u>진지</u>하게 생각하지 않으면 안 된다.	
1 信検	2 真検	1 X	2 X
3 信剣	**4 真剣**	3 X	**4 진지**

해설 **しんけん**은 4 **真剣**으로 표기한다. **真**(しん, 참됨)을 선택지 1과 3의 **信**(しん, 믿다)과 구별해서 알아 두고, **剣**(けん, 검)을 선택지 1과 2의 **検**(けん, 검사하다)과 구별해서 알아 둔다.

어휘 **真剣だ** しんけんだ な형 진지하다 **進路** しんろ 명 진로

꼭 알아두기 **真**이 포함된 명사로 **真相**(しんそう, 진상), **真実**(しんじつ, 진실), **真意**(しんい, 진의)를 함께 알아 둔다.

9 중상

洗濯機でセーターを洗ったら<u>ちぢんで</u>しまった。		세탁기로 스웨터를 빨았더니 <u>줄어들어</u> 버렸다.	
1 狭んで	2 短んで	1 X	2 X
3 削んで	**4 縮んで**	3 X	**4 줄어들어**

해설 **ちぢんで**는 4 **縮んで**로 표기한다.

어휘 **縮む** ちぢむ 동 줄어들다 **洗濯機** せんたくき 명 세탁기

10 중상

平和な世界が<u>えいきゅう</u>に続くことを願っている。		평화로운 세계가 <u>영구</u>히 계속되기를 바라고 있다.	
1 永久	2 氷久	**1 영구**	2 X
3 永旧	4 氷旧	3 X	4 X

해설 **えいきゅう**는 1 **永久**로 표기한다. **永**(えい, 시간이 길다)를 선택지 2와 4의 **氷**(ひょう, 얼음)와 구별해서 알아 두고, **久**(きゅう, 오래다)를 선택지 3과 4의 **旧**(きゅう, 옛날)와 구별해서 알아 둔다.

어휘 **永久だ** えいきゅうだ な형 영구하다, 영원하다 **平和だ** へいわだ な형 평화롭다 **願う** ねがう 동 바라다

11 중상

無理な運動は体に（　　　）影響を及ぼす。		무리한 운동은 몸에 (　　) 영향을 미친다.	
1 好	**2 悪**	1 호	**2 악**
3 良	4 嫌	3 양	4 혐

해설 괄호 뒤의 어휘 影響(영향)와 함께 쓰여 悪影響(악영향)를 만드는 접두어 2 悪가 정답이다. 1은 好都合(こうつごう, 안성맞춤)로 자주 쓰인다.

어휘 悪影響 あくえいきょう 명 악영향　及ぼす およぼす 동 미치다, 끼치다

12 중상

メロンは収穫[しゅうかく]してから一週間後が食べ（　　　）だ。		멜론은 수확하고 나서 일주일 후가 먹기에 (　　) 이다.	
1 期	2 節	1 기	2 절
3 頃	4 際	**3 적당한 때**	4 때

해설 괄호 앞의 어휘 食べ(먹기에)와 함께 쓰여 食べ頃(먹기에 적당한 때)를 만드는 접미어 3 頃가 정답이다. 1은 少年期(しょうねんき, 소년기), 4는 別れ際(わかれぎわ, 헤어질 때)로 자주 쓰인다.

어휘 食べ頃 たべごろ 명 먹기에 적당한 때, 제철　メロン 명 멜론　収穫 しゅうかく 명 수확

꼭! 알아두기 頃는 동사의 ます형 뒤에 접속하여 어떤 것을 하기 적당한 때를 나타내는 접미어로, 食べ頃(たべごろ, 먹기에 적당한 때), 見頃(みごろ, 보기에 적당한 때)로 자주 쓰인다.

13 상

お気に入りのピアスをなくして（　　　）込んだ。		마음에 드는 귀걸이를 잃어버려서 (　　) 했다.	
1 下げ	**2 落ち**	1 X	**2 낙담**
3 外し	4 逃し	3 X	4 X

해설 괄호 뒤의 어휘 込む(넣다)와 함께 쓰여 落ち込む(낙담하다)라는 복합어를 만드는 2 落ち가 정답이다.

어휘 落ち込む おちこむ 동 낙담하다　お気に入り おきにいり 마음에 듦　ピアス 명 귀걸이

14 중

ここでは地域の（　　　）を生かした農業が行われている。		여기에서는 지역의 (　　) 을 살린 농업이 행해지고 있다.	
1 特色	2 特定	**1 특색**	2 특정
3 特技	4 特別	3 특기	4 특별

해설 선택지가 모두 명사이다. 괄호 앞뒤의 내용과 함께 쓸 때 地域の特色を生かした(지역의 특색을 살린)라는 문맥이 가장 자연스러우므로 1 特色(특색)가 정답이다. 2는 特定の人を指す(특정 사람을 가리키다), 3은 自分の特技(자신의 특기), 4는 特別な日(특별한 날)로 자주 쓰인다.

어휘 地域 ちいき 명 지역　生かす いかす 동 살리다　農業 のうぎょう 명 농업　特色 とくしょく 명 특색　特定 とくてい 명 특정　特技 とくぎ 명 특기　特別 とくべつ 명 특별

15 중

消費者の（　　　）は時代とともに変化していくものだ。		소비자의 (　　) 는 시대와 함께 변화해 가는 법이다.	
1 サンプル	2 エラー	1 샘플	2 에러
3 ニーズ	4 アピール	**3 니즈**	4 어필

해설 선택지가 모두 명사이다. 괄호 앞의 消費者の(소비자의)와 함께 쓸 때 消費者のニーズ(소비자의 니즈)라는 문맥이 가장 자연스러우므로 3 ニーズ(니즈)가 정답이다. 1은 商品のサンプル(상품의 샘플), 2는 パソコンのエラー(컴퓨터의 에러), 4는 長所のアピール(장점의 어필)로 자주 쓰인다.

어휘 消費者 しょうひしゃ 명 소비자　変化 へんか 명 변화　サンプル 명 샘플, 견본　エラー 명 에러, 잘못　ニーズ 명 니즈, 요구　アピール 명 어필

16 중

歩きながらメールを読んでいたら、段差に（　　　）転んでしまった。	걸으면서 이메일을 읽고 있었더니, 단차에 (　　) 넘어져 버렸다.
1 たおれて　　2 ささって	1 쓰러져　　2 박혀
3 さからって　　**4 つまずいて**	3 거역해　　**4 걸려**

해설 선택지가 모두 동사이다. 괄호 앞뒤의 내용과 함께 쓸 때 **段差につまずいて転んで**(단차에 걸려 넘어져)라는 문맥이 가장 자연스러우므로 4 **つまずいて**(걸려)가 정답이다. 1은 **床にたおれる**(바닥에 쓰러지다), 2는 **とげが指にささる**(가시가 손가락에 박히다), 3은 **親にさからう**(부모님을 거역하다)로 자주 쓰인다.

어휘 **メール** 명 이메일　**段差** だんさ 명 단차, 턱　**転ぶ** ころぶ 동 넘어지다　**たおれる** 동 쓰러지다　**ささる** 동 박히다, 꽂히다
さからう 동 거역하다, 거스르다　**つまずく** 동 (발이) 걸리다

17 중상

テニスの試合が近いので、娘は毎日（　　　）になるまで練習している。	테니스 시합이 가깝기 때문에, 딸은 매일 (　　) 가 될 때까지 연습하고 있다.
1 くたくた　　2 すれすれ	**1 녹초**　　2 아슬아슬
3 ぽかぽか　　4 ごろごろ	3 따끈따끈　　4 뒹굴뒹굴

해설 선택지가 모두 な형용사 또는 부사이다. 괄호 앞뒤의 내용과 함께 쓸 때 **毎日くたくたになるまで練習している**(매일 녹초가 될 때까지 연습하고 있다)라는 문맥이 가장 자연스러우므로 1 **くたくた**(녹초)가 정답이다. 2는 **地面すれすれに飛ぶ**(지면에 아슬아슬하게 날다), 3은 **部屋がぽかぽか暖かい**(방이 따끈따끈 따뜻하다), 4는 **家でごろごろしている**(집에서 뒹굴뒹굴하고 있다)로 자주 쓰인다.

어휘 **くたくたになる** 녹초가 되다　**すれすれだ** な형 아슬아슬하다　**ぽかぽか** 부 따끈따끈　**ごろごろ** 부 뒹굴뒹굴, 데굴데굴

18 중상

3年間片思いしてきた初恋の相手に自分の気持ちを（　　　）告白してみた。	3년간 짝사랑해 온 첫사랑 상대에게 내 마음을 (　　) 고백해 봤다.
1 あらかじめ　　**2 思い切って**	1 미리　　**2 큰맘 먹고**
3 引き続き　　4 ごちゃごちゃ	3 계속해서　　4 장황하게

해설 선택지가 모두 부사이다. 괄호 앞뒤의 내용과 함께 쓸 때 **自分の気持ちを思い切って告白してみた**(내 마음을 큰맘 먹고 고백해 봤다)라는 문맥이 가장 자연스러우므로 2 **思い切って**(큰맘 먹고)가 정답이다. 1은 **あらかじめ用意する**(미리 준비하다), 3은 **引き続きがんばる**(계속해서 열심히 하다), 4는 **ごちゃごちゃ言う**(장황하게 말하다)로 자주 쓰인다.

어휘 **片思い** かたおもい 명 짝사랑　**初恋** はつこい 명 첫사랑　**相手** あいて 명 상대　**告白** こくはく 명 고백　**あらかじめ** 부 미리
思い切って おもいきって 부 큰맘 먹고　**引き続き** ひきつづき 부 계속해서　**ごちゃごちゃ** 부 장황하게

꼭 알아두기 思い切って(큰맘 먹고)는 망설이거나 고민하던 것을 하기로 결단한다는 의미로, 思い切って告白する(큰맘 먹고 고백하다), 思い切って買う(큰맘 먹고 사다)로 자주 쓰인다.

19 중

スマートフォンが（　　　）してから、電子書籍を利用する人が増えた。	스마트폰이 (　　) 되고 나서, 전자 서적을 이용하는 사람이 늘었다.
1 続出　　2 活動	1 속출　　2 활동
3 拡散　　**4 普及**	3 확산　　**4 보급**

해설 선택지가 모두 명사이다. 괄호 앞뒤의 내용과 함께 쓸 때 **スマートフォンが普及してから**(스마트폰이 보급되고 나서)라는 문맥이 가장 자연스러우므로 4 **普及**(보급)가 정답이다. 1은 **事故が続出する**(사고가 속출하다), 2는 **市民が活動する**(시민이 활동하다), 3은 **うわさが拡散する**(소문이 확산되다)로 자주 쓰인다.

어휘 スマートフォン [명] 스마트폰 電子 でんし [명] 전자 書籍 しょせき [명] 서적 続出 ぞくしゅつ [명] 속출 活動 かつどう [명] 활동 拡散 かくさん [명] 확산 普及 ふきゅう [명] 보급

20 중상

外国語を相手に分かりやすく（　　　）するためには母語を磨(みが)く必要もある。	외국어를 상대에게 알기 쉽게 (　　　) 하기 위해서는 모국어를 갈고닦을 필요도 있다.
1 通訳　　2 助言	**1 통역**　　2 조언
3 議論　　4 案内	3 의논　　4 안내

해설 선택지가 모두 명사이다. 괄호 앞뒤의 내용과 함께 쓸 때 **外国語を相手に分かりやすく通訳する**(외국어를 상대에게 알기 쉽게 통역하기)라는 문맥이 가장 자연스러우므로 1 **通訳**(통역)가 정답이다. 2는 **後輩に助言する**(후배에게 조언하다), 3은 **みんなで議論する**(다 같이 의논하다), 4는 **道を案内する**(길을 안내하다)로 자주 쓰인다.

어휘 外国語 がいこくご [명] 외국어 相手 あいて [명] 상대 母語 ぼご [명] 모국어, 모어 通訳 つうやく [명] 통역 助言 じょげん [명] 조언 議論 ぎろん [명] 의논 案内 あんない [명] 안내

21 상

部長はいつも、<u>指図</u>ばかりしている。	부장님은 항상, <u>지시</u>만 하고 있다.
1 命令　　2 注意	**1 명령**　　2 주의
3 自慢　　4 説教	3 자랑　　4 설교

해설 **指図**는 '지시'라는 의미로, 동의어인 1 **命令**(명령)가 정답이다.

어휘 指図 さしず [명] 지시 命令 めいれい [명] 명령 注意 ちゅうい [명] 주의 自慢 じまん [명] 자랑 説教 せっきょう [명] 설교

22 중상

ロボットで労働力の不足を<u>カバーした</u>。	로봇으로 노동력 부족을 <u>커버했다</u>.
1 改善(かいぜん)した　　2 把握(はあく)した	1 개선했다　　2 파악했다
3 補(おぎな)った　　4 訴(うった)えた	**3 보충했다**　　4 호소했다

해설 **カバーした**는 '커버했다'라는 의미로, 유의어인 3 **補った**(보충했다)가 정답이다.

어휘 ロボット [명] 로봇 労働力 ろうどうりょく [명] 노동력 不足 ふそく [명] 부족 カバー [명] 커버 改善 かいぜん [명] 개선 把握 はあく [명] 파악 補う おぎなう [동] 보충하다 訴える うったえる [동] 호소하다

23 상

実験は<u>案の定</u>、失敗に終わった。	실험은 <u>예상대로</u>, 실패로 끝났다.
1 やっぱり　　2 まさか	**1 역시**　　2 설마
3 あいにく　　4 ことごとく	3 공교롭게도　　4 모조리

해설 **案の定**는 '예상대로'라는 의미로, 동의어인 1 **やっぱり**(역시)가 정답이다.

어휘 実験 じっけん [명] 실험 案の定 あんのじょう [부] 예상대로, 생각한 대로 やっぱり [부] 역시 まさか [부] 설마 あいにく [부] 공교롭게도 ことごとく [부] 모조리, 전부

꼭! 알아두기 **案の定**(예상대로)의 유의어로 **思った通り**(おもったとおり, 생각한 대로), **果たして**(はたして, 역시)를 함께 알아 둔다.

24 중

妹を<u>最寄り駅</u>まで車で送ってあげた。	여동생을 <u>가장 가까운 역</u>까지 차로 데려다주었다.
1 一番大きい駅　　**2 一番近い駅**	1 제일 큰 역　　**2 제일 가까운 역**
3 最終の駅　　4 始発の駅	3 마지막 역　　4 처음으로 출발하는 역

해설 最寄り駅는 '가장 가까운 역'이라는 의미로, 단어의 뜻을 올바르게 풀어쓴 표현인 2 一番近い駅(제일 가까운 역)가 정답이다.

어휘 最寄り もより 명 가장 가까움 一番 いちばん 부 제일 大きい おおきい い형 크다 近い ちかい い형 가깝다 最終 さいしゅう 명 마지막, 최종 始発 しはつ 명 처음으로 출발함, 시발

25 중상

私の生活には音楽が欠かせない。	나의 생활에는 음악을 빠뜨릴 수 없다.
1 あったほうがいい　2 あると便利だ	1 있는 편이 좋다　2 있으면 편리하다
3 なくてもいい　**4 ないと困る**	3 없어도 된다　**4 없으면 곤란하다**

해설 欠かせない는 '빠뜨릴 수 없다'라는 의미이다. 이와 교체하여도 문장의 의미가 바뀌지 않는, 4 ないと困る(없으면 곤란하다)가 정답이다.

어휘 欠かす かかす 동 빠뜨리다 便利だ べんりだ な형 편리하다 困る こまる 동 곤란하다

26 중

引用	인용
1 論文に他人の文章を引用する場合は出典を書かなければならない。	**1 논문에 타인의 글을 인용하는 경우에는 출전을 쓰지 않으면 안 된다.**
2 あのレストランでは新鮮(しんせん)な国産の食材のみを引用している。	2 저 레스토랑에서는 신선한 국산 식재료만을 인용하고 있다.
3 約束までの空き時間を引用して、美容室に髪を切りに行った。	3 약속까지의 빈 시간을 인용해서, 미용실에 머리를 자르러 갔다.
4 機械の詳(くわ)しい操作方法については、説明書を引用してください。	4 기계의 자세한 조작 방법에 대해서는, 설명서를 인용해 주세요.

해설 引用(인용)는 주로 남의 말이나 글을 끌어 쓰는 경우에 사용한다. 1의 他人の文章を引用する(타인의 글을 인용하는)에서 올바르게 사용되었으므로 1이 정답이다. 참고로, 2는 使用(しよう, 사용), 3은 利用(りよう, 이용), 4는 参照(さんしょう, 참조)를 사용하는 것이 올바른 문장이다.

어휘 引用 いんよう 명 인용 論文 ろんぶん 명 논문 他人 たにん 명 타인, 다른 사람 出典 しゅってん 명 출전 新鮮だ しんせんだ な형 신선하다 国産 こくさん 명 국산 食材 しょくざい 명 식재료 空き時間 あきじかん 빈 시간 美容室 びようしつ 명 미용실 詳しい くわしい い형 자세하다 操作 そうさ 명 조작 方法 ほうほう 명 방법 説明書 せつめいしょ 명 설명서

27 상

いっせいに	일제히
1 彼女の意志の強さは長所でもあるが、いっせいに短所でもある。	1 그녀의 의지의 강함은 장점이기도 하지만, 일제히 단점이기도 하다.
2 救急車のサイレンに驚(おどろ)いた鳥たちがいっせいに空に飛び立った。	**2 구급차의 사이렌에 놀란 새들이 일제히 하늘로 날아올랐다.**
3 私は大学卒業とともに実家を離(はな)れ、兄といっせいに暮らしている。	3 나는 대학 졸업과 함께 본가를 떠나, 형과 일제히 살고 있다.
4 銀行は犯罪(はんざい)防止のためいっせいに振り込める金額を決めている。	4 은행은 범죄 방지를 위해 일제히 이체할 수 있는 금액을 정하고 있다.

해설 いっせいに(일제히)는 주로 동시에 여럿이서 다 같이 무엇인가를 하는 경우에 사용한다. 2의 鳥たちがいっせいに空に飛び立った(새들이 일제히 하늘로 날아올랐다)에서 올바르게 사용되었으므로 2가 정답이다. 참고로, 1은 同時に(どうじに, 동시에), 3은 一緒に(いっしょに, 함께), 4는 一度に(いちどに, 한 번에)를 사용하는 것이 올바른 문장이다.

어휘 いっせいに 일제히 意志 いし 명 의지 強さ つよさ 명 강함 長所 ちょうしょ 명 장점 短所 たんしょ 명 단점 救急車 きゅうきゅうしゃ 명 구급차 サイレン 명 사이렌 飛び立つ とびたつ 동 날아오르다 実家 じっか 명 본가 離れる はなれる 동 떠나다 暮らす くらす 동 살다, 생활하다 犯罪 はんざい 명 범죄 防止 ぼうし 명 방지 振り込む ふりこむ 동 이체하다, 납입하다 金額 きんがく 명 금액

꼭! 알아두기 いっせいに(일제히)는 순간적인 행동이나 동작을 나타낼 때 사용하는 표현이므로, 暮らす(くらす, 살다), 続ける(つづける, 계속하다)와 같이 어떤 시간 동안 지속되는 행동을 나타내는 어휘와는 함께 쓸 수 없다.

28 중

かばう	감싸다
1 デパートの中で一人迷子になっている幼児をかばった。 2 消防士の役目は事故や災害(さいがい)から人の命をかばうことだ。 3 自然をかばうために森に樹木(じゅもく)を植える活動に参加している。 **4 仕事で重大なミスを犯(おか)してしまったが、上司がかばってくれた。**	1 백화점 안에서 혼자 미아가 된 유아를 감쌌다. 2 소방관의 역할은 사고나 재해로부터 사람의 목숨을 감싸는 것이다. 3 자연을 감싸기 위해 숲에 수목을 심는 활동에 참가하고 있다. **4 일에서 중대한 실수를 저질러 버렸지만, 상사가 감싸 주었다.**

해설 かばう(감싸다)는 주로 불리한 상황에서 해를 입지 않도록 보호하는 경우에 사용한다. 4의 上司がかばってくれた(상사가 감싸 주었다)에서 올바르게 사용되었으므로 4가 정답이다. 참고로, 1은 保護する(ほごする, 보호하다), 2는 救う(すくう, 구하다), 3은 守る(まもる, 지키다)를 사용하는 것이 올바른 문장이다.

어휘 かばう 동 감싸다 迷子 まいご 명 미아 幼児 ようじ 명 유아 消防士 しょうぼうし 명 소방관 役目 やくめ 명 역할, 임무 災害 さいがい 명 재해 命 いのち 명 목숨, 생명 自然 しぜん 명 자연 樹木 じゅもく 명 수목 活動 かつどう 명 활동 参加 さんか 명 참가 重大だ じゅうだいだ な형 중대하다 ミス 명 실수, 미스 犯す おかす 동 저지르다, 범하다 上司 じょうし 명 상사

29 상

急激	급격
1 飛行機が気流の不安定なところを通過していて機体の揺(ゆ)れが急激だ。 2 明日は娘の誕生日だというのに、急激に出張が入ってしまった。 **3 この時期は急激な気温の変化で体調を崩してしまう人が多いようです。** 4 新人歌手の急激なパフォーマンスが若者を中心に人気を集めている。	1 비행기가 기류가 불안정한 곳을 통과하고 있어서 기체의 흔들림이 급격하다. 2 내일은 딸의 생일인데, 급격하게 출장이 잡혀 버렸다. **3 이 시기는 급격한 기온 변화로 몸 상태가 나빠져 버리는 사람이 많은 것 같습니다.** 4 신인 가수의 급격한 퍼포먼스가 젊은이를 중심으로 인기를 모으고 있다.

해설 急激(급격)는 주로 변화나 움직임이 갑작스럽고 심한 경우에 사용한다. 3의 急激な気温の変化で体調を崩して(급격한 기온 변화로 몸 상태가 나빠져)에서 올바르게 사용되었으므로 3이 정답이다. 참고로, 1은 激しい(はげしい, 심하다), 2는 急だ(きゅうだ, 급하다), 4는 過激だ(かげきだ, 과격하다)를 사용하는 것이 올바른 문장이다.

어휘 急激だ きゅうげきだ な형 급격하다 気流 きりゅう 명 기류 不安定だ ふあんていだ な형 불안정하다 通過 つうか 명 통과 機体 きたい 명 기체 揺れ ゆれ 명 흔들림 出張 しゅっちょう 명 출장 時期 じき 명 시기 気温 きおん 명 기온 変化 へんか 명 변화 体調を崩す たいちょうをくずす 몸 상태가 나빠지다 新人 しんじん 명 신인 歌手 かしゅ 명 가수 パフォーマンス 명 퍼포먼스 若者 わかもの 명 젊은이 中心 ちゅうしん 명 중심 人気 にんき 명 인기

30 중상

真相	진상
1 来年、ゴッホが描いた真相の絵画を見にパリを訪れる予定だ。 **2 警察は事件の真相を明らかにするために全力を尽(つ)くしている。**	1 내년, 고흐가 그린 진상 그림을 보러 파리를 방문할 예정이다. **2 경찰은 사건의 진상을 밝히기 위해 전력을 다하고 있다.**

3 今まで夢だと思っていた民間人の宇宙(うちゅう)旅行がついに真相になった。	3 지금까지 꿈이라고 생각했던 민간인의 우주여행이 마침내 진상이 되었다.
4 社内で流れていた会長が交代するといううわさは真相だった。	4 사내에서 떠돌던 회장이 교체된다고 하는 소문은 진상이었다.

해설 **真相**(진상)는 주로 사물이나 현상의 거짓 없이 진실한 모습을 나타내는 경우 사용한다. 2의 **事件の真相**(사건의 진상)에서 올바르게 사용되었으므로 2가 정답이다. 참고로, 1은 **本物**(ほんもの, 진짜), 3은 **現実**(げんじつ, 현실), 4는 **事実**(じじつ, 사실)를 사용하는 것이 올바른 문장이다.

어휘 **真相** しんそう 명 진상 **ゴッホ** 명 고흐 (네덜란드의 화가) **描く** えがく 동 그리다 **絵画** かいが 명 그림, 회화 **パリ** 명 파리 (프랑스의 수도) **訪れる** おとずれる 동 방문하다 **事件** じけん 명 사건 **明らかにする** あきらかにする 밝히다, 분명히 하다 **全力** ぜんりょく 명 전력 **尽くす** つくす 동 다하다 **民間人** みんかんじん 명 민간인 **宇宙旅行** うちゅうりょこう 명 우주여행 **ついに** 부 마침내, 드디어 **社内** しゃない 명 사내 **流れる** ながれる 동 떠돌다, 퍼지다 **会長** かいちょう 명 회장(님) **交代** こうたい 명 교체, 교대 **うわさ** 명 소문

언어지식(문법) p.144

31 중

本を読むこと（　　　）読むが、読書家というほどたくさん読んでいるわけではない。	책을 읽기 (　　　) 읽지만, 독서가라고 할 만큼 많이 읽고 있는 것은 아니다.
1 は　　　2 が	**1 는**　　　2 가
3 で　　　4 も	3 로　　　4 도

해설 적절한 조사를 고르는 문제이다. 괄호 앞의 **読むこと**(읽기)와 괄호 뒤의 **読むが**(읽지만)를 **～ことは～が**로 연결하면 '~(하)기는 ~(하)지만'이라는 의미의 문형이 되므로, 1 **は**(는)가 정답이다. '읽기는 읽지만, 독서가라고 할 만큼 많이 읽고 있는 것은 아니다'라는 문맥에도 맞다.

어휘 **～ことは～が** ~(하)기는 ~(하)지만 **読書家** どくしょか 명 독서가 **～ほど** 조 ~만큼, ~정도 **～わけではない** ~(인) 것은 아니다

32 중

事前に（　　　）得る問題をリスト化し対策(たいさく)を考えることで、問題が発生しても被害(ひがい)が最小限におさえられる。	사전에 (　　　) 수 있는 문제를 리스트화하여 대책을 생각하는 것으로, 문제가 발생해도 피해를 최소한으로 막을 수 있다.
1 起こる　　　**2 起こり**	1 일어나　　　**2 일어날**
3 起こって　　　4 起こった	3 일어나서　　　4 일어난

해설 동사의 올바른 활용형을 고르는 문제이다. 괄호 뒤의 문형 **得る**(수 있는)와 접속할 수 있는 동사의 활용형은 **ます**형이므로 2 **起こり**(일어날)가 정답이다. '사전에 일어날 수 있는 문제를 리스트화하여'라는 문맥에도 맞다.

어휘 **事前** じぜん 명 사전 **～得る** ~える ~(할) 수 있다 **リスト化** リストか 명 리스트화 **対策** たいさく 명 대책 **発生** はっせい 명 발생 **被害** ひがい 명 피해 **最小限** さいしょうげん 명 최소한 **おさえる** 동 막다, 억제하다

33 중

人手が足りず、新しい社員を2名採用しましたが、私（　　　）、もっともっと人を増やしたいというのが本音です。	일손이 부족해서, 새로운 사원을 2명 채용했습니다만, 저 (　　　), 더욱더 사람을 늘리고 싶다는 것이 본심입니다.
1 というのは　　　**2 からすると**	1 라고 하는 것은　　　**2 의 입장에서 본다면**
3 からして　　　4 といえば	3 로 봐서　　　4 라고 하면

해설 적절한 문형을 고르는 문제이다. 모든 선택지가 괄호 앞의 명사 **私**(저)에 접속할 수 있다. 괄호 뒤 **もっともっと人を増やしたいというのが本音です**(더욱더 사람을 늘리고 싶다는 것이 본심입니다)로 이어지는 문맥을 보면 '저의 입장에서 본다면'이 가장 자연스럽다. 따라서 2 **からす**

ると(의 입장에서 본다면)가 정답이다. 1 というのはは '~라고 하는 것은', 3 からしては '~로 봐서', 4 といえばは '~라고 하면'이라는 의미의 문형임을 알아 둔다.

어휘 **人手** ひとで 명 일손 **社員** しゃいん 명 사원 **採用** さいよう 명 채용 **増やす** ふやす 동 늘리다 **本音** ほんね 명 본심 **~というのは** ~라고 하는 것은 **~からすると** ~(의) 입장에서 본다면 **~からして** ~로 봐서 **~といえば** ~라고 하면

34 중상

職場で大けがをして以来、家族には仕事を辞めてほしいと言われているが、体が（　　）働き続けるつもりだ。	직장에서 큰 부상을 입은 이후로, 가족에게는 일을 그만두었으면 한다고 듣고 있지만, 몸이 (　　) 계속 일할 생각이다.
1 動ける際に　　2 動くにしろ	1 움직일 수 있을 때에　　2 움직인다고 해도
3 動けるたびに　　**4 動く限りは**	3 움직일 수 있을 때마다　　**4 움직이는 한은**

해설 적절한 문형을 고르는 문제이다. 모든 선택지가 괄호 앞의 조사 が(이)에 접속할 수 있다. 괄호 뒤 働き続けるつもりだ(계속 일할 생각이다)로 이어지는 문맥을 보면 '몸이 움직이는 한은'이 가장 자연스럽다. 따라서 4 動く限りは(움직이는 한은)가 정답이다. 1의 際には는 '~때에', 2의 にしろ는 '~라고 해도', 3의 たびに는 '~때마다'라는 의미의 문형임을 알아 둔다.

어휘 **職場** しょくば 명 직장 **大けが** おおけが 명 큰 부상 **~て以来** ~ていらい ~한 이후로 **~てほしい** ~했으면 하다 **~続ける** ~つづける 계속 ~하다 **~つもりだ** ~할 생각이다 **~際に** ~さいに ~때에 **~にしろ** ~라고 해도 **~たびに** ~때마다 **~限り** ~かぎり ~(하)는 한

35 중상

肌のかゆみがひどかったので薬局で買った薬を塗ってみたが、（　　）悪化してしまった。	피부의 가려움이 심했기 때문에 약국에서 산 약을 발라 봤지만, (　　) 악화되어 버렸다.
1 なかなか　　2 それほど	1 좀처럼　　2 그다지
3 せっかく　　**4 かえって**	3 모처럼　　**4 도리어**

해설 적절한 부사를 고르는 문제이다. 괄호 뒤의 悪化してしまった(악화되어 버렸다)와 문맥상 어울리는 말은 '도리어'이다. 따라서 4 かえって(도리어)가 정답이다.

어휘 **肌** はだ 명 피부 **かゆみ** 명 가려움 **薬局** やっきょく 명 약국 **塗る** ぬる 동 바르다 **~てみる** ~해 보다 **悪化** あっか 명 악화 **なかなか** 부 좀처럼 **それほど** 부 그다지 **せっかく** 부 모처럼 **かえって** 부 도리어, 오히려

36 중상

母の日に感謝の気持ちを込めて、ハンバーグを作った。初めて（　　）うまくできたほうだと思う。	어머니의 날에 감사의 마음을 담아서, 햄버그를 만들었다. 처음 (　　) 잘 만들어진 편이라고 생각한다.
1 作るとなると　　2 作りさえすれば	1 만든다고 하면　　2 만들기만 하면
3 作ったばかりに　　**4 作ったにしては**	3 만든 탓에　　**4 만든 것치고는**

해설 적절한 문형을 고르는 문제이다. 괄호 앞뒤 문맥을 보면, '처음 만든 것치고는 잘 만들어진 편'이 가장 자연스럽다. 따라서 4 作ったにしては(만든 것치고는)가 정답이다. 1의 ~となると는 '~라고 하면', 2의 ~さえ~ば는 '~만 ~면', 3의 ~ばかりに는 '~한 탓에'라는 의미의 문형임을 알아 둔다.

어휘 **感謝** かんしゃ 명 감사 **込める** こめる 동 담다 **ハンバーグ** 명 햄버그 **~となると** ~라고 하면 **~さえ~ば** ~만 ~면 **~たばかりに** ~한 탓에 **~にしては** ~(한) 것치고는

37 상

社長「明日のパーティー、何時からだっけ。」 中村(なかむら)「14時からです。明日、会場に（　　）前にご連絡いただければ、ロビーまでお迎えに参ります。」	사장 : 내일 파티, 몇 시부터지? 나카무라 : 14시부터입니다. 내일, 회장에 (　　) 전에 연락 주시면, 로비까지 마중하러 가겠습니다.
1 お越しになる　　2 お邪魔(じゃま)する	**1 오시기**　　2 방문하기
3 お目にかかる　　4 ご覧に入れる	3 뵙기　　4 보여 드리기

해설 적절한 경어 표현을 고르는 문제이다. 나카무라가 사장님에게 오시기 전에 연락을 주면 로비까지 마중하러 가겠다고 하는 상황이므로, 상대방의 행위를 높이는 **お越しになる前に**(오시기 전에)가 가장 자연스럽다. 따라서 1 **お越しになる**(오시기)가 정답이다. 여기서 **お越しになる**(오시다)는 **来る**(오다)의 존경 표현이다. 2의 **お邪魔する**(방문하다)는 **訪問する**(방문하다)의 겸양 표현, 3의 **お目にかかる**(뵙다)는 **会う**(만나다)의 겸양어, 4의 **ご覧に入れる**(보여 드리다)는 **見せる**(보여주다)의 겸양어이다.

어휘 **ロビー** 명 로비 **お迎え** おむかえ 마중 **お越しになる** おこしになる 오시다, 가시다 (来る, 行く의 존경 표현)
お邪魔する おじゃまする 방문하다 (訪問する의 겸양 표현) **お目にかかる** おめにかかる 뵙다 (会う의 겸양어)
ご覧に入れる ごらんにいれる 보여 드리다 (見せる의 겸양어)

꼭 알아두기 来る(오다)의 존경 표현으로 お越しになる(오시다) 외에 いらっしゃる(오시다, 가시다, 계시다), おいでになる(오시다, 가시다, 계시다), お見えになる(오시다)도 자주 출제되므로 함께 알아 둔다.

38 상

彼は寝坊して私たちを１時間も（　　　）あげく、約束をキャンセルしたいと言い出した。	그는 늦잠 자서 우리를 1시간이나 (　　　) 끝에, 약속을 취소하고 싶다고 말을 꺼냈다.
1 待たせる　　2 待たされる	1 기다리게 할　　2 기다리게 될
3 待たせた　　4 待たされた	**3 기다리게 한**　　4 기다리게 된

해설 동사의 올바른 활용형을 고르는 문제이다. 괄호 뒤의 문형 **あげく**(~끝에)와 접속할 수 있는 동사의 활용형은 **た**형이다. 3 **待たせた**(기다리게 한)와 4 **待たされた**(기다리게 된)의 두 개 선택지가 동사 **た**형이므로 문맥을 파악한다. 괄호 앞뒤 문맥을 보면 '우리를 1시간이나 기다리게 한 끝에, 약속을 취소하고 싶다고 말을 꺼냈다'가 가장 자연스러우므로 3 **待たせた**(기다리게 한)가 정답이다. 1과 3의 **待たせる**(기다리게 하다)는 **待つ**(기다리다)의 사역형, 2와 4의 **待たされる**(기다리게 되다)는 **待つ**(기다리다)의 사역수동형이다.

어휘 **寝坊** ねぼう 명 늦잠 **～たあげく** ~한 끝에 **キャンセル** 명 취소 **言い出す** いいだす 동 말을 꺼내다

39 중상

山田「明日からスキー旅行だって？うらやましいなあ。」	야마다 : 내일부터 스키 여행이라며? 부럽다.
木村「ああ。よかったら一緒にどう？」	기무라 : 응. 괜찮다면 같이 어때?
山田「今週は試験があるから、旅行（　　　）。」	야마다 : 이번 주는 시험이 있으니까, 여행 (　　　).」
1 することもないんだ	1 할 필요도 없어
2 しないわけにはいかないね	2 하지 않을 수는 없네
3 せずにはいられないのに	3 하지 않고는 못 배기는데
4 するどころじゃないんだよ	**4 할 때가 아니야**

해설 적절한 문형을 고르는 문제이다. 괄호 앞 문맥을 보면, '이번 주는 시험이 있으니까, 여행할 때가 아니야'가 가장 자연스럽다. 따라서 4 **するどころじゃないんだよ**(할 때가 아니야)가 정답이다. 1의 **こともない**는 '~(할) 필요도 없다', 2의 **ないわけにはいかない**는 '~(하)지 않을 수는 없다', 3의 **ずにはいられない**는 '~(하)지 않고는 못 배긴다'라는 의미의 문형임을 알아 둔다.

어휘 **スキー** 명 스키 **うらやましい** い형 부럽다 **一緒に** いっしょに 같이, 함께 **～こともない** ~(할) 필요도 없다
～ないわけにはいかない ~(하)지 않을 수는 없다 **～ずにはいられない** ~(하)지 않고는 못 배긴다, ~(하)지 않을 수 없다
～どころじゃない ~(할) 때가 아니다

40 중상

昨日、出張で雪の積もっている町に（　　　）、悪天候の中でも電車が通常通り運行していて驚きました。	어제, 출장으로 눈이 쌓여 있는 마을에 (　　　), 악천후 속에서도 전철이 평상시대로 운행되고 있어서 놀랐습니다.
1 行ってはじめて　　2 行くにあたり	1 가고서야 비로소　　2 감에 있어서
3 行ったところ　　4 行くにさきだって	**3 갔더니**　　4 가기에 앞서

해설 적절한 문형을 고르는 문제이다. 괄호 앞뒤 문맥을 보면, '눈이 쌓여 있는 마을에 갔더니, 악천후 속에서도 전철이 평상시대로 운행되고 있어서 놀랐습니다'가 가장 자연스럽다. 따라서 3 **行ったところ**(갔더니)가 정답이다. 1의 **てはじめて**는 '~하고서야 비로소', 2의 **にあたり**는 '~에 있어서', 4의 **にさきだって**는 '~(하)기에 앞서'라는 의미의 문형임을 알아 둔다.

어휘 出張 しゅっちょう 명 출장 積もる つもる 동 쌓이다 悪天候 あくてんこう 명 악천후 通常通り つうじょうどおり 평상시대로 運行 うんこう 명 운행
〜てはじめて ~하고서야 비로소 〜にあたり ~(함)에 있어서 〜たところ ~했더니 〜にさきだって ~(하)기에 앞서

41 중상

甘いものが好きな父はケーキ一つでは満足できないようだ。一つ（　　　）もう二つ目のケーキを食べていた。	단 것을 좋아하는 아버지는 케이크 한 개로는 만족할 수 없는 것 같다. 한 개 (　　) 이미 두 개째 케이크를 먹고 있었다.
1 食べ終わったとすると　2 **食べ終わったかと思うと** 3 食べ終わったとたん　4 食べ終わったせいか	1 다 먹었다고 한다면　2 **다 먹었나 했더니** 3 다 먹자마자　4 다 먹은 탓인지

해설 적절한 문형을 고르는 문제이다. 괄호 앞뒤 문맥을 보면, '케이크 한 개로는 만족할 수 없는 것 같다. 한 개 다 먹었나 했더니 이미 두 개째 케이크를 먹고 있었다'가 가장 자연스럽다. 따라서 2 食べ終わったかと思うと(다 먹었나 했더니)가 정답이다. 1의 とすると는 '~라고 한다면', 3의 とたん은 '~하자마자', 4의 せいか는 '~탓인지'라는 의미의 문형임을 알아 둔다.

어휘 満足 まんぞく 명 만족 〜終わる 〜おわる 다 ~하다 〜とすると ~라고 한다면 〜たかと思うと 〜たかとおもうと ~했나 했더니
〜たとたん ~하자마자 〜せいか ~탓인지

42 상

佐藤（さとう）「昨日、弟が面白い話を聞いたって言って、急に笑い出してさ。」 田中（たなか）「へえ、どんな話なの？」 佐藤（さとう）「それが、聞くと秘密だって教えてくれなくて。変だよね。」 田中（たなか）「本当は誰かに（　　　）？」	사토 : 어제, 남동생이 재미있는 이야기를 들었다고 하고, 갑자기 웃기 시작하는 거야. 다나카 : 오, 무슨 이야기야? 사토 : 그게, 물어보니 비밀이라며 가르쳐 주지 않아서. 이상하지? 다나카 : 사실은 누군가에게 (　　)?
1 話したくてしかたないんじゃない 2 話すに越したことはないんじゃない 3 話してしまうよりほかないだろう 4 話すことになっていただろう	**1 이야기하고 싶어 견딜 수 없는 거 아니야** 2 이야기하는 것보다 더 좋은 것은 없는 거 아니야 3 이야기해 버릴 수밖에 없겠지 4 이야기하게 되어 있었겠지

해설 적절한 문형을 고르는 문제이다. 대화의 문맥을 보면, '사실은 누군가에게 이야기하고 싶어 견딜 수 없는 거 아니야?'가 가장 자연스럽다. 따라서 1 話したくてしかたないんじゃない(이야기하고 싶어 견딜 수 없는 거 아니야)가 정답이다. 2의 に越したことはない는 '~보다 더 좋은 것은 없다', 3의 よりほかない는 '~할 수밖에 없다', 4의 ことになる는 '~하게 되다'라는 의미의 문형임을 알아 둔다.

어휘 急だ きゅうだ な형 갑작스럽다 笑い出す わらいだす 동 웃기 시작하다 秘密 ひみつ 명 비밀 〜てしかたない ~해서 견딜 수 없다
〜に越したことはない 〜にこしたことはない ~보다 더 좋은 것은 없다 〜よりほかない ~할 수밖에 없다 〜ことになる ~하게 되다

꼭! 알아두기 ~てしかたない(~해서 견딜 수 없다) 외에 ~てたまらない(~해서 어쩔 줄을 모르겠다), ~てならない(너무 ~하다), ~てかなわない(~해서 참을 수 없다)도 어떤 감정이 매우 고조되어 조절할 수 없음을 나타내는 표현이므로 함께 알아 둔다.

43 상

新しく開発された薬は、安全基準を ＿＿＿ ＿＿＿ ★ ＿＿＿。	새롭게 개발된 약은, 안전 기준을 충족시키고 있지 않다 고 해서 ★ 국가에 승인되지 않았다.
1 承認されなかった　2 として **3 国に**　4 満たしていない	1 승인되지 않았다　2 고 해서 **3 국가에**　4 충족시키고 있지 않다

해설 2 としては 동사 보통형에 접속하므로 먼저 1 承認されなかった 2 として(승인되지 않았다고 해서) 또는 4 満たしていない 2 として(충족시키고 있지 않다고 해서)로 연결할 수 있다. 둘 중 빈칸 앞의 '안전 기준을'과 문맥상 어울리는 말은 4 満たしていない 2 として(충족시키고 있지 않다고 해서)이다. 이것을 나머지 선택지와 함께 문맥에 맞게 배열하면 4 満たしていない 2 として 3 国に 1 承認されなかった(충족시키고 있지 않다고 해서 국가에 승인되지 않았다)가 되면서 전체 문맥과도 어울린다. 따라서 3 国に(국가에)가 정답이다.

어휘 開発 かいはつ 명 개발 基準 きじゅん 명 기준 承認 しょうにん 명 승인 〜とする ~라고 하다 満たす みたす 동 충족시키다

44 상

彼の大学合格は努力したという事実とそれに値する当然の結果であって、人生には偶然など ＿＿ ＿＿ ＿★＿ ＿＿ ものではないのである。 1 起きる　　2 ものは 3 という　　**4 めったに**	그의 대학 합격은 노력했다는 사실과 그럴 만한 당연한 결과이지, 인생에는 우연 이라는 것은 ★좀처럼 일어나는 일은 아닌 것이다. 1 일어나다　　2 것은 3 이라는　　**4 좀처럼**

해설 선택지들끼리 연결 가능한 문형이 없으므로 의미적으로 배열하면 3 **という** 2 **ものは** 4 **めったに** 1 **起きる**(이라는 것은 좀처럼 일어나다) 또는 4 **めったに** 1 **起きる** 3 **という** 2 **ものは**(좀처럼 일어난다는 것은)로 배열할 수 있다. 둘 중 빈칸 뒤의 '일은 아닌 것이다'와 문맥상 어울리는 말은 3 **という** 2 **ものは** 4 **めったに** 1 **起きる**(이라는 것은 좀처럼 일어나다)이다. 따라서 4 **めったに**(좀처럼)가 정답이다.

어휘 **合格** ごうかく 명 합격　**努力** どりょく 명 노력　**～という** ~라는　**事実** じじつ 명 사실　**～に値する** ～にあたいする ~할 만하다　**当然** とうぜん 명 당연　**結果** けっか 명 결과　**人生** じんせい 명 인생　**偶然** ぐうぜん 명 우연　**めったに** 부 좀처럼

45 중

彼は２か月前に指の手術を ＿＿ ＿＿ ＿★＿ ＿＿ すばらしい演奏(えんそう)をしてピアノコンクールで３位になった。 **1 いつも**　　2 受けたにも 3 以上に　　4 かかわらず	그는 2개월 전에 손가락 수술을 받았는데도 불구하고 ★여느 때 이상으로 훌륭한 연주를 해서 피아노 콩쿠르에서 3위가 되었다. **1 여느 때**　　2 받았는데도 3 이상으로　　4 불구하고

해설 2의 **にも**는 4의 **かかわらず**와 함께 쓰여 문형 **にもかかわらず**(~에도 불구하고)가 되므로 먼저 2 **受けたにも** 4 **かかわらず**(받았는데도 불구하고)로 연결할 수 있다. 이것을 나머지 선택지와 함께 문맥에 맞게 배열하면 2 **受けたにも** 4 **かかわらず** 1 **いつも** 3 **以上に**(받았는데도 불구하고 여느 때 이상으로)가 되면서 전체 문맥과도 어울린다. 따라서 1 **いつも**(여느 때)가 정답이다.

어휘 **手術** しゅじゅつ 명 수술　**演奏** えんそう 명 연주　**コンクール** 명 콩쿠르　**いつも** 명 여느 때　**～にもかかわらず** ~에도 불구하고

꼭! 알아두기　~にもかかわらず(~에도 불구하고)는 의외의 결과에 놀라거나 불만을 나타내는 표현이므로, いつも以上に(여느 때 이상으로), 予想と違って(예상과 달리)와 같이 예측되는 것과 반대된다는 내용이 있으면 ~にもかかわらず 뒤로 배치한다.

46 상

あの先生の本は ＿＿ ＿＿ ＿＿ ＿★＿、その主張(しゅちょう)には疑問点が多い。 **1 立場からいうと**　　2 研究している 3 同じ分野で　　4 売れているようだが	저 선생님의 책은 잘 팔리고 있는 것 같은데 같은 분야에서 연구하고 있는 ★입장에서 말하자면, 그 주장에는 의문점이 많다. **1 입장에서 말하자면**　　2 연구하고 있다 3 같은 분야에서　　4 잘 팔리고 있는 것 같은데

해설 선택지들끼리 연결 가능한 문형이 없으므로 의미적으로 배열하면 4 **売れているようだが** 3 **同じ分野で** 2 **研究している** 1 **立場からいうと**(잘 팔리고 있는 것 같은데 같은 분야에서 연구하고 있는 입장에서 말하자면)가 되면서 전체 문맥과도 어울린다. 따라서 1 **立場からいうと**(입장에서 말하자면)가 정답이다.

어휘 **主張** しゅちょう 명 주장　**疑問点** ぎもんてん 명 의문점　**立場** たちば 명 입장　**～からいうと** ~(입장)에서 말하자면　**分野** ぶんや 명 분야　**売れる** うれる 동 (잘) 팔리다

47 중상

池田(いけだ)「昨日エレベーターが点検中で動かなくてさ。６階まで階段で上がったら足が筋肉痛(きんにくつう)になっちゃったよ。」 石田(いしだ)「ええ? ちょっと ＿＿ ＿★＿ ＿＿ ＿＿、もっと運動したほうがいいんじゃない?」	이케다 : 어제 엘리베이터가 점검 중이라 움직이지 않아서 말이야. 6층까지 계단으로 올라갔더니 다리에 근육통이 생기고 말았어. 이시다 : 뭐? 조금 움직인 ★정도로 근육통 이라니, 더 운동하는 편이 좋지 않아?

1 筋肉痛	2 くらいで	1 근육통	2 정도로
3 動いた	4 なんて	3 움직였다	4 이라니

해설 선택지들끼리 연결 가능한 문형이 없으므로 의미적으로 배열하면 3 動いた 2 くらいで 1 筋肉痛 4 なんて(움직인 정도로 근육통이라니)가 되면서 전체 문맥과도 어울린다. 따라서 2 くらいで(정도로)가 정답이다.

어휘 点検 てんけん 명 점검　階段 かいだん 명 계단　上がる あがる 동 올라가다　筋肉痛になる きんにくつうになる 근육통이 생기다　～なんて 조 ~라니　～たほうがいい ~하는 편이 좋다

48-52

以下は、雑誌のコラムである。

日本人と木の文化

[48]日本人は遠い昔から現代にいたるまで、木とともに暮らしてきた。720年ごろに書かれた古い書物である『日本書紀』によれば、古くから日本人は自分達の周りにある森林から木を切り、それをさまざまな形で生活に[48]。

たとえば、[49]ヒノキに代表される硬くて丈夫な木。[49]木は住居を作る際に使われていた。また、やわらかい木は削って食事に使う器にしたり、曲げやすいが折れにくい木は、動物を捕まえる道具にしたりしていたという。当時の人達は、木をその特徴に合わせていろいろな用途に使っていたのだ。

木は一度切れば死んでしまうため、木を切ることは自然を破壊しているように見える。しかし、当時の人達は木を限りのある資源とみて、種をまき、育てることで木の数が減らないようにしていた。[50]木は種をまいたからといって、すぐに成長するものではなく、利用できるようになるには長い年月がかかる。[50]、[50]育てた木が利用できるようになるのは、ずいぶん先のことになる。[52]大昔から、人々は次の世代の人達が使う木を育てることで、森林を守り自然を保護していたのだろう。

[51]、[51]日本人は木だけでなく、人工的に作られた物とも暮らすようになった。しかしそれでも、箸や器、家具などの生活道具はもちろん、住居などの建築物にいたるまで、今でも木で作られた物とともに暮らしている。これから先、祖先が守り続けた森林と木の文化を次の世代につなげられるのは、今を生きる[52]。

이하는, 잡지의 칼럼이다.

일본인과 나무의 문화

[48]일본인은 먼 옛날부터 현대에 이르기까지, 나무와 함께 생활해 왔다. 720년경에 쓰인 오래된 서적인 「일본서기」에 의하면, 옛날부터 일본인은 자신들의 주위에 있는 삼림에서 나무를 잘라, 그것을 다양한 형태로 생활에 [48].

예를 들면, [49]노송나무로 대표되는 단단하고 튼튼한 나무. [49] 나무는 주거를 만들 때에 사용되고 있었다. 또, 부드러운 나무는 깎아서 식사에 사용하는 그릇으로 하거나, 구부리기 쉽지만 부러지기 어려운 나무는, 동물을 붙잡는 도구로 하거나 하고 있었다고 한다. 당시의 사람들은, 나무를 그 특징에 맞추어 여러 가지 용도로 사용하고 있었던 것이다.

나무는 한 번 베면 죽어 버리기 때문에, 나무를 베는 것은 자연을 파괴하고 있는 것처럼 보인다. 그러나, 당시 사람들은 나무를 한도가 있는 자원으로 보고, 씨를 뿌리고, 기르는 것으로 나무의 수가 줄지 않도록 하고 있었다. [50]나무는 씨를 뿌렸다고 해서, 금방 성장하는 것이 아니라, 이용할 수 있게 되려면 오랜 세월이 걸린다. [50], [50]기른 나무를 이용할 수 있게 되는 것은, 꽤 훗날의 일이 된다. [52]아주 오랜 옛날부터, 사람들은 다음 세대의 사람들이 사용할 나무를 기르는 것으로, 삼림을 지키고 자연을 보호하고 있었던 것이다.

[51], [51]일본인은 나무뿐만 아니라, 인공적으로 만들어진 물건과도 생활하게 되었다. 하지만 그래도, 젓가락이나 그릇, 가구 등의 생활 도구는 물론, 주거 등의 건축물에 이르기까지, 지금도 나무로 만들어진 물건과 함께 생활하고 있다. 앞으로, 선조가 계속 지킨 삼림과 나무의 문화를 다음 세대로 연결할 수 있는 것은, 지금을 사는 [52].

어휘 雑誌 ざっし 명 잡지　コラム 명 칼럼　日本人 にほんじん 명 일본인　現代 げんだい 명 현대　～にいたるまで ~에 이르기까지　～とともに ~와 함께　暮らす くらす 동 생활하다, 살다　書物 しょもつ 명 서적, 책　日本書紀 にほんしょき 명 일본서기 (일본에서 가장 오래된 역사서)　～によれば ~에 의하면　古く ふるく 명 옛날　自分達 じぶんたち 명 자신들　森林 しんりん 명 삼림　さまざまだ な형 다양하다　ヒノキ 명 노송나무　住居 じゅうきょ 명 주거　際 さい 명 때　削る けずる 동 깎다　器 うつわ 명 그릇　曲げる まげる 동 구부리다　～やすい ~하기 쉽다　～にくい ~하기 어렵다　当時 とうじ 명 당시　人達 ひとたち 명 사람들　特徴 とくちょう 명 특징　合わせる あわせる 동 맞추다, 맞게 하다　用途 ようと 명 용도　自然 しぜん 명 자연　破壊 はかい 명 파괴　限り かぎり 명 끝, 마지막　資源 しげん 명 자원　種 たね 명 씨　まく 동 뿌리다　減る へる 동 줄다　～ようにする ~하도록 하다　～からといって ~라고 해서　成長 せいちょう 명 성장　～ようになる ~하게 되다　年月 としつき 명 세월　大昔 おおむかし 명 아주 오랜 옛날　世代 せだい 명 세대　守る まもる 동 지키다　保護 ほご 명 보호　～だけでなく ~뿐만 아니라　人工的だ じんこうてきだ な형 인공적이다

それでも 접 그래도　家具 かぐ 명 가구　～はもちろん ~은 물론　建築物 けんちくぶつ 명 건축물　これから先 これからさき 앞으로
祖先 そせん 명 선조, 조상　～続ける ~つづける 계속 ~하다　つなげる 동 연결하다, 잇다

48 중상

1 役立てていたにすぎない	1 유용하게 쓰고 있던 것에 불과하다
2 役立てていたそうだ	**2 유용하게 쓰고 있었다고 한다**
3 役立てていたのだろうか	3 유용하게 쓰고 있었던 것일까
4 役立てていたに決まっている	4 반드시 유용하게 쓰고 있었다

해설 적절한 문형을 고르는 문제이다. 빈칸 앞에서 日本人は遠い昔から現代にいたるまで、木とともに暮らしてきた。720年ごろに書かれた古い書物である『日本書紀』によれば라고 언급하였으므로, 古くから日本人は自分達の周りにある森林から木を切り、それをさまざまな形で生活に役立てていたそうだ가 가장 자연스럽다. 따라서 2 役立てていたそうだ가 정답이다.

어휘 役立てる やくだてる 동 유용하게 쓰다　～にすぎない ~에 불과하다　～に決まっている ~にきまっている 반드시 ~이다

꼭! 알아두기 빈칸 앞에 ~によれば(~에 의하면)와 같이 정보의 출처를 나타내는 표현이 있으면 ~そうだ(~고 한다), ~という(~라고 한다)와 같은 전문을 나타내는 표현을 사용한 선택지가 정답일 가능성이 높다.

49 중

1 このような	2 あのような	**1 이러한**	2 저러한
3 ああいう	4 どういう	3 저런	4 어떤

해설 적절한 지시어를 고르는 문제이다. 빈칸 뒤의 木는 빈칸 앞의 ヒノキに代表される硬くて丈夫な木를 지칭한다. 따라서 바로 앞의 노송나무로 대표되는 단단하고 튼튼한 나무를 지시하는 1 このような가 정답이다.

50 중

1 それとも	2 あるいは	1 아니면	2 혹은
3 したがって	4 それでも	**3 그러므로**	4 그래도

해설 적절한 접속사를 고르는 문제이다. 빈칸 앞에서 木は種をまいたからといって、すぐに成長するものではなく、利用できるようになるには長い年月がかかる라고 하고, 빈칸 뒤에서 育てた木が利用できるようになるのは、ずいぶん先のことになる라며 앞의 내용을 정리하여 다시 언급하였다. 따라서 3 したがって가 정답이다.

어휘 それとも 접 아니면　あるいは 접 혹은, 또는　したがって 접 그러므로, 따라서　それでも 접 그래도

51 중상

1 森林が守られた結果	2 次の世代が成長した結果	1 삼림이 지켜진 결과	2 다음 세대가 성장한 결과
3 木が成長するとともに	**4 時代が進むとともに**	3 나무가 성장함과 함께	**4 시대가 나아감과 함께**

해설 적절한 표현을 고르는 문제이다. 빈칸 앞에서 전반적으로 일본인이 나무를 이용하며 살아온 것에 대해 언급하였고, 빈칸 뒤에서 日本人は木だけでなく、人工的に作られた物とも暮らすようになった라고 언급하였으므로 時代が進むとともに日本人は木だけでなく、人工的に作られた物とも暮らすようになった가 가장 자연스럽다. 따라서 4 時代が進むとともに가 정답이다.

어휘 ～た結果 ~たけっか ~한 결과　～とともに ~함과 함께

52 중상

1 私達の世代であるわけがない	1 우리들 세대일 리 없다
2 私達の世代にほかならない	**2 우리들 세대임에 틀림없다**
3 私達の世代とは限らない	3 우리들 세대라고만은 할 수 없다
4 私達の世代ではあるまい	4 우리들 세대는 아닐 것이다

해설 적절한 문장을 고르는 문제이다. 글 전반적으로 필자는 나무와 함께 살아온 일본인의 생활 방식에 대해 이야기를 하고 있다. 빈칸 앞 단락에서 大昔から、人々は次の世代の人達が使う木を育てることで、森林を守り自然を保護していたのだろうと라고 언급하였으므로, これから先、祖先が守り続けた森林と木の文化を次の世代につなげられるのは、今を生きる私達の世代にほかならない가 가장 자연스럽다. 따라서 2 私達の世代にほかならない가 정답이다.

어휘 ～わけがない ~일 리 없다 ～にほかならない ~임에 틀림없다 ～とは限らない ~とはかぎらない ~라고만은 할 수 없다 ～まい ~지 않을 것이다

독해 p.150

53 상

(1) 明るい人は自分を肯定できる人だと思いがちだが、実はそうとも限らない。私の知人にいつもニコニコしている人がいた。しかし、親しくなってみると常に愚痴(ぐち)をこぼしていたり、自分自身を否定する発言が多かったりして少々残念に思ってしまった。一方で、人に興味がなさそうなクールな人でも、発する言葉は決して暗くなく楽天的な人がいた。その人は、どんな時でも自分を信じているように見えた。自分を肯定できる人かどうかは、第一印象では判断しきれないようだ。 (注) 愚痴(ぐち)をこぼす：文句(もんく)を言う 筆者の考えに合うのはどれか。 1 自分を信じることができる人は、自分を否定しない。 2 自分を信じることができれば、楽天的になれる。 3 自分を肯定しているかは、発する言葉に表れる。 **4 自分を肯定しているかは、見た目からはわからない。**	(1) 밝은 사람은 자신을 긍정할 수 있는 사람이라고 생각하기 쉽지만, 실은 그렇다고만은 할 수 없다. 나의 지인 중에 항상 싱글벙글하는 사람이 있었다. 하지만, 친해져 보니 늘 푸념하고 있거나, 자기 자신을 부정하는 발언이 많거나 해서 조금 유감스럽게 생각해 버렸다. 한편으로, 다른 사람에게 흥미가 없을 것 같은 쿨한 사람이라도, 내뱉는 말은 결코 어둡지 않고 낙천적인 사람이 있었다. 그 사람은, 어떤 때라도 자신을 믿고 있는 것처럼 보였다. 자신을 긍정할 수 있는 사람인지 어떤지는, 첫인상으로는 다 판단할 수 없는 것 같다. (주) 푸념하다 : 불만을 말하다 필자의 생각에 맞는 것은 어느 것인가? 1 자신을 믿을 수 있는 사람은, 자신을 부정하지 않는다. 2 자신을 믿을 수 있다면, 낙천적으로 될 수 있다. 3 자신을 긍정하고 있는지는, 내뱉는 말에 나타난다. **4 자신을 긍정하고 있는지는, 겉보기로부터는 알 수 없다.**

해설 에세이로 필자의 생각을 묻고 있다. 초반부에서 明るい人は自分を肯定できる人だと思いがちだが、実はそうとも限らない라고 하고, 후반부에서 自分を肯定できる人かどうかは、第一印象では判断しきれないようだ라고 서술하고 있으므로, 4 自分を肯定しているかは、見た目からはわからない가 정답이다.

어휘 肯定 こうてい 명 긍정 ～がちだ ~하기 쉽다 実は じつは 부 실은 ～とも限らない ~ともかぎらない ~라고만은 할 수 없다 知人 ちじん 명 지인 ニコニコ 부 싱글벙글 親しい したしい い형 친하다 ～てみると ~해 보니 常に つねに 부 늘 愚痴をこぼす ぐちをこぼす 푸념하다 ～たり～たりする ~하거나 ~하거나 하다 自分自身 じぶんじしん 명 자기 자신 否定 ひてい 명 부정 発言 はつげん 명 발언 少々 しょうしょう 부 조금 一方 いっぽう 접 한편 クールだ な형 쿨하다 発する はっする 동 내뱉다, 발하다 楽天的だ らくてんてきだ な형 낙천적이다 信じる しんじる 동 믿다 第一印象 だいいちいんしょう 명 첫인상 判断 はんだん 명 판단 ～きれない 다 ~할 수 없다 文句 もんく 명 불만 表れる あらわれる 동 나타나다 見た目 みため 명 겉보기

꼭! 알아두기 선택지에 동일한 어구나 키워드가 반복되는 경우, 지문에서 해당 어구나 키워드가 있는 부분 주변에서 정답의 단서를 찾을 수 있다.

54 상

(2) 以下は、ある会社の社内文書である。	(2) 이하는, 어느 회사의 사내 문서이다.

令和3年12月1日

社員各位

人事課

年末年始の休業について

本年度の年末年始の休業期間についてお知らせします。

事前にお知らせしておりました通り、下記の期間中は全社休業となります。担当業務の都合により期間中に出勤予定のある方は、12月20日までに社内システムからご入力ください。それぞれの業務に支障がないよう、各課で出勤調整をお願いいたします。

なお、期日までに入力できない場合は、予定がわかり次第、人事課・川口（内線3064）までご連絡ください。

休業期間　令和3年12月28日～令和4年1月4日

注意　　1月1日は建物内に入れません。

레이와 3년 12월 1일

사원 여러분

인사과

연말연시 휴업에 대해서

금년도의 연말연시 휴업 기간에 대해서 알려 드립니다.

사전에 알려 드렸던 대로, 하기의 기간 중에는 전사 휴업입니다. 담당 업무의 사정으로 인해 기간 중에 출근 예정이 있는 분은, 12월 20일까지 사내 시스템에서 입력하여 주십시오. 각각의 업무에 지장이 없도록, 각 과에서 출근 조정을 부탁드립니다.

덧붙여, 기일까지 입력할 수 없는 경우는, 예정을 아는 대로, 인사과·가와구치(내선 3064)로 연락하여 주십시오.

휴업 기간　레이와 3년 12월 28일 ~ 레이와 4년 1월 4일

주의　1월 1일은 건물 내에 들어올 수 없습니다.

この文書を書いた、一番の目的は何か。

1 休業の予定日を期限までに入力することを求める。

2 休業中の出勤予定をシステムで申請することを求める。

3 年末年始は、課内で協力して業務を行うことを求める。

4 年末年始の業務内容を人事課に知らせることを求める。

이 문서를 쓴, 가장 큰 목적은 무엇인가?

1 휴업 예정일을 기한까지 입력할 것을 요청한다.

2 휴업 중의 출근 예정을 시스템으로 신청할 것을 요청한다.

3 연말연시는, 과 내에서 협력하여 업무를 행할 것을 요청한다.

4 연말연시의 업무 내용을 인사과에 알릴 것을 요청한다.

해설 공지 형식의 실용문으로, 글의 목적을 묻고 있다. 중반부에서 下記の期間中は全社休業となります。担当業務の都合により期間中に出勤予定のある方は、12月20日までに社内システムからご入力ください라고 언급하고 있으므로, 2 休業中の出勤予定をシステムで申請することを求める가 정답이다.

어휘 **社内** しゃない 명 사내　**文書** ぶんしょ 명 문서　**令和** れいわ 명 레이와 (일본의 연호)　**社員** しゃいん 명 사원　**各位** かくい 명 여러분
人事課 じんじか 명 인사과　**年末年始** ねんまつねんし 명 연말연시　**休業** きゅうぎょう 명 휴업　**～について** ~에 대해서　**本年度** ほんねんど 명 금년도
期間 きかん 명 기간　**事前** じぜん 명 사전　**下記** かき 명 하기　**全社** ぜんしゃ 명 전사, 회사 전체　**担当** たんとう 명 담당　**業務** ぎょうむ 명 업무
～により ~로 인해　**出勤** しゅっきん 명 출근　**システム** 명 시스템　**入力** にゅうりょく 명 입력　**それぞれ** 명 각각　**支障** ししょう 명 지장
各課 かくか 명 각 과　**調整** ちょうせい 명 조정　**なお** 접 덧붙여, 또한　**期日** きじつ 명 기일　**～次第** ～しだい ~(하)는 대로　**内線** ないせん 명 내선
予定日 よていび 명 예정일　**求める** もとめる 동 요청하다　**申請** しんせい 명 신청　**課内** かない 명 과 내　**協力** きょうりょく 명 협력
内容 ないよう 명 내용

55 상

(3)

継続は力なり、というと古い言葉だと思われるかもしれないが、継続することによる効果はやはり大きい。一方、この言葉を「継続こそが重要」という側面だけで理解している人もいる。では、一つのやり方を続けなければ意味がないのか。実は、何かを継続できずに諦めてしまいそうになっても、何度でも別の方法を試せばいいだけなのだ。選んだ方法が自分に合っていれば他の人より少な

(3)

계속은 힘이다, 라고 하면 옛말이라고 생각될지도 모르지만, 계속하는 것에 의한 효과는 역시 크다. 한편, 이 말을 '계속이야말로 중요'라고 하는 측면만으로 이해하고 있는 사람도 있다. 그럼, 하나의 방법을 계속하지 않으면 의미가 없는 것인가? 실은, 무엇인가를 계속하지 못하고 포기해 버릴 것 같이 되어도, 몇 번이라도 다른 방법을 시험하면 될 뿐이다. 선택한 방법이 자신에게 맞으

い努力で続けられるはずで、気づいた時には驚くような場所まで来てしまっているものなのである。

（注）側面：いろいろな性質がある中の一つ

筆者の考えに合うのはどれか。

1 自分に適したやり方を見つけることこそが継続するコツである。

2 努力や継続よりも、高い目標に達することのほうが重要である。

3 最小の努力で継続しても、驚くような結果が必ず出るはずだ。

4 ほとんどの場合、一つのやり方を継続することが正しいはずだ。

면 다른 사람보다 적은 노력으로 계속할 수 있을 것이며, 깨달았을 때에는 놀랄 만한 장소까지 와 버리는 것이다.

(주) 측면 : 여러 가지 성질이 있는 것 중의 하나

필자의 생각과 맞는 것은 어느 것인가?

1 자신에게 적합한 방법을 찾아내는 것이야말로 계속하는 요령이다.

2 노력이나 계속보다도, 높은 목표에 도달하는 것 쪽이 중요하다.

3 최소의 노력으로 계속해도, 놀랄 만한 결과가 반드시 나올 것이다.

4 대부분의 경우, 하나의 방법을 계속하는 것이 옳을 것이다.

해설 에세이로 필자의 생각을 묻고 있다. 중반부에서 実は、何かを継続できずに諦めてしまいそうになっても、何度でも別の方法を試せばいいだけなのだ。選んだ方法が自分に合っていれば他の人より少ない努力で続けられるはず라고 서술하고 있으므로, 1 自分に適したやり方を見つけることこそが継続するコツである가 정답이다.

어휘 継続 けいぞく [명] 계속　～なり ~이다　～かもしれない ~일지도 모른다　～による ~에 의한　効果 こうか [명] 효과　一方 いっぽう [접] 한편　重要 じゅうよう [명] 중요　側面 そくめん [명] 측면　やり方 やりかた [명] 방법, 하는 법　理解 りかい [명] 이해　実は じつは [부] 실은　諦める あきらめる [동] 포기하다　方法 ほうほう [명] 방법　試す ためす [동] 시험하다　合う あう [동] 맞다　他 ほか [명] 다름　努力 どりょく [명] 노력　～はずだ ~일 것이다　気づく きづく [동] 깨닫다　性質 せいしつ [명] 성질　適する てきする [동] 적합하다　コツ [명] 요령　目標 もくひょう [명] 목표　達する たっする [동] 도달하다　最小 さいしょう [명] 최소　結果 けっか [명] 결과

56 중상

（4）

以下は、ある会社が出したメールの内容である。

> 株式会社 KAMINO
> 鈴木様
>
> いつもお世話になっております。ゲンキ株式会社の山田です。
>
> 先ほどもお電話でお話しさせていただきましたが、納品が遅れてしまいましたこと、重ねてお詫び申し上げます。
>
> 今回の納品遅れの原因ですが、商品の売れ行きがよく、自社工場での生産が追いつかない状況になっておりました。現在は協力工場の生産体制も整いましたので、月末までには商品をお渡しできる予定でございます。
>
> この度はご希望納期に間に合わせることができず、大変申し訳ございませんでした。
>
> 納品まで今しばらくお待ちいただきますよう、何卒よろしくお願い申し上げます。

(4)

이하는, 어느 회사가 보낸 이메일의 내용이다.

> 주식회사 KAMINO
> 스즈키 님
>
> 늘 신세를 지고 있습니다. 겐키 주식회사의 야마다입니다.
>
> 조금 전에도 전화로 말씀드렸습니다만, 납품이 늦어져 버린 점, 거듭 사과드립니다.
>
> 이번 납품 지연의 원인입니다만, 상품의 판매 상황이 좋아, 자사 공장에서의 생산이 따라가지 못하는 상황이 되어 있었습니다. 현재는 협력 공장의 생산 체제도 갖추어졌기 때문에, 월말까지는 상품을 전달할 수 있을 예정입니다.
>
> 이번에는 희망 납기에 맞추지 못하여, 대단히 죄송했습니다.
>
> 납품까지 조금 더 기다려 주시기를, 아무쪼록 잘 부탁드립니다.

（注）納品：注文の品を納めること

このメールに書かれている商品の状況について正しいものはどれか。

1 商品の注文が非常に多いが、今月中に追加の生産体制ができる。

2 商品の生産体制はすでにできているので、今月中に納品できる。

3 協力工場での生産は強化されたが、今後もしばらく納品は難しい。

4 協力工場と自社工場の生産体制を統一したため、月末までの納品は難しい。

(주) 납품 : 주문한 물건을 내는 것

이 이메일에 쓰여 있는 상품의 상황에 대해서 올바른 것은 어느 것인가?

1 상품 주문이 매우 많지만, 이번 달 중에 추가 생산 체제가 생긴다.

2 상품의 생산 체제는 벌써 생겨 있기 때문에, 이번 달 중에 납품할 수 있다.

3 협력 공장에서의 생산은 강화되었으나, 앞으로도 당분간 납품은 어렵다.

4 협력 공장과 자사 공장의 생산 체제를 통일했기 때문에, 월말까지 납품은 어렵다.

해설 이메일 형식의 실용문으로, 상품의 상황에 대해 글과 일치하는 내용을 묻고 있다. 중반부에서 **現在は協力工場の生産体制も整いましたので、月末までには商品をお渡しできる予定でございます**라고 언급하고 있으므로, 2 **商品の生産体制はすでにできているので、今月中に納品できる**가 정답이다.

어휘 **メール** [명] 이메일 **内容** ないよう [명] 내용 **株式会社** かぶしきがいしゃ [명] 주식회사 **様** さま [명] 님 **先ほど** さきほど 조금 전 **納品** のうひん [명] 납품 **重ねて** かさねて [부] 거듭, 재차 **詫びる** わびる [동] 사과하다 **今回** こんかい [명] 이번 **商品** しょうひん [명] 상품 **売れ行き** うれゆき [명] 판매 상황 **自社** じしゃ [명] 자사 **追いつく** おいつく [동] 따라가다 **状況** じょうきょう [명] 상황 **現在** げんざい [명] 현재 **協力** きょうりょく [명] 협력 **体制** たいせい [명] 체제 **整う** ととのう [동] 갖추어지다, 정돈되다 **月末** げつまつ [명] 월말 **この度** このたび [명] 이번 **希望** きぼう [명] 희망 **納期** のうき [명] 납기 **間に合う** まにあう [동] (시간에) 맞추다 **申し訳ない** もうしわけない [い형] 죄송하다 **何卒** なにとぞ [부] 아무쪼록 **願う** ねがう [동] 부탁하다 **注文** ちゅうもん [명] 주문 **品** しな [명] 물건 **納める** おさめる [동] 내다, 납부하다 **今月中** こんげつちゅう [명] 이번 달 중 **追加** ついか [명] 추가 **すでに** [부] 벌써, 이미 **強化** きょうか [명] 강화 **今後** こんご [명] 앞으로 **統一** とういつ [명] 통일

57 중상

(5)

ヨーロッパでは家は築百年以上経ったものでも、改修して長く住むという考え方があるのに対して、日本では新築が好まれる傾向があり、古くなった家は壊され、新しい家が建てられるのが一般的だ。確かに新しい設備は快適だが、このような持続しない消費をし続けていいのだろうか。

古いというだけで家を壊せば、多くの使われなくなった物がごみとなり、それは環境問題にもなり得る。そこで、古い家を有効活用するため、改修してカフェや住居に生き返らせる動きが日本で広がりつつある。これからの時代、新しいだけの快適さを求めるより、古い物にもう一度命を与え、再び使うという価値観が必要なのだ。

筆者の考えに合うのはどれか。

1 古い家は直して使えば価値が生まれる。

2 古い家が持つ良さを見直すべきだ。

3 再利用すればごみが出なくなり環境に良い。

4 再利用するという考え方を持つべきだ。

(5)

유럽에서는 집은 지은 지 백 년 이상 지난 것이라도, 개수해서 오래 산다고 하는 사고방식이 있는 것에 비하여, 일본에서는 신축이 선호되는 경향이 있어, 오래된 집은 헐리고, 새로운 집이 지어지는 것이 일반적이다. 확실히 새로운 설비는 쾌적하지만, 이러한 지속되지 않는 소비를 계속해도 되는 것일까.

오래되었다는 것만으로 집을 헐면, 많은 사용되지 않게 된 물건이 쓰레기가 되고, 그것은 환경 문제가 될 수도 있다. 그래서, 오래된 집을 유효 활용하기 위해, 개수해서 카페나 주거로 되살리는 움직임이 일본에서 퍼지고 있다. 앞으로의 시대, 새로울 뿐인 쾌적함을 추구하기보다, 오래된 물건에 다시 한번 생명을 주고, 다시 사용한다고 하는 가치관이 필요한 것이다.

필자의 생각과 맞는 것은 어느 것인가?

1 오래된 집은 고쳐 쓰면 가치가 생긴다.

2 오래된 집이 가진 장점을 재검토해야 한다.

3 재이용하면 쓰레기가 나오지 않게 되어 환경에 좋다.

4 재이용한다고 하는 사고방식을 가져야 한다.

해설 에세이로 필자의 생각을 묻고 있다. 후반부에서 新しいだけの快適さを求めるより、古い物にもう一度命を与え、再び使うという価値観が必要なのだ라고 서술하고 있으므로, 4 再利用するという考え方を持つべきだ가 정답이다.

어휘 ヨーロッパ 명 유럽　築~年 ちく~ねん 지은 지 ~년　経つ たつ 동 지나다, 경과하다　改修 かいしゅう 명 개수, 보수, 수리
考え方 かんがえかた 명 사고방식　~に対して ~にたいして ~에 비하여　日本 にほん 명 일본　新築 しんちく 명 신축　好む このむ 동 선호하다
傾向 けいこう 명 경향　一般的だ いっぱんてきだ な형 일반적이다　確かだ たしかだ な형 확실하다　設備 せつび 명 설비
快適だ かいてきだ な형 쾌적하다　持続 じぞく 명 지속　消費 しょうひ 명 소비　~続ける ~つづける 계속 ~하다　多く おおく 명 많음
環境 かんきょう 명 환경　~得る ~える ~(할) 수 있다　そこで 접 그래서　有効 ゆうこう 명 유효　活用 かつよう 명 활용　カフェ 명 카페
住居 じゅうきょ 명 주거　生き返る いきかえる 동 되살아나다　動き うごき 명 움직임　広がる ひろがる 동 퍼지다　~つつある ~하고 있다
快適さ かいてきさ 명 쾌적함　求める もとめる 동 추구하다, 요구하다　命 いのち 명 생명　与える あたえる 동 주다　再び ふたたび 명 다시
価値観 かちかん 명 가치관　価値 かち 명 가치　良さ よさ 명 장점　見直す みなおす 동 재검토하다　~べきだ ~해야 한다
再利用 さいりよう 명 재이용

58-60

(1)

ストレスの多くは自分を裏切ることで発生する、というと驚くだろうか。病気や怪我などが原因のストレスは別として、精神的なストレスの多くは「がまん」が原因なのである。[58]私たちは幼い頃から周りの人に「がまんしなさい」とか「みんな頑張っているんだから」といった努力を促す言葉を受けて育つ。そのくり返しが大人になった私たちの考え方に影響を与え、様々な場面でストレスを感じるようになっているのである。

[59]続けたくないことを無理して続けている時、人はストレスを感じる。その原因は続けたくないことを与えている相手や環境ではなく、続けたくないという意思を無視している自分自身なのだ。その「続けたくないこと」を続けた先に何らかの報酬が得られるのならまだしも、それが望めない場合にどうして自分の気持ちを裏切り続ける必要があるのだろう。

[60]ストレス社会を生き抜くには、自分の意思に耳を傾けて上手にストレスを回避する図太さが必要なのである。[60]眠い時には寝る、休みたい時には休む、その場から離れたい時には離れる、笑いたくない時には無理して笑わない。そんな風に自分を裏切ることをしなければ、もっと穏やかに生きていけるものなのである。

(注1) 促す：するように勧める
(注2) 耳を傾ける：注意してよく聞く
(注3) 回避する：よけたり、避けたりする
(注4) 図太さ：ずうずうしさ

(1)

스트레스의 대부분은 자신을 배신함으로써 발생한다, 고 말하면 놀랄까? 병이나 부상 등이 원인인 스트레스는 별도로 하고, 정신적인 스트레스의 대부분은 '참음'이 원인인 것이다. [58]우리는 어릴 적부터 주위의 사람들에게 '참으세요'라든가 '모두 열심히 하고 있으니까'라는 노력을 촉구하는 말을 받으며 자란다. 그 반복이 어른이 된 우리의 사고방식에 영향을 주어, 다양한 장면에서 스트레스를 느끼게 되어 있는 것이다.

[59]계속하고 싶지 않은 일을 무리해서 계속하고 있을 때, 사람은 스트레스를 느낀다. 그 원인은 계속하고 싶지 않은 일을 주고 있는 상대나 환경이 아니라, 계속하고 싶지 않다는 의사를 무시하고 있는 자기 자신인 것이다. 그 '계속하고 싶지 않은 일'을 계속한 끝에 무엇인가의 보수를 얻을 수 있다면 몰라도, 그것을 바랄 수 없는 경우에 어째서 자신의 기분을 계속해서 배신할 필요가 있는 것일까?

[60]스트레스 사회를 끝까지 살아가려면, 자신의 의사에 귀를 기울여서 능숙하게 스트레스를 회피하는 뻔뻔스러움이 필요한 것이다. [60]졸릴 때는 잔다, 쉬고 싶을 때는 쉰다, 그 자리에서 떠나고 싶을 때는 떠난다, 웃고 싶지 않을 때는 무리해서 웃지 않는다. 그런 식으로 자신을 배신하는 것을 하지 않으면, 더욱 평온하게 살아갈 수 있는 것이다.

(주1) 촉구하다 : 하도록 권하다
(주2) 귀를 기울이다 : 주의해서 잘 듣다
(주3) 회피하다 : 피하거나, 꺼리거나 하다
(주4) 뻔뻔스러움 : 넉살 좋음

어휘 ストレス 명 스트레스　多く おおく 명 대부분, 상당수　裏切る うらぎる 동 배신하다　発生 はっせい 명 발생　精神的だ せいしんてきだ な형 정신적이다
がまん 명 참음, 인내　私たち わたしたち 명 우리　幼い おさない い형 어리다　努力 どりょく 명 노력　促す うながす 동 촉구하다　育つ そだつ 동 자라다
くり返し くりかえし 명 반복　考え方 かんがえかた 명 사고방식　影響 えいきょう 명 영향　与える あたえる 동 주다　様々だ さまざまだ な형 다양하다
場面 ばめん 명 장면　感じる かんじる 동 느끼다　相手 あいて 명 상대　環境 かんきょう 명 환경　意思 いし 명 의사　無視 むし 명 무시
自分自身 じぶんじしん 명 자기 자신　何らか なんらか 부 무엇인가　報酬 ほうしゅう 명 보수　得る える 동 얻다　~ならまだしも ~면 몰라도
望む のぞむ 동 바라다　生き抜く いきぬく 동 끝까지 살아가다　傾ける かたむける 동 기울이다　回避 かいひ 명 회피　図太さ ずぶとさ 명 뻔뻔스러움

離れる はなれる 동 떠나다　～風 ～ふう ~식　穏やかだ おだやかだ な형 평온하다　勧める すすめる 동 권하다　よける 동 피하다
避ける さける 동 꺼리다　ずうずうしさ 명 넉살 좋음

58 중

そのくり返しとは何のくり返しか。	그 반복이라는 것은 무슨 반복인가?
1 病気や怪我(けが)でがまんしている人を励(はげ)ます言葉	1 병이나 부상으로 참고 있는 사람을 격려하는 말
2 身近な人が頑張(がんば)らせようとしてかける言葉	**2 가까운 사람이 열심히 하게 하려고 거는 말**
3 がまんして頑張(がんば)る時のストレスを少なくする言葉	3 참고 열심히 할 때의 스트레스를 줄이는 말
4 大人になった私たちにストレスを与える言葉	4 어른이 된 우리에게 스트레스를 주는 말

해설 そのくり返し가 어떤 것인지를 묻고 있다. 밑줄의 앞부분에서 私たちは幼い頃から周りの人に「がまんしなさい」とか「みんな頑張っているんだから」といった努力を促す言葉を受けて育つ라고 서술하고 있으므로, 2 身近な人が頑張らせようとしてかける言葉가 정답이다.

어휘 励ます はげます 동 격려하다　身近だ みぢかだ な형 가깝다, 친근하다

59 중상

筆者によると、ストレスの原因とは何か。	필자에 의하면, 스트레스의 원인이라는 것은 무엇인가?
1 よい結果のために必要なことを頑張(がんば)りすぎてしまうこと	1 좋은 결과를 위해서 필요한 것을 너무 열심히 해 버리는 것
2 自分の望みのために、続けることをやめてしまうこと	2 자신의 바람을 위해서, 계속하는 것을 그만둬 버리는 것
3 本当はやりたくないことをがまんして続けてしまうこと	**3 사실은 하고 싶지 않은 일을 참고 계속해 버리는 것**
4 自分が続けたいことと続けたくないことがわからないこと	4 자신이 계속하고 싶은 일과 계속하고 싶지 않은 일을 모르는 것

해설 ストレスの原因이 무엇인지 묻고 있다. 두 번째 단락에서 続けたくないことを無理して続けている時、人はストレスを感じる라고 서술하고 있으므로, 3 本当はやりたくないことをがまんして続けてしまうこと가 정답이다.

어휘 結果 けっか 명 결과　～すぎる 너무 ~하다　望み のぞみ 명 바람

꼭! 알아두기 지문의 続けたくないという意思を無視する(계속하고 싶지 않다는 의사를 무시하다)가 정답에서 やりたくないことをがまんして続けてしまう(하고 싶지 않은 일을 참고 계속해 버리다)로 표현된 것처럼, 지문의 표현이 정답에서 유사한 의미의 표현으로 자주 바뀌어 제시되는 것에 유의한다.

60 상

ストレスを減らす方法について、筆者の考えに合うのはどれか。	스트레스를 줄이는 방법에 대해서, 필자의 생각과 맞는 것은 어느 것인가?
1 自分の気持ちを大切にし、したいと思うことをしたほうがいい。	**1 자신의 기분을 소중히 하고, 하고 싶다고 생각하는 일을 하는 편이 좋다.**
2 自分の気持ちを大切にし、他人のことを気にしないほうがいい。	2 자신의 기분을 소중히 하고, 타인의 일을 신경 쓰지 않는 편이 좋다.
3 自分の気持ちを裏切ってでも、静かに生きるようにしたほうがいい。	3 자신의 기분을 배신해서라도, 조용히 살도록 하는 편이 좋다.
4 自分の気持ちを裏切ってでも、人と同じように行動したほうがいい。	4 자신의 기분을 배신해서라도, 다른 사람과 똑같이 행동하는 편이 좋다.

해설 ストレスを減らす方法에 대한 필자의 생각을 묻고 있다. 세 번째 단락에서 ストレス社会を生き抜くには、自分の意思に耳を傾けて上手にストレスを回避する図太さが必要라고 하고, 眠い時には寝る、休みたい時には休む、その場から離れたい時には離れる、笑いたくない時には無理して笑わない라고 서술하고 있으므로, 1 自分の気持ちを大切にし、したいと思うことをしたほうがいい가 정답이다.

어휘 減らす へらす 동 줄이다　方法 ほうほう 명 방법　行動 こうどう 명 행동

61-63

(2)

[61]外国から日本に来た人々が驚くことの一つは、テレビ番組で食に関する番組が毎日あることだという。一日に何回も、どこの店がおいしいか、新しい料理やスイーツは何なのかが放送される様子は、かなり奇異に映るようだ。日本で暮らしていると食べ物に関心を持っていることは普通のことだと、マスコミを通して教育されている気分にさえなるらしい。

そんな日本において、[62]ある大学が特殊なディスプレーを開発した。それは画面に映る料理の味が再現できるというものだ。現在は番組で料理を紹介されても、出演者がおいしいと言うのを聞いているだけだが、[62]このディスプレーを使うと料理を見るだけでなく、その「味」を楽しむことができるようになる。遠く離れた海外の有名店の料理でさえ、味わうことができるようになるのだ。

実際は、映し出される料理に合わせて、付属のカートリッジから味を再現する複数の液体が配合されて、出てくるだけらしい。だから、完成した「味」は液体状だ。[62]料理を味わうというより、味を確認するだけというようなものだが、それでも想像するものから味わうものへという変化は大きい。[63]今後、香りや食感の再現が可能になれば、全ての料理が食事として再現可能になることも考えられる。まるでSF映画のようではないか。

日本人の食への興味はこのような技術を作らせるほどなのかと、また外国の人々に驚かれるに違いない。

(注 1) 奇異：普通と違っている
(注 2) 特殊な：他とはすごく違う
(注 3) ディスプレー：テレビやコンピューターの画面を映し出すもの
(注 4) カートリッジ：機械の部品で、交換ができるもの
(注 5) 配合する：ここでは組み合わせて、ちょうどいいものにすること

(2)

[61]외국에서 일본에 온 사람들이 놀라는 것 중 하나는, 텔레비전 프로그램에서 먹는 것에 관한 프로그램이 매일 있는 것이라고 한다. 하루에 몇 번이나, 어느 가게가 맛있는지, 새로운 요리나 디저트는 무엇인지가 방송되는 모습은, 꽤 기이하게 비치는 것 같다. 일본에서 생활하고 있으면 음식에 관심을 가지고 있는 것은 보통의 일이라고, 매스컴을 통해서 교육받고 있는 기분까지 든다고 한다.

그런 일본에 있어서, [62]어느 대학이 특수한 디스플레이를 개발했다. 그것은 화면에 비치는 요리의 맛을 재현할 수 있다고 하는 것이다. 현재는 프로그램에서 요리가 소개되어도, 출연자가 맛있다고 말하는 것을 듣고 있을 뿐이지만, [62]이 디스플레이를 사용하면 요리를 볼 뿐만 아니라, 그 '맛'을 즐길 수 있게 된다. 멀리 떨어진 해외의 유명 가게의 요리라고 해도, 맛볼 수 있게 되는 것이다.

실제로는, 비추어진 요리에 맞추어, 부속 카트리지로부터 맛을 재현하는 복수의 액체가 배합되어서, 나오는 것뿐인 것 같다. 그래서, 완성된 '맛'은 액체 상태다. [62]요리를 맛본다기보다, 맛을 확인할 뿐이라는 것이지만, 그래도 상상하는 것에서 맛보는 것으로라는 변화는 크다. [63]앞으로, 향과 식감의 재현이 가능해지면, 모든 요리가 식사로써 재현 가능하게 되는 일도 생각할 수 있다. 마치 SF 영화 같지 않을까?

일본인의 먹는 것에 대한 흥미는 이러한 기술을 만들게 할 정도인가 하고, 또 외국 사람들을 놀라게 할 것임에 틀림없다.

(주 1) 기이 : 보통과 다르다
(주 2) 특수한 : 다른 것과는 매우 다른
(주 3) 디스플레이 : 텔레비전이나 컴퓨터의 화면을 비추는 것
(주 4) 카트리지 : 기계의 부품으로, 교환할 수 있는 것
(주 5) 배합하다 : 여기서는 조합하여, 딱 알맞은 것으로 하는 것

어휘 日本 にほん 명 일본　食 しょく 명 먹는 것, 음식　～に関する ～にかんする ~에 관한　スイーツ 명 디저트, 단것　様子 ようす 명 모습　かなり 부 꽤
奇異だ きいだ な형 기이하다　映る うつる 동 비치다　暮らす くらす 동 생활하다, 살다　関心 かんしん 명 관심　マスコミ 명 매스컴
～を通して ～をとおして ~을 통해서　～において ~에 있어서　特殊だ とくしゅだ な형 특수하다　ディスプレー 명 디스플레이　開発 かいはつ 명 개발
画面 がめん 명 화면　味 あじ 명 맛　再現 さいげん 명 재현　現在 げんざい 명 현재　出演者 しゅつえんしゃ 명 출연자　～だけでなく ~뿐만 아니라
～ようになる ~하게 되다　離れる はなれる 동 떨어지다　海外 かいがい 명 해외　有名店 ゆうめいてん 명 유명 가게　～でさえ ~라고 해도, ~조차도
味わう あじわう 동 맛보다　実際 じっさい 명 실제로　映し出す うつしだす 동 비추다, 비치다　合わせる あわせる 동 맞추다　付属 ふぞく 명 부속
カートリッジ 명 카트리지　複数 ふくすう 명 복수　液体 えきたい 명 액체　配合 はいごう 명 배합　完成 かんせい 명 완성
液体状 えきたいじょう 명 액체 상태　確認 かくにん 명 확인　それでも 접 그래도　想像 そうぞう 명 상상　変化 へんか 명 변화　今後 こんご 명 앞으로
香り かおり 명 향　食感 しょっかん 명 식감　可能だ かのうだ な형 가능하다　全て すべて 명 모두　まるで 부 마치　日本人 にほんじん 명 일본인
～に違いない ～にちがいない ~임에 틀림없다　画面 がめん 명 화면　部品 ぶひん 명 부품　交換 こうかん 명 교환
組み合わせる くみあわせる 동 조합하다

61 중

日本のテレビ番組について、筆者はどのように述べているか。	일본의 텔레비전 프로그램에 대해서, 필자는 어떻게 말하고 있는가?
1 食べることが好きな人のために、食事を紹介する番組が非常に多い。	1 먹는 것을 좋아하는 사람을 위해, 식사를 소개하는 프로그램이 매우 많다.
2 レストランや新しい料理を毎日紹介することが、食べ物の教育に役立つ。	2 레스토랑이나 새로운 요리를 매일 소개하는 것이, 음식 교육에 도움이 된다.
3 外国から来た人は、食べ物の番組が多いことをとても不思議だと思うらしい。	**3 외국에서 온 사람은, 음식 프로그램이 많은 것을 상당히 이상하다고 생각하는 것 같다.**
4 食べることに興味を持ち続けてほしいと考え、食べ物の番組が作られている。	4 먹는 것에 흥미를 계속 가졌으면 하고 생각해서, 음식 프로그램이 만들어지고 있다.

해설 日本のテレビ番組에 대한 필자의 생각을 묻고 있다. 첫 번째 단락에서 外国から日本に来た人々が驚くことの一つは、テレビ番組で食に関する番組が毎日あること라고 서술하고 있으므로, 3 外国から来た人は、食べ物の番組が多いことをとても不思議だと思うらしい가 정답이다.

어휘 役立つ やくだつ 동 도움이 되다　不思議だ ふしぎだ な형 이상하다

62 중상

ある大学が開発した技術を使えば、何ができるのか。	어느 대학이 개발한 기술을 사용하면, 무엇을 할 수 있는 것인가?
1 テレビで見た料理を再現することができる。	1 텔레비전에서 본 요리를 재현할 수 있다.
2 画面の中のものと同じ料理を食べることができる。	2 화면 속의 것과 같은 요리를 먹을 수 있다.
3 有名な店の料理を作って味わうことができる。	3 유명한 가게의 요리를 만들어서 맛볼 수 있다.
4 テレビに映る料理の味を知ることができる。	**4 텔레비전에 비친 요리의 맛을 알 수 있다.**

해설 ある大学が開発した技術를 사용해서 할 수 있는 것을 묻고 있다. 두 번째 단락에서 ある大学が特殊なディスプレーを開発した라고 하고, このディスプレーを使うと料理を見るだけでなく、その「味」を楽しむことができる라고 했으며, 세 번째 단락에서 料理を味わうというより、味を確認するだけというようなもの라고 서술하고 있으므로, 4 テレビに映る料理の味を知ることができる가 정답이다.

63 중상

筆者は今後どのような技術が開発されると考えているか。	필자는 앞으로 어떠한 기술이 개발될 것이라고 생각하고 있는가?
1 テレビで見たものと同じ香りや食感のものが作れるような技術	**1 텔레비전에서 본 것과 같은 향과 식감의 것을 만들 수 있는 기술**
2 味だけでなく、見た目も同じ料理が再現できるような技術	2 맛뿐만 아니라, 겉보기도 같은 요리를 재현할 수 있는 기술
3 香りや食感が再現され、液体状の料理が作れるような技術	3 향과 식감이 재현되어, 액체 상태의 요리를 만들 수 있는 기술
4 日本人の食べることへの関心を増大させるような料理の技術	4 일본인의 먹는 것으로의 관심을 증대시킬 요리의 기술

해설 앞으로 개발될 기술에 대한 필자의 생각을 묻고 있다. 세 번째 단락에서 今後、香りや食感の再現が可能になれば、全ての料理が食事として再現可能になることも考えられる라고 서술하고 있으므로, 1 テレビで見たものと同じ香りや食感のものが作れるような技術가 정답이다.

어휘 見た目 みため 명 겉보기, 모양

64-66

(3)

私の住む町では年に一度、市内に住民登録がある20歳以上の人に健康診断の受診券が郵送される。これは健康診断が受けられる券であり、受診券を利用したい時は医療機関に予約を入れ、健康診断の当日に受付でこの券を提出すればよい。受診券は毎年6月ごろに届くのだが、私はこの制度をありがたく利用している。

[64]というのも、会社員の人は福利厚生によって少ない費用負担で健康診断を受けることができるのだが、一方、そのような制度のない個人事業主の私が健康診断を受けるとなると、普通はかなりの費用がかかってしまうからだ。

しかし、[65]私のような人でも市の受診券があれば基本的な健康診断が無料で受けられるのである。さらに、数百円払えば追加で受けられる検査もある。このように[65]金銭的な負担が少ないことから、市民の健康管理には大いに役立っていることがうかがえる。

このような便利な制度だが、[66]私の同年代にはあまり知られていないように思う。それは私の友人の多くが会社員か会社員の家族であり、企業の福利厚生サービスが受けられる立場だからかもしれない。しかし、働き方が多様化している現在、以前より多くの人がこの制度を必要としているはずだ。[66]市はもっと広く制度を知ってもらえるような努力をすべきではないだろうか。

（注1）受診：医者にみてもらうこと
（注2）福利厚生：社員の生活を健康で豊かにするための企業の制度
（注3）個人事業主：会社ではなく個人で仕事をしている人

(3)

내가 사는 마을에서는 1년에 한 번, 시내에 주민 등록이 있는 20세 이상의 사람에게 건강 진단의 수진권이 우송된다. 이것은 건강 진단을 받을 수 있는 티켓으로, 수진권을 이용하고 싶을 때는 의료 기관에 예약을 넣고, 건강 진단 당일에 접수처에서 이 티켓을 제출하면 된다. 수진권은 매년 6월경에 도착하는데, 나는 이 제도를 고맙게 이용하고 있다.

[64]왜냐하면, 회사원인 사람은 복리 후생에 의해서 적은 비용 부담으로 건강 진단을 받을 수 있지만, 한편, 그러한 제도가 없는 개인 사업주인 내가 건강 진단을 받는다면, 보통은 상당한 비용이 들어 버리기 때문이다.

그러나, [65]나 같은 사람이라도 시의 수진권이 있으면 기본적인 건강 진단을 무료로 받을 수 있는 것이다. 게다가, 몇 백 엔 지불하면 추가로 받을 수 있는 검사도 있다. 이처럼 [65]금전적인 부담이 적은 것에서, 시민의 건강 관리에는 대단히 도움이 되고 있음을 엿볼 수 있다.

이러한 편리한 제도이지만, [66]내 동년배에게는 그다지 알려져 있지 않다고 생각한다. 그것은 내 친구의 상당수가 회사원이거나 회사원의 가족이어서, 기업의 복리 후생 서비스를 받을 수 있는 입장이기 때문일지도 모른다. 하지만, 일하는 법이 다양화되고 있는 현재, 이전보다 많은 사람이 이 제도를 필요로 하고 있을 것이다. [66]시는 더욱 널리 제도를 알릴 수 있는 노력을 해야 하는 것은 아닐까?

(주 1) 수진 : 의사의 진찰을 받는 것
(주 2) 복리 후생 : 사원의 생활을 건강하고 풍요롭게 하기 위한 기업의 제도
(주 3) 개인 사업주 : 회사가 아닌 개인으로 일을 하고 있는 사람

어휘 市内 しない [명] 시내　住民 じゅうみん [명] 주민　登録 とうろく [명] 등록　健康 けんこう [명] 건강　診断 しんだん [명] 진단
受診券 じゅしんけん [명] 수진권 (진찰을 받을 수 있는 티켓)　郵送 ゆうそう [명] 우송　券 けん [명] 티켓, 표　医療 いりょう [명] 의료　機関 きかん [명] 기관
当日 とうじつ [명] 당일　提出 ていしゅつ [명] 제출　届く とどく [동] 도착하다　制度 せいど [명] 제도　ありがたい [い형] 고맙다　というのも 왜냐하면
会社員 かいしゃいん [명] 회사원　福利厚生 ふくりこうせい [명] 복리 후생　～によって ~에 의해서　費用 ひよう [명] 비용　負担 ふたん [명] 부담
一方 いっぽう [접] 한편　個人 こじん [명] 개인　事業主 じぎょうぬし [명] 사업주　市 し [명] 시　基本的だ きほんてきだ [な형] 기본적이다　無料 むりょう [명] 무료
さらに [부] 게다가　追加 ついか [명] 추가　検査 けんさ [명] 검사　金銭的だ きんせんてきだ [な형] 금전적이다　管理 かんり [명] 관리
大いに おおいに [부] 대단히　役立つ やくだつ [동] 도움이 되다　同年代 どうねんだい [명] 동년배　友人 ゆうじん [명] 친구　多く おおく [명] 상당수, 많음
企業 きぎょう [명] 기업　サービス [명] 서비스　立場 たちば [명] 입장　～かもしれない ~일지도 모른다　働き方 はたらきかた [명] 일하는 법
多様化 たようか [명] 다양화　現在 げんざい [명] 현재　～はずだ ~일 것이다　努力 どりょく [명] 노력　～べきだ ~해야 한다　みる [동] 진찰하다, 보다
社員 しゃいん [명] 사원　豊かだ ゆたかだ [な형] 풍요롭다

64 중

ありがたく利用しているとあるが、どうしてか。

1 会社員は毎年、割引価格で健康診断が受けられるから

2 会社員は毎年、健康診断を受けると多くの費用がかかるから

3 個人事業主には、会社員のような福利厚生制度がないから

4 個人事業主は、市の健康診断の対象ではないから

고맙게 이용하고 있다고 하는데, 어째서인가?

1 회사원은 매년, 할인 가격으로 건강 진단을 받을 수 있기 때문에

2 회사원은 매년, 건강 진단을 받으면 많은 비용이 들기 때문에

3 개인 사업주에게는, 회사원과 같은 복리 후생 제도가 없기 때문에

4 개인 사업주는, 시의 건강 진단의 대상이 아니기 때문에

해설 ありがたく利用している의 이유를 묻고 있다. 밑줄의 뒷부분에서 というのも、会社員の人は福利厚生によって少ない費用負担で健康診断を受けることができるのだが、一方、そのような制度のない個人事業主の私が健康診断を受けるとなると、普通はかなりの費用がかかってしまうからだ라고 서술하고 있으므로, 3 個人事業主には、会社員のような福利厚生制度がないから가 정답이다.

어휘 割引 わりびき 명 할인　対象 たいしょう 명 대상

65 상

筆者は、この市の制度がどのようなものだと述べているか。

1 普段健康診断を受ける機会がない市民を対象としたもの

2 病院での健康診断が高額で払えない人を対象としたもの

3 福利厚生サービスが受けられない個人だけを対象としたもの

4 低価格で健康管理ができるよう、市民を対象としたもの

필자는, 이 시의 제도가 어떠한 것이라고 말하고 있는가?

1 평소 건강 진단을 받을 기회가 없는 시민을 대상으로 한 것

2 병원에서의 건강 진단이 고액이어서 지불할 수 없는 사람을 대상으로 한 것

3 복리 후생 서비스를 받을 수 없는 개인만을 대상으로 한 것

4 낮은 가격으로 건강 관리를 할 수 있도록, 시민을 대상으로 한 것

해설 市の制度에 대한 필자의 생각을 묻고 있다. 세 번째 단락에서 私のような人でも市の受診券があれば基本的な健康診断が無料で受けられる라고 하고, 金銭的な負担が少ないことから、市民の健康管理には大いに役立っている라고 서술하고 있으므로, 4 低価格で健康管理ができるよう、市民を対象としたもの가 정답이다.

어휘 普段 ふだん 명 평소　高額 こうがく 명 고액　低価格 ていかかく 명 낮은 가격, 저가격

66 중

健康診断について、筆者の考えに合うものはどれか。

1 多くの人の健康管理に役立てるため、便利な制度にするべきだ。

2 働き方の変化によって必要度が変わるので、制度の変更が必要だ。

3 企業で行う健康診断より負担が少ないので、多くの人が利用するべきだ。

4 制度について知らない人が多いので、知ってもらう工夫が必要だ。

건강 진단에 대해서, 필자의 생각과 맞는 것은 어느 것인가?

1 많은 사람의 건강 관리에 도움이 되게 하기 위해, 편리한 제도로 해야 한다.

2 일하는 법의 변화에 의해 필요도가 바뀌기 때문에, 제도의 변경이 필요하다.

3 기업에서 행하는 건강 진단보다 부담이 적기 때문에, 많은 사람이 이용해야 한다.

4 제도에 대해서 모르는 사람이 많기 때문에, 알게 할 궁리가 필요하다.

해설 健康診断에 대한 필자의 생각을 묻고 있다. 네 번째 단락에서 私の同年代にはあまり知られていないように思う라고 하고, 市はもっと広く制度を知ってもらえるような努力をすべきではないだろうか라고 서술하고 있으므로, 4 制度について知らない人が多いので、知ってもらう工夫が必要だ가 정답이다.

어휘 工夫 くふう 명 궁리

67-68

A

遠くの親戚(しんせき)より近くの他人という言葉があるが、近頃ご近所付き合いの大切さが見直されている。確かに、[67]何かあった時には遠くに住んでいる家族や友人よりも近くに住んでいる人のほうがすぐに助けてくれそうだ。同じ地域に住んでいるので、その土地の特徴や町の情報なども会話のついでに共有しやすい。[68]このような地域の情報のやりとりが大きな助けとなり、万一の時に役に立つに違いない。

とはいえ、若い人や引っ越してきたばかりの人はどのように近所の人と交流すればいいのか分からないかもしれない。まずは挨拶(あいさつ)からはじめてみてはどうか。挨拶(あいさつ)が返ってこなかったとしても諦(あきら)めないでほしい。人から挨拶(あいさつ)をされて悪い気はしないものである。

B

人々がインターネットを使うようになってからインターネットを基盤(きばん)にしたコミュニケーションも共に増加してきた。専門家たちはネットコミュニケーションの否定的な影響(えいきょう)を唱えているが、多くの人がインターネットを使う現代において[67]インターネット上での交流こそ、今後は価値ある人間関係を作る基盤(きばん)になるのではないだろうか。

たとえば、田舎(いなか)に住んでいる人やアパートで一人暮らしの人などは近所との付き合いに息苦しさを感じることもあるという。それならば[68]インターネットで交流し、共通の話題がある知り合いを作ったほうが、日常生活のことはもちろん、困った時にも悩みなどを気軽に話し合えるように思う。それに、同僚(どうりょう)や近所の人と仲良くなっても転勤や引っ越しなどで会えなくなってしまう可能性もあるだろう。人との繋(つな)がりを求める私たちにはいつでもどこでも繋(つな)がれるインターネットがより適していると思う。

A

먼 친척보다 가까운 타인이라는 말이 있는데, 요즘 이웃 교제의 중요함이 재검토되고 있다. 확실히, [67]무언가 있을 때에는 멀리 살고 있는 가족이나 친구보다도 가까이 살고 있는 사람 쪽이 바로 도와줄 것 같다. 같은 지역에 살고 있으므로, 그 지방의 특징이나 마을의 정보 등도 대화하는 김에 공유하기 쉽다. [68]이러한 지역 정보의 교환이 큰 도움이 되고, 만일의 때에 도움이 될 것임에 틀림없다.

그렇다고 하더라도, 젊은 사람이나 막 이사 온 사람은 어떻게 이웃 사람과 교류하면 좋을지 모를지도 모른다. 우선은 인사부터 시작해 보면 어떨까? 인사가 되돌아오지 않았다고 해도 포기하지 말기 바란다. 남에게 인사를 받아서 나쁜 기분은 들지 않는 법이다.

B

사람들이 인터넷을 사용하게 되고부터 인터넷을 기반으로 한 커뮤니케이션도 함께 증가해 왔다. 전문가들은 인터넷 커뮤니케이션의 부정적인 영향을 주장하지만, 많은 사람이 인터넷을 사용하는 현대에 있어서 [67]인터넷상의 교류야말로, 앞으로는 가치 있는 인간관계를 만드는 기반이 되는 것이 아닐까?

예를 들면, 시골에 살고 있는 사람이나 아파트에서 혼자 사는 사람 등은 이웃과의 교제에 답답함을 느끼는 일도 있다고 한다. 그렇다면 [68]인터넷으로 교류해, 공통의 화제가 있는 지인을 만드는 편이, 일상생활의 일은 물론, 곤란할 때에도 고민 등을 부담 없이 서로 이야기할 수 있을 거라고 생각한다. 게다가, 동료나 이웃 사람과 사이좋게 돼도 전근이나 이사 등으로 만날 수 없게 되어 버릴 가능성도 있을 것이다. 사람과의 연결을 추구하는 우리들에게는 언제든 어디서든 연결될 수 있는 인터넷이 보다 적합하다고 생각한다.

어휘 **親戚** しんせき 명 친척　**他人** たにん 명 타인　**近頃** ちかごろ 명 요즘　**付き合い** つきあい 명 교제　**大切さ** たいせつさ 명 중요함, 소중함
見直す みなおす 동 재검토하다　**確かだ** たしかだ な형 확실하다　**友人** ゆうじん 명 친구　**助ける** たすける 동 돕다　**地域** ちいき 명 지역
土地 とち 명 지방, 토지　**特徴** とくちょう 명 특징　**情報** じょうほう 명 정보　**~ついでに** ~(하는) 김에　**共有** きょうゆう 명 공유　**~やすい** ~하기 쉽다
やりとり 명 교환, 주고받음　**助け** たすけ 명 도움　**万一の時** まんいちのとき 만일의 때　**~に違いない** ~にちがいない ~임에 틀림없다
とはいえ 접 그렇다고 하더라도　**~たばかり** 막 ~하다　**交流** こうりゅう 명 교류　**~かもしれない** ~지도 모른다　**返る** かえる 동 되돌아오다
諦める あきらめる 동 포기하다　**~ものだ** ~법이다　**インターネット** 명 인터넷　**基盤** きばん 명 기반　**コミュニケーション** 명 커뮤니케이션
共に ともに 함께　**増加** ぞうか 명 증가　**専門家** せんもんか 명 전문가　**ネットコミュニケーション** 인터넷 커뮤니케이션
否定的だ ひていてきだ な형 부정적이다　**影響** えいきょう 명 영향　**唱える** となえる 동 주장하다　**多く** おおく 명 많음　**現代** げんだい 명 현대
~において ~에 있어서　**今後** こんご 명 앞으로　**価値** かち 명 가치　**人間関係** にんげんかんけい 명 인간관계　**一人暮らし** ひとりぐらし 명 혼자 삶
息苦しさ いきぐるしさ 명 답답함　**感じる** かんじる 동 느끼다　**それならば** 그렇다면　**共通** きょうつう 명 공통　**話題** わだい 명 화제
知り合い しりあい 명 지인　**日常生活** にちじょうせいかつ 명 일상생활　**悩み** なやみ 명 고민　**気軽だ** きがるだ な형 부담 없다
話し合う はなしあう 동 서로 이야기하다　**同僚** どうりょう 명 동료　**仲良い** なかよい 사이좋다　**転勤** てんきん 명 전근　**引っ越し** ひっこし 명 이사
可能性 かのうせい 명 가능성　**繋がり** つながり 명 연결　**求める** もとめる 동 추구하다　**繋がる** つながる 동 연결되다　**適する** てきする 동 적합하다

67 중상

人との付き合いについて、AとBはどのように述べているか。 1 AもBも、役に立つ情報が得られるので近所付き合いは必要だと述べている。 2 AもBも、近所の人との付き合いはそれほど大切ではないと述べている。 **3 Aは困ったときのために普段の地域交流が大切だと述べ、Bはインターネット上で作る人間関係のほうが重要になると述べている。** 4 Aは気持ちよく暮らすために近所の人には挨拶(あいさつ)すべきだと述べ、Bは近所付き合いを面倒だと感じる人がいると述べている。	사람과의 교제에 대해서, A와 B는 어떻게 말하고 있는가? 1 A도 B도, 도움이 되는 정보를 얻을 수 있으므로 이웃 교제는 필요하다고 말하고 있다. 2 A도 B도, 이웃 사람과의 교제는 그다지 중요하지 않다고 말하고 있다. **3 A는 곤란할 때를 위해서 평소 지역 교류가 중요하다고 말하고, B는 인터넷상에서 만드는 인간관계 쪽이 중요해진다고 말하고 있다.** 4 A는 기분 좋게 생활하기 위해서 이웃 사람에게는 인사해야 한다고 말하고, B는 이웃 교제를 귀찮다고 느끼는 사람이 있다고 말하고 있다.

해설 人との付き合い에 대한 A와 B의 견해를 각 지문에서 찾는다. A는 지문의 초반부에서 何かあった時には遠くに住んでいる家族や友人よりも近くに住んでいる人のほうがすぐに助けてくれそうだ。同じ地域に住んでいるので、その土地の特徴や町の情報なども会話のついでに共有しやすい라고 서술하고 있고, B는 지문의 초반부에서 インターネット上での交流こそ、今後は価値ある人間関係を作る基盤になるのではないだろうか라고 서술하고 있으므로, 3 Aは困ったときのために普段の地域交流が大切だと述べ、Bはインターネット上で作る人間関係のほうが重要になると述べている가 정답이다.

어휘 **述べる** のべる 동 말하다 **得る** える 동 얻다 **普段** ふだん 명 평소 **重要だ** じゅうようだ な형 중요하다 **暮らす** くらす 동 생활하다, 살다 **～べきだ** ~해야 한다 **面倒だ** めんどうだ な형 귀찮다

68 중상

困ったときに必要なことについて、AとBはどのように述べているか。 **1 AもBも、普段交流している人からの助けだと述べている。** 2 AもBも、遠くにいる人より近くにいる人との繋(つな)がりだと述べている。 3 Aは情報を持っている人との会話だと述べ、Bはインターネットを利用して多くの人に相談することだと述べている。 4 Aは地域の特徴を教え合うことだと述べ、Bはインターネット上で助けてくれる人を増やすことだと述べている。	곤란할 때에 필요한 것에 대해서, A와 B는 어떻게 말하고 있는가? **1 A도 B도, 평소 교류하고 있는 사람으로부터의 도움이라고 말하고 있다.** 2 A도 B도, 먼 곳에 있는 사람보다 가까운 곳에 있는 사람과의 연결이라고 말하고 있다. 3 A는 정보를 가지고 있는 사람과의 대화라고 말하고, B는 인터넷을 이용해 많은 사람에게 상담하는 것이라고 말하고 있다. 4 A는 지역의 특징을 서로 알려 주는 것이라고 말하고, B는 인터넷상에서 도와주는 사람을 늘리는 것이라고 말하고 있다.

해설 困ったときに必要なこと에 대한 A와 B의 견해를 각 지문에서 찾는다. A는 지문의 중반부에서 このような地域の情報のやりとりが大きな助けとなり、万一の時に役に立つに違いない라고 서술하고 있고, B도 지문의 중반부에서 インターネットで交流し、共通の話題がある知り合いを作ったほうが、日常生活のことはもちろん、困った時にも悩みなどを気軽に話し合えるように思う라고 서술하고 있으므로, 1 AもBも、普段交流している人からの助けだと述べている가 정답이다.

어휘 **教え合う** おしえあう 동 서로 알려 주다 **増やす** ふやす 동 늘리다

69-71

私達の身の回りには簡略化できる家事が多く存在している。しかし[69]習慣とは恐ろしいもので、便利な商品が出回っているはずの現代でも、かつての家事のやり方を守っている人は多い。「こうするのが普通だ」と思い込んでいる方法から未だに逃れられないのである。

例えば、天気の良い日は洗濯物を外に干すのが当たり前だと思っていないだろうか。外に干すというのは結構面倒で、洗濯物が強風で飛ばされないか、突然の雨でぬれないかと気をつけなければならないし、花粉や大気の汚染物質が付くのも気になる。考えてみれば何かと煩わしい作業である。

我が家では少し前から除湿機を活用して洗濯物を部屋の中に干しているのだが、これが大変良くて、今までの面倒くささから解放された。家族もいつの間にかこの新しいやり方に慣れてしまい、何も言わなくなった。世界には洗濯物を外に干すことが禁じられている国や地域もあれば、気候によっては衣類を外で乾かすのが合理的ではない土地もある。我が家の新習慣は世界のどこかではごく一般的な方法なのかもしれない。

また、毎日の家事で私達を悩ませることの一つに食事の用意がある。[70]中でも、朝食を自宅で作って食べるという習慣、これは本当に厄介だ。アジアのある国では朝食を屋台で買って職場で食べるのが普通だったり、そもそもアパートにキッチンがついていないのが一般的だったりする。また、私がアメリカでホームステイした家庭では、子供達が好きなシリアルを各自で準備して食べていたものだ。

先日、「子供の朝食が冷凍食品だなんて信じられない」という内容の記事を読んだのだが、これも自身の生活習慣しか知りえないからこそ出てきた言葉だろう。[70]だが、世の中には朝食に屋台の料理を食べる習慣のある人達や、おいしくて健康的な冷凍食品の開発に取り組んでいる人達がいるのだ。私達の普通は世界的に見れば、ある地域の習慣にすぎないのである。

このように、[71]私達が思っている当たり前は、実に当たり前とは言い難い。そしてそれは家事に限ったことではない。他のやり方や自分とは異なる考えを持つ人々は多数存在するのだ。[71]こうあるべきという思い込みから一歩離れて考える習慣が、より良い生活につながることもあるのではないだろうか。

(注 1) 簡略化：複雑な部分を取って、簡単にする
(注 2) 煩わしい：面倒で、できれば避けたい

우리들의 신변에는 간략화할 수 있는 가사가 많이 존재하고 있다. 그러나 [69]습관이란 무서운 것이어서, 편리한 상품이 나돌고 있을 터인 현대에서도, 예전의 가사 방식을 지키고 있는 사람이 많다. '이렇게 하는 것이 보통이다'라고 굳게 믿고 있는 방법에서 아직까지도 벗어나지 못하는 것이다.

예를 들면, 날씨가 좋은 날은 세탁물을 밖에 말리는 것이 당연하다고 생각하고 있지 않은가? 밖에 말린다는 것은 꽤 성가셔서, 세탁물이 강풍으로 날려지지 않을까, 갑작스러운 비로 젖지 않을까 하고 신경을 쓰지 않으면 안 되고, 꽃가루나 대기 오염 물질이 묻는 것도 걱정된다. 생각해 보면 여러모로 번거로운 작업이다.

우리 집에서는 얼마 전부터 제습기를 활용해서 세탁물을 방 안에 말리고 있는데, 이것이 매우 좋아서, 지금까지의 성가심으로부터 해방되었다. 가족도 어느새인가 이 새로운 방식에 익숙해져 버려, 아무 말도 하지 않게 됐다. 세계에는 세탁물을 밖에서 말리는 것이 금지되어 있는 나라나 지역도 있고, 기후에 따라서는 의류를 밖에서 말리는 것이 합리적이지 않은 토지도 있다. 우리 집의 새 습관은 세계 어딘가에서는 극히 일반적인 방법일지도 모른다.

또한, 매일의 가사에서 우리들을 괴롭게 하는 일 중 하나로 식사 준비가 있다. [70]그중에서도, 아침 식사를 자택에서 만들어 먹는다고 하는 습관, 이것은 정말로 귀찮다. 아시아의 어느 나라에서는 아침 식사를 포장마차에서 사서 직장에서 먹는 것이 보통이거나, 애초에 아파트에 부엌이 붙어 있지 않은 것이 일반적이거나 하다. 또한, 내가 미국에서 홈스테이했던 가정에서는, 아이들이 좋아하는 시리얼을 각자 준비해서 먹곤 했다.

얼마 전, '아이의 아침 식사가 냉동식품이라니 믿을 수 없다'라고 하는 내용의 기사를 읽었는데, 이것도 자신의 생활 습관밖에 알 수 없기 때문에야말로 나온 말일 것이다. [70]하지만, 세상에는 아침 식사로 포장마차의 요리를 먹는 습관이 있는 사람들이나, 맛있고 건강한 냉동식품 개발에 몰두하고 있는 사람들이 있는 것이다. 우리들의 보통은 세계적으로 보면, 어느 지역의 습관에 지나지 않는 것이다.

이처럼, [71]우리들이 생각하고 있는 당연함은, 실로 당연하다고는 말하기 어렵다. 그리고 그것은 가사에만 국한된 것이 아니다. 다른 방식이나 자기와는 다른 생각을 가진 사람들은 다수 존재하는 것이다. [71]이래야 한다고 하는 굳게 믿는 생각에서 한 발짝 떨어져 생각하는 습관이, 보다 좋은 생활로 이어지는 경우도 있는 것은 아닐까?

(주 1) 간략화 : 복잡한 부분을 떼고, 간단히 하다
(주 2) 번거롭다 : 성가시고, 가능하면 피하고 싶다

（注 3）除湿機（じょしつき）：部屋の湿度を下げるための機械 （注 4）厄介（やっかい）：面倒なこと （注 5）屋台（やたい）：道で物を売る移動可能な店	(주 3) 제습기 : 방의 습도를 낮추기 위한 기계 (주 4) 귀찮음 : 성가신 것 (주 5) 포장마차 : 길에서 물건을 파는 이동 가능한 가게

어휘 身の回り みのまわり 명 신변　簡略化 かんりゃくか 명 간략화　家事 かじ 명 가사, 집안일　存在 そんざい 명 존재　恐ろしい おそろしい い형 무섭다　商品 しょうひん 명 상품　出回る でまわる 동 나돌다　～はずだ ~(할) 터이다　現代 げんだい 명 현대　かつて 부 예전, 일찍이　やり方 やりかた 명 방식　守る まもる 동 지키다　思い込む おもいこむ 동 굳게 믿다　方法 ほうほう 명 방법　未だに いまだに 부 아직까지도　逃れる のがれる 동 벗어나다, 달아나다　洗濯物 せんたくもの 명 세탁물, 빨래　干す ほす 동 말리다　当たり前だ あたりまえだ な형 당연하다　面倒だ めんどうだ な형 성가시다, 귀찮다　強風 きょうふう 명 강풍　飛ばす とばす 동 날리다　突然 とつぜん 부 갑자기, 돌연　気をつける きをつける 신경을 쓰다　～なければならない ~하지 않으면 안 된다　花粉 かふん 명 꽃가루　大気 たいき 명 대기　汚染 おせん 명 오염　物質 ぶっしつ 명 물질　気になる きになる 걱정되다　煩わしい わずらわしい い형 번거롭다　作業 さぎょう 명 작업　我が家 わがや 명 우리 집　除湿機 じょしつき 명 제습기　活用 かつよう 명 활용　面倒くささ めんどうくささ 명 성가심　解放 かいほう 명 해방　いつの間にか いつのまにか 어느새인가　慣れる なれる 동 익숙해지다　禁じる きんじる 동 금지하다　地域 ちいき 명 지역　気候 きこう 명 기후　～によって ~에 따라서　衣類 いるい 명 의류, 옷　乾かす かわかす 동 말리다, 건조시키다　合理的だ ごうりてきだ な형 합리적이다　土地 とち 명 토지　ごく 부 극히　一般的だ いっぱんてきだ な형 일반적이다　～かもしれない ~일지도 모른다　悩む なやむ 동 괴로워하다, 고민하다　用意 ようい 명 준비, 마련　朝食 ちょうしょく 명 아침 식사, 조식　自宅 じたく 명 자택　本当だ ほんとうだ な형 정말이다　厄介だ やっかいだ な형 귀찮다　屋台 やたい 명 포장마차　職場 しょくば 명 직장　～たり～たりする ~하거나 ~하거나 하다　そもそも 접 애초에　キッチン 명 부엌, 키친　ホームステイ 명 홈스테이　シリアル 명 시리얼　各自 かくじ 명 각자　～たものだ ~하곤 했다　先日 せんじつ 명 얼마 전, 일전　冷凍 れいとう 명 냉동　食品 しょくひん 명 식품　信じる しんじる 동 믿다　内容 ないよう 명 내용　記事 きじ 명 기사　自身 じしん 명 자신, 자기　生活 せいかつ 명 생활　世の中 よのなか 명 세상　健康的だ けんこうてきだ な형 건강하다　開発 かいはつ 명 개발　取り組む とりくむ 동 몰두하다　世界的だ せかいてきだ な형 세계적이다　～にすぎない ~에 지나지 않다　実に じつに 부 실로, 정말로　～に限る ~にかぎる ~에 국한되다　異なる ことなる 동 다르다　考え かんがえ 명 생각　人々 ひとびと 명 사람들　多数 たすう 명 다수　～べきだ ~해야 한다　思い込み おもいこみ 명 굳게 믿는 생각　一歩 いっぽ 명 한 발짝　離れる はなれる 동 떨어지다　つながる 동 이어지다　部分 ぶぶん 명 부분　避ける さける 동 피하다　湿度 しつど 명 습도　移動 いどう 명 이동　可能だ かのうだ な형 가능하다

69 중

筆者は、現代の家事のやり方についてどのように述べているか。 1 昔のやり方ではなく簡単にできる方法が広まっている。 **2 習慣となっている方法を変えない人が多くいる。** 3 できるだけ普通のやり方でやりたいと考える人がいる。 4 当たり前の方法ですると、面倒なことが多くなる。	필자는, 현대의 가사 방식에 대해서 어떻게 말하고 있는가? 1 옛날 방식이 아닌 간단히 할 수 있는 방법이 널리 퍼져 있다. **2 습관이 되어 있는 방법을 바꾸지 않는 사람이 많이 있다.** 3 가능한 한 보통의 방식으로 하고 싶다고 생각하는 사람이 있다. 4 당연한 방법으로 하면, 성가신 일이 많아진다.

해설 現代の家事のやり方에 대한 필자의 생각을 묻고 있다. 첫 번째 단락에서 習慣とは恐ろしいもので、便利な商品が出回っているはずの現代でも、かつての家事のやり方を守っている人は多い라고 서술하고 있으므로, 2 習慣となっている方法を変えない人が多くいる가 정답이다.

어휘 広まる ひろまる 동 널리 퍼지다

70 중상

私達の普通として筆者が挙げているのはどれか。 1 食事は家族がそれぞれ好きなものを準備すること 2 食事は自宅で作らないで外で食べること **3 朝食は自宅で調理して食べること** 4 朝食は通勤途中に買って職場で食べること	우리들의 보통으로써 필자가 예시로 들고 있는 것은 어느 것인가? 1 식사는 가족이 각자 좋아하는 것을 준비하는 것 2 식사는 자택에서 만들지 않고 밖에서 먹는 것 **3 아침 식사는 자택에서 조리하여 먹는 것** 4 아침 식사는 출근길에 사서 직장에서 먹는 것

해설 私達の普通로 필자가 들고 있는 예시를 묻고 있다. 밑줄이 있는 단락의 앞 단락에서 中でも、朝食を自宅で作って食べるという習慣이라고 하고, 밑줄의 앞부분에서 だが、世の中には朝食に屋台の料理を食べる習慣のある人や、おいしくて健康的な冷凍食品の開発に取り組んでいる人達がいるのだ라고 서술하고 있으므로, 3 朝食は自宅で調理して食べること가 정답이다.

어휘 挙げる あげる 동 예시로 들다　それぞれ 명 각자, 각각　調理 ちょうり 명 조리　通勤途中 つうきんとちゅう 출근길, 통근 도중

71 중상

習慣について、筆者の考えに合うのはどれか。	습관에 대해서, 필자의 생각과 맞는 것은 어느 것인가?
1 当たり前だと思っていることでも、やり方を疑ってみるべきだ。	**1 당연하다고 생각하고 있는 것이라도, 방식을 의심해 보아야 한다.**
2 暮らしに必要なことは、当たり前だと思うやり方でするべきだ。	2 생활에 필요한 것은, 당연하다고 생각하는 방식으로 해야 한다.
3 当たり前であることが、より良い生活につながっていくものだ。	3 당연한 것이, 보다 좋은 생활로 이어져 가는 법이다.
4 家事に限らず、当たり前だと思っている習慣は伝統的なものだ。	4 가사에 국한되지 않고, 당연하다고 생각하고 있는 습관은 전통적인 것이다.

해설 習慣에 대한 필자의 생각을 묻고 있다. 여섯 번째 단락에서 私達が思っている当たり前は、実に当たり前とは言い難い라고 하고, こうあるべきという思い込みから一歩離れて考える習慣が、より良い生活につながることもあるのではないだろうか라고 서술하고 있으므로, 1 当たり前だと思っていることでも、やり方を疑ってみるべきだ가 정답이다.

어휘 疑う うたがう 동 의심하다　暮らし くらし 명 생활　伝統的だ でんとうてきだ な형 전통적이다

꼭! 알아두기 필자의 생각을 묻는 문제의 정답의 단서는 ～ではないだろうか(~는 아닐까), ～かもしれない(~일지도 모른다)와 같이 필자의 생각을 완곡하게 나타내는 표현과 함께 자주 언급된다는 것을 알아 둔다.

72 상

市外に住むシアさんは、交流センター「さくら」でグループのメンバーとダンスの練習をしたいと考えている。予算は1,000円以内で、常時エアコンを使用した部屋でできるだけ長い時間練習したい。シアさんの希望に合う時間帯と部屋の組み合わせはどれか。	시외에 사는 시아 씨는, 교류 센터 '사쿠라'에서 그룹의 멤버와 댄스 연습을 하고 싶다고 생각하고 있다. 예산은 1,000엔 이내로, 항상 에어컨을 사용한 방에서 가능한 한 긴 시간 연습하고 싶다. 시아 씨의 희망에 맞는 시간대와 방의 조합은 어느 것인가?
1 夜間の「多目的室1」	**1 야간의 '다목적실 1'**
2 午後の「多目的室2」	2 오후의 '다목적실 2'
3 夜間の「多目的室2」	3 야간의 '다목적실 2'
4 午後の「グループワーク室」	4 오후의 '그룹 워크실'

해설 시아 씨의 희망에 맞는 시간대와 방의 조합을 묻는 문제이다. 질문에서 제시된 조건 (1) 市外, (2) 予算は1,000円以内で、常時エアコンを使用 (3) できるだけ長い時間에 따라,

(1) 시외 : 표 아래 ※ 표시가 있는 부분에서 시민의 경우 사용료가 반액이라고 했지만, 시아 씨는 시외에 살고 있으므로 혜택을 받을 수 없음

(2) 예산 1,000엔 이내이고, 항상 에어컨 사용 : 사용료 및 냉난방료 표를 보면,

다목적실 1 야간 → 사용료 500 + 냉난방료 500 = 1,000엔,

다목적실 2 오후 → 사용료 600 + 냉난방료 400 = 1,000엔

(3) 가능한 한 긴 시간 : 오전 시간대는 '3시간 반', 오후 시간대는 '4시간', 야간 시간대는 '5시간' 이용 가능함

따라서, 냉난방료를 포함한 사용료가 1,000엔이고, 5시간으로 가장 긴 시간을 사용할 수 있는, 1 夜間の「多目的室1」가 정답이다.

어휘 市外 しがい 명 시외　交流 こうりゅう 명 교류　センター 명 센터　グループ 명 그룹　メンバー 명 멤버　ダンス 명 댄스, 춤　予算 よさん 명 예산　常時 じょうじ 명 항상, 항시　エアコン 명 에어컨　使用 しよう 명 사용　希望 きぼう 명 희망　合う あう 동 맞다　時間帯 じかんたい 명 시간대　組み合わせ くみあわせ 명 조합　夜間 やかん 명 야간　多目的室 たもくてきしつ 명 다목적실　ワーク 명 워크

73 중

市内に住むジミンさんは交流センター「さくら」で部屋を借りて新年会をしたい。当日は飲み物や食べ物を準備する予定である。ジミンさんはどのように予約したらいいか。	시내에 사는 지민 씨는 교류 센터 '사쿠라'에서 방을 빌려 신년회를 하고 싶다. 당일은 음료와 음식을 준비할 예정이다. 지민 씨는 어떻게 예약하면 되는가?

1 電話で「大集会室」を1週間前までに予約する。 2 電話で「和室」を1週間前までに予約する。 3 直接「さくら」へ行って「大集会室」を1か月前までに予約する。 **4 直接「さくら」へ行って「和室」を1か月前までに予約する。**	1 전화로 '대 집회실'을 1주일 전까지 예약한다. 2 전화로 '일본식 방'을 1주일 전까지 예약한다. 3 직접 '사쿠라'에 가서 '대 집회실'을 1개월 전까지 예약한다. **4 직접 '사쿠라'에 가서 '일본식 방'을 1개월 전까지 예약한다.**

해설 지민 씨가 신년회를 할 방을 어떻게 예약해야 할지 묻는 문제이다. 질문에서 제시된 조건 **当日は飲み物や食べ物を準備する予定**에 따라, 표 아래의 ※ 표시가 있는 부분을 보면 **多目的室および和室以外での飲食は不可**라고 언급하고 있으므로, 다목적실1, 다목적실2, 일본식 방을 이용할 수 있다. 또한, 표 아래의 두 번째 ※ 표시가 있는 부분에서 **各部屋の使用には事前予約が必要です。ご利用の1か月前までにお電話もしくは直接来館にてお申し込みください**라고 언급하고 있다. 따라서 4 **直接「さくら」へ行って「和室」を1か月前までに予約する**가 정답이다.

어휘 **新年会** しんねんかい 명 신년회 **当日** とうじつ 명 당일 **集会室** しゅうかいしつ 명 집회실 **和室** わしつ 명 일본식 방 **直接** ちょくせつ 명 직접

꼭 알아두기 ※, *와 같은 기호가 있는 주의 사항이나 부연 설명 등을 기재한 부분에 정답의 단서가 포함되어 있을 가능성이 크므로 특히 꼼꼼히 읽고 해석한다.

72-73 공공시설 '사쿠라'의 안내

総合交流センター「さくら」

生涯学習センター利用案内

交流センター「さくら」はこれまでの中央公民館としての機能だけでなく、テラス、庭園やカフェなどを備え、市民のいこいの場としての役割を果たしています。会議や講座はもちろん、ボランティア活動、調理・ダンス等の趣味にもぜひご活用ください。※事前申込が必要です。

休館日　毎月第2月曜日および年末年始（12月28日から1月3日）
開館時間　8時30分から22時00分
連絡先　031-598-4456
住所　咲良市中町 1-2-4
ホームページアドレス　https://www.kouryu-centersakura.jp

生涯学習センター使用料および冷暖房料

	午前 8:30～12:00	午後 13:00～17:00	夜間 [72]17:00～22:00	冷暖房料 1時間あたり
大集会室	1,200	1,300	1,500	400
講義室	600	700	800	200
[72]多目的室 1	300	400	500	100
[72]多目的室 2	500	600	700	100
和室	1,500	2,000	2,500	300
グループワーク室	400	500	600	150
ボランティアルーム	1,000	1,100	1,200	250

종합 교류 센터 '사쿠라'

평생 학습 센터 이용 안내

교류 센터 '사쿠라'는 지금까지의 중앙 마을 회관으로써의 기능뿐만 아니라, 테라스, 정원과 카페 등을 갖춘, 시민의 휴식의 장으로서의 역할을 다하고 있습니다. 회의나 강좌는 물론, 자원봉사 활동, 조리·댄스 등의 취미에도 꼭 활용해 주세요. ※ 사전 신청이 필요합니다.

휴관일　매월 제 2 월요일 및 연말연시 (12월 28일부터 1월 3일)
개관 시간　8시 30분부터 22시 00분
연락처　031-598-4456
주소　사쿠라시 나카마치 1-2-4
홈페이지 주소　https://www.kouryu-centersakura.jp

평생 학습 센터 사용료 및 냉난방료

	오전 8:30~12:00	오후 13:00~17:00	야간 [72]17:00~22:00	냉난방료 1시간당
대 집회실	1,200	1,300	1,500	400
강의실	600	700	800	200
[72]다목적실 1	300	400	500	100
[72]다목적실 2	500	600	700	100
일본식 방	1,500	2,000	2,500	300
그룹 워크실	400	500	600	150
자원봉사 룸	1,000	1,100	1,200	250

※ [72]市民の方が申請した場合、使用料は半額となります。ただし、冷暖房使用料は減額となりませんのでお気をつけください。	※ [72]시민 분이 신청한 경우, 사용료는 반액입니다. 다만, 냉난방 사용료는 감액되지 않으므로 주의해 주십시오.
※ [73]各部屋の使用には事前予約が必要です。ご利用の1か月前までにお電話もしくは直接来館にてお申し込みください。	※ [73]각 방의 사용에는 사전 예약이 필요합니다. 이용 1개월 전까지 전화 또는 직접 내관하여 신청해 주세요.
※ [73]多目的室および和室以外での飲食は不可となっております。	※ [73]다목적실 및 일본식 방 이외에는 취식이 불가합니다.

어휘 総合 そうごう 명 종합　生涯 しょうがい 명 평생, 생애　学習 がくしゅう 명 학습　中央 ちゅうおう 명 중앙　公民館 こうみんかん 명 마을 회관
～として ~로써　機能 きのう 명 기능　～だけでなく ~뿐만 아니라　テラス 명 테라스　庭園 ていえん 명 정원　カフェ 명 카페
備える そなえる 동 갖추다　いこい 명 휴식, 쉼　役割 やくわり 명 역할　果たす はたす 동 다하다　講座 こうざ 명 강좌　ボランティア 명 자원봉사
活動 かつどう 명 활동　調理 ちょうり 명 조리　活用 かつよう 명 활용　事前 じぜん 명 사전　申込 もうしこみ 명 신청　休館日 きゅうかんび 명 휴관일
および 접 및　年末年始 ねんまつねんし 명 연말연시　開館 かいかん 명 개관　連絡先 れんらくさき 명 연락처　ホームページ 명 홈페이지
アドレス 명 주소, 어드레스　使用料 しようりょう 명 사용료　冷暖房料 れいだんぼうりょう 명 냉난방료　～あたり ~당　講義室 こうぎしつ 명 강의실
ルーム 명 룸, 방　申請 しんせい 명 신청　半額 はんがく 명 반액　ただし 접 다만　減額 げんがく 명 감액　気をつける きをつける 주의하다
もしくは 접 또는　来館 らいかん 명 내관　申し込む もうしこむ 동 신청하다　飲食 いんしょく 명 취식, 음식(마시고 먹음)　不可 ふか 명 불가

청해 p.171

문제별 분할 파일 바로 듣기

☞ 문제 1의 디렉션과 예제를 들려줄 때 1번부터 5번까지의 선택지를 미리 읽고 내용을 재빨리 파악해 둡니다. 음성에서 では、始めます(그러면, 시작합니다)가 들리면, 곧바로 문제 풀 준비를 합니다. 디렉션과 예제는 실전모의고사 제1회의 해설(p.36)에서 확인할 수 있습니다.

1 중

[음성]	[음성]
電話で男の学生と先生が話しています。男の学生はまず何をしなければなりませんか。	전화로 남학생과 선생님이 이야기하고 있습니다. 남학생은 우선 무엇을 해야 합니까?
M：もしもし、田中先生ですか。実は、ゆうべから熱が出てて、今日は休みます。	M : 여보세요, 다나카 선생님이세요? 실은, 어젯밤부터 열이 나고 있어서, 오늘은 쉬겠습니다.
F：そうですか。高い熱なら、必ず近くの病院で検査を受けてくださいね。今朝は熱、測りましたか。	F : 그런가요? 높은 열이라면, 반드시 근처 병원에서 검사를 받아 주세요. 오늘 아침은 열, 쟀어요?
M：[2]ええ、ちょうど38度だったんですけど、[1]うちにある薬を飲んで、今日は寝ていようと思います。	M : [2]네, 딱 38도였는데요, [1]집에 있는 약을 먹고, 오늘은 누워 있으려고 합니다.
F：[1][3]いや、38度なら病院に行ったほうがいいですよ。インフルエンザかもしれないでしょう。	F : [1][3]아니, 38도라면 병원에 가는 편이 좋아요. 인플루엔자일지도 모르잖아요.
M：もしインフルエンザだったら、学校、何日休まなきゃいけませんか。	M : 만약 인플루엔자라면, 학교, 며칠 쉬어야 하나요?
F：熱が出てから5日、熱が下がってから2日ですね。	F : 열이 나고 나서 5일, 열이 내리고 나서 2일이요.
M：えっ、結構長いんですね。	M : 앗, 꽤 기네요.

F：お医者さんにもらった薬で、早めに熱が下がるかもしれませんが、自分で判断しないで。ほかの学生にうつる恐れがあるから、必ずお医者さんの指示に従ってくださいね。あ、それから、[4]インフルエンザだった場合は学校にまた連絡してください。

M：分かりました。

男の学生はまず何をしなければなりませんか。

[문제지]

1 病院で検査を受ける
2 家で体温を測る
3 薬を飲む
4 学校に連絡する

F : 의사 선생님에게 받은 약으로, 일찌감치 열이 내릴지도 모릅니다만, 스스로 판단하지 마세요. 다른 학생에게 옮길 우려가 있기 때문에, 반드시 의사 선생님의 지시에 따라 주세요. 아, 그리고, [4]인플루엔자인 경우는 학교에 다시 연락해 주세요.

M : 알겠습니다.

남학생은 우선 무엇을 해야 합니까?

[문제지]

1 병원에서 검사를 받는다
2 집에서 체온을 잰다
3 약을 먹는다
4 학교에 연락한다

해설 남자가 가장 먼저 해야 할 일을 묻는 문제이다. 대화에서, 남자가 うちにある薬を飲んで、今日は寝ていようと思います라고 하자, 여자가 いや、38度なら病院に行ったほうがいいですよ라고 했으므로, 1 病院で検査を受ける가 정답이다. 선택지 2는 아침에 이미 했고, 3은 검사를 받은 다음에 할 일이며, 4는 검사 결과가 인플루엔자일 경우에 할 일이므로 오답이다.

어휘 実は じつは 부 실은　熱 ねつ 명 열　検査 けんさ 명 검사　測る はかる 동 재다　寝る ねる 동 (몸져) 눕다, 자다　インフルエンザ 명 인플루엔자　お医者さん おいしゃさん 의사 선생님　早めだ はやめだ な형 일찌감치이다　判断 はんだん 명 판단　ほかの 다른　うつる 동 옮기다　恐れ おそれ 명 우려, 두려움　指示 しじ 명 지시　従う したがう 동 따르다　体温 たいおん 명 체온

2 중

[음성]

市役所の窓口で女の人と男の人が話しています。女の人はこのあとまず何をしますか。

F：すみません。[3]文化センターの部屋って、ここでも予約できるんですか。

M：はい、そちらにある予約の機械からできますよ。[4]予約にはウグイスネットというカードが必要なんですが、お持ちですか。

F：カードですか。子供が小さいときに作ったことがあるので、うちに帰って探してみます。

M：最後にご利用になったのは、いつですか。

F：えーと、確か、6年か7年前ですね。

M：そうですか。[1]最後のご利用から3年が経過していますと、無効になっていますので、改めてお作りいただくことになります。

F：ああ、そうなんですか。

M：はい、申し訳ございません。お手数ですが、[2][3]文化センターの窓口に行って、申し込んでください。その場ですぐカードが発行されますので。

F：ウグイスネットのカードをいただいたら、その場ですぐ予約できますか。

[음성]

시청의 창구에서 여자와 남자가 이야기하고 있습니다. 여자는 이 다음에 우선 무엇을 합니까?

F : 실례합니다. [3]문화 센터의 방은, 여기서도 예약할 수 있나요?

M : 네, 저쪽에 있는 예약 기계에서 가능합니다. [4]예약에는 휘파람새 넷이라는 카드가 필요합니다만, 가지고 계십니까?

F : 카드인가요? 아이가 어릴 때 만든 적이 있으니까, 집에 돌아가서 찾아 보겠습니다.

M : 마지막으로 이용하신 것은, 언제인가요?

F : 음, 분명, 6년인가 7년 전이네요.

M : 그렇군요. [1]마지막 이용으로부터 3년이 경과해 있으면, 무효로 되어 있기 때문에, 다시 만들어 주시게 됩니다.

F : 아, 그런가요.

M : 네, 죄송합니다. 번거로우시겠지만, [2][3]문화 센터의 창구에 가서, 신청해 주세요. 그 자리에서 바로 카드가 발행되니까요.

F : 휘파람새 넷 카드를 받으면, 그 자리에서 바로 예약할 수 있나요?

M：はい。インターネットからの予約も可能ですので、ご利用ください。

女の人はこのあとまず何をしますか。

[문제지]

1 以前登録したカードを子供と探す
2 市役所で新しいカードを申し込む
3 文化センターでカードを申し込む
4 インターネットで部屋を予約する

M : 네. 인터넷으로부터의 예약도 가능하므로, 이용해 주세요.

여자는 이 다음에 우선 무엇을 합니까?

[문제지]

1 이전에 등록한 카드를 아이와 찾는다
2 시청에서 새로운 카드를 신청한다
3 문화 센터에서 카드를 신청한다
4 인터넷으로 방을 예약한다

해설 여자가 앞으로 우선 해야 할 일을 묻는 문제이다. 대화에서, 여자가 文化センターの部屋って、ここでも予約できるんですか라고 하자, 남자가 방을 예약하기 위해서는 휘파람새 넷 카드가 필요하다고 한 후, 文化センターの窓口に行って、申し込んでください라고 했으므로, 3 文化センターでカードを申し込む가 정답이다. 선택지 1은 카드를 다시 만들어야 하므로 할 필요가 없고, 2는 시청이 아니라 문화 센터에서 할 일이며, 4는 카드가 없으면 할 수 없는 일이므로 오답이다.

어휘 **市役所** しやくしょ 명 시청 **窓口** まどぐち 명 창구 **センター** 명 센터 **ウグイス** 명 휘파람새 **ネット** 명 넷 (ネットワーク의 준말) **カード** 명 카드 **確か** たしか 부 분명 **経過** けいか 명 경과 **無効だ** むこうだ な형 무효다 **改めて** あらためて 부 다시 **手数** てすう 명 번거로움, 수고로움 **申し込む** もうしこむ 동 신청하다 **その場** そのば 그 자리 **発行** はっこう 명 발행 **可能だ** かのうだ な형 가능하다

3 중상

[음성]

電話で男の人と女の人が話しています。女の人はどの会議室を予約しますか。

M：もしもし、田中さん？木村だけど。

F：あ、お疲れ様です。打ち合わせ、終わったんですか。

M：うん。それでね、今、清水さんと会社に戻るところなんだけど、2時ごろから会議室使いたいんで、取っといてくれるかな。なるべく長く使えるところで。

F：分かりました。[4]一番狭いとこでいいですか。今日は予約、入っていないから使えますよ。

M：あぁ、会議室4？うーん、資料広げたいから、会議室3のほうがいいな。

F：[3]3は今、空いてますけど、3時から予約入ってます。

M：ああ、じゃあ2は？

F：[2]2は今、使ってますね。3時には空く予定です。1はどうですか。

M：うーん、[1]あそこはさすがに広すぎるよなあ。しかたない。[4]狭くてもいいか。

F：分かりました。じゃあ、とりあえずそこ、予約しておきますね。

女の人はどの会議室を予約しますか。

[문제지]

[음성]

전화로 남자와 여자가 이야기하고 있습니다. 여자는 어느 회의실을 예약합니까?

M : 여보세요, 다나카 씨? 기무라인데.

F : 아, 수고하십니다. 미팅, 끝난 건가요?

M : 응. 그래서 말인데, 지금, 시미즈 씨와 회사에 돌아갈 참인데, 2시쯤부터 회의실 쓰고 싶으니, 잡아 둬 줄래? 가능한 한 길게 쓸 수 있는 곳으로.

F : 알겠습니다. [4]가장 좁은 곳으로 괜찮으세요? 오늘은 예약, 들어가 있지 않아서 쓸 수 있어요.

M : 아, 회의실 4? 음, 자료 펼치고 싶으니까, 회의실 3 쪽이 좋겠네.

F : [3]3은 지금, 비어 있습니다만, 3시부터 예약이 들어가 있습니다.

M : 아, 그럼 2는?

F : [2]2는 지금, 쓰고 있네요. 3시에는 빌 예정입니다. 1은 어떠세요?

M : 으음, [1]거기는 역시 너무 넓어. 어쩔 수 없다. [4]좁아도 괜찮겠지.

F : 알겠습니다. 그럼, 우선 거기, 예약해 둘게요.

여자는 어느 회의실을 예약합니까?

[문제지]

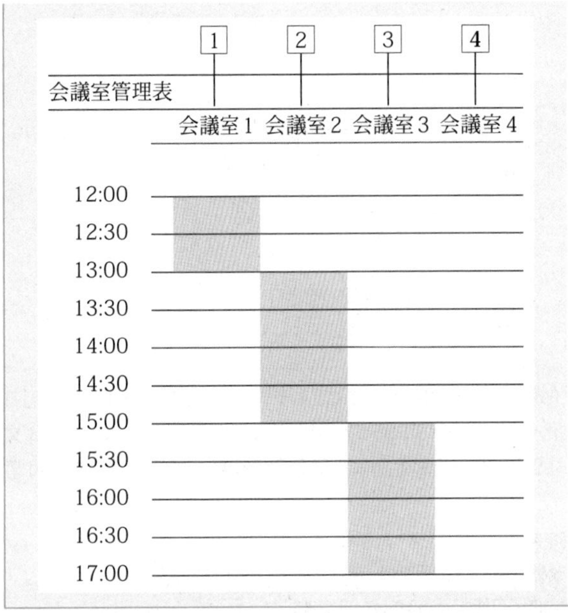

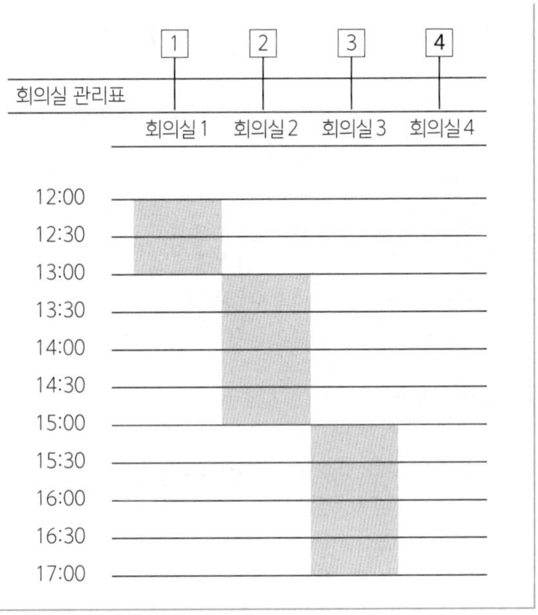

	1	2	3	4
会議室管理表	会議室1	会議室2	会議室3	会議室4

12:00
12:30
13:00
13:30
14:00
14:30
15:00
15:30
16:00
16:30
17:00

	1	2	3	4
회의실 관리표	회의실1	회의실2	회의실3	회의실4

12:00
12:30
13:00
13:30
14:00
14:30
15:00
15:30
16:00
16:30
17:00

해설 여자가 어느 회의실을 예약하는지를 묻는 문제이다. 대화에서, 2시부터 가능한 길게 쓸 수 있는 곳으로 회의실을 잡아달라는 말에 여자가 **一番狭いとこでいいですか。今日は予約、入っていないから使えますよ**라고 하자, 남자가 다른 회의실이 좋겠다고 했으나, 2와 3 모두 사용할 수 없어서 **狭くてもいいか**라고 했으므로, 4 **会議室**4이 정답이다. 선택지 1은 너무 넓다고 했고, 2는 3시까지 예약이 되어 있어 회의실 4보다 쓸 수 있는 시간이 짧고, 3은 3시부터 예약이 들어가 있으므로 오답이다.

어휘 **打ち合わせ** うちあわせ 명 미팅, 협의 **資料** しりょう 명 자료 **広げる** ひろげる 동 펼치다 **さすが** 부 역시 **しかたない** い형 어쩔 수 없다 **とりあえず** 부 우선

4 상

[음성]

会社で課長と男の人が話しています。男の人はこのあとまず何をしますか。

F：中村さん、おはよう。

M：あ、課長。おはようございます。

F：この間お願いした営業会議の資料作成、どうなってますか。

M：あ、はい。[1]昨日から取り掛かってまして、今日の夕方までに仕上げる予定です。

F：えっ、[1]今日は金曜日ですよ。会議は月曜日の朝なんですから、今日の午後には私のところに持ってきてくれないと。

M：申し訳ありません。アンケート調査のまとめに時間がかかってしまいまして。課長のチェックが必要だとはお聞きしていませんでしたので。

F：アンケート、いつも丁寧にまとめてくれるから助かるけど。会議の前に企画の話もしたかったんですよ。[3]でも、資料が先にないと。

M：すみません。月曜日の朝までにできればいいと思っていました。

[음성]

회사에서 과장과 남자가 이야기하고 있습니다. 남자는 이 다음에 우선 무엇을 합니까?

F：나카무라 씨, 좋은 아침.

M：아, 과장님. 좋은 아침입니다.

F：요전에 부탁한 영업 회의의 자료 작성, 어떻게 되고 있나요?

M：아, 네. [1]어제부터 착수해서, 오늘 저녁까지 완성할 예정입니다.

F：엇, [1]오늘은 금요일이에요. 회의는 월요일 아침이니까, 오늘 오후에는 나 있는 곳으로 갖다 주지 않으면.

M：죄송합니다. 앙케트 조사의 정리에 시간이 오래 걸려 버려서. 과장님의 체크가 필요하다고는 듣지 못했기 때문에.

F：앙케트, 항상 정성스럽게 정리해 주니까 도움이 되지만. 회의 전에 기획 얘기도 하고 싶었거든요. [3]근데, 자료가 먼저 없으면.

M：죄송합니다. 월요일 아침까지 완성되면 된다고 생각하고 있었습니다.

F：営業会議の資料は大切なので、[2]会議の前に目を通しておきたいんです。私も一言、足りませんでしたね。これからは、[4]書類は余裕をもって提出してください。

M：はい、分かりました。

男の人はこのあとまず何をしますか。

[문제지]

1 会議の資料を完成させる
2 資料の確認をお願いする
3 企画について相談する
4 会議の資料を提出する

F : 영업 회의의 자료는 중요하기 때문에, [2]회의 전에 훑어봐 두고 싶어요. 저도 한마디, 부족했네요. 앞으로는, [4]서류는 여유를 가지고 제출해 주세요.

M : 네, 알겠습니다.

남자는 이 다음에 우선 무엇을 합니까?

[문제지]

1 회의 자료를 완성시킨다
2 자료 확인을 부탁한다
3 기획에 대해서 상담한다
4 회의 자료를 제출한다

해설 남자가 가장 먼저 해야 할 일을 묻는 문제이다. 대화에서, 영업 회의의 자료가 어떻게 되고 있는지 묻는 말에 남자가 昨日から取り掛かってまして、今日の夕方までに仕上げる予定ですよ라고 하자, 여자가 今日は金曜日ですよ。会議は月曜日の朝なんですから、今日の午後には私のところに持ってきてくれないと라고 했으므로, 1 会議の資料を完成させる가 정답이다. 선택지 2, 3, 4는 자료가 완성된 다음에 할 일이므로 오답이다.

어휘 営業 えいぎょう 명 영업　資料 しりょう 명 자료　作成 さくせい 명 작성　取り掛かる とりかかる 동 착수하다　仕上げる しあげる 동 완성하다
アンケート 명 앙케트　調査 ちょうさ 명 조사　まとめ 명 정리　丁寧だ ていねいだ な형 정성스럽다　まとめる 동 정리하다
助かる たすかる 동 도움이 되다　企画 きかく 명 기획　目を通す めをとおす 훑어보다　一言 ひとこと 명 한마디　足りない たりない 부족하다
余裕 よゆう 명 여유　提出 ていしゅつ 명 제출　確認 かくにん 명 확인

꼭! 알아두기 ~ないと/~なきゃ(~지 않으면)는 '~하지 않으면 안 된다' 즉, 해야 한다는 의미이므로, 해야 할 일을 묻는 문제에서는 ~ないと/~なきゃ 앞에 언급된 행동이 정답일 가능성이 높다.

5 상

[음성]

大学で女の学生と事務の人が話しています。女の学生は今ここでいくら払いますか。

F：あのう、すみません。在学証明書を発行してもらいたいんですが。

M：1通でいいですか。

F：[1][3]はい。あっ、あと、英語のも出してもらえますか。

M：はい、わかりました。日本語のが200円、英語のが300円です。学生証を見せていただけますか。

F：あ、学生証、実はなくしちゃって、一昨日再発行を頼んでたんですが、まだもらえてないんです。ないとだめですか。

M：えっと、じゃあちょっと調べますから、お名前を。

F：吉田やよいです。

M：吉田さん、ああ、申請、出てますね。じゃあ、今日はこのまま証明書の受付をしますので、料金だけ払ってください。

F：あ、すみません。やっぱり[2][3]日本語のは2通にしてください。あのう、学生証の再発行のお金も一緒に払ってもいいですか。300円ですよね。

[음성]

대학에서 여학생과 사무원이 이야기하고 있습니다. 여학생은 지금 여기서 얼마를 지불합니까?

F : 저, 실례합니다. 재학 증명서를 발행해 받고 싶은데요.

M : 1통이면 되나요?

F : [1][3]네. 앗, 그리고, 영어인 것도 내주실 수 있나요?

M : 네, 알겠습니다. 일본어인 것이 200엔, 영어인 것이 300엔입니다. 학생증을 보여 주시겠습니까?

F : 아, 학생증, 사실은 잃어버려서, 그저께 재발행을 부탁했는데요, 아직 받지 못했네요. 없으면 안 되나요?

M : 음, 그럼 좀 알아볼 테니, 이름을.

F : 요시다 야요이입니다.

M : 요시다 씨, 아, 신청, 나와있네요. 그럼, 오늘은 이대로 증명서의 접수를 할 테니, 요금만 지불해 주세요.

F : 아, 죄송합니다. 역시 [2][3]일본어인 것은 2통으로 해 주세요. 저, 학생증 재발행 돈도 같이 지불해도 되나요? 300엔이죠?

M：あー、いや。[4]そちらはお渡しするときにお願いできますか。

F：わかりました。

女の学生は今ここでいくら払いますか。

[문제지]

1 300円
2 500円
3 700円
4 800円

M : 아, 아니요. [4]그것은 건네드릴 때 부탁드릴 수 있을까요?

F : 알겠습니다.

여학생은 지금 여기서 얼마를 지불합니까?

[문제지]

1 300엔
2 500엔
3 700엔
4 800엔

해설 여자가 지금 지불해야 할 금액을 묻는 문제이다. 대화에서, 남자의 재학 증명서 발급은 1통이면 되냐는 말에 여자가 はい。あっ、あと、英語のも出してもらえますか라고 하자, 남자가 알겠다고 하고 일본어인 것이 200엔, 영어인 것이 300엔이라고 안내한 후, 여자가 日本語のは2通にしてください라고 했으므로, 일본어 2통 400엔, 영어 1통 300엔을 더한 3 700円이 정답이다.

어휘 **事務の人** じむのひと 사무원 **在学** ざいがく 명 재학 **証明書** しょうめいしょ 명 증명서 **発行** はっこう 명 발행 **学生証** がくせいしょう 명 학생증 **実は** じつは 부 사실은 **再発行** さいはっこう 명 재발행 **申請** しんせい 명 신청 **料金** りょうきん 명 요금 **渡す** わたす 동 건네주다

☞ 문제 2의 디렉션과 예제를 들려줄 때 1번부터 6번까지의 선택지를 미리 읽고 내용을 재빨리 파악해 둡니다. 음성에서 では、始めます(그러면, 시작합니다)가 들리면, 곧바로 문제 풀 준비를 합니다. 디렉션과 예제는 실전모의고사 제1회의 해설(p.42)에서 확인할 수 있습니다.

1 중

[음성]

男の学生と女の学生が話しています。男の学生はどうして買い物に行かないことにしましたか。

M：さっき、急に先生に呼び出されたんだけどさ。

F：え、この前のテストの結果が悪かったとか？

M：そんなんじゃないよ。実は、次の先生の学会発表に一緒に行くことになって。まあ、お手伝いだね。会場が遠いから、泊まりだよ。

F：へえ、そうなんだ。旅行できてよかったね。

M：まあね。他の人が行く予定だったらしいけど、急に行けなくなったみたいで。それでさ、来週の土曜日なんだけど。

F：あ、みんなでお花見する日だね。まさか、その日が学会なの？

M：うん。それで、お花見の飲み物、一緒に買いに行けなくなったんだ。

F：ああ、それは大丈夫だよ。山田君に頼むから。

M：うん、ありがとう。お花見行くの、楽しみだったのに残念だなあ。

男の学生はどうして買い物に行かないことにしましたか。

[문제지]

1 先生の発表の手伝いをするから

[음성]

남학생과 여학생이 이야기하고 있습니다. 남학생은 어째서 쇼핑에 가지 않기로 했습니까?

M : 아까, 갑자기 선생님이 불러냈는데 말이야.

F : 엇? 요전의 테스트 결과가 나빴다든가?

M : 그런 거 아니야. 실은, 다음 선생님의 학회 발표에 같이 가게 돼서. 뭐, 심부름인 거지. 회장이 멀어서, 숙박이야.

F : 와, 그렇구나. 여행할 수 있어서 잘 됐네.

M : 뭐 그렇지. 다른 사람이 갈 예정이었던 것 같은데, 갑자기 갈 수 없게 된 것 같아서. 그래서 말이야, 다음 주 토요일 말인데.

F : 아, 다 같이 꽃놀이하는 날이지. 설마, 그날이 학회인 거야?

M : 응. 그래서, 꽃놀이 음료, 같이 사러 갈 수 없게 됐어.

F : 아아, 그건 괜찮아. 야마다 군에게 부탁할 테니.

M : 응, 고마워. 꽃놀이 가는 거, 기대하고 있었는데 아쉽네.

남학생은 어째서 쇼핑에 가지 않기로 했습니까?

[문제지]

1 선생님의 발표 심부름을 하기 때문에

2 旅行に行けなくなったから
3 お花見が中止になったから
4 女の人が他の人と行くから

2 여행을 갈 수 없게 되었기 때문에
3 꽃놀이가 중지되었기 때문에
4 여자가 다른 사람과 가기 때문에

해설 남학생이 쇼핑을 가지 않는 이유를 묻는 문제이다. 대화에서, 남자가 **実は、次の先生の学会発表に一緒に行くことになって**라고 하고, **それで、お花見の飲み物、一緒に買いに行けなくなったんだ**라고 했으므로, 1 **先生の発表の手伝いをするから**가 정답이다. 선택지 2는 여행을 갈 수 없는 게 아니라 여행할 수 있게 된 것이며, 3은 언급되지 않았고, 4는 남자가 갈 수 없게 되어 대신 다른 사람과 가는 것이므로 오답이다.

어휘 **呼び出す** よびだす 동 불러내다　**結果** けっか 명 결과　**実は** じつは 부 실은　**学会** がっかい 명 학회　**発表** はっぴょう 명 발표
お手伝い おてつだい 심부름　**泊まり** とまり 명 숙박

2 중상

[음성]
会社で同僚の女の人と男の人が話しています。女の人はどんなことに驚いたと言っていますか。

F：昨日テレビで、今どきのペットのお葬式を紹介してたんだよ。
M：ああ、最近はウサギやハムスターだってお葬式ができるんだってね。
F：それならありそうだけど、なんと、カブトムシとかクワガタとか、虫のお葬式まであるんだって。
M：え?虫?それは初めて聞いたなあ。
F：私も初めて聞いて、びっくりだよ。いったいどんなもので誰が頼むんだろうって興味湧いちゃって。
M：うん、僕もそれ気になるな。
F：子供が飼ってたカブトムシなんかが死んじゃって、お葬式を頼むケースがほとんどみたい。虫専用の場所に埋めてくれるらしいよ。
M：なるほどね。確かにマンションに住んでると、ペットのお葬式は助かるけど、虫のお葬式ってどうなのかなあ。
F：年々依頼が増えているんだって。犬や猫みたいに、虫もペットだと思う子がいるみたいだね。

女の人はどんなことに驚いたと言っていますか。

[문제지]
1 ウサギやハムスターのそうしきがあること
2 虫のそうしきがあること
3 ペットのそうしきが増えていること
4 虫がペットとして受け入れられていること

[음성]
회사에서 동료인 여자와 남자가 이야기하고 있습니다. 여자는 어떤 것에 놀랐다고 말하고 있습니까?

F：어제 텔레비전에서, 요즘의 반려동물 장례식을 소개하고 있었어.
M：아, 최근에는 토끼나 햄스터도 장례식을 할 수 있다던데.
F：그거라면 있을 법 하지만, 무려, 장수풍뎅이라든지 사슴벌레라든지, 곤충의 장례식까지 있대.
M：뭐? 곤충? 그건 처음 들었어.
F：나도 처음 들어서, 깜짝 놀랐어. 도대체 어떤 것이고 누가 부탁하는 걸까 하고 흥미가 생겨 버려서.
M：응, 나도 그거 궁금하네.
F：아이가 기르고 있던 장수풍뎅이 같은 것이 죽어 버려서, 장례식을 부탁하는 케이스가 대부분인 것 같아. 곤충 전용 자리에 묻어준다는 것 같아.
M：그렇구나. 확실히 맨션에 살고 있으면, 반려동물 장례식은 도움이 되지만, 곤충 장례식은 어떨까.
F：매년 의뢰가 늘고 있대. 개나 고양이처럼, 곤충도 반려동물이라고 생각하는 아이가 있는 것 같네.

여자는 어떤 것에 놀랐다고 말하고 있습니까?

[문제지]
1 토끼나 햄스터의 장례식이 있는 것
2 곤충의 장례식이 있는 것
3 반려동물의 장례식이 늘고 있는 것
4 곤충이 반려동물로서 받아들여지고 있는 것

해설 여자가 어떤 것에 놀랐는지를 묻는 문제이다. 대화에서, 여자가 **なんと、カブトムシとかクワガタとか、虫のお葬式まであるんだって**라고 했으므로, 2 **虫のそうしきがあること**가 정답이다. 선택지 1은 있을 법 하다고 했고, 3은 언급되지 않았고, 4는 놀란 점이 아니므로 오답이다.

어휘 **同僚** どうりょう 명 동료　**今どき** いまどき 명 요즘　**お葬式** おそうしき 장례식　**ウサギ** 명 토끼　**ハムスター** 명 햄스터　**カブトムシ** 명 장수풍뎅이
クワガタ 명 사슴벌레　**びっくりする** 깜짝 놀라다　**興味が湧く** きょうみがわく 흥미가 생기다　**気になる** きになる 궁금하다　**飼う** かう 동 기르다
ケース 명 케이스　**専用** せんよう 명 전용　**埋める** うめる 동 묻다　**マンション** 명 맨션　**助かる** たすかる 동 도움이 되다　**年々** ねんねん 명 매년
依頼 いらい 명 의뢰　**受け入れる** うけいれる 동 받아들이다

꼭! 알아두기 놀란 점을 묻는 경우 なんと(무려), ~なんて(~라니)와 같은 강조 표현 주변에 언급된 내용이 정답일 가능성이 높다.

3 상

[음성]

男の学生と女の学生が話しています。女の学生は何が心配だと言っていますか。

M：この前行ったレストラン、料理を運んだり下げたりするロボットが導入されててさ。

F：へー。私も少し前にニュースで見たよ。でも、間違わないでちゃんと運んでくれるのかなって思っちゃったけど。

M：それが全く問題なくて、AIの進化の速さを肌で感じたよ。

F：AIって人工知能のことだよね？今後は車へもどんどん採用されていくらしいね。進化の速さにちょっと驚いちゃうな。

M：そうそう。そのうちにドライバーの健康管理までできるようになるみたいだよ。

F：健康管理って、人工知能に管理されるってこと？

M：ううん、体に異常がないかとか、脈拍や心拍なんかをチェックしてドライバーの疲れ具合を予測するんだって。それで、居眠り運転をしそうだなって状態の時には、シートを震わせて知らせたりできるらしいよ。

F：へえ、そんなこともできるんだね。だけど、人工知能のできる仕事がどんどん増えると、ますます失業率が上がるんじゃないかっていう不安も出てくるよね。

M：全くだよ。僕たちも就職したら安心できるっていう時代じゃなくなってくるよなぁ。

女の学生は何が心配だと言っていますか。

[문제지]

1 ロボットが料理を間違えること
2 技術の進化が速すぎること
3 人間が管理されるようになること
4 人間の仕事が少なくなること

[음성]

남학생과 여학생이 이야기하고 있습니다. 여학생은 무엇이 걱정이라고 말하고 있습니까?

M : 요전에 갔던 레스토랑, 요리를 옮기거나 치우거나 하는 로봇이 도입되어 있었어.

F : 오. 나도 조금 전에 뉴스에서 봤어. 하지만, 실수하지 않고 정확히 옮겨 주는 걸까 하고 생각했는데.

M : 그게 전혀 문제없어서, AI의 진화 속도를 피부로 느꼈어.

F : AI라는 건 인공 지능을 말하는 거지? 앞으로는 자동차에도 계속 채용되어 간다는 것 같아. 진화 속도에 좀 놀라 버리네.

M : 맞아 맞아. 머지않아 드라이버의 건강 관리까지 할 수 있게 되는 것 같아.

F : 건강 관리라는 건, 인공 지능에게 관리된다는 거야?

M : 아니, 몸에 이상이 없는지라든가, 맥박이나 심박 등을 체크해서 드라이버의 피곤 상태를 예측한대. 그래서, 졸음운전을 할 것 같다는 상태일 때는, 시트를 진동시켜 알리거나 할 수 있다고 해.

F : 우와, 그런 것도 할 수 있구나. 하지만, 인공 지능이 할 수 있는 일이 계속 늘어나면, 점점 실업률이 높아지는 게 아닐까 하는 불안도 생겨.

M : 정말이야. 우리도 취직하면 안심할 수 있다는 시대가 아니게 되겠어.

여학생은 무엇이 걱정이라고 말하고 있습니까?

[문제지]

1 로봇이 요리를 착각하는 것
2 기술의 진화가 너무 빠른 것
3 인간이 관리되게 되는 것
4 인간의 일이 적어지는 것

해설 여학생이 걱정하고 있는 것을 묻는 문제이다. 대화에서, 여자가 だけど、人工知能のできる仕事がどんどん増えると、ますます失業率が上がるんじゃないかっていう不安も出てくるよね라고 했으므로, 4 人間の仕事が少なくなること가 정답이다. 선택지 1은 걱정했던 것이 아니라 뉴스를 보고 생각한 점이고, 2는 놀란 점이며, 3은 관리 되는 것이 아니라 몸의 상태를 체크해 주는 것이라 했으므로 오답이다.

어휘 **この前** このまえ 명 요전에 **ロボット** 명 로봇 **導入** どうにゅう 명 도입 **間違う** まちがう 동 실수하다 **ちゃんと** 부 정확히 **全く** まったく 부 전혀 **肌で感じる** はだでかんじる 피부로 느끼다 **人工** じんこう 명 인공 **知能** ちのう 명 지능 **今後** こんご 명 앞으로 **どんどん** 부 계속 **採用** さいよう 명 채용 **進化** しんか 명 진화 **速さ** はやさ 명 속도 **ドライバー** 명 드라이버, 운전하는 사람 **健康** けんこう 명 건강 **管理** かんり 명 관리 **異常** いじょう 명 이상 **脈拍** みゃくはく 명 맥박 **心拍** しんぱく 명 심박 **疲れ具合** つかれぐあい 피곤 상태 **予測** よそく 명 예측 **居眠り運転** いねむりうんてん 명 졸음운전 **状態** じょうたい 명 상태 **シート** 명 시트 **震わせる** ふるわせる 동 진동시키다 **ますます** 부 점점 **失業率** しつぎょうりつ 명 실업률 **不安** ふあん 명 불안 **全くだ** まったくだ 정말이다 **就職** しゅうしょく 명 취직 **人間** にんげん 명 인간

4 중

[음성]

男の人と女の人が話しています。女の人はどうしてメガネをやめましたか。

M：あれ、メガネどうしたの？忘れちゃったの？

F：あ、うん、実は、メガネやめてコンタクトレンズにしてみたんだ。

M：へえ、そうなんだ。いいと思うよ。だけど前に、コンタクトは痛くなったりして嫌だって言ってなかったっけ。大丈夫なの？

F：うん、それがね。やっぱりコンタクトもいいなあって思って、いろいろ調べてたの。そしたら、自分に合う、痛くならないのが見つかったんだ。

M：そうなんだ。それでコンタクトに。

F：そう。なんだかちょっとはずかしいけどね。メガネもいいんだけど、変えてみたら曇って見えなくなったり、耳とか頭が痛くなったりもしないから、快適だよ。

M：そうか、よかったね。そういえば、よくメガネの跡がついちゃうって言ってる人もいるよね。僕は目が悪くないからよくわからないけど。

F：うん。目が悪いと、ほんとにいろいろと大変だよ。

女の人はどうしてメガネをやめましたか。

[문제지]

1 自分に合ったいいものが見つかったから
2 メガネは曇って見えなくなるから
3 耳が痛くなったり頭痛が起きたりするから
4 メガネの跡がついてしまうから

[음성]

남자와 여자가 이야기하고 있습니다. 여자는 왜 안경을 그만뒀습니까?

M : 어라, 안경 어쨌어? 잊어버렸어?

F : 아, 응, 실은, 안경 그만두고 콘택트렌즈로 해 봤어.

M : 우와, 그렇구나. 좋다고 생각해. 그런데 전에, 콘택트는 아파지거나 해서 싫다고 말하지 않았던가? 괜찮은 거야?

F : 응, 그게 말이야. 역시 콘택트도 괜찮겠다 생각해서, 여러 가지 조사했어. 그랬더니, 나에게 맞는, 아프게 되지 않는 것을 발견했어.

M : 그렇구나. 그래서 콘택트로.

F : 맞아. 왠지 조금 부끄럽지만 말이야. 안경도 좋지만, 바꿔 보니 흐려져서 보이지 않게 되거나, 귀라든지 머리가 아파지거나 하지도 않으니, 쾌적해.

M : 그렇구나, 잘 됐네. 그러고 보니, 자주 안경 자국이 나 버린다고 말하는 사람도 있지? 나는 눈이 나쁘지 않아서 잘 모르지만.

F : 응. 눈이 나쁘면, 정말 여러 가지로 힘들어.

여자는 왜 안경을 그만뒀습니까?

[문제지]

1 자신에게 맞는 좋은 것이 발견되었기 때문에
2 안경은 흐려져서 보이지 않게 되기 때문에
3 귀가 아파지거나 두통이 생기거나 하기 때문에
4 안경 자국이 나 버리기 때문에

해설 여자가 안경을 그만둔 이유를 묻는 문제이다. 대화에서, 여자가 やっぱりコンタクトもいいなあって思って、いろいろ調べてたの。そしたら、自分に合う、痛くならないのが見つかったんだ라고 하자, 남자가 そうなんだ。それでコンタクトに라고 했으므로, 1 自分に合ったいいものが見つかったから가 정답이다. 선택지 2, 3은 콘택트렌즈로 바꾼 후 느낀 안경의 불편했던 점이고, 4는 다른 사람들이 느끼는 안경의 불편한 점이므로 오답이다.

어휘 実は じつは 부 실은 コンタクトレンズ 명 콘택트렌즈 コンタクト 명 콘택트 (コンタクトレンズ의 준말) 合う あう 동 맞다 メガネ 명 안경 曇る くもる 동 흐려지다, 흐리다 快適だ かいてきだ な형 쾌적하다 跡 あと 명 자국, 흔적 頭痛 ずつう 명 두통

5 중상

[음성]

テレビで男のアナウンサーとスポーツ選手が話しています。スポーツ選手が残念だと思っているのは、どんなことですか。

M：この競技を始められたのはお兄様がきっかけと伺いましたが。

[음성]

텔레비전에서 남자 아나운서와 스포츠 선수가 이야기하고 있습니다. 스포츠 선수가 유감이라고 생각하고 있는 것은, 어떤 것입니까?

M : 이 경기를 시작하신 것은 오빠분이 계기라고 들었습니다만.

F：ええ。2歳年上の兄が先に始めて、私も練習や試合を見に行っていたんです。それで、おもしろそうだなと思って、小学3年生の時に始めたんです。

M：そうでしたか。

F：私が始めたころは教える人も少なかったんです。教室がある隣の町まで1時間かけて行ってました。

M：1時間もですか。

F：それに、教室に他の女の子はいなくて、練習相手はいつも男の子でしたから、女子としては結構強くなったんです。でも、試合が少なくて、少しつまらなかったですね。

M：今は女性選手も増えつつありますね。

F：そうですね。でも人気のあるスポーツと比べると、競技人口はまだまだ少ないです。こんなにおもしろい競技なのに、もったいないなと感じています。

M：ああ、それで普及のための活動を始められたんですよね。

F：ええ。去年から、兄と一緒に全国の学校を回って、競技の魅力を伝えています。この競技の面白さを子供達に知ってもらえたらと思います。

スポーツ選手が残念だと思っているのは、どんなことですか。

[문제지]

1 教室が近くにないこと
2 女性選手がほとんどいないこと
3 競技をやる人が少ないこと
4 試合数が少ないこと

F : 네. 2살 위인 오빠가 먼저 시작해서, 저도 연습이나 시합을 보러 갔었어요. 그래서, 재밌을 것 같다고 생각해서, 초등학교 3학년일 때 시작했습니다.

M : 그랬군요.

F : 제가 시작했을 때는 가르치는 사람도 적었어요. 교실이 있는 옆 마을까지 1시간 걸려서 갔었어요.

M : 1시간이나요?

F : 게다가, 교실에 다른 여자애는 없어서, 연습 상대는 항상 남자애였기 때문에, 여자로서는 꽤 강해졌습니다. 하지만, 시합이 적어서, 조금 재미없었어요.

M : 지금은 여성 선수도 늘어나는 중이죠.

F : 그렇죠. 하지만 인기 있는 스포츠와 비교하면, 경기 인구는 아직 적습니다. 이렇게 재미있는 경기인데, 아깝다고 느끼고 있습니다.

M : 아, 그래서 보급을 위한 활동을 시작하신 거죠?

F : 네. 작년부터, 오빠와 함께 전국의 학교를 돌며, 경기의 매력을 전하고 있습니다. 이 경기의 재미를 아이들이 알아줄 수 있으면 하고 생각합니다.

스포츠 선수가 유감이라고 생각하고 있는 것은, 어떤 것입니까?

[문제지]

1 교실이 근처에 없는 것
2 여성 선수가 거의 없는 것
3 경기를 하는 사람이 적은 것
4 시합 수가 적은 것

해설 스포츠 선수가 유감이라고 생각하는 것을 묻는 문제이다. 대화에서, 스포츠 선수 즉, 여자가 **人気のあるスポーツと比べると、競技人口はまだまだ少ないです。こんなにおもしろい競技なのに、もったいないなと感じています**라고 했으므로, **3 競技をやる人が少ないこと**가 정답이다. 선택지 1, 4는 여자가 교실을 다닐 때 아쉬웠던 점이고, 2는 여성 선수가 늘어나는 중이라고 했으므로 오답이다.

어휘 **選手** せんしゅ 명 선수 **残念だ** ざんねんだ な형 유감이다 **競技** きょうぎ 명 경기 **兄様** にいさま 명 오빠분, 형님, 오라버님 **きっかけ** 명 계기 **年上** としうえ 명 (나이가) 위, 연상 **先に** さきに 부 먼저 **小学** しょうがく 명 초등학교 **相手** あいて 명 상대 **女子** じょし 명 여자 **人気** にんき 명 인기 **もったいない** い형 아깝다 **感じる** かんじる 동 느끼다 **普及** ふきゅう 명 보급 **活動** かつどう 명 활동 **一緒に** いっしょに 함께 **全国** ぜんこく 명 전국 **魅力** みりょく 명 매력 **面白さ** おもしろさ 명 재미

꼭! 알아두기 유감스러운 것을 묻는 경우, 질문의 핵심 키워드인 残念(유감)과 관련된 단어인 もったいない(아깝다), 落ち込む(의기소침하다)와 같은 표현 주변에서 언급되는 내용을 주의 깊게 듣는다.

6 상

[음성]

ラジオで男の人が話しています。男の人は、どうして本が売れなくなったと言っていますか。

[음성]

라디오에서 남자가 이야기하고 있습니다. 남자는, 왜 책이 팔리지 않게 되었다고 말하고 있습니까?

M：私は長く出版会社で働いていますが、最近、本当に本が売れないんです。インターネットで情報を得る時代になったため、本の需要が減っているのだと考える人が多いです。でも私は、人間が本を読みたいという思いはもっと強いものだと思っていて、電子書籍の出版数の増加がそれを示していると感じています。それでもこんなことになっているのは、物価は上がってるのに、人々の給料は上がらず、収入を書籍代に回す余裕がなくなったからではないでしょうか。車が売れないのと同じように、もしかしたら本でさえも贅沢品になりつつあるのかもしれないと思うのです。

男の人は、どうして本が売れなくなったと言っていますか。

[문제지]

1 インターネットが普及したから
2 本に使えるお金が少なくなったから
3 高価な本が増えたから
4 電子書籍が増えたから

M : 저는 오랫동안 출판 회사에서 일하고 있습니다만, 최근, 정말로 책이 팔리지 않습니다. 인터넷에서 정보를 얻는 시대가 되었기 때문에, 책의 수요가 줄고 있는 것이라고 생각하는 사람이 많습니다. 하지만 저는, 인간이 책을 읽고 싶어 하는 마음은 더 강한 것이라고 생각하고 있고, 전자 서적의 출판 수 증가가 그것을 나타내고 있다고 느끼고 있습니다. 그럼에도 이런 일이 되어 있는 것은, 물가는 오르고 있는데, 사람들의 급료는 오르지 않아서, 수입을 서적 값으로 돌릴 여유가 없어졌기 때문이 아닐까요? 차가 팔리지 않는 것과 같이, 어쩌면 책조차도 사치품이 되고 있는 것일지도 모른다고 생각합니다.

남자는, 왜 책이 팔리지 않게 되었다고 말하고 있습니까?

[문제지]

1 인터넷이 보급되었기 때문에
2 책에 쓸 수 있는 돈이 적어졌기 때문에
3 고가인 책이 늘었기 때문에
4 전자 서적이 늘었기 때문에

해설 남자가 생각하는 책이 팔리지 않게 된 이유를 묻는 문제이다. 남자가 物価は上がってるのに、人々の給料は上がらず、収入を書籍代に回す余裕がなくなったからではないでしょうか라고 했으므로, 2 本に使えるお金が少なくなったから가 정답이다. 선택지 1은 책의 수요가 줄어드는 이유로 사람들이 생각하는 것이고, 3은 언급되지 않았으며, 4는 인간이 책을 읽고 싶어 하는 마음이 강함을 뒷받침하는 근거이므로 오답이다.

어휘 売れる うれる 동 팔리다 出版 しゅっぱん 명 출판 インターネット 명 인터넷 情報 じょうほう 명 정보 得る える 동 얻다 需要 じゅよう 명 수요 減る へる 동 줄다 考える かんがえる 동 생각하다 人間 にんげん 명 인간 電子 でんし 명 전자 書籍 しょせき 명 서적 出版数 しゅっぱんすう 명 출판 수 増加 ぞうか 명 증가 示す しめす 동 나타내다 感じる かんじる 동 느끼다 物価 ぶっか 명 물가 人々 ひとびと 명 사람들 給料 きゅうりょう 명 급료 収入 しゅうにゅう 명 수입 書籍代 しょせきだい 명 서적 값 回す まわす 동 돌리다 余裕 よゆう 명 여유 もしかしたら 부 어쩌면 贅沢品 ぜいたくひん 명 사치품 普及 ふきゅう 명 보급 高価だ こうかだ な형 고가이다

꼭! 알아두기 ~からではないでしょうか(~하기 때문이 아닐까요?)는 의문형이지만 자신의 주장이나 생각을 나타내는 표현임을 알아 둔다.

☞ 문제 3은 문제지에 아무것도 인쇄되어 있지 않습니다. 따라서, 예제를 들려줄 때, 그 내용을 들으면서 p.20 개요 이해의 문제 풀이 전략을 떠올려 봅니다. 음성에서 では、始めます(그러면, 시작합니다)가 들리면, 곧바로 문제 풀 준비를 합니다. 디렉션과 예제는 실전모의고사 제1회의 해설(p.48)에서 확인할 수 있습니다.

1 상

[음성]

教室で先生が話しています。

M：次の授業までに、皆さんにはこの問題集をやってもらいます。今どれくらいの力がついているのかを知ってほしいので、くれぐれも途中で教科書を見たり、インターネットで調べたりしないようにしましょう。それから、レポートも書いてください。先週の授業で説明したレポートの作成方法に沿って書けば、問題なく書

[음성]

교실에서 선생님이 이야기하고 있습니다.

M : 다음 수업까지, 여러분은 이 문제집을 해 주세요. 지금 어느 정도의 힘이 붙었는지를 알았으면 하기 때문에, 부디 도중에 교과서를 보거나, 인터넷으로 조사하거나 하지 않도록 합시다. 그리고, 리포트도 써 주세요. 지난주 수업에서 설명한 리포트 작성 방법에 따라서 쓰면, 문제없이 쓸 수 있을 겁니다.

けるはずです。テーマは５つの中から選んでもらうんですが、書きやすいと思うものではなくて、自分が興味のあるテーマを選んでくださいね。

테마는 5개 중에서 골라 주는 겁니다만, 쓰기 쉽겠다고 생각하는 것이 아니라, 자신이 흥미가 있는 테마를 골라 주세요.

先生は何について話していますか。

1 実力を知らなければならない理由
2 宿題の取り組み方
3 レポートを簡単に書く方法
4 自分で考えることの重要性

선생님은 무엇에 대해 이야기하고 있습니까?

1 실력을 알지 않으면 안 되는 이유
2 숙제에 임하는 법
3 리포트를 간단하게 쓰는 방법
4 스스로 생각하는 것의 중요성

해설 선생님이 교실에서 어떤 이야기를 하는지 전체적인 흐름을 파악하며 주의 깊게 듣는다. 선생님이 'この問題集をやってもらいます', '教科書を見たり、インターネットで調べたりしないようにしましょう', 'レポートも書いてください', '書きやすいと思うものではなくて、自分が興味のあるテーマを選んでくださいね'라고 했다. 질문에서 선생님이 무엇에 대해 이야기하고 있는지 묻고 있으므로, 2 宿題の取り組み方가 정답이다.

어휘 **問題集** もんだいしゅう 명 문제집 **くれぐれも** 부 부디 **教科書** きょうかしょ 명 교과서 **インターネット** 명 인터넷 **作成** さくせい 명 작성 **方法** ほうほう 명 방법 **テーマ** 명 테마 **実力** じつりょく 명 실력 **取り組み方** とりくみかた 명 임하는 법 **考える** かんがえる 동 생각하다, 판단하다 **重要性** じゅうようせい 명 중요성

꼭! 알아두기 주제나 중심 내용을 묻는 문제에서는, 정답의 단서가 ~ようにしましょう(~하도록 합시다), ~てください(~해 주세요)와 함께 자주 언급된다는 것을 알아 둔다.

2 상

[음성]

ラジオで女の人が話しています。

F：コーヒーの歴史は古く、約千年前にはさわやかな気分になる薬としてすでに飲まれていたようです。今では、コーヒーが体にどのような影響を与えるかが科学的に明らかになっていますが、人間はそれがわかるずっと前から、コーヒーが持つ不思議な力に気づいていたのですね。千年の間に様々な作り方や飲み方が生まれ、今では世界中にコーヒーショップがあります。一日に何杯も飲む人も多いでしょう。薬だと思っている人はほとんどいないでしょうが、コーヒーが薬以上に大切なものとなっている人も少なくないかもしれません。

[음성]

라디오에서 여자가 이야기하고 있습니다.

F：커피의 역사는 오래되어, 약 천 년 전에는 상쾌한 기분이 되는 약으로써 이미 마셔지고 있던 것 같습니다. 지금에는, 커피가 몸에 어떤 영향을 주는지가 과학적으로 분명해져 있습니다만, 인간은 그것을 알기 훨씬 전부터, 커피가 지니는 신기한 힘을 깨닫고 있던 것이군요. 천 년 동안 다양한 만드는 법과 마시는 법이 생겨나, 지금에는 전 세계에 커피숍이 있습니다. 하루에 몇 잔이나 마시는 사람도 많겠지요. 약이라고 생각하고 있는 사람은 거의 없겠습니다만, 커피가 약 이상으로 중요한 것이 되어 있는 사람도 적지 않을지도 모릅니다.

女の人は何について話していますか。

1 コーヒーの始まりと広がり
2 コーヒーと科学の発展
3 コーヒーの健康効果
4 コーヒーが薬である理由

여자는 무엇에 대해 이야기하고 있습니까?

1 커피의 시작과 확산
2 커피와 과학의 발전
3 커피의 건강 효과
4 커피가 약인 이유

해설 여자가 라디오에서 어떤 이야기를 하는지 전체적인 흐름을 파악하며 주의 깊게 듣는다. 여자가 'コーヒーの歴史は古く、約千年前にはさわやかな気分になる薬としてすでに飲まれていたようです', '千年の間に様々な作り方や飲み方が生まれ、今では世界中にコーヒーショップがあります'라고 했다. 질문에서 여자가 무엇에 대해 이야기하고 있는지 묻고 있으므로, 1 コーヒーの始まりと広がり가 정답이다.

어휘 **さわやかだ** な형 상쾌하다 **すでに** 부 이미 **影響** えいきょう 명 영향 **与える** あたえる 동 주다 **科学的だ** かがくてきだ な형 과학적이다

明らかだ あきらかだ [な형] 분명하다　人間 にんげん [명] 인간　不思議だ ふしぎだ [な형] 신기하다　気づく きづく [동] 깨닫다
様々だ さまざまだ [な형] 다양하다　作り方 つくりかた [명] 만드는 법　飲み方 のみかた [명] 마시는 법　世界中 せかいじゅう [명] 전 세계
コーヒーショップ [명] 커피숍　何杯 なんばい [명] 몇 잔　始まり はじまり [명] 시작　広がり ひろがり [명] 확산, 퍼짐　発展 はってん [명] 발전
健康 けんこう [명] 건강　効果 こうか [명] 효과

3 중

[음성]

講演会で男の人が話しています。

M：試験合格を目指して勉強を始めようとしたものの、気が散ってしまう、時間が取れないと悩む人は非常に多いです。大人が勉強を続けるコツは、短い時間、集中して勉強することです。人間が本当に集中できるのは 25分が限界だとも言われていますから、まずはその時間だけ机に向かってみましょう。テレビは消して、目の前には勉強道具だけを置きます。勉強せざるを得ない状況になるように、家族や友達に目標を伝えてしまうのもいい方法です。

男の人は何について話していますか。

1 集中力が低下する原因
2 短い期間で試験に合格する方法
3 勉強を続ける工夫
4 集中できる時間を延ばす方法

[음성]

강연회에서 남자가 이야기하고 있습니다.

M：시험 합격을 목표로 하여 공부를 시작하려고 했지만, 주의가 산만해져 버린다, 시간을 낼 수 없다고 고민하는 사람은 대단히 많습니다. 어른이 공부를 계속하는 요령은, 짧은 시간, 집중해서 공부하는 것입니다. 인간이 정말로 집중할 수 있는 것은 25분이 한계라고도 말해지고 있기 때문에, 우선은 그 시간만 책상을 마주해 봅시다. 텔레비전은 끄고, 눈앞에는 공부 도구만을 둡니다. 공부하지 않을 수 없는 상황이 되도록, 가족이나 친구에게 목표를 알려 버리는 것도 좋은 방법입니다.

남자는 무엇에 대해 이야기하고 있습니까?

1 집중력이 저하하는 원인
2 짧은 기간으로 시험에 합격하는 방법
3 공부를 계속할 궁리
4 집중할 수 있는 시간을 늘리는 방법

해설 남자가 강연회에서 어떤 이야기를 하는지 전체적인 흐름을 파악하며 주의 깊게 듣는다. 남자가 '大人が勉強を続けるコツは、短い時間、集中して勉強すること', '集中できるのは25分が限界だとも言われていますから、まずはその時間だけ机に向かってみましょう', '家族や友達に目標を伝えてしまうのもいい方法'라고 했다. 질문에서 남자가 무엇에 대해 이야기하고 있는지 묻고 있으므로, 3 勉強を続ける工夫가 정답이다.

어휘 講演会 こうえんかい [명] 강연회　合格 ごうかく [명] 합격　目指す めざす [동] 목표로 하다　気が散る きがちる 주의가 산만해지다　悩む なやむ [동] 고민하다
非常だ ひじょうだ [な형] 대단하다　コツ [명] 요령　集中 しゅうちゅう [명] 집중　人間 にんげん [명] 인간　限界 げんかい [명] 한계　状況 じょうきょう [명] 상황
目標 もくひょう [명] 목표　方法 ほうほう [명] 방법　集中力 しゅうちゅうりょく [명] 집중력　低下 ていか [명] 저하　期間 きかん [명] 기간　工夫 くふう [명] 궁리
延ばす のばす [동] 늘리다

4 중상

[음성]

子育て教室で男の人が話しています。

M：子供の食べ物の好き嫌いは、親にとっては大変大きな問題でしょうが、好き嫌いをしないように叱るよりも、食事を楽しい時間にすることのほうが大切です。家族や友人と食べる楽しい食事は、体の成長はもとより心の成長に欠かせません。本来食べることは、幸せな気持ちと結びつくべきものです。食事のたびに、あれも食べなさい、これも食べなさいとうるさく言われていては、子供は食べることに幸せを感じなくなってしまうかもしれません。

[음성]

육아 교실에서 남자가 이야기하고 있습니다.

M：아이가 음식을 가리는 것은, 부모에게 있어서는 매우 큰 문제겠지만, 가리지 않도록 꾸짖는 것보다도, 식사를 즐거운 시간으로 하는 것 쪽이 중요합니다. 가족이나 친구와 먹는 즐거운 식사는, 몸의 성장은 물론 마음의 성장에 빠뜨릴 수 없습니다. 본래 먹는 것은, 행복한 기분과 연결되어야 하는 것입니다. 식사 때마다, 저것도 먹으렴, 이것도 먹으렴 하고 시끄럽게 말해지고 있어서는, 아이는 먹는 것에 행복을 느끼지 않게 되어 버릴지도 모릅니다.

男の人は子供の食事についてどう思っていますか。

1 **楽しんで食べることが大切だ**
2 家族や友人と食べることが大切だ
3 好き嫌いも心の成長に必要だ
4 嫌いな物でも食べることが必要だ

남자는 아이의 식사에 대해 어떻게 생각하고 있습니까?

1 **즐기며 먹는 것이 중요하다**
2 가족이나 친구와 먹는 것이 중요하다
3 가리는 것도 마음의 성장에 필요하다
4 싫어하는 것이라도 먹는 것이 필요하다

해설 남자가 육아 교실에서 어떤 이야기를 하는지 전체적인 흐름을 파악하며 주의 깊게 듣는다. 남자가 '叱るよりも、食事を楽しい時間にすることのほうが大切', '楽しい食事は、体の成長はもとより心の成長に欠かせません', '食べることは、幸せな気持ちと結びつくべきもの'라고 했다. 질문에서 남자가 아이의 식사에 대해 어떻게 생각하는지 묻고 있으므로, 1 楽しんで食べることが大切だ가 정답이다.

어휘 子育て こそだて 명 육아 好き嫌い すききらい 명 가리는 것, 호불호 友人 ゆうじん 명 친구 成長 せいちょう 명 성장 もとより 부 물론 欠かす かかす 동 빠뜨리다 本来 ほんらい 명 본래 幸せだ しあわせだ な형 행복하다 結びつく むすびつく 동 연결되다 感じる かんじる 동 느끼다

5 상

[음성]

会社で、女の人が話しています。

F：明日は健康診断です。病院から医師と看護師の方が来て、検査をしてくださいます。睡眠時間が短かったり、アルコールが体に残っていたりすると、診断結果に影響が出る恐れがありますから、今晩はお酒を飲まないで、できるだけ早く寝るようにしましょう。検査に関して質問がある場合は、直接医師に伝えてください。開始時間に間に合わなかった場合は、検査の受付はできかねます。その際は、後日指定の病院に行って検査を受けてもらうことになります。

女の人は何について話していますか。

1 健康診断の前日の過ごし方
2 検査を実施する医師へのお願い
3 **健康診断を受けるにあたっての注意点**
4 病院での健康診断の申込方法

[음성]

회사에서, 여자가 이야기하고 있습니다.

F：내일은 건강 진단입니다. 병원에서 의사와 간호사분이 와서, 검사를 해 주십니다. 수면 시간이 짧거나, 알코올이 몸에 남아 있거나 하면, 진단 결과에 영향을 미칠 우려가 있기 때문에, 오늘 밤은 술을 마시지 말고, 가능한 한 빨리 자도록 합시다. 검사에 관해 질문이 있는 경우는, 직접 의사에게 알려 주세요. 개시 시간에 맞추지 않을 경우에는, 검사 접수는 할 수 없습니다. 그때는, 후일 지정 병원에 가서 검사를 받아 주시게 됩니다.

여자는 무엇에 대해 이야기하고 있습니까?

1 건강 진단 전날을 보내는 법
2 검사를 실시하는 의사에의 부탁
3 **건강 진단을 받는데 있어서의 주의점**
4 병원에서의 건강 진단 신청 방법

해설 여자가 회사에서 어떤 이야기를 하는지 전체적인 흐름을 파악하며 주의 깊게 듣는다. 여자가 '睡眠時間が短かったり、アルコールが体に残っていたりすると、診断結果に影響', 'お酒を飲まないで、できるだけ早く寝るように', '開始時間に間に合わなかった場合は、検査の受付はできかねます'라고 했다. 질문에서 여자가 무엇에 대해 이야기하고 있는지 묻고 있으므로, 3 健康診断を受けるにあたっての注意点이 정답이다.

어휘 健康 けんこう 명 건강 診断 しんだん 명 진단 医師 いし 명 의사 看護師 かんごし 명 간호사 検査 けんさ 명 검사 睡眠 すいみん 명 수면 結果 けっか 명 결과 影響が出る えいきょうがでる 영향을 미치다 恐れ おそれ 명 우려 直接 ちょくせつ 명 직접 開始 かいし 명 개시 間に合う まにあう 동 시간에 맞추다 後日 ごじつ 명 후일 指定 してい 명 지정 前日 ぜんじつ 명 전날 過ごし方 すごしかた 명 보내는 법 実施 じっし 명 실시 お願い おねがい 부탁 注意点 ちゅういてん 명 주의점 申込方法 もうしこみほうほう 명 신청 방법

☞ **문제 4**는 문제지에 아무것도 인쇄되어 있지 않습니다. 따라서, 예제를 들려줄 때, 그 내용을 들으면서 p.21 즉시 응답의 문제 풀이 전략을 떠올려 봅니다. 음성에서 では、始めます(그러면, 시작합니다)가 들리면, 곧바로 문제 풀 준비를 합니다. 디렉션과 예제는 실전모의고사 제1회의 해설(p.53)에서 확인할 수 있습니다.

1 중

[음성]

M：痛み止め、一錠飲んでから 30 分は経ったよね。どう？まだ痛む？

F：1 分かった。あと少し様子見てみる。

2 うん、まだ。でも少し効いてきたかな。

3 うん、まだ痛まない。ありがとう。

[음성]

M : 진통제, 한 알 먹고 나서 30분은 지났지. 어때? 아직 아파?

F : 1 알겠어. 좀 더 상황을 봐 볼게.

2 응, 아직. 근데 좀 듣기 시작했나?

3 응, 아직 안 아파. 고마워.

해설 남자가 여자에게 진통제를 먹고 나서 30분이 지났어도, 아직 아픈지 묻는 상황이다.

1 (X) 아직 아픈지 묻는 상황과 맞지 않다.

2 (O) 아직 아프지만 진통제가 듣기 시작한 것 같다며 몸 상태를 설명하고 있으므로 적절한 응답이다.

3 (X) うん 뒤에는 아직 아프다는 내용이 나와야 하므로 오답이다.

어휘 **痛み止め** いたみどめ 명 진통제 **一錠** いちじょう 명 한 알 **～てから** ~하고 나서 **経つ** たつ 동 지나다, 경과하다 **痛む** いたむ 동 아프다 **様子** ようす 명 상황 **効く** きく 동 (약이) 듣다, 효과가 있다 **～てくる** ~하기 시작하다

2 중

[음성]

F：このベッド、寝心地良さそうだけど、うちの寝室には大きすぎるよね。

M：**1 うん。他の家具もあるし、入りそうにないよ。**

2 僕もそう思う。部屋に余裕で入るね。

3 そうだね。もう少し大きいの、見てみよう。

[음성]

F : 이 침대, 잠자리 기분이 좋을 것 같은데, 우리 침실에는 너무 크지?

M : **1 응. 다른 가구도 있고, 들어갈 것 같지 않아.**

2 나도 그렇게 생각해. 방에 여유롭게 들어가지.

3 그렇네. 조금 더 큰 것, 봐 보자.

해설 여자가 남자에게 침대가 침실에 비해 너무 큰 것 같다고 의견을 말하는 상황이다.

1 (O) 방에 들어갈 것 같지 않다며 여자의 의견에 동의하고 있으므로 적절한 응답이다.

2 (X) 僕もそう思う 뒤에는 여자의 의견에 동의하는, 즉 침대가 크다는 내용이 나와야 하므로 오답이다.

3 (X) 大きい(おおきい)를 반복 사용하여 혼동을 준 오답이다.

어휘 **寝心地** ねごこち 명 잠자리의 기분, 잘 때 기분 **寝室** しんしつ 명 침실 **家具** かぐ 명 가구 **余裕** よゆう 명 여유

꼭! 알아두기 ~よね(~지?)는 자신의 의견에 동의해 주기를 바라거나 확인을 요구하는 표현이므로, 동의하거나 사실을 확인해 주는 내용을 정답으로 고른다.

3 상

[음성]

M：おかしいな、この時間になってもいらっしゃらないなんて。

F：1 すぐ持って来るように注文しました。

2 先方に電話を入れてみましょうか。

3 もうお帰りになるそうです。

[음성]

M : 이상하네, 이 시간이 되어도 안 오시다니.

F : 1 바로 가져오도록 주문했습니다.

2 그쪽에 전화를 걸어 볼까요?

3 이제 돌아가신다고 합니다.

해설 남자가 기다리는 사람이 시간이 되어도 오지 않아 의아해하는 상황이다.

1 (X) 사람을 기다리고 있는 상황과 맞지 않다.

2 (O) 기다리는 사람이 시간이 되어도 오지 않는 이유를 전화를 걸어 확인해 보겠다는 의미이므로 적절한 응답이다.

3 (X) いらっしゃる(오시다)와 관련된 お帰りになる(돌아가시다)를 사용하여 혼동을 준 오답이다.

어휘 **注文** ちゅうもん 명 주문 **先方** せんぽう 명 그쪽, 상대방 **電話を入れる** でんわをいれる 전화를 걸다

4 중

[음성]	[음성]
F：ねえ、なかなか着かないけど、この道で合ってる？	F : 저기, 좀처럼 도착하지 않는데, 이 길이 맞아?
M：1 合わせてるから心配ないと思うよ。	M : 1 맞추고 있으니까 걱정 없다고 생각해.
2 そうか、それなら少し急ごうか。	2 그런가, 그렇다면 좀 서두를까?
3 うん、大丈夫だよ。この景色、見覚えがあるから。	**3 응, 괜찮아. 이 경치, 본 기억이 있으니까.**

해설 여자가 남자에게 지금 가는 길이 맞는지 확인하는 상황이다.

1 (X) **合う**(맞다)와 관련된 **合わせる**(맞추다)를 사용하여 혼동을 준 오답이다.

2 (X) 길이 맞는지 묻는 상황과 맞지 않다.

3 (O) 이 경치를 본 기억이 있다며 여자를 안심시키고 있으므로 적절한 응답이다.

어휘 **合う** あう 동 맞다 **合わせる** あわせる 동 맞추다 **見覚え** みおぼえ 명 본 기억

5 중

[음성]	[음성]
M：映画クラブの集まり、今度の土曜日だってね。	M : 영화 클럽 모임, 이번 토요일이라던데.
F：1 うん、聞いたよ。	**F : 1 응, 들었어.**
2 それがいいね。	2 그게 좋네.
3 平日もいいかもね。	3 평일도 좋을지도.

해설 남자가 여자에게 영화 클럽의 모임이 토요일이라고 알려주고 있는 상황이다.

1 (O) 들었어, 즉 이미 들어서 알고 있다고 말하고 있으므로 적절한 응답이다.

2 (X) 모임이 언제인지 알려주고 있는 상황과 맞지 않다.

3 (X) 모임이 토요일이라는 말과 맞지 않다.

어휘 **クラブ** 명 클럽 **集まり** あつまり 명 모임 **平日** へいじつ 명 평일

6 중

[음성]	[음성]
F：佐藤さん、また取引先に呼ばれて出かけたみたい。	F : 사토 씨, 또 거래처에서 불러서 외출한 것 같아.
M：1 僕も行きたくなかった。	M : 1 나도 가고 싶지 않았어.
2 え？またトラブルがあったのかな。	**2 뭐? 또 트러블이 있었던 걸까?**
3 早く戻って来てね。	3 빨리 돌아와.

해설 여자가 남자에게 사토 씨가 거래처의 연락을 받고 외출한 것 같다고 말하는 상황이다.

1 (X) 사토 씨가 불려 외출한 상황과 맞지 않다.

2 (O) 거래처에서 사토 씨를 부른 이유를 추측하고 있으므로 적절한 응답이다.

3 (X) 사토 씨가 거래처에 갔다는 말에 적절한 응답이 아니다.

어휘 **取引先** とりひきさき 명 거래처 **トラブル** 명 트러블

7 중

[음성]	[음성]
M：部品の在庫が不足してるそうだけど、入荷の見通しは？	M : 부품 재고가 부족하다고 하던데, 입고 전망은?
F：1 はい、よく見ておきます。	F : 1 네, 잘 봐 두겠습니다.
2 はい、足りませんでした。	2 네, 부족했습니다.
3 はい、20日に入る予定です。	**3 네, 20일에 들어올 예정입니다.**

해설 남자가 여자에게 부품의 입고 전망을 묻는 상황이다.

1 (X) 見通し(みとおし)와 발음이 비슷한 見ておく(みておく)를 사용하여 혼동을 준 오답이다.

2 (X) 不足(부족)과 관련된 足りない(부족하다)를 사용하여 혼동을 준 오답이다.

3 (O) 입고 일정을 알려주고 있으므로 적절한 응답이다.

어휘 **部品** ぶひん 명 부품 **在庫** ざいこ 명 재고 **不足** ふそく 명 부족 **入荷** にゅうか 명 입고, 입하 **見通し** みとおし 명 전망

8 중

[음성]

F：説明会で使うパンフレットを持って来るように言われたんですが…。

M：1 はい、確かに言われました。

2 じゃあ、これを持って行ってください。

3 ええ、間違いなく持って行きましたよ。

[음성]

F : 설명회에서 쓸 팸플릿을 가지고 오도록 들었는데요….

M : 1 네, 분명히 들었습니다.

2 그럼, 이것을 가지고 가 주세요.

3 네, 틀림없이 가지고 갔습니다.

해설 여자가 설명회에서 쓸 팸플릿을 가지러 온 상황이다.

1 (X) 言われる(いわれる)를 반복 사용하여 혼동을 준 오답이다.

2 (O) 여자의 요청에 필요한 것을 전달하고 있으므로 적절한 응답이다.

3 (X) 여자가 팸플릿을 가지러 온 상황과 맞지 않다.

어휘 **パンフレット** 명 팸플릿 **間違いない** まちがいない 틀림없다

9 중상

[음성]

M：先日引っ越したんだけど、いろいろ手続きが多くて、目が回るよ。

F：1 本当に目が疲れるよね。

2 何か手伝えること、ある？

3 病院に行った方がいいよ。

[음성]

M : 요전에 이사했는데, 여러 가지 절차가 많아서, 매우 바빠.

F : 1 정말로 눈이 피곤하지.

2 뭔가 도울 수 있는 거, 있어?

3 병원에 가는 편이 좋아.

해설 남자가 여자에게 이사를 하고 난 후 절차가 많아서 바쁘다고 푸념하는 상황이다.

1 (X) 目(め)를 반복 사용하여 혼동을 준 오답이다

2 (O) 남자의 푸념에 도와주겠다고 하고 있으므로 적절한 응답이다.

3 (X) '매우 바쁘다'라는 뜻으로 쓰인 目が回る(めがまわる)를 '현기증이 나다'라는 뜻으로 사용할 경우의 응답으로 혼동을 준 오답이다.

어휘 **先日** せんじつ 명 요전 **手続き** てつづき 명 절차 **目が回る** めがまわる 매우 바쁘다

10 상

[음성]

F：あのう、確か以前、お目にかかったことがありますよね？

M：1 はい、先程お見えになりました。

2 はい、昔、拝見しました。

3 はい、ご無沙汰しております。

[음성]

F : 저, 분명 이전에, 만나 뵌 적이 있죠?

M : 1 네, 조금 전에 오셨습니다.

2 네, 옛날에, 봤습니다.

3 네, 격조했습니다.

해설 여자가 남자를 이전에 만난 적이 있는지 묻는 상황이다.

1 (X) 目(눈)와 관련된 見える(보이다)를 사용하여 혼동을 준 오답이다.

2 (X) お目にかかる(만나 뵙다)와 관련된 어휘 拝見(보다, 구경하다)을 사용하여 혼동을 준 오답이다.

3 (O) 격조했다, 즉 오랜만이라고 인사하고 있으므로 적절한 응답이다.

어휘 **以前** いぜん 명 이전 **お目にかかる** おめにかかる 만나 뵙다 (会う의 겸양 표현) **先程** さきほど 명 조금 전
お見えになる おみえになる 오시다 (来る의 존경 표현) **ご無沙汰する** ごぶさたする 격조하다, 소식을 전하지 않다

11 중상

[음성]	[음성]
F：地震に備えて、必要な物はまとめておこうよ。	F : 지진에 대비해서, 필요한 것은 한데 모아 두자.
M：1 うん、全部ここに入れておくね。	M : 1 **응, 전부 여기에 넣어 둘게.**
2 うん、それはいらないよね。	2 응, 그건 필요 없지?
3 うん、いろいろ分けておいたよ。	3 응, 여러 가지 나눠 두었어.

해설 여자가 남자에게 지진에 대비해서 필요한 것을 한데 모아 두자고 권유하는 상황이다.

1 (O) 전부 여기에 넣어 두겠다, 즉 모아 두겠다고 하고 있으므로 적절한 응답이다.

2 (X) 필요한 것을 한데 모아 두자는 제안과 맞지 않으므로 오답이다.

3 (X) ~ておく를 반복 사용하여 혼동을 준 오답이다.

어휘 **備える** そなえる 동 대비하다 **まとめる** 동 한데 모으다, 정리하다 **~ておく** ~해 두다

☞ **문제 5**는 긴 이야기를 듣습니다. 예제가 없으므로 바로 문제를 풀 준비를 합니다. 문제지에 들리는 내용을 적극적으로 메모하며 문제를 풀어 봅시다. 디렉션은 실전모의고사 제1회의 해설(p.56)에서 확인할 수 있습니다.

1 중상

[음성]

美術館のチケット売り場で男性と販売員が話しています。

M：すみません、来週始まる特別展のチケットがほしいんですが。

F：前売りチケットですね。入場時間によって種類がありますが。

M：え、そうなんですか。妻と二人で来ようと思ってるんですけど。

F：大人お二人ですね。まず1枚ずつ購入の普通のチケットです。いらっしゃる曜日や時間帯の制限がありませんので、いつ来るか決まっていないならこれでもいいかと思います。それから、二人用のペアチケットもあります。いつでも使えますが、1枚ずつ2回に分けては使えません。

M：へえ。いくらなんですか。

F：普通のチケットは1枚800円、ペアチケットは1,500円で100円安いです。それから時間制限のあるチケットもあります。夕方チケットと言って、16時から使えるチケットです。こちらは1枚600円です。

M：あ、安いんですね。

F：はい。閉館が18時ですので、遅くなるようなら見る時間が短くなりますが、日中に来られないならお得です。もう一つは平日限定チケットです。これは土曜日曜は使えず、入館が16時までの平日昼間だけのチケットで、1枚700円です。

[음성]

미술관의 매표소에서 남성과 판매원이 이야기하고 있습니다.

M : 실례합니다, 다음 주 시작되는 특별전 티켓을 원하는데요.

F : 예매 티켓이군요. 입장 시간에 따라 종류가 있습니다만.

M : 아, 그런가요? 아내와 둘이서 오려고 생각하고 있는데요.

F : 성인 두 분이군요. 우선 1장씩 구입인 보통 티켓입니다. 오시는 요일이나 시간대의 제한이 없기 때문에, 언제 올지 정해져 있지 않다면 이것도 좋을 것이라고 생각합니다. 그리고, 두 사람용인 페어 티켓도 있습니다. 언제든 사용할 수 있지만, 1장씩 2회에 나눠서는 사용할 수 없습니다.

M : 음, 얼마인가요?

F : 보통 티켓은 1장 800엔, 페어 티켓은 1,500엔으로 100엔 저렴합니다. 그리고 시간제한이 있는 티켓도 있습니다. 저녁 티켓이라고 해서, 16시부터 사용할 수 있는 티켓입니다. 이쪽은 1장 600엔입니다.

M : 아, 저렴하네요.

F : 네. 폐관이 18시이기 때문에, 늦어질 것 같다면 보는 시간이 짧아집니다만, 낮 동안에 올 수 없다면 이득입니다. 또 하나는 평일 한정 티켓입니다. 이것은 토요일 일요일은 사용할 수 없고, 입관이 16시까지인 평일 낮만의 티켓으로, 1장 700엔입니다.

M：そうですか。平日は僕も妻も仕事をしているので、使えないですね。いつ来るかまだ決めてないけど、一人では来ることないし、ゆっくり見られるこれにします。

男の人はどれを買うことにしましたか。

1 普通のチケット

2 ペアチケット

3 夕方チケット

4 平日限定チケット

M : 그렇습니까. 평일은 저도 아내도 일을 하고 있기 때문에, 사용할 수 없네요. 언제 올지 아직 정하지 않았지만, 혼자서는 올 일 없고, 느긋하게 볼 수 있는 이것으로 하겠습니다.

남자는 어느 것을 사기로 했습니까?

1 보통 티켓

2 페어 티켓

3 저녁 티켓

4 평일 한정 티켓

해설 대화에서 언급되는 여러 선택 사항과 화자 중 한 명의 최종 선택 내용을 재빨리 메모하며 주의 깊게 듣는다.

[메모] 남자 → 특별전 티켓, 아내와 둘이서

- 1장씩 보통 티켓 : 요일이나 시간 제한 X
- 두 사람 페어 티켓 : 언제든 사용. 1장씩 2회 나눠서 X → 보통 장당 800엔, 페어 1500엔
- 시간제한 티켓 : 저녁 티켓, 16시부터, 600엔, 짧음
- 평일 한정 티켓 : 토일 X, 평일 낮, 700엔 → 평일은 둘 다 일함

남자 → 언제 올지 안 정함, 혼자 X, 느긋하게 볼 수 있는 것

질문이 남자가 무엇을 사기로 했는지 묻고 있다. 언제 올지 정하지 않았고, 혼자 오지 않고, 느긋하게 볼 수 있는 것으로 하겠다고 했으므로, 2 ペアチケット가 정답이다.

어휘 **チケット売り場** チケットうりば 명 매표소 **販売員** はんばいいん 명 판매원 **特別展** とくべつてん 명 특별전 **前売り** まえうり 명 예매 **入場** にゅうじょう 명 입장 **種類** しゅるい 명 종류 **購入** こうにゅう 명 구입 **曜日** ようび 명 요일 **時間帯** じかんたい 명 시간대 **二人用** ふたりよう 두 사람용 **ペア** 명 페어, 한 쌍 **分ける** わける 동 나누다 **時間制限** じかんせいげん 명 시간제한 **夕方** ゆうがた 명 저녁 **閉館** へいかん 명 폐관 **日中** にっちゅう 명 낮 동안 **お得** おとく 이득 **平日** へいじつ 명 평일 **限定** げんてい 명 한정 **土曜** どよう 명 토요(일) **日曜** にちよう 명 일요(일) **入館** にゅうかん 명 입관

2 중상

[음성]

会社で同僚三人が上司との面談について話しています。

M1：今日の午後、部長と面談なんだ。最近、営業成績が良くないから、気が重いよ。何話せばいいと思う?

F：一年に一回の評価面談だからね。私も昨日だったけど緊張したわ。

M2：僕も昨日だったよ。上司ってよく見てくれてるからね。思った以上にいろいろな点を評価してもらえたよ。

M1：うーん、だまって話を聞いてくるしかないかなあ。

M2：それじゃあ、評価のしようがないんじゃないかな。僕だったら、どうしてだめだったか、自分なりに分析して面談で話してみるけど。そうすれば、それも評価されるんじゃない?

M1：そっか。

F：でも、だめだったことだけじゃないと思うの。できたこともあったはずだよ。それも一緒に伝えるべきだよ。

M1：できたことか…。

M2：でなければ、これからのやる気を見せるというのはどう? そうすれば、部長も機嫌いいんじゃないかな。

[음성]

회사에서 동료 세 명이 상사와의 면담에 대해 이야기하고 있습니다.

M1 : 오늘 오후, 부장님과 면담이야. 최근, 영업 성적이 좋지 않아서, 마음이 무거워. 뭘 말하면 좋겠다고 생각해?

F : 일 년에 한 번인 평가 면담이니까 말이야. 나도 어제였는데 긴장했어.

M2 : 나도 어제였어. 상사란 잘 봐 주고 있으니까 말이야. 생각한 이상으로 다양한 점을 평가받을 수 있었어.

M1 : 으음, 잠자코 이야기를 듣고 오는 수밖에 없으려나.

M2 : 그래서는, 평가할 방법이 없는 게 아닐까? 나였다면, 왜 잘 안됐는지, 나름대로 분석해서 면담에서 얘기해 보겠는데. 그렇게 하면, 그것도 평가되는 거 아닐까?

M1 : 그런가.

F : 하지만, 잘 안된 것만은 아니라고 생각해. 잘한 것도 있었을 거야. 그것도 함께 전해야 돼.

M1 : 잘한 일이라….

M2 : 아니면, 앞으로의 의욕을 보여준다는 건 어때? 그렇게 하면, 부장님도 기분이 좋지 않을까?

F：これからの話じゃ今年の評価はできないよ。今までの仕事をちゃんと振り返らないと。

M1：そうだね。よし、時間ないけど、20分で何とかまとめてみるよ。意見ありがとう。

今日面談の男性はどうすることにしましたか。

1 おとなしく上司の話を聞く
2 だめだったことを分析して話す
3 やる気があることを伝える
4 自分のしてきたことを伝える

F : 앞으로의 이야기로는 올해의 평가는 할 수 없어. 지금까지의 일을 제대로 되돌아보지 않으면.

M1 : 그렇네. 좋아, 시간 없지만, 20분으로 어떻게든 정리해 볼게. 의견 고마워.

오늘 면담인 남성은 어떻게 하기로 했습니까?

1 얌전하게 상사의 이야기를 듣는다
2 잘 안된 것을 분석해서 이야기한다
3 의욕이 있는 것을 전한다
4 자신이 해 온 것을 전한다

해설 대화에서 언급되는 여러 선택 사항과 특징, 최종 결정 사항을 재빨리 메모하며 주의 깊게 듣는다.

[메모] 부장님과 면담. 뭘 말할지?
- 잠자코 이야기 들어야 하나? → 평가할 방법이 X
- 왜 잘 안됐는지 분석해서 이야기 → 평가 → 잘한 것도 함께 전해야
- 앞으로의 의욕을 보여줘 → 올해의 평가 X
- 지금까지의 일을 되돌아봐야 함 → 정리해 볼게

질문에서 오늘 면담인 남자가 어떻게 하기로 했는지 묻고 있다. 여자가 지금까지의 일을 되돌아봐야 한다고 하자, 오늘 면담인 남자가 어떻게든 정리해 보겠다고 했으므로 4 自分のしてきたことを伝える가 정답이다.

어휘 同僚 どうりょう 명 동료　上司 じょうし 명 상사　面談 めんだん 명 면담　営業 えいぎょう 명 영업　成績 せいせき 명 성적　気が重い きがおもい 마음이 무겁다　一回 いっかい 명 한 번　評価 ひょうか 명 평가　緊張 きんちょう 명 긴장　だまる 동 잠자코 있다　しようがない 방법이 없다　自分なりに じぶんなりに 나름대로　分析 ぶんせき 명 분석　やる気 やるき 명 의욕　機嫌 きげん 명 기분　ちゃんと 부 제대로　振り返る ふりかえる 동 되돌아보다　何とか なんとか 부 어떻게든　まとめる 동 정리하다　おとなしい い형 얌전하다

3 중

[음성]

陶芸教室で、コースについての説明を聞いて、夫婦が話しています。

M1：本日は体験レッスンにご参加いただき、ありがとうございます。本日参加できるコースをご紹介します。まずは、陶芸の基本を習うコースです。初心者向けですので、初めての方でも安心して参加できます。他には中級者対象のものが3つあります。一つは、自然、宇宙といったテーマに沿って作品を作る「テーマ別コース」です。もう一つは、教師のアドバイスを受けながら自由に好きなものを作る「創作コース」です。最後は、4回のレッスンを通して大きな作品を完成させる「大作コース」です。こちらは、作品を完成させるまでに4回通う必要がありますので、続けてご参加できそうな方を対象としています。以上の中からお好きなコースを選んでご参加ください。

F：どのコースも興味深いね。どうしようかな。

M2：君はもう何年も経験があるけど、僕はやったことがあるって言っても数回だけだしな。初心者コースでもう一回しっかり学ぼうかな。

[음성]

도예 교실에서, 코스에 대한 설명을 듣고, 부부가 이야기하고 있습니다.

M1 : 오늘은 체험 레슨에 참가해 주셔서, 감사합니다. 오늘 참가할 수 있는 코스를 소개하겠습니다. 우선은, 도예의 기본을 배우는 코스입니다. 초심자용이기 때문에, 처음인 분이라도 안심하고 참가할 수 있습니다. 그 외에는 중급자 대상인 것이 세 개 있습니다. 하나는, 자연, 우주와 같은 테마에 따라서 작품을 만드는 '테마별 코스'입니다. 또 하나는, 교사의 조언을 받으면서 자유롭게 좋아하는 것을 만드는 '창작 코스'입니다. 마지막은, 4회의 레슨을 통해서 큰 작품을 완성시키는 '대작 코스'입니다. 이쪽은, 작품을 완성시키기까지 4회 다닐 필요가 있기 때문에, 계속해서 참가할 수 있을 것 같은 분을 대상으로 하고 있습니다. 이상 중에서 좋아하시는 코스를 골라서 참가해 주세요.

F : 어느 코스나 흥미롭네. 어떻게 하지?

M2 : 너는 이미 몇 년이나 경험이 있지만, 나는 해 본 적이 있다고 해도 몇 번뿐이고 말이지. 초심자 코스에서 다시 한번 확실히 배울까?

F：あら、せっかくの体験レッスンなんだから、もったいないんじゃない？ せっかくだから興味のあるものにしてみたら？ 自然とか宇宙とかも面白そうだなと思うんだけど。

M2：やってみたいものって言ったら、大きな作品を時間をかけて作ることだけどね。でも本格的に通うかまだわからないし、やっぱりまずは基礎をしっかり復習するよ。

F：そう。私は、悩むところだけど、やっぱり先生にいろいろ聞けて教えてもらえるのがいいな。それで自分の好きな物を作ってみようかな。

M2：じゃあ、別々のコースだけど、お互い頑張ろう。

F：そうね。

質問 1 男の人はどのコースに参加しますか。

[문제지]

1 初心者コース

2 テーマ別コース

3 創作コース

4 大作コース

質問 2 女の人はどのコースに参加しますか。

[문제지]

1 初心者コース

2 テーマ別コース

3 創作コース

4 大作コース

F : 어머, 모처럼의 체험 레슨이니까, 아깝지 않아? 모처럼이니까 흥미가 있는 것으로 해 보면? 자연이라든지 우주라든지도 재미있을 것 같다고 생각하는데.

M2 : 해 보고 싶은 것이라고 하면, 큰 작품을 시간을 들여서 만드는 것인데. 하지만 본격적으로 다닐지 아직 모르겠고, 역시 우선은 기초를 확실히 복습할게.

F : 그래? 나는, 고민하는 참이지만, 역시 선생님에게 여러 가지 물어볼 수 있고 가르쳐 받을 수 있는 게 좋겠어. 그래서 내가 좋아하는 걸 만들어 볼까.

M2 : 그럼, 제각기의 코스지만, 서로 열심히 하자.

F : 그래.

질문1 남자는 어느 코스에 참가합니까?

[문제지]

1 초심자 코스

2 테마별 코스

3 창작 코스

4 대작 코스

질문2 여자는 어느 코스에 참가합니까?

[문제지]

1 초심자 코스

2 테마별 코스

3 창작 코스

4 대작 코스

해설 각 선택지와 관련하여 언급되는 내용을 재빨리 메모하며 주의 깊게 듣고, 두 명의 대화자가 최종적으로 선택하는 것에 유의하며 대화를 듣는다.

[메모] 체험 레슨, 코스 소개

① 도예의 기본 → 초심자용 / 그 외 중급자 대상 3개

② 자연, 우주 테마

③ 교사의 조언, 좋아하는 것 만드는 창작 코스

④ 4회 레슨, 큰 작품 만드는 대작 코스 → 계속 할 수 있는 사람 대상

남자 → 해 본적 몇 번 없음, 초심자 코스, 우선은 기초 복습

여자 → 선생님에게 물어 보고 가르쳐 받는 것이 좋음, 좋아하는 것 만듦

질문 1은 남자가 참가할 코스를 묻고 있다. 남자는 우선 기초를 확실히 복습하겠다고 했으므로, 도예의 기본을 배우는 1 初心者コース가 정답이다.

질문 2는 여자가 참가할 코스를 묻고 있다. 여자는 선생님에게 물어볼 수 있고 가르쳐 받을 수 있는 것이 좋다고 하고, 좋아하는 것을 만들어 보겠다고 했으므로, 교사의 조언을 받으면서 좋아하는 것을 만드는 3 創作コース가 정답이다.

어휘 陶芸 とうげい 명 도예 コース 명 코스 夫婦 ふうふ 명 부부 本日 ほんじつ 명 오늘 体験 たいけん 명 체험 レッスン 명 레슨 参加 さんか 명 참가 基本 きほん 명 기본 初心者向け しょしんしゃむけ 초심자용, 초보자용 中級者 ちゅうきゅうしゃ 명 중급자 対象 たいしょう 명 대상 自然 しぜん 명 자연 宇宙 うちゅう 명 우주 テーマ 명 테마 作品 さくひん 명 작품 教師 きょうし 명 교사 アドバイス 명 조언 自由だ じゆうだ な형 자유롭다 創作 そうさく 명 창작 完成 かんせい 명 완성 大作 たいさく 명 대작 興味深い きょうみぶかい い형 흥미롭다 経験 けいけん 명 경험 数回 すうかい 명 몇 번 学ぶ まなぶ 동 배우다 せっかく 부 모처럼 もったいない い형 아깝다 本格的だ ほんかくてきだ な형 본격적이다 基礎 きそ 명 기초 悩む なやむ 동 고민하다 別々 べつべつ 명 제각기 お互い おたがい 서로

실전모의고사 제4회

언어지식(문자・어휘)

문제 1	
1	3
2	3
3	4
4	2
5	1

문제 2	
6	3
7	2
8	4
9	3
10	1

문제 3	
11	3
12	2
13	3
14	2
15	4

문제 4	
16	2
17	3
18	1
19	2
20	4
21	1
22	4

문제 5	
23	1
24	2
25	4
26	2
27	1

문제 6	
28	1
29	3
30	4
31	1
32	3

언어지식(문법)

문제 7	
33	3
34	2
35	1
36	4
37	1
38	3
39	3
40	2
41	1
42	4
43	1
44	4

문제 8	
45	4
46	4
47	2
48	4
49	1

문제 9	
50	3
51	1
52	2
53	1
54	4

독해

문제 10	
55	3
56	4
57	1
58	1
59	4

문제 11	
60	2
61	3
62	4
63	3
64	2
65	4
66	1
67	2
68	3

문제 12	
69	3
70	4

문제 13	
71	4
72	3
73	1

문제 14	
74	3
75	2

청해

문제 1	
1	2
2	4
3	3
4	3
5	2

문제 2	
1	3
2	3
3	4
4	3
5	4
6	1

문제 3	
1	2
2	4
3	2
4	2
5	3

문제 4	
1	1
2	3
3	2
4	1
5	3
6	1
7	1
8	3
9	3
10	2
11	2
12	3

문제 5	
1	3
2	4
3 질문1	3
질문2	1

언어지식(문자·어휘) p.189

1 중상

本田(ほんだ)さんは車が好きで、その部品や<u>構造</u>にまで詳しい。	혼다 씨는 자동차를 좋아해서, 그 부품이나 <u>구조</u>에까지 정통하다.
1 こうぞ　　2 こうそ	1 X　　2 X
3 こうぞう　　4 こうそう	**3 구조**　　4 X

해설 構造는 3 こうぞう로 발음한다. ぞう가 장음인 것에 주의한다.

어휘 構造 こうぞう 명 구조　部品 ぶひん 명 부품　詳しい くわしい い형 정통하다, 상세하다

2 중상

良い人間関係を作るには、相手を<u>敬う</u>気持ちが大切だ。	좋은 인간관계를 만들려면, 상대를 <u>공경하는</u> 마음이 중요하다.
1 したがう　　2 うかがう	1 따르는　　2 여쭙는
3 うやまう　　4 あつかう	**3 공경하는**　　4 다루는

해설 敬う는 3 うやまう로 발음한다.

어휘 敬う うやまう 동 공경하다　人間関係 にんげんかんけい 명 인간관계　相手 あいて 명 상대　従う したがう 동 따르다
伺う うかがう 동 여쭙다 (聞く의 겸양어)　扱う あつかう 동 다루다

3 상

その映画は来月の<u>下旬</u>に公開される予定だ。	그 영화는 다음 달 <u>하순</u>에 공개될 예정이다.
1 かしゅん　　2 げしゅん	1 X　　2 X
3 かじゅん　　**4 げじゅん**	3 X　　**4 하순**

해설 下旬은 4 げじゅん으로 발음한다. 下旬의 下는 두 가지 음독 か와 げ 중 げ로 발음하고, じゅん이 탁음인 것에 주의한다.

어휘 下旬 げじゅん 명 하순　公開 こうかい 명 공개

꼭! 알아두기 下를 음독 げ로 발음하는 명사로 下車(げしゃ, 하차), 下水(げすい, 하수), 上下(じょうげ, 상하)를 함께 알아 둔다.

4 중상

台風の時は、窓が割れないように<u>用心</u>してください。	태풍 때는, 창문이 깨지지 않도록 <u>조심</u>해 주세요.
1 ようしん　　**2 ようじん**	1 X　　**2 조심**
3 ゆうしん　　4 ゆうじん	3 X　　4 X

해설 用心은 2 ようじん으로 발음한다. じん이 탁음인 것에 주의한다.

어휘 用心 ようじん 명 조심

5 중

彼女は専門知識は豊富だが、業務経験が<u>乏しい</u>。	그녀는 전문 지식은 풍부하지만, 업무 경험이 <u>부족하다</u>.
1 とぼしい　　2 あやしい	**1 부족하다**　　2 수상하다
3 まずしい　　4 むなしい	3 가난하다　　4 허무하다

해설 乏しい는 1 とぼしい로 발음한다.

어휘 乏しい とぼしい い형 부족하다　知識 ちしき 명 지식　豊富だ ほうふだ な형 풍부하다　業務 ぎょうむ 명 업무　怪しい あやしい い형 수상하다
貧しい まずしい い형 가난하다　空しい むなしい い형 허무하다

6 중

急に出張が決まり、会議の日程をあらためた。		갑작스럽게 출장이 정해져서, 회의 일정을 바꿨다.	
1 替めた	2 換めた	1 X	2 X
3 改めた	4 新めた	**3 바꿨다**	4 X

해설 あらためた는 3 改めた로 표기한다.

어휘 **改める** あらためる 동 바꾸다 **急だ** きゅうだ な형 갑작스럽다 **出張** しゅっちょう 명 출장 **日程** にってい 명 일정

꼭! 알아두기 改める(바꾸다)와 비슷한 의미를 가진 한자 替(かえる, 교환하다), 換(かえる, 교체하다)를 구분하여 알아 둔다.

7 상

居間に飾ってある家族写真は5年前にさつえいしたものだ。		거실에 장식되어 있는 가족사진은 5년 전에 촬영한 것이다.	
1 刷影	**2 撮影**	1 X	**2 촬영**
3 刷映	4 撮映	3 X	4 X

해설 さつえい는 2 撮影로 표기한다. 撮(さつ, 찍다)를 선택지 1과 3의 刷(さつ, 인쇄하다)와 구별해서 알아 두고, 影(えい, 모습)를 선택지 3과 4의 映(えい, 비치다)와 구별해서 알아 둔다.

어휘 **撮影** さつえい 명 촬영 **居間** いま 명 거실

8 상

今日は波があらく危険なため、海水浴が禁止になった。		오늘은 파도가 거칠고 위험하기 때문에, 해수욕이 금지되었다.	
1 忘く	2 忙く	1 X	2 X
3 慌く	**4 荒く**	3 X	**4 거칠고**

해설 あらく는 4 荒く로 표기한다.

어휘 **荒い** あらい い형 거칠다 **波** なみ 명 파도 **海水浴** かいすいよく 명 해수욕 **禁止** きんし 명 금지

9 상

私の周りにはゆかいな友人が多い。		내 주변에는 유쾌한 친구가 많다.	
1 諭快	2 諭決	1 X	2 X
3 愉快	4 愉決	**3 유쾌**	4 X

해설 ゆかい는 3 愉快로 표기한다. 愉(ゆ, 즐겁다)를 선택지 1과 2의 諭(ゆ, 타이르다)와 구별해서 알아 두고, 快(かい, 쾌활하다)를 선택지 2와 4의 決(けつ, 결정)와 구별해서 알아 둔다.

어휘 **愉快だ** ゆかいだ な형 유쾌하다 **友人** ゆうじん 명 친구

10 중

本日の舞台は予定より10分遅れてかいえんします。		오늘의 무대는 예정보다 10분 늦게 개막합니다.	
1 開演	2 開始	**1 개막**	2 개시
3 開催	4 開会	3 개최	4 개회

해설 かいえん은 1 開演으로 표기한다

어휘 **開演** かいえん 명 개막, 개연 **本日** ほんじつ 명 오늘 **舞台** ぶたい 명 무대 **開始** かいし 명 개시 **開催** かいさい 명 개최 **開会** かいかい 명 개회

11 상

この計画は、もう引き（　　　）ことはできない。	이 계획은, 이미 되 (　　) 것은 불가능하다.
1 帰る　　2 戻る	1 X　　2 X
3 返す　　4 取る	**3 돌리다**　　4 잡다

해설 괄호 앞의 어휘 引く(끌다)는 返す(돌리다)와 함께 쓰이면 引き返す(되돌리다), 取る(잡다)와 함께 쓰이면 引き取る(떠맡다)라는 복합어가 된다. 문장의 문맥을 살펴보면 この計画は、もう引き返すことはできない(이 계획은, 이미 되돌리는 것은 불가능하다)가 자연스러우므로 3 返す가 정답이다.

어휘 引き返す ひきかえす 동 되돌리다　引き取る ひきとる 동 떠맡다

12 중

チームの（　　　）優勝を祝うパーティーが開かれた。	팀의 (　　) 우승을 축하하는 파티가 열렸다.
1 最　　**2 初**	1 최　　**2 첫**
3 真　　4 第	3 한　　4 제

해설 괄호 뒤의 어휘 優勝(우승)와 함께 쓰여 初優勝(첫 우승)를 만드는 접두어 2 初가 정답이다. 1은 最先端(さいせんたん, 최첨단), 3은 真冬(まふゆ, 한겨울), 4는 第一巻(だいいっかん, 제1권)으로 자주 쓰인다.

어휘 初優勝 はつゆうしょう 명 첫 우승　チーム 명 팀　祝う いわう 동 축하하다　開く ひらく 동 열다

13 중

この製品の安全（　　　）は検査で確認されている。	이 제품의 안전 (　　) 은 검사로 확인되어 있다.
1 差　　2 的	1 차　　2 적
3 性　　4 用	**3 성**　　4 용

해설 괄호 앞의 어휘 安全(안전)과 함께 쓰여 安全性(안전성)를 만드는 접미어 3 性가 정답이다. 1은 個人差(こじんさ, 개인차), 2는 具体的(ぐたいてき, 구체적) 4는 学生用(がくせいよう, 학생용)로 자주 쓰인다.

어휘 安全性 あんぜんせい 명 안전성　製品 せいひん 명 제품　検査 けんさ 명 검사　確認 かくにん 명 확인

14 중

何も食べないのはダイエットに（　　　）効果だ。	아무것도 먹지 않는 것은 다이어트에 (　　) 효과이다 .
1 反　　**2 逆**	1 반　　**2 역**
3 別　　4 不	3 다른　　4 부

해설 괄호 뒤의 어휘 効果(효과)와 함께 쓰여 逆効果(역효과)를 만드는 접두어 2 逆가 정답이다. 1은 反体制(はんたいせい, 반체제), 3은 別問題(べつもんだい, 다른 문제), 4는 不正確(ふせいかく, 부정확)로 자주 쓰인다.

어휘 逆効果 ぎゃくこうか 명 역효과　ダイエット 명 다이어트

15 중상

泥棒(どろぼう)に入られて、警察に被害（　　　）を出した。	도둑이 들어서, 경찰에 피해 (　　) 를 냈다.
1 状　　2 証	1 장　　2 증
3 書　　**4 届**	3 서　　**4 신고서**

해설 괄호 앞의 어휘 被害(피해)와 함께 쓰여 被害届(피해 신고서)를 만드는 접미어 4 届가 정답이다. 1은 招待状(しょうたいじょう, 초대장), 2는 会員証(かいいんしょう, 회원증), 3은 専門書(せんもんしょ, 전문서)로 자주 쓰인다.

어휘 被害届 ひがいとどけ 명 피해 신고서　泥棒に入られる どろぼうにはいられる 도둑이 들다

꼭! 알아두기 届는 관공서, 학교, 회사 등에서 '무언가를 신청하거나 신고하는 목적의 서류'라는 의미의 접미어로, 被害届(ひがいとどけ, 피해 신고서) 외에 婚姻届(こんいんとどけ, 혼인 신고서), 出生届(しゅっしょうとどけ, 출생 신고서), 欠席届(けっせきとどけ, 결석 신고서)로 자주 쓰인다.

16 중

いつも冷静なところが彼の（　　）だ。		언제나 침착한 것이 그의 (　　) 이다.	
1 便宜	**2 長所**	1 편의	**2 장점**
3 重点	4 優良	3 중점	4 우량

해설 선택지가 모두 명사이다. 괄호 앞의 **彼の**(그의)와 함께 쓸 때 **彼の長所**(그의 장점)라는 문맥이 가장 자연스러우므로 2 **長所**(장점)가 정답이다. 1은 **生活の便宜**(생활의 편의), 3은 **経営の重点**(경영의 중점), 4는 **日本の優良企業**(일본의 우량 기업)로 자주 쓰인다.

어휘 **冷静だ** れいせいだ [な형] 침착하다, 냉정하다 **便宜** べんぎ [명] 편의 **長所** ちょうしょ [명] 장점 **重点** じゅうてん [명] 중점 **優良** ゆうりょう [명] 우량

17 상

取引先とは少しでも（　　）条件(じょうけん)で契約(けいやく)したいと思っている。		거래처와는 조금이라도 (　　) 조건으로 계약하고 싶다고 생각하고 있다.	
1 有効な	2 有力な	1 유효한	2 유력한
3 有利な	4 有望な	**3 유리한**	4 유망한

해설 선택지가 모두 な형용사이다. 괄호 뒤의 **条件**(조건)과 함께 쓸 때 **有利な条件**(유리한 조건)이라는 문맥이 가장 자연스러우므로 3 **有利な**(유리한)가 정답이다. 1은 **有効な手段**(유효한 수단), 2는 **有力な仮説**(유력한 가설), 4는 **有望な人材**(유망한 인재)로 자주 쓰인다.

어휘 **取引先** とりひきさき [명] 거래처 **条件** じょうけん [명] 조건 **契約** けいやく [명] 계약 **有効だ** ゆうこうだ [な형] 유효하다 **有力だ** ゆうりょくだ [な형] 유력하다 **有利だ** ゆうりだ [な형] 유리하다 **有望だ** ゆうぼうだ [な형] 유망하다

18 중

大学卒業後はテレビ局や新聞社などの（　　）に関係する仕事がしたい。		대학 졸업 후에는 텔레비전 방송국이나 신문사 등의 (　　) 에 관계된 일을 하고 싶다.	
1 メディア	2 アナウンス	**1 미디어**	2 안내 방송
3 オンライン	4 プログラム	3 온라인	4 프로그램

해설 선택지가 모두 명사이다. 괄호 뒤의 내용과 함께 쓸 때 **メディアに関係する仕事**(미디어에 관계된 일)라는 문맥이 가장 자연스러우므로 1 **メディア**(미디어)가 정답이다. 2는 **アナウンスが流れる**(안내 방송이 흘러나오다), 3은 **オンラインで登録する**(온라인으로 등록하다), 4는 **プログラムを実行する**(프로그램을 실행하다)로 자주 쓰인다.

어휘 **テレビ局** テレビきょく [명] 텔레비전 방송국 **メディア** [명] 미디어 **アナウンス** [명] 안내 방송 **オンライン** [명] 온라인 **プログラム** [명] 프로그램

19 상

当センターでは今月から子育て相談窓口を新たに（　　）します。		저희 센터에서는 이번 달부터 육아 상담 창구를 새롭게 (　　) 합니다.	
1 支援(しえん)	**2 開設(かいせつ)**	1 지원	**2 개설**
3 案内(あんない)	4 成立(せいりつ)	3 안내	4 성립

해설 선택지가 모두 명사이다. 괄호의 앞뒤 내용과 함께 쓸 때 **相談窓口を新たに開設します**(상담 창구를 새롭게 개설합니다)라는 문맥이 가장 자연스러우므로 2 **開設**(개설)가 정답이다. 1은 **留学生を支援する**(유학생을 지원하다), 3은 **校内を案内する**(교내를 안내하다), 4는 **契約が成立する**(계약이 성립하다)로 자주 쓰인다.

어휘 **当センター** とうセンター [명] 저희 센터 **子育て** こそだて [명] 육아 **窓口** まどぐち [명] 창구 **新ただ** あらただ [な형] 새롭다 **支援** しえん [명] 지원 **開設** かいせつ [명] 개설 **案内** あんない [명] 안내 **成立** せいりつ [명] 성립

20 중

先日、父との約束を（　　）怒られてしまった。	요전, 아버지와의 약속을 (　　) 혼나고 말았다.
1 くだいて　　2 こわして	1 부수어　　2 파손해서
3 たおして　　**4 やぶって**	3 쓰러뜨려서　　**4 어겨서**

해설 선택지가 모두 동사이다. 괄호 앞의 **約束を**(약속을)와 함께 쓸 때, **約束をやぶって**(약속을 어겨서)라는 문맥이 가장 자연스러우므로 4 **やぶって**(어겨서)가 정답이다. 1은 **石をくだく**(돌을 부수다), 2는 **携帯をこわす**(휴대 전화를 파손하다), 3은 **敵をたおす**(적을 쓰러뜨리다)로 자주 쓰인다.

어휘 **先日** せんじつ 명 요전　**くだく** 동 부수다　**こわす** 동 파손하다　**たおす** 동 쓰러뜨리다, 넘어뜨리다　**やぶる** 동 어기다, 깨다

꼭! 알아두기 やぶる(어기다)는 沈黙をやぶる(침묵을 깨다), 平和をやぶる(평화를 깨다)와 같이 어떤 것을 깨다, 부수다라는 의미도 있지만, 約束をやぶる(약속을 어기다), 規則をやぶる(규칙을 어기다)와 같이 지켜야 할 것을 지키지 않는다는 의미로도 자주 쓰이므로 함께 알아 둔다.

21 중상

語学力を伸ばすためには、（　　）勉強を続けることが必要だ。	어학 실력을 기르기 위해서는, (　　) 공부를 계속하는 것이 필요하다.
1 こつこつ　　2 しみじみ	**1 꾸준히**　　2 곰곰이
3 はきはき　　4 がたがた	3 시원시원　　4 덜컹덜컹

해설 선택지가 모두 부사이다. 괄호 뒤의 **勉強を続ける**(공부를 계속하다)와 함께 쓸 때 **こつこつ勉強を続ける**(꾸준히 공부를 계속하다)라는 문맥이 가장 자연스러우므로 1 **こつこつ**(꾸준히)가 정답이다. 2는 **しみじみ考える**(곰곰이 생각하다), 3은 **はきはき答える**(시원시원 대답하다), 4는 **がたがた動く**(덜컹덜컹 움직이다)로 자주 쓰인다.

어휘 **語学力** ごがくりょく 명 어학 실력, 어학력　**伸ばす** のばす 동 기르다, 늘리다　**こつこつ** 부 꾸준히　**しみじみ** 부 곰곰이　**はきはき** 부 시원시원　**がたがた** 부 덜컹덜컹

22 중상

友人たちと一緒に登った山は、とても（　　）大変だった。	친구들과 함께 오른 산은, 아주 (　　) 힘들었다.
1 激しくて　　2 鋭くて	1 세차서　　2 날카로워서
3 憎くて　　**4 険しくて**	3 미워서　　**4 험해서**

해설 선택지가 모두 い형용사이다. 괄호 앞뒤의 내용과 함께 쓸 때 **山は、とても険しくて大変だった**(산은, 아주 험해서 힘들었다)라는 문맥이 가장 자연스러우므로 4 **険しくて**(험해서)가 정답이다. 1은 **雨が激しい**(비가 세차다), 2는 **ナイフが鋭い**(나이프가 날카롭다), 3은 **犯人が憎い**(범인이 밉다)로 자주 쓰인다.

어휘 **友人** ゆうじん 명 친구　**激しい** はげしい い형 세차다, 격심하다　**鋭い** するどい い형 날카롭다　**憎い** にくい い형 밉다　**険しい** けわしい い형 험하다

23 중상

就職活動に関する情報を<u>検索(けんさく)した</u>。	취직 활동에 관한 정보를 <u>검색했다</u>.
1 探(さが)した　　2 集(あつ)めた	**1 찾았다**　　2 모았다
3 提供(ていきょう)した　　4 操作(そうさ)した	3 제공했다　　4 조작했다

해설 **検索した**는 '검색했다'라는 의미로, 동의어인 1 **探した**(찾았다)가 정답이다.

어휘 **就職** しゅうしょく 명 취직　**活動** かつどう 명 활동　**関する** かんする 동 관하다　**情報** じょうほう 명 정보　**検索** けんさく 명 검색　**探す** さがす 동 찾다　**集める** あつめる 동 모으다　**提供** ていきょう 명 제공　**操作** そうさ 명 조작

꼭! 알아두기 検索する(검색하다)의 유의어로 サーチする(서치하다), 調べる(しらべる, 조사하다)를 함께 알아 둔다.

24 중상

兄はよく勝手なことを言う。		형은 자주 제멋대로인 말을 한다.	
1 いい	**2 わがままな**	1 좋은	**2 방자한**
3 悪い	4 親切な	3 나쁜	4 친절한

해설 **勝手な**는 '제멋대로인'이라는 의미이므로, 동의어인 2 **わがままな**(방자한)가 정답이다.

어휘 **勝手だ** かってだ [な형] 제멋대로이다 **いい** [い형] 좋다 **わがままだ** [な형] 방자하다 **悪い** わるい [い형] 나쁘다 **親切だ** しんせつだ [な형] 친절하다

25 중상

生徒たちはしばらくだまり込んでいた。		학생들은 한동안 입을 다물고 있었다.	
1 涙を流して	2 下を向いて	1 눈물을 흘리고	2 아래를 보고
3 出かけないで	**4 何も言わないで**	3 나가지 않고	**4 아무것도 말하지 않고**

해설 **だまり込んで**는 '입을 다물고'라는 의미로, 단어의 뜻을 올바르게 풀어쓴 표현인 4 **何も言わないで**(아무것도 말하지 않고)가 정답이다.

어휘 **だまり込む** だまりこむ [동] 입을 다물다 **涙** なみだ [명] 눈물 **流す** ながす [동] 흘리다 **向く** むく [동] 보다, 향하다 **出かける** でかける [동] 나가다
何も なにも [부] 아무것도 **言う** いう [동] 말하다

26 중상

あの人は単なる知人ですよ。		저 사람은 단순한 지인이에요.	
1 親しい	**2 ただの**	1 친한	**2 그냥**
3 共通の	4 大切な	3 공통의	4 소중한

해설 **単なる**는 '단순한'이라는 의미로, 단어의 뜻을 올바르게 풀어쓴 표현인 2 **ただの**(그냥)가 정답이다.

어휘 **単なる** たんなる 단순한 **知人** ちじん [명] 지인 **親しい** したしい [い형] 친하다, 가깝다 **ただ** [명] 그냥, 단지 **共通** きょうつう [명] 공통
大切だ たいせつだ [な형] 소중하다

27 중

ずうずうしいことを言って、申し訳(もうわけ)ありません。		뻔뻔스러운 말을 해서, 죄송합니다.	
1 厚かましい	2 残念な	**1 염치없는**	2 유감스러운
3 いらいらする	4 聞きたくない	3 안달복달하는	4 듣고 싶지 않은

해설 **ずうずうしい**는 '뻔뻔스러운'이라는 의미로, 동의어인 1 **厚かましい**(염치없는)가 정답이다.

어휘 **ずうずうしい** [い형] 뻔뻔스럽다 **厚かましい** あつかましい [い형] 염치없다 **残念だ** ざんねんだ [な형] 유감스럽다 **いらいら** [부] 안달복달 **聞く** きく [동] 듣다

28 중상

順調	순조
1 地域住民の協力により来月のお祭りの準備が順調に進んでいる。	**1 지역 주민의 협력에 의해 다음 달의 축제 준비가 순조롭게 진행되고 있다.**
2 税金が上がって以来、あの国の経済は順調に悪くなっている。	2 세금이 오른 이래, 저 나라의 경제는 순조롭게 나빠지고 있다.
3 明日、雨が降ったら、ラグビーの試合は順調に中止するそうだ。	3 내일, 비가 내리면, 럭비 시합은 순조롭게 중지한다고 한다.
4 会話のテストは、名前を呼ばれた人から順調に入ってください。	4 회화 테스트는, 이름을 불린 사람부터 순조롭게 들어와 주세요.

해설 **順調**(순조)는 주로 막힘없이 예정대로 잘 진행되고 있는 경우에 사용한다. 1의 **お祭りの準備が順調に進んでいる**(축제 준비가 순조롭게 진행

되고 있다)에서 올바르게 사용되었으므로 1이 정답이다. 참고로 2는 順調に 대신 次第に(しだいに, 점차), 4는 順調に 대신 順番に(じゅんばんに, 순서대로)를 사용하는 것이 올바른 문장이다.

어휘 順調だ じゅんちょうだ な형 순조롭다 地域 ちいき 명 지역 住民 じゅうみん 명 주민 協力 きょうりょく 명 협력 お祭り おまつり 축제 税金 ぜいきん 명 세금 以来 いらい 명 이래 ラグビー 명 럭비

꼭! 알아두기 順調(순조)는 悪くなる(나빠지다), 中止(중지)와 같이 부정적인 상황을 나타내는 어휘와는 함께 쓸 수 없다.

29 중

ためる	저축하다
1 うれしいことだけを日記に<u>ためる</u>ようにしたら、毎日が楽しく過ごせるようになった。	1 기쁜 일만을 일기에 <u>저축하</u>도록 했더니, 매일을 즐겁게 보낼 수 있게 되었다.
2 今、日曜に行う公園の清掃ボランティアを<u>ためている</u>んですが、参加しますか。	2 지금, 일요일에 하는 공원 청소 자원봉사를 <u>저축하고</u> 있는데요, 참가하겠습니까?
3 来年、留学を予定しているので、アルバイトをしてお金を<u>ためている</u>ところです。	**3 내년, 유학을 예정하고 있기 때문에, 아르바이트를 해서 돈을 <u>저축하고</u> 있는 참입니다.**
4 志望する大学に合格するためには、もっと成績を<u>ためる</u>必要がある。	4 지망하는 대학에 합격하기 위해서는, 좀 더 성적을 <u>저축할</u> 필요가 있다.

해설 ためる(저축하다)는 주로 돈을 모아서 양을 많게 하는 경우에 사용한다. 3의 お金をためている(돈을 저축하고 있다)에서 올바르게 사용되었으므로 3이 정답이다. 참고로 1은 書く(かく, 쓰다), 2는 募る(つのる, 모집하다), 4는 上げる(あげる, 올리다)를 사용하는 것이 올바른 문장이다.

어휘 ためる 동 저축하다 過ごす すごす 동 보내다 清掃 せいそう 명 청소 ボランティア 명 자원봉사 参加 さんか 명 참가 留学 りゅうがく 명 유학 志望 しぼう 명 지망 合格 ごうかく 명 합격 成績 せいせき 명 성적

30 상

発達	발달
1 教室に通うようになってから、私はピアノが少しずつ<u>発達</u>している。	1 교실에 다니게 되고 부터, 나는 피아노가 조금씩 <u>발달</u>하고 있다.
2 ただの冗談(じょうだん)も、多くの人が信じたら大事件に<u>発達</u>することもある。	2 단순한 농담도, 많은 사람이 믿으면 큰 사건으로 <u>발달</u>하는 일도 있다.
3 社会での様々な経験を通して、大きく<u>発達</u>できた一年だった。	3 사회에서의 다양한 경험을 통해, 크게 <u>발달</u>할 수 있었던 한 해였다.
4 生産技術の<u>発達</u>により、商品コストの削減が可能になった。	**4 생산 기술의 <u>발달</u>에 의해, 상품 코스트의 삭감이 가능해졌다.**

해설 発達(발달)는 주로 기술이나 문명 같은 것이 보다 높은 수준에 이르는 것을 나타낼 때 사용한다. 4의 生産技術の発達(생산 기술의 발달)에서 올바르게 사용되었으므로 4가 정답이다. 참고로 1은 上達(じょうたつ, 숙달), 2는 発展(はってん, 발전), 3은 成長(せいちょう, 성장)를 사용하는 것이 올바른 문장이다.

어휘 発達 はったつ 명 발달 ただの 단순한, 그냥 冗談 じょうだん 명 농담 信じる しんじる 동 믿다 大事件 だいじけん 명 큰 사건 様々だ さまざまだ な형 다양하다 通す とおす 동 통하다 商品 しょうひん 명 상품 コスト 명 코스트, 비용 削減 さくげん 명 삭감 可能だ かのうだ な형 가능하다

31 중상

いったん	일단
1 まだまだ仕事は終わらないけれど、<u>いったん</u>休憩(きゅうけい)してから続きをしましょう。	**1 아직 일은 끝나지 않았지만, <u>일단</u> 휴식하고 나서 계속합시다.**

2 会社が買収されると聞いたが、これからいったんどうなってしまうのだろうか。 3 富士山のふもとに行ったことはあるが、いったん登ったことはない。 4 今のアルバイトは、いったん書類を出しただけで合格した。	2 회사가 매수된다고 들었는데, 앞으로 일단 어떻게 되어 버리는 것일까. 3 후지산의 기슭에 간 적은 있지만, 일단 오른 적은 없다. 4 지금의 아르바이트는, 일단 서류를 낸 것만으로 합격했다.

해설 いったん(일단)은 다른 일에 앞서서 우선 어떤 일을 하는 경우에 사용한다. 1의 **いったん休憩してから続きをしましょう**(일단 휴식하고 나서 계속합시다)에서 올바르게 사용되었으므로 1이 정답이다. 참고로 2는 **一体**(いったい, 도대체), 3은 **一度も**(いちども, 한 번도) 4는 **ただ**(그저)를 사용하는 것이 올바른 문장이다.

어휘 **いったん** 부 일단 **まだまだ** 부 아직 **休憩** きゅうけい 명 휴식 **続きをする** つづきをする 계속하다 **買収** ばいしゅう 명 매수
富士山 ふじさん 명 후지산 **ふもと** 명 (산)기슭 **書類** しょるい 명 서류 **合格** ごうかく 명 합격

32 상

活気	활기
1 社員の意見を活気に取り入れて、働きやすい環境作りを心掛けている。	1 사원의 의견을 활기로 받아들여, 일하기 좋은 환경 만들기에 유의하고 있다.
2 祖母は長い間、入院していたが、やっと病気が治って活気になった。	2 할머니는 오랫동안, 입원해 있었는데, 겨우 병이 나아서 활기 있게 되었다.
3 この市場は、多くの人々がいきいきと働いていて活気がある。	**3 이 시장은, 많은 사람들이 생생하게 일하고 있어서 활기가 있다.**
4 彼女はテニス界の新星で、今シーズン一番活気が期待されている選手です。	4 그녀는 테니스계의 신성으로, 이번 시즌 가장 활기가 기대되고 있는 선수입니다.

해설 活気(활기)는 활동력 있고 생기 넘치는 모습을 나타내는 경우에 사용한다. 3의 **多くの人々がいきいきと働いていて活気がある**(많은 사람들이 생생하게 일하고 있어서 활기가 있다)에서 올바르게 사용되었으므로 3이 정답이다. 참고로 1은 **積極的**(せっきょくてき, 적극적), 2는 活気に 대신 **元気に**(げんきに, 건강하게), 4는 **活躍**(かつやく, 활약)를 사용하는 것이 올바른 문장이다.

어휘 **活気** かっき 명 활기 **社員** しゃいん 명 사원 **取り入れる** とりいれる 동 받아들이다, 수용하다 **~やすい** ~하기 좋다, ~하기 쉽다
環境作り かんきょうづくり 환경 만들기 **心掛ける** こころがける 동 유의하다, 명심하다 **市場** いちば 명 시장 **人々** ひとびと 명 사람들
いきいき 부 생생하게 **テニス界** テニスかい 명 테니스계 **新星** しんせい 명 신성, 새로운 스타 **今シーズン** こんシーズン 명 이번 시즌
一番 いちばん 부 가장 **期待** きたい 명 기대 **選手** せんしゅ 명 선수

언어지식(문법) p.196

33 중

私が知っている（　　）、この近くに着物がレンタルできるお店はありません。	제가 알고 있는 (　　), 이 근처에 기모노를 대여할 수 있는 가게는 없습니다.
1 上に　　2 ばかりか **3 限りでは**　　4 うちに	1 데다가　　2 뿐만 아니라 **3 바로는**　　4 동안에

해설 적절한 문형을 고르는 문제이다. 모든 선택지가 괄호 앞의 **知っている**(알고 있는)에 접속할 수 있다. 괄호 뒤 **この近くに着物がレンタルできるお店はありません**(이 근처에 기모노를 대여할 수 있는 가게는 없습니다)으로 이어지는 문맥을 보면 '제가 알고 있는 바로는, 이 근처에 기모노를 대여할 수 있는 가게는 없습니다'가 가장 자연스럽다. 따라서 3 **限りでは**(바로는)가 정답이다. 1 **上に**는 '~인 데다가', 2 **ばかりか**는 '~뿐만 아니라', 4 **うちに**는 '~인 동안에'라는 의미의 문형임을 알아 둔다.

어휘 **レンタル** 명 대여, 렌털 **~上に** ~うえに ~인 데다가 **~ばかりか** ~뿐만 아니라 **~限りでは** ~かぎりでは ~바로는 **~うちに** ~인 동안에

34 중

田中(たなか)「ああ、忘年会の予約係（　　）、引き受けなければよかったなあ。」 鈴木(すずき)「人数が多いから大変だよね。何か手伝おうか。」 1 ぐらい　**2 なんか** 3 こそ　4 さえ	다나카: 아, 송년회 예약 담당자 (　　), 맡지 않으면 좋았을 걸. 스즈키: 인원수가 많으니까 힘들지. 뭔가 도울까? 1 정도　**2 따위** 3 야말로　4 조차

해설 적절한 조사를 고르는 문제이다. 괄호 뒤의 引き受けなければよかったなあ(맡지 않으면 좋았을 걸)와 문맥상 어울리는 말은 '예약 담당자 따위'이다. 따라서 2 なんか(따위)가 정답이다.

어휘 **忘年会** ぼうねんかい 명 송년회, 망년회 **予約係** よやくがかり 명 예약 담당(자) **引き受ける** ひきうける 동 (떠)맡다, 인수하다 **人数** にんずう 명 인원수 **~ぐらい** 조 ~정도 **~なんか** 조 ~따위 **~こそ** 조 ~야말로 **~さえ** 조 ~조차

35 중상

尊敬する教授（　　）研究することができたので、すばらしい学生生活が送れた。 **1 のもとで**　2 はもとより 3 のもとに　4 をもとに	존경하는 교수님 (　　) 연구하는 것이 가능했기 때문에, 멋진 학창 생활을 보낼 수 있었다. **1 의 밑에서**　2 은 물론 3 을 조건으로　4 을 기반으로

해설 적절한 문형을 고르는 문제이다. 모든 선택지가 괄호 앞의 명사 教授(교수님)에 접속할 수 있다. 괄호 뒤 研究することができたので(연구하는 것이 가능했기 때문에)로 이어지는 문맥을 보면 '존경하는 교수님의 밑에서 연구하는 것이 가능했기 때문에'가 가장 자연스럽다. 따라서 1 のもとで(의 밑에서)가 정답이다. 2 はもとより는 '~은 물론', 3 のもとに는 '~을 조건으로', 4 をもとに는 '~을 기반으로'라는 의미의 문형임을 알아 둔다.

어휘 **尊敬** そんけい 명 존경 **教授** きょうじゅ 명 교수(님) **~のもとで** ~의 밑에서, ~의 아래서 **~はもとより** ~은 물론 **~のもとに** ~을 조건으로 **~をもとに** ~을 기반으로

36 중

就職する（　　）大学院に進む（　　）、勉強はしなければならない。 1 とか / とか　2 やら / やら 3 というか / というか　**4 にしても / にしても**	취직하 (　　) 대학원에 진학하 (　　), 공부는 하지 않으면 안 된다. 1 거나/거나　2 기도 하고/기도 하고 3 다고 할지/다고 할지　**4 든/든**

해설 적절한 문형을 고르는 문제이다. 모든 선택지가 첫 번째 괄호 앞의 동사 사전형 就職する(취직하다)와 두 번째 괄호 앞의 동사 사전형 進む(진학하다)에 접속할 수 있다. 괄호 뒤 勉強はしなければならない(공부는 하지 않으면 안 된다)로 이어지는 문맥을 보면 '취직하든 대학원에 진학하든'이 가장 자연스럽다. 따라서 4 にしても/にしても(든/든)가 정답이다. 1 とか/とか는 '~이거나/~이거나', 2 やら/やら는 '~하기도 하고/~하기도 하고', 3 というか/というか는 '~라고 할지/~라고 할지'라는 의미의 문형임을 알아 둔다.

어휘 **就職** しゅうしょく 명 취직 **大学院** だいがくいん 명 대학원 **~なければならない** ~하지 않으면 안 된다 **~とか~とか** ~이거나 ~이거나 **~やら~やら** ~하기도 하고 ~하기도 하고 **~というか~というか** ~라고 할지 ~라고 할지 **~にしても~にしても** ~이든 ~이든

꼭 알아두기 ~にしても~にしても(~이든 ~이든)는 두 가지 상황을 예로 들어 '어느 쪽의 경우에도'라는 의미를 나타내는 표현으로, ~にしろ~にしろ(~이든~이든), ~にせよ~にせよ(~이든 ~이든)도 비슷한 의미이므로 함께 알아 둔다.

37 중

A「週末に子供と一緒にチョコレート作り体験をしたんですが、とても楽しかったです。」 B「そうですか。チョコレート（　　）、最近、体に良いとも言われていますよね。」	A: 주말에 아이와 함께 초콜릿 만들기 체험을 했습니다만, 매우 즐거웠습니다. B: 그래요? 초콜릿 (　　), 최근, 몸에 좋다고도 일컬어지고 있죠.

1 といえば	2 となると	**1 이라면**	2 이 된다면
3 とすると	4 といっても	3 한다면	4 이라고 해도

해설 적절한 문형을 고르는 문제이다. 3 **とすると**를 제외한 모든 선택지가 괄호 앞의 명사 **チョコレート**(초콜릿)에 접속할 수 있다. 3 **とすると**는 い형용사, 동사에 접속하므로 오답이다. 괄호 뒤 **最近、体に良いとも言われていますよね**(최근에, 몸에 좋다고도 일컬어지고 있죠)로 이어지는 문맥을 보면 '초콜릿이라면, 최근, 몸에 좋다고도 일컬어지고 있죠'가 가장 자연스럽다. 따라서 1 **といえば**(이라면)가 정답이다. 2 **となると**는 '~이 된다면', 3 **とすると**는 '~한다면', 4 **といっても**는 '~라고 해도'라는 의미의 문형임을 알아 둔다.

어휘 **週末** しゅうまつ 명 주말 **チョコレート** 명 초콜릿 **体験** たいけん 명 체험 **～といえば** ~라면 **～となると** ~된다면 **～とすると** ~한다면 **～といっても** ~라고 해도

38 상

恥ずかしがり屋な息子が知らない人に声をかけるのを見て驚いた。目の不自由な人が電車に乗れず困っている姿を見て、（　　　）。	부끄러움을 잘 타는 아들이 모르는 사람에게 말을 거는 것을 보고 놀랐다. 눈이 자유롭지 않은 사람이 전철을 타지 못하고 난처해하는 모습을 보고, (　　　).
1 助けるどころではなかったのだろう	1 도울 때가 아니었던 것이겠지
2 助けるわけにはいかなかったそうだ	2 도울 수는 없었다고 한다
3 助けないではいられなかったのだろう	**3 돕지 않을 수 없었던 것이겠지**
4 助けてはいられなかったそうだ	4 돕고 있을 수는 없었다고 한다

해설 적절한 문형을 고르는 문제이다. 괄호 앞의 문맥을 보면 '전철을 타지 못하고 난처해하는 모습을 보고, 돕지 않을 수 없었던 것이겠지'가 가장 자연스럽다. 따라서 3 **助けないではいられなかったのだろう**(돕지 않을 수 없었던 것이겠지)가 정답이다. 1의 **どころではない**는 '~할 때가 아니다', 2의 **わけにはいかない**는 '~할 수는 없다', 4의 **てはいられない**는 '~하고 있을 수는 없다'라는 의미의 문형임을 알아 둔다.

어휘 **恥ずかしがり屋** はずかしがりや 부끄러움을 잘 타는 사람 **声をかける** こえをかける 말을 걸다 **不自由だ** ふじゆうだ な형 자유롭지 않다 **姿** すがた 명 모습 **助ける** たすける 동 돕다 **～どころではない** ~할 때가 아니다 **～わけにはいかない** ~할 수는 없다 **～ないではいられない** ~하지 않을 수 없다 **～てはいられない** ~하고 있을 수는 없다

39 중상

地震の被害を受けた地域で、停電が1週間も続いている。（　　　）いつ電気が復旧するのだろうか。		지진 피해를 입은 지역에서, 정전이 1주일이나 계속되고 있다. (　　　) 언제 전기가 복구되는 걸까?	
1 なかなか	2 さっぱり	1 좀처럼	2 전혀
3 一体	4 もしかしたら	**3 도대체**	4 어쩌면

해설 적절한 부사를 고르는 문제이다. 괄호 뒤의 **いつ電気が復旧するのだろうか**(언제 전기가 복구되는 걸까?)와 문맥상 어울리는 말은 '도대체'이다. 따라서 3 **一体**(도대체)가 정답이다.

어휘 **被害** ひがい 명 피해 **地域** ちいき 명 지역 **停電** ていでん 명 정전 **復旧** ふっきゅう 명 복구 **なかなか** 부 좀처럼 **さっぱり** 부 전혀, 조금도 **一体** いったい 부 도대체 **もしかしたら** 부 어쩌면

40 상

（会社の受付で） 鈴木「山田課長と10時にお約束をしております。ABC電機の鈴木と申します。」 受付「山田はただいま（　　　）、どうぞお掛けになってお待ちください。」		(회사 접수처에서) 스즈키: 야마다 과장님과 10시에 약속이 되어있습니다. ABC 전기의 스즈키라고 합니다. 접수처: 야마다는 지금 (　　　), 부디 앉아서 기다려 주세요.	
1 いらっしゃいまして	**2 参りますので**	1 계시니	**2 오니까**
3 おりますので	4 おいでになりまして	3 있으니까	4 오셨으니

해설 적절한 경어 표현을 고르는 문제이다. 야마다가 곧 올 것임을 손님에게 알리고 있는 상황이므로 우리 쪽 사람인 야마다의 행위를 낮추는 **山田はただいま参りますので**(야마다는 지금 오니까)가 가장 자연스럽다. 따라서 2 **参りますので**(오니까)가 정답이다. 여기서 **参りますので**의 기본형 **参る**(오다)는 **来る**(오다)의 겸양어이다. 1의 **いらっしゃる**(계시다)는 **いる**(있다)의 존경어, 3의 **おる**(있다)는 **いる**(있다)의 겸양어, 4의 **おいでになる**(오시다)는 **来る**(오다)의 존경어이다.

어휘 **電機** でんき 명 전기, 전기 기계 **~と申す** ~ともうす ~라고 하다 (~と言う의 겸양 표현) **お掛けになる** おかけになる 앉다 (座る의 존경 표현)
いらっしゃる 동 계시다 (いる의 존경어) **参る** まいる 동 오다 (来る의 겸양어) **おいでになる** 동 오시다 (来る의 존경어) **おる** 동 있다 (いる의 겸양어)

41 상

十数年にわたって研究が（　　　）、ようやく新しい薬が開発された。病気に苦しむ人に、希望を与える知らせだ。	십수 년에 걸쳐서 연구가 (　　　), 드디어 새로운 약이 개발되었다. 병으로 괴로워하는 사람에게, 희망을 주는 소식이다.
1 続けられてきたが　　2 続けられていくので	**1 계속되어 왔는데**　　2 계속되어 가기 때문에
3 続けていくならば　　4 続けていたとしても	3 계속해 나간다면　　4 계속하고 있었다 하더라도

해설 적절한 문형을 고르는 문제이다. 모든 선택지가 괄호 앞의 **研究が**(연구가)에 접속할 수 있다. 괄호 뒤 **ようやく新しい薬が開発された**(드디어 새로운 약이 개발되었다)로 이어지는 문맥을 보면 '연구가 계속되어 왔는데, 드디어 새로운 약이 개발되었다'가 가장 자연스럽다. 따라서 1 **続けられてきたが**(계속되어 왔는데)가 정답이다.

어휘 **数十年** すうじゅうねん 십수 년 **~にわたって** ~에 걸쳐서 **ようやく** 부 드디어, 간신히 **開発** かいはつ 명 개발 **苦しむ** くるしむ 동 괴로워하다
希望 きぼう 명 희망 **与える** あたえる 동 주다 **知らせ** しらせ 명 소식, 알림

42 상

子供の時は母に書道教室に嫌々（　　　）大変だったが、大人になってその面白みがわかるようになった。	아이일 때는 어머니에 의해서 서예 교실에 마지못해 (　　　) 힘들었는데, 어른이 되고 그 재미를 알게 되었다.
1 通って　　2 通わせて	1 다녀서　　2 다니게 해서
3 通われて　　**4 通わせられて**	3 다니셔서　　**4 억지로 다니게 되어서**

해설 적절한 동사의 활용형을 고르는 문제이다. 특히 선택지 2의 사역 표현, 선택지 4의 사역수동 표현에 유의하여 선택지를 해석한다. 괄호 앞뒤 문맥을 보면, '서예 교실에 마지못해 억지로 다니게 되어서 힘들었는데, 어른이 되고 그 재미를 알게 되었다'가 가장 자연스럽다. 따라서 사역수동 표현 **通わせられる**(억지로 다니게 되다)가 사용된 4 **通わせられて**(억지로 다니게 되어서)가 정답이다. 3 **通われて**(다니셔서)는 **通う**(다니다)의 존경어이다.

어휘 **書道** しょどう 명 서예, 서도 **嫌々** いやいや 부 마지못해 **面白み** おもしろみ 명 재미 **通う** かよう 동 다니다

43 중상

明日は雨だから、山登りには行かない方がいいと言っても無駄（むだ）だろう。父は一度行くと決めたら（　　　）。	내일은 비니까, 등산은 가지 않는 편이 좋다고 말해도 소용없겠지. 아버지는 한번 간다고 정하면 (　　　).
1 行くに決まっている　　2 行かないおそれがある	**1 반드시 간다**　　2 가지 않을 우려가 있다
3 行ってみせる　　4 行くというものだ	3 가고야 말겠다　　4 간다는 것이다

해설 적절한 문형을 고르는 문제이다. 모든 선택지가 괄호 앞의 조사 **たら**(면)에 접속할 수 있다. 괄호 앞 문맥을 보면 '아버지는 한번 간다고 정하면 반드시 간다'가 가장 자연스럽다. 따라서 1 **行くに決まっている**(반드시 간다)가 정답이다. 2의 **おそれがある**는 '~우려가 있다', 3의 **てみせる**는 '~하고야 말겠다', 4의 **というものだ**는 '(바로) ~라는 것이다'라는 의미의 문형임을 알아 둔다.

어휘 **山登り** やまのぼり 명 등산 **無駄だ** むだだ な형 소용없다 **~に決まっている** ~にきまっている 반드시 ~이다 **~おそれがある** ~우려가 있다
~てみせる ~하고야 말겠다 **~というものだ** (바로) ~라는 것이다

꼭! 알아두기 ~に決まっている(반드시 ~이다) 외에 ~に違いない(~임에 틀림 없다)도 말하는 사람의 강한 추측을 나타내는 표현이므로 함께 알아 둔다.

44 중상

夜遅くまで起きているのは体に悪いと（　　　）、夜中の３時までゲームをしてしまった。	밤늦게까지 깨어 있는 것은 몸에 나쁘다고 (　　　), 새벽 3시까지 게임을 해 버렸다.
1 知ってでも　　2 知ったとしても	1 알고서라도　　2 알았다고 해도
3 知ってこのかた　　**4 知りつつ**	3 안 이후　　**4 알면서**

해설 적절한 문형을 고르는 문제이다. 모든 선택지가 괄호 앞의 조사 と(고)에 접속할 수 있다. 괄호 뒤 夜中の3時までゲームをしてしまった(새벽 3시까지 게임을 해 버렸다)로 이어지는 문맥을 보면 '몸에 나쁘다고 알면서, 새벽 3시까지 게임을 해 버렸다'가 가장 자연스럽다. 따라서 4 知りつつ(알면서)가 정답이다. 2의 としても는 '~라고 해도'라는 의미의 문형임을 알아 둔다.

어휘 夜中 よなか 명 새벽, 한밤중　ゲーム 명 게임　~としても ~라고 해도　このかた 명 이후　~つつ ~하면서(도)

45 중상

彼女は父親のような立派な医者になるために、＿＿＿ ＿★＿ ＿＿＿ ＿＿＿ 強い。	그녀는 아버지와 같은 훌륭한 의사가 되기 위해서, 많은 시간과 ★노력을 써서라도 국가시험에 합격하고 싶다 고 하는 마음이 강하다.
1 国家試験に合格したい　　2 多くの時間と	1 국가시험에 합격하고 싶다　　2 많은 시간과
3 という気持ちが　　**4 努力を費やしてでも**	3 라고 하는 마음이　　**4 노력을 써서라도**

해설 선택지들끼리 연결 가능한 문형이 없으므로 의미적으로 배열하면 2 多くの時間と 4 努力を費やしてでも 1 国家試験に合格したい 3 という気持ちが(많은 시간과 노력을 써서라도 국가시험에 합격하고 싶다고 하는 마음이)가 되면서 전체 문맥과도 어울린다. 따라서 4 努力を費やしてでも(노력을 써서라도)가 정답이다.

어휘 立派だ りっぱだ な형 훌륭하다　努力 どりょく 명 노력　費やす ついやす 동 쓰다, 소비하다　国家試験 こっかしけん 명 국가시험　合格 ごうかく 명 합격

46 중상

彼の会社への強い不満はわかるが、＿＿＿ ＿＿＿ ＿★＿ ＿＿＿ と思う。	그의 회사에 대한 강한 불만은 알지만, 이런 무리한 ★요구는 받아들여질 리 없다고 생각한다.
1 無理な　　2 こんな	1 무리한　　2 이런
3 認められっこない　　**4 要求は**	3 받아들여질 리 없다　　**4 요구는**

해설 선택지들끼리 연결 가능한 문형이 없으므로 의미적으로 배열하면 2 こんな 1 無理な 4 要求は 3 認められっこない(이런 무리한 요구는 받아들여질 리 없다)가 되면서 전체 문맥과도 어울린다. 따라서 4 要求は(요구는)가 정답이다.

어휘 不満 ふまん 명 불만　無理だ むりだ な형 무리이다　認める みとめる 동 받아들이다, 인정하다　~っこない ~할 리 없다　要求 ようきゅう 명 요구

꼭 알아두기 ~っこない(~할 리 없다)는 어떤 일이 일어날 가능성이 매우 낮음을 나타내는 표현으로, 동사의 ます형에 접속하는 것을 알아 둔다.

47 중상

娘はお気に入りの漫画(まんが)のドラマ化が決まってから ＿＿＿ ＿＿＿ ＿★＿ ＿＿＿ みたいだ。	딸은 좋아하는 만화의 드라마화가 정해지고 나서 주인공을 연기하는 배우가 누구인지 ★궁금해서 견딜 수 없는 모양이다.
1 しょうがない　　**2 気になって**	1 견딜 수 없다　　**2 궁금해서**
3 俳優(はいゆう)が誰(だれ)か　　4 主人公を演じる	3 배우가 누구인지　　4 주인공을 연기하다

해설 1 しょうがない는 2의 て와 함께 쓰여 문형 てしょうがない(~해서 견딜 수 없다)가 되므로 먼저 2 気になって 1 しょうがない(궁금해서 견딜 수 없다)로 연결할 수 있다. 이것을 나머지 선택지와 함께 문맥에 맞게 배열하면 4 主人公を演じる 3 俳優が誰か 2 気になって 1 しょうがない(주인공을 연기하는 배우가 누구인지 궁금해서 견딜 수 없다)가 되면서 전체 문맥과도 어울린다. 따라서 2 気になって(궁금해서)가 정답이다.

어휘 お気に入り おきにいり 좋아함, 마음에 듦　ドラマ化 ドラマか 드라마화　~てから ~하고 나서　~みたいだ ~인 모양이다, ~인 것 같다

～てしょうがない ~해서 견딜 수 없다, 매우 ~하다 **気になる** きになる 궁금하다, 신경이 쓰이다 **俳優** はいゆう 명 배우 **主人公** しゅじんこう 명 주인공 **演じる** えんじる 동 연기하다

48 중

一般的にたばこは ＿＿ ＿＿ ★ ＿＿ 悪い影響を及ぼすと言われている。	일반적으로 담배는 피우는 사람 뿐만 아니라 ★주변 사람 에게도 나쁜 영향을 끼친다고 일컬어지고 있다.
1 吸う人　　2 にも	1 피우는 사람　　2 에게도
3 だけでなく　　**4 周りの人**	3 뿐만 아니라　　**4 주변 사람**

해설 3 だけでなく는 2의 も와 함께 쓰여 문형 だけでなく…も(~뿐만 아니라…도)가 되므로 2 にも는 3 だけでなく의 뒤쪽에 배열할 수 있다. 이것을 나머지 선택지와 함께 문맥에 맞게 배열하면 1 吸う人 3 だけでなく 4 周りの人 2 にも(피우는 사람뿐만 아니라 주변 사람에게도)가 되면서 전체 문맥과도 어울린다. 따라서 4 周りの人(주변 사람)가 정답이다.

어휘 **一般的だ** いっぱんてきだ な형 일반적이다 **影響** えいきょう 명 영향 **及ぼす** およぼす 동 끼치다 **～だけでなく…も** ~뿐만 아니라…도 **周り** まわり 명 주변

49 상

私の母は ＿＿ ＿＿ ＿＿ ★ 様子を見ることになった。	나의 어머니는 병이 악화되어 입원할 예정이었지만 오늘의 검사 결과 ★통원하면서 상태를 보게 되었다.
1 通院しながら　　2 今日の検査の結果	**1 통원하면서**　　2 오늘의 검사 결과
3 病気が悪化して　　4 入院する予定だったが	3 병이 악화되어　　4 입원할 예정이었지만

해설 선택지들끼리 연결 가능한 문형이 없으므로 의미적으로 배열하면 3 病気が悪化して 4 入院する予定だったが 2 今日の検査の結果 1 通院しながら(병이 악화되어 입원할 예정이었지만 오늘의 검사 결과 통원하면서)가 되면서 전체 문맥과도 어울린다. 따라서 1 通院しながら(통원하면서)가 정답이다.

어휘 **様子** ようす 명 상태, 모습 **通院** つういん 명 통원 **検査** けんさ 명 검사 **結果** けっか 명 결과 **悪化** あっか 명 악화

50-54

思考を止める方法	사고를 멈추는 방법
必要のない思考はできるだけ早く止めるように練習しておくと、気持ちがとても楽になることを知っているだろうか。 仕事のミスで同僚に迷惑をかけてしまったり、恋人とけんかをしてしまったりした後に、何度もそのことを思い返してしまったことはないだろうか。「もっと注意すればよかった」「あんなこと言わなければよかった」といった思いで頭がいっぱいになる。[50]こういった考えを繰り返す 50 、[50]自分自身がどんどんつらくなってくる。こういった思考は、思い切って止めたほうがいい。 51 、[51]どうすればこのようなマイナス思考を止めることができるのだろうか。その答えは「意識を他に向ける」ことだそうだ。 具体的には、嫌なことを思い出したらすぐに、何かを見たり、聞いたり、別のことに集中したりする。例えば、電車に乗っていて嫌なことを思い出しそうになったら、窓の外の風景を見る、音楽を聞く、スマホを見るなどして、意識を他に向けるようにする。[52]そうすることで、 52	필요 없는 사고는 가능한 한 빨리 멈추도록 연습해 두면, 마음이 매우 편해진다는 것을 알고 있는가? 업무 실수로 동료에게 폐를 끼쳐 버리거나, 연인과 싸움을 해 버리거나 한 후에, 몇 번이나 그 일을 돌이켜 생각해 버린 적은 없는가? '더 주의하면 좋았을 텐데' '그런 것 말하지 않았으면 좋았을 텐데'와 같은 생각으로 머리가 가득해진다. [50]이러한 생각을 되풀이함 50 , [50]자기 자신이 점점 괴로워진다. 이러한 사고는, 과감히 멈추는 편이 좋다. 51 , [51]어떻게 하면 이러한 마이너스 사고를 멈추는 것이 가능한 것일까. 그 답은 '의식을 다른 곳으로 돌리는' 것이라고 한다. 구체적으로는, 싫은 일을 생각해 내면 바로, 무언가를 보거나, 듣거나, 다른 것에 집중하거나 한다. 예를 들면, 전철을 타고 있고 싫은 일을 떠올릴 것 같아지면, 창문 밖의 풍경을 본다, 음악을 듣는다, 스마트폰을 본다 등을 해서, 의식을 다른 곳으로 돌리도록 한다. [52]그렇게 하는 것으로, 52

を思い出しても、[52]ぼんやりしたイメージのままにすることができるそうだ。これを何度か繰り返しているうちに、嫌なこと自体も思い出さなくなってくるという。 私たちは、[53]食事中にひどくつらいことを 53 、[53]食欲をなくしてしまうし、試合中サッカーボールを追いかけている間は他のことを考えることはできないものだ。[54]常に意識は一つの事に集中される。したがって、嫌な思考を止めたいときには、その性質をうまく利用して意識を他のことに向けることで、 54 。 (注) 思考：考えること、考え	을 떠올려도, [52]어렴풋한 이미지인 채로 두는 것이 가능하다고 한다. 이걸 몇 번인가 되풀이하고 있는 사이에, 싫은 일 자체도 떠올리지 않게 된다고 한다. 우리들은, [53]식사 중에 지독히 괴로운 것을 53 , [53]식욕을 잃어버리고, 시합 중에 축구공을 쫓고 있는 동안은 다른 것을 생각하는 것은 불가능한 법이다. [54]항상 의식은 하나의 일에 집중된다. 따라서, 싫은 사고를 멈추고 싶을 때에는, 그 성질을 잘 이용해서 의식을 다른 곳으로 돌리는 것으로, 54 . (주) 사고 : 생각하는 것, 생각

어휘 思考 しこう 명 사고 方法 ほうほう 명 방법 楽になる らくになる 편해지다 知る しる 동 알다 ミス 명 실수 同僚 どうりょう 명 동료 迷惑をかける めいわくをかける 폐를 끼치다 恋人 こいびと 명 연인 思い返す おもいかえす 동 돌이켜 생각하다 ~といった ~와 같은 思い おもい 명 생각 考え かんがえ 명 생각 繰り返す くりかえす 동 되풀이하다 自分自身 じぶんじしん 명 자기 자신 つらい い형 괴롭다 思い切って おもいきって 부 과감히 ~たほうがいい ~하는 편이 좋다 マイナス 명 마이너스 意識 いしき 명 의식 他 ほか 명 다른 곳, 다른 것 向ける むける 동 돌리다 具体的だ ぐたいてきだ な형 구체적이다 別 べつ 명 다름 集中 しゅうちゅう 명 집중 風景 ふうけい 명 풍경 スマホ 명 스마트폰 ぼんやり 부 어렴풋하게 イメージ 명 이미지 ~うちに ~하는 사이에 自体 じたい 명 자체 食事中 しょくじちゅう 명 식사 중 食欲 しょくよく 명 식욕 試合中 しあいちゅう 명 시합 중 サッカーボール 명 축구공 追いかける おいかける 동 쫓다 常に つねに 부 항상 したがって 접 따라서 性質 せいしつ 명 성질

50 중

1 にとどまらず	2 にしては	1 에 그치지 않고	2 치고는
3 につれて	4 にせよ	**3 에 따라**	4 라고 해도

해설 적절한 문형을 고르는 문제이다. 빈칸 앞에서 필자가 생각하는 필요 없는 생각에 대해 나열하며 こういった考えを繰り返す라고 하고, 빈칸 뒤에서 自分自身がどんどんつらくなってくる라고 언급하였으므로 こういった考えを繰り返すにつれて、自分自身がどんどんつらくなってくる가 가장 자연스럽다. 따라서 3 につれて가 정답이다.

어휘 ~にとどまらず ~에 그치지 않고 ~にしては ~치고는 ~につれて ~에 따라 ~にせよ ~라고 해도

꼭! 알아두기 빈칸 뒤에 ~てくる(해 오다), ~ていく(해 가다), ~ようになる(~게 되다)와 같이 변화를 나타내는 표현이 있을 경우, ~につれて(~에 따라), ~に従って(~에 따라)가 정답일 가능성이 높다.

51 중

1 では	2 しかも	**1 그럼**	2 게다가
3 だから	4 また	3 그러니까	4 또한

해설 적절한 접속사를 고르는 문제이다. 빈칸 앞에서 필자가 필요 없는 생각을 되풀이하는 것을 과감히 멈추어야 한다고 주장하고, 빈칸 뒤에서 どうすればこのようなマイナス思考を止めることができるのだろうか라며 필자의 주장을 바탕으로 필요 없는 생각을 멈추는 방법을 언급하였다. 따라서 1 では가 정답이다.

어휘 では 접 그럼 しかも 접 게다가 だから 접 그러니까 また 접 또한

52 중상

1 楽しいこと	**2 嫌なこと**	1 즐거운 일	**2 싫은 일**
3 必要なこと	4 別のこと	3 필요한 일	4 다른 일

해설 적절한 단어를 고르는 문제이다. 빈칸 앞에서 싫은 일을 떠올릴 것 같아질 때 의식을 다른 쪽으로 돌리는 방법에 대해 설명하며 そうすることで라고 하고, 빈칸 뒤에서 ぼんやりしたイメージのままにすることができる라고 언급하였으므로 そうすることで、嫌なことを思い出して

も、ぼんやりしたイメージのままにすることができる가 가장 자연스럽다. 따라서 2 嫌なこと가 정답이다.

53 중상

1 考えようものなら	2 考えないことには	**1 생각했다가는**	2 생각하지 않으면
3 考えるにあたり	4 考えないように	3 생각함에 있어	4 생각하지 않도록

해설 적절한 문형을 고르는 문제이다. 빈칸 앞에서 食事中にひどくつらいことを라고 하고, 빈칸 뒤에서 食欲をなくしてしまうし라고 언급하였으므로 食事中にひどくつらいことを考えようものなら、食欲をなくしてしまうし가 가장 자연스럽다. 따라서 1 考えようものなら가 정답이다.

어휘 ～ようものなら ~했다가는 ～ないことには ~하지 않으면 ～にあたり ~함에 있어

54 상

1 気分が変わらないのだ	2 気分が高まるのだ	1 기분이 바뀌지 않는 것이다	2 기분이 고조되는 것이다
3 気分が落ち込むのだ	**4 気分が晴れるのだ**	3 기분이 가라앉는 것이다	**4 기분이 풀리는 것이다**

해설 적절한 문장을 고르는 문제이다. 빈칸 앞에서 常に意識は一つの事に集中される。したがって라고 언급하였으므로 その性質をうまく利用して意識を他のことに向けることで、気分が晴れるのだ가 가장 자연스럽다. 따라서 4 気分が晴れるのだ가 정답이다.

어휘 高まる たかまる 동 고조되다, 높아지다 落ち込む おちこむ 동 (기분이) 가라앉다 晴れる はれる 동 풀리다

독해 p.202

55 상

(1) 「時は金なり」は、世界中で使われている言葉である。時間はお金と同様に貴重(きちょう)なものだから、無駄(むだ)にしてはいけないという意味だ。 しかし、時間の無駄(むだ)とは何だろう。例えば、電車が事(じ)故(こ)で遅れている時、自分の時間を無駄(むだ)にされたと怒り、わざわざ駅員に文句(もんく)を言いに行く人がいるが、私はそれこそ時間の無駄(むだ)だと思ってしまう。電車が来るまでの時間を、小説を読んだり仕事をしたり、自分のために使えばいいだけのことだろう。	(1) '시간은 금이다'는, 전 세계에서 쓰이고 있는 말이다. 시간은 돈과 동일하게 귀중한 것이기 때문에, 낭비해서는 안 된다는 의미이다. 그런데, 시간 낭비란 무엇일까. 예를 들어, 전철이 사고로 늦어지고 있을 때, 자신의 시간을 낭비하게 했다고 화내며, 구태여 역무원에게 불평을 말하러 가는 사람이 있는데, 나는 그것이야말로 시간 낭비라고 생각해 버린다. 전철이 올 때까지의 시간을, 소설을 읽거나 일을 하거나, 자신을 위해 쓰면 되는 일일 것이다.
筆者の考えに合うのはどれか。 1 「時は金なり」という言葉は、間違って使われている。 2 遅れることがある電車に乗るのは、時間の無駄(むだ)である。 **3 何を時間の無駄(むだ)ととらえるかは、人によって異なる。** 4 時間もお金も自分のために使うべきである。	필자의 생각과 맞는 것은 어느 것인가? 1 '시간은 금이다'라는 말은, 잘못 쓰이고 있다. 2 늦어질 일이 있는 전철을 타는 것은, 시간 낭비이다. **3 무엇을 시간 낭비로 받아들일지는, 사람에 따라 다르다.** 4 시간도 돈도 자신을 위해서 써야 한다.

해설 에세이로 필자의 생각을 묻고 있다. 중반부에서 電車が事故で遅れている時、自分の時間を無駄にされたと怒り、わざわざ駅員に文句を言いに行く人がいるが、私はそれこそ時間の無駄だと思ってしまう。電車が来るまでの時間を、小説を読んだり仕事をしたり、自分のために使えばいいだけのことだろう라고 서술하고 있으므로, 3 何を時間の無駄ととらえるかは、人によって異なる가 정답이다.

어휘 時は金なり ときはかねなり 시간은 금이다 世界中 せかいじゅう 명 전 세계 同様だ どうようだ な형 동일하다 貴重だ きちょうだ な형 귀중하다 無駄にする むだにする 낭비하다 ～てはいけない ~해서는 안 된다 無駄 むだ 명 낭비, 쓸데없음 わざわざ 부 구태여, 일부러

駅員 えきいん 명 역무원　文句を言う もんくをいう 불평을 말하다　それこそ 부 그것이야말로　～のために ~을 위해
～だけのことだ ~(그만인) 일이다　間違う まちがう 동 잘못되다　とらえる 동 받아들이다　～によって ~에 따라　異なる ことなる 동 다르다
～べきだ ~해야 한다

56 중상

(2)

以下は、マンションの入口に貼られた文書である。

> 入居者各位
>
> 管理室
>
> ボール遊びについて
>
> 先日、マンション敷地内で小学生が投げたボールが、赤ちゃんに当たるという事故が起きました。
>
> 幸い軽いけがですみましたが、敷地内でのボールの使用について、ルールの再確認をお願いします。
>
> ボール遊びは禁止ではありませんが、使用できるのは柔らかいボールのみです。
>
> 人が通るときは投げるのをやめましょう。
>
> ルールが守られない場合は、ボールの使用の全面禁止も検討します。

この文書が書かれた一番の目的は何か。

1 ボールによる事故について知らせる。
2 ボールの使用禁止を発表する。
3 ボール遊びのルールの変更を伝える。
4 ボール遊びのルールの徹底を求める。

(2)

아래는, 맨션의 입구에 붙여진 문서이다.

> 입주자 여러분
>
> 관리실
>
> 공놀이에 대해서
>
> 요전, 맨션 부지 내에서 초등학생이 던진 공에, 아기가 맞는 사고가 발생했습니다.
>
> 다행히 가벼운 부상으로 끝났습니다만, 부지 내에서의 공 사용에 대해서, 규칙의 재확인을 부탁드립니다.
>
> 공놀이는 금지는 아닙니다만, 사용할 수 있는 것은 말랑한 공뿐입니다.
>
> 사람이 지나갈 때는 던지는 것을 중지합시다.
>
> 규칙이 지켜지지 않는 경우에는, 공 사용의 전면 금지도 검토하겠습니다.

이 문서가 쓰인 가장 큰 목적은 무엇인가?

1 공에 의한 사고에 대해서 알린다.
2 공의 사용 금지를 발표한다.
3 공놀이의 규칙 변경을 전달한다.
4 공놀이 규칙의 엄수를 요구한다.

해설 공지 형식의 실용문으로, 글의 목적을 묻고 있다. 초반부에서 敷地内でのボールの使用について、ルールの再確認をお願いします라고 하고, 후반부에서 ルールが守られない場合は、ボールの使用の全面禁止も検討します라고 언급하고 있으므로, 4 ボール遊びのルールの徹底を求める가 정답이다.

어휘 マンション 명 맨션　貼る はる 동 붙이다　文書 ぶんしょ 명 문서　入居者 にゅうきょしゃ 명 입주자　各位 かくい 명 여러분　管理室 かんりしつ 명 관리실
ボール 명 공　～について ~에 대해서　先日 せんじつ 명 요전　敷地内 しきちない 명 부지 내　小学生 しょうがくせい 명 초등학생
当たる あたる 동 맞다　幸い さいわい 부 다행히　使用 しよう 명 사용　ルール 명 규칙, 룰　再確認 さいかくにん 명 재확인　禁止 きんし 명 금지
守る まもる 동 지키다　全面 ぜんめん 명 전면　検討 けんとう 명 검토　発表 はっぴょう 명 발표　変更 へんこう 명 변경　徹底 てってい 명 엄수, 철저
求める もとめる 동 요구하다

57 상

(3)

会議を成功させるために必要なことは何だろうか。

「ルビンのつぼ」という絵がある。黒と白で描かれていて、黒を背景として見ると人の顔が見え、白を背景として見るとつぼが見えるという有名な絵だ。見ている背景の色で、見えるものが違うのだ。

(3)

회의를 성공시키기 위해 필요한 것은 무엇일까?

'루빈의 항아리'라는 그림이 있다. 검은색과 흰색으로 그려져 있으며, 검은색을 배경으로 하고 보면 사람의 얼굴이 보이고, 흰색을 배경으로 하고 보면 항아리가 보인다는 유명한 그림이다. 보고 있는 배경의 색으로, 보이는 것이 다른 것이다.

会議における背景とは会議の目的である。それを参加者が理解していないままだと、見えているものが一人一人違って、議論がうまく進まない。２時間も会議をしたのに、何も結果が出ないということだってあり得る。

(注１) つぼ：水や酒などを入れる容器
(注２) 背景：絵や写真の中心になるものの後ろにある色

筆者が会議の成功(せいこう)のために必要だと考えていることは何か。

1 会議の目的を明確に伝えること
2 会議室の壁の色を黒くすること
3 参加者の意見を一つにまとめること
4 会議の時間は２時間を超えないようにすること

회의에 있어서 배경이란 회의의 목적이다. 그것을 참가자가 이해하지 못한 채라면, 보이고 있는 것이 각자 달라서, 의논이 잘 진행되지 않는다. 2시간이나 회의를 했음에도, 아무것도 결과가 나오지 않는 일도 있을 수 있다.

(주1) 항아리 : 물이나 술 등을 넣는 용기
(주2) 배경 : 그림이나 사진의 중심이 되는 것의 뒤에 있는 색

필자가 회의의 성공을 위해서 필요하다고 생각하고 있는 것은 무엇인가?

1 회의의 목적을 명확하게 전달하는 것
2 회의실 벽의 색을 검게 하는 것
3 참가자의 의견을 하나로 모으는 것
4 회의 시간은 2시간을 넘지 않도록 하는 것

해설 에세이로 회의의 성공을 위해 필요한 것에 대한 필자의 생각을 묻고 있다. 후반부에서 会議における背景とは会議の目的である。それを参加者が理解していないままだと、見えているものが一人一人違って、議論がうまく進まない라고 서술하고 있으므로, 1 会議の目的を明確に伝えること가 정답이다.

어휘 成功 せいこう 명 성공　～ために ~위해　つぼ 명 항아리　描く かく 동 그리다　背景 はいけい 명 배경　～における ~에 있어서　目的 もくてき 명 목적　参加者 さんかしゃ 명 참가자　理解 りかい 명 이해　～まま ~인 채　一人一人 ひとりひとり 명 각자　議論 ぎろん 명 의논, 논의　何も なにも 아무것도　結果 けっか 명 결과　～だって ~(조차)도　あり得る ありうる 동 있을 수 있다　容器 ようき 명 용기　中心 ちゅうしん 명 중심　明確だ めいかくだ な형 명확하다　まとめる 동 모으다, 합치다　超える こえる 동 넘다, 초과하다

58 상

(4)

以下は、あるお店から届いたメールである。

お客様各位

いつも「鮮魚(せんぎょ)市場あけぼの」をご利用いただき、誠にありがとうございます。
メールマガジンにご登録いただいているお客様に、当店メール会員様限定のプレゼント抽選会(ちゅうせんかい)についてご案内いたします。
プレゼントの賞品は次回以降、お会計の際にお使いいただけるクーポン券、温泉宿泊券、ペア映画鑑賞(かんしょう)券(けん)などです。

【日時】10月13日（日）10:00から 先着200名様

当日のお買い物レシートとこちらのメールマガジン画面を見せていただくと、お一人様１回、ご参加いただけます。
皆様のご来店を心よりお待ちしております。

鮮魚(せんぎょ)市場あけぼの

(4)

아래는, 어느 가게로부터 도착한 이메일이다.

고객 여러분

항상 '생선 시장 아케보노'를 이용해 주셔서, 대단히 감사합니다.
이메일 매거진에 등록해 주시고 있는 고객께, 저희 가게 이메일 회원님 한정인 선물 추첨회에 대해서 안내드립니다.
선물인 상품은 다음 번 이후, 계산 시에 사용하실 수 있는 쿠폰권, 온천 숙박권, 2인 영화 감상권 등입니다.

【일시】10월 13일(일) 10:00부터 선착 200분

당일의 쇼핑 영수증과 이 이메일 매거진 화면을 보여 주시면, 한 분 1회, 참가하실 수 있습니다.
여러분의 내점을 진심으로 기다리고 있겠습니다.

생선 시장 아케보노

このメールの内容について正しいものはどれか。

1 **抽選会に参加できるのは、買い物をしたメール会員だけである。**

2 抽選会に参加できるのは、10時から並んだ200人だけである。

3 メールマガジンの画面を見せるだけで1回抽選会に参加できる。

4 メール会員は買い物をすれば、何回でも抽選会に参加できる。

이 이메일의 내용에 대해서 올바른 것은 어느 것인가?

1 **추첨회에 참가할 수 있는 것은, 쇼핑을 한 이메일 회원만이다.**

2 추첨회에 참가할 수 있는 것은, 10시부터 줄 선 200명뿐이다.

3 이메일 매거진의 화면을 보여 주는 것만으로 1회 추첨회에 참가할 수 있다.

4 이메일 회원은 쇼핑을 하면, 몇 번이라도 추첨회에 참가할 수 있다.

해설 이메일 형식의 실용문으로, 글과 일치하는 내용을 묻고 있다. 초반부에서 当店メール会員様限定のプレゼント抽選会についてご案内いたしますと라고 하고, 후반부에서 当日のお買い物レシートとこちらのメールマガジン画面を見せていただくと、お一人様1回、ご参加いただけますと라고 언급하고 있으므로, 1 抽選会に参加できるのは、買い物をしたメール会員だけである가 정답이다.

어휘 **届く** とどく [동] 도착하다 **メール** [명] 이메일 **お客様** おきゃくさま 고객 **各位** かくい [명] 여러분 **鮮魚** せんぎょ [명] 생선 **市場** いちば [명] 시장 **誠に** まことに [부] 대단히 **マガジン** [명] 매거진 **登録** とうろく [명] 등록 **当店** とうてん [명] 저희 가게 **会員** かいいん [명] 회원 **限定** げんてい [명] 한정 **抽選会** ちゅうせんかい [명] 추첨회 **～について** ~에 대해서 **賞品** しょうひん [명] 상품, 경품 **次回** じかい [명] 다음 번 **以降** いこう [명] 이후 **会計** かいけい [명] 계산, 회계 **際** さい [명] 시, 때 **クーポン券** クーポンけん [명] 쿠폰권 **温泉** おんせん [명] 온천 **宿泊券** しゅくはくけん [명] 숙박권 **ペア** [명] 2인, 페어 **鑑賞券** かんしょうけん [명] 감상권 **日時** にちじ [명] 일시 **先着** せんちゃく [명] 선착 **当日** とうじつ [명] 당일 **レシート** [명] 영수증 **画面** がめん [명] 화면 **参加** さんか [명] 참가 **皆様** みなさま [명] 여러분 **来店** らいてん [명] 내점 **心より** こころより 진심으로 **何回** なんかい [명] 몇 번

59 중상

(5)

ゴミを捨てる日やその捨て方には、住んでいる地域や町により、それぞれの決まりがある。しかし、最近、私の家の近所でそれが守られず、ゴミが捨てられていた。決められた曜日に捨てられなかったゴミは収集してもらえず、数日間、ゴミ置き場に置かれたままとなっていた。しかもそれが生ゴミだったので、においも出てしまい、近所の住民はとても迷惑した。ゴミの捨て方や収集日を守ることは、住民の最低限のマナーなのではないだろうか。

筆者の考えに合うものはどれか。

1 住んでいる町をきれいにするためにはルールを守るべきだ。

2 ゴミは決められた曜日にしか捨てられないので迷惑している。

3 ゴミの捨て方はマナーではなくルールなので、町によって違う。

4 **最低限のマナーとして、ゴミを捨てる曜日や捨て方は守るべきだ。**

(5)

쓰레기를 버리는 날이나 그 버리는 방법에는, 살고 있는 지역이나 마을에 따라, 저마다의 규칙이 있다. 그러나, 최근에, 우리 집 근방에서 그것이 지켜지지 않고, 쓰레기가 버려지고 있었다. 정해진 요일에 버려지지 않았던 쓰레기는 수거되지 않아서, 며칠간, 쓰레기장에 놓인 채로 있었다. 게다가 그것이 음식물 쓰레기였기 때문에, 냄새도 나 버려서, 근방의 주민은 아주 성가셨다. 쓰레기 버리는 방법이나 수거일을 지키는 것은, 주민의 최소한의 매너이지 않을까?

필자의 생각과 맞는 것은 어느 것인가?

1 살고 있는 마을을 깨끗하게 하기 위해서는 규정을 지켜야 한다.

2 쓰레기는 정해진 요일에밖에 버릴 수 없기 때문에 성가시다.

3 쓰레기 버리는 방법은 매너가 아니라 규정이기 때문에, 마을에 따라서 다르다.

4 **최소한의 매너로써, 쓰레기를 버리는 요일이나 버리는 방법은 지켜야 한다.**

해설 에세이로 필자의 생각을 묻고 있다. 후반부에서 ゴミの捨て方や収集日を守ることは、住民の最低限のマナーなのではないだろうか라고 서술하고 있으므로, 4 最低限のマナーとして、ゴミを捨てる曜日や捨て方は守るべきだ가 정답이다.

어휘 **ゴミ** [명] 쓰레기 **捨て方** すてかた [명] 버리는 방법 **地域** ちいき [명] 지역 **～により** ~에 따라 **それぞれ** [명] 저마다 **決まり** きまり [명] 규칙 **守る** まもる [동] 지키다 **曜日** ようび [명] 요일 **収集** しゅうしゅう [명] 수거, 수집 **数日間** すうじつかん [명] 며칠간 **ゴミ置き場** ゴミおきば [명] 쓰레기장 **～まま** ~인 채로 **しかも** [접] 게다가 **生ゴミ** なまゴミ [명] 음식물 쓰레기 **住民** じゅうみん [명] 주민 **迷惑** めいわく [명] 성가심, 민폐

収集日 しゅうしゅうび 명 수거일　最低限 さいていげん 명 최소한, 최저한　マナー 명 매너　ルール 명 규정, 룰　〜べきだ ~해야 한다
〜によって ~에 따라서

꼭! 알아두기 〜ではないだろうか(~이지 않을까), 〜とも限らない(~라고만은 할 수 없다), 〜必要なのだ(~필요한 것이다)와 같은 표현을 포함한 문장에서 필자의 생각이나 주장을 찾을 수 있으므로 특히 꼼꼼히 읽고 해석한다.

60-62

(1)

先日、テレビでベテラン俳優(はいゆう)が「[60]自分はもうこの年だから何でも分かっている。だから驚(おどろ)くこともないし、迷うこともない」と話していた。[60]落ち着いた大人の態度(たいど)だとも言えるが、私はいつまでも迷っている大人の方が魅力(みりょく)的だと思う。

一方、[61]私の父は田舎(いなか)で路線バスの運転手をしている。毎日、同じ道を回る退屈(たいくつ)な仕事だと思っていたが、父はそうは言わない。自分の仕事が好きだと、特に思っているわけでもなさそうだが、毎日同じことをしていてもあきないという。「全てうまくいく日もあるし、いかない日もある。不快なこともあるが、うれしいこともある」と言うのを聞いて、[61]父は努力している人なのだと思った。

「人間は努力する限り迷うものだ」という、ドイツを代表する文学者の言葉がある。私はこの言葉がとても好きだ。慣れた仕事でも、何年経っても、[62]努力しているから迷う。迷うから、さらに努力する。そして、[62]迷いからは様々な感情が生まれる。驚(おどろ)きや失望や喜びは、「何でも分かっている」という態度(たいど)からは生まれないだろう。もし迷うことが全くなければ、それは退屈(たいくつ)なことではないだろうか。

父もたぶん、日々、迷っているのかもしれない。しかし、迷うことは決して悪いことではないと思う。

(1)

요전, 텔레비전에서 베테랑 배우가 '[60]나는 이제 이 나이니까 뭐든지 알고 있다. 그래서 놀랄 일도 없고, 방황할 일도 없다'고 이야기하고 있었다. [60]침착한 어른의 태도라고도 말할 수 있지만, 나는 언제까지나 방황하는 어른 쪽이 매력적이라고 생각한다.

한편, [61]나의 아버지는 시골에서 노선버스의 운전사를 하고 있다. 매일, 같은 길을 도는 지루한 일이라고 생각하고 있었는데, 아버지는 그렇게는 말하지 않는다. 자신의 일을 좋아한다고, 특별하게 생각하고 있는 것 같지도 않지만, 매일 같은 것을 하고 있어도 질리지 않는다고 한다. '모두 잘 되는 날도 있고, 안 되는 날도 있어. 불쾌한 일도 있지만, 기쁜 일도 있어'라고 말하는 것을 듣고, [61]아버지는 노력하고 있는 사람이구나 하고 생각했다.

'인간은 노력하는 한 방황하는 법이다'라는, 독일을 대표하는 문학자의 말이 있다. 나는 이 말을 아주 좋아한다. 익숙해진 일이라도, 몇 년 지나도, [62]노력하고 있기 때문에 방황한다. 방황하기 때문에, 더욱 노력한다. 그리고, [62]방황으로부터는 다양한 감정이 생겨난다. 놀람이나 실망이나 기쁨은, '뭐든지 알고 있다'는 태도로부터는 생겨나지 않을 것이다. 만약 방황하는 일이 전혀 없다면, 그것은 지루한 일이지 않을까?

아버지도 아마, 매일, 방황하고 있을지도 모른다. 그러나, 방황하는 것은 결코 나쁜 것은 아니라고 생각한다.

어휘 先日 せんじつ 명 요전　ベテラン 명 베테랑　俳優 はいゆう 명 배우　迷う まよう 동 방황하다　落ち着く おちつく 동 침착하다　態度 たいど 명 태도
いつまでも 부 언제까지나　魅力的だ みりょくてきだ な형 매력적이다　路線バス ろせんバス 명 노선버스　退屈だ たいくつだ な형 지루하다
〜わけでもない ~인 것도 아니다　あきる 동 질리다　全て すべて 명 모두　不快だ ふかいだ な형 불쾌하다　努力 どりょく 명 노력
人間 にんげん 명 인간　〜する限り 〜するかぎり ~하는 한　〜ものだ ~법이다　ドイツ 명 독일　代表 だいひょう 명 대표
文学者 ぶんがくしゃ 명 문학자　何年 なんねん 명 몇 년　経つ たつ 동 지나다　さらに 부 더욱　迷い まよい 명 방황　様々だ さまざまだ な형 다양하다
感情 かんじょう 명 감정　驚き おどろき 명 놀람　失望 しつぼう 명 실망　喜び よろこび 명 기쁨　全く まったく 부 전혀　日々 ひび 명 매일
〜かもしれない ~일지도 모른다

60 중

筆者によると、落ち着いた大人とはどのような人か。

1 何でも分かっていると言う人
2 驚(おどろ)くことや迷うことがない人
3 いつまでも迷っている人
4 ほかの人より魅力(みりょく)的な人

필자에 의하면, 침착한 어른이란 어떤 사람인가?

1 뭐든지 알고 있다고 말하는 사람
2 놀랄 일이나 방황할 일이 없는 사람
3 언제까지나 방황하는 사람
4 다른 사람보다 매력적인 사람

해설 落ち着いた大人란 어떤 사람인지를 묻고 있다. 밑줄의 앞부분에서 自分はもうこの年だから何でも分かっている。だから驚くこともない

し、迷うこともない라고 하고, 밑줄을 포함한 문장에서 落ち着いた大人の態度だとも言えるが라고 서술하고 있으므로, 2 驚くことや迷うことがない人가 정답이다.

어휘 ほかの 다른

61 중상

筆者は、自分の父についてどう思っているか。	필자는, 자신의 아버지에 대해서 어떻게 생각하고 있는가?
1 父は自分の仕事が退屈で好きではないと思っている。	1 아버지는 자신의 일이 지루해서 좋아하지 않는다고 생각하고 있다.
2 父は毎日同じことをする仕事が好きだと思っている。	2 아버지는 매일 같은 것을 하는 일을 좋아한다고 생각하고 있다.
3 父は慣れた仕事でも常に努力していると思っている。	**3 아버지는 익숙해진 일이라도 항상 노력하고 있다고 생각하고 있다.**
4 父は迷わない仕事はつまらないと感じていると思っている。	4 아버지는 방황하지 않는 일은 재미없다고 느낀다고 생각하고 있다.

해설 필자가 자신의 아버지를 어떻게 생각하고 있는지 묻고 있다. 두 번째 단락의 앞부분에서 私の父は田舎で路線バスの運転手をしている。毎日、同じ道を回る退屈な仕事だと思っていたが、父はそうは言わない라고 하고, 뒷부분에서 父は努力している人なのだと思った라고 서술하고 있으므로, 3 父は慣れた仕事でも常に努力していると思っている가 정답이다.

어휘 常に つねに 부 항상　感じる かんじる 동 느끼다

62 중상

迷うことについて、筆者の考えに合うのはどれか。	방황하는 것에 대해서, 필자의 생각과 맞는 것은 어느 것인가?
1 努力すると迷うことが多くなるが、それはしかたがないことだ。	1 노력하면 방황할 일이 많아지지만, 그것은 어쩔 수 없는 일이다.
2 迷うことがない人生は退屈なので、驚きや失望を感じなくなる。	2 방황할 일이 없는 인생은 지루하기 때문에, 놀람이나 실망을 느끼지 않게 된다.
3 迷っているといろいろな感情が出てきて、疲れることが多い。	3 방황하고 있으면 여러 가지 감정이 나와서, 지치는 경우가 많다.
4 迷ってがっかりしたり喜んだりするのは努力している証拠だ。	**4 방황하며 낙담하거나 기뻐하거나 하는 것은 노력하고 있는 증거이다.**

해설 방황하는 것에 대한 필자의 생각을 묻고 있다. 세 번째 단락에서 努力しているから迷う라고 하고, 迷いからは様々な感情が生まれる。驚きや失望や喜びは、「何でも分かっている」という態度からは生まれないだろう라고 서술하고 있으므로, 4 迷ってがっかりしたり喜んだりするのは努力している証拠だ가 정답이다.

어휘 しかたがない 어쩔 수 없다　人生 じんせい 명 인생　がっかりする 낙담하다　証拠 しょうこ 명 증거

63-65

(2)	(2)
「好きなラブストーリーは何ですか。」突然、知人にそう質問された。[63]少し考えて出した答えは、知人にとって予想外だったらしく、とても驚かれた。確かにラブストーリーというより人間愛の話なので、普通に想像する男女の恋愛ものからは外れていたのかもしれない。しかし、その時に思い浮かんだのはその作品だったのだ。知人の答えも聞き、大いに話が盛り上がって以来、おもしろい質問だと思っていろいろな人に聞いている。	'좋아하는 러브 스토리는 무엇입니까?' 갑자기, 지인에게 그렇게 질문받았다. [63]조금 생각하고 낸 대답은, 지인에게는 예상외였던 듯하여, 몹시 놀라 했다. 확실히 러브 스토리라기 보다 인간애의 이야기이기 때문에, 보통 상상하는 남녀의 연애물에서는 벗어났었는지도 모른다. 그러나, 그때에 떠오른 것은 그 작품이었던 것이다. 지인의 대답도 듣고, 크게 이야기가 고조된 이후로, 재미있는 질문이라고 생각해서 여러 사람에게 묻고 있다.

今まで約40人に聞いたのだが、予想以上に興味深い。小説、マンガ、アニメ、映画、ゲームなど様々で、有名作品、人気作品の名も出るのだが、これまでに同じ回答はたった2つ。思い浮かぶ作品がそれぞれ違うというのが大変おもしろい。 質問するときは、なるべく一対一で聞くほうがよい。素直に答える人もいるが、[64]自分が他の人達にどう思われるか意識したり、答えることを恥ずかしがる人もいて、そういったことが答えに影響するからだ。だから、大勢に聞くより一人に聞く時のほうが、その人らしい回答が得られると思った。普段のその人からは想像できない作品名を言われて驚いたことが何度もある。 どんな答えでも、それがその人にとってのラブストーリーだと思うと、新たな一面を発見したような驚きがある。人によって好きな愛の形も種類も様々だ。だからこそ、[65]答えにその人の個性が表れるいい質問だと思う。	지금까지 약 40명에게 물었는데, 예상 이상으로 매우 흥미롭다. 소설, 만화, 애니메이션, 영화, 게임 등 다양하고, 유명 작품, 인기 작품의 이름도 나오지만, 지금까지 같은 답변은 겨우 2개. 떠오르는 작품이 제각기 다르다는 것이 대단히 재미있다. 질문할 때는, 되도록 일대일로 묻는 편이 좋다. 솔직하게 대답하는 사람도 있지만, [64]자신이 다른 사람들에게 어떻게 생각될까 의식하거나, 대답하는 것을 부끄러워하는 사람도 있어서, 그러한 것이 대답에 영향을 주기 때문이다. 때문에, 여럿에게 묻기보다 한 사람에게 물을 때가 더, 그 사람다운 답변을 얻을 수 있다고 생각했다. 평소의 그 사람으로부터는 상상할 수 없는 작품명을 듣고 놀란 적이 몇 번이나 있다. 어떤 대답이라도, 그것이 그 사람에게 있어서의 러브 스토리라고 생각하면, 새로운 일면을 발견한 듯한 놀라움이 있다. 사람에 따라 좋아하는 사랑의 형태도 종류도 다양하다. 그렇기 때문에, [65]대답에 그 사람의 개성이 나타나는 좋은 질문이라고 생각한다.

어휘 ラブストーリー 명 러브 스토리　突然 とつぜん 부 갑자기　知人 ちじん 명 지인　～にとって ~에게(는)　予想外だ よそうがいだ な형 예상외다
～というより ~라기 보다　人間愛 にんげんあい 명 인간애　想像 そうぞう 명 상상　男女 だんじょ 명 남녀　恋愛もの れんあいもの 명 연애물, 로맨스
外れる はずれる 동 벗어나다　～かもしれない ~일지도 모른다　思い浮かぶ おもいうかぶ 동 떠오르다　作品 さくひん 명 작품
大いに おおいに 부 크게　盛り上がる もりあがる 동 고조되다, 무르익다　～て以来 ～ていらい ~한 이후로　今まで いままで 부 지금까지
約 やく 부 약　予想 よそう 명 예상　興味深い きょうみぶかい い형 매우 흥미롭다　マンガ 명 만화　アニメ 명 애니메이션　ゲーム 명 게임
様々だ さまざまだ な형 다양하다　人気 にんき 명 인기　名 な 명 이름　これまで 지금까지　回答 かいとう 명 답변　たった 부 겨우
それぞれ 명 제각기　一対一 いちたいいち 명 일대일　素直だ すなおだ な형 솔직하다　他の ほかの 다른　人達 ひとたち 명 사람들　意識 いしき 명 의식
影響 えいきょう 명 영향　大勢 おおぜい 명 여럿　得る える 동 얻다　普段 ふだん 명 평소　作品名 さくひんめい 명 작품명　新ただ あらただ な형 새롭다
一面 いちめん 명 일면　発見 はっけん 명 발견　驚き おどろき 명 놀라움　～によって ~에 따라　愛 あい 명 사랑　種類 しゅるい 명 종류
個性 こせい 명 개성　表れる あらわれる 동 나타나다

63 중

筆者が知人に質問されて答えたラブストーリーはどのような話か。 1 誰もが驚くような話　2 男女間の恋愛の話 **3 人間愛についての話**　4 大いに盛り上がれる話	필자가 지인에게 질문받아 대답한 러브 스토리는 어떠한 이야기인가? 1 누구나가 놀랄 법한 이야기　2 남녀 간의 연애 이야기 **3 인간애에 대한 이야기**　4 크게 고조될 수 있는 이야기

해설 필자가 대답한 러브 스토리가 무엇인지 묻고 있다. 첫 번째 단락에서 少し考えて出した答えは、知人にとって予想外だったらしく、とても驚かれた。確かにラブストーリーというより人間愛の話なので라고 서술하고 있으므로, 3 人間愛についての話가 정답이다.

어휘 ～について ~에 대해

64 중

なるべく一対一で聞くほうがよいとあるが、なぜか。 1 有名で人気のある作品を知ることができるから **2 周りに人がいることが答えに影響するから** 3 大勢に聞くと答えが予想できないから 4 その人らしい答えは恥ずかしいと思うから	되도록 일대일로 묻는 편이 좋다고 하는데, 어째서인가? 1 유명하고 인기 있는 작품을 알 수 있기 때문에 **2 주변에 사람이 있는 것이 대답에 영향을 주기 때문에** 3 여럿에게 물으면 대답을 예상할 수 없기 때문에 4 그 사람다운 대답은 부끄럽다고 생각하기 때문에

해설 なるべく一対一で聞くほうがよい라고 말한 이유를 묻고 있다. 밑줄의 뒷부분에서 自分が他の人達にどう思われるか意識したり、答えることを恥ずかしがる人もいて、そういったことが答えに影響するからだ라고 서술하고 있으므로, 2 周りに人がいることが答えに影響す

るから가 정답이다.

꼭! 알아두기 밑줄 친 부분의 이유는 주로 ~からだ(~때문이다), というのも(왜냐하면)와 같은 표현이 있는 문장에서 찾을 수 있다.

65 중

好きなラブストーリーの質問について、筆者の考えに合うのはどれか。	좋아하는 러브 스토리 질문에 대해서, 필자의 생각과 맞는 것은 어느 것인가?
1 想像できない作品名に驚かされる質問である。	1 상상할 수 없는 작품명에 놀라게 되는 질문이다.
2 その人らしい答えが出てくる、想像できない質問である。	2 그 사람다운 대답이 나오는, 상상할 수 없는 질문이다.
3 物語の新しい見方ができるようになる、いい質問である。	3 이야기의 새로운 관점이 생기게 되는, 좋은 질문이다.
4 答える人の個性が表れるので、いい質問である。	**4 대답하는 사람의 개성이 나타나기 때문에, 좋은 질문이다.**

해설 좋아하는 러브 스토리 질문에 대한 필자의 생각을 묻고 있다. 네 번째 단락에서 **答えにその人の個性が表れるいい質問だと思う**라고 서술하고 있으므로, 4 **答える人の個性が表れるので、いい質問である**가 정답이다.

어휘 **驚かす** おどろかす 동 놀라게 하다 **物語** ものがたり 명 이야기 **見方** みかた 명 관점

66-68

(3)

先日、携帯電話を落としてしまった。幸運にもすぐに見つかったのだが、それは今でも信じられないほどショックな出来事だった。

[66]私は用心深い方で、それまで財布や鍵など大切な物をなくしたことはなかった。その日は、友人宅へタクシーで移動したのだが、料金を支払い、タクシーを降りる時に落としたらしい。それまで[66]手に持っていた携帯電話を一瞬ひざの上に置いたのだろう。後で探し回った時、まさかと思ったが、道路に落ちていた。[68]45歳くらいから、色々と不注意やうっかり忘れることなどが多くなったと自覚していたが、これは私にとって決定的な出来事だった。私は年を取ったのだ。

人は若い時は全てのことに鋭い感覚を持っているが、[67]年を取るとだんだん鈍くなっていく。身体機能が衰えるのだから当然のことである。[68]物忘れや不注意、身体的な鈍さも、体の一つ一つが正しく機能していないからだろう。それらが同時に起きた。大事な物を手から放したことを忘れ、手にない感覚もなかった。体から離れ、落ちたことにも気付かなかった。

自然に年を取って、いつか死ぬことを思えば、年齢とともに体の全てが鈍くなるのはその準備として与えられた過程だと思うしかない。その日は「年を取ること」について考えてしまった一日だった。

(注1) 用心深い：十分に気を付けている
(注2) 自覚する：自分でそうだと感じる

(3)

얼마 전, 휴대 전화를 잃어버렸다. 행운이게도 곧바로 발견되었지만, 그것은 지금도 믿을 수 없을 정도로 충격적인 사건이었다.

[66]나는 조심성 많은 편이라, 그때까지 지갑이나 열쇠 등 소중한 것을 분실한 적은 없었다. 그날은, 친구 집에 택시로 이동한 것인데, 요금을 지불하고, 택시에서 내릴 때에 잃어버린 것 같다. 그때까지 [66]손에 들고 있던 휴대 전화를 한순간 무릎 위에 두었을 것이다. 나중에 찾아다닐 때, 설마 하고 생각했는데, 도로에 떨어져 있었다. [68]45세쯤부터, 여러모로 부주의나 깜빡 잊는 일 등이 많아졌다고 자각하고 있었지만, 이것은 나에게 있어 결정적인 사건이었다. 나는 나이를 먹은 것이다.

사람은 젊을 때는 모든 것에 날카로운 감각을 가지고 있지만, [67]나이를 먹으면 점점 둔해져 간다. 신체 기능이 쇠하니까 당연한 것이다. [68]물건을 잊는 일이나 부주의, 신체적인 둔함도, 몸의 하나하나가 올바르게 기능하지 않고 있기 때문일 것이다. 그것들이 동시에 일어났다. 중요한 것을 손에서 놓은 것을 잊고, 손에 없다는 감각도 없었다. 몸에서 멀어져, 떨어진 것에도 눈치채지 못했다.

자연스럽게 나이를 먹고, 언젠가 죽는 것을 생각하면, 연령과 함께 몸의 전부가 둔해지는 것은 그 준비로써 주어진 과정이라고 생각할 수밖에 없다. 그날은 '나이를 먹는 것'에 대해서 생각해 버린 하루였다.

(주1) 조심성 많다 : 충분히 신경을 쓰고 있다
(주2) 자각하다 : 스스로 그렇다고 느끼다

어휘 **先日** せんじつ 명 얼마 전, 요전 **携帯** けいたい 명 휴대 **~てしまう** ~해 버리다 **幸運** こううん 명 행운 **信じる** しんじる 동 믿다 **~ほど** 조 ~정도로

ショックだ [な형] 충격적이다, 쇼크다　出来事 できごと [명] 사건, 일　用心深い ようじんぶかい [い형] 조심성 많다　なくす [동] 분실하다, 잃어버리다
～たことはない ~한 적은 없다　友人宅 ゆうじんたく [명] 친구 집　移動 いどう [명] 이동　料金 りょうきん [명] 요금　支払う しはらう [동] 지불하다
一瞬 いっしゅん [명] 한순간　ひざ [명] 무릎　探し回る さがしまわる [동] 찾아다니다　まさか [부] 설마　道路 どうろ [명] 도로　～くらい [조] ~쯤, ~정도
不注意 ふちゅうい [명] 부주의　うっかり [부] 깜빡　忘れる わすれる [동] 잊다　自覚 じかく [명] 자각　～にとって ~에게 있어
決定的だ けっていてきだ [な형] 결정적이다　年を取る としをとる 나이를 먹다　全て すべて [명] 모두, 전부　鋭い するどい [い형] 날카롭다
感覚 かんかく [명] 감각　鈍い にぶい [い형] 둔하다　身体 しんたい [명] 신체　機能 きのう [명] 기능　衰える おとろえる [동] 쇠하다, 약해지다
当然 とうぜん [명] 당연　物忘れ ものわすれ [명] 물건을 잊는 일　身体的 しんたいてき 신체적　鈍さ にぶさ [명] 둔함　一つ一つ ひとつひとつ [명] 하나하나
同時に どうじに 동시에　放す はなす [동] 놓다　離れる はなれる [동] 멀어지다, 떨어지다　気付く きづく [동] 눈치채다, 알아차리다
自然だ しぜんだ [な형] 자연스럽다　いつか [부] 언젠가　年齢 ねんれい [명] 연령　～とともに ~와 함께　与える あたえる [동] 주다, 내주다
過程 かてい [명] 과정　～しかない ~수밖에 없다　～について ~에 대해서　気を付ける きをつける 신경을 쓰다　感じる かんじる [동] 느끼다

66 중상

筆者がまさかと思ったのはなぜか。	필자가 설마 하고 생각했던 것은 왜인가?
1 用心深い自分が、携帯電話を道に落とすはずがないから	**1 조심성 많은 자신이, 휴대 전화를 길에 떨어뜨릴 리가 없기 때문에**
2 道路に携帯電話があっても、誰も拾わなかったから	2 도로에 휴대 전화가 있는데도, 아무도 줍지 않았기 때문에
3 ひざの上に置いたはずの携帯電話がなくなったから	3 무릎 위에 두었을 터인 휴대 전화가 없어졌기 때문에
4 友人の家の前で落としたのに、見つけられなかったから	4 친구의 집 앞에서 떨어뜨렸는데, 발견할 수 없었기 때문에

해설 まさかと思った의 이유를 묻고 있다. 밑줄이 있는 두 번째 단락의 앞부분에서 私は用心深い方で、それまで財布や鍵など大切な物をなくしたことはなかった라고 하고, 밑줄의 앞부분과 밑줄을 포함한 부분에서 手に持っていた携帯電話を一瞬ひざの上に置いたのだろう。後で探し回った時、まさかと思ったが、道路に落ちていた라고 서술하고 있으므로, 1 用心深い自分が、携帯電話を道に落とすはずがないから가 정답이다.

어휘 ～はずだ ~일 터이다

67 중

「年を取ること」について、筆者の考えに合うのはどれか。	'나이를 먹는 것'에 대해서, 필자의 생각과 맞는 것은 무엇인가?
1 人は年齢とともに体が弱くなるが、しかたがないことだ。	1 사람은 연령과 함께 몸이 약해지지만, 어쩔 수가 없는 것이다.
2 年を取って体全体の感覚が鈍くなるのは、当然のことだ。	**2 나이를 먹고 몸 전체의 감각이 둔해지는 것은, 당연한 것이다.**
3 ショックな事なので、自分が年を取るということは受け入れづらい。	3 충격적인 일이기 때문에, 자신이 나이를 먹는다는 것은 받아들이기 어렵다.
4 若い時には気付かなかったが、あきらめるしかない。	4 젊을 때에는 알아차리지 못했지만, 단념할 수밖에 없다.

해설 나이를 먹는 것에 대한 필자의 생각을 묻고 있다. 세 번째 단락에서 年を取るとだんだん鈍くなっていく。身体機能が衰えるのだから当然のことである라고 서술하고 있으므로, 2 年を取って体全体の感覚が鈍くなるのは、当然のことだ가 정답이다.

어휘 しかたがない 어쩔 수가 없다　受け入れる うけいれる [동] 받아들이다　あきらめる [동] 단념하다

68 중

筆者が、自分に対して年を取ったと感じた点は何か。	필자가, 자신에 대해 나이를 먹었다고 느낀 점은 무엇인가?
1 若い時のような注意力がなくなったと思ったこと	1 젊을 때 같은 주의력이 없어졌다고 생각한 것
2 大切なものをなくすという経験が増えてきたこと	2 소중한 것을 분실한다는 경험이 늘어난 것
3 頭の働きと体の働きの両方が鈍くなっていること	**3 머리의 기능과 몸의 기능 양쪽이 둔해지고 있는 것**
4 大事なものを手から放すようなことが多くなったこと	4 중요한 것을 손에서 놓는 것과 같은 일이 많아진 것

해설 필자가, 자신에 대해 나이를 먹었다고 느낀 점이 무엇인지 묻고 있다. 두 번째 단락에서 45歳くらいから、色々と不注意やうっかり忘れることなどが多くなったと自覚していたが、これは私にとって決定的な出来事だった。私は年を取ったのだ라고 하고, 세 번째 단락에서 物忘れや不注意、身体的な鈍さも、体の一つ一つが正しく機能していないからだろう。それらが同時に起きた라고 서술하고 있으므로, 3 頭の働きと体の働きの両方が鈍くなっていること가 정답이다.

어휘 注意力 ちゅういりょく 명 주의력 働き はたらき 명 기능

69-70

A

最近、「暮らすように旅する」という言葉を耳にする。旅行を休息だと考え、気の向くままにしたいことをするらしい。観光地には行かず知らない町を散歩したり、民宿で現地の人と交流する。日常から離(はな)れながら、異国の地で日常的な時間を自由に過ごすことがテーマだそうだ。[70]以前は旅行というとパッケージツアーに代表されるよう、観光地や有名レストランを回るイメージが強かったが、スタイルが多様化したものだ。

[69]パッケージツアーのように旅行の手間を減らしてくれるサービスがある中で、最初からエネルギーをかけずに旅行するという発想が面白い。観光したいときには、当日現地のツアーに申し込めば観光も楽に楽しめるという。時間に余裕があれば、こんな新しいスタイルの旅行も体験してみたい。

B

テレビ番組でも特集されるパッケージツアーだが、行動や時間に制限があることから利用者は減少傾向にある。確かに自由に日程を組め、好きなものが食べられる個人旅行が人気なのも分かる。そもそも[69]パッケージツアーとは旅行会社が作った旅行セットのことで、商品を申し込めば航空券やホテルなどの手配をやってくれるサービスである。しかも、個人旅行より旅の費用が安く済ませられるという。

スケジュールを一から立てる必要がないため、[70]場所や交通手段を調べるといった作業がストレスの人には良いサービスだろう。また、効率的に観光できるのも利点だ。個人旅行でよくある道に迷ったり、予約の手続きによる問題が起こったりなんて心配もいらない。言語に自信がなくて海外旅行が不安だという時にもこのサービスを利用するといいと思う。

（注）異国の地：自分の生活している国とは異なる国

A

최근, '살듯이 여행한다'라는 말을 듣는다. 여행을 휴식이라고 생각하고, 기분 내키는 대로 하고 싶은 것을 한다고 한다. 관광지에는 가지 않고 모르는 동네를 산책하거나, 민박에서 현지의 사람과 교류한다. 일상에서 벗어나면서, 이국의 땅에서 일상적인 시간을 자유롭게 보내는 것이 테마라고 한다. [70]이전에는 여행이라고 하면 패키지 투어로 대표되듯, 관광지나 유명 레스토랑을 도는 이미지가 강했지만, 스타일이 다양화된 것이다.

[69]패키지 투어처럼 여행의 수고를 덜어 주는 서비스가 있는 가운데, 처음부터 에너지를 들이지 않고 여행한다는 발상이 재미있다. 관광하고 싶을 때는, 당일 현지 투어를 신청하면 관광도 편하게 즐길 수 있다고 한다. 시간에 여유가 있다면, 이런 새로운 스타일의 여행도 체험해 보고 싶다.

B

텔레비전 프로그램에서도 특집 되는 패키지 투어이지만, 행동이나 시간에 제한이 있다는 것에서 이용자는 감소 경향에 있다. 확실히 자유롭게 일정을 짤 수 있고, 좋아하는 것을 먹을 수 있는 개인 여행이 인기인 것도 알겠다. 애초에 [69]패키지 투어란 여행 회사가 만든 여행 세트로, 상품을 신청하면 항공권이나 호텔 등의 수배를 해 주는 서비스이다. 게다가, 개인 여행보다 여행 비용을 싸게 해결할 수 있다고 한다.

스케줄을 하나부터 세울 필요가 없기 때문에, [70]장소나 교통수단을 알아보는 등의 작업이 스트레스인 사람에게는 좋은 서비스일 것이다. 또한, 효율적으로 관광할 수 있는 것도 이점이다. 개인 여행에서 자주 있는 길을 잃거나, 예약 수속에 의한 문제가 발생하는 일 따위 걱정도 필요 없다. 언어에 자신이 없어 해외여행이 불안할 때에도 이 서비스를 이용하면 좋다고 생각한다.

(주) 이국의 땅: 자신이 생활하고 있는 나라와는 다른 나라

어휘 暮らす くらす 동 살다, 지내다 ～ように ~하듯이 旅する たびする 여행하다 耳にする みみにする 듣다 休息 きゅうそく 명 휴식 気の向くままに きのむくままに 기분 내키는 대로 観光地 かんこうち 명 관광지 民宿 みんしゅく 명 민박 現地 げんち 명 현지 交流 こうりゅう 명 교류 日常 にちじょう 명 일상 離れる はなれる 동 벗어나다, 떨어지다 異国 いこく 명 이국 地 ち 명 땅 日常的だ にちじょうてきだ な형 일상적이다 自由だ じゆうだ な형 자유롭다 過ごす すごす 동 보내다, 지내다 テーマ 명 테마 ～そうだ ~라고 한다 以前 いぜん 명 이전

～というと ~라고 하면　パッケージ 명 패키지　ツアー 명 투어　代表 だいひょう 명 대표　イメージ 명 이미지　スタイル 명 스타일　多様化 たようか 명 다양화　手間 てま 명 수고　減らす へらす 동 덜다, 줄이다　サービス 명 서비스　エネルギー 명 에너지　発想 はっそう 명 발상　観光 かんこう 명 관광　当日 とうじつ 명 당일　申し込む もうしこむ 동 신청하다　楽だ らくだ な형 편하다　余裕 よゆう 명 여유　体験 たいけん 명 체험　特集 とくしゅう 명 특집　制限 せいげん 명 제한　～ことから ~라는 것에서　利用者 りようしゃ 명 이용자　減少 げんしょう 명 감소　傾向 けいこう 명 경향　日程 にってい 명 일정　組む くむ 동 짜다　個人 こじん 명 개인　人気 にんき 명 인기　そもそも 접 애초에　セット 명 세트　商品 しょうひん 명 상품　航空券 こうくうけん 명 항공권　手配 てはい 명 수배　しかも 접 게다가　旅 たび 명 여행　費用 ひよう 명 비용　スケジュール 명 스케줄　交通手段 こうつうしゅだん 명 교통수단　～といった ~등, ~와 같은　作業 さぎょう 명 작업　ストレス 명 스트레스　効率的だ こうりつてきだ な형 효율적이다　利点 りてん 명 이점　道に迷う みちにまよう 길을 잃다　手続き てつづき 명 수속　～による ~에 의한　起こる おこる 동 발생하다　言語 げんご 명 언어　自信 じしん 명 자신　不安だ ふあんだ な형 불안하다　異なる ことなる 동 다르다, 상이하다

69 중

AとBのどちらの文章にも触れられている点は何か。	A와 B 어느 쪽의 글에서도 다루어지고 있는 점은 무엇인가?
1 多様化している旅行のスタイル	1 다양화되고 있는 여행의 스타일
2 旅行中に出くわすトラブル	2 여행 중에 맞닥뜨리는 트러블
3 楽に旅行を楽しむ方法	**3 편하게 여행을 즐기는 방법**
4 パッケージツアー利用者の減少理由	4 패키지 투어 이용자의 감소 이유

해설 A와 B의 글에서 공통적으로 서술하고 있는 내용을 지문에서 찾는다. A는 지문의 중반부에서 パッケージツアーのように旅行の手間を減らしてくれるサービスがある中で라고 서술하고 있고, B는 지문의 중반부에서 パッケージツアーとは旅行会社が作った旅行セットのことで、商品を申し込めば航空券やホテルなどの手配をやってくれるサービスである라고 서술하고 있으므로, 3 楽に旅行を楽しむ方法가 정답이다. 1은 A에만 있고, 2와 4는 B에만 있으므로 오답이다.

어휘 出くわす でくわす 동 맞닥뜨리다　トラブル 명 트러블　方法 ほうほう 명 방법

70 중상

旅行について、AとBはどのように考えているか。	여행에 대해서, A와 B는 어떻게 생각하고 있는가?
1 AもBも、パッケージツアーを利用すると効率良く観光地を回ることができると考えている。	1 A도 B도, 패키지 투어를 이용하면 효율 좋게 관광지를 도는 것이 가능하다고 생각하고 있다.
2 AもBも、手間をかけず費用を安く済ませたいならパッケージツアーを利用すべきだと考えている。	2 A도 B도, 수고를 들이지 않고 비용을 싸게 해결하고 싶다면 패키지 투어를 이용해야 한다고 생각하고 있다.
3 Aは様々なスタイルの旅行を試すべきだと考え、Bは手間がかかる作業が苦手な人には旅行は向かないと考えている。	3 A는 다양한 스타일의 여행을 시도해야 한다고 생각하고, B는 손이 많이 가는 작업을 잘 못하는 사람에게는 여행은 맞지 않는다고 생각하고 있다.
4 Aは観光地を回ることだけが旅ではないと考え、Bはサービスを利用すれば旅のストレスが減らせると考えている。	**4 A는 관광지를 도는 것만이 여행은 아니라고 생각하고, B는 서비스를 이용하면 여행의 스트레스를 덜 수 있다고 생각하고 있다.**

해설 여행에 대한 A와 B의 견해를 각 지문에서 찾는다. A는 지문의 중반부에서 以前は旅行というとパッケージツアーに代表されるよう、観光地や有名レストランを回るイメージが強かったが、スタイルが多様化したものだ라고 서술하고 있고, B는 지문의 중반부에서 場所や交通手段を調べるといった作業がストレスの人には良いサービスだろう라고 서술하고 있으므로, 4 Aは観光地を回ることだけが旅ではないと考え、Bはサービスを利用すれば旅のストレスが減らせると考えている가 정답이다. 1과 2는 B에만 언급되고, 3은 어느 쪽에도 언급되지 않았으므로 오답이다.

어휘 効率 こうりつ 명 효율　～べきだ ~해야 한다　様々だ さまざまだ な형 다양하다　試す ためす 동 시도하다　手間がかかる てまがかかる 손이 많이 가다　苦手だ にがてだ な형 잘 못하다　向く むく 동 맞다, 적합하다

꼭! 알아두기　A와 B의 견해를 묻는 문제는 두 지문 중 하나 혹은 어느 쪽에도 해당하지 않는 내용을 제시하거나, 두 지문의 견해를 반대로 제시하는 선택지로 혼동을 주기도 한다. 따라서, 각 지문에서 언급된 내용이 선택지에 모두 올바르게 포함되어 있는지 정확하게 파악한다.

71-73

私は日本で生まれ育ち、日本で教育を受けたのだが、日本の歴史にあまり詳しくない。中学と高校で学んだ日本史は表面的な事だけで、それすらもう既に忘れてしまっていることが多い。テレビドラマで昔の歴史に関することが出てくると、そうだったんだとそのたびに思うくらいだ。[71]歴史は毎日の生活に必要なものではないから忘れてしまうのだろう。[71]それは、数学も物理もそうかもしれない。

なぜ勉強しなければならないのかと問われたら、みんなはどう答えるだろうか。将来役に立つから?今の私の生活に高校の数学は役に立っているだろうか。そんなことはないだろう。いい大学に入るため?いや、それなら、大学に入らない人は、勉強しなくてもいいことになってしまう。しかし、ある日、インターネット上で見つけた言葉に、私ははっとした。

「勉強するのは自由になるため。」

[72]私の祖母は中学を出てすぐに働き始めたそうだ。田舎の農村出身の祖母は、十分な教育機会が与えられなかったと想像がつく。学ぶことより、稼ぐことのほうが大切だと教えられたのかもしれない。しかし、中学を出たばかりの女の子に、それほどいい仕事はない。結局、いくつかの仕事をして、結婚をし、主婦になったため仕事を辞めてしまった。その後、祖母の世界は近所とテレビぐらいで、新しい仕事をすることもなく、ずっと家にいたそうだ。学校には行けなくても、せめて本や新聞を読むようにしていたら、祖母の世界はもっと違うものになっていたのではないだろうか。祖母は「自分は頭がよくないから」と、私にあまり多くのことを教えてはくれなかった。[72]しかし、祖母が経験して身に付けてきた事にも、本当は価値があるはずだ。

周りの環境や経済的な問題から、学校に通うことが難しい人は世界中に多くいる。そのような中でも、人は学び続けることで知識を増やし、新しいことを知り、それを子供や孫たちに伝えてきた。そうやって[73]人間は、自分のためだけでなく、誰かのために学び続けてきた。

勉強は、勉強する人自身の世界を広げる。そして、その人は学んだことを他の人たちに伝えることで彼らの世界をほんの少しだけ変えていくのだろう。「自由になる」とはそういうことかもしれない。このように多くの人が、自分の勉強を続けていたら、世界はよりよいものになるのではないだろうか。

나는 일본에서 태어나 자라고, 일본에서 교육을 받은 것이지만, 일본의 역사에 그다지 정통하지 않다. 중학교와 고등학교에서 배운 일본사는 표면적인 것뿐이고, 그것조차 이미 벌써 잊어버린 것이 많다. 텔레비전 드라마에서 옛날의 역사에 관한 것이 나오면, 그랬구나 하고 그때마다 생각하는 정도이다. [71]역사는 매일의 생활에 필요한 것이 아니기 때문에 잊어버리는 것일 것이다. [71]그것은, 수학도 물리도 그럴지도 모른다.

왜 공부하지 않으면 안 되는 것인가 하고 질문받는다면, 모두들 어떻게 대답할까? 장래에 도움이 되기 때문에? 지금의 나의 생활에 고등학교의 수학은 도움이 되고 있는 것일까? 그런 일은 없을 것이다. 좋은 대학에 들어가기 위해? 아니, 그렇다면, 대학에 들어가지 않는 사람은, 공부하지 않아도 되는 것이 되어 버린다. 그러나, 어느 날, 인터넷상에서 발견한 말에, 나는 깜짝 놀랐다.

'공부하는 것은 자유로워지기 위해서.'

[72]나의 할머니는 중학교를 나와 곧바로 일하기 시작했다고 한다. 시골의 농촌 출신인 할머니는, 충분한 교육 기회가 주어지지 않았다고 상상이 간다. 배우는 것보다, 돈을 버는 쪽이 중요하다고 가르침 받은 것일지도 모른다. 그러나, 중학교를 막 나온 여자아이에게, 그렇게 좋은 일은 없다. 결국, 몇 개인가의 일을 하고, 결혼을 하고, 주부가 되었기 때문에 일을 그만두어 버렸다. 그 후, 할머니의 세계는 이웃과 텔레비전 정도라, 새로운 일을 할 필요도 없이, 계속 집에 있었다고 한다. 학교에는 갈 수 없어도, 적어도 책이나 신문을 읽도록 하고 있었다면, 할머니의 세계는 더 다른 것이 되어 있었던 것은 아닐까? 할머니는 '나는 머리가 좋지 않으니까'라며, 나에게 그다지 많은 것을 가르쳐 주지는 않았다. [72]그러나, 할머니가 경험하고 몸에 익혀 온 것에도, 사실은 가치가 있을 것이다.

주변의 환경이나 경제적인 문제로, 학교에 다니는 것이 어려운 사람은 전 세계에 많이 있다. 그런 가운데에서도, 사람은 계속 배우는 것으로 지식을 늘리고, 새로운 것을 알고, 그것을 아이나 손주들에게 전해 왔다. 그렇게 [73]인간은, 자신을 위해서 뿐만 아니라, 누군가를 위해서 계속 배워 왔다.

공부는, 공부하는 사람 자신의 세계를 넓힌다. 그리고, 그 사람은 배운 것을 다른 사람들에게 전하는 것으로 그들의 세계를 아주 조금 정도 바꾸어 가는 것일 것이다. '자유로워진다'란 그런 것일지도 모른다. 이렇게 많은 사람이, 자신의 공부를 계속하고 있으면, 세계는 더 좋은 것이 되지 않을까?

어휘 **日本** にほん 명 일본　**育つ** そだつ 동 자라다　**詳しい** くわしい い형 정통하다, 자세히 알고 있다　**中学** ちゅうがく 명 중학교, 중학　**学ぶ** まなぶ 동 배우다　**日本史** にほんし 명 일본사　**表面的だ** ひょうめんてきだ な형 표면적이다　**～すら** 조 ~조차　**既に** すでに 부 이미, 이전에　**～てしまう** ~해 버리다

ドラマ 명 드라마 歴史 れきし 명 역사 たび 명 때마다 ～くらい 조 ~정도 物理 ぶつり 명 물리 ～かもしれない ~일지도 모른다
～なければならない ~하지 않으면 안 된다 問う とう 동 질문하다 ～ため ~위해, ~때문에 インターネット上 インターネットじょう 명 인터넷상
はっとする 깜짝 놀라다 自由だ じゆうだ な형 자유롭다 農村 のうそん 명 농촌 出身 しゅっしん 명 출신 与える あたえる 동 주다
想像がつく そうぞうがつく 상상이 가다 ～より 조 ~보다 稼ぐ かせぐ 동 돈을 벌다 ～ばかり 막 ~함 それほど 부 그렇게 結局 けっきょく 부 결국
主婦 しゅふ 명 주부 その後 そのご 그 후 ～こともない ~할 필요도 없다 せめて 부 적어도 ～ようにする ~하도록 하다
身に付ける みにつける 몸에 익히다 価値 かち 명 가치 ～はずだ ~일 것이다 環境 かんきょう 명 환경 経済的だ けいざいてきだ な형 경제적이다
世界中 せかいじゅう 명 전 세계 多く おおく 명 많음 知識 ちしき 명 지식 増やす ふやす 동 늘리다 孫 まご 명 손주 人間 にんげん 명 인간
～だけでなく ~뿐만 아니라 広げる ひろげる 동 넓히다 他の ほかの 다른 ほんの 아주 より 부 더, 한결

71 중

数学も物理もそうかもしれないとは、どのようなことか。	수학도 물리도 그럴지도 모른다란, 어떤 것인가?
1 表面的な事しか勉強していないから、数学や物理に詳(くわ)しくない。	1 표면적인 것밖에 공부하고 있지 않기 때문에, 수학이나 물리에 정통하지 않다.
2 中学と高校で勉強したことは、既(すで)に忘れてしまっている。	2 중학교와 고등학교에서 공부한 것은, 이미 잊어버리고 있다.
3 テレビで数学や物理のことを見ると、初めて知ったかのように思う。	3 텔레비전에서 수학이나 물리를 보면, 처음으로 안 것 같이 생각한다.
4 日常生活に必要がないことは、覚えていることが難しい。	**4 일상생활에 필요가 없는 것은, 기억하고 있는 것이 어렵다.**

해설 数学も物理もそうかもしれない가 어떤 의미인지를 묻고 있다. 밑줄의 앞부분에서 歴史は毎日の生活に必要なものではないから忘れてしまうのだろう라고 하고, 밑줄을 포함한 문장에서 それは、数学も物理もそうかもしれない라고 서술하고 있으므로, 4 日常生活に必要がないことは、覚えていることが難しい가 정답이다.

어휘 ～かのようだ ~인 것 같다

72 상

祖母について、筆者はどのように考えているか。	할머니에 대해서, 필자는 어떻게 생각하고 있는가?
1 祖母は子供のころに教育が受けられなくて、気の毒だ。	1 할머니는 아이일 적에 교육을 받을 수 없어서, 가엾다.
2 祖母の世界が狭かったのは、本や新聞を読まなかったからだ。	2 할머니의 세계가 좁았던 것은, 책이나 신문을 읽지 않았기 때문이다.
3 祖母は教育を受けていなくても、有意義な経験を積んできた。	**3 할머니는 교육을 받지 않더라도, 의미 있는 경험을 쌓아 왔다.**
4 祖母はあまり頭がよくないので、価値のある話は聞けない。	4 할머니는 그다지 머리가 좋지 않기 때문에, 가치 있는 이야기는 들을 수 없다.

해설 할머니에 대한 필자의 생각을 묻고 있다. 세 번째 단락의 초반부에서 私の祖母は中学を出てすぐに働き始めたそうだ라고 하고, 세 번째 단락의 후반부에서 しかし、祖母が経験して身に付けてきた事にも、本当は価値があるはずだ라고 서술하고 있으므로 3 祖母は教育を受けていなくても、有意義な経験を積んできた가 정답이다.

어휘 気の毒だ きのどくだ な형 가엾다 有意義だ ゆういぎだ な형 의미 있다, 유의미하다 積む つむ 동 쌓다

73 중상

学ぶことについて、筆者の考えに合うのはどれか。	배우는 것에 대해서, 필자의 생각에 맞는 것은 어느 것인가?
1 学ぶことは自分のためだけでなく、他の人のためにもなる。	**1 배우는 것은 자신을 위해서 뿐만 아니라, 다른 사람을 위해서도 된다.**
2 学ぶだけでは世界が変わることはないが、必要なことだ。	2 배우는 것만으로는 세계가 변하는 일은 없지만, 필요한 일이다.
3 世界をよくするために、学ぶことはやめるべきではない。	3 세계를 좋게 하기 위해서, 배우는 것은 그만두어서는 안 된다.
4 学校に通うことができないと、学ぶことを続けるのは難しい。	4 학교에 다니는 것이 불가능하면, 배우는 것을 계속하는 것은 어렵다.

해설 배우는 것에 대한 필자의 생각을 묻고 있다. 네 번째 단락에서 人間は、自分のためだけでなく、誰かのために学び続けてきた라고 서술하고 있으므로, 1 学ぶことは自分のためだけでなく、他の人のためにもなる가 정답이다.

꼭! 알아두기 선택지에 동일한 어구나 키워드가 있는 경우, 지문에서 해당 어구나 키워드가 있는 부분 주변에서 정답의 단서를 찾을 수 있다.

74 중

遠藤さんは試験英語の特別クラスを申請するつもりだ。試験を受けたことはないが、前学期に大学で「実践英語Ⅰ」の講義を受講した。遠藤さんが受講できるクラスはどれか。

1 Aクラス
2 Bクラス
3 Aクラス、Bクラス
4 Aクラス、Bクラス、Cクラス

엔도 씨는 시험 영어의 특별 클래스를 신청할 생각이다. 시험을 치른 적은 없지만, 전 학기에 대학에서 [실천 영어Ⅰ] 강의를 수강했다. 엔도 씨가 수강할 수 있는 클래스는 어느 것인가?

1 A클래스
2 B클래스
3 A클래스, B클래스
4 A클래스, B클래스, C클래스

해설 엔도 씨가 수강할 수 있는 클래스를 묻는 문제이다. 질문에서 제시된 조건 (1) 試験を受けたことはない, (2) 前学期に大学で「実践英語Ⅰ」の講義を受講した에 따라,
(1) 시험을 치른 적 없음: 표의 対象者 부분을 보면 受験未経験者는 A 클래스 수강 가능
(2) [실천 영어Ⅰ] 강의를 수강함: 표 아래의 설명 부분을 보면 「実践英語Ⅰ」の単位を取得した学生は試験を受けたことがなくてもBクラスが受講できます라고 언급하므로 B 클래스 수강 가능
따라서 3 Aクラス、Bクラス가 정답이다.

어휘 申請 しんせい 명 신청 ～つもりだ ~할 생각이다 実践 じっせん 명 실천 講義 こうぎ 명 강의 受講 じゅこう 명 수강

75 중상

高橋さんは前回の試験で800点を取ったが、点数を上げるために夏休み集中講座を受講したいと考えている。高橋さんが集中講座を受けるためにとる行動はどれか。

1 6月18日までに学生部で申し込みを行い、1万5千円を払う。
2 6月18日までに学生部で申し込みを行い、1万8千円を払う。
3 6月25日までに学生部で申し込みを行い、1万5千円を払う。
4 6月25日までに学生部で申し込みを行い、1万8千円を払う。

다카하시 씨는 지난 회 시험에서 800점을 받았는데, 점수를 올리기 위해서 여름방학 집중 강좌를 수강하고 싶다고 생각하고 있다. 다카하시 씨가 집중 강좌를 듣기 위해 취할 행동은 어느 것인가?

1 6월 18일까지 학생부에서 신청을 하고, 1만 5천 엔을 지불한다.
2 6월 18일까지 학생부에서 신청을 하고, 1만 8천 엔을 지불한다.
3 6월 25일까지 학생부에서 신청을 하고, 1만 5천 엔을 지불한다.
4 6월 25일까지 학생부에서 신청을 하고, 1만 8천 엔을 지불한다.

해설 다카하시 씨가 집중 강좌를 듣기 위해 취할 행동을 묻는 문제이다. 질문에서 제시된 상황 前回の試験で800点を取った에 따라, 표의 対象者 부분을 보면 다카하시 씨는 780点以上가 대상자인 D 클래스를 수강할 수 있다. D 클래스의 수강료는 15,000엔이다. 또한, 표 아래의 申請方法 부분을 보면 申請は学生部で承っております。その際に受講料を現金でお支払いください라고 하고, 別途でテキスト代(3千円)もご一緒にお願いします라고 언급하고 있으며, 申請期間：本日から6月18日(金)午後5時まで라고 언급하고 있다.
따라서 2 6月18日までに学生部で申し込みを行い、1万8千円を払う가 정답이다.

어휘 前回 ぜんかい 명 지난 회, 전 회 点数 てんすう 명 점수 ～ために ~위해서 集中 しゅうちゅう 명 집중 講座 こうざ 명 강좌
学生部 がくせいぶ 명 학생부 申し込み もうしこみ 명 신청

꼭! 알아두기 해야 할 행동을 묻는 문제는 지문에서 방법이나 프로세스와 관련된 단어를 찾아 그 주변에서 정답의 단서를 찾는다.

―試験英語夏休み集中講座　受講生募集中―

夏休みに試験英語の特別クラスを実施します。

独学で点数が伸び悩んでいる方はぜひ！

自分の点数を基にレベルに合ったクラスに申し込んでください。

	A クラス	B クラス	C クラス	D クラス
レベル	基礎的な単語、基本文法から学ぶことができます。 * 目標点数：680 点	基礎的な練習問題を通して、解き方のコツを伝授します。 * 目標点数：730 点	基礎レベルからステップアップ！ つまずきやすいポイントを解説します。 * 目標点数：800 点	試験形式で過去問を解き、スピーディーに問題を解く力をつけます。 * 目標点数：860 点以上
対象者	470 点以下 または [74]受験未経験者	600 点前後	680 点前後	[75]780 点以上
日程	週に 2 回 月、水 13:00-15:00	週に 2 回 火、金 13:00-15:00	週に 1 回 水 13:00-17:00	週に 1 回 木 13:00-17:00
人数	40 名	40 名	40 名	40 名
受講料	18,000 円	18,000 円	15,000 円	[75]15,000 円

* 本校で開講されている [74]「実践(じっせん)英語 I」の単位を取得した学生は試験を受けたことがなくても B クラスが受講できます。
ただし、レベルを確認するためにも一度受験することをおすすめしています。

■ 申請方法

- [75]申請は学生部で承っております。その際に受講料を現金でお支払いください。

* [75]別途でテキスト代 (3 千円) もご一緒にお願いします。

- [75]申請期間：本日から 6 月 18 日 (金) 午後 5 時まで

* 受講の取り消しは 6 月 25 日 (金) 午後 5 時まで可能です。

授業内容や日程に関するお問い合わせは英語キャリア課までお願いいたします。

英語キャリア課　TEL：0238-xxxx-9999

-시험 영어 여름방학 집중 강좌　수강생 모집 중-

여름방학에 시험 영어의 특별 클래스를 실시합니다.

독학으로 점수가 제자리걸음인 분은 부디!

자신의 점수를 바탕으로 레벨에 맞는 클래스에 신청해 주세요.

	A클래스	B클래스	C클래스	D클래스
레벨	기초적인 단어, 기본 문법부터 배울 수 있습니다. *목표 점수: 680점	기초적인 연습 문제를 통해서, 푸는 법의 요령을 전수합니다. *목표 점수: 730점	기초 레벨에서 스텝 업! 좌절하기 쉬운 포인트를 해설합니다. *목표 점수: 800점	시험 형식으로 과거 문제를 풀고, 신속하게 문제를 푸는 힘을 기릅니다. *목표 점수: 860점 이상
대상자	470점 이하 또는 [74]수험 미경험자	600점 전후	680점 전후	[75]780점 이상
일정	주 2회 월, 수 13:00-15:00	주 2회 화, 금 13:00-15:00	주 1회 수 13:00-17:00	주 1회 목 13:00-17:00
인원	40명	40명	40명	40명
수강료	18,000엔	18,000엔	15,000엔	[75]15,000엔

*본교에서 개강되고 있는 [74][실천 영어I]의 학점을 취득한 학생은 시험을 치른 적이 없어도 B클래스를 수강할 수 있습니다.
단, 레벨을 확인하기 위해서라도 한 번 수험하는 것을 추천하고 있습니다.

■ 신청 방법

- [75]신청은 학생부에서 받고 있습니다. 그때 수강료를 현금으로 지불해 주세요.

* [75]별도로 교재비(3천 엔)도 함께 부탁드립니다.

- [75]신청 기간: 오늘부터 6월 18일(금) 오후 5시까지

* 수강 취소는 6월 25일(금) 오후 5시까지 가능합니다.

수업 내용이나 일정에 관한 문의는 영어 커리어과로 부탁드립니다.

영어 커리어과 TEL: 0238-xxxx-9999

어휘 受講生 じゅこうせい 명 수강생　募集中 ぼしゅうちゅう 명 모집 중　実施 じっし 명 실시　独学 どくがく 명 독학
伸び悩む のびなやむ 동 제자리걸음이다, 침체 상태에 빠지다　～を基に ～をもとに ~을 바탕으로　レベル 명 레벨
基礎的だ きそてきだ な형 기초적이다　単語 たんご 명 단어　基本 きほん 명 기본　学ぶ まなぶ 동 배우다　目標 もくひょう 명 목표
～を通して ～をとおして ~을 통해서　解き方 ときかた 명 푸는 법　コツ 명 요령, 비법　伝授 でんじゅ 명 전수　基礎 きそ 명 기초
ステップアップ 명 스텝 업　つまずく 동 좌절하다, 발이 걸려 넘어지다　～やすい ~하기 쉽다　ポイント 명 포인트　解説 かいせつ 명 해설
形式 けいしき 명 형식　過去問 かこもん 명 과거 문제　解く とく 동 풀다　スピーディーだ な형 신속하다, 스피디하다　対象者 たいしょうしゃ 명 대상자
受験 じゅけん 명 수험　未経験者 みけいけんしゃ 명 미경험자　前後 ぜんご 명 전후　日程 にってい 명 일정　週 しゅう 명 주, 한 주
人数 にんずう 명 인원　受講料 じゅこうりょう 명 수강료　本校 ほんこう 명 본교　開講 かいこう 명 개강　単位 たんい 명 학점　取得 しゅとく 명 취득

ただし [접] 단, 다만　確認 かくにん [명] 확인　おすすめ 추천　方法 ほうほう [명] 방법　承る うけたまわる [동] 받다 (うけるの 겸양어)　際 さい [명] 때
現金 げんきん [명] 현금　支払う しはらう [동] 지불하다　別途 べっと [명] 별도　テキスト代 テキストだい [명] 교재비　一緒に いっしょに 함께
期間 きかん [명] 기간　本日 ほんじつ [명] 오늘　取り消し とりけし [명] 취소　可能だ かのうだ [な형] 가능하다　内容 ないよう [명] 내용
～に関する ～にかんする ~에 관한　問い合わせ といあわせ [명] 문의　キャリア [명] 커리어　課 か [명] 과

청해 p.223

문제별 분할 파일 바로 듣기

☞ 문제 1의 디렉션과 예제를 들려줄 때 1번부터 5번까지의 선택지를 미리 읽고 내용을 재빨리 파악해 둡니다. 음성에서 では、始めます(그러면, 시작합니다)가 들리면, 곧바로 문제 풀 준비를 합니다. 디렉션과 예제는 실전모의고사 제1회의 해설(p.36)에서 확인할 수 있습니다.

1　중상

[음성]

家で夫婦が話しています。男の人はこれからまず何をしますか。

F：明後日、強い台風が上陸するってニュースで言ってたよ。

M：みたいだね。ベランダにあるもの、中に入れたほうがいいかな。

F：うん、そうだね。飛んで行ったら大変だからね。けど、[1]部屋が狭くなっちゃうから、明日でいいんじゃない？

M：わかった。それから、買い物に行けなくなるかもしれないから、[2]2、3日分の食糧が要るよね。明日から雨が強くなるみたいだから、今日行っておくよ。

F：水も何本かあったほうがいいよね。荷物が重くなるから、[2]車で行ってきてよ。

M：あ、それは、万が一のときのために、[3]このマンションに用意されてるって。マンションに住んでいる全員が数日間飲める分はあるみたいだよ。

F：そうなんだ。知らなかった。

M：あと、ラジオはあったっけ？電池のものだと、停電したときも使えるから、なかったら買ってくるけど。

F：ああ、それは [4]昔使ってたのがどこかにあるはずだから、探しておくね。

男の人はこれからまず何をしますか。

[문제지]

1 ベランダの物を中に入れる
2 食べ物を買いに行く
3 水を準備する
4 ラジオを探す

[음성]

집에서 부부가 이야기하고 있습니다. 남자는 이제부터 우선 무엇을 합니까?

F : 모레, 강한 태풍이 상륙한다고 뉴스에서 말했어.

M : 그런 것 같네. 베란다에 있는 것, 안으로 들이는 편이 좋으려나?

F : 응, 그렇네. 날아가면 큰일이니까. 하지만, [1]방이 좁아져 버리니까, 내일이어도 괜찮지 않아?

M : 알았어. 그리고, 장 보러 못 가게 될지도 모르니까, [2]2, 3일분의 식량이 필요하겠네. 내일부터 비가 강해지는 모양이니까, 오늘 가 둘게.

F : 물도 몇 병인가 있는 편이 좋겠네. 짐이 무거워지니까, [2]차로 갔다 와.

M : 아, 그건, 만일의 경우를 위해서, [3]이 맨션에 마련되어 있대. 맨션에 살고 있는 전원이 며칠간 마실 수 있는 분량은 있는 모양이야.

F : 그렇구나. 몰랐어.

M : 그리고, 라디오는 있던가? 건전지로 하는 것이라면, 정전됐을 때에도 쓸 수 있으니까, 없다면 사 올 건데.

F : 아, 그건 [4]옛날에 썼던 것이 어딘가에 있을 테니까, 찾아 둘게.

남자는 이제부터 우선 무엇을 합니까?

[문제지]

1 베란다의 물건을 안으로 들인다
2 먹을 것을 사러 간다
3 물을 준비한다
4 라디오를 찾는다

해설 남자가 가장 먼저 해야 할 일을 묻는 문제이다. 대화에서, 남자가 2、3日分の食糧が要るよね。明日から雨が強くなるみたいだから、今日行っておくよ라고 하자, 여자가 車で行ってきてよ라고 했으므로, 2 食べ物を買いに行く가 정답이다. 선택지 1은 내일 할 일이고, 3은 맨션에 마련되어 있으므로 할 필요가 없으며, 4는 여자가 해야 할 일이므로 오답이다.

어휘 **夫婦** ふうふ 명 부부 **上陸** じょうりく 명 상륙 **ベランダ** 명 베란다 **けど** 접 하지만 **分** ぶん 명 분, 분량 **食糧** しょくりょう 명 식량
万が一 まんがいち 명 만일 **マンション** 명 맨션 **全員** ぜんいん 명 전원, 모두 **数日間** すうじつかん 명 며칠간 **電池** でんち 명 건전지, 전지
停電 ていでん 명 정전

2 상

[음성]

会社で課長と女の人が話しています。女の人はこのあとまず何をしますか。

F：課長、来週アメリカから来られるお客様についてですが、何かしておいたほうがいいこと、ありますか。

M：ああ、ちょうどよかった。その話なんだけどね、実は予定を早めてほしいって、さっき連絡が来てね。

F：えっ、そうなんですか。

M：うん。東京に行ってから、こちらに来られるって聞いてたんだけど、逆になったみたいで。ここでの滞在は3日と4日になったんだ。それでなんだけど、ホテルに電話をして、宿泊の予定を変更してもらえないかな。ホテルの日本料理店の予約を6日にしていたんだけど、その変更も一緒に。

F：はい、わかりました。食事の時間は変更なしですね？

M：うん。[2][3]それが済んだら、予定が変わること、課のみんなにメールで知らせて。プレゼンの日も変わるから、会議室の予約の変更もしないといけないね。

F：わかりました。あ、[4]山田さんが、プレゼンの資料をまだ作っていないって言ってましたよ。

M：ああ、[1][4]じゃあ、早めに教えてあげないとね。それが一番先だな。

女の人はこのあとまず何をしますか。

[문제지]

1 ホテルに電話をする
2 課の全員にメールをする
3 会議室の予約を変更する
4 山田さんに連絡をする

[음성]

회사에서 과장과 여자가 이야기하고 있습니다. 여자는 이 다음 우선 무엇을 합니까?

F : 과장님, 다음 주 미국에서 오시는 손님에 대해서입니다만, 무언가 해 두는 편이 좋은 것, 있나요?

M : 아, 마침 잘됐다. 그 이야기 말인데, 실은 예정을 앞당겼으면 좋겠다고, 조금 전에 연락이 와서 말이야.

F : 앗, 그런가요?

M : 응. 도쿄에 갔다가, 이쪽으로 오신다고 들었는데, 반대로 된 모양이라서. 이곳에서의 체류는 3일과 4일이 되었어. 그래서 말인데, 호텔에 전화를 해서, 숙박 예정을 변경해 줄 수 없을까? 호텔의 일본 요리점 예약을 6일로 했었는데, 그 변경도 같이.

F : 네, 알겠습니다. 식사 시간은 변경 없음이죠?

M : 응. [2][3]그게 끝나면, 예정이 바뀌는 것, 과의 모두에게 이메일로 알려 줘. 프레젠테이션 날도 바뀌니까, 회의실의 예약 변경도 하지 않으면 안되겠네.

F : 알겠습니다. 아, [4]야마다 씨가, 프레젠테이션 자료를 아직 만들지 않았다고 말했었어요.

M : 아, [1][4]그럼, 빨리 가르쳐 주지 않으면 안되겠네. 그게 제일 먼저지.

여자는 이 다음 우선 무엇을 합니까?

[문제지]

1 호텔에 전화를 한다
2 과의 전원에게 이메일을 한다
3 회의실의 예약을 변경한다
4 야마다 씨에게 연락을 한다

해설 여자가 가장 먼저 해야 할 일을 묻는 문제이다. 대화에서, 여자가 山田さんが、プレゼンの資料をまだ作っていないって言ってましたよ라고 하자, 남자가 じゃあ、早めに教えてあげないとね。それが一番先だな라고 했으므로, 4 山田さんに連絡をする가 정답이다. 선택지 1은 야마다 씨에게 연락을 한 다음에 할 일이고, 2, 3은 호텔에 전화를 한 다음에 할 일이므로 오답이다.

어휘 **お客様** おきゃくさま 손님 **実は** じつは 부 실은, 사실은 **早める** はやめる 동 앞당기다, 이르게 하다 **東京** とうきょう 명 도쿄 **逆** ぎゃく 명 반대
滞在 たいざい 명 체류, 체재 **宿泊** しゅくはく 명 숙박 **変更** へんこう 명 변경 **日本** にほん 명 일본 **料理店** りょうりてん 명 요리점 **課** か 명 과
メール 명 이메일 **プレゼン** 명 프레젠테이션 (プレゼンテーション의 준말) **資料** しりょう 명 자료 **早めだ** はやめだ な형 (시간이) 빠르다
全員 ぜんいん 명 전원, 모두

3 중

[음성]

文房具の店で、女の人と男の店員が話しています。女の人はいくら払いますか。

F：すみません、コピー用の紙を配達してもらうことはできますか。

M：はい、可能です。[2]配達料金がかかりますが、どのくらい必要なのでしょうか。

F：一箱 5,000 枚入っているんですよね。これを [1]4 箱ください。

M：かしこまりました。4 箱ですね。一箱 2,000 円になります。お届けはお急ぎですか。

F：ええ、できれば。

M：早いお届けでしたら、今日の午後までに配達できます。[3]当日配達の料金は 800 円ですので、合計 8,800 円です。

F：普通だといくらですか。

M：配達が明後日の午後で、配達料 500 円です。

F：明後日ですか。じゃあ、[3][4]今日中に届くようにお願いできますか。

M：かしこまりました。それでは、こちらにご住所とお名前をお願いします。

女の人はいくら払いますか。

[문제지]

1 2,000 円

2 8,000 円

3 8,800 円

4 8,500 円

[음성]

문구점에서, 여자와 남자 점원이 이야기하고 있습니다. 여자는 얼마 지불합니까?

F : 실례합니다, 복사용 종이를 배달해 주실 수 있나요?

M : 네, 가능합니다. [2]배달 요금이 듭니다만, 어느 정도 필요하신 걸까요?

F : 한 상자 5,000장 들어 있지요? 이것을 [1]4상자 주세요.

M : 알겠습니다. 4상자요. 한 상자 2,000엔입니다. 배송은 급하신가요?

F : 네, 될 수 있으면.

M : 빠른 배송이라면, 오늘 오후까지 배달할 수 있습니다. [3]당일 배달 요금은 800엔이므로, 합계 8,800엔입니다.

F : 보통이라면 얼마인가요?

M : 배달이 모레 오후로, 배달료 500엔입니다.

F : 모레인가요. 그럼, [3][4]오늘 중으로 도착하게 부탁드릴 수 있나요?

M : 알겠습니다. 그럼, 이쪽에 주소와 이름을 부탁드립니다.

여자는 얼마 지불합니까?

[문제지]

1 2,000엔

2 8,000엔

3 8,800엔

4 8,500엔

해설 여자가 지불해야 할 금액을 묻는 문제이다. 대화에서, 남자가 **当日配達の料金は800円ですので、合計8,800円です**라고 하자, 여자가 보통 배달 요금을 확인한 후 **今日中に届くようにお願いできますか**라고 했으므로, 3 **8,800円**이 정답이다.

어휘 **文房具** ぶんぼうぐ 명 문구, 문방구　**コピー用** コピーよう 명 복사용　**配達** はいたつ 명 배달　**可能だ** かのうだ な형 가능하다　**料金** りょうきん 명 요금　**届け** とどけ 명 배송, 배달　**急ぎ** いそぎ 명 급함, 서두름　**当日** とうじつ 명 당일　**合計** ごうけい 명 합계　**配達料** はいたつりょう 명 배달료　**届く** とどく 동 도착하다, 닿다

4 중

[음성]

電話で女の人がタクシー会社の人と話しています。女の人はこのあとまず何をしますか。

F：すみません。先ほど乗ったタクシーにお財布を忘れてしまって。

M：そうですか。料金を払った時のレシートはお持ちですか。

[음성]

전화로 여자가 택시 회사의 사람과 이야기하고 있습니다. 여자는 이 다음 우선 무엇을 합니까?

F : 실례합니다. 아까 탄 택시에 지갑을 잊고 와 버려서요.

M : 그러신가요? 요금을 지불했을 때의 영수증은 가지고 계신가요?

F：はい、レシートはかばんの中に入っていました。

M：では、レシートに書いてある車の番号を教えてください。

F：F00871です。

M：F00871ですね。少々お待ちください。…。お待たせ致しました。運転手に確認しましたが、お財布の忘れ物はないそうです。

F：そうですか。どうしたらいいかなあ。

M：警察に届いている可能性もありますので、交番に行って確認してみてください。お財布の中はお金だけでしたか。

F：いえ、運転免許証と、銀行のカードと、あと、[4]スーパーのポイントカードも入ってて。

M：[2]運転免許証は交番に届けを出せば、再発行できますが、[1][3]その前に、まず、銀行にカードを失くしたことをお電話で伝えたほうがいいですよ。

F：[3]わかりました。ご親切に、ありがとうございます。

女の人はこのあとまず何をしますか。

[문제지]

1 警察に届けを出す
2 免許証を届ける
3 銀行に電話する
4 スーパーに電話する

F：네, 영수증은 가방 안에 들어 있었어요.

M：그럼, 영수증에 적혀 있는 차 번호를 가르쳐 주세요.

F：F00871입니다.

M：F00871이군요. 잠시 기다려 주세요. …. 오래 기다리셨습니다. 운전사에게 확인했습니다만, 지갑 분실물은 없다고 합니다.

F：그런가요? 어떻게 하면 좋으려나.

M：경찰에 도착해 있을 가능성도 있으므로, 파출소에 가서 확인해 봐 주세요. 지갑 안에는 돈뿐이었나요?

F：아니요, 운전면허증과, 은행 카드와, 또, [4]슈퍼의 포인트 카드도 들어 있어서.

M：[2]운전면허증은 파출소에 신고서를 내면, 재발행할 수 있습니다만, [1][3]그 전에, 우선, 은행에 카드를 잃어버린 것을 전화로 전달하는 편이 좋아요.

F：[3]알겠습니다. 친절하게 해 주셔서, 감사합니다.

여자는 이 다음 우선 무엇을 합니까?

[문제지]

1 경찰에 신고서를 낸다
2 면허증을 보낸다
3 은행에 전화한다
4 슈퍼에 전화한다

해설 여자가 가장 먼저 해야 할 일을 묻는 문제이다. 대화에서, 남자가 その前に、まず、銀行にカードを失くしたことをお電話で伝えたほうがいいですよ라고 하자, 여자가 わかりました라고 했으므로, 3 銀行に電話する가 정답이다. 선택지 1은 은행에 전화한 다음에 할 일이고, 2는 언급되지 않았으며, 4는 슈퍼의 포인트 카드가 지갑에 들어 있었다고만 언급되었으므로 오답이다.

어휘 先ほど さきほど 명 아까　料金 りょうきん 명 요금　レシート 명 영수증　少々 しょうしょう 부 잠시　確認 かくにん 명 확인　届く とどく 동 도착하다　可能性 かのうせい 명 가능성　免許証 めんきょしょう 명 면허증　カード 명 카드　ポイント 명 포인트　届け とどけ 명 신고서　再発行 さいはっこう 명 재발행　失くす なくす 동 잃어버리다

5 상

[음성]

男の人が女の人と転職について話しています。男の人はこのあとまず何をしますか。

M：木村さん、実は僕、転職したいと思っているんだけど、何から始めればいいのかよくわからなくて。木村さんは転職する前に、どんな準備したの？

F：転職かあ。私はまず、自分がこれからどんな仕事をしていきたいのかをよく考えたなあ。小林君はなんで転職したいの？

M：[1]今の会社だと、大学で勉強した専攻が全然生かせなくて。

[음성]

남자가 여자와 이직에 대해 이야기하고 있습니다. 남자는 이 다음 우선 무엇을 합니까?

M：기무라 씨, 실은 나, 이직하고 싶다고 생각하고 있는데, 무엇부터 시작하면 좋을지 잘 몰라서. 기무라 씨는 이직하기 전에, 어떤 준비했어?

F：이직인가. 나는 우선, 자신이 이제부터 어떤 일을 해 가고 싶은가를 잘 생각했어. 고바야시 군은 왜 이직하고 싶어?

M：[1]지금의 회사라면, 대학에서 공부한 전공을 전혀 살릴 수 없어서.

F：えっ、そうなの?とにかく、自分が転職しようと思う理由をはっきりさせないといけないよね。

M：そうだね。

F：それが、はっきりしたら、いろいろな企業の研究をして、自分に合った企業かどうか調べてみたらいいんじゃない?同じような仕事でも、会社によって雰囲気がかなり違うからね。

M：なるほど。[4]働いてみたい企業が決まったら、そこで働いている人に話を聞いてみたいと思ってるんだよね。やっぱり経験している人の話が参考になると思うんだ。

F：うーん、それも大事だけど、[2][3]まず、自分がやりたい仕事が今の会社で本当にできないかどうか確認したうえで、転職活動を始めたほうがいいと思うよ。転職しても必ず自分の希望する仕事ができるとは限らないからね。

M：ああ、そうかあ。[2]今の会社で希望を出したら、自分のやりたい仕事ができるようになるかもしれないね。ちょっと考えてみるよ。

男の人はこのあとまず何をしますか。

[문제지]

1 転職したい理由を考える

2 転職が必要かどうか考える

3 転職したい会社を研究する

4 転職したい会社の人と話す

F : 앗, 그래? 하여간, 자신이 이직하려고 생각하는 이유를 확실히 하지 않으면 안 돼.

M : 그렇네.

F : 그것이, 확실해지면, 다양한 기업의 연구를 해서, 자신에게 맞는 기업인지 어떤지 조사해 보면 좋지 않을까? 비슷한 일이라도, 회사에 따라 분위기가 꽤 다르니까 말이야.

M : 과연. [4]일해 보고 싶은 기업이 정해지면, 거기에서 일하고 있는 사람에게 이야기를 들어 보고 싶다고 생각하고 있어. 역시 경험하고 있는 사람의 이야기가 참고가 된다고 생각해.

F : 으음, 그것도 중요하지만, [2][3]우선, 자신이 하고 싶은 일을 지금의 회사에서 정말로 할 수 없는지 어떤지 확인한 후에, 이직 활동을 시작하는 편이 좋다고 생각해. 이직해도 반드시 자신이 희망하는 일을 할 수 있다고는 할 수 없으니까.

M : 아, 그런가. [2]지금 회사에 희망을 내면, 내가 하고 싶은 일을 할 수 있게 될지도 모르겠네. 좀 생각해 볼게.

남자는 이 다음 우선 무엇을 합니까?

[문제지]

1 이직하고 싶은 이유를 생각한다

2 이직이 필요한지 어떤지 생각한다

3 이직하고 싶은 회사를 연구한다

4 이직하고 싶은 회사의 사람과 이야기한다

해설 남자가 가장 먼저 해야 할 일을 묻는 문제이다. 대화에서, 여자가 まず、自分がやりたい仕事が今の会社で本当にできないかどうか確認したうえで、転職活動を始めたほうがいいと思うよ라고 하자, 남자가 今の会社で希望を出したら、自分のやりたい仕事ができるようになるかもしれないね。ちょっと考えてみるよ라고 했으므로, 2 転職が必要かどうか考える가 정답이다. 선택지 1은 이미 했고, 3은 이직이 필요한지 어떤지 생각한 다음에 할 일이며, 4는 일해 보고 싶은 기업이 정해진 다음에 할 일이므로 오답이다.

어휘 **転職** てんしょく 명 이직, 전직 **実は** じつは 부 실은, 사실은 **専攻** せんこう 명 전공 **生かす** いかす 동 살리다 **とにかく** 부 하여간 **企業** きぎょう 명 기업 **合う** あう 동 맞다 **雰囲気** ふんいき 명 분위기 **かなり** 부 꽤, 제법 **参考** さんこう 명 참고 **本当だ** ほんとうだ な형 정말이다 **確認** かくにん 명 확인 **活動** かつどう 명 활동 **希望** きぼう 명 희망

꼭! 알아두기 가장 먼저 해야 할 일을 묻는 문제에서는, 정답의 단서가 まず~たほうがいい(먼저 ~하는 편이 좋다)와 함께 자주 언급된다는 것을 알아 둔다.

☞ 문제 2의 디렉션과 예제를 들려줄 때 1번부터 6번까지의 선택지를 미리 읽고 내용을 재빨리 파악해 둡니다. 음성에서 では、始めます(그러면, 시작합니다)가 들리면, 곧바로 문제 풀 준비를 합니다. 디렉션과 예제는 실전모의고사 제1회의 해설(p.42)에서 확인할 수 있습니다.

1 중상

[음성]

会社で男の人と女の人が話しています。男の人はコンビニが閉店した理由は何だと言っていますか。

[음성]

회사에서 남자와 여자가 이야기하고 있습니다. 남자는 편의점이 폐점한 이유는 무엇이라고 말하고 있습니까?

F：あそこのコンビニ、閉店したね。お昼によく行ってたから、ほんと残念。

M：僕も毎朝行ってたんだよ。朝ごはんを買いに。最近は自宅近くのコンビニに寄ってから会社に来てるんだ。

F：少し行ったところにスーパーができたみたいだけど、お客さん、減ってなかったよね。どうしてかな。

M：あのスーパーは9時開店だからね。ライバルじゃないよ。店長さんと話したことがあるんだけど、できてからも売り上げは変わらないって言ってたよ。

F：そうなんだ。だったら続けたらいいのに。

M：そのときに聞いたんだけど、アルバイトを募集しても人が来ないんだって。

F：そうなんだ。スーパーができたからかな。

M：そうかもしれないね。スーパーだったら夜中に働かなくてもいいからね。店長さんはそろそろ退職しようと思ってたところだから、ちょうどよかったなんて言ってたけどね。

F：そういうことだったんだ。あの場所、今度はコインランドリーになるんだって。

M：へえ。

男の人はコンビニが閉店した理由は何だと言っていますか。

[문제지]

1 お客さんが減ったから
2 売り上げが悪くなったから
3 働く人が足りないから
4 コインランドリーができるから

F : 저기의 편의점, 폐점했네. 점심에 자주 갔었어서, 정말 아쉬워.

M : 나도 매일 아침 갔었어. 아침밥을 사러. 최근에는 자택 근처의 편의점에 들르고 나서 회사에 오고 있어.

F : 조금 간 곳에 슈퍼가 생긴 것 같던데, 손님, 줄지 않았었지? 어째서일까?

M : 그 슈퍼는 9시 개점이니까 말이야. 라이벌이 아니야. 점장님과 이야기한 적이 있는데, 생기고 나서도 매상은 변함없다고 말했었어.

F : 그렇구나. 그럼 계속하면 좋을 텐데.

M : 그때에 들었는데, 아르바이트를 모집해도 사람이 오지 않는대.

F : 그렇구나. 슈퍼가 생겼기 때문일까?

M : 그럴지도 모르겠네. 슈퍼라면 밤중에 일하지 않아도 되니까 말이야. 점장님은 슬슬 퇴직하려고 생각하고 있었던 참이니까, 마침 잘됐다고 말하긴 했었지만 말이야.

F : 그런 거였구나. 그 장소, 이번엔 빨래방이 된대.

M : 오.

남자는 편의점이 폐점한 이유는 무엇이라고 말하고 있습니까?

[문제지]

1 손님이 줄었기 때문에
2 매상이 나빠졌기 때문에
3 일할 사람이 부족하기 때문에
4 빨래방이 생기기 때문에

해설 편의점이 폐점한 이유를 묻는 문제이다. 대화에서, 남자가 アルバイトを募集しても人が来ないんだって라고 했으므로, 3 働く人が足りないから가 정답이다. 선택지 1은 손님이 줄지 않았다고 했고, 2는 매상이 변함없다고 했으며, 4는 편의점이 폐점한 자리에 빨래방이 생기는 것이므로 오답이다.

어휘 **コンビニ** 명 편의점 **閉店** へいてん 명 폐점 **お昼** おひる 점심 **ほんとだ** な형 정말이다 **自宅** じたく 명 자택 **お客さん** おきゃくさん 손님 **減る** へる 동 줄다 **開店** かいてん 명 개점 **ライバル** 명 라이벌 **店長** てんちょう 명 점장(님) **売り上げ** うりあげ 명 매상 **だったら** 그럼, 그렇다면 **募集** ぼしゅう 명 모집 **夜中** よなか 명 밤중, 한밤중 **退職** たいしょく 명 퇴직 **コインランドリー** 명 빨래방, 코인 세탁소 **足りない** たりない 부족하다

2 중상

[음성]

会社で男の人と女の人が話しています。女の人が忘年会に行く目的は何ですか。

M：来週の会社のボウリング大会、参加しないの？ 毎年参加してるのに。

F：うん、ボウリング好きだから本当は行きたいんだけどね。実は住んでるマンションで忘年会があって。

[음성]

회사에서 남자와 여자가 이야기하고 있습니다. 여자가 송년회에 가는 목적은 무엇입니까?

M : 다음 주의 회사 볼링 대회, 참가 안 해? 매년 참가하고 있는데.

F : 응, 볼링 좋아하니까 사실은 가고 싶지만 말이야. 실은 살고 있는 맨션에서 송년회가 있어서.

M：え？マンションの忘年会？
F：うん、マンションに集会室があって、そこでするんだって。
M：そうなんだ。今年、係でもやってるの？
F：ううん。そうじゃないけど、ちょっと行ってみようかなと思って。
M：へえ、仲がいい人がいるとか？
F：実はその反対でね。知り合いがあまりいなくて。いたらいいなって思うようになったの。ほら、災害の時に助け合ったりできるでしょう？知らない人ばかりだとそんなとき、困るじゃない？
M：そうだなあ。近所の人を知っておくのはいいことだよね。防犯対策にもいいし。忘年会でどんなことするの？
F：行ったことがないからわかんないんだけど、飲み物や軽食が出るみたい。それからビンゴもするんだって。初めて行くからちょっと緊張するかも。
M：大丈夫だよ。行ったらきっと楽しいよ。僕のマンションでもそんなイベント、やってほしいなあ。

女の人が忘年会に行く目的は何ですか。

[문제지]

1 集会室を掃除するため
2 友達を紹介してもらうため
3 知り合いを増やすため
4 楽しいゲームをするため

M : 어? 맨션 송년회?
F : 응, 맨션에 집회실이 있어서, 거기서 한대.
M : 그렇구나. 올해, 담당자라도 하고 있어?
F : 아니. 그렇지 않지만, 좀 가 볼까 싶어서.
M : 오, 사이가 좋은 사람이 있다든가?
F : 실은 그 반대라서 말이야. 지인이 별로 없어서. 있으면 좋겠다고 생각하게 되었어. 봐, 재해일 경우에 서로 돕거나 할 수 있잖아? 모르는 사람뿐이라면 그런 때, 곤란하지 않겠어?
M : 그렇네. 이웃집 사람을 알아 두는 것은 좋은 일이지. 방범 대책으로도 좋고. 송년회에서 어떤 거 해?
F : 간 적이 없어서 모르겠지만, 음료나 간단한 식사가 나오는 것 같아. 그리고 빙고도 한대. 처음 가는 거라서 좀 긴장할지도.
M : 괜찮아. 가면 분명 재미있을 거야. 내가 사는 맨션에서도 그런 이벤트, 해 주면 좋겠다.

여자가 송년회에 가는 목적은 무엇입니까?

[문제지]

1 집회실을 청소하기 위해
2 친구를 소개받기 위해
3 지인을 늘리기 위해
4 재미있는 게임을 하기 위해

해설 여자가 송년회에 가는 목적을 묻는 문제이다. 대화에서, 여자가 知り合いがあまりいなくて。いたらいいなって思うようになったの。ほら、災害の時に助け合ったりできるでしょう？知らない人ばかりだとそんなとき、困るじゃない？라고 했으므로, 3 知り合いを増やすため가 정답이다. 선택지 1, 2는 언급되지 않았고, 4는 게임이 재미있는 것이 아니라 송년회에 가면 재미있을 거라고 했으므로 오답이다.

어휘 忘年会 ぼうねんかい 명 송년회, 망년회　ボウリング 명 볼링　大会 たいかい 명 대회　参加 さんか 명 참가　実は じつは 부 실은, 사실은　マンション 명 맨션　集会室 しゅうかいしつ 명 집회실　係 かかり 명 담당자　仲 なか 명 사이　知り合い しりあい 명 지인　災害 さいがい 명 재해　助け合う たすけあう 동 서로 돕다　防犯 ぼうはん 명 방범　対策 たいさく 명 대책　軽食 けいしょく 명 간단한 식사, 경식　ビンゴ 명 빙고　緊張 きんちょう 명 긴장　イベント 명 이벤트　増やす ふやす 동 늘리다　ゲーム 명 게임

3 중

[음성]

男の人と女の人が話しています。女の人が田舎に住む理由は何ですか。

M：今日はお招きいただき、ありがとうございます。
F：こんな不便なところまで来てくれてありがとう。来るの大変だったでしょう。
M：ええ、結構時間かかっちゃいました。ここから会社に通うの大変じゃないですか。

[음성]

남자와 여자가 이야기하고 있습니다. 여자가 시골에 사는 이유는 무엇입니까?

M : 오늘은 초대해 주셔서, 감사합니다.
F : 이런 불편한 곳까지 와 줘서 고마워. 오는 거 힘들었지?
M : 네, 꽤 시간 걸려 버렸어요. 여기에서 회사에 다니는 거 힘들지 않나요?

F：私、運転が好きだから、全く問題ないのよ。好きなラジオや音楽を聞きながら運転してたら、あっという間よ。

M：僕は運転が苦手だから、職場は近いほうがいいです。でも、いいところですね。やっぱり、生まれ育ったところに帰りたくなったんですか。

F：ううん、田舎だったらどこでもよかったんだけどね。両親が高齢だっていうのもあって、ここに帰ってくることにしたんだ。

M：そうなんですか。自然に囲まれて生活するのもいいですよね。

F：まあ、私は都会のほうが好きなんだけど、家賃が高くてね。それが嫌になっちゃったの。

M：ああ、確かにそうですね。駅から近くて便利な場所に住んでいらっしゃいましたからね。

F：ここだと、広くてもそんなに高くなくて。そのお金で好きなことできるじゃない？

M：ああ、なるほど。

女の人が田舎に住む理由は何ですか。

[문제지]

1 運転するのが好きだから
2 育った場所に住みたいから
3 自然の中で生活したいから
4 家賃があまり高くないから

F : 나, 운전을 좋아해서, 전혀 문제없어. 좋아하는 라디오나 음악을 들으면서 운전하고 있으면, 눈 깜짝할 새야.

M : 저는 운전이 서툴러서, 직장은 가까운 편이 좋습니다. 하지만, 좋은 곳이네요. 역시, 태어나 자란 곳으로 돌아오고 싶어졌나요?

F : 아니, 시골이라면 어디라도 좋았지만 말이야. 부모님이 고령인 것도 있어서, 여기로 돌아오기로 한 거야.

M : 그런가요. 자연에 둘러싸여 생활하는 것도 좋지요.

F : 뭐, 나는 도시 쪽을 좋아하지만, 집세가 비싸서 말이야. 그게 싫어졌어.

M : 아, 확실히 그렇네요. 역에서 가깝고 편리한 장소에 살고 계셨으니까요.

F : 여기라면, 넓어도 그렇게 비싸지 않아서. 그 돈으로 좋아하는 걸 할 수 있잖아?

M : 아, 과연.

여자가 시골에 사는 이유는 무엇입니까?

[문제지]

1 운전하는 것을 좋아하기 때문에
2 자란 장소에 살고 싶기 때문에
3 자연 속에서 생활하고 싶기 때문에
4 집세가 별로 비싸지 않기 때문에

해설 여자가 시골에 사는 이유를 묻는 문제이다. 대화에서, 여자가 **私は都会のほうが好きなんだけど、家賃が高くてね。それが嫌になっちゃったの**라고 했으므로, 4 家賃があまり高くないから가 정답이다. 선택지 1은 시골에서 회사에 다니는 것이 힘들지 않은 이유이고, 2는 남자가 추측한 이유이며, 3은 도시 쪽을 좋아한다고 했으므로 오답이다.

어휘 **招く** まねく 동 초대하다 **全く** まったく 부 전혀 **あっという間** あっというま 눈 깜짝할 새 **苦手だ** にがてだ な형 서투르다 **職場** しょくば 명 직장 **生まれ育つ** うまれそだつ 동 태어나 자라다 **高齢** こうれい 명 고령 **自然** しぜん 명 자연 **囲む** かこむ 동 둘러싸다 **都会** とかい 명 도시 **家賃** やちん 명 집세

4 중

[음성]

男の人と女の人が話しています。男の人はどうしてピアノ教室をやめましたか。

M：山下さん、ピアノを習い始めたんだって？

F：そうなんです。子供のころに習ってたんですが、また習いたいなって思って。

M：へえ。そうなんだ。子供のころって、長くやってたの？

F：いいえ。すぐにやめちゃったんですよ。手が小さいし、なかなか上手に弾けなくて。

M：そうかあ。僕も子供のころに習ってたんだよ。コンクールなんかにも出て、結構頑張ってたんだけどね。

[음성]

남자와 여자가 이야기하고 있습니다. 남자는 왜 피아노 교실을 그만두었습니까?

M : 야마시타 씨, 피아노를 배우기 시작했다면서?

F : 맞아요. 어렸을 적에 배웠었는데요, 다시 배우고 싶다고 생각해서.

M : 우와. 그렇구나. 어렸을 적이라면, 오래 했었어?

F : 아니요. 곧바로 그만두어 버렸어요. 손이 작고, 좀처럼 잘 칠 수 없어서.

M : 그렇구나. 나도 어렸을 적에 배웠었어. 콩쿠르 같은 것에도 나가고, 꽤 열심히 했었는데.

F：えー、そうなんですか。どうして続けなかったんですか?
M：引っ越ししてね。引っ越したところにはいいピアノ教室がなかったし、そのまま何となくやめちゃったんだよなあ。
F：そうだったんですか。それはもったいなかったですね。もし続けていたら、今頃有名なピアニストになっていたかもしれませんね。
M：いや、そこまで上手じゃなかったけどね。でも、また趣味で始めてみるのもいいね。
F：そうですよ！紹介しますから、今度一緒に行ってみませんか?
M：そうだね。じゃあ、ぜひ見学させてもらうよ。

男の人はどうしてピアノ教室をやめましたか。

[문제지]

1 上手にひけなかったから
2 コンクールに出場できなかったから
3 引っ越し先にいい教室がなかったから
4 ピアニストになれなかったから

F : 아, 그런가요. 왜 계속하지 않았나요?
M : 이사해서 말이야. 이사한 곳에는 좋은 피아노 교실이 없었고, 그대로 어물쩍 그만두어 버렸지.
F : 그랬군요. 그건 아까웠네요. 만약 계속했었다면, 지금쯤 유명한 피아니스트가 되어 있었을지도 모르겠네요.
M : 아니, 그렇게까지 잘하지 않았지만 말이야. 하지만, 다시 취미로 시작해 보는 것도 좋겠네.
F : 맞아요! 소개할 테니, 이 다음에 같이 가 보지 않을래요?
M : 그러네. 그럼, 꼭 견학할게.

남자는 왜 피아노 교실을 그만두었습니까?

[문제지]

1 잘 치지 못했기 때문에
2 콩쿠르에 참가할 수 없었기 때문에
3 이사한 곳에 좋은 교실이 없었기 때문에
4 피아니스트가 될 수 없었기 때문에

해설 남자가 피아노 교실을 그만둔 이유를 묻는 문제이다. 대화에서, 남자가 引っ越したところにはいいピアノ教室がなかったし、そのまま何となくやめちゃったんだよなあ라고 했으므로, 3 引っ越し先にいい教室がなかったから가 정답이다. 선택지 1은 여자가 피아노를 그만둔 이유이고, 2는 콩쿠르에 참가했다고 했으며, 4는 언급되지 않았으므로 오답이다.

어휘 コンクール 명 콩쿠르　引っ越し ひっこし 명 이사　そのまま 부 그대로　何となく なんとなく 부 어물쩍, 막연히　もったいない い형 아깝다　今頃 いまごろ 명 지금쯤　ピアニスト 명 피아니스트　見学 けんがく 명 견학　出場 しゅつじょう 명 (경기, 대회 등에의) 참가, 출장　引っ越し先 ひっこしさき 명 이사한 곳

5 상

[음성]

スポーツクラブでスタッフと男の人が話しています。男の人は何に一番困っていると言っていますか。

F：今回入会された目的は何ですか?
M：いろいろあるんですが、普段デスクワークが多いので運動不足を感じているんです。ちょっと体重も増えてきましたし…。
F：なるほど。今までに何か運動をされていましたか?
M：時々、家の近くを走ってみたりもしましたが、なかなか続かなくて…。雨だったり、寒かったり暑かったりで、だんだん走らなくなっちゃいました。疲れてると、つい今日はいいやってやめちゃうこともありましたし。
F：そうですか。走るのはお好きですか。
M：いや、特に好きってわけじゃないんですが、一番簡単にできることだったのでやってみたんです。でもやっぱり続けるのは難しいものですね。

[음성]

스포츠 클럽에서 스태프와 남자가 이야기하고 있습니다. 남자는 무엇에 가장 곤란해하고 있다고 말하고 있습니까?

F : 이번에 입회하신 목적은 무엇인가요?
M : 여러 가지 있습니다만, 평소 데스크 워크가 많기 때문에 운동 부족을 느끼고 있어요. 조금 체중도 늘었고요….
F : 그렇군요. 지금까지 무언가 운동을 하고 계셨나요?
M : 가끔, 집 근처를 달려 보기도 했습니다만, 좀처럼 계속되질 않아서…. 비가 오거나, 춥거나 덥거나 해서, 점점 달리지 않게 되어 버렸어요. 지쳐 있으면, 무심코 오늘은 됐다 하고 그만두어 버리는 일도 있었고요.
F : 그런가요. 달리는 것은 좋아하시나요?
M : 아니요, 특별히 좋아하는 것은 아닙니다만, 제일 간단하게 할 수 있는 것이었기 때문에 해 봤어요. 하지만 역시 계속하는 건 어려운 법이네요.

F：そうですね。なんでも続けることが一番難しいかもしれませんね。でもスポーツクラブなら天気に関係なくできますし、マシンやプログラムもたくさんあって、楽しく続けていただけると思いますよ。

M：はい。いろいろ相談できるのはありがたいです。でもたくさんありすぎて、何からやったらいいか迷っちゃいますね。実は、運動をしていないせいか体も固くなってしまってるみたいで、仕事中に首や肩が痛くなって何より困っているんです。

F：それじゃあ、まずはストレッチをしっかりしてみましょう。

M：わかりました。じゃ、よろしくお願いします。

男の人は何に一番困っていると言っていますか。

[문제지]

1 少しずつ体重が増えてきたこと
2 運動が長く続かないこと
3 何から始めればいいかわからないこと
4 首回りに痛みを感じること

F : 그렇죠. 뭐든지 계속하는 것이 제일 어려울지도 모르겠네요. 하지만 스포츠 클럽이라면 날씨에 관계없이 할 수 있고, 머신이나 프로그램도 많이 있어서, 즐겁게 계속해 주실 수 있을 거라고 생각해요.

M : 네, 여러모로 상담할 수 있는 것은 감사해요. 하지만 너무 많이 있어서, 무엇부터 하면 좋을지 헤매 버리네요. 실은, 운동을 하고 있지 않은 탓인지 몸도 딱딱해져 버린 것 같아서, 업무 중에 목이나 어깨가 아파져서 무엇보다 곤란해하고 있어요.

F : 그렇다면, 우선은 스트레칭을 확실히 해 봅시다.

M : 알겠습니다. 그럼, 잘 부탁드립니다.

남자는 무엇에 가장 곤란해하고 있다고 말하고 있습니까?

[문제지]

1 조금씩 체중이 늘어나는 것
2 운동이 오래 계속되지 않는 것
3 무엇부터 시작하면 좋을지 모르겠는 것
4 목 주변에 통증을 느끼는 것

해설 남자가 가장 곤란해하는 것을 묻는 문제이다. 대화에서, 남자가 仕事中に首や肩が痛くなって何より困っているんです라고 했으므로, 4 首回りに痛みを感じること가 정답이다. 선택지 1, 2는 가장 곤란하다고 언급한 것이 아니고, 3은 스포츠 클럽에서 헤매는 이유이므로 오답이다.

어휘 スポーツクラブ 명 스포츠 클럽, 헬스클럽　スタッフ 명 스태프　今回 こんかい 명 이번　入会 にゅうかい 명 입회　目的 もくてき 명 목적　普段 ふだん 명 평소　デスクワーク 명 데스크 워크, 책상에서 하는 일　運動不足 うんどうぶそく 명 운동 부족　感じる かんじる 동 느끼다　体重 たいじゅう 명 체중, 몸무게　つい 부 무심코, 그만　なんでも 뭐든지　マシン 명 머신　プログラム 명 프로그램　ありがたい い형 감사하다　迷う まよう 동 헤매다, 갈피를 잡지 못하다　実は じつは 부 실은, 사실은　肩 かた 명 어깨　何より なにより 부 무엇보다　ストレッチ 명 스트레칭　痛み いたみ 명 통증, 아픔

꼭! 알아두기 가장 곤란해하는 것, 가장 마음에 든 것과 같이 여럿 가운데 가장 ~한 것 하나를 고르는 문제에서는 何より(무엇보다), 何と言っても(뭐니 뭐니 해도)와 같은 강조 표현 뒤에 언급되는 내용을 주의 깊게 듣는다.

6 중상

[음성]

駅で駅員が、電車が止まっていることについて説明しています。電車はどうして止まっていますか。

M：お急ぎのところ大変申し訳ございません。現在南町行きの電車は、強風のため西町駅から東町駅の間で運転を見合わせております。状況が落ち着き次第、線路内に落下物などがないか安全確認を行ってからの運転再開となりますが、再開時間は現在のところ未定です。お急ぎの方は隣の中央駅から他の電車をご利用いただくか、他の交通機関での移動をご検討ください。またこの影響で、他の電車にも遅れが出ている可能性がございますので、ご利用になる電車の状況をご確認ください。なお、中央駅まではバスが出ており、乗り場は南口にございます。中央駅までバ

[음성]

역에서 역무원이, 전철이 멈춰 있는 것에 대해 설명하고 있습니다. 전철은 왜 멈춰 있습니까?

M : 급하신 때에 대단히 죄송합니다. 현재 미나미마치행 전철은, 강풍 때문에 니시마치역에서 히가시마치역 사이에서 운전을 보류하고 있습니다. 상황이 진정되는 대로, 선로 내에 낙하물 등이 없는지 안전 확인을 시행하고 나서 운전 재개가 되겠습니다만, 재개 시간은 현재 상황으로는 미정입니다. 급하신 분은 옆의 중앙역에서 다른 전철을 이용해 주시거나, 다른 교통기관으로의 이동을 검토해 주세요. 또 이 영향으로, 다른 전철에도 지연이 나타나고 있을 가능성이 있으므로, 이용하실 전철의 상황을 확인해 주세요. 또한, 중앙역까지는 버스가 나와 있고, 승차장은 남쪽 출구에 있습니다. 중앙역까지 버스를 이용

スをご利用のお客様には、チケットをお配りしていますので窓口までお越しください。	하시는 손님께는, 티켓을 나누어 드리고 있으므로 창구로 와 주세요.
電車はどうして止まっていますか。	전철은 왜 멈춰 있습니까?
[문제지]	[문제지]
1 強い風が吹いているから	1 강한 바람이 불고 있기 때문에
2 線路に何かが落ちているから	2 선로에 무언가가 떨어져 있기 때문에
3 他の電車が遅れたから	3 다른 전철이 늦어졌기 때문에
4 安全確認をしているから	4 안전 확인을 하고 있기 때문에

해설 전철이 멈춰 있는 이유를 묻는 문제이다. 역무원 즉, 남자가 **電車は、強風のため西町駅から東町駅の間で運転を見合わせております**라고 했으므로, 1 強い風が吹いているから가 정답이다. 선택지 2는 전철이 멈춘 이유가 아니고, 3은 강풍의 영향으로 발생할 수 있는 일이며, 4는 상황이 진정되면 할 일이므로 오답이다.

어휘 **駅員** えきいん 명 역무원 **急ぎ** いそぎ 명 급함, 서두름 **現在** げんざい 명 현재 **強風** きょうふう 명 강풍 **見合わせる** みあわせる 동 보류하다 **状況** じょうきょう 명 상황 **落ち着く** おちつく 동 진정되다 **線路内** せんろない 명 선로 내 **落下物** らっかぶつ 명 낙하물 **確認** かくにん 명 확인 **再開** さいかい 명 재개 **未定** みてい 명 미정 **他の** ほかの 다른 **機関** きかん 명 기관 **移動** いどう 명 이동 **検討** けんとう 명 검토 **影響** えいきょう 명 영향 **遅れ** おくれ 명 지연, 늦음 **可能性** かのうせい 명 가능성 **なお** 접 또한 **乗り場** のりば 명 승차장 **南口** みなみぐち 명 남쪽 출구 **お客様** おきゃくさま 손님 **チケット** 명 티켓 **配る** くばる 동 나누어 주다 **窓口** まどぐち 명 창구 **線路** せんろ 명 선로

☞ **문제 3**은 문제지에 아무것도 인쇄되어 있지 않습니다. 따라서, 예제를 들려줄 때, 그 내용을 들으면서 p.20 개요 이해의 문제 풀이 전략을 떠올려 봅니다. 음성에서 では、始めます(그러면, 시작합니다)가 들리면, 곧바로 문제 풀 준비를 합니다. 디렉션과 예제는 실전모의고사 제1회의 해설(p.48)에서 확인할 수 있습니다.

1 상

[음성]	[음성]
テレビで女の人が話しています。	텔레비전에서 여자가 이야기하고 있습니다.
F：人はいくつになっても、自分に似合う服を着ることが一番大切だと思うんですが、最近は、流行の服を着たいけれど、どうすればいいか分からないという相談を受けることが多いですね。そんな時は、まずはパンツやスカートなど、足の方から流行を取り入れてみましょうとアドバイスしています。年齢を重ねると、足やお腹の周りが気になって、それを隠せるものをつい選んでしまうので、いつも同じようなものを着がちなんですが、勇気を出してちょっと変えてみるだけで、大きな変化が出ますよ。	F : 사람은 몇 살이 되어도, 자신에게 어울리는 옷을 입는 것이 제일 중요하다고 생각합니다만, 최근엔, 유행하는 옷을 입고 싶지만, 어떻게 하면 좋을지 모르겠다고 하는 상담을 받는 경우가 많네요. 그럴 때는, 우선은 바지나 치마 등, 다리 쪽부터 유행을 받아들여 보자고 조언하고 있습니다. 나이를 먹으면, 다리나 배 주변이 신경 쓰여, 그것을 감출 수 있는 것을 무심코 골라 버리므로, 항상 비슷한 것을 입기 일쑤입니다만, 용기를 내서 조금 바꿔 보는 것만으로, 큰 변화가 생긴답니다.
女の人は何について話していますか。	여자는 무엇에 대해 이야기하고 있습니까?
1 自分に似合う服を選ぶ大切さ	1 자신에게 어울리는 옷을 고르는 중요함
2 流行のファッションを取り入れる方法	2 유행하는 패션을 받아들이는 방법
3 お腹の周りを隠せる服の選び方	3 배 주변을 감출 수 있는 옷의 선택법
4 いつも同じ服を着ている人の特徴	4 항상 똑같은 옷을 입고 있는 사람의 특징

해설 여자가 텔레비전에서 어떤 이야기를 하는지 전체적인 흐름을 파악하며 주의 깊게 듣는다. 여자가 最近は、流行の服を着たいけれど、どうすればいいか分からないという相談を受けることが多いですね。そんな時は、まずはパンツやスカートなど、足の方から流行を取り入れてみましょうとアドバイスしています라고 했다. 질문에서 여자가 무엇에 대해 이야기하고 있는지 묻고 있으므로, 2 流行のファッションを取り入れる方法가 정답이다.

어휘 **似合う** にあう 동 어울리다 **流行** りゅうこう 명 유행 **パンツ** 명 바지 **取り入れる** とりいれる 동 받아들이다, 도입하다 **アドバイス** 명 조언
年齢を重ねる ねんれいをかさねる 나이를 먹다, 연령이 높아지다 **気になる** きになる 신경 쓰이다 **隠す** かくす 동 감추다 **つい** 부 무심코, 그만
勇気 ゆうき 명 용기 **変化** へんか 명 변화 **大切さ** たいせつさ 명 중요함, 소중함 **ファッション** 명 패션 **方法** ほうほう 명 방법
選び方 えらびかた 명 선택법 **特徴** とくちょう 명 특징

2 상

[음성]

男の人がインタビューに答えています。

M：このお仕事をいただけて、本当にうれしく思っています。漫画が基になっているんですが、僕、この漫画が以前から大好きだったんです。主人公と家族の関係が丁寧に描かれているところが魅力なんですよ。その点はドラマでもしっかり表現されていて、観ている方にとっても自分と家族について改めて考えるきっかけになるのではないでしょうか。最近は映画の仕事が多くて、テレビに出るのは久しぶりですが、多くの人に愛される作品になったらいいなと思っています。

男の人は何について話していますか。

1 好きな漫画
2 自分の家族
3 製作中の映画
4 新しいドラマ

[음성]

남자가 인터뷰에 대답하고 있습니다.

M : 이 일을 받을 수 있어서, 정말로 기쁘게 생각하고 있어요. 만화가 기반이 되어 있습니다만, 저, 이 만화를 이전부터 정말 좋아했어요. 주인공과 가족의 관계가 정성스럽게 그려져 있는 부분이 매력이에요. 그 점은 드라마에서도 확실히 표현되어 있어, 보고 있는 분들에게 있어서도 자신과 가족에 대해 다시 생각하는 계기가 되지 않을까요? 최근엔 영화 일이 많아서, 텔레비전에 나오는 것은 오랜만입니다만, 많은 사람에게 사랑받는 작품이 되면 좋겠다고 생각하고 있어요.

남자는 무엇에 대해 이야기하고 있습니까?

1 좋아하는 만화
2 자신의 가족
3 제작 중인 영화
4 새로운 드라마

해설 남자가 인터뷰에서 어떤 이야기를 하는지 전체적인 흐름을 파악하며 주의 깊게 듣는다. 남자가 '漫画が基になっているんです', '主人公と家族の関係が丁寧に描かれているところが魅力', 'その点はドラマでもしっかり表現されていて', '多くの人に愛される作品になったらいいなと思っています'라고 했다. 질문에서 남자가 무엇에 대해 이야기하고 있는지 묻고 있으므로, 4 新しいドラマ가 정답이다.

어휘 **基** もと 명 기반, 기초 **以前** いぜん 명 이전 **主人公** しゅじんこう 명 주인공 **丁寧だ** ていねいだ な형 정성스럽다 **描く** えがく 동 그리다
魅力 みりょく 명 매력 **点** てん 명 점 **ドラマ** 명 드라마 **表現** ひょうげん 명 표현 **観る** みる 동 보다 **改めて** あらためて 부 다시, 새삼스럽게
きっかけ 명 계기 **久しぶりだ** ひさしぶりだ な형 오랜만이다 **多く** おおく 명 많음 **愛する** あいする 동 사랑하다 **作品** さくひん 명 작품
製作中 せいさくちゅう 명 제작 중

3 중

[음성]

ラジオで女の人が話しています。

F：みなさんは毎日、どのくらいコーヒーを飲みますか？実は最近、コーヒーのさまざまな効果が報告されています。コーヒーに含まれるカフェインには、眠気を覚ます効果があることはよく知られていますが、運動前に飲めば基礎代謝を上げたり、持久力を高めたりする効果も期待できるそうです。ただし、コーヒーを

[음성]

라디오에서 여자가 이야기하고 있습니다.

F : 여러분은 매일, 어느 정도 커피를 마십니까? 실은 최근, 커피의 다양한 효과가 보고되고 있습니다. 커피에 포함된 카페인에는, 졸음을 깨우는 효과가 있는 것은 잘 알려져 있습니다만, 운동 전에 마시면 기초 대사를 올리거나, 지구력을 높이거나 하는 효과도 기대할 수 있다고 합니다. 다만, 커피를 너무

飲みすぎると、夜眠れなくなったり、胃の調子が悪くなったりするなどの副作用が出ることもあって注意が必要です。一般的に1日3杯までが理想と言われていますので、適量を上手に取り入れてみてはいかがでしょうか。	많이 마시면, 밤에 잘 수 없게 되거나, 위의 상태가 나빠지거나 하는 등의 부작용이 나타나는 경우도 있어 주의가 필요합니다. 일반적으로 1일 3잔까지가 이상적이라고 말해지고 있으므로, 적당량을 잘 받아들여 보면 어떨까요?
女の人は何について紹介していますか。	여자는 무엇에 대해 소개하고 있습니까?
1 コーヒーに含まれている主な成分 **2 コーヒーを飲むことで期待できる効果** 3 集中力と持久力を高める方法 4 最近注目されているコーヒーの種類	1 커피에 포함되어 있는 주된 성분 **2 커피를 마시는 것으로 기대할 수 있는 효과** 3 집중력과 지구력을 높이는 방법 4 최근 주목받고 있는 커피의 종류

해설 여자가 라디오에서 어떤 이야기를 하는지 전체적인 흐름을 파악하며 주의 깊게 듣는다. 여자가 '実は最近、コーヒーのさまざまな効果が報告されています', '眠気を覚ます効果', '基礎代謝を上げたり、持久力を高めたりする効果も期待できる'라고 했다. 질문에서 여자가 무엇에 대해 소개하고 있는지 묻고 있으므로, 2 コーヒーを飲むことで期待できる効果가 정답이다.

어휘 **実は** じつは 부 실은, 사실은 **さまざまだ** な형 다양하다 **効果** こうか 명 효과 **報告** ほうこく 명 보고 **含む** ふくむ 동 포함하다 **カフェイン** 명 카페인 **眠気** ねむけ 명 졸음, 잠 **覚ます** さます 동 깨우다 **基礎代謝** きそたいしゃ 명 기초 대사 **持久力** じきゅうりょく 명 지구력 **期待** きたい 명 기대 **胃** い 명 위, 위장 **調子** ちょうし 명 상태 **副作用** ふくさよう 명 부작용 **一般的だ** いっぱんてきだ な형 일반적이다 **理想** りそう 명 이상(적임) **適量** てきりょう 명 적당량 **取り入れる** とりいれる 동 받아들이다, 도입하다 **主だ** おもだ な형 주되다 **成分** せいぶん 명 성분 **集中力** しゅうちゅうりょく 명 집중력 **方法** ほうほう 명 방법 **注目** ちゅうもく 명 주목 **種類** しゅるい 명 종류

4 중상

[음성] 会社の会議で男の人が話しています。	**[음성]** 회사의 회의에서 남자가 이야기하고 있습니다.
M：今年入社した社員は、男性30名、女性15名でした。女性向けの商品の売り上げが増加しているので、今後はもっと女性社員の数を増やしていきたいと考えていますが、入社説明会への参加状況を見ると、大半が男性です。パンフレットに女性社員の紹介を多く載せ、働きやすさをアピールするなどの対策を始めるほか、どうしたら会社に魅力を感じてもらえるか、チームを立ち上げて検討を続けています。来月には、初めて女子大学で説明会を開く予定です。	M : 올해 입사한 사원은, 남성 30명, 여성 15명이었습니다. 여성용 상품의 매상이 증가하고 있기 때문에, 앞으로는 더 여성 사원의 수를 늘려 가고 싶다고 생각하고 있습니다만, 입사 설명회로의 참가 상황을 보면, 대부분이 남성입니다. 팸플릿에 여성 사원의 소개를 많이 실어, 일하기 편함을 어필하는 등의 대책을 시작하는 것 외에, 어떻게 하면 회사에 매력을 느껴 줄 수 있을지, 팀을 설립해서 검토를 계속하고 있습니다. 다음 달에는, 처음으로 여자 대학에서 설명회를 열 예정입니다.
男の人は何の話をしていますか。	남자는 무슨 이야기를 하고 있습니까?
1 女性社員を増やしたい理由 **2 女性社員を増やすための対策** 3 女性向け商品の開発方法 4 女性が働きやすい職場作り	1 여성 사원을 늘리고 싶은 이유 **2 여성 사원을 늘리기 위한 대책** 3 여성용 상품의 개발 방법 4 여성이 일하기 편한 직장 만들기

해설 남자가 회의에서 회사와 관련하여 어떤 이야기를 하는지 전체적인 흐름을 파악하며 주의 깊게 듣는다. 남자가 '女性社員の数を増やしていきたい', 'パンフレットに女性社員の紹介を多く載せ、働きやすさをアピール', '女子大学で説明会を開く予定'라고 했다. 질문에서 남자가 무슨 이야기를 하고 있는지 묻고 있으므로, 2 女性社員を増やすための対策가 정답이다.

어휘 **入社** にゅうしゃ 명 입사 **社員** しゃいん 명 사원 **女性向け** じょせいむけ 명 여성용 **商品** しょうひん 명 상품 **売り上げ** うりあげ 명 매상 **増加** ぞうか 명 증가 **今後** こんご 명 앞으로 **数** かず 명 수 **増やす** ふやす 동 늘리다 **説明会** せつめいかい 명 설명회 **参加** さんか 명 참가

状況 じょうきょう 명 상황　大半 たいはん 명 대부분, 태반　パンフレット 명 팸플릿　載せる のせる 동 싣다　アピール 명 어필　対策 たいさく 명 대책
魅力 みりょく 명 매력　感じる かんじる 동 느끼다　チーム 명 팀　立ち上げる たちあげる 동 설립하다　検討 けんとう 명 검토　開発 かいはつ 명 개발
方法 ほうほう 명 방법　職場作り しょくばづくり 명 직장 만들기

5 상

[음성]

テレビで料理の先生が話しています。

F：天ぷらは、和食の代表的なメニューの一つですよね。お店で食べるだけでなく、家で作る方も多いと思いますが、一方で、天ぷらを作るのは苦手だし、作ってみても家族からおいしくないと言われるという方も少なくないようです。そんな方は、まずは次の点に注意してみてください。一つは、材料の水気をよく取ること。もう一つは冷たい水で衣を作ることです。きっと、これまでとは違った天ぷらに仕上がるはずです。ご家族のみなさんも喜んでくれると思いますよ。

料理の先生は何について話していますか。

1 天ぷらが上手に作れない理由
2 天ぷらを食べる際の注意点
3 おいしい天ぷらを作るポイント
4 変わった天ぷらを作る方法

[음성]

텔레비전에서 요리 선생님이 이야기하고 있습니다.

F : 튀김은, 일식의 대표적인 메뉴 중 하나이지요. 가게에서 먹을 뿐 아니라, 집에서 만드는 분도 많다고 생각합니다만, 한편으로, 튀김을 만드는 것은 서투르고, 만들어 보아도 가족으로부터 맛있지 않다고 듣는다는 분도 적지 않은 것 같습니다. 그런 분은, 우선은 다음 점에 주의해 봐 주세요. 하나는, 재료의 물기를 잘 없애는 것. 또 하나는 차가운 물로 튀김옷을 만드는 것입니다. 분명, 지금까지와는 다른 튀김이 완성될 것입니다. 가족 여러분도 기뻐해 줄 거라고 생각해요.

요리 선생님은 무엇에 대해 이야기하고 있습니까?

1 튀김을 잘 만들 수 없는 이유
2 튀김을 먹을 때의 주의점
3 맛있는 튀김을 만드는 포인트
4 특이한 튀김을 만드는 방법

해설 요리 선생님이 텔레비전에서 요리와 관련하여 어떤 이야기를 하는지 전체적인 흐름을 파악하며 주의 깊게 듣는다. 요리 선생님이 '天ぷらを作るのは苦手だし', 'おいしくないと言われるという方', 'まずは次の点に注意してみてください', '材料の水気をよく取ること', '冷たい水で衣を作ること', 'これまでとは違った天ぷらに仕上がるはず'라고 했다. 질문에서 요리 선생님이 무엇에 대해 이야기하고 있는지 묻고 있으므로, 3 おいしい天ぷらを作るポイント가 정답이다.

어휘 天ぷら てんぷら 명 튀김　和食 わしょく 명 일식　代表的だ だいひょうてきだ な형 대표적이다　メニュー 명 메뉴　一方 いっぽう 접 한편
苦手だ にがてだ な형 서투르다　点 てん 명 점　材料 ざいりょう 명 재료　水気 みずけ 명 물기　衣 ころも 명 튀김옷　仕上がる しあがる 동 완성되다
際 さい 명 때　注意点 ちゅういてん 명 주의점　ポイント 명 포인트　方法 ほうほう 명 방법

☞ **문제 4**는 문제지에 아무것도 인쇄되어 있지 않습니다. 따라서, 예제를 들려줄 때, 그 내용을 들으면서 p.21 즉시 응답의 문제 풀이 전략을 떠올려 봅니다. 음성에서 では、始めます(그러면, 시작합니다)가 들리면, 곧바로 문제 풀 준비를 합니다. 디렉션과 예제는 실전모의고사 제1회의 해설(p.53)에서 확인할 수 있습니다.

1 중상

[음성]

F：先輩に聞いたんだけど、今度のテスト、そんなに心配することはないみたいだよ。

M：**1 本当に?それは安心だね。**
2 へえ、あんまりしないほうかな。
3 うん、心配しなくてもいいよ。

[음성]

F : 선배한테 들었는데, 이번 테스트, 그렇게 걱정할 필요는 없는 것 같아.

M : **1 정말로? 그건 안심이네.**
2 흐음, 별로 하지 않는 편이려나.
3 응, 걱정하지 않아도 돼.

해설 여자가 남자에게 이번 테스트는 걱정할 필요가 없을 것 같다고 안심시키는 상황이다.
1 (O) 여자의 말에 안심하고 있으므로 적절한 응답이다.

2 (X) 걱정할 필요가 없다고 안심시키는 상황과 맞지 않다.
3 (X) 남자를 안심시키는 상황에 여자가 해야 할 말이므로 오답이다.

어휘 **～ことはない** ~할 필요는 없다 **本当だ** ほんとうだ [な형] 정말이다 **安心だ** あんしんだ [な형] 안심이다 **あんまり** [부] 별로, 그다지

2 중상

[음성]	[음성]
M：うまくなりたいなら、何度(なんど)も練習(れんしゅう)するよりほかないんじゃない？	M : 잘하게 되고 싶다면, 몇 번이고 연습하는 수밖에 없지 않아?
F：1 そう思(おも)って、してないんだ。 2 わかった。もうしないようにする。 **3 うん、できるだけやってみる。**	F : 1 그렇게 생각해서, 하지 않고 있어. 2 알았어. 이제 하지 않도록 할게. **3 응, 가능한 한 해 볼게.**

해설 남자가 여자에게 잘하게 되고 싶다면 연습하라며 조언하는 상황이다.
1 (X) そう思って(그렇게 생각해서) 뒤에는 남자의 말에 동의하는 말이 나와야 하므로 오답이다.
2 (X) わかった(알았어) 뒤에는 남자의 말에 동의하는 말이 나와야 하므로 오답이다.
3 (O) 가능한 한 해 보겠다, 즉 남자의 조언을 받아들이는 적절한 응답이다.

어휘 **何度** なんど [명] 몇 번 **～よりほかない** ~(하는) 수밖에 없다, ~말고 달리 방도가 없다

3 중상

[음성]	[음성]
F：この前(まえ)の試合(しあい)、もう少(すこ)しで勝(か)てるところだったのに、気(き)が散(ち)っちゃって。	F : 요전의 시합, 조금 더 하면 이길 수 있을 뻔했는데, 정신이 산만해져 버려서.
M：1 よかったね。おめでとう。 **2 次(つぎ)、頑張(がんば)ったらいいよ。** 3 もう勝(か)てないと思(おも)ったよ。	M : 1 잘됐네. 축하해. **2 다음에, 열심히 하면 돼.** 3 더는 이길 수 없다고 생각했어.

해설 여자가 남자에게 요전 시합에서 이길 수 있었는데 졌다며 아쉬워하는 상황이다.
1 (X) よかったね(잘됐네)는 시합에 져서 아쉬워하는 상황에 적절하지 않은 응답이다.
2 (O) 아쉬워하는 여자를 위로하고 있으므로 적절한 응답이다.
3 (X) もう와 勝てる(かてる)를 반복 사용하여 혼동을 준 오답이다.

어휘 **もう少し** もうすこし [부] 조금 더 (하면) **～ところだった** ~일 뻔했다 **気が散る** きがちる 정신이 산만해지다

4 중상

[음성]	[음성]
M：今年(ことし)の夏休(なつやす)みは用事(ようじ)が多(おお)くて、旅行(りょこう)どころじゃなかったんですよ。	M : 올해의 여름휴가는 용무가 많아서, 여행할 상황이 아니었어요.
F：**1 そんなに忙(いそが)しかったんですか？** 2 旅行(りょこう)なんてうらやましいですね。 3 どこにいらっしゃったんですか？	F : **1 그렇게 바빴던 거예요?** 2 여행이라니 부럽네요. 3 어디에 가셨던 거예요?

해설 남자가 여자에게 여름휴가에 용무가 많아 여행을 하지 못했다고 불평하는 상황이다.
1 (O) 그렇게 바빴냐며 맞장구치고 있으므로 적절한 응답이다.
2 (X) 여행을 하지 못했다는 남자의 말과 맞지 않다.
3 (X) 여행을 하지 못했다는 남자의 말과 맞지 않다.

어휘 **～どころじゃない** ~할 상황이 아니다 **～なんて** [조] ~라니 **うらやましい** [い형] 부럽다

5 중

[음성]	[음성]
F：いろいろ考えたんですが、来年から宣伝費を削ろうと思うんです。	F：여러모로 고려했습니다만, 내년부터 선전비를 삭감하려고 생각해요.
M：1 宣伝費を減らすべきじゃないですか？ 2 私も増やすのに賛成なんです。 **3 私も少なくしたほうがいいと思います。**	M：1 선전비를 줄여야 하지 않나요? 2 저도 늘리는 것에 찬성이에요. **3 저도 적게 하는 편이 좋다고 생각합니다.**

해설 여자가 남자에게 내년부터 선전비를 삭감하겠다고 의견을 제시하는 상황이다.
1 (X) 선전비를 삭감하려고 한다는 여자의 말에 맞지 않다.
2 (X) 삭감하겠다는 말에 늘리는 것에 찬성이라는 응답은 적절하지 않으므로 오답이다.
3 (O) 선전비를 삭감하겠다는 여자의 의견을 지지하고 있으므로 적절한 응답이다.

어휘 **宣伝費** せんでんひ 명 선전비 **削る** けずる 동 삭감하다, 깎다 **減らす** へらす 동 줄이다 **～べきだ** ~해야 하다 **増やす** ふやす 동 늘리다 **賛成** さんせい 명 찬성 **～ほうがいい** ~하는 편이 좋다

꼭! 알아두기 ～ようと思う(~하려고 생각하다)는 앞으로의 계획이나 결심을 나타내는 표현이므로 의견을 지지하거나 다른 의견을 제시하는 내용을 정답으로 고른다.

6 중

[음성]	[음성]
M：昨日、動物園に行ったんですが、日曜なのに意外に人が少なかったんですよ。	M：어제, 동물원에 갔습니다만, 일요일인데 의외로 사람이 적었어요.
F：**1 暑いから、みんな行かないんでしょうね。** 2 人が多くて疲れませんでしたか。 3 動物園以外に行けばよかったですね。	F：**1 더우니까, 다들 가지 않는 거겠죠.** 2 사람이 많아서 지치지 않았나요? 3 동물원 이외로 가면 좋았겠네요.

해설 남자가 여자에게 동물원에 갔는데 의외로 사람이 적었다고 놀라워하는 상황이다.
1 (O) 동물원에 사람이 적었던 이유에 대해 자신의 생각을 이야기하고 있으므로 적절한 응답이다.
2 (X) 사람이 적었다고 한 남자의 말과 맞지 않다.
3 (X) 동물원에 사람이 적어서 놀랐다는 말에 다른 곳에 가면 좋았겠다는 말은 적절하지 않으므로 오답이다.

어휘 **日曜** にちよう 명 일요(일) **意外だ** いがいだ な형 의외이다

7 중

[음성]	[음성]
F：天気さえよければ、もっといい写真が撮れたのに。	F：날씨만 좋다면, 더 좋은 사진을 찍을 수 있었을 텐데.
M：**1 十分いい写真だよ。** 2 いい天気だったのにね。 3 カメラのおかげだね。	M：**1 충분히 좋은 사진이야.** 2 좋은 날씨였는데 말이지. 3 카메라 덕분이네.

해설 여자가 남자에게 날씨가 좋지 않아 좋은 사진을 찍지 못했다고 아쉬워하는 상황이다.
1 (O) 충분히 좋은 사진이라며 위로하고 있으므로 적절한 응답이다.
2 (X) 날씨가 좋지 않았다고 아쉬워하는 상황과 맞지 않다.
3 (X) 写真(사진)과 관련된 カメラ(카메라)를 사용하여 혼동을 준 오답이다.

어휘 **～さえ…ば** ~만 …하면 **おかげ** 덕분

8 상

[음성]	[음성]
M：昨日(きのう)行(い)ったお店(みせ)、値段(ねだん)が高(たか)いわりには、おいしくなかったよ。	M : 어제 간 가게, 가격이 비싼 것치고는, 맛있지 않았어.
F：1 うん、おいしかった。	F : 1 응, 맛있었어.
2 高(たか)いだけのことはあったね。	2 비싼 만큼의 가치는 있었네.
3 それは残念(ざんねん)だったね。	**3 그건 유감이었네.**

해설 남자가 여자에게 어제 간 가게가 비싸고 맛없었다며 불평하는 상황이다.

1 (X) うん(응) 뒤에는 맛이 없다는 내용이 나와야 하므로 오답이다.

2 (X) 비싼 것에 비해 맛없었다는 남자의 말과 맞지 않다.

3 (O) 남자의 말에 공감하고 위로하고 있으므로 적절한 응답이다.

어휘 **値段** ねだん 명 가격 **～わりには** ~인 것치고는 **～だけのことはある** ~한 만큼의 가치는 있다 **残念** ざんねん 명 유감

9 중상

[음성]	[음성]
M：ご迷惑(めいわく)でなければ、ちょっとお話(はなし)を伺(うかが)ってもよろしいでしょうか。	M : 폐가 아니라면, 잠깐 이야기를 여쭈어도 괜찮을까요?
F：1 ご迷惑(めいわく)をお掛(か)けします。	F : 1 폐를 끼치겠습니다.
2 ええ、ぜひ来(き)てください。	2 네, 부디 와 주세요.
3 ええ、少(すこ)しなら。	**3 네, 조금이라면.**

해설 남자가 여자에게 이야기를 여쭈어도 되냐며 허락을 구하는 상황이다.

1 (X) ご迷惑(ごめいわく)를 반복 사용하여 혼동을 준 오답이다.

2 (X) 질문에서 '여쭈다'라는 뜻으로 쓰인 伺う(うかがう)를 '찾아뵙다'라는 뜻으로 사용했을 때의 응답으로 혼동을 준 오답이다.

3 (O) 남자의 요청을 받아들이고 있으므로 적절한 응답이다.

어휘 **迷惑** めいわく 명 폐, 민폐

꼭! 알아두기 よろしいでしょうか(괜찮을까요?)는 허락을 구하는 표현이므로 승낙하거나 거절하는 내용을 정답으로 고른다.

10 중상

[음성]	[음성]
F：こんな雨(あめ)の中(なか)、無理(むり)して行(い)くことないんじゃない?	F : 이런 빗속, 무리해서 갈 필요 없지 않아?
M：1 うん、行(い)くしかないよね。	M : 1 응, 갈 수밖에 없지.
2 じゃあ、やめようかな。	**2 그럼, 그만둘까.**
3 こんなに濡(ぬ)れると思(おも)わなかったよ。	3 이렇게 젖을 거라고 생각하지 않았어.

해설 여자가 남자에게 비가 오니 가지 말라며 의견을 제시하는 상황이다.

1 (X) うん(응) 뒤에는 가지 않겠다는 내용이 나와야 하므로 오답이다.

2 (O) 갈 필요 없다는 여자의 의견을 받아들여 그만두겠다고 하고 있으므로 적절한 응답이다.

3 (X) 비가 내리는 상황에 관련된 **濡れる**(젖다)를 사용하여 혼동을 준 오답이다.

어휘 **～ことない** ~할 필요 없다

11 상

[음성]

M：あのう、すみません。先生がいつごろお戻りになるか、ご存じですか。

F：1 いいえ、先生はご存じありません。

2 今日はお戻りにならないようですよ。

3 4時頃出かける予定です。

[음성]

M : 저기, 실례합니다. 선생님께서 언제쯤 돌아오시는지, 알고 계십니까?

F : 1 아니요, 선생님은 알고 계시지 않습니다.

2 오늘은 돌아오시지 않을 것 같아요.

3 4시쯤 나갈 예정입니다.

해설 남자가 여자에게 선생님이 언제 돌아오는지 묻는 상황이다.

1 (X) ご存じ(ごぞんじ)를 반복 사용하여 혼동을 준 오답이다.

2 (O) 선생님의 일정을 알려주고 있으므로 적절한 응답이다.

3 (X) 나가는 시간이 아니라 돌아오는 시간을 묻고 있으므로 상황에 맞지 않다.

어휘 いつごろ 명 언제쯤 ご存じだ ごぞんじだ 알고 계시다 (知っている의 존경 표현)

12 중상

[음성]

M：いつもお世話になっております。これ、つまらないものですが…。

F：1 いいえ、おもしろいですよ。

2 はい、たいへんお世話になりました。

3 ああ、ありがとうございます。

[음성]

M : 항상 신세를 지고 있습니다. 이거, 변변치 않은 것입니다만….

F : 1 아니요, 재미있어요.

2 네, 매우 신세를 졌습니다.

3 아, 감사합니다.

해설 남자가 여자에게 신세를 진 것에 대한 보답으로 선물을 건네는 상황이다.

1 (X) つまらない(변변치 않다)의 다른 뜻인 '시시하다'와 관련된 おもしろい(재미있다)를 사용하여 혼동을 준 오답이다.

2 (X) お世話(おせわ)를 반복 사용하여 혼동을 준 오답이다.

3 (O) 남자의 선물에 감사 인사를 하고 있으므로 적절한 응답이다.

어휘 お世話になる おせわになる 신세를 지다

꼭! 알아두기 つまらないものですが(변변치 않은 것입니다만)는 선물을 건넬 때 하는 인사말이므로 감사 인사를 하거나 사양하는 내용을 정답으로 고른다.

☞ **문제 5**는 긴 이야기를 듣습니다. 예제가 없으므로 바로 문제를 풀 준비를 합니다. 문제지에 들리는 내용을 적극적으로 메모하며 문제를 풀어 봅시다. 디렉션은 실전모의고사 제1회의 해설(p.56)에서 확인할 수 있습니다.

1 상

[음성]

大学で職員と女の学生が話しています。

F：すみません。今度の春休みにボランティアに参加したいんですが、今からでも応募できるものありますか。

M：はい。いくつか紹介できますよ。まず、毎年夏に開催されているさくら町の音楽イベントを企画するボランティアです。イベントまでの約半年間、月に2、3回集まって企画や準備を行うものです。

[음성]

대학에서 직원과 여학생이 이야기하고 있습니다.

F : 실례합니다. 이번 봄 방학에 자원봉사에 참가하고 싶습니다만, 지금부터라도 응모할 수 있는 것 있나요?

M : 네. 몇 개인가 소개할 수 있어요. 우선, 매년 여름에 개최되고 있는 사쿠라 마을의 음악 이벤트를 기획하는 자원봉사입니다. 이벤트까지의 약 반년간, 월에 2, 3회 모여서 기획이나 준비를 하는 것입니다.

F：なるほど。もう少し期間が短いものはありませんか。それと英語を専攻しているので、英語が生かせるものがいいんですが…。

M：そうですか。でしたら、外国人旅行者に観光地を案内するものや本校の留学生に日本語を教えるものはどうですか。観光地案内は事前の研修が必要ですが、ボランティア当日を含めて三日で終わる短期プログラムです。日本語を教えるものは期間が選べますが、短くても二か月からと少し長めですね。二つとも語学が得意な学生におすすめです。

F：どちらもいい経験になりそうですね。

M：あと、語学とは関係ないですが、老人ホームを訪問して歌や楽器演奏を行うものも人気ですよ。普段繋がりがない方々と交流できる機会になります。こちらは一日のみの参加です。

F：楽しそうですね。でも、音楽はそれほど得意じゃありませんし、期間は長くても学んできたことが生かせるこれにします。

F：그렇군요. 좀 더 기간이 짧은 것은 없나요? 그리고 영어를 전공하고 있기 때문에, 영어를 살릴 수 있는 것이 좋은데요….

M：그런가요? 그렇다면, 외국인 여행자에게 관광지를 안내하는 것이나 본교의 유학생에게 일본어를 가르치는 것은 어떤가요? 관광지 안내는 사전에 연수가 필요합니다만, 자원봉사 당일을 포함해서 사흘로 끝나는 단기 프로그램입니다. 일본어를 가르치는 것은 기간을 고를 수 있습니다만, 짧아도 2개월부터로 좀 긴 편이네요. 둘 다 어학을 잘하는 학생에게 추천입니다.

F：어느 쪽도 좋은 경험이 될 것 같네요.

M：그리고, 어학과는 관계없습니다만, 양로원을 방문해서 노래나 악기 연주를 하는 것도 인기예요. 평소 인연이 없는 분들과 교류할 수 있는 기회가 됩니다. 이쪽은 하루만 참가입니다.

F：즐거울 것 같네요. 하지만, 음악은 그다지 잘하지 못하고, 기간은 길어도 배워 온 것을 살릴 수 있는 이걸로 할게요.

女の人はどのボランティアを選びますか。

1 音楽イベントを企画するボランティア
2 観光地を案内するボランティア
3 日本語を教えるボランティア
4 楽器を演奏するボランティア

여자는 어느 자원봉사를 고릅니까?

1 음악 이벤트를 기획하는 자원봉사
2 관광지를 안내하는 자원봉사
3 일본어를 가르치는 자원봉사
4 악기를 연주하는 자원봉사

해설 대화에서 언급되는 여러 선택 사항과 화자 중 한 명의 최종 선택 내용을 재빨리 메모하며 주의 깊게 듣는다.

[메모] 여자 → 봄 방학 자원봉사, 응모
- 음악 이벤트 기획: 약 반년, 월 2~3회 준비 → 더 짧은 것, 전공인 영어 살릴 수 있는 것
- 관광지 안내: 사전 연수 필요, 사흘 단기 ┐어학 잘하는 학생에게 추천
- 일본어 가르치기: 기간 고를 수 O, 최소 2개월~ ┘
- 어학 X, 양로원: 노래, 악기 연주, 하루 → 즐거울 듯

여자 → 하지만 음악 잘 못함, 기간이 길어도 배운 걸 살릴 수 있는 것

질문이 여자가 어느 자원봉사를 고르는지 묻고 있다. 기간이 길어도 배운 걸 살릴 수 있는 것을 하겠다고 했으므로, 짧아도 2개월부터이고 어학 관련 자원봉사인 3 日本語を教えるボランティア가 정답이다.

어휘 **職員** しょくいん 명 직원 **ボランティア** 명 자원봉사 **参加** さんか 명 참가 **応募** おうぼ 명 응모 **開催** かいさい 명 개최 **イベント** 명 이벤트 **企画** きかく 명 기획 **約** やく 부 약 **半年間** はんとしかん 명 반년간 **期間** きかん 명 기간 **専攻** せんこう 명 전공 **生かす** いかす 동 살리다 **でしたら** 그렇다면 **旅行者** りょこうしゃ 명 여행자 **観光地** かんこうち 명 관광지 **本校** ほんこう 명 본교 **日本語** にほんご 명 일본어 **事前** じぜん 명 사전 **研修** けんしゅう 명 연수 **当日** とうじつ 명 당일 **含める** ふくめる 동 포함시키다 **短期** たんき 명 단기 **プログラム** 명 프로그램 **長め** ながめ 명 긴 편 **語学** ごがく 명 어학 **得意だ** とくいだ な형 잘하다 **おすすめ** 추천 **老人ホーム** ろうじんホーム 명 양로원 **訪問** ほうもん 명 방문 **楽器** がっき 명 악기 **演奏** えんそう 명 연주 **人気** にんき 명 인기 **普段** ふだん 명 평소 **繋がり** つながり 명 인연, 관계 **方々** かたがた 명 분들 **交流** こうりゅう 명 교류 **それほど** 그다지 **学ぶ** まなぶ 동 배우다

꼭! 알아두기 화자의 최종 선택 내용을 묻는 문제에서 ~ものはありませんか(~한 것은 없나요?), ~ものがいいんですが(~한 것이 좋은데요)는 제안받은 사항이 마음에 들지 않아 조건을 추가하는 표현이므로, 앞에서 제안받은 사항은 오답으로 소거한다.

2 중

[음성]

友人３人が卒業旅行について話しています。

M1：卒業旅行のことだけど、思ったより費用がかかりそうだね。どうにかして少し節約できないかな？

F：それ、私も思ってた。じゃあ、飛行機じゃなくて夜行バスで行こうか。

M2：最近、座席が広くて快適なものも増えてるみたいだね。

M1：でも、飛行機はもう予約しちゃったし…。今からだと手数料がかかるよ。

M2：だったら、初日の神社巡りツアーをキャンセルするってのはどう？事前に調べていけば、ガイドがいなくても十分見て回れそうだけど。

M1：うーん。でも、神社が市外にあってバスや電車で行くのが結構大変なんだって。ツアーだと歴史に関する詳しい説明も聞けるし、いいと思うけどなあ。

F：そうね。あ、それか、二日目に行く予定の遊園地、行くのやめない？入園料もまだ払ってなかったよね？

M1：うん、あそこは予約がいらないから、入園料は当日払う予定だよ。

M2：そっか。ほかに方法ないかな。

M1：そういえば、飛行機の予約変更は手数料かからないはずだよ。早朝の便に変えれば今のより安くなるかも。

F：なるほどね。でも、朝早いと疲れない？

M2：僕もそれが心配だな。あっちで楽しめるように疲れない方法で行くのが一番だと思うから、やっぱり予約してない日程を変えることにしよう。

M1：分かった。じゃ、そういうことで。

旅行の費用を減らすためにどうすることにしましたか。

1 飛行機の便を変更する
2 ツアー予約を取り消す
3 夜行バスで行く
4 遊園地に行かない

[음성]

친구 3명이 졸업 여행에 대해 이야기하고 있습니다.

M1 : 졸업 여행 말인데, 생각한 것보다 비용이 들 것 같네. 어떻게든 해서 좀 절약할 수 없을까?

F : 그거, 나도 생각했어. 그럼, 비행기가 아니라 심야 버스로 갈까?

M2 : 최근에, 좌석이 넓고 쾌적한 것도 늘고 있는 것 같아.

M1 : 하지만, 비행기는 이미 예약해 버렸고…. 지금부터라면 수수료가 들어.

M2 : 그렇다면, 첫날의 신사 순회 투어를 취소하는 건 어때? 사전에 조사해서 가면, 가이드가 없어도 충분히 둘러볼 수 있을 것 같은데.

M1 : 으음. 하지만, 신사가 시외에 있어서 버스나 전철로 가는 게 꽤 힘들대. 투어라면 역사에 관한 자세한 설명도 들을 수 있고, 좋다고 생각하는데.

F : 그렇네. 아, 그거나, 이틀째에 갈 예정인 유원지, 가는 거 그만두지 않을래? 입장료도 아직 지불하지 않았지?

M1 : 응, 그곳은 예약이 필요 없으니까, 입장료는 당일 지불할 예정이야.

M2 : 그렇구나. 이외에 방법 없을까?

M1 : 그러고 보니, 비행기의 예약 변경은 수수료 들지 않을 거야. 이른 아침인 항공편으로 바꾼다면 지금 것보다 싸질지도.

F : 과연. 하지만, 아침 일찍이면 지치지 않아?

M2 : 나도 그게 걱정이야. 저쪽에서 즐길 수 있도록 지치지 않는 방법으로 가는 게 제일이라고 생각하니까, 역시 예약하지 않은 일정을 바꾸는 걸로 하자.

M1 : 알았어. 그럼, 그런 걸로.

여행 비용을 줄이기 위해 어떻게 하기로 했습니까?

1 비행기의 항공편을 변경한다
2 투어 예약을 취소한다
3 심야 버스로 간다
4 유원지에 가지 않는다

해설 대화에서 언급되는 여러 선택 사항과 특징, 최종 결정 사항을 재빨리 메모하며 주의 깊게 듣는다.

[메모] 졸업 여행 비용, 어떻게 절약?

- 심야 버스?: 좌석 넓고 쾌적 → 비행기 이미 예약, 수수료O
- 신사 투어X: 가이드 없어도 OK → 힘듦, 투어 좋음
- 유원지X: 예약 필요X, 당일 지불 예정 → 그렇구나
- 아침 비행기로: 아침 일찍 지침

남자 → 지치지 않는 방법 제일, 예약하지 않은 일정을 바꾸자 → OK

질문에서 여행 비용을 어떻게 줄이기로 했는지 묻고 있다. 남자가 예약하지 않은 일정을 바꾸자고 했으므로, 예약이 필요 없는 유원지를 가지 않는다는 4 遊園地に行かないが 정답이다.

어휘 友人 ゆうじん 명 친구　費用 ひよう 명 비용　どうにか 부 어떻게든　節約 せつやく 명 절약　夜行バス やこうバス 명 심야 버스　座席 ざせき 명 좌석
快適だ かいてきだ な형 쾌적하다　手数料 てすうりょう 명 수수료　だったら 그렇다면　初日 しょにち 명 첫날　巡り めぐり 명 순회　ツアー 명 투어
キャンセル 명 취소　事前 じぜん 명 사전　ガイド 명 가이드　見て回る みてまわる 둘러보다　市外 しがい 명 시외
関する かんする 동 관하다, 관련하다　詳しい くわしい い형 자세하다　遊園地 ゆうえんち 명 유원지　入園料 にゅうえんりょう 명 입장료
当日 とうじつ 명 당일　ほかに 이외에　方法 ほうほう 명 방법　変更 へんこう 명 변경　早朝 そうちょう 명 이른 아침　便 びん 명 항공편, 교통편
心配だ しんぱいだ な형 걱정이다　日程 にってい 명 일정　取り消す とりけす 동 취소하다

3 중

[음성]

テレビで無料体験レッスンの紹介を聞いて、夫婦が話しています。

M1：駅前に新しくスポーツ施設をオープンしました。ただいまオープンを記念して４つの無料体験レッスンを実施しています。お一人様、２つまでご参加いただけますので、ぜひ。まずはゴルフ教室です。こちらは経験者を対象に、各参加者に合った個人指導で技術のレベルアップを目指します。次は、最近若者の間でブームになっているテニス教室です。こちらは基礎から習うもので、これから始められる方向けです。続いて水泳教室です。親子で参加できるものになっており、小さいお子さんがいらっしゃる方におすすめです。こちらも基礎からしっかりお教えします。最後はヨガ教室です。ヨガは全身運動はもちろん、姿勢の改善やストレス解消にも効果があることで知られていますね。興味のあるレッスンに参加して、この秋こそスポーツを趣味にされるのはいかがでしょうか。

F：この秋はスポーツをするのが目標だって言ってたじゃない。せっかくだから一緒に申し込もうよ。

M2：そうだね。僕はスポーツの経験がないから、初心者向けのものが気になるな。

F：あ、それ、最近はやってるって話題だよね。同僚の花子さんも始めたって。

M2：そっちじゃなくて、息子と一緒に習えるってほう。きっと清も楽しめるだろうし。

F：ああ、それも楽しそうだよね。

M2：じゃあ、決まり。一緒に申し込もう。

F：うーん。私は、個人に合った指導をしてもらえるレッスンも興味があるの。

M2：それも申し込んでみたら？一人２つまでできるそうだよ。

F：そうね。じゃ、それは一人で参加することにする。

[음성]

텔레비전에서 무료 체험 레슨의 소개를 듣고, 부부가 이야기하고 있습니다.

M1 : 역 앞에 새롭게 스포츠 시설을 오픈했습니다. 바로 지금 오픈을 기념해 4개의 무료 체험 레슨을 실시하고 있습니다. 한 분, 2개까지 참가해 주실 수 있으므로, 부디. 우선은 골프 교실입니다. 이쪽은 경험자를 대상으로, 각 참가자에게 맞는 개인 지도로 기술의 레벨 업을 지향합니다. 다음은, 최근 청년 사이에서 붐이 되고 있는 테니스 교실입니다. 이쪽은 기초부터 배우는 것으로, 이제부터 시작하시는 분 대상입니다. 이어서 수영 교실입니다. 부모와 자식이 함께 참가 가능하게 되어 있어, 어린 자녀 분이 있으신 분에게 추천입니다. 이쪽도 기초부터 확실히 가르쳐 드립니다. 마지막은 요가 교실입니다. 요가는 전신 운동은 물론, 자세 개선이나 스트레스 해소에도 효과가 있는 것으로 알려져 있지요. 흥미 있는 레슨에 참가해서, 이번 가을이야말로 스포츠를 취미로 하시는 것은 어떨까요?

F : 이번 가을은 스포츠를 하는 게 목표라고 말했었지 않아? 모처럼이니까 함께 신청하자.

M2 : 그렇네. 나는 스포츠 경험이 없으니까, 초보자용인 것이 신경 쓰이네.

F : 아, 그거, 최근 유행하고 있다고 화제지? 동료인 하나코 씨도 시작했대.

M2 : 그쪽이 아니라, 아들과 함께 배울 수 있다는 쪽. 분명 기요시도 즐길 수 있을 테고.

F : 아, 그것도 즐거울 것 같지.

M2 : 그럼, 결정. 함께 신청하자.

F : 으음. 나는, 개인에 맞는 지도를 받을 수 있는 레슨도 흥미가 있어.

M2 : 그것도 신청해 보면? 한 명 2개까지 가능하다고 해.

F : 그렇네. 그럼, 그건 혼자서 참가하는 걸로 할게.

質問1 二人はどのレッスンに一緒に申し込みますか。

[문제지]

1 ゴルフ教室
2 テニス教室
3 水泳教室
4 ヨガ教室

質問2 女の人は一人でどのレッスンに申し込みますか。

[문제지]

1 ゴルフ教室
2 テニス教室
3 水泳教室
4 ヨガ教室

질문1 두 사람은 어느 레슨에 함께 신청합니까?

[문제지]

1 골프 교실
2 테니스 교실
3 수영 교실
4 요가 교실

질문2 여자는 혼자서 어느 레슨에 신청합니까?

[문제지]

1 골프 교실
2 테니스 교실
3 수영 교실
4 요가 교실

해설 각 선택지와 관련하여 언급되는 내용을 재빨리 메모하며 주의 깊게 듣고, 두 명의 대화자가 최종적으로 선택하는 것에 유의하며 대화를 듣는다.

[메모] 무료 체험 레슨 4개
① 경험자, 개인 지도, 기술 레벨 업
② 기초부터
③ 부모 자식 함께, 기초부터
④ 전신 운동, 자세 개선, 스트레스 해소
남자 → 스포츠X, 초보자용, 아들과 함께하는 것, 함께?, 2개 가능
여자 → 최근 유행?, 즐거울 듯, 나는 개인 지도, 그럼 혼자서

질문 1은 두 사람이 함께 신청할 레슨을 묻고 있다. 남자는 아들과 함께 할 수 있는 초보자용 레슨에 함께 신청하자고 했고, 한 명 2개까지 신청할 수 있어 여자도 그러겠다고 했으므로, 기초부터 배울 수 있고 부모와 자식이 함께 하는 3 水泳教室가 정답이다.

질문 2는 여자가 혼자서 신청할 레슨을 묻고 있다. 여자는 개인 지도를 받을 수 있는 레슨에도 흥미가 있어 그건 혼자서 참가하겠다고 했으므로, 개인 지도를 받을 수 있는 1 ゴルフ教室가 정답이다.

어휘 **無料** むりょう [명] 무료 **体験** たいけん [명] 체험 **レッスン** [명] 레슨 **夫婦** ふうふ [명] 부부 **駅前** えきまえ [명] 역 앞 **施設** しせつ [명] 시설 **オープン** [명] 오픈 **記念** きねん [명] 기념 **実施** じっし [명] 실시 **お一人様** おひとりさま 한 분 **参加** さんか [명] 참가 **ゴルフ** [명] 골프 **経験者** けいけんしゃ [명] 경험자 **対象** たいしょう [명] 대상 **各参加者** かくさんかしゃ 각 참가자 **合う** あう [동] 맞다 **個人** こじん [명] 개인 **指導** しどう [명] 지도 **レベルアップ** [명] 레벨 업 **目指す** めざす [동] 지향하다, 목표하다 **若者** わかもの [명] 청년, 젊은이 **ブーム** [명] 붐, 대유행 **基礎** きそ [명] 기초 **～向け** ～むけ ~대상, ~용 **親子** おやこ [명] 부모와 자식 **お子さん** おこさん 자녀 분, 아이 **おすすめ** 추천 **ヨガ** [명] 요가 **全身** ぜんしん [명] 전신 **姿勢** しせい [명] 자세 **改善** かいぜん [명] 개선 **ストレス** [명] 스트레스 **解消** かいしょう [명] 해소 **効果** こうか [명] 효과 **目標** もくひょう [명] 목표 **せっかく** [부] 모처럼 **一緒に** いっしょに 함께 **申し込む** もうしこむ [동] 신청하다 **初心者** しょしんしゃ [명] 초보자, 초심자 **気になる** きになる 신경 쓰이다, 궁금하다 **話題** わだい [명] 화제 **同僚** どうりょう [명] 동료 **決まり** きまり [명] 결정

꼭! 알아두기 두 사람이 선택한 것을 묻는 문제에서 気になる(신경 쓰이다), 興味がある(흥미가 있다)는 관심이 있고 마음이 끌려 하고 싶다는 의미이므로, 주변에서 언급된 내용이 정답 후보가 된다.

실전모의고사 제5회

언어지식(문자・어휘)

문제 1	
1	1
2	2
3	4
4	3
5	1

문제 2	
6	3
7	2
8	4
9	1
10	3

문제 3	
11	3
12	2
13	4

문제 4	
14	3
15	2
16	3
17	1

문제 5	
18	1
19	3
20	2
21	4
22	1

문제 6	
23	4
24	2
25	1
26	2
27	3

언어지식(문법)

문제 7	
28	3
29	1
30	4
31	2
32	2
33	4
34	2
35	1
36	4
37	3
38	2
39	1

문제 8	
40	3
41	3
42	4
43	1
44	2

문제 9	
45	3
46	1
47	4
48	2

독해

문제 10	
49	2
50	3
51	2
52	1
53	4

문제 11	
54	1
55	4
56	3
57	2
58	1
59	4
60	3
61	1
62	3

문제 12	
63	1
64	4

문제 13	
65	3
66	2
67	1

문제 14	
68	1
69	3

청해

문제 1	
1	4
2	2
3	4
4	1
5	2

문제 2	
1	2
2	4
3	3
4	4
5	2
6	2

문제 3	
1	3
2	2
3	4
4	2
5	3

문제 4	
1	3
2	2
3	3
4	1
5	2
6	2
7	1
8	3
9	1
10	2
11	1

문제 5	
1	3
2 질문1	1
질문2	3

언어지식(문자·어휘) p.241

1 중상

新しい事業方針は社内でも<u>賛否</u>が分かれている。	새로운 사업 방침은 사내에서도 <u>찬반</u>이 갈리고 있다.
1 さんぴ 2 さんひ	**1 찬반** 2 X
3 あんぴ 4 あんひ	3 X 4 X

해설 賛否는 1 さんぴ로 발음한다. ぴ가 반탁음인 것에 주의한다.

어휘 **賛否** さんぴ 명 찬반 **事業** じぎょう 명 사업 **方針** ほうしん 명 방침 **社内** しゃない 명 사내 **分かれる** わかれる 동 갈리다, 갈라지다

2 중상

無理な食事制限で栄養バランスが<u>崩れて</u>しまった。	무리한 식사 제한으로 영양 밸런스가 <u>무너지고</u> 말았다.
1 こわれて **2 くずれて**	1 고장 나고 **2 무너지고**
3 はずれて 4 みだれて	3 벗겨지고 4 흐트러지고

해설 崩れて는 2 くずれて로 발음한다.

어휘 **崩れる** くずれる 동 무너지다 **制限** せいげん 명 제한 **栄養** えいよう 명 영양 **バランス** 명 밸런스 **壊れる** こわれる 동 고장 나다, 부서지다 **外れる** はずれる 동 벗겨지다 **乱れる** みだれる 동 흐트러지다

3 중상

会社の売り上げを上げるため、営業部を<u>拡充</u>するそうだ。	회사의 매상을 올리기 위해서, 영업부를 <u>확충</u>한다고 한다.
1 こうじょう 2 こうじゅう	1 X 2 X
3 かくじょう **4 かくじゅう**	3 X **4 확충**

해설 拡充는 4 かくじゅう로 발음한다.

어휘 **拡充** かくじゅう 명 확충 **売り上げ** うりあげ 명 매상 **営業部** えいぎょうぶ 명 영업부

꼭! 알아두기 拡가 포함된 명사로 拡大(かくだい, 확대), 拡張(かくちょう, 확장), 拡散(かくさん, 확산)을 함께 알아 둔다.

4 상

その音楽イベントは国内最大の<u>規模</u>だ。	그 음악 이벤트는 국내 최대의 <u>규모</u>이다.
1 きも 2 ぎも	1 X 2 X
3 きぼ 4 ぎぼ	**3 규모** 4 X

해설 規模는 3 きぼ로 발음한다. 規模의 模는 두 가지 음독 ぼ와 も 중 ぼ로 발음하는 것에 주의한다.

어휘 **規模** きぼ 명 규모 **イベント** 명 이벤트 **国内** こくない 명 국내 **最大** さいだい 명 최대

5 중상

寝坊したので、朝食もとらず<u>焦って</u>家を出た。	늦잠 잤기 때문에, 아침 식사도 하지 않고 <u>서둘러서</u> 집을 나왔다.
1 あせって 2 せまって	**1 서둘러서** 2 다가와서
3 きそって 4 かぎって	3 겨루어서 4 한정해서

해설 焦って는 1 あせって로 발음한다.

어휘 **焦る** あせる 동 서두르다, 조급하게 굴다 **朝食** ちょうしょく 명 아침 식사 **迫る** せまる 동 다가오다, 강요하다 **競う** きそう 동 겨루다 **限る** かぎる 동 한정하다

6 상

入学式を終えた新入生たちをサークルにかんゆうした。	입학식을 끝낸 신입생들을 동아리로 권유했다.
1 観誘　　2 観誇	1 X　　2 X
3 勧誘　　4 勧誇	**3 권유**　　4 X

해설 かんゆう는 3 勧誘로 표기한다. 勧(かん, 권하다)을 선택지 1과 2의 観(かん, 보다)과 구별해서 알아 두고, 誘(ゆう, 설득하다)를 선택지 2와 4의 誇(こ, 자랑하다)와 구별해서 알아 둔다.

어휘 勧誘 かんゆう 명 권유　入学式 にゅうがくしき 명 입학식　終える おえる 동 끝내다　新入生 しんにゅうせい 명 신입생　サークル 명 동아리, 서클

7 중

山田(やまだ)さんは色のこい派手(はで)な服がよく似合う。	야마다 씨는 색이 진한 화려한 옷이 잘 어울린다.
1 深い　　**2 濃い**	1 깊은　　**2 진한**
3 農い　　4 探い	3 X　　4 X

해설 こい는 2 濃い로 표기한다.

어휘 濃い こい い형 진하다　派手だ はでだ な형 화려하다　似合う にあう 동 어울리다　深い ふかい い형 깊다

8 중상

共用で使うものをそんなにらんぼうに扱わないでください。	공용으로 사용하는 것을 그렇게 난폭하게 다루지 말아 주세요.
1 強爆　　2 乱爆	1 X　　2 X
3 強暴　　**4 乱暴**	3 X　　**4 난폭**

해설 らんぼう는 4 乱暴로 표기한다. 暴(ぼう, 사납다)를 선택지 1과 2의 爆(ばく, 폭발하다)와 구별해서 알아 둔다.

어휘 乱暴だ らんぼうだ な형 난폭하다　共用 きょうよう 명 공용　扱う あつかう 동 다루다

9 중

このカメラは旧製品のじゃくてんを大きく改善した新モデルだ。	이 카메라는 구제품의 약점을 크게 개선한 신모델이다.
1 弱点　　2 不点	**1 약점**　　2 X
3 失点　　4 欠点	3 실점　　4 결점

해설 じゃくてん은 1 弱点으로 표기한다.

어휘 弱点 じゃくてん 명 약점　旧製品 きゅうせいひん 명 구제품　改善 かいぜん 명 개선　モデル 명 모델　失点 しってん 명 실점　欠点 けってん 명 결점

10 중

重要なプロジェクトを部下にまかせた。	중요한 프로젝트를 부하에게 맡겼다.
1 就せた　　2 預せた	1 X　　2 X
3 任せた　　4 頼せた	**3 맡겼다**　　4 X

해설 まかせた는 3 任せた로 표기한다.

어휘 任せる まかせる 동 맡기다　重要だ じゅうようだ な형 중요하다　プロジェクト 명 프로젝트　部下 ぶか 명 부하

꼭! 알아두기　任せる(맡기다)는 일이나 임무를 맡긴다는 의미로, 금품을 보관하거나 사람을 보살피도록 맡기는 預ける(맡기다)와 구분하여 알아 둔다.

11 중

私も青山さんと（　　）意見です。		저도 아오야마 씨와 (　　) 의견입니다.	
1 当	2 本	1 당	2 본
3 同	4 等	**3 동**	4 등

해설 괄호 뒤의 어휘 意見(의견)과 함께 쓰여 同意見(동의견)을 만드는 접두어 3 同가 정답이다. 1은 当ホテル(とうホテル, 당 호텔), 2는 本大学(ほんだいがく, 본 대학), 4는 等距離(とうきょり, 등거리(같은 거리))로 자주 쓰인다.

어휘 同意見 どういけん 명 동의견, 같은 의견

12 중상

選手たちが（　　）シーズンに向け、練習を重ねている。		선수들이 (　　) 시즌을 위해, 연습을 거듭하고 있다.	
1 昨	**2 来**	1 지난	**2 다음**
3 元	4 未	3 전	4 미

해설 괄호 뒤의 어휘 シーズン(시즌)과 함께 쓰여 만들 수 있는 어휘는 昨シーズン(지난 시즌), 来シーズン(다음 시즌)이다. 괄호에 넣었을 때 選手たちが来シーズンに向け、練習を(선수들이 다음 시즌을 위해, 연습을)라는 문맥이 가장 자연스러우므로 2 来가 정답이다. 3은 元首相(もとしゅしょう, 전 수상), 4는 未経験(みけいけん, 미경험)으로 자주 쓰인다.

어휘 来シーズン らいシーズン 명 다음 시즌　選手 せんしゅ 명 선수　重ねる かさねる 동 거듭하다

13 중

出張で使った交通（　　）を経理課に申請した。		출장에서 사용한 교통 (　　) 를 경리과에 신청했다.	
1 金	2 価	1 금	2 가
3 割	**4 費**	3 할	**4 비**

해설 괄호 앞의 어휘 交通(교통)와 함께 쓰여 交通費(교통비)를 만드는 접미어 4 費가 정답이다. 1은 奨学金(しょうがくきん, 장학금), 2는 販売価(はんばいか, 판매가), 3은 三割(さんわり, 3할)로 자주 쓰인다.

어휘 交通費 こうつうひ 명 교통비　出張 しゅっちょう 명 출장　経理課 けいりか 명 경리과　申請 しんせい 명 신청

꼭! 알아두기 費는 어떤 일에 드는 비용을 나타내는 접미어로, 交通費(こうつうひ, 교통비) 외에 制作費(せいさくひ, 제작비), 生活費(せいかつひ, 생활비), 人件費(じんけんひ, 인건비)로 자주 쓰인다.

14 중상

試験会場まで急いで走ったので、開始時間に（　　）間に合った。		시험 회장까지 서둘러 달렸기 때문에, 개시 시간에 (　　) 맞췄다.	
1 ますます	2 のびのび	1 점점	2 무럭무럭
3 ぎりぎり	4 とうとう	**3 아슬아슬**	4 드디어

해설 선택지가 모두 부사이다. 괄호 앞뒤의 내용과 함께 쓸 때 開始時間にぎりぎり間に合った(개시 시간에 아슬아슬 맞췄다)라는 문맥이 가장 자연스러우므로 3 ぎりぎり(아슬아슬)가 정답이다. 1은 天気がますます悪くなる(날씨가 점점 나빠진다), 2는 子どもがのびのび育つ(아이가 무럭무럭 자란다), 4는 彼はとうとう成功した(그는 드디어 성공했다)로 자주 쓰인다.

어휘 開始 かいし 명 개시, 시작　ますます 부 점점　のびのび 부 무럭무럭　ぎりぎり 부 아슬아슬　とうとう 부 드디어

15 중

面接では自分の長所や能力を（　　）することが大切だ。		면접에서는 자신의 장점이나 능력을 (　　) 하는 것이 중요하다.	
1 コマーシャル	**2 アピール**	1 광고	**2 어필**
3 クレーム	4 フォーカス	3 클레임	4 포커스

해설 선택지가 모두 명사이다. 괄호 앞뒤의 내용과 함께 쓸 때 自分の長所や能力をアピールする(자신의 장점이나 능력을 어필하다)라는 문맥이 가장 자연스러우므로 2 アピール(어필)가 정답이다. 1은 テレビでコマーシャルをする(텔레비전에서 광고를 하다), 3은 お客さんからクレームを受ける(고객으로부터 클레임을 받다), 4는 事実にフォーカスを当てる(사실에 포커스를 맞추다)로 자주 쓰인다.

어휘 面接 めんせつ 명 면접 長所 ちょうしょ 명 장점 能力 のうりょく 명 능력 コマーシャル 명 광고, 커머셜 アピール 명 어필 クレーム 명 클레임 フォーカス 명 포커스

16 상

うちの店では年配の方を積極的に（　　）います。		우리 가게에서는 어르신을 적극적으로 (　　) 있습니다.	
1 かかわって	2 すくって	1 관계되고	2 구하고
3 やとって	4 ふくめて	**3 고용하고**	4 포함시키고

해설 선택지가 모두 동사이다. 괄호 앞뒤의 내용과 함께 쓸 때 積極的にかかわっています(적극적으로 관계되고 있습니다), 積極的にやとっています(적극적으로 고용하고 있습니다) 모두 자연스러우므로 문장 전체의 문맥을 파악해야 한다. 전체 문맥 うちの店では年配の方を積極的にやとっています(우리 가게에서는 어르신을 적극적으로 고용하고 있습니다)가 가장 자연스러우므로 3 やとって(고용하고)가 정답이다. 2는 子どもをすくう(아이를 구하다), 4는 手数料をふくめる(수수료를 포함시키다)로 자주 쓰인다.

어휘 年配の方 ねんぱいのかた 어르신 積極的だ せっきょくてきだ な형 적극적이다 かかわる 동 관계되다, 관련되다 すくう 동 구하다 やとう 동 고용하다 ふくめる 동 포함시키다

17 상

桜の（　　）として知られている場所を訪れた。		벚꽃의 (　　) 로 알려져 있는 장소를 방문했다.	
1 名所	2 舞台	**1 명소**	2 무대
3 地元	4 季節	3 고향	4 계절

해설 선택지가 모두 명사이다. 괄호 앞의 桜の(벚꽃의)와 함께 쓸 때 桜の名所(벚꽃의 명소), 桜の季節(벚꽃의 계절) 모두 자연스러우므로 문장 전체의 문맥을 파악해야 한다. 전체 문맥 桜の名所として知られている場所を訪れた(벚꽃의 명소로 알려져 있는 장소를 방문했다)가 가장 자연스러우므로 1 名所(명소)가 정답이다. 2는 夢の舞台(꿈의 무대), 3은 自分の地元(자신의 고향)로 자주 쓰인다.

어휘 桜 さくら 명 벚꽃 訪れる おとずれる 동 방문하다 名所 めいしょ 명 명소 舞台 ぶたい 명 무대 地元 じもと 명 고향, 본고장 季節 きせつ 명 계절

18 중

このスカートは<u>ぶかぶかで</u>はけない。		이 치마는 <u>헐렁헐렁해서</u> 입을 수 없다.	
1 とても大きくて	2 とても小さくて	**1 매우 커서**	2 매우 작아서
3 とても長くて	4 とても短くて	3 매우 길어서	4 매우 짧아서

해설 ぶかぶかで는 '헐렁헐렁해서'라는 의미이다. 이와 교체하여도 문장의 의미가 바뀌지 않는, 1 とても大きくて(매우 커서)가 정답이다.

어휘 ぶかぶかだ な형 헐렁헐렁하다 大きい おおきい い형 크다 小さい ちいさい い형 작다 長い ながい い형 길다 短い みじかい い형 짧다

19 중상

彼の優しい<u>人柄</u>が魅力的(みりょくてき)だ。		그의 상냥한 <u>인품</u>이 매력적이다.	
1 表情	2 印象	1 표정	2 인상
3 性格	4 言葉	**3 성격**	4 말

해설 人柄는 '인품'이라는 의미로, 유의어인 3 性格(성격)가 정답이다.

어휘 人柄 ひとがら 명 인품 魅力的だ みりょくてきだ な형 매력적이다 表情 ひょうじょう 명 표정 印象 いんしょう 명 인상 性格 せいかく 명 성격 言葉 ことば 명 말

꼭! 알아두기 人柄(인품)의 유의어로 品性(ひんせい, 품성), 人格(じんかく, 인격), 性質(せいしつ, 성질)를 함께 알아 둔다.

20 상

昔、この山に登った覚えがある。	옛날에, 이 산에 오른 기억이 있다.
1 証拠(しょうこ)　2 **記憶**(きおく)	1 증거　**2 기억**
3 理由(りゆう)　4 事実(じじつ)	3 이유　4 사실

해설 覚え는 '기억'이라는 의미로, 동의어인 2 記憶(기억)가 정답이다.

어휘 **覚え** おぼえ 명 기억　**証拠** しょうこ 명 증거　**記憶** きおく 명 기억　**理由** りゆう 명 이유　**事実** じじつ 명 사실

21 중

成人式用の着物をレンタルした。	성인식용 기모노를 렌털했다.
1 買った　2 売った	1 샀다　2 팔았다
3 返した　**4 借りた**	3 돌려주었다　**4 빌렸다**

해설 レンタルした는 '렌털했다'라는 의미로, 동의어인 4 借りた(빌렸다)가 정답이다.

어휘 **成人式用** せいじんしきよう 성인식용　**レンタル** 명 렌털　**買う** かう 동 사다　**売る** うる 동 팔다　**返す** かえす 동 돌려주다　**借りる** かりる 동 빌리다

22 중상

生ごみを紙でくるんで捨てた。	음식물 쓰레기를 종이로 감싸서 버렸다.
1 つつんで　2 まるめて	**1 싸서**　2 뭉쳐서
3 かくして　4 まとめて	3 숨겨서　4 합쳐서

해설 くるんで는 '감싸서'라는 의미로, 동의어인 1 つつんで(싸서)가 정답이다.

어휘 **生ごみ** なまごみ 명 음식물 쓰레기　**くるむ** 동 감싸다　**つつむ** 동 싸다　**まるめる** 동 뭉치다　**かくす** 동 숨기다　**まとめる** 동 합치다

23 상

日課	일과
1 歴史の講義ではレポートの日課がよく出される。	1 역사 강의에서는 리포트의 일과를 자주 내 준다.
2 オリンピック競技の日課はホームページから確認できます。	2 올림픽 경기의 일과는 홈페이지에서 확인할 수 있습니다.
3 日本には年末に普段より丁寧(ていねい)に掃除をする日課がある。	3 일본에는 연말에 평소보다 정성스럽게 청소를 하는 일과가 있다.
4 寝る前に一日の出来事を日記に書くのが日課になっている。	**4 자기 전에 하루의 일을 일기에 쓰는 것이 일과로 되어 있다.**

해설 日課(일과)는 주로 날마다 규칙적으로 하는 일인 경우에 사용한다. 4의 一日の出来事を日記に書くのが日課(하루의 일을 일기에 쓰는 것이 일과)에서 올바르게 사용되었으므로 4가 정답이다. 참고로, 1은 課題(かだい, 과제), 2는 日程(にってい, 일정), 3은 習慣(しゅうかん, 습관)을 사용하는 것이 올바른 문장이다.

어휘 **日課** にっか 명 일과　**講義** こうぎ 명 강의　**オリンピック** 명 올림픽　**競技** きょうぎ 명 경기　**ホームページ** 명 홈페이지　**確認** かくにん 명 확인　**日本** にほん 명 일본　**年末** ねんまつ 명 연말　**普段** ふだん 명 평소　**丁寧だ** ていねいだ な형 정성스럽다, 정중하다　**出来事** できごと 명 일, 사건

24 상

漏(も)れる	새다
1 コップにジュースを注ぎすぎて、運ぶ途中で漏(も)れてしまった。	1 컵에 주스를 너무 많이 따라서, 옮기는 도중에 새고 말았다.
2 庭にある物置小屋は古く、天井から雨が漏(も)れている。	**2 마당에 있는 창고는 오래되어서, 천장에서 비가 새고 있다.**

3 コンサートホールは開演を待つ客で<u>漏れていた</u>。	3 콘서트홀은 개연을 기다리는 관객으로 <u>새고</u> 있었다.
4 こんな簡単なミスをするなんて、ずいぶん気が<u>漏れて</u>いたようだ。	4 이런 간단한 실수를 하다니, 대단히 정신이 <u>새고</u> 있었던 것 같다.

해설 **漏れる**(새다)는 주로 기체나 액체 등이 틈이나 구멍으로 조금씩 빠져나가는 경우에 사용한다. 2의 **天井から雨が漏れている**(천장에서 비가 새고 있다)에서 올바르게 사용되었으므로 2가 정답이다. 참고로, 1은 **こぼれる**(넘쳐흐르다), 3은 **あふれる**(넘쳐나다), 4는 **抜ける**(ぬける, 빠지다)를 사용하는 것이 올바른 문장이다.

어휘 **漏れる** もれる 동 새다 **ジュース** 명 주스 **注ぐ** そそぐ 동 따르다 **物置小屋** ものおきごや 명 창고, 헛간 **天井** てんじょう 명 천장
コンサートホール 명 콘서트홀 **開演** かいえん 명 개연 (연극, 연주 등을 시작함) **ミス** 명 실수, 미스

25 상

展開	전개
1 映画の予想もしなかった<u>展開</u>に最後まで目が離せなかった。	**1 영화의 예상치 않은 <u>전개</u>에 마지막까지 눈을 뗄 수 없었다.**
2 新生活で環境の<u>展開</u>に上手くついていけず、体調を崩した。	2 새로운 생활에서 환경의 <u>전개</u>에 잘 따라가지 못하고, 몸 상태가 나빠졌다.
3 近年、科学技術の<u>展開</u>は目覚ましい速さで進んでいる。	3 근래, 과학 기술의 <u>전개</u>는 눈부신 속도로 진행되고 있다.
4 この動物の<u>展開</u>の過程には未だ明らかになっていない謎が多い。	4 이 동물의 <u>전개</u> 과정에는 아직 밝혀지지 않은 수수께끼가 많다.

해설 **展開**(전개)는 주로 내용을 진전시켜 나가는 경우에 사용한다. 1의 **予想もしなかった展開**(예상치 않은 전개)에서 올바르게 사용되었으므로 1이 정답이다. 참고로, 2는 **変化**(へんか, 변화), 3은 **発展**(はってん, 발전), 4는 **進化**(しんか, 진화)를 사용하는 것이 올바른 문장이다.

어휘 **展開** てんかい 명 전개 **予想** よそう 명 예상 **目を離す** めをはなす 눈을 떼다 **新生活** しんせいかつ 명 새로운 생활 **環境** かんきょう 명 환경
体調を崩す たいちょうをくずす 몸 상태가 나빠지다 **近年** きんねん 명 근래, 근년 **目覚ましい** めざましい い형 눈부시다 **速さ** はやさ 명 속도
過程 かてい 명 과정 **未だ** いまだ 부 아직 **明らかになる** あきらかになる 밝혀지다 **謎** なぞ 명 수수께끼

26 중상

傾向	경향
1 息子が<u>傾向</u>の服が欲しいと言うので、買い物に連れて行ってあげた。	1 아들이 <u>경향</u>의 옷이 갖고 싶다고 말해서, 쇼핑에 데리고 가 주었다.
2 大学の試験期間中は図書館を利用する学生が増える<u>傾向</u>がある。	**2 대학의 시험 기간 중에는 도서관을 이용하는 학생이 증가하는 <u>경향</u>이 있다.**
3 学校で定められている<u>傾向</u>を守って快適な学校生活を送りましょう。	3 학교에서 정해져 있는 <u>경향</u>을 지켜서 쾌적한 학교생활을 보냅시다.
4 この部屋はあらゆる<u>傾向</u>から日差しが入って冬でも暖かい。	4 이 방은 모든 <u>경향</u>에서 햇살이 들어와서 겨울에도 따뜻하다.

해설 **傾向**(경향)는 주로 현상이나 행동 등이 어떤 방향으로 기울어지는 경우에 사용한다. 2의 **学生が増える傾向**(학생이 증가하는 경향)에서 올바르게 사용되었으므로 2가 정답이다. 참고로, 1은 **はやり**(유행), 3은 **決まり**(きまり, 규칙), 4는 **方向**(ほうこう, 방향)를 사용하는 것이 올바른 문장이다.

어휘 **傾向** けいこう 명 경향 **連れる** つれる 동 데리고 가다 **期間** きかん 명 기간 **定める** さだめる 동 정하다 **守る** まもる 동 지키다
快適だ かいてきだ な형 쾌적하다 **あらゆる** 모든 **日差し** ひざし 명 햇살, 볕

꼭! 알아두기 傾向(경향)는 増加(ぞうか, 증가), 減少(げんしょう, 감소), 上昇(じょうしょう, 상승)와 같이 추이를 나타내는 명사와 함께 자주 쓰인다.

27 중상

せっかく	모처럼
1 週末なので道が混んでいて、2時間運転してせっかく目的地に着いた。	1 주말이라 길이 붐비고 있어서, 2시간 운전하여 모처럼 목적지에 도착했다.
2 メールでも申し込めるから、せっかく担当者を訪問する必要はない。	2 이메일로도 신청할 수 있으니까, 모처럼 담당자를 방문할 필요는 없다.
3 遠いところせっかく遊びに来てくれたんだから、どこでも案内するよ。	**3 먼데도 모처럼 놀러 와 주었으니까, 어디든 안내할게.**
4 散歩するのが好きで、帰り道にせっかく遠回りをすることもある。	4 산책하는 것을 좋아해서, 돌아오는 길에 모처럼 우회를 하기도 한다.

해설 せっかく(모처럼)는 주로 벼르거나 마음을 먹은 경우에 사용한다. 3의 遠いところせっかく遊びに来てくれたんだから(먼데도 모처럼 놀러 와 주었으니까)에서 올바르게 사용되었으므로 3이 정답이다. 참고로, 1은 ようやく(겨우), 2는 わざわざ(일부러), 4는 わざと(일부러)를 사용하는 것이 올바른 문장이다.

어휘 せっかく 🅟 모처럼　週末 しゅうまつ 🅜 주말　目的地 もくてきち 🅜 목적지　メール 🅜 이메일　申し込む もうしこむ 🅓 신청하다　担当者 たんとうしゃ 🅜 담당자　訪問 ほうもん 🅜 방문　案内 あんない 🅜 안내　帰り道 かえりみち 🅜 돌아오는 길　遠回り とおまわり 🅜 우회

언어지식(문법) p.248

28 중

ラーメンは嫌(きら)いだなんて嘘(うそ)を（　　）ばかりに、彼女の前ではラーメンが食べられなくなってしまった。	라멘은 싫어한다고 거짓말을 (　　) 탓에, 그녀의 앞에서는 라멘을 먹을 수 없게 되어 버렸다.
1 つき　　2 つく	1 하기　　2 하다
3 ついた　　4 ついて	**3 한**　　4 해서

해설 동사의 올바른 활용형을 고르는 문제이다. 괄호 뒤의 문형 ばかりに(~탓에)와 접속할 수 있는 동사의 활용형은 た형이므로 3 ついた(한)가 정답이다. '거짓말을 한 탓에'라는 문맥에도 맞다.

어휘 ラーメン 🅜 라멘　嘘をつく うそをつく 거짓말을 하다　~たばかりに ~(한) 탓에

29 중

戻れる（　　）学生に戻って、もう一度ちゃんと勉強し直したい。	되돌아갈 수 있는 (　　) 학생으로 되돌아가서, 한 번 더 제대로 다시 공부하고 싶다.
1 ものなら　　2 つもりで	**1 것이라면**　　2 작정으로
3 にせよ　　4 からこそ	3 더라도　　4 이기에

해설 적절한 문형을 고르는 문제이다. 모든 선택지가 괄호 앞의 동사 가능형 戻れる(되돌아갈 수 있는)에 접속할 수 있다. 괄호 뒤 学生に戻って(학생으로 되돌아가서)로 이어지는 문맥을 보면 '되돌아갈 수 있는 것이라면'이 가장 자연스럽다. 따라서 1 ものなら(것이라면)가 정답이다. 2 つもりで는 '~작정으로', 3 にせよ는 '~더라도', 4 からこそ는 '~이기에'라는 의미의 문형임을 알아 둔다.

어휘 ちゃんと 🅟 제대로　~直す ~なおす 다시 ~하다　~ものなら ~것이라면　~つもりで ~(할) 작정으로　~にせよ ~(하)더라도　~からこそ ~이기에

30 중

高校は、近くて自由な雰囲気(ふんいき)の公立高校に行きたい。授業料が安いのだから、両親（　　）してもそのほうがいいだろう。	고등학교는, 가깝고 자유로운 분위기의 공립 고등학교에 가고 싶다. 수업료가 저렴하기 때문에, 부모님 (　　) 서도 그쪽이 좋을 것이다.

1 さえ	2 まで	1 조차	2 까지
3 が	**4 に**	3 이	**4 으로**

해설 적절한 조사를 고르는 문제이다. 괄호 앞의 **両親**(부모님)과 괄호 뒤의 **しても**(서도)와 문맥상 어울리는 말은 '부모님으로서도'이다. 따라서 4 **に**(으로)가 정답이다.

어휘 **雰囲気** ふんいき 명 분위기 **公立** こうりつ 명 공립 **授業料** じゅぎょうりょう 명 수업료 **～にしても** ~으로서도, ~에게도

31 중상

秋や冬は乾燥することで空気が澄み、遠くの山がきれいに見えるが、春や夏は大気中の水蒸気量が多く、空気に透明感がなくなる。(　　　) 遠くの山が見えなくなるのである。	가을이나 겨울은 건조하기 때문에 공기가 맑아지고, 먼 곳의 산이 깨끗하게 보이지만, 봄이나 여름은 대기 중의 수증기량이 많아서, 공기에 투명감이 없어진다. (　　　) 먼 곳의 산이 보이지 않게 되는 것이다.
1 ただし　**2 それで**	1 단　**2 그래서**
3 なぜなら　4 それでも	3 왜냐하면　4 그래도

해설 적절한 접속사를 고르는 문제이다. 괄호 앞의 **空気に透明感がなくなる**(공기에 투명감이 없어진다)와 괄호 뒤의 **遠くの山が見えなくなるのである**(먼 곳의 산이 보이지 않게 되는 것이다)와 문맥상 어울리는 말은 '그래서'이다. 따라서 2 **それで**(그래서)가 정답이다.

어휘 **乾燥** かんそう 명 건조 **澄む** すむ 동 맑아지다 **大気** たいき 명 대기 **水蒸気量** すいじょうきりょう 명 수증기량 **透明感** とうめいかん 명 투명감 **ただし** 접 단 **それで** 접 그래서 **なぜなら** 접 왜냐하면 **それでも** 접 그래도

32 중

児童文学を愛する人たちの協力 (　　　)、15年続いてきた読み聞かせの会というのがある。彼らは毎週、本を読んで子供達に聞かせる活動をしている。	아동 문학을 사랑하는 사람들의 협력 (　　　), 15년 계속되어 온 낭독회라는 것이 있다. 그들은 매주, 책을 읽고 아이들에게 들려주는 활동을 하고 있다.
1 に向け　**2 のもと**	1 을 향해　**2 아래**
3 に対し　4 もかまわず	3 에 대해　4 도 개의치 않고

해설 적절한 문형을 고르는 문제이다. 모든 선택지가 괄호 앞의 명사 **協力**(협력)에 접속할 수 있다. 괄호 앞뒤 문맥을 보면 '사람들의 협력 아래, 15년 계속되어 온 낭독회'가 가장 자연스럽다. 따라서 2 **のもと**(아래)가 정답이다. 1 **に向け**는 '~을 향해', 3 **に対し**는 '~에 대해', 4 **もかまわず**는 '~도 개의치 않고'라는 의미의 문형임을 알아 둔다.

어휘 **児童** じどう 명 아동 **愛する** あいする 동 사랑하다 **協力** きょうりょく 명 협력 **読み聞かせ** よみきかせ 명 낭독 **聞かせる** きかせる 동 들려주다 **活動** かつどう 명 활동 **～に向け** ～にむけ ~을 향해 **～のもと** ~아래 **～に対し** ～にたいし ~에 대해 **～もかまわず** ~도 개의치 않고

33 상

(会社の受付で) 吉田「3時に佐藤様とお約束していたのですが。」 職員「はい、佐藤ですね。こちらで少々 (　　　)。」	(회사의 접수처에서) 요시다 : 3시에 사토 님과 약속되어 있습니다만. 직원 : 네, 사토 말이죠. 여기에서 잠시 (　　　).
1 お待ちくださいます　2 お待ちしましょうか	1 기다려 주십니다　2 기다릴까요
3 お待ち申し上げます　**4 お待ち願えますか**	3 기다려 드립니다　**4 기다려 주실 수 있을까요**

해설 적절한 경어 표현을 고르는 문제이다. 직원이 손님에게 잠시만 기다려 달라고 요청하는 상황이므로 상대방의 행위를 높이는 존경 표현이 적절하다. 선택지 1 **お待ちくださいます**(기다려 주십니다), 4 **お待ち願えますか**(기다려 주실 수 있을까요)가 존경 표현이며, 이 상황에서는 '기다려 주실 수 있을까요'가 적절하다. 따라서, 4 **お待ち願えますか**(기다려 주실 수 있을까요)가 정답이다.

어휘 **少々** しょうしょう 부 잠시

34 상

さすが上野さんだ。長年教師として働いて（　　　）、人前で話すのがうまい。

1 いるばかりか　　**2 きただけあって**

3 いたにもかかわらず　　4 いくからには

역시 우에노 씨야. 오랫동안 교사로서 일해 (　　　), 사람들 앞에서 이야기하는 것이 능숙해.

1 있을 뿐만 아니라　　**2 온 만큼**

3 있었음에도 불구하고　　4 가는 이상은

해설 적절한 문형을 고르는 문제이다. 모든 선택지가 괄호 앞의 동사 て형 **働いて**(일해)에 접속할 수 있다. 괄호 앞뒤 문맥을 보면 '오랫동안 교사로서 일해 온 만큼 사람들 앞에서 이야기하는 것이 능숙해'가 가장 자연스럽다. 따라서 2 **きただけあって**(온 만큼)가 정답이다. 1의 **ばかりか**는 '~뿐만 아니라', 3의 **にもかかわらず**는 '~에도 불구하고', 4의 **からには**는 '~이상은'이라는 의미의 문형임을 알아 둔다.

어휘 **さすが** 뷔 역시　**長年** ながねん 명 오랫동안, 긴 세월　**教師** きょうし 명 교사　**~として** ~로서　**人前** ひとまえ 명 사람들 앞　**~ばかりか** ~뿐만 아니라　**~だけあって** ~만큼　**~にもかかわらず** ~에도 불구하고　**~からには** ~(한) 이상은

꼭! 알아두기　~だけあって(~만큼)는 うまい(능숙하다), 上手だ(능란하다), 素晴らしい(훌륭하다)와 같이 긍정적인 평가를 나타내는 어휘와 함께 자주 사용된다.

35 중상

娘には母親の考えが理解できないようだ。母親に対して反発を続ける娘に、私は何回注意（　　　）。

1 したことか　　2 するものか

3 しようとする　　4 されたという

딸에게는 어머니의 생각이 이해되지 않는 것 같다. 어머니에 대해서 반발을 계속하는 딸에게, 나는 몇 차례 주의 (　　　).

1 한 것인가　　2 하겠느냐

3 하려고 한다　　4 받았다고 한다

해설 적절한 문형을 고르는 문제이다. 모든 선택지가 괄호 앞의 명사 **注意**(주의)에 접속할 수 있다. 괄호 앞 **母親に対して反発を続ける娘に、私は何回注意**(어머니에 대해서 반발을 계속하는 딸에게, 나는 몇 차례 주의)와 이어지는 문맥을 보면 '주의한 것인가'가 가장 자연스럽다. 따라서 1 **したことか**(한 것인가)가 정답이다. 2의 **ものか**는 '~겠느냐', 3의 **ようとする**는 '~(하)려고 하다', 4의 **という**는 '~라고 하다'라는 의미의 문형임을 알아 둔다.

어휘 **母親** ははおや 명 어머니　**考え** かんがえ 명 생각　**理解** りかい 명 이해　**~に対して** ~にたいして ~에 대해서　**反発** はんぱつ 명 반발　**何回** なんかい 명 몇 차례　**~ことか** ~것인가　**~ものか** ~겠느냐　**~ようとする** ~(하)려고 하다　**~という** ~라고 하다

36 중

田中さんは外国語が得意だとは聞いていたが、英語（　　　）、フランス語も話せるようだ。上達した方法をぜひ聞いてみたい。

1 はともかく　　2 を問わず

3 にもとづいて　　**4 はもとより**

다나카 씨는 외국어를 잘 한다고는 듣고 있었지만, 영어 (　　　), 프랑스어도 말할 수 있는 것 같다. 숙달한 방법을 꼭 물어보고 싶다.

1 는 어떻든 간에　　2 를 불문하고

3 에 기반하여　　**4 는 물론이고**

해설 적절한 문형을 고르는 문제이다. 모든 선택지가 괄호 앞의 명사 **英語**(영어)에 접속할 수 있다. 괄호 앞뒤 문맥을 보면, '영어는 물론이고, 프랑스어도 말할 수 있는 것 같다'가 가장 자연스럽다. 따라서 4 **はもとより**(는 물론이고)가 정답이다. 1 **はともかく**는 '~는 어떻든 간에', 2 **を問わず**는 '~를 불문하고', 3 **にもとづいて**는 '~에 기반하여'라는 의미의 문형임을 알아 둔다.

어휘 **外国語** がいこくご 명 외국어　**フランス語** フランスご 명 프랑스어　**上達** じょうたつ 명 숙달　**方法** ほうほう 명 방법　**~はともかく** ~는 어떻든 간에　**~を問わず** ~をとわず ~를 불문하고　**~にもとづいて** ~에 기반하여　**~はもとより** ~는 물론이고

37 중상

山田「明日の会議で、改善案を出すんだけど、賛成してもらえるか自信ないなあ。」

加藤「そんなの、（　　　）わからないじゃない。」

1 やるとなったら　　2 やるからといって

3 やってみないことには　　4 やってみるとしても

야마다 : 내일 회의에서, 개선안을 낼 건데, 찬성받을 수 있을지 자신 없네.

가토 : 그런 것, (　　　) 알 수 없지 않아?

1 하게 된다면　　2 한다고 해서

3 해 보지 않고서는　　4 해 본다고 하더라도

해설 적절한 문형을 고르는 문제이다. 괄호 앞뒤 문맥을 보면, '그런 것, 해 보지 않고서는 알 수 없지 않아?'가 가장 자연스럽다. 따라서 3 **やってみないことには**(해 보지 않고서는)가 정답이다. 1의 **となったら**는 '~하게 된다면', 2의 **からといっては** '~라고 해서', 4의 **としても**는 '~라고 하더라도'라는 의미의 문형임을 알아 둔다.

어휘 **改善案** かいぜんあん 명 개선안 **賛成** さんせい 명 찬성 **自信** じしん 명 자신 **~となったら** ~하게 된다면 **~からといって** ~라고 해서 **~ないことには** ~(하)지 않고서는 **~としても** ~라고 하더라도

38 중상

雑誌で紹介されていたこのレストランはびっくりするほど高いが、本当においしいと評判(ひょうばん)だ。外食好きの彼（　　）、近いうちに絶対行くと思う。	잡지에서 소개되었던 이 레스토랑은 깜짝 놀랄 정도로 비싸지만, 정말로 맛있다고 호평이다. 외식을 좋아하는 그 (　　), 가까운 시일 내에 무조건 갈 것이라고 생각한다.
1 のこととなったら　　**2 のことだから** 3 がきっかけとなって　　4 をはじめとして	1 의 이야기가 되면　　**2 니까** 3 가 계기가 되어　　4 를 비롯해서

해설 적절한 문형을 고르는 문제이다. 모든 선택지가 괄호 앞의 명사 **彼**(그)에 접속할 수 있다. 괄호 앞뒤 문맥을 보면 '외식을 좋아하는 그니까, 가까운 시일 내에 무조건 갈 것이라고 생각한다'가 가장 자연스럽다. 따라서 2 **のことだから**(니까)가 정답이다. 1 **のこととなったら**는 '~의 이야기가 되면', 3 **がきっかけとなって**는 '~가 계기가 되어', 4 **をはじめとして**는 '~를 비롯해서'라는 의미의 문형임을 알아 둔다.

어휘 **びっくりする** 깜짝 놀라다 **評判だ** ひょうばんだ な형 호평이다, 인기가 있다 **外食好き** がいしょくずき 명 외식을 좋아함 **絶対** ぜったい 부 무조건, 절대 **~のこととなったら** ~의 이야기가 되면 **~のことだから** ~니까, ~라면 **~がきっかけとなって** ~가 계기가 되어 **~をはじめとして** ~를 비롯해서

꼭! 알아두기 ~のことだから(~니까)는 ~と思う(~라고 생각한다), ~でしょう(~겠죠), ~だろう(~일 것이다)와 같이 추측을 나타내는 표현과 함께 자주 사용된다.

39 중

石山(いしやま)「引っ越す家をどこにするかで、ずっと迷っているんだ。」 小川(おがわ)「ああ、長く住むところだから、十分に調べる（　　）。」	이시야마 : 이사할 집을 어디로 할지로, 계속 망설이고 있어. 오가와 : 아, 길게 살 곳이니까, 충분히 알아보는 (　　).
1 に越したことはないよ　　2 べきではないよ 3 というものではないよ　　4 わけがないよ	**1 것보다 더 좋은 것은 없어**　　2 해서는 안 돼 3 라는 것은 아니야　　4 리가 없어

해설 적절한 문형을 고르는 문제이다. 괄호 앞 **長く住むところだから、十分に調べる**(길게 살 곳이니까, 충분히 알아보는)와 이어지는 문맥을 보면 '충분히 알아보는 것보다 더 좋은 것은 없어'가 가장 자연스럽다. 따라서 1의 **に越したことはないよ**(것보다 더 좋은 것은 없어)가 정답이다. 2의 **べきではない**는 '~해서는 안 된다', 3의 **というものではない**는 '~라는 것은 아니다', 4의 **わけがない**는 '~일 리가 없다'라는 의미의 문형임을 알아 둔다.

어휘 **引っ越す** ひっこす 동 이사하다 **迷う** まよう 동 망설이다 **~に越したことはない** ~にこしたことはない ~것보다 더 좋은 것은 없다 **~べきではない** ~해서는 안 된다 **~というものではない** ~라는 것은 아니다 **~わけがない** ~일 리가 없다

40 중

あれほどお世話になった方によく ＿＿ ★＿＿ ＿＿ ＿＿ だ。彼にはあきれてしまった。	그토록 신세를 진 분에게 잘도 저런 ★실례되는 것을 말할 수 있군. 그에게는 질려 버렸다.
1 あんな　　2 言える **3 失礼なことが**　　4 もの	1 저런　　2 말할 수 있다 **3 실례되는 것을**　　4 군

해설 4 **もの**는 마지막 빈칸 뒤의 **だ**와 함께 쓰여 문형 **ものだ**(~하는군)가 되므로 먼저 4 **もの**를 마지막 빈칸에 배열한다. 나머지 선택지를 문맥에 맞게 배열하면 1 **あんな** 3 **失礼なことが** 2 **言える** 4 **もの**(저런 실례되는 것을 말할 수 있군)가 되면서 전체 문맥과도 어울린다. 따라서 3 **失礼なことが**(실례되는 것을)가 정답이다.

어휘 **あれほど** 그토록, 저렇게 **お世話になる** おせわになる 신세를 지다 **あきれる** 동 질리다 **失礼だ** しつれいだ な형 실례이다

41 중상

今度のパーティーだが、＿＿＿ ＿＿＿ ＿★＿ ＿＿＿ 先に決めておかなければならない。 1 会場だけは　　2 ことは **3 さておき**　　4 細かい	이번 파티 말인데, 세세한 것은 ★둘째 치더라도 회장만큼은 먼저 정해 두지 않으면 안 돼. 1 회장만큼은　　2 것은 **3 둘째 치더라도**　　4 세세하다

해설 3 さておき는 2 ことは의 は 혹은 1 会場だけは의 は와 함께 쓰여 はさておき(~은 둘째 치더라도)가 되므로 먼저 2 ことは 3 さておき(것은 둘째 치더라도) 또는 1 会場だけは 3 さておき(회장만큼은 둘째 치더라도)로 연결할 수 있다. 둘 중에서 나머지 선택지와 함께 배열했을 때 문맥에 맞는 것은 4 細かい 2 ことは 3 さておき 1 会場だけは(세세한 것은 둘째 치더라도 회장만큼은)이다. 따라서 3 さておき(둘째 치더라도)가 정답이다.

어휘 先に さきに 부 먼저　～なければならない ~(하)지 않으면 안 된다　～はさておき ~은 둘째 치더라도

꼭! 알아두기 Aはさておき B(A는 둘째 치더라도 B)는 A보다 B가 중요하다는 의미이므로, 중요한 것이 뒤쪽으로 오도록 순서를 배열한다.

42 중

良い成績を取りたいという気持ちはわかるが、長時間勉強すればいい ＿＿＿ ＿＿＿ ＿＿＿ ＿★＿ だろう。 1 でも　　2 という 3 もの　　**4 ない**	좋은 성적을 받고 싶다고 하는 마음은 알지만, 장시간 공부하면 좋다 고 하는 것 도 ★아닐 것이다. 1 도　　2 고 하는 3 것　　**4 아니다**

해설 선택지들끼리 연결 가능한 문형이 없으므로 의미적으로 배열하면 2 という 3 もの 1 でも 4 ない(고 하는 것도 아니다) 또는 3 もの 1 でも 4 ない 2 という(것도 아니라고 한다)로 배열할 수 있다. 둘 중 빈칸 앞의 '좋다'와 문맥상 어울리는 말은 2 という 3 もの 1 でも 4 ない(고 하는 것도 아니다)이다. 따라서 4 ない(아니다)가 정답이다.

어휘 成績 せいせき 명 성적　長時間 ちょうじかん 명 장시간　～というものでもない ~라는 것도 아니다

43 중상

久しぶりに実家に帰ったら母がたくさん料理を ＿＿＿ ＿＿＿ ＿★＿ ＿＿＿、お腹が苦しくなってしまった。 **1 いかないだろうと思って**　　2 何も残すわけには 3 頑張って食べたところ　　4 作っていたので	오랜만에 본가에 갔더니 어머니가 잔뜩 요리를 만들고 있었기 때문에 무엇도 남길 수는 ★없겠다고 생각해서 열심히 먹었더니, 배가 괴로워지고 말았다. **1 없겠다고 생각해서**　　2 무엇도 남길 수는 3 열심히 먹었더니　　4 만들고 있었기 때문에

해설 2의 わけには는 1의 いかない와 함께 쓰여 わけにはいかない(~수는 없다)가 되므로 먼저 2 何も残すわけには 1 いかないだろうと思って(무엇도 남길 수는 없겠다고 생각해서)로 연결할 수 있다. 이것을 나머지 선택지와 함께 문맥에 맞게 배열하면 4 作っていたので 2 何も残すわけには 1 いかないだろうと思って 3 頑張って食べたところ(만들고 있었기 때문에 무엇도 남길 수는 없겠다고 생각해서 열심히 먹었더니)가 되면서 전체 문맥과도 어울린다. 따라서 1 いかないだろうと思って(없겠다고 생각해서)가 정답이다.

어휘 久しぶりだ ひさしぶりだ な형 오랜만이다　実家 じっか 명 본가　苦しい くるしい い형 괴롭다　～わけにはいかない ~(할) 수는 없다
残す のこす 동 남기다　～たところ ~했더니

44 상

山田「ミーティング、そろそろ終わりにしない? もう9時になるし。」 佐藤「うん。まだ ＿＿＿ ＿＿＿ ＿★＿ ＿＿＿ しよう。」	야마다 : 미팅, 슬슬 끝내는 것으로 하지 않을래? 벌써 9시가 되기도 하고. 사토 : 응. 아직 서로 이야기할 것이 있지만 ★내일도 이를 거고 이걸로 끝으로 하자.

1 あるけど	**2 明日も早いことだし**	1 있지만	**2 내일도 이를 거고**
3 これで終わりに	4 話し合うことが	3 이걸로 끝으로	4 서로 이야기할 것이

해설 선택지들끼리 연결 가능한 문형이 없으므로 의미적으로 배열하면 4 話し合うことが 1 あるけど 2 明日も早いことだし 3 これで終わりに(서로 이야기할 것이 있지만 내일도 이를 거고 이걸로 끝으로)가 되면서 전체 문맥과도 어울린다. 따라서 2 明日も早いことだし(내일도 이를 거고)가 정답이다.

어휘 ミーティング 명 미팅 ～にする ~하는 것으로 하다 話し合う はなしあう 동 서로 이야기하다

45-48

歴史を学ぶ意味

なぜ歴史を学ぶのか。多くの人は、歴史というと、何年に誰が中心となってどんな出来事が起こったかを暗記する勉強だと思うだろう。

しかし、歴史を学ぶ意味はそれだけではない。[45]過去の出来事について知ることも大切だが、 45 、[45]それらがどのように起こったか当時の状況を今と比べながら、いろいろな角度から考えることに面白さがあるのではないだろうか。

先日、テレビである番組を見た。ある歴史上の出来事について、様々な専門家が話し合うというものだったが、 46 、[46]番組には歴史学者だけでなく、経済学者や脳科学者、社会心理学者などもいたのだ。彼らの専門的な分析で[47]出来事の全体像が明らかにされていくのは本当に面白かった。 47 、[47]その出来事がどうして起こったかをいろいろな角度から丁寧(ていねい)に考えていくと、今に共通するところがあると感じられたのだ。例えば、100年前の人が、どのような状況でその決定をしたのかを、脳科学や心理学から見てみると、人間はどんな時にどのような行動をするのかがわかる。すなわち、歴史を学ぶことで今の私達がこれから選択をする時のヒントや注意点を見つけることもできるのだ。

歴史には優れた業績となる出来事がある一方で、二度と繰り返したくない出来事もある。特に後者は考えるのも辛いが、私たちはその苦い出来事からも学ぶ必要がある。失敗を含めた経験から学ぶことで、将来、私たちがよりよい選択をするにはどうすればよいかが見えてくるからである。[48]過去の出来事をいろいろな角度から考え続けることこそ、歴史を学ぶ 48 。

역사를 배우는 의미

왜 역사를 배우는 것일까? 많은 사람들은, 역사라고 하면, 몇 년에 누가 중심이 되어 어떤 사건이 일어났는지를 암기하는 공부라고 생각할 것이다.

그러나, 역사를 배우는 의미는 그뿐만이 아니다. [45]과거의 사건에 대해서 아는 것도 중요하지만, 45 , [45]그것들이 어떻게 일어났는지 당시의 상황을 지금과 비교하면서, 여러 가지 각도에서 생각하는 것에 재미가 있는 것은 아닐까?

얼마 전, 텔레비전에서 어떤 프로그램을 봤다. 어느 역사상의 사건에 대해서, 다양한 전문가가 서로 이야기하는 것이었는데, 46 , [46]프로그램에는 역사학자뿐만 아니라, 경제학자나 뇌과학자, 사회 심리학자 등도 있었던 것이다. 그들의 전문적인 분석으로 [47]사건의 전체상이 밝혀져 가는 것은 정말 재미있었다. 47 , [47]그 사건이 어째서 일어났는지를 여러 가지 각도에서 신중하게 생각해 가면, 지금과 공통되는 점이 있다고 느껴졌던 것이다. 예를 들어, 100년 전의 사람이, 어떤 상황에서 그 결정을 했는지를, 뇌 과학이나 심리학으로 살펴보면, 인간은 어떤 때 어떤 행동을 하는지를 알 수 있다. 즉, 역사를 배움으로써 지금의 우리들이 앞으로 선택을 할 때의 힌트나 주의점을 찾을 수도 있는 것이다.

역사에는 뛰어난 업적이 되는 사건이 있는 한편, 두 번 다시 반복하고 싶지 않은 사건도 있다. 특히 후자는 생각하는 것도 고통스럽지만, 우리는 그 괴로운 사건에서도 배울 필요가 있다. 실패를 포함한 경험에서 배움으로써, 미래에, 우리들이 더 나은 선택을 하려면 어떻게 해야 좋을지가 보이기 때문이다. [48]과거의 사건을 여러 가지 각도에서 계속 생각하는 것이야말로, 역사를 배우는 48 .

어휘 学ぶ まなぶ 동 배우다 中心 ちゅうしん 명 중심 出来事 できごと 명 사건, 일 起こる おこる 동 일어나다 暗記 あんき 명 암기 過去 かこ 명 과거
～について ~에 대해서 当時 とうじ 명 당시 状況 じょうきょう 명 상황 角度 かくど 명 각도 面白さ おもしろさ 명 재미 先日 せんじつ 명 얼마 전, 요전
様々だ さまざまだ な형 다양하다 専門家 せんもんか 명 전문가 話し合う はなしあう 동 서로 이야기하다 歴史学者 れきしがくしゃ 명 역사학자
～だけでなく ~뿐만 아니라 経済学者 けいざいがくしゃ 명 경제학자 脳 のう 명 뇌 科学者 かがくしゃ 명 과학자 心理学者 しんりがくしゃ 명 심리학자
専門的だ せんもんてきだ な형 전문적이다 分析 ぶんせき 명 분석 全体像 ぜんたいぞう 명 전체상 明らかにする あきらかにする 밝히다
本当だ ほんとうだ な형 정말이다 丁寧だ ていねいだ な형 신중하다, 정중하다 共通 きょうつう 명 공통 決定 けってい 명 결정

心理学 しんりがく 명 심리학　人間 にんげん 명 인간　行動 こうどう 명 행동　すなわち 접 즉　選択 せんたく 명 선택　ヒント 명 힌트
注意点 ちゅういてん 명 주의점　優れる すぐれる 동 뛰어나다　業績 ぎょうせき 명 업적　～一方 ～いっぽう ~하는 한편　繰り返す くりかえす 동 반복하다
後者 こうしゃ 명 후자　辛い つらい い형 고통스럽다, 괴롭다　含める ふくめる 동 포함하다　～続ける ～つづける 계속 ~하다

45 중

1 あたかも	2 逆に	1 마치	2 반대로
3 むしろ	4 あるいは	**3 오히려**	4 혹은

해설 적절한 부사 혹은 접속사를 고르는 문제이다. 빈칸 앞에서 過去の出来事について知ることも大切だが라고 하고, 빈칸 뒤에서 それらがどのように起こったか当時の状況を今と比べながら、いろいろな角度から考えることに面白さがあるのではないだろうか라며 앞서 언급한 역사 학습의 의미뿐만 아니라 다른 관점의 의미에 대해서도 언급하였다. 따라서 3 むしろ가 정답이다.

어휘 あたかも 부 마치　逆に ぎゃくに 부 반대로　むしろ 부 오히려　あるいは 접 혹은

46 중

1 驚いたことに	2 驚いたあげくに	**1 놀랍게도**	2 놀란 끝에
3 驚いたわりに	4 驚いたうえに	3 놀란 것에 비해서는	4 놀란 데다가

해설 적절한 문형을 고르는 문제이다. 빈칸 앞에서 역사상의 사건에 대해 다양한 전문가가 서로 이야기하는 텔레비전 프로그램을 언급하고, 빈칸 뒤에서 番組には歴史学者だけでなく、経済学者や脳科学者、社会心理学者などもいたのだ라 놀란 점을 언급하였으므로, 驚いたことに가 가장 자연스럽다. 따라서 1 驚いたことに가 정답이다.

어휘 ～たことに ~하게도　～たあげくに ~한 끝에　～わりに ~에 비해서는　～うえに ~인 데다가

꼭! 알아두기　～ことに(~하게도)는 감정을 나타내는 동사나 형용사와 함께 사용되어 말하는 사람의 감정을 강조한다.

47 중

1 それだけに	2 それに対して	1 그런 만큼	2 그것에 대해서
3 それを抜きにしては	**4 そればかりか**	3 그것을 빼고서는	**4 그것뿐만 아니라**

해설 적절한 문형을 고르는 문제이다. 빈칸 앞에서 出来事の全体像が明らかにされていくのは本当に面白かった라고 하고, 빈칸 뒤에서 その出来事がどうして起こったかをいろいろな角度から丁寧に考えていくと、今に共通するところがあると感じられたのだ라며 앞서 언급한 프로그램의 재미에 더해서 프로그램에 대해 느낀 점을 함께 언급하였다. 따라서 4 そればかりか가 정답이다.

어휘 ～だけに ~만큼　～に対して ～にたいして ~에 대해서　～を抜きにしては ～をぬきにしては ~을 빼고서는　～ばかりか ~뿐만 아니라

48 중상

1 意味だと思わせられるのだ	1 의미라고 억지로 생각하게 하는 것이다
2 意味であると言えるだろう	**2 의미라고 말할 수 있을 것이다**
3 意味がないわけがない	3 의미가 없을 리가 없다
4 意味があるようには思えない	4 의미가 있다고는 생각할 수 없다

해설 적절한 문장을 고르는 문제이다. 글 전반적으로 필자는 역사를 학습하는 여러 가지 의미에 대해서 언급하고 있다. 빈칸 앞에서 過去の出来事をいろいろな角度から考え続けることこそ、歴史を学ぶ라고 언급하였으므로 歴史を学ぶ意味であると言えるだろう가 자연스럽다. 따라서 2 意味であると言えるだろう가 정답이다.

어휘 ～わけがない ~리가 없다

독해 p.254

49 중상

(1)

バリアフリーについて考えるときは、ハード面とソフト面の両方を考えて進めなければなりません。ハードは建物や乗り物などの物理的な面を指し、ソフトはやさしさや思いやりなどの心の持ち方のことを指します。

一般的にハード面の整備(せいび)ばかりに意識が向きがちですが、それを利用する人への理解や援助(えんじょ)があってはじめて本当のバリアフリーが実現できます。どんなに設備を整(ととの)えても、自転車や車、荷物などが邪魔(じゃま)になって利用できないのでは、せっかくのハード面が生かされない結果となってしまうのです。

（注）バリアフリー：高齢者や体が不自由な人の生活上の不便さをなくすこと

筆者の考えに合うのはどれか。

1 バリアフリーを進めるには、利用者の心の持ち方が一番大切だ。
2 バリアフリーの実現には、物理的な面と心の面のどちらも大切だ。
3 ソフト面の理解を進めてから、バリアフリーを活用すべきだ。
4 ハード面を整える前に、バリアフリーの意義を検討(けんとう)すべきだ。

(1)

배리어 프리에 대해서 생각할 때는, 하드웨어 면과 소프트웨어 면 양쪽을 생각해서 추진하지 않으면 안 됩니다. 하드웨어는 건물이나 탈 것 등의 물리적인 면을 가리키고, 소프트웨어는 친절함이나 배려 등의 마음가짐을 가리킵니다.

일반적으로 하드웨어 면의 정비에만 의식이 향하기 쉽지만, 그것을 이용하는 사람에 대한 이해나 원조가 있고 나서야 비로소 진정한 배리어 프리를 실현할 수 있습니다. 아무리 설비를 갖추어도, 자전거나 자동차, 짐 등이 방해가 되어 이용할 수 없는 것이라면, 모처럼의 하드웨어 면을 살리지 못하는 결과가 되어 버리는 것입니다.

(주) 배리어 프리 : 고령자나 몸이 자유롭지 않은 사람의 생활상의 불편함을 없애는 것

필자의 생각과 맞는 것은 어느 것인가?

1 배리어 프리를 추진하려면, 이용자의 마음가짐이 가장 중요하다.
2 배리어 프리의 실현에는, 물리적인 면과 마음의 면 모두 중요하다.
3 소프트웨어 면의 이해를 추진하고 나서, 배리어 프리를 활용해야 한다.
4 하드웨어 면을 갖추기 전에, 배리어 프리의 의의를 검토해야 한다.

해설 에세이로 필자의 생각을 묻고 있다. 초반~중반부에서 ハードは建物や乗り物などの物理的な面を指し、ソフトはやさしさや思いやりなどの心の持ち方のことを指します。一般的にハード面の整備ばかりに意識が向きがちですが、それを利用する人への理解や援助があってはじめて本当のバリアフリーが実現できます라고 서술하고 있으므로 2 バリアフリーの実現には、物理的な面と心の面のどちらも大切だ가 정답이다.

어휘 バリアフリー 명 배리어 프리　~について ~에 대해서　ハード 명 하드웨어, 하드　面 めん 명 면　ソフト 명 소프트웨어, 소프트
進める すすめる 동 추진하다　~なければならない ~(하)지 않으면 안 된다　物理的だ ぶつりてきだ な형 물리적이다　指す さす 동 가리키다
やさしさ 명 친절함　思いやり おもいやり 명 배려　心の持ち方 こころのもちかた 마음가짐　一般的だ いっぱんてきだ な형 일반적이다
整備 せいび 명 정비　~ばかり ~만　意識 いしき 명 의식　向く むく 동 향하다　~がちだ ~하기 쉽다　理解 りかい 명 이해　援助 えんじょ 명 원조
~てはじめて ~(하)고 나서야 비로소　本当 ほんとう 명 진정함, 진짜　実現 じつげん 명 실현　設備 せつび 명 설비　整える ととのえる 동 갖추다
邪魔になる じゃまになる 방해가 되다　せっかく 부 모처럼　生かす いかす 동 살리다, 활용하다　結果 けっか 명 결과　高齢者 こうれいしゃ 명 고령자
不自由だ ふじゆうだ な형 자유롭지 않다　生活上 せいかつじょう 생활상　不便さ ふべんさ 명 불편함　活用 かつよう 명 활용　意義 いぎ 명 의의
検討 けんとう 명 검토　~べきだ ~해야 한다

50 상

(2)

以下は、ある会社の社内文書である。

令和(れいわ)2年9月15日

(2)

이하는, 어느 회사의 사내 문서이다.

레이와 2년 9월 15일

社員各位

総務課長

会議室使用に関するお願い

会議室の利用が増えるとともに、資料や使用済みのコップなどの置き忘れ、ホワイトボードの消し忘れなどが目立つようになりました。机の上にゴミがあったり、飲み物で汚れていることもあるようです。お客様との打ち合わせに使用する場合もあるため、退出時には机の上やホワイトボードの確認を徹底してください。

また、電気の消し忘れも多くなっています。節電のためにも、使用後は電気が消えていることを確認するようご協力をお願いいたします。

사원 여러분

총무과장

회의실 사용에 관한 부탁

회의실 이용이 늘어남과 함께, 자료나 사용이 끝난 컵 등의 잊고 두고 가는 일, 화이트보드를 지우는 것을 잊는 일 등이 두드러지게 되었습니다. 책상 위에 쓰레기가 있거나, 음료수로 더러워져 있는 일도 있는 것 같습니다. 고객님과의 상담에 사용하는 경우도 있기 때문에, 나갈 때에는 책상 위나 화이트보드의 확인을 철저히 해 주세요.

또, 전등 끄는 것을 잊는 일도 많아지고 있습니다. 절전을 위해서도, 사용 후에는 전등이 꺼져 있는 것을 확인하도록 협력을 부탁드립니다.

この文書を書いた一番の目的は何か。

1 会議室を利用するときは忘れ物に気をつけるよう求める。
2 会議室を片づける際に汚れがないか確認するよう求める。
3 会議室を出るときに室内の状態を確認するよう求める。
4 会議室に人がいないときは電気を消すよう求める。

이 문서를 쓴 가장 큰 목적은 무엇인가?

1 회의실을 이용할 때는 분실물에 주의하도록 요청한다.
2 회의실을 정리할 때 오염이 없는지 확인하도록 요청한다.
3 회의실을 나갈 때 실내 상태를 확인하도록 요청한다.
4 회의실에 사람이 없을 때는 전등을 끄도록 요청한다.

해설 공지 형식의 실용문으로, 회의실 사용에 대해 작성한 글의 목적을 묻고 있다. 중반부에서 退出時には机の上やホワイトボードの確認を徹底してください라고 하고, 후반부에서 使用後は電気が消えていることを確認するようご協力をお願いいたします라고 언급하고 있으므로, 3 会議室を出るときに室内の状態を確認するよう求める가 정답이다.

어휘 **社内** しゃない [명]사내 **文書** ぶんしょ [명]문서 **令和** れいわ [명]레이와 (일본의 연호) **社員** しゃいん [명]사원 **各位** かくい [명]여러분
総務 そうむ [명]총무 **課長** かちょう [명]과장 **使用** しよう [명]사용 **～に関する** ～にかんする ~에 관한 **～とともに** ~와 함께, ~와 동시에
資料 しりょう [명]자료 **使用済み** しようずみ 사용이 끝남 **置き忘れ** おきわすれ 잊고 두고 가는 일 **ホワイトボード** [명]화이트보드
消し忘れ けしわすれ 지우는 것을 잊는 일, 끄는 것을 잊는 일 **目立つ** めだつ [동]두드러지다, 눈에 띄다 **ゴミ** [명]쓰레기 **お客様** おきゃくさま 고객님
打ち合わせ うちあわせ [명]상담, 협의 **退出** たいしゅつ [명]나감, 나옴 **確認** かくにん [명]확인 **徹底** てってい [명]철저 **節電** せつでん [명]절전
協力 きょうりょく [명]협력 **目的** もくてき [명]목적 **気をつける** きをつける 주의하다 **求める** もとめる [동]요청하다, 요구하다 **際** さい [명]때
汚れ よごれ [명]오염, 더러움 **室内** しつない [명]실내 **状態** じょうたい [명]상태

51 상

(3)

代替肉とは、植物性の原料を使い、肉のような味と食感が楽しめる食品で、日本でも近年その種類が増えている。元々は肉を食べない人々のためのものだったが、最近は一般的に売られるようになった。

工場で大量に安く作れることはもちろん、日本人が昔から食べてきた豆腐のように健康的な食品としてとらえられていることが、日本での消費拡大につながった。また、動物を育てることで排出される二酸化炭素など、環境への影響を最小限にしたいという国際的な取り組みもある。今後も代替肉を利用した多くの商品が出てくるだろう。

（注）排出する：外に出す

(3)

대체육이란, 식물성 원료를 사용해, 고기 같은 맛과 식감을 즐길 수 있는 식품으로, 일본에서도 근래 그 종류가 늘고 있다. 원래는 고기를 먹지 않는 사람들을 위한 것이었지만, 최근에는 일반적으로 팔리게 되었다.

공장에서 대량으로 싸게 만들 수 있는 것은 물론, 일본인이 옛날부터 먹어 온 두부처럼 건강한 식품으로 인식되고 있는 것이, 일본에서의 소비 확대로 연결되었다. 또한, 동물을 기름으로써 배출되는 이산화탄소 등, 환경에 대한 영향을 최소한으로 하고 싶다고 하는 국제적인 대처도 있다. 앞으로도 대체육을 이용한 많은 상품이 나올 것이다.

(주) 배출하다 : 밖으로 내보내다

筆者によると、代替肉が売れているのはなぜか。

1 一般的な食品として売られるようになり、種類が増えたから

2 安い上に健康的な食品であると考える人が多くなったから

3 昔から食べてきた肉より健康的だと考えるようになったから

4 国際的な取り組みがきっかけで、動物の数が減ったから

필자에 의하면, 대체육이 잘 팔리고 있는 것은 어째서인가?

1 일반적인 식품으로써 팔리게 되어, 종류가 늘었기 때문에

2 싼 데다가 건강한 식품이라고 생각하는 사람이 많아졌기 때문에

3 옛날부터 먹어 온 고기보다 건강하다고 생각하게 되었기 때문에

4 국제적인 대처가 계기로, 동물의 수가 줄었기 때문에

해설 대체육에 대한 설명문으로, 대체육이 잘 팔리고 있는 이유를 묻고 있다. 중반부에서 工場で大量に安く作れることはもちろん、日本人が昔から食べてきた豆腐のように健康的な食品としてとらえられていることが、日本での消費拡大につながった라고 언급하고 있으므로 2 安い上に健康的な食品であると考える人が多くなったから가 정답이다.

어휘 代替肉 だいたいにく [명] 대체육 (진짜 고기처럼 만든 인공 고기)　植物性 しょくぶつせい [명] 식물성　原料 げんりょう [명] 원료　食感 しょっかん [명] 식감
食品 しょくひん [명] 식품　日本 にほん [명] 일본　近年 きんねん [명] 근래, 근년　種類 しゅるい [명] 종류　元々 もともと [부] 원래
一般的だ いっぱんてきだ [な형] 일반적이다　大量だ たいりょうだ [な형] 대량이다　日本人 にほんじん [명] 일본인　豆腐 とうふ [명] 두부
健康的だ けんこうてきだ [な형] 건강하다　とらえる [동] 인식하다, 파악하다　消費 しょうひ [명] 소비　拡大 かくだい [명] 확대　つながる [동] 연결되다
排出 はいしゅつ [명] 배출　二酸化炭素 にさんかたんそ [명] 이산화탄소　環境 かんきょう [명] 환경　影響 えいきょう [명] 영향
最小限 さいしょうげん [명] 최소한　国際的だ こくさいてきだ [な형] 국제적이다　取り組み とりくみ [명] 대처　今後 こんご [명] 앞으로　商品 しょうひん [명] 상품
～上に ～うえに ~데다가　減る へる [동] 줄다

꼭! 알아두기 種類が増え, 昔から食べてきた, 国際的な取り組み와 같이 지문에 사용된 어구가 오답 선택지에 그대로 사용되어 혼동을 주기도 한다. 따라서, 각 선택지를 정확하게 읽고 해석해서 지문의 내용과 일치하는 것을 정답으로 고른다.

52 중상

(4)

以下は、ある植物園が出したメールの内容である。

> － イベントにお申し込みのお客様 －
>
> この度は7月1日（水）開催のイベント「植物で染めよう」にお申し込みいただき、ありがとうございます。
>
> 誠に残念ですが、こちらのイベントは先日の大型台風10号による被害のため中止することになりました。
>
> 当園では施設の復旧作業を進めておりますが、現在も安全に利用していただける状況ではありません。
>
> そのため、現時点でのイベント開催は中止せざるを得ないと判断いたしました。
>
> ご理解くださいますようお願い申し上げます。
>
> なお、参加費の払い戻し方法につきましては、改めてご案内をお送りいたします。詳細はそちらのメールにてご確認ください。

このメールの内容について正しいものはどれか。

(4)

다음은, 어느 식물원이 보낸 이메일 내용이다.

> - 이벤트 신청 고객님 -
>
> 이번에는 7월 1일(수) 개최인 이벤트 '식물로 염색하자'에 신청해 주셔서, 감사합니다.
>
> 대단히 유감이지만, 이쪽 이벤트는 요전의 대형 태풍 10호에 의한 피해 때문에 중지하게 되었습니다.
>
> 저희 원에서는 시설 복구 작업을 진행하고 있지만, 현재도 안전하게 이용하실 수 있는 상황은 아닙니다.
>
> 그 때문에, 현시점에서의 이벤트 개최는 중지하지 않을 수 없다고 판단했습니다.
>
> 이해해 주시길 부탁드립니다.
>
> 덧붙여, 참가비의 환불 방법에 대해서는, 재차 안내를 보내 드리겠습니다. 자세한 내용은 그쪽의 이메일에서 확인해 주세요.

이 이메일의 내용에 대해서 올바른 것은 어느 것인가?

1 イベントを止めることにしたが、参加費については別のメールで知らせる。
2 参加費の払い戻しがされていない人は、メールで知らせてほしい。
3 施設の復旧作業をしているが、イベントの開催には問題がない。
4 壊れた施設の修理が終わり次第、メールでイベントの情報を伝える。

1 이벤트를 그만두기로 했는데, 참가비에 대해서는 별도의 이메일로 알린다.
2 참가비의 환불이 되어 있지 않은 사람은, 이메일로 알리길 바란다.
3 시설 복구 작업을 하고 있지만, 이벤트의 개최에는 문제가 없다.
4 망가진 시설의 수리가 끝나는 대로, 이메일로 이벤트의 정보를 전한다.

해설 이메일 형식의 실용문으로, 글과 일치하는 내용을 묻고 있다. 초반부에서 こちらのイベントは先日の大型台風10号による被害のため中止することになりました라고 하고, 후반부에서 参加費の払い戻し方法につきましては、改めてご案内をお送りいたします。詳細はそちらのメールにてご確認ください라고 언급하고 있으므로, 1 イベントを止めることにしたが、参加費については別のメールで知らせる가 정답이다.

어휘 **植物園** しょくぶつえん 명 식물원 **内容** ないよう 명 내용 **イベント** 명 이벤트 **申し込み** もうしこみ 명 신청 **お客様** おきゃくさま 고객님
この度 このたび 이번 **開催** かいさい 명 개최 **植物** しょくぶつ 명 식물 **染める** そめる 동 염색하다 **申し込む** もうしこむ 동 신청하다
誠に まことに 부 대단히, 참으로 **先日** せんじつ 명 요전 **大型** おおがた 명 대형 **～による** ~에 의한 **被害** ひがい 명 피해 **～ことになる** ~하게 되다
当園 とうえん 명 저희 원 **施設** しせつ 명 시설 **復旧** ふっきゅう 명 복구 **作業** さぎょう 명 작업 **進める** すすめる 동 진행하다 **現在** げんざい 명 현재
状況 じょうきょう 명 상황 **そのため** 그 때문에 **現時点** げんじてん 명 현시점 **～ざるを得ない** ～ざるをえない ~(하)지 않을 수 없다
判断 はんだん 명 판단 **理解** りかい 명 이해 **なお** 접 덧붙여 **参加費** さんかひ 명 참가비 **払い戻し** はらいもどし 명 환불 **方法** ほうほう 명 방법
～につきましては ~에 대해서는 **改めて** あらためて 부 재차, 다시 **詳細** しょうさい 명 자세한 내용, 상세 **確認** かくにん 명 확인
～について ~에 대해서 **～ことにする** ~하기로 하다 **修理** しゅうり 명 수리 **～次第** ～しだい ~대로 **情報** じょうほう 명 정보

53 중상

(5)

世代を問わず、自分の身の回りにあふれている物を処分することに満足感を得る人が増えている。余計な物を片付けると、物を探す時間の節約になったり、必要な物しか買わなくなりお金の節約にもなるからだろう。すっきりした部屋で、ストレスも減るに違いない。

人生100年時代と言われる今、子供が独立した60代以上の世代の場合を考えてみる。突然自分に死が訪れた時、子供に残すべきは物ではない。それがわかれば、自分の心に安心が生まれ自由にもなれる。これこそ残りの人生を前向きに楽しく生きるために必要なことなのだ。

筆者によると、高齢者が片付けを行うとどうなるか。

1 時間とお金に余裕ができ、部屋を広く感じるようになる。
2 残りの人生を考え、子供に残す物を減らすようになる。
3 ストレスが減り、経済的に安定するようになる。
4 自由であると感じ、これからの人生に前向きになる。

(5)

세대를 불문하고, 자신의 신변에 넘치고 있는 물건을 처분하는 것에 만족감을 얻는 사람이 늘고 있다. 쓸데없는 물건을 정리하면, 물건을 찾는 시간이 절약되거나, 필요한 물건밖에 사지 않게 되어 돈의 절약도 되기 때문일 것이다. 깔끔한 방에서, 스트레스도 줄어들 게 분명하다.

인생 100세 시대라고 일컬어지는 지금, 자녀가 독립한 60대 이상 세대의 경우를 생각해 본다. 갑자기 자신에게 죽음이 찾아왔을 때, 자녀에게 남겨야 할 것은 물건이 아니다. 그것을 알면, 자신의 마음에 안심이 생기고 자유로워질 수도 있다. 이것이야말로 남은 인생을 긍정적으로 즐겁게 살기 위해 필요한 것인 것이다.

필자에 의하면, 고령자가 정리를 하면 어떻게 되는가?

1 시간과 돈에 여유가 생기고, 방을 넓게 느끼게 된다.
2 남은 인생을 생각하고, 자녀에게 남길 물건을 줄이게 된다.
3 스트레스가 줄고, 경제적으로 안정되게 된다.
4 자유롭다고 느끼고, 앞으로의 인생에 긍정적이게 된다.

해설 에세이로 고령자의 물건 정리에 대한 필자의 생각을 묻고 있다. 후반부에서 突然自分に死が訪れた時、子供に残すべきは物ではない。それがわかれば、自分の心に安心が生まれ自由にもなれる。これこそ残りの人生を前向きに楽しく生きるために必要なことなのだ라고 서술하고 있으므로 4 自由であると感じ、これからの人生に前向きになる가 정답이다.

어휘 **世代** せだい 명 세대 **～を問わず** ～をとわず ~을 불문하다 **身の回り** みのまわり 명 신변 **あふれる** 동 넘치다 **処分** しょぶん 명 처분

満足感 まんぞくかん 명 만족감 得る える 동 얻다 余計だ よけいだ な형 쓸데없다 節約 せつやく 명 절약 すっきり 부 깔끔히 ストレス 명 스트레스
減る へる 동 줄어들다 ～に違いない ～にちがいない ~이 분명하다, ~임에 틀림이 없다 人生 じんせい 명 인생 独立 どくりつ 명 독립
突然 とつぜん 부 갑자기 死し 명 죽음 訪れる おとずれる 동 찾아오다 残す のこす 동 남기다 ～べき ～해야 할 自由だ じゆうだ な형 자유롭다
残り のこり 명 남음, 나머지 前向き まえむき 명 긍정적임 生きる いきる 동 살다 高齢者 こうれいしゃ 명 고령자 余裕 よゆう 명 여유
感じる かんじる 동 느끼다 ～ようになる ~하게 되다 減らす へらす 동 줄이다 経済的だ けいざいてきだ な형 경제적이다 安定 あんてい 명 안정

54-56

(1)

[54]日本は選挙で国会議員を選ぶが、毎回投票率が非常に低い。どの政党を選んでも同じようなものだろうし、私が行っても行かなくても今の状況はどうせ大きく変わるはずがないと、多くの人が思っているからだろう。確かに、大勢の中のたった一人が1回選挙に行かなくても、世の中が大きく変化することはないかもしれない。しかし、そのような人が大多数だった場合、何が起こるだろうか。

[55]社会に対して距離を置いて見るのは、一見冷静に考えているように思える。だがそれは、[55]現状を受け入れているのと変わりない。そしてそういう態度は社会のあるべき姿を揺るがすのではないだろうか。

例えば、公務員の不正があった時に、[55]自分が何を言っても変わらないと思っていたらいつまでも不正はなくならないだろう。しかし、それはいけないことだと言葉にすることで社会のルールを明確にできる。だから、私達は選挙やデモやインターネットでこうあるべきと思うことを主張し続けるべきなのだ。

世の中のことは全て自分の生活に何らかの影響を及ぼしている。[56]社会のルールから外れていることを見たり聞いたりしたら、たとえ一人でもためらわず声を上げることが、この世界をより良いものにするに違いない。小さな声でも集まれば大きな力になる。

(注1) 一見：ちょっと見たら
(注2) 揺るがす：不安定にする
(注3) 何らかの：どれくらいかわからないが何かの
(注4) 声を上げる：意見を表に出す

(1)

[54]일본은 선거로 국회 의원을 뽑지만, 매회 투표율이 매우 낮다. 어느 정당을 뽑아도 마찬가지일 것이고, 내가 가도 가지 않아도 지금의 상황은 어차피 크게 바뀔 리가 없다고, 많은 사람이 생각하고 있기 때문일 것이다. 확실히, 많은 사람 중 단 한 사람이 한 번 선거에 가지 않아도, 세상이 크게 변화하는 일은 없을지도 모른다. 그러나, 그런 사람이 대다수인 경우, 무엇이 일어날까?

[55]사회에 대해서 거리를 두고 보는 것은, 언뜻 보기에 냉정하게 생각하고 있는 것처럼 생각된다. 하지만 그것은, [55]현상을 받아들이고 있는 것과 다름없다. 그리고 그러한 태도는 사회의 마땅히 있어야 할 모습을 흔드는 것이 아닐까?

예를 들면, 공무원의 부정이 있었을 때에, [55]내가 무엇을 말해도 달라지지 않는다고 생각하고 있으면 언제까지나 부정은 없어지지 않을 것이다. 그러나, 그것은 나쁜 것이라고 말하는 것으로 사회의 규칙을 명확히 할 수 있다. 그러니까, 우리는 선거나 데모나 인터넷에서 이러해야 한다고 생각하는 것을 계속 주장해야 하는 것이다.

세상 일은 모두 자신의 생활에 어떠한 영향을 미치고 있다. [56]사회의 규칙에서 벗어나 있는 것을 보거나 듣거나 하면, 설령 혼자라도 주저하지 않고 목소리를 높이는 것이, 이 세계를 보다 좋은 것으로 할 것임에 틀림없다. 작은 목소리라도 모이면 큰 힘이 된다.

(주1) 언뜻 보기에 : 잠깐 보면
(주2) 흔들다 : 불안정하게 하다
(주3) 어떠한 : 어느 정도인지 모르지만 무엇인가의
(주4) 목소리를 높이다 : 의견을 드러내다

어휘 日本 にほん 명 일본 選挙 せんきょ 명 선거 国会 こっかい 명 국회 議員 ぎいん 명 의원 毎回 まいかい 명 매회 投票率 とうひょうりつ 명 투표율
政党 せいとう 명 정당 状況 じょうきょう 명 상황 どうせ 부 어차피 ～はずがない ~리가 없다 確かだ たしかだ な형 확실하다 たった 부 단, 단지
世の中 よのなか 명 세상 変化 へんか 명 변화 ～かもしれない ~일지도 모른다 大多数 だいたすう 명 대다수 起こる おこる 동 일어나다, 발생하다
～に対して ～にたいして ~에 대해서 距離 きょり 명 거리 一見 いっけん 부 언뜻 보기에 冷静だ れいせいだ な형 냉정하다 だが 접 하지만
現状 げんじょう 명 현상 受け入れる うけいれる 동 받아들이다 変わりない かわりない 다름없다, 변함없다 態度 たいど 명 태도
あるべき 마땅히 있어야 할 姿 すがた 명 모습 揺るがす ゆるがす 동 흔들다 不正 ふせい 명 부정 いけない 나쁘다 ルール 명 규칙, 룰
明確だ めいかくだ な형 명확하다 私達 わたしたち 명 우리 デモ 명 데모 インターネット 명 인터넷 主張 しゅちょう 명 주장
～続ける ～つづける 계속 ~하다 ～べきだ ~해야 한다 全て すべて 부 모두 何らか なんらか 부 어떠한 影響 えいきょう 명 영향
及ぼす およぼす 동 미치다 外れる はずれる 동 벗어나다 たとえ 부 설령 ためらう 동 주저하다, 망설이다
声を上げる こえをあげる 목소리를 높이다, 의견을 말하다 ～に違いない ～にちがいない ~임에 틀림없다 不安定だ ふあんていだ な형 불안정하다
表に出す おもてにだす 드러내다

54 중상

日本の選挙について、筆者はどのように述べているか。	일본의 선거에 대해서, 필자는 어떻게 말하고 있는가?
1 選挙では今の社会は変わらないと考える人が多い。	**1 선거로는 지금의 사회는 바뀌지 않는다고 생각하는 사람이 많다.**
2 どの政党も同じような考えなので、意味がない。	2 어느 정당도 비슷한 생각이기 때문에, 의미가 없다.
3 一人が選挙に行かないことの影響は大きい。	3 한 명이 선거에 가지 않는 것의 영향은 크다.
4 投票率が低いため、社会の変化が少ない。	4 투표율이 낮기 때문에, 사회의 변화가 적다.

해설 日本の選挙에 대한 필자의 생각을 묻고 있다. 첫 번째 단락에서 日本は選挙で国会議員を選ぶが、毎回投票率が非常に低い。どの政党を選んでも同じようなものだろうし、私が行っても行かなくても今の状況はどうせ大きく変わるはずがないと、多くの人が思っているからだろう라고 서술하고 있으므로 1 選挙では今の社会は変わらないと考える人が多い가 정답이다.

55 중상

そういう態度とは、どのような態度か。	그러한 태도란, 어떤 태도인가?
1 現在の状態を冷静に考える態度	1 현재의 상태를 냉정하게 생각하는 태도
2 正しいことを主張し続ける態度	2 옳은 것을 계속 주장하는 태도
3 今の状態を受け入れない態度	3 지금의 상태를 받아들이지 않는 태도
4 社会を変える行動をしない態度	**4 사회를 바꾸는 행동을 하지 않는 태도**

해설 そういう態度란 어떤 태도인지를 묻고 있다. 밑줄의 앞부분에서 社会に対して距離を置いて見るのは라고 하고, 現状を受け入れているのと変わりない라고 서술하고 있다. 또한, 밑줄의 뒷부분에서 自分が何を言っても変わらないと思っていたらいつまでも不正はなくならないだろう라고 서술하고 있으므로 4 社会を変える行動をしない態度가 정답이다.

어휘 現在 げんざい 명 현재　状態 じょうたい 명 상태　行動 こうどう 명 행동

56 상

筆者によると、世の中を良くするためには何をすべきか。	필자에 의하면, 세상을 좋게 하기 위해서는 무엇을 해야 하는가?
1 自分が正しいと思うことは、必ず言葉にすべきである。	1 자신이 옳다고 생각하는 것은, 반드시 말로 해야 한다.
2 正しくないことが起こっていないか、注意すべきである。	2 옳지 않은 일이 일어나고 있지 않은지, 주의해야 한다.
3 社会のルールに反することには、違うと言うべきである。	**3 사회의 규칙에 반하는 것에는, 틀리다고 말해야 한다.**
4 不正を見つけて、言葉で多くの人に発信すべきである。	4 부정을 찾아내서, 말로 많은 사람에게 발신해야 한다.

해설 필자가 생각하는, 세상을 좋게 하기 위해서 해야 하는 일을 묻고 있다. 네 번째 단락에서 社会のルールから外れていることを見たり聞いたりしたら、たとえ一人でもためらわず声を上げることが、この世界をより良いものにするに違いない。小さな声でも集まれば大きな力になる라고 서술하고 있으므로, 3 社会のルールに反することには、違うと言うべきである가 정답이다.

어휘 反する はんする 동 반하다　発信 はっしん 명 발신

57-59

(2) 先日、ある企業がサイバー攻撃を受け、取引先の工場が数日停止するという事件がありました。[57]サイバー攻撃というのは、インターネットを通じてパソコンやサーバーなどを破壊したり、データを盗んだりすることで、企業が攻撃を受けると、周りの企業にも被害が出るのです。その目的は恨みや営業妨害などさまざまですが、最近では[58]企業のデータを暗号化し使えなくしてから、システムの復旧と引き換えに金銭を要求するという形の犯罪が増えています。	(2) 얼마 전, 어떤 기업이 사이버 공격을 받아, 거래처 공장이 며칠 정지되는 사건이 있었습니다. [57]사이버 공격이라는 것은, 인터넷을 통해서 컴퓨터나 서버 등을 파괴하거나, 데이터를 훔치거나 하는 것으로, 기업이 공격을 받으면, 주위의 기업에도 피해가 나오는 것입니다. 그 목적은 원한이나 영업 방해 등 다양합니다만, 최근에는 [58]기업의 데이터를 암호화하여 사용할 수 없게 한 다음, 시스템의 복구와 맞바꾸어 금전을 요구한다는 형태의 범죄가 늘고 있습니다.

そういう目的なら、私など被害にあわないだろうと思うかもしれません。しかし、サイバー攻撃に必要なのは、実はあなたのような個人の情報なのです。

[59]犯人はまず自分ではない特定の個人になりすまします。その後、正当な手段で企業のコンピューターシステムに入り込み、攻撃を開始することが分かっています。ですから、あなたの情報がサイバー攻撃に利用されたり、被害にあったりする可能性がないとは言えないのです。

自分の情報が犯罪に使われないようにするには、一人一人が気を付けるしかありません。会社ではなく自宅で仕事をする人が増えている現在、[59]インターネットを使うパソコンには情報を守るようなソフトウェアを必ず入れておき、個人情報が盗まれないように十分に注意する必要があります。

(注 1) サーバー：web サイトを表示するために必要な情報がおいてあるところ
(注 2) 破壊する：壊す
(注 3) 営業妨害：営業の邪魔をすること
(注 4) 暗号化する：秘密の記号に変える
(注 5) 引き換え：交換
(注 6) なりすます：あるものに完全になること
(注 7) 正当な：ここでは、ルール通りで正しい

그런 목적이라면, 나 같은 건 피해를 당하지 않을 것이라고 생각할지도 모릅니다. 그러나, 사이버 공격에 필요한 것은, 사실은 당신과 같은 개인의 정보인 것입니다.

[59]범인은 우선 자신이 아닌 특정 개인으로 위장합니다. 그 후, 정당한 수단으로 기업의 컴퓨터 시스템에 침투하여, 공격을 개시하는 것을 알 수 있습니다. 그러므로, 당신의 정보가 사이버 공격에 이용되거나, 피해를 당하거나 할 가능성이 없다고는 말할 수 없는 것입니다.

자신의 정보가 범죄에 사용되지 않도록 하기 위해서는, 한 사람 한 사람이 주의하는 수밖에 없습니다. 회사가 아닌 자택에서 일을 하는 사람이 늘고 있는 현재, [59]인터넷을 사용하는 컴퓨터에는 정보를 보호하는 것 같은 소프트웨어를 반드시 들여놓아서, 개인 정보가 도난당하지 않도록 충분히 주의할 필요가 있습니다.

(주1) 서버 : 웹 사이트를 표시하기 위해 필요한 정보가 놓여 있는 곳
(주2) 파괴하다 : 부수다
(주3) 영업 방해 : 영업 훼방을 놓는 것
(주4) 암호화하다 : 비밀 기호로 바꾸다
(주5) 맞바꿈 : 교환
(주6) 위장하다 : 어떤 것으로 완전히 되는 것
(주7) 정당한 : 여기에서는, 규칙대로 올바르다

어휘 企業 きぎょう 명 기업　サイバー 명 사이버　攻撃 こうげき 명 공격　取引先 とりひきさき 명 거래처　数日 すうじつ 명 며칠　停止 ていし 명 정지　事件 じけん 명 사건　インターネット 명 인터넷　~を通じて ~をつうじて ~을 통해서　サーバー 명 서버　破壊 はかい 명 파괴　データ 명 데이터　被害 ひがい 명 피해　目的 もくてき 명 목적　恨み うらみ 명 원한　営業 えいぎょう 명 영업　妨害 ぼうがい 명 방해　さまざまだ な형 다양하다　暗号化 あんごうか 명 암호화　システム 명 시스템　復旧 ふっきゅう 명 복구　引き換え ひきかえ 명 맞바꿈, 상환　金銭 きんせん 명 금전　要求 ようきゅう 명 요구　犯罪 はんざい 명 범죄　被害にあう ひがいにあう 피해를 당하다　~かもしれない ~일지도 모른다　実は じつは 부 사실은　個人 こじん 명 개인　情報 じょうほう 명 정보　犯人 はんにん 명 범인　特定 とくてい 명 특정　なりすます 동 위장하다　正当だ せいとうだ な형 정당하다　手段 しゅだん 명 수단　入り込む はいりこむ 동 침투하다, 깊게 파고들다　開始 かいし 명 개시　ですから 접 그러므로　可能性 かのうせい 명 가능성　気を付ける きをつける 주의하다　自宅 じたく 명 자택　現在 げんざい 명 현재　ソフトウェア 명 소프트웨어

57 중상

サイバー攻撃について、筆者はどのように述べているか。

1 企業のデータを売るために行われている。
2 影響を受けるのは、攻撃を受けた企業だけではない。
3 営業が邪魔され、経済的な損失が大きくなる。
4 システムが使えなくなり、復旧にお金がかかる。

사이버 공격에 대해서, 필자는 어떻게 말하고 있는가?

1 기업의 데이터를 팔기 위해서 행해지고 있다.
2 영향을 받는 것은, 공격을 받은 기업만이 아니다.
3 영업을 방해당해서, 경제적인 손실이 커진다.
4 시스템을 쓸 수 없게 되어서, 복구에 돈이 든다.

해설 サイバー攻撃에 대한 필자의 생각을 묻고 있다. 첫 번째 단락에서 サイバー攻撃というのは、インターネットを通じてパソコンやサーバーなどを破壊したり、データを盗んだりすることで、企業が攻撃を受けると、周りの企業にも被害が出るのです라고 서술하고 있으므로, 2 影響を受けるのは、攻撃を受けた企業だけではない가 정답이다.

어휘 影響 えいきょう 명 영향　経済的だ けいざいてきだ な형 경제적이다　損失 そんしつ 명 손실　お金がかかる おかねがかかる 돈이 들다

58 중상

そういう目的とあるが、どういう目的か。

1 システムを直すかわりに金銭を得るという目的

2 企業のデータを暗号化することで損害を与えるという目的

3 個人情報を企業に売ることで個人を攻撃するという目的

4 盗んだデータと引き換えに金銭を受け取るという目的

그런 목적이라고 했는데, 어떤 목적인가?

1 시스템을 고치는 대신에 금전을 얻는다는 목적

2 기업의 데이터를 암호화하는 것으로 손해를 입힌다는 목적

3 개인 정보를 기업에 파는 것으로 개인을 공격한다는 목적

4 훔친 데이터와 맞바꾸어 금전을 받는다는 목적

해설 そういう目的란 어떤 목적인지를 묻고 있다. 밑줄의 앞부분에서 企業のデータを暗号化し使えなくしてから、システムの復旧と引き換えに金銭を要求する라고 서술하고 있으므로, 1 システムを直すかわりに金銭を得るという目的가 정답이다.

어휘 直す なおす 동 고치다　得る える 동 얻다　損害を与える そんがいをあたえる 손해를 입히다　受け取る うけとる 동 받다

꼭! 알아두기 밑줄에 そういう, こういう, その, この와 같은 지시어가 있는 경우에는 주로 밑줄 앞부분에서 정답의 단서를 찾을 수 있다.

59 상

筆者の考えに合うのはどれか。

1 サイバー攻撃にあった企業は個人情報を守るべきだ。

2 サイバー攻撃は個人に対して行われると考えるべきだ。

3 自宅ではないところでインターネットを使うことを控えるべきだ。

4 個人の情報をインターネット上で特定されないように守るべきだ。

필자의 생각과 맞는 것은 어느 것인가?

1 사이버 공격을 당한 기업은 개인 정보를 지켜야 한다.

2 사이버 공격은 개인에 대해서 행해진다고 생각해야 한다.

3 자택이 아닌 곳에서 인터넷을 사용하는 것을 지양해야 한다.

4 개인의 정보를 인터넷상에서 특정되지 않도록 지켜야 한다.

해설 이 글에 대한 필자의 생각을 묻고 있다. 세 번째 단락에서 犯人はまず自分ではない特定の個人になりすましますと라고 하고, 네 번째 단락에서 インターネットを使うパソコンには情報を守るようなソフトウェアを必ず入れておき、個人情報が盗まれないように十分に注意する必要があります라고 서술하고 있으므로, 4 個人の情報をインターネット上で特定されないように守るべきだ가 정답이다.

어휘 守る まもる 동 보호하다, 지키다　～に対して ～にたいして ~에 대해서　控える ひかえる 동 지양하다

60-62

(3)

私達が生きているこの世界は、過去に生きた多くの人々が試行錯誤を重ねてきたからこそ今がある。発明王と呼ばれるエジソンが「[60]私は失敗したことがない。ただ1万通りのうまくいかない方法を見つけただけだ」という肯定的な言葉を残しているように、[60]1回で成功することなどほぼない。要するに、多くの失敗は成功のために不可欠なものなのだ。

ところが最近、失敗することを過度に避ける若者が多いそうだ。これは子供時代に失敗する経験が足りないからだと言われているが、成功体験を子供にさせたいという親の考えが元になっていることが多い。[61]子供が失敗しそうになった時に親が手伝ったり、すぐに直したりすると、失敗は悪いことなのだという気持ちが子供に芽生え、失敗することを恐れるようになるらしい。

(3)

우리가 살고 있는 이 세계는, 과거에 살았던 많은 사람들이 시행착오를 거듭해 왔기 때문에 지금이 있다. 발명왕이라고 불리는 에디슨이 '[60]나는 실패한 적이 없다. 단지 1만 가지의 잘 안되는 방법을 찾았을 뿐이다'라는 긍정적인 말을 남기고 있는 것처럼, [60]한 번에 성공하는 일은 거의 없다. 요컨대, 많은 실패는 성공을 위해 불가결한 것인 것이다.

그런데 최근, 실패하는 것을 과도하게 피하는 젊은이가 많다고 한다. 이것은 어린 시절에 실패하는 경험이 부족하기 때문이라고 일컬어지고 있지만, 성공 체험을 아이에게 시켜 주고 싶다는 부모의 생각이 원인이 되어 있는 경우가 많다. [61]아이가 실패할 것 같을 때에 부모가 돕거나, 즉시 바로잡거나 하면, 실패는 나쁜 것이라는 마음이 아이에게 싹트고, 실패하는 것을 두려워하게 되는 듯하다.

職場や学校で自発的に物事に取り組むことができないという人は、自分が失敗を恐れていないかを考えてみたほうがいい。[62]失敗したときには、なぜそうなったのかをよく観察し、何が原因なのかを推測し、次はどうしたらいいかという仮説を立てる。こうしたことを繰り返すのが、失敗への正しい対応方法だ。[62]失敗はしてはいけないのではなく、避けるのがよくないのだと気付けば、失敗経験を楽しむこともできるようになるはずだ。そして、1万回に1つの「うまくいく方法」を探し出すことができるかもしれない。

(注1) 試行錯誤：いろいろとやってみて、失敗を繰り返しながら完成に近づけること
(注2) 過度に：必要以上に
(注3) 芽生える：新しく出てくる
(注4) 自発的に：自分から進んで

직장이나 학교에서 자발적으로 일에 몰두할 수 없다고 하는 사람은, 자신이 실패를 두려워하고 있지 않은지를 생각해 보는 편이 좋다. [62]실패했을 때는, 왜 그렇게 됐는지를 잘 관찰해, 무엇이 원인인지를 추측하고, 다음은 어떻게 하면 좋을까 하는 가설을 세운다. 이런 일을 반복하는 것이, 실패에 대한 올바른 대응 방법이다. [62]실패는 해서는 안 되는 것이 아니라, 피하는 것이 좋지 않은 것이라고 깨달으면, 실패 경험을 즐길 수도 있게 될 것이다. 그리고, 1만 번에 하나의 '잘 되는 방법'을 찾아낼 수 있을지도 모른다.

(주1) 시행착오 : 여러 가지로 해 보고, 실패를 반복하면서 완성에 가깝게 하는 것
(주2) 과도하게 : 필요 이상으로
(주3) 싹트다 : 새롭게 나오다
(주4) 자발적으로 : 스스로 자진하여

어휘 私達 わたしたち 명 우리　過去 かこ 명 과거　多く おおく 명 많음　試行錯誤 しこうさくご 명 시행착오　重ねる かさねる 동 거듭하다　発明王 はつめいおう 명 발명왕　エジソン 명 에디슨　~たことがない ~한 적이 없다　ただ 부 단지　~通り ~とおり ~가지, ~종류　うまくいく 잘 되다　方法 ほうほう 명 방법　残す のこす 동 남기다　成功 せいこう 명 성공　ほぼ 부 거의　要するに ようするに 부 요컨대　不可欠だ ふかけつだ な형 불가결하다　ところが 접 그런데　過度だ かどだ な형 과도하다　避ける さける 동 피하다, 꺼리다　若者 わかもの 명 젊은이　足りない たりない 부족하다　考え かんがえ 명 생각　元 もと 명 원인, 기원　直す なおす 동 바로잡다, 고치다　芽生える めばえる 동 싹트다　恐れる おそれる 동 두려워하다　職場 しょくば 명 직장　自発的だ じはつてきだ な형 자발적이다　物事 ものごと 명 일　取り組む とりくむ 동 몰두하다　~たほうがいい ~하는 편이 좋다　観察 かんさつ 명 관찰　推測 すいそく 명 추측　仮説 かせつ 명 가설　立てる たてる 동 세우다　繰り返す くりかえす 동 반복하다　対応 たいおう 명 대응　~てはいけない ~해서는 안 된다　気付く きづく 동 깨닫다　~ようになる ~하게 되다　~はずだ ~것이다　探し出す さがしだす 동 찾아내다　~かもしれない ~일지도 모른다　完成 かんせい 명 완성　近づける ちかづける 동 가깝게 하다　進んで すすんで 부 자진해서

60 중

私は失敗したことがないとは、どのようなことか。

1 発明に取り組むたびに成功ばかりしていたこと
2 うまくいかない方法はないと思っていたこと
3 失敗を成功につながるものとして考えていたこと
4 失敗しそうなことは最初からやらなかったこと

나는 실패한 적이 없다라는 것은, 어떠한 것인가?

1 발명에 몰두할 때마다 성공만 했었던 것
2 잘 안되는 방법은 없다고 생각했었던 것
3 실패를 성공으로 이어지는 것으로써 생각했었던 것
4 실패할 것 같은 일은 처음부터 하지 않았던 것

해설 私は失敗したことがない란 어떤 의미인지를 묻고 있다. 밑줄을 포함한 부분에서 私は失敗したことがない。ただ1万通りのうまくいかない方法を見つけただけだ라고 하고, 1回で成功することなどほぼない。要するに、多くの失敗は成功のために不可欠なものなのだ라고 서술하고 있으므로, 3 失敗を成功につながるものとして考えていたこと가 정답이다.

어휘 発明 はつめい 명 발명　つながる 동 이어지다, 연결되다

61 중상

失敗を恐れる若者について、筆者はどのように述べているか。

1 親が失敗させないようにすることで、失敗を悪いことだと思うようになる。
2 失敗の経験が少ないため、1回で成功するのがいいことだと思うようになる。

실패를 두려워하는 젊은이에 대해서, 필자는 어떻게 말하고 있는가?

1 부모가 실패시키지 않도록 하는 것으로, 실패를 나쁜 것이라고 생각하게 된다.
2 실패 경험이 적기 때문에, 한 번에 성공하는 것이 좋은 것이라고 생각하게 된다.

3 成功の経験を親がたくさんさせたため、成功するのが普通のことになる。

4 親の考えが基本になっているため、失敗したときにすぐに直すようになる。

3 성공 경험을 부모가 많이 시켰기 때문에, 성공하는 것이 보통의 일이 된다.

4 부모의 생각이 기본이 되고 있기 때문에, 실패했을 때에 즉시 바로잡게 된다.

해설 **失敗を恐れる若者**에 대한 필자의 생각을 묻고 있다. 두 번째 단락에서 **子供が失敗しそうになった時に親が手伝ったり、すぐに直したりすると、失敗は悪いことなのだという気持ちが子供に芽生え、失敗することを恐れるようになるらしい**라고 서술하고 있으므로, 1 **親が失敗させないようにすることで、失敗を悪いことだと思うようになる**가 정답이다.

어휘 **基本** きほん 명 기본

62 상

筆者によると、失敗を楽しむにはどのようにすればいいか。

1 自分の失敗を失敗と思わずに、次にどうしたらいいかを考えればいい。

2 他の人のやり方を観察し、同じ方法でチャレンジすればいい。

3 失敗は正しく対処すればいいので、避(さ)ける必要はないと考えればいい。

4 繰り返した失敗の中から、うまくいく方法を探し出せばいい。

필자에 의하면, 실패를 즐기려면 어떻게 하면 되는가?

1 자신의 실패를 실패라고 생각하지 말고, 다음에 어떻게 하면 좋을지를 생각하면 된다.

2 다른 사람의 방식을 관찰해서, 같은 방법으로 도전하면 된다.

3 실패는 올바르게 대처하면 되기 때문에, 피할 필요는 없다고 생각하면 된다.

4 반복된 실패 속에서, 잘 되는 방법을 찾아내면 된다.

해설 실패를 즐기려면 어떻게 해야 하는지에 대한 필자의 생각을 묻고 있다. 세 번째 단락에서 **失敗したときには、なぜそうなったのかをよく観察し、何が原因なのかを推測し、次はどうしたらいいかという仮説を立てる。こうしたことを繰り返すのが、失敗への正しい対応方法**라고 하고, **失敗はしてはいけないのではなく、避けるのがよくないのだと気付けば、失敗経験を楽しむこともできるようになるはずだ**라고 서술하고 있으므로, 3 **失敗は正しく対処すればいいので、避ける必要はないと考えればいい**가 정답이다.

어휘 **やり方** やりかた 명 방식　**チャレンジ** 명 도전, 챌린지　**対処** たいしょ 명 대처

63-64

A

人にはいつか、働いて収入を得ることが難しい時期が来る。そういう人々の生活を支えるのが、公的年金という制度だ。しかし、真面目に働き続けていれば老後は安心だと考えられていたのはもう昔のことで、今ではわずかな金額の年金では生活が難しいというのが現実だろう。[63]年金制度は働いている世代から働けない世代にお金を渡す仕組みになっているので、高齢化が進む日本では、若い人々の負担が増える一方だ。上の世代を支えるのではなく、貯金のように支払った分が自分に戻ってくる制度に変えたほうが、不公平さが減るのではないだろうか。高齢者の割合は今後も増えると考えられている。[64]年金制度は一日でも早く見直しをすべきだ。

B

年金保険制度はもういらないという声がある。[63]年金

A

사람에게는 언젠가, 일해서 수입을 얻는 것이 어려운 시기가 온다. 그러한 사람들의 생활을 지탱하는 것이, 공적 연금이라는 제도다. 그러나, 성실하게 계속 일하고 있으면 노후는 안심이라고 생각할 수 있었던 것은 이제 옛날 일로, 지금은 얼마 안 되는 금액의 연금으로는 생활이 어렵다는 것이 현실일 것이다. [63]연금 제도는 일하고 있는 세대에서 일할 수 없는 세대에 돈을 건네주는 구조로 되어 있기 때문에, 고령화가 진행되는 일본에서는, 젊은 사람들의 부담이 증가할 뿐이다. 윗세대를 지탱하는 것이 아니라, 저금처럼 지불한 몫이 자신에게 돌아오는 제도로 바꾸는 편이, 불공평함이 줄어드는 것은 아닐까? 고령자의 비율은 앞으로도 증가할 것으로 생각되고 있다. [64]연금 제도는 하루라도 빨리 재검토를 해야 한다.

B

연금 보험 제도는 이제 필요 없다고 하는 목소리가 있다. [63]연금

を受け取る人一人分の金額を、20歳から60歳までの世代二人で支払っている現状では、その負担を辛いと思う人がいるのも当然だ。世代と世代の支え合いという今の制度は、高齢者が少ない時代にはうまく機能していたが、現在ではもう難しいだろう。しかし、年金は高齢者だけが受け取っているわけではない。病気や交通事故で体が不自由になり、働くことができない人も対象なのだ。誰もが明日はどうなるかわからないのが人生で、それを支え合う制度の一つが年金制度である。生きていく上で少しでも安心できる制度があることは、社会のいい点だと思う。[64]今の状況だけを見て、安易に制度をなくすようなことはしないほうがいいだろう。	을 받는 사람 한 사람 몫의 금액을, 20세부터 60세까지의 세대 두 명이서 지불하고 있는 현상에서는, 그 부담을 괴롭다고 생각하는 사람이 있는 것도 당연하다. 세대와 세대의 지지라고 하는 지금의 제도는, 고령자가 적은 시대에는 잘 기능했지만, 현재는 이제 어려울 것이다. 그러나, 연금은 고령자만이 받고 있는 것은 아니다. 병이나 교통사고로 몸이 자유롭지 않게 되어, 일할 수 없는 사람도 대상인 것이다. 누구나 내일은 어떻게 될지 모르는 게 인생이고, 그걸 서로 지지하는 제도 중 하나가 연금 제도다. 살아가는 데 있어서 조금이라도 안심할 수 있는 제도가 있는 것은, 사회의 좋은 점이라고 생각한다. [64]지금의 상황만을 보고, 안이하게 제도를 없애는 일은 하지 않는 편이 좋을 것이다.

어휘 いつか 부 언젠가 働く はたらく 동 일하다 収入 しゅうにゅう 명 수입 得る える 동 얻다 時期 じき 명 시기 支える ささえる 동 지탱하다 公的 こうてき 명 공적 年金 ねんきん 명 연금 制度 せいど 명 제도 真面目だ まじめだ な형 성실하다 ～続ける ～つづける 계속 ~하다 老後 ろうご 명 노후 安心だ あんしんだ な형 안심이다 わずかだ な형 얼마 안 되다 金額 きんがく 명 금액 現実 げんじつ 명 현실 世代 せだい 명 세대 仕組み しくみ 명 구조 高齢化 こうれいか 명 고령화 日本 にほん 명 일본 負担 ふたん 명 부담 ～一方だ ～いっぽうだ ~할 뿐이다 貯金 ちょきん 명 저금 支払う しはらう 동 지불하다 不公平さ ふこうへいさ 명 불공평함 減る へる 동 줄어들다 高齢者 こうれいしゃ 명 고령자 割合 わりあい 명 비율 今後 こんご 명 앞으로 見直し みなおし 명 재검토 ～べきだ ~해야 한다 保険 ほけん 명 보험 受け取る うけとる 동 받다 現状 げんじょう 명 현상 辛い つらい い형 괴롭다 当然だ とうぜんだ な형 당연하다 支え合い ささえあい 명 지지 機能 きのう 명 기능 現在 げんざい 명 현재 ～わけではない ~인 것은 아니다 交通事故 こうつうじこ 명 교통사고 不自由だ ふじゆうだ な형 자유롭지 않다 対象 たいしょう 명 대상 人生 じんせい 명 인생 支え合う ささえあう 동 서로 지지하다 ～上で ～うえで ~하는 데 있어서 状況 じょうきょう 명 상황 安易だ あんいだ な형 안이하다 ～ほうがいい ~하는 편이 좋다

63 중상

AとBのどちらの文章にも触れられている点は何か。	A와 B의 어느 쪽의 글에서도 언급되고 있는 점은 무엇인가?
1 年金制度のお金の流れ	**1 연금 제도의 돈의 흐름**
2 年金と貯金の違い	2 연금과 저금의 차이
3 高齢者以外の年金の受給者	3 고령자 이외의 연금 수급자
4 受け取る年金の少なさ	4 받는 연금의 적음

해설 A와 B의 글에서 공통적으로 서술하고 있는 내용을 지문에서 찾는다. A는 지문의 중반부에서 **年金制度は働いている世代から働けない世代にお金を渡す仕組み**라고 서술하고 있고, B는 지문의 초반부에서 **年金を受け取る人一人分の金額を、20歳から60歳までの世代二人で支払っている現状**라고 서술하고 있으므로 1 **年金制度のお金の流れ**가 정답이다. 2와 4는 A에만 있고, 3은 B에만 있으므로 오답이다.

어휘 流れ ながれ 명 흐름 違い ちがい 명 차이 受給者 じゅきゅうしゃ 명 수급자 少なさ すくなさ 명 적음

꼭! 알아두기 통합이해의 두 지문에서 공통으로 서술하는 내용은 각 지문의 초반~중반부에서 찾을 수 있다.

64 중상

これからの年金制度について、AとBはどのように述べているか。	앞으로의 연금 제도에 대해서, A와 B는 어떻게 말하고 있는가?
1 AもBも、現在の仕組みを続けるのは難しいので変えるべきだと述べている。	1 A도 B도, 현재의 구조를 계속하는 것은 어렵기 때문에 바꿔야 한다고 말하고 있다.
2 AもBも、若い世代が高齢者を支える制度はそのうちなくなると述べている。	2 A도 B도, 젊은 세대가 고령자를 지탱하는 제도는 머지않아 없어질 것이라고 말하고 있다.

3 Aは不公平さを減らすべきだと述べ、Bは制度を続けるべきでないと述べている。

4 Aは早く改善すべきだと述べ、Bは制度をなくさないほうがいいと述べている。

3 A는 불공평함을 줄여야 한다고 말하고, B는 제도를 계속해서는 안 된다고 말하고 있다.

4 A는 빨리 개선해야 한다고 말하고, B는 제도를 없애지 않는 편이 좋다고 말하고 있다.

해설 **これからの年金制度**에 대한 A와 B의 견해를 각 지문에서 찾는다. A는 지문의 후반부에서 **年金制度は一日でも早く見直しをすべきだ**라고 서술하고 있고, B도 지문의 후반부에서 **今の状況だけを見て、安易に制度をなくすようなことはしないほうがいいだろう**라고 서술하고 있으므로 4 **Aは早く改善すべきだと述べ、Bは制度をなくさないほうがいいと述べている**가 정답이다.

어휘 **そのうち** 뷔 머지않아 **減らす** へらす 동 줄이다 **〜べきでない** ~(해)서는 안 된다 **改善** かいぜん 명 개선

65-67

現在の日本は、外国人労働者なくしては成り立たない。多くの職場で外国人が働き、日本社会を動かしていることは誰(だれ)もが認めるところだろう。仕事や留学のために最近日本に来た人々だけではなく、何世代にもわたって日本で暮らしているが日本国籍を持たない人々も多くいる。彼らはみな、この社会の一員である。

より良い生活を求めて住むところを変えたいと思うのは普通のことで、日本人も同様だ。それが国内での移動なのか、国外への移動なのかという違いだけで、幸せを求める気持ちに国籍は関係ない。しかし[65]外国への移住には言葉や文化の違いによるトラブルが付き物(つきもの)なので、それを避(さ)けるには、移住する側と受け入れる側の両方に準備が必要だろう。

さて、外国での生活における大きな問題の一つは、子供の教育である。[66]日本では、親は子に教育を受けさせる義務(ぎむ)があると決められている。つまり、全ての子供が適切な教育を受ける権利を持っているのだ。それと矛盾(むじゅん)しているが、[66]外国籍の子供が日本の学校で学ぶことは任意、つまり学校に行くかどうかは自分達で決めていいことになっている。[66]しかも日本の学校に入学するための手続きなどのお知らせが、外国人家庭には届かないことも少なくない。親が日本語をあまり理解できない場合、日本の制度を知らず、子供が学校に行けなくなってしまうという危険性があるのだ。

成長の途中で日本に来た子供の場合、日本語が上手ではないために授業がよくわからず、本人が持つ本来の能力とは無関係に、勉強ができない子として扱(あつか)われてしまうことも問題となっている。必要な教育を受けることができないまま、大人になるとどうなるか。社会になじめず、能力を発揮(はっき)することもできないのは、その子の幸せな人生を奪(うば)うものであり、日本社会にとっても大きな損失であると言えよう。これは、まさに不十分な準備が引き起こした結果である。

현재의 일본은, 외국인 노동자 없이는 성립되지 않는다. 많은 직장에서 외국인이 일하고, 일본 사회를 움직이고 있는 것은 누구나가 인정하는 점일 것이다. 일이나 유학을 위해 최근 일본에 온 사람들뿐만 아니라, 몇 세대에 걸쳐 일본에서 살고 있지만 일본 국적을 갖지 않는 사람들도 많이 있다. 그들은 모두, 이 사회의 일원이다.

보다 나은 생활을 찾아 사는 곳을 바꾸고 싶다고 생각하는 것은 보통 일이고, 일본인도 마찬가지다. 그것이 국내에서의 이동인지, 국외로의 이동인지라는 차이일 뿐, 행복을 구하는 마음에 국적은 관계없다. 그러나 [65]외국으로의 이주에는 말이나 문화의 차이에 의한 트러블이 으레 따르기 마련인 것이므로, 그것을 피하기 위해서는, 이주하는 쪽과 받아들이는 쪽 양쪽에게 준비가 필요할 것이다.

그런데, 외국에서의 생활에 있어서 큰 문제 중 하나는, 아이의 교육이다. [66]일본에서는, 부모는 자식에게 교육을 받게 할 의무가 있다고 정해져 있다. 즉, 모든 아이가 적절한 교육을 받을 권리를 갖고 있는 것이다. 그것과 모순되고 있지만, [66]외국 국적의 아이가 일본의 학교에서 배우는 것은 임의, 즉 학교에 갈지 어떨지는 스스로 결정해도 되는 것으로 되어 있다. [66]게다가 일본 학교에 입학하기 위한 절차 등의 소식이, 외국인 가정에는 도달하지 않는 일도 적지 않다. 부모가 일본어를 잘 이해할 수 없는 경우, 일본의 제도를 모르고, 아이가 학교에 갈 수 없게 되어 버릴 위험성이 있는 것이다.

성장 도중에 일본에 온 아이의 경우, 일본어가 능숙하지 않기 때문에 수업을 잘 이해하지 못하고, 본인이 가진 본래의 능력과는 관계없이, 공부를 못하는 아이로 취급되어 버리는 것도 문제가 되고 있다. 필요한 교육을 받지 못한 채, 어른이 되면 어떻게 될까? 사회에 어울리지 못하고, 능력을 발휘할 수도 없는 것은, 그 아이의 행복한 인생을 빼앗는 것이며, 일본 사회에 있어서도 큰 손실이라고 할 수 있을 것이다. 이것은, 바로 충분하지 못한 준비가 야기한 결과다.

「誰一人取り残さない」という言葉を近年よく耳にするようになった。親と一緒に日本に来た子供達の問題を語るときにも、これを基本理念としているようだ。しかし現実の社会は、理想の実現からまだまだ遠いところにある。 [67]さまざまな背景を持つ人々と一緒にいい社会を作っていくためには受け入れる側には何が必要なのかを、今一度考えるべきだろう。 (注1) 付き物：必ず付いているもの (注2) 矛盾する：二つの物事が一致しないこと (注3) 発揮する：力を十分に出すこと (注4) 理念：基礎となる考え	'누구 한 명 뒤쳐지게 하지 않는다'라는 말을 근래 자주 듣게 되었다. 부모와 함께 일본에 온 아이들의 문제를 말할 때에도, 이것을 기본 이념으로 하고 있는 것 같다. 그러나 현실 사회는, 이상의 실현에서 아직 먼 곳에 있다. [67]다양한 배경을 가진 사람들과 함께 좋은 사회를 만들어 가기 위해서는 받아들이는 쪽에는 무엇이 필요한지를, 지금 한번 생각해야 할 것이다. (주1) 으레 따르기 마련인 것 : 반드시 붙어 있는 것 (주2) 모순되다 : 두 가지 일이 일치하지 않는 것 (주3) 발휘하다 : 힘을 충분히 내는 것 (주4) 이념 : 기초가 되는 생각

어휘 現在 げんざい 명 현재 日本 にほん 명 일본 労働者 ろうどうしゃ 명 노동자 成り立つ なりたつ 동 성립하다 多く おおく 명 많음 職場 しょくば 명 직장 動かす うごかす 동 움직이다 認める みとめる 동 인정하다 留学 りゅうがく 명 유학 ～だけではなく ~뿐만 아니라 ～にわたって ~에 걸쳐 暮らす くらす 동 살다 国籍 こくせき 명 국적 一員 いちいん 명 일원 求める もとめる 동 찾다, 구하다 同様だ どうようだ な형 마찬가지다 国内 こくない 명 국내 移動 いどう 명 이동 国外 こくがい 명 국외 違い ちがい 명 차이 幸せ しあわせ 명 행복 移住 いじゅう 명 이주 ～による ~에 의한 トラブル 명 트러블 付き物 つきもの 명 으레 따르기 마련인 것 避ける さける 동 피하다 側 がわ 명 쪽, 측 受け入れる うけいれる 동 받아들이다 さて 접 그런데 ～における ~에 있어서 義務 ぎむ 명 의무 つまり 부 즉 全て すべて 명 모두 適切だ てきせつだ な형 적절하다 権利 けんり 명 권리 矛盾 むじゅん 명 모순 外国籍 がいこくせき 명 외국 국적 学ぶ まなぶ 동 배우다 任意 にんい 명 임의 ～ことになっている ~것으로 되어 있다 しかも 접 게다가 手続き てつづき 명 절차 お知らせ おしらせ 소식 届く とどく 동 도달하다, 닿다 日本語 にほんご 명 일본어 理解 りかい 명 이해 危険性 きけんせい 명 위험성 成長 せいちょう 명 성장 本人 ほんにん 명 본인 本来 ほんらい 명 본래 能力 のうりょく 명 능력 無関係だ むかんけいだ な형 관계없다, 무관계하다 扱う あつかう 동 취급하다 ～まま ~채 なじむ 동 어울리다 発揮 はっき 명 발휘 幸せだ しあわせだ な형 행복하다 人生 じんせい 명 인생 奪う うばう 동 빼앗다 ～にとって ~에 있어서 損失 そんしつ 명 손실 まさに 부 바로, 틀림없이 不十分だ ふじゅうぶんだ な형 충분하지 못하다 引き起こす ひきおこす 동 야기하다 結果 けっか 명 결과 取り残す とりのこす 동 뒤쳐지게 하다, 남겨 두다 近年 きんねん 명 근래 耳にする みみにする 듣다 語る かたる 동 말하다 基本 きほん 명 기본 理念 りねん 명 이념 現実 げんじつ 명 현실 理想 りそう 명 이상 実現 じつげん 명 실현 まだまだ 부 아직 さまざまだ な형 다양하다 背景 はいけい 명 배경 ～べきだ ~해야 한다 一致 いっち 명 일치 基礎 きそ 명 기초

65 중상

両方に準備が必要だと筆者が考えているのはなぜか。 1 日本の社会に外国人を受け入れることが多くなったから 2 いい生活を求めて移動するのは国内だけだとは限らないから **3 言葉や文化の違いで起こる問題を減らす必要があるから** 4 国外への移動時にトラブルが起こる可能性があるから	양쪽에게 준비가 필요하다고 필자가 생각하고 있는 것은 왜인가? 1 일본 사회에 외국인을 받아들이는 일이 많아졌기 때문에 2 좋은 생활을 찾아 이동하는 것은 국내뿐이라고는 한정할 수 없기 때문에 **3 말이나 문화의 차이로 일어나는 문제를 줄일 필요가 있기 때문에** 4 국외로의 이동 시에 트러블이 일어날 가능성이 있기 때문에

해설 필자가 생각하는 両方に準備が必要에 대한 이유를 묻고 있다. 밑줄의 앞부분에서 外国への移住には言葉や文化の違いによるトラブルが付き物なので、それを避けるには라고 서술하고 있으므로, 3 言葉や文化の違いで起こる問題を減らす必要があるから가 정답이다.

66 상

外国人の子供の教育について、筆者はどのように述べているか。	외국인 아이의 교육에 대해서, 필자는 어떻게 말하고 있는가?

1 親は子に教育を受けさせる義務があるが、学校に行かなくなる子供がいる。	1 부모는 자식에게 교육을 받게 할 의무가 있지만, 학교에 가지 않게 되는 아이가 있다.
2 教育を受ける権利はあるが、必要な教育を受けることができない子供がいる。	**2 교육을 받을 권리는 있지만, 필요한 교육을 받을 수 없는 아이가 있다.**
3 学校での日本語が難しく、授業が途中からわからなくなる子供がいる。	3 학교에서의 일본어가 어려워서, 수업을 도중부터 알 수 없게 되는 아이가 있다.
4 学校に行くかどうかを家庭で決めるので、行かないことを選ぶ子供がいる。	4 학교에 갈지 어떨지를 가정에서 정하기 때문에, 가지 않는 것을 선택하는 아이가 있다.

해설 外国人の子供の教育에 대한 필자의 생각을 묻고 있다. 세 번째 단락에서 日本では、親は子に教育を受けさせる義務があると決められている。つまり、全ての子供が適切な教育を受ける権利を持っているのだ라고 하고, 外国籍の子供が日本の学校で学ぶことは任意라고 하며, しかも日本の学校に入学するための手続きなどのお知らせが、外国人家庭には届かないことも少なくない。親が日本語をあまり理解できない場合、日本の制度を知らず、子供が学校に行けなくなってしまうという危険性があるのだ라고 서술하고 있으므로, 2 教育を受ける権利はあるが、必要な教育を受けることができない子供がいる가 정답이다.

67 중상

筆者は、これからの社会のために何をすべきだと考えているか。	필자는, 앞으로의 사회를 위해서 무엇을 해야 한다고 생각하고 있는가?
1 外国から来る人々を受け入れるために、必要な準備について考えるべきだ。	**1 외국에서 오는 사람들을 받아들이기 위해서, 필요한 준비에 대해서 생각해야 한다.**
2 いい社会を作っていくために、さまざまな国の人々を受け入れるべきだ。	2 좋은 사회를 만들어 가기 위해서, 다양한 나라의 사람들을 받아들여야 한다.
3 家族で来日する人々を受け入れるために、教育の問題を解決すべきだ。	3 가족으로 일본에 오는 사람들을 받아들이기 위해서, 교육 문제를 해결해야 한다.
4 異なる文化を持つ人々と、いい社会を作るための方法について話し合うべきだ。	4 다른 문화를 가진 사람들과, 좋은 사회를 만들기 위한 방법에 대해서 서로 이야기해야 한다.

해설 앞으로의 사회를 위해서 해야 할 일에 대한 필자의 생각을 묻고 있다. 여섯 번째 단락에서 さまざまな背景を持つ人々と一緒にいい社会を作っていくためには受け入れる側には何が必要なのかを、今一度考えるべきだろう라고 서술하고 있으므로, 1 外国から来る人々を受け入れるために、必要な準備について考えるべきだ가 정답이다.

어휘 来日 らいにち 명 (외국인이) 일본에 옴 解決 かいけつ 명 해결 異なる ことなる 동 다르다 話し合う はなしあう 동 서로 이야기하다

68 중

シンさんは理学部の2年生である。自分にどのような仕事が合うかわからないでいるが、就職する企業は働きやすさで選びたいと考えている。シンさんが最初に参加するセミナーはどれか。	신 씨는 이학부 2학년이다. 자신에게 어떠한 일이 맞을지 모르고 있지만, 취직할 기업은 일하기 좋은 정도로 고르고 싶다고 생각하고 있다. 신 씨가 처음에 참가할 세미나는 어느 것인가?
1 4月20日のセミナー	**1 4월 20일의 세미나**
2 4月21日のセミナー	2 4월 21일의 세미나
3 4月23日のセミナー	3 4월 23일의 세미나
4 4月28日のセミナー	4 4월 28일의 세미나

해설 신 씨가 처음에 참가할 세미나를 묻는 문제이다. 질문에서 제시된 조건 (1) 理学部の2年生, (2) 自分にどのような仕事が合うかわからない, (3) 就職する企業は働きやすさで選びたい에 따라,

(1) 이학부 2학년: 표의 왼쪽 열에 쓰인 참가 대상을 보면 4월 28일(土)에 진행되는 공학부, 이학부 3학년을 대상으로 하는 オンラインによる合同企業説明会를 제외한 모든 세미나에 참가 가능하다.

(2) 자신에게 어떠한 일이 맞을지 모른다: 표의 오른쪽 열에 쓰인 세미나의 내용을 보면 4월 20일(금)에 진행되는 세미나가 자신에게 맞는 일 찾기의 첫걸음이라고 설명하고 있다.

(3) 취직할 기업은 일하기 좋은 정도로 고르고 싶다: 표의 오른쪽 열에 쓰인 세미나의 내용을 보면 4월 23일(월)에 진행되는 세미나에서 일하기 좋은 기업을 고르는 포인트를 설명한다고 한다.

따라서, 신 씨가 처음에 참가할 세미나는 4월 20일(금)에 진행되는 세미나이므로 1 **4月20日のセミナー**가 정답이다.

어휘 **理学部** りがくぶ 명 이학부 **就職** しゅうしょく 명 취직 **企業** きぎょう 명 기업 **～やすさ** ~하기 좋은 정도, ~하기 좋음 **参加** さんか 명 참가 **セミナー** 명 세미나

69 중상

大学に入学したばかりのアンさんは、今後の就職活動のためセミナーに参加するつもりだ。企業の人の話を聞きたいが、自分の希望する業界の人が説明会に参加するか知ってから参加したい。アンさんはどうすればいいか。	대학에 막 입학한 안 씨는, 앞으로의 취업 활동을 위해 세미나에 참가할 예정이다. 기업의 사람의 이야기를 듣고 싶지만, 자신이 희망하는 업계의 사람이 설명회에 참가하는지 알고 나서 참가하고 싶다. 안 씨는 어떻게 하면 되는가?
1 21日の説明会に申し込む前に、大学キャリアセンターの山田さんに質問する。	1 21일의 설명회에 신청하기 전에, 대학 커리어 센터의 야마다 씨에게 질문한다.
2 28日の説明会に申し込む前に、大学キャリアセンターの山田さんに質問する。	2 28일의 설명회에 신청하기 전에, 대학 커리어 센터의 야마다 씨에게 질문한다.
3 大学キャリアセンターの窓口に行き、21日の説明会について質問する。	**3 대학 커리어 센터의 창구에 가서, 21일의 설명회에 대해서 질문한다.**
4 大学キャリアセンターのホームページから28日の説明会について質問する。	4 대학 커리어 센터의 홈페이지에서 28일의 설명회에 대해서 질문한다.

해설 안 씨가 해야 할 행동을 묻는 문제이다. 질문에서 제시된 상황 **大学に入学したばかり**, **企業の人の話を聞きたい**, **自分の希望する業界の人が説明会に参加するか知ってから参加したい**에 따라, 표의 왼쪽 열에 쓰인 참가 대상을 보면 4월 28일(토)에 진행되는 공학부, 이학부 3학년을 대상으로 하는 オンラインによる合同企業説明会를 제외한 모든 세미나에 참가 가능하다. 그중에서 기업 쪽의 이야기를 들을 수 있는 것은 4월 21일(토)에 진행되는 オンラインによる合同企業説明会이다. 그리고 표 아래의 설명 중 가장 마지막 줄을 보면 **セミナーの具体的な内容についてお問い合わせがある方は、大学キャリアセンターの窓口に来てください**라고 언급하고 있다.
따라서, 3 **大学キャリアセンターの窓口に行き、21日の説明会について質問する**가 정답이다.

어휘 **～たばかり** 막 ~하다 **今後** こんご 명 앞으로 **活動** かつどう 명 활동 **～つもりだ** ~할 예정이다 **希望** きぼう 명 희망 **業界** ぎょうかい 명 업계 **説明会** せつめいかい 명 설명회 **申し込む** もうしこむ 동 신청하다 **キャリア** 명 커리어 **センター** 명 센터 **窓口** まどぐち 명 창구 **ホームページ** 명 홈페이지

꼭! 알아두기 해야 할 행동을 묻는 문제는 선택지에서 언급되는 행동과 관련된 조건을 미리 확인한 후, 지문에서 관련 내용을 찾아 읽으면 더 수월하게 정답의 단서를 찾을 수 있다.

68-69 야마토 여자 대학 취직 활동 세미나 정보

就職活動新聞　令和(れいわ)３年春号

★セミナー情報

やまと女子大学キャリアセンターでは以下の日程で、就職活動セミナーを行います。学生の皆さん、ぜひ、ご参加ください。

4月20日(金)	テーマ「他己分析による自分発見　自分の強みを見つけよう!」 講師：やまと女子大学キャリアセンター　田中ひろし氏

취직 활동 신문 레이와 3년 봄호

★세미나 정보

야마토 여자 대학 커리어 센터에서는 이하의 일정으로, 취직 활동 세미나를 실시합니다. 학생 여러분, 부디, 참가해 주세요.

4월 20일(금)	테마 '타기 분석에 의한 자신 발견　자신의 강점을 발견하자!' 강사 : 야마토 여자 대학 커리어 센터 다나카 히로시 씨

10時～11時 C号館ホール [68][69]1、2年生対象	・[68]自分に合う仕事探しの第一歩 ・周囲からの評価を知り、自分を見直すチャンス
4月21日(土)	[69]オンラインによる合同企業説明会 司会：やまと女子大学キャリアセンター 山田太郎氏
11時～17時 オンライン [68][69]全学年対象	・さまざまな業界のトップ企業10社が参加 ・PCやスマホなどから参加可能 ・企業の担当者に質問できる
4月23日(月)	テーマ「働き方改革　仕事と生活のバランスを目指して」 講師：井上さくら氏
14時～15時 F号館ホール [68][69]全学年対象	・社員の働き方を改革し、業績を上げた企業について紹介 ・[68]働きやすい企業を選ぶポイントを説明
4月28日(土)	オンラインによる合同企業説明会 司会：やまと女子大学キャリアセンター 山田太郎氏
11時～17時 オンライン 工学部、理学部 3年生対象	・研究や開発に関係する仕事を探している人向け ・PCやスマホなどから参加可能 ・企業の担当者に質問できる

＊お申し込みは3年生を優先します。1、2年生の申し込みは2つまでとします。

＊セミナー申し込みは、大学の学生用ホームページのやまと女子大学セミナーから行ってください。受付期間：4月10日9:00～17日17:00

＊20日と23日のセミナーはそれぞれ定員100名です。定員になり次第締め切りますので、お早めにお申し込みください。

＊[69]セミナーの具体的な内容についてお問い合わせがある方は、大学キャリアセンターの窓口に来てください。窓口受付時間：9:00～18:30（平日のみ）

10시~11시 C호관 홀 [68][69]1, 2학년 대상	• [68]자신에게 맞는 일 찾기의 첫걸음 • 주위로부터의 평가를 알고, 자신을 다시 보는 찬스
4월 21일(토)	[69]온라인에 의한 합동 기업 설명회 사회 : 야마토 여자 대학 커리어 센터 야마다 다로 씨
11시~17시 온라인 [68][69]전 학년 대상	• 다양한 업계의 톱 기업 10사가 참가 • PC나 스마트폰 등에서 참가 가능 • 기업 담당자에게 질문 가능하다
4월 23일(월)	테마 '일하는 법 개혁　일과 생활의 밸런스를 목표로 하여' 강사 : 이노우에 사쿠라 씨
14시~15시 F호관 홀 [68][69]전 학년 대상	• 사원의 일하는 법을 개혁하여, 업적을 올린 기업에 대해서 소개 • [68]일하기 좋은 기업을 고르는 포인트를 설명
4월 28일(토)	온라인에 의한 합동 기업 설명회 사회 : 야마토 여자 대학 커리어 센터 야마다 다로 씨
11시~17시 온라인 공학부, 이학부 3학년 대상	• 연구나 개발에 관계된 일을 찾고 있는 사람용 • PC나 스마트폰 등에서 참가 가능 • 기업 담당자에게 질문 가능하다

＊신청은 3학년을 우선으로 합니다. 1, 2학년의 신청은 2개까지로 합니다.

＊세미나 신청은, 대학의 학생용 홈페이지의 야마토 여자 대학 세미나에서 해 주세요. 접수 기간 : 4월 10일 9:00~17일 17:00

＊20일과 23일의 세미나는 각각 정원 100명입니다. 정원이 되는 대로 마감하기 때문에, 일찌감치 신청해 주세요.

＊[69]세미나의 구체적인 내용에 대해 문의가 있는 분은, 대학 커리어 센터의 창구로 와 주세요. 창구 접수 시간 : 9:00~18:30 (평일만)

어휘 令和 れいわ 명 레이와 (일본의 연호)　情報 じょうほう 명 정보　日程 にってい 명 일정　テーマ 명 테마
他己分析 たこぶんせき 명 타기 분석 (자기 자신을 아는 분석 방법 중 하나)　～による ~에 의한　発見 はっけん 명 발견　強み つよみ 명 강점
講師 こうし 명 강사　ホール 명 홀　対象 たいしょう 명 대상　合う あう 동 맞다　仕事探し しごとさがし 명 일 찾기　第一歩 だいいっぽ 명 첫걸음
周囲 しゅうい 명 주위　評価 ひょうか 명 평가　見直す みなおす 동 다시 보다, 재검토하다　チャンス 명 찬스　オンライン 명 온라인
合同 ごうどう 명 합동　司会 しかい 명 사회　さまざまだ な형 다양하다　トップ 명 톱, 선두　スマホ 명 스마트폰　可能 かのう 명 가능
担当者 たんとうしゃ 명 담당자　働き方 はたらきかた 명 일하는 법　改革 かいかく 명 개혁　バランス 명 밸런스　目指す めざす 동 목표로 하다
社員 しゃいん 명 사원　業績 ぎょうせき 명 업적　～について ~에 대해서　ポイント 명 포인트　工学部 こうがくぶ 명 공학부　開発 かいはつ 명 개발
～向け ～むけ ~용　優先 ゆうせん 명 우선　期間 きかん 명 기간　それぞれ 명 각각　定員 ていいん 명 정원　～次第 ～しだい ~대로
締め切る しめきる 동 마감하다　早めだ はやめだ な형 일찌감치다　具体的だ ぐたいてきだ な형 구체적이다　内容 ないよう 명 내용
お問い合わせ おといあわせ 문의　平日 へいじつ 명 평일

☞ 문제 1의 디렉션과 예제를 들려줄 때 1번부터 5번까지의 선택지를 미리 읽고 내용을 재빨리 파악해 둡니다. 음성에서 では、始めます(그러면, 시작합니다)가 들리면, 곧바로 문제 풀 준비를 합니다. 디렉션과 예제는 실전모의고사 제1회의 해설(p.36)에서 확인할 수 있습니다.

1 중상

[음성]

男の人と女の人が話しています。男の人はまず何をしますか。

M：課長、会議の資料、できました。

F：あ、ありがとう。[1]あとでチェックするから、そこに置いといてくれる？

M：はい。あのう、先日お話しした企画の件はどうなりましたでしょうか。

F：ああ、あの企画ね。社員の家族を1日会社に招待するっていうのはいいと思うよ。部長にも話してみたんだけど、うちでは今までやってなかったイベントだから、いいんじゃないかって。

M：そうですか。よかった。じゃあ、もう少し具体的に計画を立ててもいいでしょうか。

F：うん。[2]でもまず、部長の許可が正式に出ないとね。それより来週の会議の資料、急にもう一つ作んなきゃいけなくなったんだけど、お願いできる？

M：わかりました。部長の許可を先にもらいたいので、[3][4]企画書を書いて、それからでもいいでしょうか。

F：[4]ええ、構わないよ。いい返事がもらえるといいね。

男の人はまず何をしますか。

[문제지]

1 資料を確認する
2 イベントの計画を立てる
3 会議の資料を作成する
4 企画書を書く

[음성]

남자와 여자가 이야기하고 있습니다. 남자는 우선 무엇을 합니까?

M : 과장님, 회의 자료, 다 됐습니다.

F : 아, 고마워. [1]나중에 체크할 테니, 거기에 놓아 둬 줄래?

M : 네. 저, 요전에 말씀드린 기획 건은 어떻게 되었을까요?

F : 아, 그 기획말이지. 사원의 가족을 하루 회사에 초대한다고 하는 것은 좋다고 생각해. 부장님에게도 이야기해 봤는데, 여기서는 지금까지 하지 않았던 이벤트니까, 좋지 않겠냐고.

M : 그렇습니까? 다행이다. 그럼, 조금 더 구체적으로 계획을 세워도 괜찮을까요?

F : 응. [2]하지만 우선, 부장님의 허가가 정식으로 나오지 않으면. 그것보다 다음 주 회의 자료, 급히 하나 더 만들어야 하게 됐는데, 부탁할 수 있을까?

M : 알겠습니다. 부장님의 허가를 먼저 받고 싶기 때문에, [3][4]기획서를 쓰고, 그다음이라도 괜찮을까요?

F : [4]응, 상관없어. 좋은 대답을 받을 수 있으면 좋겠네.

남자는 우선 무엇을 합니까?

[문제지]

1 자료를 확인한다
2 이벤트의 계획을 세운다
3 회의 자료를 작성한다
4 기획서를 쓴다

해설 남자가 가장 먼저 해야 할 일을 묻는 문제이다. 대화에서, 남자가 企画書を書いて、それからでもいいでしょうか라고 하자, 여자가 ええ、構わないよ라고 했으므로, 4 企画書を書く가 정답이다. 선택지 1은 여자가 해야 할 일이고, 2는 부장님의 허가가 나온 다음에 할 일이고, 3은 기획서를 쓴 다음에 할 일이므로 오답이다.

어휘 **資料** しりょう 명 자료 **先日** せんじつ 명 요전 **企画** きかく 명 기획 **件** けん 명 건 **社員** しゃいん 명 사원 **イベント** 명 이벤트 **具体的だ** ぐたいてきだ な형 구체적이다 **計画を立てる** けいかくをたてる 계획을 세우다 **許可** きょか 명 허가 **正式だ** せいしきだ な형 정식이다 **急だ** きゅうだ な형 급하다 **企画書** きかくしょ 명 기획서 **構わない** かまわない 상관없다 **確認** かくにん 명 확인 **作成** さくせい 명 작성

2 상

[음성]

本屋で店長と女の人が話しています。女の人はこれからまず何をしますか。

M：吉田さん、こっち来て、ちょっと手伝ってくれる？

F：はい。あ、店長、これ、新しいドラマの原作ですよね。

M：そう、この小説、売れそうだから、入り口から入ってすぐの棚に置いてほしいんだ。

F：わかりました。[1]今ある本はどこに置きましょうか。

M：ああ、あれは半分、返品するから箱に入れて。空いたとこにこれ、置けるよね。それから棚の上にこのポスターをつるしてほしいんだけど。

F：え？[3]天井からつるすんですよね。後でアルバイトの木村君に、やってもらってもいいでしょうか。

M：ああ、いいよ。じゃあ、先に本だけ並べとこうか。

F：はい、すぐ取り掛かります。そういえばこの作者の新作が先月出てますよ。一緒に並べたら売れるかもしれませんね。

M：ああ、いいねえ。[4]じゃあ、小説の棚から持ってくるから、[2]先に返品分の準備、お願い。

F：[2]わかりました。

女の人はこれからまず何をしますか。

[문제지]

1 新しい本を棚に並べる
2 返品する本を箱に入れる
3 天井からポスターをつるす
4 他の小説を持ってくる

[음성]

서점에서 점장과 여자가 이야기하고 있습니다. 여자는 이제부터 우선 무엇을 합니까?

M : 요시다 씨, 이쪽 와서, 좀 도와줄래?

F : 네. 아, 점장님, 이거, 새로운 드라마의 원작이죠?

M : 맞아, 이 소설, 잘 팔릴 것 같으니까, 입구에서 들어와서 바로인 선반에 놓아 주었으면 해.

F : 알겠습니다. [1]지금 있는 책은 어디에 둘까요?

M : 아, 그건 절반, 반품할 테니 상자에 넣어 줘. 빈 곳에 이것, 놓을 수 있지? 그다음에 선반 위에 이 포스터를 매달아 주었으면 하는데.

F : 네? [3]천장에 매다는 거죠? 이따가 아르바이트인 기무라 군에게, 해 받아도 될까요?

M : 아, 좋아. 그럼, 먼저 책만 진열해 둘까?

F : 네, 바로 착수하겠습니다. 그러고 보니 이 작가의 신작이 지난달에 나왔어요. 함께 진열하면 잘 팔릴지도 모르겠네요.

M : 아, 좋네. [4]그럼, 소설 선반에서 가지고 올 테니, [2]먼저 반품분 준비, 부탁해.

F : [2]알겠습니다.

여자는 이제부터 우선 무엇을 합니까?

[문제지]

1 새로운 책을 선반에 진열한다
2 반품할 책을 상자에 넣는다
3 천장에 포스터를 매단다
4 다른 소설을 가지고 온다

해설 여자가 가장 먼저 해야 할 일을 묻는 문제이다. 대화에서, 남자가 **先に返品分の準備、お願い**라고 하자, 여자가 **わかりました**라고 했으므로, 2 **返品する本を箱に入れる**가 정답이다. 선택지 1은 지금 있는 책을 치운 다음에 할 일이고, 3은 기무라 군에게 부탁할 일이며, 4는 남자가 할 일이므로 오답이다.

어휘 **本屋** ほんや 명 서점 **店長** てんちょう 명 점장 **ドラマ** 명 드라마 **原作** げんさく 명 원작 **売れる** うれる 동 잘 팔리다 **返品** へんぴん 명 반품 **ポスター** 명 포스터 **つるす** 동 매달다 **天井** てんじょう 명 천장 **取り掛かる** とりかかる 동 착수하다 **作者** さくしゃ 명 작가, 작자 **新作** しんさく 명 신작

꼭! 알아두기 先にA(먼저 A), とりあえずA(우선 A)는 A를 먼저 하라는, 또는 하겠다는 의미이므로 가장 먼저 해야 할 일을 묻는 문제에서는 先に, とりあえず 뒤에 언급되는 행동을 주의 깊게 듣는다.

3 중

[음성]

電話で男の学生と先生が話しています。男の学生は休みの場合、面接練習の予定をどう確認しますか。

M：先生、すみません。今日の夜から大雪になるって聞いたんですけど、明日の授業、休みになるんですか。

[음성]

전화로 남학생과 선생님이 이야기하고 있습니다. 남학생은 휴강인 경우, 면접 연습 예정을 어떻게 확인합니까?

M : 선생님, 실례합니다. 오늘 밤부터 폭설이 된다고 들었는데요, 내일 수업, 휴강이 되는 건가요?

F：ああ、天気予報で言ってましたね。午前中には止むだろうっていう予報だけど、大雪だと電車やバスが止まることがあるので、[1]休みになるなら朝、学校からメールで一斉に連絡が行きますよ。

M：明日、先生と面接の練習をすることになってましたけど、それはどうなりますか。土曜日に面接試験があるから、練習したいんです。

F：ああ、そうでしたね。雪が午前中に止んだら、電車も動くだろうけど…。そしたら午後来れますか。来る前に学校に1回電話してくれたら、待ってますから。

M：雪が止んだら、電話しないですぐに学校に行ってもいいでしょうか。

F：来てもいいですけど、電車もすぐには動かないだろうし、私も午前中はいないかもしれないから。そうだ、[2][4]私にメールしてくれますか。

M：[4]わかりました。じゃあ、雪が止んだら、そうします。

F：ええ。でも、明日の朝はちゃんとニュース見たほうがいいですよ。電車が止まっていたらわかるから。

M：はい。あの、電車が止まらなかったら、普通に授業ですよね。

F：ええ、そうです。

男の学生は休みの場合、面接練習の予定をどう確認しますか。

[문제지]

1 一斉メールを待つ
2 学校に電話する
3 学校に行って確認する
4 先生にメールする

F : 아, 일기 예보에서 말했었죠. 오전 중에는 그칠 것이라는 예보지만, 폭설이면 전철이나 버스가 멈추는 경우가 있기 때문에, [1]휴강이 된다면 아침, 학교로부터 이메일로 일제히 연락이 갈 거예요.

M : 내일, 선생님과 면접 연습을 하기로 되어 있었는데요, 그것은 어떻게 되나요? 토요일에 면접시험이 있기 때문에, 연습하고 싶어요.

F : 아, 그랬지요. 눈이 오전 중에 그친다면, 전철도 움직일 테지만…. 그러면 오후에 올 수 있나요? 오기 전에 학교에 한 번 전화해 주면, 기다리고 있을 테니까.

M : 눈이 그친다면, 전화하지 않고 곧바로 학교에 가도 괜찮을까요?

F : 와도 괜찮지만, 전철도 바로는 움직이지 않을 테고, 저도 오전 중은 없을지도 모르니까. 맞다, [2][4]저에게 이메일해 줄래요?

M : [4]알겠습니다. 그럼, 눈이 그치면, 그렇게 하겠습니다.

F : 네. 하지만, 내일 아침은 확실히 뉴스 보는 편이 좋아요. 전철이 멈춰 있다면 알 수 있으니까.

M : 네. 저, 전철이 멈추지 않는다면, 보통처럼 수업이지요?

F : 네, 맞아요.

남학생은 휴강인 경우, 면접 연습 예정을 어떻게 확인합니까?

[문제지]

1 전체 이메일을 기다린다
2 학교에 전화한다
3 학교에 가서 확인한다
4 선생님에게 이메일한다

해설 남학생이 휴강인 경우 면접 연습 예정을 어떻게 확인하는지를 묻는 문제이다. 대화에서, 선생님 즉, 여자가 **私にメールしてくれますか**라고 하자, 남학생이 **わかりました**라고 했으므로, 4 **先生にメールする**가 정답이다. 선택지 1은 휴강이 된다면 학교로부터 이메일로 일제히 연락이 온다는 것이고, 2는 학교에 전화하는 대신 이메일 해 달라고 했으며 3은 언급되지 않았으므로 오답이다.

어휘 **面接** めんせつ 명 면접 **確認** かくにん 명 확인 **大雪** おおゆき 명 폭설, 대설 **予報** よほう 명 예보 **午前中** ごぜんちゅう 오전 중 **メール** 명 이메일 **一斉** いっせい 명 일제, 전체 **ちゃんと** 부 확실히

4 중상

[음성]

会社で課長と女の人が話しています。女の人はこれから何をしなければなりませんか。

M：最近、小麦粉の市場価格が上がってきているね。取り引き先から、何か連絡あった？

F：ええ、実はさっき電話がありまして、うちの商品に使っている小麦粉、やっぱり来月から値上げが予定されているそうです。

[음성]

회사에서 과장님과 여자가 이야기하고 있습니다. 여자는 이제부터 무엇을 해야 합니까?

M : 최근, 밀가루의 시장 가격이 오르고 있네. 거래처에서, 뭔가 연락 있었어?

F : 네, 실은 아까 전화가 있었는데, 우리 상품에 사용하고 있는 밀가루, 역시 다음 달부터 가격 인상이 예정되어 있다고 합니다.

M：うーん、できるだけ商品の価格は上げないようにしたいから、[1]値上げを少しでも先に延ばしてもらえるように交渉してくれるかな。

F：[1]わかりました。至急、打ち合わせの日程を調整してみます。

M：ああ、それから、他の会社の小麦粉についても調査してもらえる？

F：あ、[2][3]それは先日既に調べておきましたので、あとで資料をお持ちします。よさそうな会社があったら、連絡してみましょうか。

M：ありがとう。[4]それは報告書を見てから、僕がやるから。まずは、日程が決まったら教えて。

F：はい、わかりました。

女の人はこれから何をしなければなりませんか。

[문제지]

1 打ち合わせの日を決める
2 他の会社の価格を調べる
3 報告書を作成する
4 他の会社に連絡する

M : 흐음, 가능한 한 상품의 가격은 올리지 않도록 하고 싶으니까, [1]가격 인상을 조금이라도 나중으로 미뤄줄 수 있도록 교섭해 줄래?

F : [1]알겠습니다. 시급히, 협의 일정을 조정해 보겠습니다.

M : 아, 그리고, 다른 회사의 밀가루에 대해서도 조사해 줄 수 있을까?

F : 아, [2][3]그건 요전에 이미 조사해 두었기 때문에, 나중에 자료를 가지고 오겠습니다. 괜찮아 보이는 회사가 있으면, 연락해 볼까요?

M : 고마워. [4]그건 보고서를 보고 나서, 내가 할 테니. 우선은, 일정이 정해지면 알려 줘.

F : 네, 알겠습니다.

여자는 이제부터 무엇을 해야 합니까?

[문제지]

1 협의 날을 정한다
2 다른 회사의 가격을 조사한다
3 보고서를 작성한다
4 다른 회사에 연락한다

해설 여자가 앞으로 해야 할 일을 묻는 문제이다. 대화에서, 남자가 値上げを少しでも先に延ばしてもらえるように交渉してくれるかな라고 하자 여자가 わかりました。至急、打ち合わせの日程を調整してみます라고 했으므로, 1 打ち合わせの日を決める가 정답이다. 선택지 2, 3은 여자가 이미 했고, 4는 남자가 할 일이므로 오답이다.

어휘 **小麦粉** こむぎこ 명 밀가루 **市場** しじょう 명 시장 **価格** かかく 명 가격 **取り引き先** とりひきさき 명 거래처 **実は** じつは 부 실은 **商品** しょうひん 명 상품 **値上げ** ねあげ 명 가격 인상 **延ばす** のばす 동 미루다 **交渉** こうしょう 명 교섭 **至急** しきゅう 시급히 **打ち合わせ** うちあわせ 명 협의 **日程** にってい 명 일정 **調整** ちょうせい 명 조정 **調査** ちょうさ 명 조사 **先日** せんじつ 명 요전 **既に** すでに 부 이미 **資料** しりょう 명 자료 **報告書** ほうこくしょ 명 보고서 **作成** さくせい 명 작성

5 상

[음성]

学校で女の学生と男の学生が話しています。男の学生はどの席に座りますか。

F：今日の午後のゼミって、ゲストが来るんだよね。席、どうする？

M：僕達が決めるんだっけ。じゃあ、[1]お客さんだから、部屋の一番奥がいいよね。いつもは先生が座ってるとこだけど。先生はゲストから見て左にする？本棚側の。

F：そうだね。先生は本棚の近くのほうがいいよね。

M：僕達はいつも通りでも大丈夫かな。あ、席がもう一つ必要か。

F：椅子は隣の部屋から持ってくればいいけど、座るとこ、[4]入り口の近くしか空いてないよね。ちょっと狭いけど。

[음성]

학교에서 여학생과 남학생이 이야기하고 있습니다. 남학생은 어느 자리에 앉습니까?

F : 오늘 오후 세미나는, 게스트가 오는 거지? 자리, 어떻게 할까?

M : 우리들이 정하는 거던가. 그럼, [1]손님이니까, 방의 가장 안이 좋겠네. 평소에는 선생님이 앉아 있는 곳이지만. 선생님은 게스트로부터 봐서 왼쪽으로 할까? 책장 쪽의.

F : 그렇네. 선생님은 책장이 가까운 편이 좋지.

M : 우리들은 평소대로라도 괜찮으려나. 아, 자리가 하나 더 필요한가.

F : 의자는 옆방에서 가지고 오면 되는데, 앉을 곳, [4]입구 근처밖에 비어있지 않네. 좀 좁지만.

M：ああ、僕、そこでもいいよ。

F：いつもは先生の隣なのに、いいの？

M：いいよいいよ。その代わり、[2]ゲストの隣は佐々木さんでもいい？僕、知らない人だと緊張しちゃって。

F：えー、[2][4]私、先生の向かいは嫌だなあ。やっぱり代わってよ。

M：仕方ないなあ。

男の学生はどの席に座りますか。

[문제지]

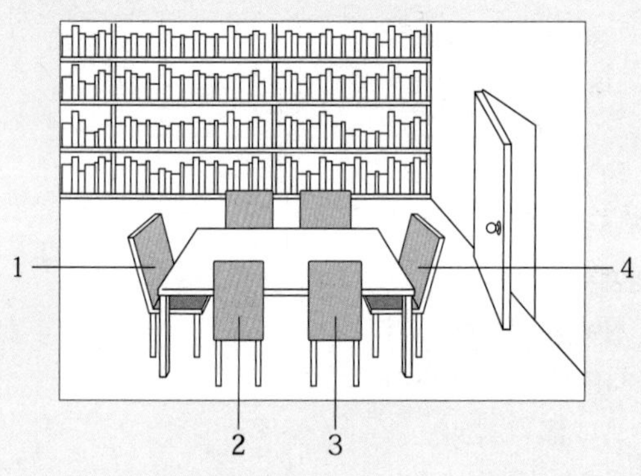

M : 아, 나, 거기라도 괜찮아.

F : 평소에는 선생님 옆인데, 괜찮아?

M : 괜찮아 괜찮아. 그 대신, [2]게스트 옆은 사사키 씨라도 괜찮아? 나, 모르는 사람이면 긴장해 버려서.

F : 뭐, [2][4]나, 선생님 맞은편은 싫어. 역시 바꿔 줘.

M : 어쩔 수 없네.

남학생은 어느 자리에 앉습니까?

[문제지]

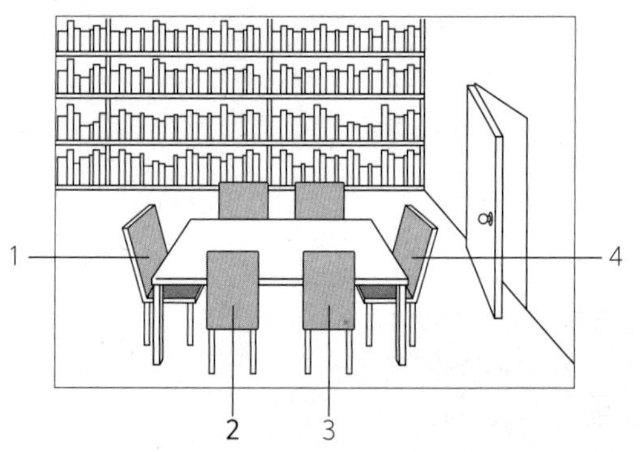

해설 남학생이 어느 자리에 앉는지를 묻는 문제이다. 대화에서, 남자가 게스트는 방의 가장 안쪽이 좋겠다고 한 후, ゲストの隣は佐々木さんでもいい？僕、知らない人だと緊張しちゃって라고 하자 여자가 私、先生の向かいは嫌だなあ。やっぱり代わってよ라고 했으므로 게스트의 옆자리인 2가 정답이다. 1은 게스트가 앉을 자리이고, 3은 언급되지 않았으며, 4는 여자가 앉을 자리이므로 오답이다.

어휘 ゼミ 명 세미나　ゲスト 명 게스트　お客さん おきゃくさん 손님　奥 おく 명 안　いつも通り いつもどおり 평소대로　緊張 きんちょう 명 긴장　向かい むかい 명 맞은편　仕方ない しかたない い형 어쩔 수 없다

☞ 문제 2의 디렉션과 예제를 들려줄 때 1번부터 6번까지의 선택지를 미리 읽고 내용을 재빨리 파악해 둡니다. 음성에서 では、始めます(그러면, 시작합니다)가 들리면, 곧바로 문제 풀 준비를 합니다. 디렉션과 예제는 실전모의고사 제1회의 해설(p.42)에서 확인할 수 있습니다.

1 상

[음성]

女の学生と男の学生が話しています。カウンセリングルームの目的は何ですか。

F：今朝、先生が言ってたカウンセリングルーム、今度行ってみようかな。

M：え？ カウンセリングルーム？ ごめん、あの時よく聞いてなかったんだ。なんだっけ。

F：カウンセリングルームってスクールカウンセラーの先生がいるところなんだけど、もっと気軽に活用してほしいって。

M：そうなんだ。そういう先生がいるのは知ってたけど、どんなことするの？

[음성]

여학생과 남학생이 이야기하고 있습니다. 카운슬링 룸의 목적은 무엇입니까?

F : 오늘 아침에, 선생님이 말했던 카운슬링 룸, 이다음에 가 볼까.

M : 어? 카운슬링 룸? 미안, 그때 잘 듣고 있지 않았어. 뭐였지?

F : 카운슬링 룸이란 스쿨 카운슬러 선생님이 있는 곳인데, 더 부담 없이 활용하길 바란대.

M : 그렇구나. 그런 선생님이 있는 것은 알고 있었는데, 어떤 일을 하는 거야?

F：えーと、例えば友達付き合いで悩んでるときとかに、話を聞いてもらうの。トラブルに発展しちゃうと大変だから、何か問題が起こる前に、心の悩みを聞かせてほしいんだって。私たちが快適に学校生活を送れることを第一に考えてくれてるんだね。

M：そうか。勉強したくないとか、成績が上がらないっていう相談でもいいのかな。

F：うーん、それも相談してもいいと思うけど。とにかく、自分一人で悩んでいないで困ったときは早めに相談したほうがいいってことだよ。

M：なるほどね。

カウンセリングルームの目的は何ですか。

[문제지]

1 大きなトラブルを解決すること
2 気持ちのよい学生生活にすること
3 勉強の成績を伸ばすこと
4 友達と気軽に悩みを話すこと

F : 음, 예를 들면 친구 교제로 고민하고 있을 때라든가, 이야기를 들어 주는 거야. 트러블로 발전해 버리면 큰일이니까, 뭔가 문제가 일어나기 전에, 마음의 고민을 들려주길 바란대. 우리들이 쾌적하게 학교생활을 보낼 수 있는 것을 제일로 생각해 주고 있는 거지.

M : 그렇구나. 공부하고 싶지 않다든가, 성적이 오르지 않는다는 상담이라도 괜찮은 걸까.

F : 음, 그것도 상담해도 괜찮다고 생각하는데. 어쨌든, 자기 혼자서 고민하고 있지 말고 곤란할 때에는 일찌감치 상담하는 편이 좋다는 말이야.

M : 그렇구나.

카운슬링 룸의 목적은 무엇입니까?

[문제지]

1 큰 트러블을 해결하는 것
2 기분 좋은 학생 생활로 만드는 것
3 공부 성적을 올리는 것
4 친구와 부담 없이 고민을 이야기하는 것

해설 카운슬링 룸의 목적을 묻는 문제이다. 대화에서, 남자가 카운슬링 룸과 카운슬러 선생님이 하는 일에 대해서 묻자, 여자가 **私たちが快適に学校生活を送れることを第一に考えてくれてるんだね**라고 했으므로, 2 **気持ちのよい学生生活にすること**가 정답이다. 선택지 1은 트러블로 발전하기 전에 마음의 고민을 들려주길 바란다고 했고, 3은 카운슬링 룸의 목적으로 언급한 점이 아니고, 4는 친구와 고민을 이야기하는 것이 아니라 친구 교제로 고민할 때 이야기를 들려 달라고 했으므로 오답이다.

어휘 **カウンセリング** 명 카운슬링 **ルーム** 명 룸 **目的** もくてき 명 목적 **スクール** 명 스쿨, 학교 **カウンセラー** 명 카운슬러 **気軽だ** きがるだ な형 부담 없다 **活用** かつよう 명 활용 **友達付き合い** ともだちづきあい 친구 교제 **悩む** なやむ 동 고민하다 **トラブル** 명 트러블 **発展** はってん 명 발전 **起こる** おこる 동 일어나다 **悩み** なやみ 명 고민 **快適だ** かいてきだ な형 쾌적하다 **第一** だいいち 명 제일 **成績** せいせき 명 성적 **とにかく** 부 어쨌든 **早めだ** はやめだ な형 일찌감치이다 **解決** かいけつ 명 해결 **伸ばす** のばす 동 올리다, 늘리다

2 상

[음성]

マンションの管理人と女の人が話しています。マンションの管理人がこの訓練で心配しているのはどんなことですか。

M：あ、吉田さん。今年、吉田さんが住民の代表ですよね。ちょっと相談なんですが。今日、消防署の人がうちのマンションに来まして、このマンションに住んでいる皆さんに、消防訓練をしてほしいというお話があったんですよ。

F：そうなんですか。冬は空気が乾燥して、火事が増えるからでしょうかね。ただ、マンションの人全員が訓練に集まれるかどうか。

M：それが、インターネットが普及しているので、インターネットを使った訓練のお願いでした。

F：えっ、インターネットで？

[음성]

맨션의 관리인과 여자가 이야기하고 있습니다. 맨션의 관리인이 이 훈련에서 걱정하고 있는 것은 **어떤 것입니까?**

M : 아, 요시다 씨. 올해, 요시다 씨가 주민 대표이지요? 잠깐 상담입니다만. 오늘, 소방서 사람이 우리 맨션에 와서, 이 맨션에 살고 있는 모두에게, 소방 훈련을 하길 바란다고 하는 이야기가 있었어요.

F : 그렇습니까? 겨울은 공기가 건조해서, 화재가 늘기 때문일까요. 다만, 맨션 사람 전원이 훈련에 모일 수 있을지 어떨지.

M : 그게, 인터넷이 보급되어 있기 때문에, 인터넷을 사용한 훈련의 부탁이었어요.

F : 앗, 인터넷으로?

M：そうなんですよ。実際の訓練はなかなか人が集まらないので、消防署のホームページに載っているサイトで、それぞれの自由な時間に訓練の動画を見るそうです。

F：へえ、それは便利ですね。

M：ええ、便利は便利なんですけど、住んでいる方の中には、ご高齢でパソコンをお使いにならない方もいらっしゃるので、どうしたらいいか。

F：ああ、そうですよね。そうしたら、集会室に集まって、みんなで見ていただくのはどうでしょうか。

M：なるほど。そうですね。それでも、動画がきちんと再生されないかもしれないし、そこはちょっと気がかりですね。

マンションの管理人がこの訓練で心配しているのはどんなことですか。

[문제지]

1 訓練の参加者が集まらないこと
2 パソコンを持っていない人がいること
3 集会室に集まるのが難しいこと
4 動画がうまく再生されるか分からないこと

M : 맞아요. 실제 훈련은 좀처럼 사람이 모이지 않으니까, 소방서 홈페이지에 실려 있는 사이트에서, 각자 자유로운 시간에 훈련 동영상을 본다고 합니다.

F : 우와, 그건 편리하네요.

M : 네, 편리하기는 편리합니다만, 살고 있는 분 중에는, 고령이어서 컴퓨터를 사용하시지 않는 분도 계시니, 어떻게 하면 좋을지.

F : 아, 그렇네요. 그러면, 집회실에 모여서, 다같이 봐 주시는 것은 어떨까요?

M : 과연. 그렇군요. 그래도, 동영상이 제대로 재생되지 않을지도 모르고, 그 점은 조금 마음에 걸리네요.

맨션의 관리인이 이 훈련에서 걱정하고 있는 것은 어떤 것입니까?

[문제지]

1 훈련의 참가자가 모이지 않는 것
2 컴퓨터를 가지고 있지 않은 사람이 있는 것
3 집회실에 모이는 것이 어려운 것
4 동영상이 잘 재생될지 알 수 없는 것

해설 맨션의 관리인 즉, 남자가 이 훈련에서 걱정하고 있는 것을 묻는 문제이다. 대화에서, 여자가 인터넷 소방 훈련에 대해 고령인 분들은 집회실에 모여서 함께 보는 것이 어떻겠냐고 하자, 남자가 **それでも、動画がきちんと再生されないかもしれないし、そこはちょっと気がかりですね**라고 했으므로, 4 動画がうまく再生されるか分からないこと가 정답이다. 1은 인터넷으로 훈련을 하는 이유이고, 2는 컴퓨터를 가지고 있지 않은 게 아니라 사용하지 않는 사람이 있다고 했으며, 3은 언급되지 않았으므로 오답이다.

어휘 **マンション** 명 맨션 **管理人** かんりにん 명 관리인 **住民** じゅうみん 명 주민 **代表** だいひょう 명 대표 **消防署** しょうぼうしょ 명 소방서 **消防** しょうぼう 명 소방 **訓練** くんれん 명 훈련 **乾燥** かんそう 명 건조 **全員** ぜんいん 명 전원 **インターネット** 명 인터넷 **普及** ふきゅう 명 보급 **実際** じっさい 명 실제 **ホームページ** 명 홈페이지 **サイト** 명 사이트 **それぞれ** 명 각자 **自由だ** じゆうだ な형 자유롭다 **動画** どうが 명 동영상 **高齢** こうれい 명 고령 **集会室** しゅうかいしつ 명 집회실 **きちんと** 부 제대로 **再生** さいせい 명 재생 **気がかりだ** きがかりだ な형 마음에 걸리다 **参加者** さんかしゃ 명 참가자

꼭! 알아두기 걱정하고 있는 것을 묻는 경우, 정답의 단서가 心配(걱정)와 유사한 의미인 気がかり(마음에 걸림), 不安(불안)과 같은 표현 주변에서 자주 언급된다.

3 중상

[음성]

男の人と女の人が話しています。女の人が自転車を買うのを止めた理由は何ですか。

M：先週、自転車買うって言ってたけど、買ったの？

F：それがさ、店に電話して在庫の確認までして行ったんだけど、結局買うの止めたんだよね。

M：え？何かあったの？ カタログ見てすごく気に入ったって言ってたのに。

F：うん、私も買うつもりでお店に行ったんだけどさ、行ったら聞いてた値段より高かったんだよ。

[음성]

남자와 여자가 이야기하고 있습니다. 여자가 자전거를 사는 것을 그만둔 이유**는 무엇입니까?**

M : 지난주, 자전거 산다고 말했었는데, 샀어?

F : 그게 말이야, 가게에 전화해서 재고 확인까지 하고 갔는데, 결국 사는 거 그만뒀어.

M : 뭐? 뭔가 있었어? 카탈로그 보고 굉장히 마음에 들었다고 말했었는데.

F : 응, 나도 살 생각으로 가게에 간 건데 말이야, 갔더니 들었던 가격보다 비쌌어.

M：え？高くなってたの？

F：うん。たいした金額じゃないんだけど、電話で聞いた値段と違うって言ったら、間違って伝えたって言うだけで、謝りもしなくて。カタログと色もちょっと違う感じだったんだけど、まあ、それは仕方ないよね。でも、あの態度はねえ。

M：そのお店は、いいお客をなくしちゃったね。高い自転車だったんでしょう？

F：うん、まあね。

女の人が自転車を買うのを止めた理由は何ですか。

[문제지]

1 店に商品がなかったから
2 値段が高くなっていたから
3 店員の態度がよくなかったから
4 カタログと色が違っていたから

M : 뭐? 비싸져 있었어?

F : 응. 대단한 금액은 아니지만, 전화로 들은 가격과 다르다고 말했더니, 잘못 전달했다고 말할 뿐으로, 사과도 하지 않아서. 카탈로그와 색도 좀 다른 느낌이었는데, 뭐, 그건 어쩔 수 없지. 하지만, 그 태도는 말이야.

M : 그 가게는, 좋은 손님을 잃어 버렸네. 비싼 자전거였지?

F : 응, 뭐.

여자가 자전거를 사는 것을 그만둔 이유는 무엇입니까?

[문제지]

1 가게에 상품이 없었기 때문에
2 가격이 비싸져 있었기 때문에
3 점원의 태도가 좋지 않았기 때문에
4 카탈로그와 색이 달랐기 때문에

해설 여자가 자전거를 사는 것을 그만둔 이유를 묻는 문제이다. 대화에서, 여자가 **電話で聞いた値段と違うって言ったら、間違って伝えたって言うだけで、謝りもしなくて。カタログと色もちょっと違う感じだったんだけど、まあ、それは仕方ないよね。でも、あの態度はねえ**라고 했으므로, 3 店員の態度がよくなかったから가 정답이다. 선택지 1은 가게에 재고 확인을 하고 갔다고 했고, 2와 4는 자전거를 사지 않은 이유로 언급한 점이 아니므로 오답이다.

어휘 **在庫** ざいこ 명 재고　**確認** かくにん 명 확인　**結局** けっきょく 부 결국　**カタログ** 명 카탈로그　**気に入る** きにいる 마음에 들다　**値段** ねだん 명 가격　**たいした** 대단한　**金額** きんがく 명 금액　**謝り** あやまり 명 사과　**仕方ない** しかたない い형 어쩔 수 없다　**態度** たいど 명 태도　**商品** しょうひん 명 상품

4 상

[음성]

男の人と女の人が話しています。会社が多様な人材を雇う目的は何ですか。

M：今年入社した人って、いろんな人がいるよね。僕たちのときと違って、社会経験のある人も多いと思わない？

F：やっぱり今の時代は即戦力になる人が必要ってことなのかなあ。

M：そうかもね。それに最近の若い人は、会社の従来の仕事の進め方とか考え方とかに違和感を持つ人が多いというから。そういうものに対して新しい考えとか違うやり方を提案してもらえれば、会社も社会の変化に柔軟になっていいかもね。

F：確かにそうだね。でもやっぱり、会社としては、海外営業で活躍できる人を増やして、国際的に他社に負けない力をつけたいっていうのが本音だと思うよ。

M：ああ、そうだった。そういえば課長も部長もそう言っていたね。実際に海外での売り上げも増えてるし。

[음성]

남자와 여자가 이야기하고 있습니다. 회사가 다양한 인재를 고용하는 목적은 무엇입니까?

M : 올해 입사한 사람은, 다양한 사람이 있네. 우리 때와 달리, 사회 경험이 있는 사람도 많다고 생각하지 않아?

F : 역시 지금 시대는 즉시 전력이 될 사람이 필요하다는 것일까.

M : 그럴지도 모르겠네. 게다가 최근의 젊은 사람은, 회사의 종래의 일 진행 방법이라든가 사고방식이라든가에 위화감을 가지는 사람이 많다고 하니까. 그런 것에 대해서 새로운 생각이라든가 다른 방식을 제안받을 수 있으면, 회사도 사회의 변화에 유연하게 되어서 좋을지도 모르겠네.

F : 확실히 그렇네. 하지만 역시, 회사로서는, 해외 영업에서 활약할 수 있는 사람을 늘려서, 국제적으로 타사에 지지 않는 힘을 기르고 싶다는 것이 본심이라고 생각해.

M : 아, 그랬다. 그러고 보니 과장님도 부장님도 그렇게 말하고 있었지. 실제로 해외에서의 매상도 늘고 있고 말이야.

F：来月からは外国語の研修も社員みんなが受けられるようにするらしいし、外国籍の社員もどんどん採用していくってさ。

会社が多様な人材を雇う目的は何ですか。

[문제지]

1 即戦力になる社員を増やすため
2 会社の古い考えや習慣を変えるため
3 社会の変化に合わせるため
4 国際的な競争力をつけるため

F : 다음 달부터는 외국어 연수도 사원 모두가 받을 수 있게 한다고 하고, 외국 국적의 사원도 점점 채용해 나간대.

회사가 다양한 인재를 고용하는 목적은 무엇입니까?

[문제지]

1 즉시 전력이 될 사원을 늘리기 위해서
2 회사의 낡은 생각이나 관습을 바꾸기 위해서
3 사회의 변화에 맞추기 위해서
4 국제적인 경쟁력을 기르기 위해서

해설 회사가 다양한 인재를 고용하는 목적을 묻는 문제이다. 대화에서, 여자가 でもやっぱり、会社としては、海外営業で活躍できる人を増やして、国際的に他社に負けない力をつけたいっていうのが本音라고 했으므로, 4 国際的な競争力をつけるため가 정답이다. 1은 여자의 생각이고, 2는 바꾸기 위해서가 아니라 위화감을 가지고 있는 젊은 사람이 많다는 것이며, 3은 남자의 생각이므로 오답이다.

어휘 **多様だ** たようだ な형 다양하다 **人材** じんざい 명 인재 **雇う** やとう 동 고용하다 **目的** もくてき 명 목적 **入社** にゅうしゃ 명 입사 **即戦力** そくせんりょく 명 즉시 전력 **従来** じゅうらい 명 종래 **進め方** すすめかた 명 진행 방법 **考え方** かんがえかた 명 사고방식 **違和感** いわかん 명 위화감 **やり方** やりかた 명 방식 **提案** ていあん 명 제안 **変化** へんか 명 변화 **柔軟だ** じゅうなんだ な형 유연하다 **海外** かいがい 명 해외 **営業** えいぎょう 명 영업 **活躍** かつやく 명 활약 **増やす** ふやす 동 늘리다 **国際的だ** こくさいてきだ な형 국제적이다 **他社** たしゃ 명 타사 **本音** ほんね 명 본심 **実際** じっさい 명 실제 **売り上げ** うりあげ 명 매상 **外国語** がいこくご 명 외국어 **研修** けんしゅう 명 연수 **外国籍** がいこくせき 명 외국 국적 **採用** さいよう 명 채용 **合わせる** あわせる 동 맞추다 **競争力** きょうそうりょく 명 경쟁력

5 중상

[음성]

女の人と男の人が話しています。男の人はどうして落ち込んでいるのですか。

F：昨日のピアノコンクール、入賞できなかったけど、いい演奏だったよ。
M：ああ、ありがとう。 実は、優勝した彼女とはもう10年以上も前から友達なんだよ。
F：そうだったの。知らなかった。
M：うん。彼女はすごかったよ。頑張ってるのも知ってたから、よかったと思うよ。でも、何だか元気が出なくて。
F：ああ、今回の結果は本当に残念だけど、また次があるじゃない。
M：いや、今回のことはそんなに気にしていないんだ。ただ、練習しても楽しくないし、なんか、急に自信がなくなっちゃって。
F：もしかして、彼女に負けたのがショックだった？
M：いや、そんなことないよ。うーん、自分の気持ちの問題なんだ。自分の能力が信じられないっていうか。
F：そうかあ。じゃ、少し休んだらどう？ それでまた練習して、少しずつ自信をつけていけばいいじゃない。
M：うん。そうだね。ありがとう。

男の人はどうして落ち込んでいるのですか。

[음성]

여자와 남자가 이야기하고 있습니다. 남자는 어째서 의기소침해 있는 것입니까?

F : 어제의 피아노 콩쿠르, 입상하지 못했지만, 좋은 연주였어.
M : 아, 고마워. 실은, 우승한 그녀와는 벌써 10년 이상이나 전부터 친구야.
F : 그랬어? 몰랐네.
M : 응. 그녀는 굉장했어. 열심히 하고 있는 것도 알고 있었으니까, 잘됐다고 생각해. 하지만, 왠지 힘이 나지 않아서.
F : 아, 이번 결과는 정말로 유감이지만, 또 다음이 있잖아.
M : 아니, 이번 일은 그렇게 신경쓰고 있지 않아. 그저, 연습해도 즐겁지 않고, 뭔가, 갑자기 자신이 없어져 버려서.
F : 혹시, 그녀에게 진 것이 쇼크였어?
M : 아니, 그런 거 아니야. 음, 내 기분 문제인 거야. 내 능력을 믿을 수 없달까?
F : 그렇구나. 그럼, 조금 쉬면 어때? 그리고 또 연습해서, 조금씩 자신을 가져가면 되잖아.
M : 응. 그렇네. 고마워.

남자는 어째서 의기소침해 있는 것입니까?

[문제지]

1 コンクールの結果が悪かったから

2 自分に自信がなくなったから

3 全然休んでいないから

4 友達が優勝してくやしいから

[문제지]

1 콩쿠르의 결과가 나빴기 때문에

2 자기에게 자신이 없어졌기 때문에

3 전혀 쉬고 있지 않기 때문에

4 친구가 우승해서 분하기 때문에

해설 남자가 어째서 의기소침해 있는지 묻는 문제이다. 대화에서, 남자가 練習しても楽しくないし、なんか、急に自信がなくなっちゃって라고 하고, 自分の気持ちの問題なんだ。自分の能力が信じられないっていうか라고 했으므로, 2 自分に自信がなくなったから가 정답이다. 선택지 1은 이번 일은 신경 쓰고 있지 않다고 했고, 3은 언급되지 않았고, 4는 분한 게 아니라 잘됐다고 생각한다고 했으므로 오답이다.

어휘 落ち込む おちこむ [동] 의기소침하다　コンクール [명] 콩쿠르　入賞 にゅうしょう [명] 입상　演奏 えんそう [명] 연주　実は じつは [부] 실은　優勝 ゆうしょう [명] 우승　今回 こんかい [명] 이번　結果 けっか [명] 결과　気にする きにする 신경쓰다　急だ きゅうだ [な형] 갑작스럽다　自信 じしん [명] 자신, 자신감　もしかして [부] 혹시　ショック [명] 쇼크, 충격　能力 のうりょく [명] 능력　信じる しんじる [동] 믿다　くやしい [い형] 분하다

6 중

[음성]

テレビの料理番組で、女の人が話しています。このお菓子を作るときに気を付けることは何ですか。

F：今日は、簡単でおいしいお菓子を作ります。はじめに、全ての材料をボウルに入れます。お菓子を作るときには材料をきちんと量ることが大切ですが、このお菓子に限ってはそれほど注意しなくても構いません。それから、全部の材料をよく混ぜてください。これが不十分だと、このあとどんなに丁寧に作業をしたとしても、上手に焼き上がりません。次に、スプーンで1杯ずつ取って、皿に並べます。大きさは、揃っているに越したことはありませんが、あまり気にしなくてもいいです。180℃のオーブンで15分焼いたら、出来上がりです。

このお菓子を作るときに気を付けることは何ですか。

[문제지]

1 材料を正確に量ること

2 材料をしっかりと混ぜること

3 サイズをそろえること

4 ていねいに焼くこと

[음성]

텔레비전의 요리 프로그램에서, 여자가 이야기하고 있습니다. 이 과자를 만들 때에 주의할 것은 무엇입니까?

F : 오늘은, 간단하고 맛있는 과자를 만들겠습니다. 처음에, 전체 재료를 볼에 넣습니다. 과자를 만들 때에는 재료를 제대로 계량하는 것이 중요합니다만, 이 과자만은 그렇게 주의하지 않아도 괜찮습니다. 그다음에, 모든 재료를 잘 섞어 주세요. 이것이 충분하지 않으면, 이다음에 아무리 정성스럽게 작업을 했다고 해도, 잘 구워지지 않습니다. 다음으로, 스푼으로 한 술씩 떠서, 그릇에 늘어놓습니다. 크기는, 고른 것보다 더 좋은 것은 없습니다만, 그리 신경 쓰지 않아도 괜찮습니다. 180℃의 오븐에서 15분 구우면, 완성입니다.

이 과자를 만들 때에 주의할 것은 무엇입니까?

[문제지]

1 재료를 정확하게 계량하는 것

2 재료를 충분히 섞는 것

3 사이즈를 고르게 하는 것

4 정성스럽게 굽는 것

해설 이 과자를 만들 때에 주의할 것을 묻는 문제이다. 여자가 全部の材料をよく混ぜてください。これが不十分だと、このあとどんなに丁寧に作業をしたとしても、上手に焼き上がりません이라고 했으므로, 2 材料をしっかりと混ぜること가 정답이다. 선택지 1과 3은 주의하지 않아도 괜찮다고 했고, 4는 언급되지 않았으므로 오답이다.

어휘 お菓子 おかし 과자　気を付ける きをつける 주의하다　全て すべて [명] 전체　材料 ざいりょう [명] 재료　ボウル [명] 볼, 사발　きちんと [부] 제대로　量る はかる [동] 계량하다, 재다　構わない かまわない 괜찮다　混ぜる まぜる [동] 섞다　不十分だ ふじゅうぶんだ [な형] 충분하지 않다　丁寧だ ていねいだ [な형] 정성스럽다　作業 さぎょう [명] 작업　焼き上がる やきあがる [동] 잘 구워지다　揃う そろう [동] 고르다, 고르게 되다　気にする きにする 신경 쓰다　オーブン [명] 오븐　出来上がり できあがり [명] 완성　正確だ せいかくだ [な형] 정확하다　サイズ [명] 사이즈　そろえる [동] 고르게 하다, 맞추다

☞ **문제 3**은 문제지에 아무것도 인쇄되어 있지 않습니다. 따라서, 예제를 들려줄 때, 그 내용을 들으면서 p.20 개요 이해의 문제 풀이 전략을 떠올려 봅니다. 음성에서 **では、始めます**(그러면, 시작합니다)가 들리면, 곧바로 문제 풀 준비를 합니다. 디렉션과 예제는 실전모의고사 제1회의 해설(p.48)에서 확인할 수 있습니다.

1 중상

[음성]

テレビで大学の先生がインタビューに答えています。

F：先生は、学生に「文章を書く技術」を教えていらっしゃるんですよね。

M：はい。ビジネスの世界では、メールなどの文章でやりとりする機会が非常に多いですよね。にもかかわらず、上手に自分の考えを伝える文章の書き方を習う機会はあまりないんです。メールのように文章で相手に伝える際には、直接話す場合と違ってお互いの顔が見えませんから、注意するべきことがいくつもあります。学生には、私の授業を通して、将来に役立つ技術を身に付けてほしいと思いながら指導しています。

先生は何について話していますか。

1 文章が上達しない原因
2 メールで考えを伝える方法
3 文章の書き方を教える理由
4 顔を見て話すことの効果

[음성]

텔레비전에서 대학의 선생님이 인터뷰에 대답하고 있습니다.

F：선생님은, 학생에게 '글을 쓰는 기술'을 가르치고 계시지요?

M：네. 비즈니스 세계에서는, 이메일 등의 글로 말을 주고받을 기회가 대단히 많죠. 그런데도 불구하고, 능숙하게 자신의 생각을 전하는 글을 쓰는 법을 배울 기회는 그다지 없습니다. 이메일과 같이 글로 상대에게 전할 때에는, 직접 이야기하는 경우와 달라서 서로의 얼굴이 보이지 않기 때문에, 주의해야 하는 것이 몇 가지나 있습니다. 학생이, 저의 수업을 통해서, 장래에 도움이 되는 기술을 습득하길 바란다고 생각하면서 지도하고 있습니다.

선생님은 무엇에 대해 이야기하고 있습니까?

1 글이 숙달되지 않는 원인
2 이메일로 생각을 전하는 방법
3 글을 쓰는 법을 가르치는 이유
4 얼굴을 보고 이야기하는 것의 효과

해설 선생님이 텔레비전에서 어떤 이야기를 하는지 전체적인 흐름을 파악하며 주의 깊게 듣는다. 남자가 'ビジネスの世界では、メールなどの文章でやりとりする機会が非常に多いですよね', '上手に自分の考えを伝える文章の書き方を習う機会はあまりないんです', '学生には、私の授業を通して、将来に役立つ技術を身に付けてほしいと思いながら指導しています'라고 했다. 질문에서 선생님이 무엇에 대해 이야기하고 있는지 묻고 있으므로, 3 **文章の書き方を教える理由**가 정답이다.

어휘 **インタビュー** 명 인터뷰 **ビジネス** 명 비즈니스 **メール** 명 이메일 **やりとり** 명 말을 주고받음 **非常だ** ひじょうだ な형 대단하다 **にもかかわらず** 그런데도 불구하고 **書き方** かきかた 명 쓰는 법 **相手** あいて 명 상대 **際** さい 명 때 **直接** ちょくせつ 명 직접 **お互い** おたがい 서로 **顔** かお 명 얼굴 **役立つ** やくだつ 동 도움이 되다 **身に付ける** みにつける 습득하다 **指導** しどう 명 지도 **上達** じょうたつ 명 숙달 **方法** ほうほう 명 방법 **効果** こうか 명 효과

2 상

[음성]

ラジオで男の人が話しています。

M：私は長年、日本のお正月の過ごし方について研究していますが、今回の調査は今までにないものでした。世の中が変わって、古い習慣がなくなっているということはよくあることです。ですが、今回訪れた地域では、お年寄りの方々を中心に伝統を持ち続けようとしていたんです。昔の論文に書かれていた行事が自分の目で見られるなんて思ってもいなかったので感動しました。もちろん、そのような地域も、社会の

[음성]

라디오에서 남자가 이야기하고 있습니다.

M：저는 오랫동안, 일본의 설날을 보내는 법에 대해 연구하고 있습니다만, 이번 조사는 지금까지 없는 것이었습니다. 세상이 변하여, 오랜 습관이 없어진 것은 자주 있는 일입니다. 그렇지만, 이번에 방문한 지역에서는, 어르신분들을 중심으로 전통을 계속 유지하려고 하고 있던 것입니다. 옛날의 논문에 쓰여 있던 행사를 저의 눈으로 볼 수 있다니 생각도 하지 않았기 때문에 감동했습니다. 물론, 그러한 지역도, 사회의

変化に伴って少しずつ変わっていくでしょう。私は今後もこの地域の研究を続け、変化を記録していきたいと思います。

男の人は今回の調査はどうだったと言っていますか。

1 なくなった習慣を知ることができた
2 伝統的な行事を見ることができた
3 行事の変化を調べることができた
4 伝統が変わっていく様子が記録できた

변화에 따라서 조금씩 바뀌어 가겠지요. 저는 앞으로도 이 지역의 연구를 계속하여, 변화를 기록해 가고 싶다고 생각합니다.

남자는 이번 조사는 어땠다고 말하고 있습니까?

1 없어진 습관을 알 수 있었다
2 전통적인 행사를 볼 수 있었다
3 행사의 변화를 조사할 수 있었다
4 전통이 변해 가는 모습을 기록할 수 있었다

해설 남자가 라디오에서 어떤 이야기를 하는지 전체적인 흐름을 파악하며 주의 깊게 듣는다. 남자가 ですが、今回訪れた地域では、お年寄りの方々を中心に伝統を持ち続けようとしていたんです。昔の論文に書かれていた行事が自分の目で見られるなんて思ってもいなかったので感動しましたみ라고 했다. 질문에서 남자가 이번 조사는 어땠다고 말하고 있는지를 묻고 있으므로 2 伝統的な行事を見ることができた가 정답이다.

어휘 **長年** ながねん 명 오랫동안, 여러 해 **日本** にほん 명 일본 **お正月** おしょうがつ 설날 **過ごし方** すごしかた 명 보내는 법 **研究** けんきゅう 명 연구 **今回** こんかい 명 이번 **調査** ちょうさ 명 조사 **世の中** よのなか 명 세상 **訪れる** おとずれる 동 방문하다 **地域** ちいき 명 지역 **お年寄り** おとしより 어르신 **方々** かたがた 명 분들 **中心** ちゅうしん 명 중심 **伝統** でんとう 명 전통 **論文** ろんぶん 명 논문 **行事** ぎょうじ 명 행사 **感動** かんどう 명 감동 **変化** へんか 명 변화 **伴う** ともなう 동 따르다 **今後** こんご 명 앞으로 **記録** きろく 명 기록 **伝統的だ** でんとうてきだ な형 전통적이다 **様子** ようす 명 모습

3 상

[음성]
講演会で、女の人が話しています。

F：よいリーダーとはどんな人かとよく聞かれますが、その答えはチームが置かれている環境によって異なります。同じ会社の中であっても、10年前のリーダーと今のリーダーでは、求められているものは大きく違います。ただ、全てのリーダーが持たなければならないのは、変化に対応できる力です。リーダーは自分達の周りの変化に誰よりも早く気づき、これから何をするべきかを考えなければなりません。それができなければ、リーダーとは呼べないというのが私の考えです。

女の人は何について話していますか。

1 よいリーダーがいる環境
2 リーダーに求めるものの違い
3 すべてのリーダーに起こる変化
4 リーダーに共通する条件

[음성]
강연회에서, 여자가 이야기하고 있습니다.

F：좋은 리더라는 것은 어떤 사람인지 자주 질문받습니다만, 그 답은 팀이 놓여 있는 환경에 따라 다릅니다. 같은 회사 안이라도, 10년 전의 리더와 지금의 리더는, 요구되고 있는 것은 크게 다릅니다. 다만, 모든 리더가 가져야 하는 것은, 변화에 대응할 수 있는 힘입니다. 리더는 자신들 주위의 변화를 누구보다도 빨리 알아차리고, 앞으로 무엇을 해야 하는지를 생각하지 않으면 안 됩니다. 그것이 불가능하면, 리더라고는 부를 수 없다는 것이 저의 생각입니다.

여자는 무엇에 대해 이야기하고 있습니까?

1 좋은 리더가 있는 환경
2 리더에게 요구하는 것의 차이
3 모든 리더에게 일어나는 변화
4 리더에게 공통되는 조건

해설 여자가 강연회에서 어떤 이야기를 하는지 전체적인 흐름을 파악하며 주의 깊게 듣는다. 여자가 'よいリーダーとはどんな人かとよく聞かれますが、その答えはチームが置かれている環境によって異なります', 'ただ、全てのリーダーが持たなければならないのは、変化に対応できる力です', 'リーダーは自分達の周りの変化に誰よりも早く気づき、これから何をするべきかを考えなければなりません'이라고 했다. 질문에서 여자가 무엇에 대해 이야기하고 있는지 묻고 있으므로, 4 リーダーに共通する条件이 정답이다.

어휘 **講演会** こうえんかい 명 강연회 **リーダー** 명 리더 **チーム** 명 팀 **環境** かんきょう 명 환경 **異なる** ことなる 동 다르다 **求める** もとめる 동 요구하다 **全て** すべて 명 모든 것 **変化** へんか 명 변화 **対応** たいおう 명 대응 **周り** まわり 명 주위 **違い** ちがい 명 차이 **共通** きょうつう 명 공통 **条件** じょうけん 명 조건

4 중상

[음성]

ラジオで男の人が話しています。

M：皆さんは何か作業をするときに、音楽を聞きながらする習慣がありませんか。ジョギングをするときに音楽を聞きながら走る人もいますよね。音楽を聞くと、楽しい気分になったり活動的になったりしますが、これは音楽が体と心に与える効果の一つです。えー、最近はストレスへの効果にも注目されています。楽器を演奏したり、歌を歌ったりすると、自信を高めることができると言われているんです。ストレスや不安を感じたときには、ぜひ音楽に触れてみてください。

男の人は何について話していますか。

1 作業中に音楽を聞く理由
2 音楽が人に与える効果
3 最近注目されている音楽
4 ストレスを減らす方法

[음성]

라디오에서 남자가 이야기하고 있습니다.

M : 여러분은 뭔가 작업을 할 때, 음악을 들으면서 하는 습관이 있지 않나요? 조깅을 할 때 음악을 들으면서 달리는 사람도 있지요. 음악을 들으면, 즐거운 기분이 되거나 활동적이 되거나 합니다만, 이것은 음악이 몸과 마음에 주는 효과 중 하나입니다. 음, 최근에는 스트레스에 대한 효과로도 주목받고 있습니다. 악기를 연주하거나, 노래를 부르거나 하면, 자신감을 높이는 것이 가능하다고 일컬어지고 있는 것입니다. 스트레스나 불안을 느꼈을 때는, 꼭 음악을 접해 봐 주세요.

남자는 무엇에 대해 이야기하고 있습니까?

1 작업 중에 음악을 듣는 이유
2 음악이 사람에게 주는 효과
3 최근 주목받고 있는 음악
4 스트레스를 줄이는 방법

해설 남자가 라디오에서 어떤 이야기를 하는지 전체적인 흐름을 파악하며 주의 깊게 듣는다. 남자가 '音楽を聞くと、楽しい気分になったり活動的になったりします', 'ストレスへの効果にも注目されています', '楽器を演奏したり、歌を歌ったりすると、自信を高めることができる'라고 했다. 질문에서 남자가 무엇에 대해 이야기하고 있는지 묻고 있으므로 2 音楽が人に与える効果가 정답이다.

어휘 **作業** さぎょう [명] 작업 **ジョギング** [명] 조깅 **活動的だ** かつどうてきだ [な형] 활동적이다 **与える** あたえる [동] 주다 **効果** こうか [명] 효과 **ストレス** [명] 스트레스 **注目** ちゅうもく [명] 주목 **楽器** がっき [명] 악기 **演奏** えんそう [명] 연주 **自信** じしん [명] 자신감 **高める** たかめる [동] 높이다 **不安** ふあん [명] 불안 **感じる** かんじる [동] 느끼다 **触れる** ふれる [동] 접하다, 만지다 **減らす** へらす [동] 줄이다

꼭! 알아두기 주제나 중심 내용을 묻는 문제에서는 最近 ~注目されている(최근 ~주목받고 있다) 앞에 언급된 내용이 주제 혹은 핵심 소재일 가능성이 높다.

5 중상

[음성]

専門学校で、女の学生と男の学生が話しています。

F：木村君、田中先生の授業って、受けてたっけ？

M：ううん。田中先生って建築デザインの授業だよね。あの授業、宿題多いんでしょう？

F：いや、確かに多いんだけど、結構面白い宿題ばかりだよ。それで、次の締め切り、いつだったかなあと思ってさ。

M：来週の授業の日が締め切りじゃないの？

F：ううん、毎回授業とは違う日が締め切りなんだ。わかりにくいからいつも同じ日がいいんだけどなあ。

M：そうなんだ。でも、早めにやってしまえば問題ないんじゃない？

F：そんなに簡単にはできないよ。将来これを仕事にしようと思ってるんだから、しっかり考えて、出したいし。

[음성]

전문학교에서, 여학생과 남학생이 이야기하고 있습니다.

F : 기무라 군, 다나카 선생님의 수업은, 듣고 있던가?

M : 아니. 다나카 선생님은 건축 디자인 수업이지? 그 수업, 숙제 많지?

F : 그게, 확실히 많지만, 꽤 재미있는 숙제뿐이야. 그래서, 다음 마감, 언제였나 해서 말이야.

M : 다음 주 수업일이 마감 아니야?

F : 아니, 매번 수업과는 다른 날이 마감이야. 알기 어려우니까 언제나 같은 날이 좋은데.

M : 그렇구나. 하지만, 일찌감치 해 버리면 문제없지 않아?

F : 그렇게 간단하게는 할 수 없어. 장래 이걸 직업으로 하려고 생각하고 있으니까, 제대로 생각해서, 내고 싶고.

M：ふうん。締め切り、佐藤さんに聞いてみたら？さっき、食堂で見かけたけど、同じ授業受けてるよね？

F：あ、ほんと？ じゃあ、ちょっと行ってみる。

M : 흠. 마감, 사토 씨에게 물어보면? 아까, 식당에서 언뜻 봤는데, 같은 수업 듣고 있지?

F : 아, 정말? 그럼, 잠깐 가 볼게.

女の学生は授業の宿題についてどう思っていますか。

1 多いので減らしてほしい
2 わかりにくいので教えてほしい
3 締め切りを授業の日にしてほしい
4 難しいので簡単にしてほしい

여학생은 수업의 숙제에 대해 어떻게 생각하고 있습니까?

1 많기 때문에 줄여 주길 바란다
2 알기 어렵기 때문에 알려 주길 바란다
3 마감을 수업일로 해 주길 바란다
4 어렵기 때문에 간단하게 해 주길 바란다

해설 여학생과 남학생이 전문학교에서 어떤 이야기를 하는지 전체적인 흐름을 파악하며 주의 깊게 듣는다. 여학생이 '次の締め切り、いつだったかなあと思ってさ', '毎回授業とは違う日が締め切りなんだ。わかりにくいからいつも同じ日がいいんだけどなあ'라고 했다. 질문에서 여학생이 수업의 숙제에 대해 어떻게 생각하고 있는지 묻고 있으므로, 3 締め切りを授業の日にしてほしい가 정답이다.

어휘 **専門学校** せんもんがっこう 명 전문학교 **建築** けんちく 명 건축 **デザイン** 명 디자인 **締め切り** しめきり 명 마감 **毎回** まいかい 명 매번 **早めだ** はやめだ な형 일찌감치이다 **見かける** みかける 동 언뜻 보다 **減らす** へらす 동 줄이다

☞ **문제 4**는 문제지에 아무것도 인쇄되어 있지 않습니다. 따라서, 예제를 들려줄 때, 그 내용을 들으면서 p.21 즉시 응답의 문제 풀이 전략을 떠올려 봅니다. 음성에서 では、始めます(그러면, 시작합니다)가 들리면, 곧바로 문제 풀 준비를 합니다. 디렉션과 예제는 실전모의고사 제1회의 해설(p.53)에서 확인할 수 있습니다.

1 중

[음성]

M：あ、どうしよう、電車にケータイ忘れたかもしれない。

F：1 本当に全部忘れちゃったの？
2 大丈夫、すぐに思い出したよ。
3 え、本当？ ポケットに入ってない？

[음성]

M : 아, 어쩌지, 전철에 휴대 전화 두고 왔는지도 몰라.

F : 1 정말로 전부 두고 와 버렸어?
2 괜찮아, 곧바로 생각해 냈어.
3 아, 정말? 주머니에 들어 있지 않아?

해설 남자가 전철에 휴대 전화를 두고 온 것 같다며 걱정하는 상황이다.
1 (X) 휴대 전화를 두고 온 상황에 맞지 않다.
2 (X) 질문에서 '두고 오다'라는 뜻으로 쓰인 忘れる의 다른 의미 '잊다'와 관련된 思い出す(생각해 내다)를 사용하여 혼동을 준 오답이다.
3 (O) 휴대 전화를 전철에 두고 온 것이 맞는지 주머니를 확인해 보라고 말하고 있으므로 적절한 응답이다.

어휘 **ケータイ** 명 휴대 전화

꼭! 알아두기 どうしよう(어쩌지)는 당황스러움이나 곤혹스러움을 나타내는 표현이므로 함께 걱정해 주거나 해결책을 제시하는 내용을 정답으로 고른다.

2 중

[음성]

M：今日の会議、途中からでいいから参加してくれるかな。

F：1 はい、参加するはずです。
2 はい、では途中から入ります。
3 はい、先に入りませんか。

[음성]

M : 오늘 회의, 도중부터라도 좋으니까 참가해 줄래?

F : 1 네, 참가할 것입니다.
2 네, 그럼 도중부터 들어가겠습니다.
3 네, 먼저 들어가지 않겠습니까?

해설 남자가 여자에게 오늘 회의에 도중부터라도 좋으니 참가를 요청하는 상황이다.
1 (X) 여자에게 회의 참가를 요청한 상황에 맞지 않다.

2 (O) 도중부터 회의에 들어가겠다며 남자의 요청을 받아들이고 있으므로 적절한 응답이다.

3 (X) はい 뒤에는 남자의 요청을 받아들이는 대답이 나와야 하므로 오답이다.

어휘 **参加** さんか 명 참가

3 중상

[음성]

F：今日のサッカーの試合、7時からだっけ。忘れるとこだった。

M：1 うん、いい試合だったよ。

2 もう少しで間に合ったのにね。

3 思い出してよかったね。

[음성]

F : 오늘 축구 시합, 7시부터던가. 잊어버릴 뻔했다.

M : 1 응, 좋은 시합이었어.

2 조금 있으면 시간에 맞출 수 있었을 텐데.

3 생각해 내서 다행이네.

해설 여자가 남자에게 오늘 축구 시합 시간을 잊을 뻔했다면서 잊지 않은 사실에 안도하는 상황이다.

1 (X) 오늘의 축구 시합은 7시부터, 즉 아직 축구 시합 전이므로 여자의 말과 시점이 맞지 않다.

2 (X) 축구 시합 시간을 잊지 않은 상황에 맞지 않다.

3 (O) 안도하는 여자에게 다행이라고 하고 있으므로 적절한 응답이다.

어휘 サッカー 명 축구　~とこ(ろ)だった ~할 뻔했다

꼭! 알아두기 ~とこだった/~ところだった(~할 뻔했다)는 안 좋은 일이 일어나지 않아서 안도하는 표현이므로 공감하는 내용을 정답으로 고른다.

4 상

[음성]

F：昨日の台風、すごかったね。仕事どころじゃなかったよ。

M：**1 だから、仕事、終わらなかったんだね。**

2 じゃ、その仕事は夕方からだね。

3 うん、今日はさっさと会社を出よう。

[음성]

F : 어제 태풍, 굉장했지. 일할 상황이 아니었어.

M : **1 그래서, 일, 끝나지 않은 거구나.**

2 그럼, 그 일은 저녁부터네.

3 응, 오늘은 서둘러 회사를 나가자.

해설 여자가 남자에게 어제 태풍이 굉장해서, 일할 상황이 아니었다고 말하는 상황이다.

1 (O) 어제의 태풍으로 인해 여자의 일이 끝나지 않은 것임을 확인하는 적절한 응답이다.

2 (X) 仕事(しごと)를 반복 사용하여 혼동을 준 오답이다.

3 (X) 昨日(어제)와 관련된 今日(오늘)를 사용하여 혼동을 준 오답이다.

어휘 ~どころじゃない ~할 상황이 아니다　さっさと 서둘러

5 중상

[음성]

F：原田さん、先週頼んだポスター、明日までには届くんですよね？

M：1 え？ 明日までだと思いますよ。

2 はい、そう聞いてますけど。

3 そうですか、分かりました。

[음성]

F : 하라다 씨, 지난주 부탁한 포스터, 내일까지는 도착하는 거지요?

M : 1 네? 내일까지라고 생각해요.

2 네, 그렇게 들었습니다만.

3 그렇습니까, 알겠습니다.

해설 여자가 남자에게 포스터가 내일까지 도착하는지 확인하는 상황이다.

1 (X) 포스터가 내일까지 도착하는지 확인하는 상황에 맞지 않다.

2 (O) 그렇게 들었다며 동의하고 있으므로 적절한 응답이다.

3 (X) 포스터가 내일까지 도착하는지 확인하는 상황에 맞지 않다.

어휘 ポスター 명 포스터　届く とどく 동 도착하다

6 상

[음성]

M : 今度の新商品、社長はもうご覧になったんですか。

F : 1 はい、お目にかかったようです。

2 はい、もう見ていただきました。

3 はい、お見えになりました。

[음성]

M : 이번 신상품, 사장님은 이미 보신 건가요?

F : 1 네, 만나 뵌 것 같습니다.

2 네, 이미 봐 주셨습니다.

3 네, 오셨습니다.

해설 남자가 여자에게 사장님이 이번 신상품을 봤는지 묻는 상황이다.

1 (X) ご覧になる(보시다)와 관련된 目(눈)를 사용하여 혼동을 준 오답이다.

2 (O) 이미 봐 주셨다며 남자의 물음에 답하고 있으므로 적절한 응답이다.

3 (X) ご覧になる(보시다)와 관련된 見える(보이다)를 사용하여 혼동을 준 오답이다.

어휘 新商品 しんしょうひん 명 신상품　お目にかかる おめにかかる 만나 뵙다 (会う의 겸양어)　お見えになる おみえになる 오시다 (来る의 존경어)

7 중

[음성]

F : 前田さん、今度のバーベキューの参加費、まだのようですが。

M : **1 忘れてました。今、払います。**

2 さあ、まだでしょうか。

3 はい、そのようですね。

[음성]

F : 마에다 씨, 이번의 바비큐 참가비, 아직인 것 같은데요.

M : **1 잊고 있었어요. 지금, 지불할게요.**

2 글쎄, 아직일까요?

3 네, 그런 것 같네요.

해설 여자가 남자에게 바비큐 참가비를 내 달라고 요청하는 상황이다.

1 (O) 지금 지불하겠다며 요청을 받아들이고 있으므로 적절한 응답이다.

2 (X) まだ를 반복 사용하여 혼동을 준 오답이다.

3 (X) 참가비를 내 달라고 요청하는 상황에 맞지 않다.

어휘 バーベキュー 명 바비큐　参加費 さんかひ 명 참가비

8 중

[음성]

M : 最近、手紙をめったに書かなくなったんだよね。

F : 1 うん、いつも書いてたね。

2 うん、書けないと困るね。

3 うん。私も。

[음성]

M : 최근, 편지를 좀처럼 쓰지 않게 됐네.

F : 1 응, 언제나 쓰고 있었지.

2 응, 쓸 수 없으면 곤란하지.

3 응. 나도.

해설 남자가 여자에게 최근 편지를 좀처럼 쓰지 않게 되었다고 말하는 상황이다.

1 (X) 최근에 편지를 좀처럼 쓰지 않는다는 남자의 말에 맞지 않다.

2 (X) 書かない(かかない)와 발음이 비슷한 書けない(かけない)를 사용하여 혼동을 준 오답이다.

3 (O) 최근 편지를 잘 쓰지 않는다는 남자의 말에 동의하며 공감하고 있으므로 적절한 응답이다.

어휘 めったに 좀처럼

9 중상

[음성]

F：この資料、よくできてるけど、もう一回見直したほうがいいかも。

M：**1 すみません、どっか間違ってましたか。**

2 そうですか、すぐ課長に見せます。

3 これでいいんですね。よかったです。

[음성]

F：이 자료, 잘 되어 있는데, 한 번 더 재검토하는 편이 좋을지도.

M：**1 죄송합니다, 어딘가 잘못되어 있었나요?**

2 그렇습니까, 바로 과장님에게 보이겠습니다.

3 이걸로 괜찮군요. 다행입니다.

해설 여자가 남자에게 자료를 한 번 더 재검토하는 것이 좋겠다고 피드백을 주는 상황이다.

1 (O) 자료를 재검토하라는 여자의 의견을 수용하며 잘못된 부분이 있었는지 묻고 있으므로 적절한 응답이다.

2 (X) 남자가 자료를 재검토해야 하는 상황에 맞지 않다.

3 (X) 자료를 재검토하라고 피드백을 받은 상황에 맞지 않다.

어휘 **資料** しりょう 명 자료 **見直す** みなおす 동 재검토하다 **間違う** まちがう 동 잘못되다

10 상

[음성]

M：お飲み物は、お食事の前でよろしいでしょうか。

F：1 後で構わないんじゃないでしょうか。

2 いえ、食事と一緒にお願いします。

3 ええ、食後に飲みましたよ。

[음성]

M：음료는, 식사 전으로 괜찮으십니까?

F：1 후로 상관없지 않을까요?

2 아뇨, 식사와 함께 부탁드립니다.

3 네, 식후에 마셨어요.

해설 남자가 여자에게 음료를 식사 전에 내와도 괜찮을지 묻는 상황이다.

1 (X) 前(전)와 관련된 後(후)를 사용하여 혼동을 준 오답이다.

2 (O) 식사 전이 아니라 식사와 함께 음료를 내 달라고 요청하고 있으므로 적절한 응답이다.

3 (X) 식사 전으로 괜찮으십니까 즉, 아직 음료를 내오지 않았으므로 시점이 맞지 않다.

어휘 **構わない** かまわない 상관없다

11 중상

[음성]

F：今回の契約はかなり難しかったけど、まとまって良かったですね。

M：**1 これでひとまず安心ですね。**

2 順調に進んだそうですね。

3 はい、次は頑張ります。

[음성]

F：이번 계약은 꽤 어려웠지만, 성사돼서 다행이네요.

M：**1 이걸로 일단 안심이네요.**

2 순조롭게 진행되었다고 하네요.

3 네, 다음에는 열심히 하겠습니다.

해설 여자가 남자에게 이번 계약이 어려웠지만 성사되어서 다행이라고 하며 안도하는 상황이다.

1 (O) 안도하는 여자의 말에 공감하는 적절한 응답이다.

2 (X) 계약이 꽤 어려웠다는 여자의 말과 맞지 않다.

3 (X) 今回(이번)와 관련된 次(다음)를 사용하여 혼동을 준 오답이다.

어휘 **今回** こんかい 명 이번 **契約** けいやく 명 계약 **かなり** 부 꽤 **まとまる** 동 성사되다 **ひとまず** 부 일단 **順調だ** じゅんちょうだ な형 순조롭다

☞ **문제 5**는 긴 이야기를 듣습니다. 예제가 없으므로 바로 문제를 풀 준비를 합니다. 문제지에 들리는 내용을 적극적으로 메모하며 문제를 풀어 봅시다. 디렉션은 실전모의고사 제1회의 해설(p.56)에서 확인할 수 있습니다.

1 상

[음성]

会社で、社員３人が新しい商品について話しています。

F1：新商品のサンプルができたんだけど、ちょっと見てくれる？

M：はい、春のコートですね。春らしい明るい色で、いいんじゃないですか。

F2：うちのターゲットって、20代後半から30代の働く女性ですよね。ちょっとかわいすぎる気がしますけど。薄いピンクって、どうなんでしょうか。

F1：もう少し落ち着いた色のほうがいい？

F2：私はそう思いますけど。

M：でも、冬物は暗い色が多かったから、明るい色のほうが売れるんじゃないかな。去年も水色や薄い黄色がよく売れたよね。

F2：ああ、そうでしたね。

F1：コートの長さはどう？

M：ちょうどいいと思いますよ。長いスカートがはやってますから、これも長めで。

F2：このベルトに付いているリボンはどうですか？ リボンがあるから、かわいい感じが強くなってるのかも。

F1：ベルトのリボン、外してみようか。どう？

M：ああ、こっちのほうがいいです。ベルトが変わるだけでかなり印象が違いますね。襟も少し小さくしたほうがよくないですか。

F2：うーん、小さくしたら、うちの商品としては、シンプルすぎるかも。このままでいいと思いますけど。やっぱり、リボンでしょう。

F1：そうね。じゃあ、リボンを外したものにしてもらうね。色はまた後で。

３人はコートのデザインをどうすることにしましたか。

1 落ち着いた色にする
2 長さを変える
3 ベルトのリボンを取る
4 襟を小さくする

[음성]

회사에서, 사원 3명이 새로운 상품에 대해 이야기하고 있습니다.

F1 : 신상품 샘플이 완성되었는데, 잠깐 봐 줄래?

M : 네, 봄 코트군요. 봄다운 밝은 색이어서, 좋지 않나요?

F2 : 우리 타깃은, 20대 후반부터 30대의 일하는 여성이죠? 좀 너무 귀여운 느낌이 드는데요. 옅은 핑크란, 어떨까요?

F1 : 조금 더 차분한 색인 편이 좋아?

F2 : 저는 그렇게 생각합니다만.

M : 하지만, 겨울옷은 어두운색이 많았으니까, 밝은색인 편이 잘 팔리는 거 아닐까? 작년에도 하늘색이나 옅은 노란색이 잘 팔렸지?

F2 : 아, 그랬었지요.

F1 : 코트의 길이는 어때?

M : 딱 좋다고 생각해요. 긴 스커트가 유행하고 있으니까요, 이것도 약간 길고.

F2 : 이 벨트에 붙어 있는 리본은 어떤가요? 리본이 있으니까, 귀여운 느낌이 강해져 있는 걸지도.

F1 : 벨트의 리본, 빼 볼까? 어때?

M : 아, 이쪽이 좋습니다. 벨트가 바뀌는 것만으로 상당히 인상이 다르네요. 깃도 조금 작게 하는 편이 좋지 않을까요?

F2 : 음, 작게 하면, 우리 상품으로서는, 너무 심플할지도. 이대로 괜찮다고 생각하는데요. 역시, 리본이죠.

F1 : 그렇네. 그럼, 리본을 뺀 것으로 해 받을게. 색은 나중에 다시.

3명은 코트의 디자인을 어떻게 하기로 했습니까?

1 차분한 색으로 한다
2 길이를 바꾼다
3 벨트의 리본을 뗀다
4 깃을 작게 한다

해설 대화에서 언급되는 여러 선택 사항과 특징, 최종 결정 사항을 재빨리 메모하며 주의 깊게 듣는다.

[메모] 신상품 샘플, 봐 줄래?
- 밝은색이라서 좋음 → 귀여운 느낌, 차분한 색이 좋음 → 하지만 밝은색이 잘 팔림
- 길이는?: 딱 좋음
- 벨트에 리본은?: 귀여운 느낌 → 빼 볼까? → 뺀 쪽이 좋음
- 깃도 작게: 너무 심플, 이대로도 괜찮음 → 역시 리본

여자1 → 리본 뺀 것으로, 색은 나중에 다시

질문에서 코트의 디자인을 어떻게 하기로 했는지 묻고 있다. 여자 1이 리본을 뺀 것으로 한다고 하고, 색은 나중에 다시 이야기하자고 했으므로, 3 ベルトのリボンを取る가 정답이다.

어휘 社員 しゃいん 명 사원　商品 しょうひん 명 상품　新商品 しんしょうひん 명 신상품　サンプル 명 샘플　春らしい はるらしい 봄답다　ターゲット 명 타깃　後半 こうはん 명 후반　気がする きがする 느낌이 들다　ピンク 명 핑크　落ち着く おちつく 동 차분하다　冬物 ふゆもの 명 겨울옷　水色 みずいろ 명 하늘색　売れる うれる 동 잘 팔리다　はやる 동 유행하다　長めだ ながめだ な형 약간 길다　ベルト 명 벨트　リボン 명 리본　外す はずす 동 빼다　印象 いんしょう 명 인상　襟 えり 명 깃　シンプルだ な형 심플하다

꼭! 알아두기　Aのほうがいい(A 쪽이 좋다)는 여러 가지 중 A가 더 낫다는 것이므로, 세 사람의 최종 결정 사항을 묻는 문제에서는 のほうがいい 앞에서 언급된 내용이 정답이 될 가능성이 높다.

2 상

[음성]

学校説明会で、係の人の話を聞いて、父親と女の子が話しています。

M1：今日は、大きく4つのプログラムをご用意していますので、お好きな順番でご参加ください。一つ目は、学校生活の紹介です。学校行事、クラブ活動などの資料が見られるほか、生徒から直接話を聞いたり、質問したりできます。二つ目は、全国大会で賞を取ったダンス部、演劇部の発表です。こちらは、体育館で行います。三つ目は、人気英語教師のミニ授業です。こちらは前もって時間を決めさせていただいています。入場券に時間と教室が書いてありますので、ご確認ください。最後は、入学試験に関する相談会です。毎年、説明会の終了時間が近づくにつれて混んできますので、早い時間のご参加をおすすめします。

F：お父さん、私、英語の授業は絶対受けたいんだ。何時からだっけ？

M2：ええと、今から1時間後だね。

F：じゃあ、その前に、クラブとか学校の中のこと、いろいろ聞きに行きたい。ここの生徒の人に直接聞けるって言ってたよね。

M2：それもいいけど、今のうちに、試験の詳しい説明を聞いておくのはどう？

F：うーん。学校や授業の雰囲気がわかってからでないと、試験の話をする気にならないよ。

M2：まあ、そうだよな。あっ、そこが体育館の入口みたいだけど、のぞいてく？

F：あんまり興味ないから、いいや。

M2：わかった。じゃあ、行こうか。

質問1　父親と女の子はまず何をしますか。

[問題지]

1 学校生活の話を聞く

[음성]

학교 설명회에서, 담당자의 이야기를 듣고, 아버지와 여자아이가 이야기하고 있습니다.

M1：오늘은, 크게 4개의 프로그램을 준비했기 때문에, 원하시는 순서로 참가해 주세요. 첫 번째는, 학교생활 소개입니다. 학교 행사, 클럽 활동 등의 자료를 볼 수 있는 것 외에, 학생으로부터 직접 이야기를 듣거나, 질문하거나 할 수 있습니다. 두 번째는, 전국 대회에서 상을 받은 댄스부, 연극부의 발표입니다. 이쪽은, 체육관에서 합니다. 세 번째는, 인기 영어 교사의 미니 수업입니다. 이쪽은 사전에 시간을 정해 두었습니다. 입장권에 시간과 교실이 적혀 있으니, 확인해 주세요. 마지막은, 입학시험에 관한 상담회입니다. 매년, 설명회 종료 시간이 가까워짐에 따라 붐벼 오기 때문에, 이른 시간의 참가를 추천드립니다.

F：아빠, 나, 영어 수업은 무조건 받고 싶어. 몇 시부터였지?

M2：음, 지금부터 1시간 후네.

F：그럼, 그전에, 클럽이라든가 학교 내에 관한 것, 여러 가지 들으러 가고 싶어. 여기 학생에게 직접 들을 수 있다고 말했었지?

M2：그것도 좋지만, 늦기 전에, 시험의 자세한 설명을 들어 두는 것은 어때?

F：음. 학교나 수업의 분위기를 알고 나서가 아니면, 시험 이야기를 할 기분이 들지 않아.

M2：뭐, 그렇지. 아, 거기가 체육관 입구인 것 같은데, 들여다보고 갈까?

F：그다지 흥미 없으니까, 됐어.

M2：알겠어. 그럼, 갈까?

질문1　아버지와 여자아이는 우선 무엇을 합니까?

[문제지]

1 학교생활 이야기를 듣는다

2 ダンスの発表を見る
3 英語の授業を受ける
4 試験の相談会に参加する

質問 2　父親と女の子は次に何をしますか。

[문제지]
1 学校生活の話を聞く
2 ダンスの発表を見る
3 英語の授業を受ける
4 試験の相談会に参加する

2 댄스 발표를 본다
3 영어 수업을 받는다
4 시험 상담회에 참가한다

질문2 아버지와 여자아이는 다음에 무엇을 합니까?

[문제지]
1 학교생활 이야기를 듣는다
2 댄스 발표를 본다
3 영어 수업을 받는다
4 시험 상담회에 참가한다

해설 각 선택지와 관련하여 언급되는 내용을 재빨리 메모하며 주의 깊게 듣고, 두 명의 대화자가 최종적으로 선택하는 것에 유의하며 대화를 듣는다.

[메모] 4개 프로그램

① 학교 자료 볼 수 있음, 학생이 직접 이야기, 질문 가능

② 전국 대회 상 받음, 체육관

③ 사전에 시간 정해 둠, 입장권에 시간과 교실 확인

④ 종료 시간이 가까울수록 붐빔, 이른 시간 참가 추천

여자아이 → 영어 수업 받고 싶음, 그 전에 학교에 관한 것 듣고 싶음, 학생에게 직접?, 학교나 수업의 분위기 알고 나서, 체육관 흥미 X

아버지 → 시험 설명 듣는 것 어떨지? 체육관 잠깐?

질문 1은 아버지와 여자아이가 우선 무엇을 하는지 묻고 있다. 여자아이가 영어 수업을 받기 전에 학교에 관한 것을 듣고 싶다고 했으므로 1 学校生活の話を聞く가 정답이다.

질문 2는 아버지와 여자아이가 다음에 무엇을 하는지 묻고 있다. 여자아이가 영어 수업을 무조건 받고 싶다고 했고, 체육관은 흥미 없다고 했으므로 3 英語の授業を受ける가 정답이다.

어휘 **説明会** せつめいかい 명 설명회　**係の人** かかりのひと 담당자　**父親** ちちおや 명 아버지　**プログラム** 명 프로그램　**順番** じゅんばん 명 순서
参加 さんか 명 참가　**行事** ぎょうじ 명 행사　**クラブ** 명 클럽　**活動** かつどう 명 활동　**資料** しりょう 명 자료　**直接** ちょくせつ 명 직접
全国 ぜんこく 명 전국　**大会** たいかい 명 대회　**賞** しょう 명 상　**ダンス部** ダンスぶ 명 댄스부　**演劇部** えんげきぶ 명 연극부　**発表** はっぴょう 명 발표
体育館 たいいくかん 명 체육관　**人気** にんき 명 인기　**教師** きょうし 명 교사　**ミニ** 명 미니　**前もって** まえもって 부 사전에
入場券 にゅうじょうけん 명 입장권　**確認** かくにん 명 확인　**相談会** そうだんかい 명 상담회　**終了** しゅうりょう 명 종료　**近づく** ちかづく 동 가까워지다
混む こむ 동 붐비다　**絶対** ぜったい 부 무조건　**詳しい** くわしい い형 자세하다　**雰囲気** ふんいき 명 분위기　**のぞく** 동 들여다보다

-メモ-

-メモ-

실전 모의고사 N2

초판 5쇄 발행 2024년 12월 16일
초판 1쇄 발행 2022년 6월 14일

지은이 해커스 JLPT연구소
펴낸곳 ㈜해커스 어학연구소
펴낸이 해커스 어학연구소 출판팀

주소 서울특별시 서초구 강남대로61길 23 ㈜해커스 어학연구소
고객센터 02-537-5000
교재 관련 문의 publishing@hackers.com
해커스일본어 사이트(japan.Hackers.com) 교재 Q&A 게시판
동영상강의 japan.Hackers.com

ISBN 978-89-6542-481-9 (13730)
Serial Number 01-05-01